JN161212

ドイツ語の様相助動詞

ひつじ研究叢書〈言語編〉

第100巻	日本語の「主題」	堀川智也 著
第101巻	日本語の品詞体系とその周辺	村木新次郎 著
第102巻	感動詞の言語学	友定賢治 編
第103巻	場所の言語学	岡智之 著
第104巻	文法化と構文化	秋元実治・前田満 編
第105巻	新方言の動態30年の研究	佐藤髙司 著
第106巻	品詞論再考	山橋幸子 著
第107巻	認識的モダリティと推論	木下りか 著
第108巻	言語の創発と身体性	児玉一宏・小山哲春 編
第109巻	複雑述語研究の現在	岸本秀樹・由本陽子 編
第110巻	言語行為と調整理論	久保進 著
第111巻	現代日本語ムード・テンス・アスペクト論	工藤真由美 著
第112巻	名詞句の世界	西山佑司 編
第113巻	「国語学」の形成と水脈	釘貫亨 著
第115巻	日本語の名詞指向性の研究	新屋映子 著
第116巻	英語副詞配列論	鈴木博雄 著
第117巻	バントゥ諸語の一般言語学的研究	湯川恭敏 著
第118巻	名詞句とともに用いられる「こと」の談話機能	金英周 著
第119巻	平安期日本語の主体表現と客体表現	髙山道代 著
第120巻	長崎方言からみた語音調の構造	松浦年男 著
第121巻	テキストマイニングによる言語研究	岸江信介・田畑智司 編
第122巻	話し言葉と書き言葉の接点	石黒圭・橋本行洋 編
第123巻	パースペクティブ・シフトと混合話法	山森良枝 著
第124巻	日本語の共感覚的比喩	武藤彩加 著
第125巻	日本語における漢語の変容の研究	鳴海伸一 著
第126巻	ドイツ語の様相助動詞	髙橋輝和 著

ひつじ研究叢書
〈言語編〉
第126巻

ドイツ語の様相助動詞
その意味と用法の歴史

髙橋輝和　著

ひつじ書房

前書き

　本書は、ドイツ語文法で一般に「話法の助動詞」と呼ばれていて、英語の「法助動詞」に対応する極めて特異な助動詞——厳密に言えば、本動詞としての特性も合わせ持つハイブリッド動詞——の語形と意味や用法の変遷を、印欧祖語・前ゲルマン祖語（紀元前1500年頃以前）からゲルマン祖語（紀元前1500年頃–紀元後200年頃）、ゴート語（500年頃）、古期ドイツ語（750年頃–1050年頃）、中高ドイツ語（1050年頃–1350年頃）、初期新高ドイツ語（1350年頃–1650年頃）を経て新高ドイツ語（1650年頃–1900/1950年頃）・現代ドイツ語（1900/1950年頃以降）に至る歴史の中で考察し、さらにはこの助動詞の将来の有様を展望しようとするものである。ゴート語はドイツ語の直系の先祖ではないが、古期ドイツ語の前段階の言葉とはさほど違いがなかったと考えられる。

　F. R. Palmer は『英語の法助動詞』のはしがきの冒頭において「英文法の領域で、法助動詞の体系ほど重要であり、かつ難解なものはおそらくほかにないであろう」（飯島周訳）と述べているが、この言葉の出だしを「ドイツ語文法の領域で、様相助動詞」に置き換えても、そのまま通用する。これはまた本書の参考文献欄に挙げてある研究論文や研究書の膨大な数量からも窺うことができよう。

　G. Kaufmann はドイツ語の様相助動詞の用法に関する論文の冒頭で「一度外国人にドイツ語の授業を行なったことのある者なら誰でも、ドイツ語学習者にとってドイツ語様相助動詞の用法に習熟することがいかに困難であるのかが身にしみて分かっている」と述べている。しかしこの困難はただ単に学習者側の能力的な問題ではなくて、ドイツ語自体が内包する固有の問題であるとも言える。

　ドイツ語における様相助動詞の難解さの根本的な因由は、歴史の経過と共にその意味と用法が多様化していくことと、結果としてし

ばしば新旧の意味と用法が混在していることにある。それ故に様相助動詞の現状を正確に理解するにはその歴史の認識を避けることができない。

　ここで扱う助動詞の、過去数千年間における意味と用法の変遷は、当該言語を用いて思考し、行動する人間とその社会の知的な発展過程においてその都度、出された要求に言語が呼応してきた結果であると同時に、言語がその社会の人間に思考や行動の様式を提供してきた結果でもあって、発展傾向としては絶えず具体的・感覚的な原義から抽象的・観念的な意味への発展がなされ、さらに今現在でも抽象化・観念化が進行しつつある。それどころか現代ドイツ語のこの文法領域における現実の発展には極めて著しいものがあり、一般的な文法書や辞書の記述が追いついていない場合も多々あることが認められる。

　筆者はこの種の問題に学生時代から大きな関心をもって取り組み、幾つかの論考を国内外で発表してきた。この度、その後考えの変わった点や気づいた点を修正して、新しい研究成果を加え、そして海外からなされた批判にも応えて、一貫する形式でまとめたのが本書である。

　特に現代ドイツ語に関しては可能な限り多数の、ドイツ人による研究成果の入手に努めて、母語使用者の判断と語感に基づく記述をしてある。その際、母語使用者同士でも語法や語感の異なる場合のあることが珍しくはないが、異なる事例や解釈も極力取り上げておいた。それもまた言語現実だからである。

　筆者のしばしば面倒な質問に対して有益な回答を与えてくれた故 Prof. Dr. Helmut Gipper（Münster）、故 Dr. Hans Schwarz（Münster）、Prof. Dr. Rudolf Schützeichel（Münster）、Prof. Dr. Claus Haebler（Münster）、故 Jürgen Krüger（Bremerhaven）、Katrin Krüger（Bremen）、Dr. Michel Rüffer（Rastede）、Prof. Roderich Gathge（岡山）の各位に感謝いたしたい。Prof. Dr. Ursula Götz（Rostock）には教授資格取得論文の恵贈に対してお礼申し上げる。

　ミュンスター大学での研究活動を支援していただいたドイツ学術

交流会（1972–1973 年）とフンボルト財団（1983–1984 年）に対しても筆者は大変有り難く思っている。

　さらにミュンスター大学と岡山大学、並びにカリフォルニア大学バークレー校の図書館職員の方々には極めて多数の複写文献の取り寄せに協力いただいたことを大いに感謝している。

　初稿を精読していただいた旧知の二人にも深謝したいと思う。特に現代ドイツ語の部分に目を通した Prof. Dr. Wolfgang Michel（福岡）からは表記法のミスや不統一の指摘を受け、解釈に関する幾つかの質問にも回答を得た。小阪清行氏（丸亀）からは日本語の表記ミスや説明不足の個所が指摘され、2、3 の和訳代案が示された。

　本書の刊行は独立行政法人日本学術振興会の 2014 年度科学研究費助成事業（科学研究費補助金、研究成果公開促進費、課題番号 265063）によってなされた。

　出版にご尽力下さった株式会社ひつじ書房の松本功社長と極めて膨大な作業を根気よく適切に処理していただいた編集部の板東詩おり氏、並びにかなり厄介な印刷を筆者の意図通りに仕上げて下さった三美印刷株式会社に深甚の謝意を表したい。

　G. Fritz（1997a: 7）は、英語と違って「ドイツ語には特定の比較的古い時代における全様相助動詞の包括的な共時的研究がなく、また大規模な通時的研究もなされていない」ことを痛恨していたが、本書の出版によってドイツ語学の研究分野における最も重大な欠落がようやく補完され得ると認められれば、筆者には喜ばしい限りである。

　　　2014 年 6 月　　　　　　　　　　　　　　　髙橋輝和

目　次

前書き　　　　　　　　　　　　　　　　　　　V

凡例　　　　　　　　　　　　　　　　　　　XIII

略称　　　　　　　　　　　　　　　　　　　XIV

第1章　序論　　　　　　　　　　　　　　　　1

第2章　様相助動詞の起源　　　　　　　　　　5

第3章　ゴート語における様相助動詞　　　　　31
  3.1　witan　　　　　　　　　　　　　　　32
  3.2　lisan　　　　　　　　　　　　　　　33
  3.3　þaurban　　　　　　　　　　　　　　34
  3.4　ga-daursan　　　　　　　　　　　　35
  3.5　skulan　　　　　　　　　　　　　　36
  3.6　munan　　　　　　　　　　　　　　45
  3.7　magan　　　　　　　　　　　　　　46
  3.8　bi-nauhan　　　　　　　　　　　　54
  3.9　ogan　　　　　　　　　　　　　　　56
  3.10　wiljan　　　　　　　　　　　　　　57
  3.11　他の完了現在動詞の様相助動詞としての可能性　　　58
    3.11.1　aigan/aihan　　　　　　　　60
    3.11.2　dugan　　　　　　　　　　　61
    3.11.3　kunnan　　　　　　　　　　62
    3.11.4　ga-motan　　　　　　　　　63
  3.12　ゴート語における様相助動詞の体系　　　65

第4章 古期ドイツ語における様相助動詞　69

- 4.1　witan/wiʒ(ʒ)an　70
- 4.2　eigan　71
- 4.3　kunnan　72
- 4.4　thurban/thurfan　73
- 4.5　(gi)durran　77
- 4.6　sculan　79
- 4.7　mugan/magan　86
- 4.8　mōtan/muotan/muaʒan　96
- 4.9　willien/wellian/wollen　102
- 4.10　古期ドイツ語における様相助動詞の体系　105

第5章 中高ドイツ語における様相助動詞　107

- 5.1　wiʒʒen　108
- 5.2　tugen/tügen　109
- 5.3　kunnen/künnen　110
- 5.4　durfen/dürfen, be-durfen/dürfen　115
- 5.5　(ge)turren/türren　119
- 5.6　suln/süln　120
- 5.7　mugen/mügen, ge-mugen/mügen　129
- 5.8　müeʒen　135
- 5.9　wellen　140
- 5.10　中高ドイツ語における様相助動詞の体系　144

第6章 初期新高ドイツ語における様相助動詞　147

- 6.1　wissen　148
- 6.2　tügen　148
- 6.3　können　149
- 6.4　dürffen, be-dürffen　151
- 6.5　(ge)thüren　156
- 6.6　sollen　157
- 6.7　mügen, ver-mügen　162
- 6.8　müssen　168
- 6.9　wollen　172
- 6.10　初期新高ドイツ語における様相助動詞の体系　177

第7章 新高ドイツ語・現代ドイツ語における様相助動詞　181

- 7.1　wissen　181
- 7.2　können　183
- 7.3　dürfen, be-dürfen　194
- 7.4　sollen　209
- 7.5　mögen, ver-mögen　230
- 7.6　müssen　246
- 7.7　wollen　262
- 7.8　新しい様相助動詞 möchten, brauchen　276
  - 7.8.1　möchten　276
  - 7.8.2　brauchen　287
- 7.9　様相助動詞としての werden, haben + zu, sein + zu　375
  - 7.9.1　werden　375
  - 7.9.2　haben + zu　414
  - 7.9.3　sein + zu　426
- 7.10　現代ドイツ語における様相助動詞の体系　443

第8章 主要な様相助動詞の意味変遷と相互関連　447

第9章 客観的用法と主観的用法　453

第10章 様相助動詞の否定関係　489

第11章 様相助動詞と動詞叙法との関係　499

第12章 統語法の変遷　521

第13章 将来展望　555

参考文献　565

索引　611

凡例

1. 引用は原文通りを原則とし、例えば dasz、daß、dass は統一しないでおいた。
2. 古語の語頭や文頭に付けられた非現実符 * はその語形や文形が復元・推定形であることを示す。
3. 古語の右肩に付けられた非現実符 * は、他の語形が記録されているのに、その語形は偶々例証されていないことを示す。ただしこのような表示は大抵の場合に省略した。
4. 現代語の文頭に付けられた疑問符や非現実符とその組み合わせ ?、??、?*、* は文法性の可否に関する疑問と不可の間の程度を示す。
5. ゴート語文中の hv は、19 世紀に h と u を組み合わせて作られた「フヮー」(フヮはクヮやグヮと同じ合拗音)と呼ばれる単一文字の代用表記である。

略称

G	『ザクセン語の創世記』
H	『ヘーリアント』
I	『イージドール』
K	『クードルーン』
LB	『ルター訳聖書』
M	『ムースピリ』
N	『ノートケル（の著作）』
NL	『ニーベルンゲンの歌』
O	『オットフリート（の聖福音集）』
T	『タツィアーン（の総合福音書）』
Ahd. Gr.	古高ドイツ語文法
DUDEN	『ドゥーデン・ドイツ語辞典』
Duden-Bedeut.	『ドゥーデン・ドイツ語語義辞典』
Duden-Gr.	『ドゥーデン・ドイツ語文法』
Duden-Richtiges	『ドゥーデン・適正ドイツ語辞典』
Duden-Stil	『ドゥーデン・ドイツ語文体辞典』
Duden-Zweifel	『ドゥーデン・ドイツ語疑義辞典』
DWb.	ドイツ語辞典
Goethe-Wb.	『ゲーテ辞典』
Goethe-Wortsch.	『ゲーテ語彙』
Got. Gr.	ゴート語文法
Gr.-Dt.	ギリシア語―ドイツ語
Lat.-Dt.	ラテン語―ドイツ語
Mhd. Gr.	中高ドイツ語文法
Neubearb.	改訂版

WDSp.	ドイツ語辞典
可因	可能的要因
下否	下位否定
修疑	修辞疑問
上否	上位否定
成始	転成・開始
必因	必然的要因
ヨハ解	『ヨハネ伝注解』

　聖書各書の略称は一般的な略称にならう。

第1章
序論

　ドイツ語の Modalität「様相性」の解釈と説明は今なお個々の研究者によって大きく異なっていて、その研究状況は「様相性の迷宮」(Irrgarten der Modalität. Jongeboer 1985: 14) と揶揄されるほどであるが、Modalverb（一般に「話法の助動詞」と訳される。ただし朝倉 1936 では「態様の助動詞」、ヴァインリヒ〔植木他訳〕2003 では「様態助動詞」と称されている。現代ドイツ語では dürfen, können, mögen, müssen, sollen, wollen 等）と動詞の Modus（一般に「話法」、稀に「叙法」と訳される）との間に密接な関係があるという考えはドイツでも日本でも広く受け入れられている。

　しかしながらこの点に関して、少数ではあるが Admoni（1966: 168; 1970: 165）や Welke（1971a: 297; 1971b: 298）のように、異議を唱える研究者が存在する。

　そこで筆者も従来から、Modalverb と Modus を Modalität という大きな枠組みの中で様相の不定詞（Die Aufgaben sind *zu lösen*「それらの課題は解かれ得る／解かれなければならない」、Die Schüler haben die Aufgaben *zu lösen*「その生徒達はそれらの課題を解かなければならない」）や未来分詞（「様態分詞」とも。die *zu lösenden* Aufgaben「それらの解かれ得る／解かれなければならない課題」）、様相の接尾辞 -bar, -lich（auflös-bar/lich「解かれ得る」。ただしこれは本書で扱わない）、さらには様相の副詞（「様態の副詞」とも。vielleicht「もしかすると」、wohl「察するところ」、wahrscheinlich「多分」、sicher「確実に」等）と共に考察することに対しては異論を持たず、Modalverb と Modus との間の多少の関連を認めもするが、しかしそれぞれの大きな独自性を重視する必要のあることを強調して、Modalverb を「様相（の）助動詞」と呼ぶことにし（竹内 1985 も同様）、Modus は「叙法」（叙実法、叙想法、

叙令法〔または命令法〕）と呼び、「話法」（直接話法、間接話法、体験話法）を Rede にのみ当てるのが適切であると考えてきた。

様相助動詞が表わす様相性については、大別して 2 種類あることが認められている。その一つは objektiv「客観的」（または deontisch「束縛的」等）、他の一つは subjektiv「主観的」（または epistemisch「認識的」等）と称されている。

客観的様相性とは、従属不定詞（句）が表わす事象（動作・状態等）の実現・実行または不実現・不実行に対する主語の関わり方を様相助動詞が表現する場合である。Es darf gelacht werden「笑われてよい」や Jetzt muss geklatscht werden「今、拍手されなければならない」のような非人称受動文の場合は、能動文 Man darf lachen「人（私／あなた〔達〕）は笑ってよい」や Jetzt muss man klatschen「今、人（私／あなた〔達〕）は拍手しなければならない」に還元して考える。

主観的様相性の方は、発話者が伝える情報の信憑性、換言すれば、事象（動作・状態等）の現実性の度合いとそれに関する発話者の責任の程度や根拠が様相助動詞によって表現される場合である。従ってこの場合は、様相助動詞の実質的な主体は発話者、あるいは発話者を含めた人（々）である。

> Er *kann*（主観的）heute kommen.「彼は今日、来るかも知れない」= Ich/Man *kann*（客観的）annehmen, dass er heute kommt.「私／人は彼が今日、来ると推断することができる」
> Er *muss*（主観的）heute kommen.「彼は今日、来るに違いない」= Ich/Man *muss*（客観的）annehmen, dass er heute kommt.「私／人は彼が今日、来ると推断しなければならない」

様相助動詞の統語法について見れば、7.8.2 で検討するように、客観的用法の場合と主観的用法の場合とではそれぞれ制約が多少異なっている。

様相助動詞の意味の解釈において最も重要な現象は否定である。この否定には、助動詞が否定される上位否定（直接否定、外部否定、

モダリティ否定、法性否定とも）と従属する不定詞（句）が否定される下位否定（間接否定、内部否定、命題否定とも）の2種類があるが、どちらの否定が可能かはその時代の慣用による。どちらの否定の場合でも、日本語やイタリア語、フランス語（Ehrich 2001: 159）とは違って、否定詞の位置そのものは同一であることが多い。

現代ドイツ語の dürfen は客観的用法では上位否定「…することが許されていない＝してはならない」が普通であって（例えば Ich darf mit niemandem darüber reden「私は誰ともそれについて語ってはならない」の否定詞 niemandem は従属不定詞句の一部ながら、意味上は様相助動詞 darf を否定）、下位否定「…しないことが許される＝しなくてよい」は稀であるが、主観的用法の叙想法過去形 dürfte の否定は下位否定「…しないだろう」と解される。sollen は客観的用法では下位否定「…せざるべし＝してはならない」と上位否定「…するに及ばず＝しなくてよい」が可能であるが、主観的用法では下位否定「…しないそうだ」が普通である。können は客観的用法の場合には上位否定「…することができない」が原則であるが、下位否定「…しないことができる」も特殊な場合には不可能ではない。主観的用法の場合は上位否定「…するかも知れなくはない＝するはずがない」も下位否定「…しないかも知れない＝するとは限らない」も可能である。上位否定か下位否定かの判断は、文脈やその場の状況によるが、口頭発言の場合には強勢の位置によってなされ得る。つまり上位否定の場合は様相助動詞に、下位否定の場合は従属不定詞（句の一部）に強勢が置かれる（Dieling 1982: 329）。

　　　Paul kann nicht | zu Hause gewesen sein.（上位否定）
　　　パウルは家にいたのかも知れなくはない＝いたはずがない。
　　　Paul kann | nicht zu Hause gewesen sein.（下位否定）
　　　パウルは家にいなかったのかも知れない＝いたとは限らない。

müssen は4通りの否定、即ち客観的用法の上位否定「…する必要がない」（例えば Sie müssen sich keine Sorgen machen「ご心配なさるには及びません」の否定詞 keine は形式的には Sorgen を否

定するが、意味上は様相助動詞 müssen を否定)、客観的用法の下位否定「…しない必要がある＝してはならない」、主観的用法の上位否定「…するに違いなくはない＝するとは限らない」、主観的用法の下位否定「…しないに違いない＝するはずがない」が可能である。ここでも上位否定の場合は様相助動詞に、下位否定の場合は従属不定詞（句の一部）に強勢が置かれる（Dieling 1982: 329）。

　　Paul muß nicht | zu Hause gewesen sein.（上位否定）
　　パウルは家にいたに違いなくはない＝いたとは限らない。
　　Paul muß | nicht zu Hause gewesen sein.（下位否定）
　　パウルは家にいなかったに違いない＝いたはずがない。

　またどちらの否定なのかを明示するために代替表現も用意されている（7.8.2 参照）。
　既に明らかなように、können の上位否定と müssen の下位否定が、逆に können の下位否定と müssen の上位否定が同義になるが、この種の同義関係が müssen と dürfen の意味の変遷に大きな役割を果たしている。かつて müssen は dürfen の、dürfen は müssen の意味を有していたのである。
　なお、様相助動詞における否定の様式にはさらに上位下位の二重否定と上位否定の拡大版とも言うべき全文否定もあるが、これらの用例は稀少である。

第2章
様相助動詞の起源

　ドイツ語のみならず、広くゲルマン諸語における主要な様相助動詞の最大の形式的特徴は、叙実法現在単数1人称形と3人称形とが無語尾の同一形であることだが、さらに現代ドイツ語等の dürfen 等の現在形では単数形と複数形の語幹母音も互いに異なる。この2点はこれらの現在形が元来は印欧祖語の完了形に由来しているからであり、同じく印欧祖語の完了形に由来する強変化動詞の叙実法過去形、一例として werden の、やや古い叙実法過去単数形を含む変化形と比べて見れば一目瞭然である。

　　　ich darf — ich ward　　　wir dürfen — wir wurden
　　　du darfst — du wardst　　ihr dürft — ihr wurdet
　　　er darf — er ward　　　　sie dürfen — sie wurden

　現代のドイツ語で werden の叙実法過去単数形が ich wurde, du wurdest, er wurde となるのは、叙想法過去形（下記参照）から変母音を除いて新しく作られた結果である。かつては強変化動詞の叙実法過去形は単数形と複数形で語幹母音が異なるのが普通であった。
　dürfen の叙実法現在複数形の母音が変音 ü になるのは、叙想法形からの採用である（Wilmanns 3, 1906: 97, 230）。このような平均化の原動力になったのは wollen であって（Lühr 1987: 288）、この比較的頻繁に用いられた様相助動詞は古高ドイツ語末期より中高ドイツ語において叙実法現在複数形と叙想法現在の全形と不定詞・現在分詞が同一の語幹 well- を持っていた（これから初期新高ドイツ語では円唇化により wöll- が生じる）。他の様相助動詞は中高ドイツ語の時代にこれにならって、最大多数形であった叙想法現在形（全6形）の語幹（dürf-, müeʒ- > müss-, künn- > könn-, müg- >

mög-）を叙実法現在複数形（全3形）と不定詞・現在分詞にも広めて行った結果である。wollen と sollen がかつて一時的に有していた語幹変母音 ö をその後に放棄したのは後続する子音重複 ll との発音上の都合によるとされる（Wilmanns 3, 1906: 97）。

　dürfen の叙想法現在形と werden の叙想法過去形は今もなお語幹母音と変化語尾が同一である。

    ich dürfe ― ich würde　　　wir dürfen ― wir würden
    du dürfest ― du würdest　　ihr dürfet ― ihr würdet
    er dürfe ― er würde　　　　sie dürfen ― sie würden

　dürfen の語源は印欧祖語の *terp-「満腹する、満足させられる、享受する」（古インド語 tr̥p-、ギリシア語 térp-esthai、アヴェスタ語 tarəp-「（満腹するために）盗む」〔古インド語形容詞 paśu-tr̥p-「家畜の群れを盗む」〕）であり、その形態と意味の発展（Saussure 1899: 83f.; Pokorny 1,1959: 1078; Lloyd/Springer 2,1998: 867; Kümmel 2000: 217 参照）は次のようであった。

1. 印欧祖語 *te-tórpa「私は満腹した」― *te-tr̥pmé「我々は満腹した」（古インド語 ta-tárpa「彼は満足させられた」〔Macdonell 1927: 217; Monier-Williams 1964: 453〕）
2. 前ゲルマン祖語 *tórpa ― *tr̥pḿ̥
3. 初期ゲルマン祖語 *þárfa「私は（満腹するために）必要とする」― *þurfúm（f は［ɸ］または［f］）
4. ヴェルネルの法則 *þárfa ― *þurɓúm（ɓ は［β］または［v］）
5. ゲルマン祖語 *þárfa「私は必要とする、…する必要がある」― *þúrɓum
6. ゴート語 þarf ― þaurbum（au は［ɔ］、b は［β］または［b］）
7. 古ザクセン語 tharf「私は…する必要がある」― thurbun（ɓ は［v］）
8. 古高ドイツ語 tharf ― thurfun
9. 中高ドイツ語 darf「私は…する必要がある、敢えてする」

　　　　— durfen/dürfen
　　10. 初期新高ドイツ語 darf「私は…する必要がある、してよい、
　　　　敢えてする」— dürffen
　　11. 現代ドイツ語 darf「私は…してよい」— dürfen

　古高ドイツ語以降の複数形の f は単数形への同化である。ゴート語の派生名詞 þaurf-ts「必要」（＜ゲルマン祖語 *þurf-tiz）は古インド語 tr̥p-tiḥ「満足」に対応する（共に＜印欧祖語 *tr̥p-tis「満腹」〔Saussure 1899: 85; Feist 1939: 492〕）。
　この動詞の現在単数 2 人称形であるゴート語 þarft、古ザクセン語 tharft、古高ドイツ語 tharft/darft（古英語 þearft）、中高ドイツ語 darft も全て印欧祖語の完了形語尾 *-ta ＜ *-th$_2$e を受け継いでいる。ゴート語（と古ノルド語）では強変化動詞の過去単数 2 人称形にも同じ語尾が現われるが（ゴート語・古ノルド語 bart「君は運んだ」）、古ザクセン語や古高ドイツ語、古英語等を含むいわゆる西ゲルマン語ではこの場合、語尾（と語幹）が全く異なる（古ザクセン語・古高ドイツ語 bāri、古英語 bǣre ＜ *bāri、中高ドイツ語 bære「君は運んだ」）。西ゲルマン語における語尾 -i は印欧祖語のアオリスト（不定過去）形語尾 *-es に由来すると考えられている（Krahe/Meid 2, 1969: 105）。従ってそれだけに、西ゲルマン語では tharft/darft/þearft という語形に残る印欧祖語の完了形由来の痕跡は強烈であったと言える。ただしその事情は当然のことながら当時の西ゲルマン人達には既に全くの謎であったに違いない。この謎が解明されるのはやっと 19 世紀になってからのことであった。
　「…する必要がある」という意味の dürfen が長い間ほとんど否定的な文脈でしか用いられなかったのは、この動詞の用法が元々の完了的な「満腹した／満腹している」から否定文での同義的な「（満腹しているので食べるもの／ことを）必要としない」に発展したことと関係しているのであろう。
　このように dürfen 等の現在形は起源的には完了形であったので、19 世紀以来の歴史文法では Perfektopräsens「完了現在動詞」（あるいはゲルマン語内部でのみ考えると Präteritopräsens「過去現在

動詞」とも）と呼ばれるが、意味内容で見ると完了現在動詞から様相助動詞への発展は「感覚的・具体的」から「観念的・抽象的」への進化であり、様相助動詞における客観的用法から主観的用法（初期新高ドイツ語 darf/dörfte、現代ドイツ語 dürfte「…するだろう」）への発展も更なる抽象性の進化であると言える。

　ちなみに dürfen の不定詞と現在分詞（Braunes Ahd. Gr. 2004: 304）、叙実法過去形 durfte や叙想法過去形 dürfte、過去分詞 ge-durft はゲルマン祖語の時代に、叙実法現在の単数形（全3形）の語幹 *þarf- に対して圧倒的に多数派であった叙実法現在の複数形と両数形、並びに全叙想法現在形（合計して13形）の語幹 *þurb- を基に作られた *þurƀan, *þurƀandaz, *þurftō(n), *þurfti, *þurftaz（ft < ƀt）の継承形であり、不定詞と同形の過去分詞 dürfen は15世紀以降の新しい語形である（Trübners DWb. 2,116; Grimms DWb. Neubearb. 6,1797）。

　現代ドイツ語の wissen は zu 付きの不定詞と結びつくので、純然たる様相助動詞ではなく（従って「様相性動詞」と呼ばれることもある）、むしろ他動詞としての用法が主体であるが、この動詞の現在形 weiß — wissen も歴史的に見れば完了現在動詞の起源を持つ。この動詞の語根は印欧祖語 *weid-「見（つけ）る」（ミュケーナイ・ギリシア語アオリスト〔＝不定過去〕形 wid-e「彼は見た」〔Bartoněk 2003: 315〕、ギリシア語 é-(w)id-e、古インド語 á-vid-at「彼は見つけた」、ラテン語 vid-ēre「見る」、古教会スラヴ語 vid-ěti。ゴート語 weit-woþs「証人」とギリシア語 (w)eid-ốs「知っている」は能動完了分詞 *weid-wō(t)s「見た」 < *we-wid-wōs から〔Szemerényi 1989: 314〕）であって、他の印欧語においても完了から現在への意味変化が生じている。

1. 印欧祖語 *we-wóida「私は見た」 — *we-widmé「我々は見た」（古インド語 vi-véda「私は見つけた」は後代の形成とされる〔Meid 1971: 20〕）
   *wo-wóida > *wóida「私は知っている」 — *wi-widmé > *widmé「我々は知っている」（古インド語 véda「私は知っ

ている」、アヴェスタ語 vaēða、ギリシア語（w)oīda、古
教会スラヴ語 vědě〔< *woida-i. Meid 1971: 19〕―古イン
ド語 vidmá「我々は知っている」、ギリシア語（w)ídmen）

2. 前ゲルマン祖語 *wóida ― *widm̥
3. 初期ゲルマン祖語 *wáita ― *witúm
4. ゲルマン祖語 *wáita ― *wítum
5. ゴート語 wait ― witum
6. 古ザクセン語 wēt ― witun
7. 古高ドイツ語 weiʒ ― wiʒʒun
8. 中高ドイツ語 weiʒ ― wiʒʒen
9. 初期新高ドイツ語 weis ― wissen
10. 現代ドイツ語 weiß ― wissen

印欧祖語 *wo-wóida、*wi-widmé の重複前綴りの母音は語幹母
音への同化であり、この語の頻用により印欧祖語の時代に前綴は消
失する（Szemerényi 1989: 314）。しかし Meid（1983: 331）は、
反復前綴りは本来、行為の反復を表示する機能を持っていたので、
反復の意味を持たない完了形 *woida には付けられる必要がなかっ
たと主張している。

『リグ・ヴェーダ』（紀元前1200年頃）の古インド語完了現在動
詞 véda にもホメーロス（紀元前750年頃）のギリシア語完了現在
動詞 oīda にも既に不定詞と共に用いられる助動詞的用法「…する
すべを知っている、することができる」があった。

sá *veda* devá ānámaṃ devā́m̐ r̥tāyaté dáme.

(Rig-Veda 4, 8, 3. Graßmann 1875: 711;
Delbrück 1888: 417; Macdonell 1916: 336; Nooten/Holland 1994: 175)

彼（＝アグニ）は神として信心深き者の家に向け（るべく）
神々に頭を下げて招くすべを知っている。（ānámaṃ は ā-nam-
「頭を下げて招く」の不定詞）

véttha hí nírr̥tīnāṃ vájrahasta parivŕ̥jam.

(Rig-Veda 8,24,24. Nooten/Holland 1994: 361)

手に金剛杵を持つ者（＝インドラ）よ、汝は死の女神達から逃れるすべを知っている故に。（véttha は véda の単数 2 人称形、parivŕ̥jam は pari-vr̥j-「逃れる」の不定詞）
oĩd' epì deksiá, oĩd' ep' aristerà nōmẽsai bõn azaléēn.
(Ilias 7,238. Cunliffe 1924: 109; Liddell/Scott 1968: 483)
わたしは乾した牛革の楯を右にも、左にも自由にさばくこともできる。―松平訳
oudé ti oĩde noẽsai háma próssō kaì opíssō.
(Ilias 1,343. Cunliffe 1924: 109)
（アガメムノーンは）来し方行く末を見極めて慮ることなどできぬ。―松平訳

　ドイツ語を始めとするゲルマン諸語には他にも多数の完了現在動詞が存在していて、その中から主要な様相助動詞が作り出されていることがゲルマン語の際立った特徴である。ただしゲルマン語の完了現在動詞の全てが印欧祖語の完了形に遡る訳ではなく、後述するように skulan, magan, mōtan, lisan は後代に類推形成されたものである。なおゲルマン語の完了現在動詞の一部は印欧祖語の現在形や継続形（Permansiv）、状態形（Stativ）に起源があるという主張（Brugmann 1912: 373; Kluge 1913: 171; Hirt 2,1932: 151; Hammerich 1960: 50; Meid 1971: 21ff.; Lühr 1982: 668,671; 1987: 267; Rix/Kümmel 2001: 149,168,302f., 422）や印欧祖語の現在中動態形と状態的完了形との融合を主張する説（Tanaka 2009）もあるが、印欧祖語に由来するものは形式の点でも意味推移の点でも完了形が主導権を持っていたことは明らかである（Bammesberger 1986: 72, 74; Birkmann 1987: 64 参照）。ただし Meid（1971: 21f.; 1983: 330, 335）や Szemerényi（1989: 317）のように、印欧祖語の完了形は過去の行為の現在における結果としての状態を表現するだけではなくて、現在における反復的・強調的な意味を表わす場合もあった（例えばギリシア語 mé-mona、ラテン語 me-minī「私は憶えている、思う」、ゴート語 man「私は思う」や古インド語 da-dhárṣa「彼は勇敢に立ち向かう」、ゴート語 ga-dars

「彼は勇気がある」）と主張する研究者もいる。

　現代英語の dare に対応する助動詞はドイツ語でも 17 世紀後半までは用いられていたが、その語源は印欧祖語の *dhers-「勇気を出す、勇敢である」（古インド語 dhṛṣ-、古ペルシア語 darš-、リトアニア語 dręs-ù、ギリシア語 thars-eīn〔派生名詞 thárs-os「勇気」< 印欧祖語 *dhṛs-os からの派生動詞。Frisk 1, 1973: 654〕）であって、古インド語でも既に完了形が現在の意味を有している場合があった（Delbrück 1897: 179; Meid 1971: 23; Taraporewala 1967: 71 参照）。

1. 印欧祖語 *dhe-dhórsa「私は勇気を出した」― *dhe-dhṛsmé「我々は勇気を出した」（古インド語 da-dhárṣa「彼は勇敢に立ち向かう」）
2. 前ゲルマン祖語 *dhórsa ― *dhṛsm̩
3. 初期ゲルマン祖語 *dársa「私は（…する）勇気がある」― *dursúm
4. ヴェルネルの法則 *dársa ― *durzúm
5. ゲルマン祖語 *dársa ― *dúrzum
6. ゴート語 ga-dars ― ga-daursum
7. 古ザクセン語 (gi)dar(r)「私は敢えて…する、してよい」（複数形の記録なし）
8. 古高ドイツ語 gi-tar ― gi-turrun
9. 中高ドイツ語 (ge)tar ― (ge)turren/türren
10. 初期新高ドイツ語 (ge)thar ― (ge)thüren

　ゴート語の複数形の rs は単数形への同化である。古高ドイツ語の複数形の 2 番目の r はゲルマン祖語の z が r 音化したものであり、単数形の r は複数形の rr の単一化である。印欧祖語由来の rs は初期新高ドイツ語に至るまで過去形に見られた（6. ga-daursta, 7. gi-dorsta, 8. ge-torsta, 9. torste, 10. thurste〔= 英語 durst〕）。

　この助動詞が初期新高ドイツ語以降に消失したのは dürfen との競合に敗れた結果であって、英語では逆に dare の方が勝ち残り、

中期英語の thurve(n)「する必要がある」は need に取って代わられた（Birkmann 1987: 345）。

なお初期新高ドイツ語の thar, thüren の h はこの時代の特徴的な、語源的に無意味な表記法である。古高ドイツ語の派生名詞 ge-turs-t「勇気」（＜ゲルマン祖語 *durs-tiz）は古インド語 dhr̥ṣ-tiḥ「勇敢」に対応する（共に＜印欧祖語 *dhr̥ṣ-tis）。

古インド語 dhr̥ṣ-（Monier-Williams 1964: 519; Macdonell 1979: 134; 荻原他 1986: 648; 辻 1974: 304）や古ペルシア語 darš-（Brandenstein/Mayrhofer 1964: 115）、ギリシア語 thars-eīn、アッティカ方言 tharr-eīn（Kühner/Blass/Gerth 2,2,1904: 6; Langenscheidts Gr.-Dt. 1973: 325; Liddell/Scott 1968: 785）には既に不定詞と共に用いられる助動詞「…する勇気がある、敢えて…する」の用法もあった。

    na ha taṃ *dadhr̥ṣatur* apodihīti vaktum.

                              （Aitareya-Brahmana 4,8,3.
    Böhtlingk/Roth 3,1859–1861: 896; Delbrück 1888: 429; Gippert 1978: 183）
    彼ら二人は彼に「立ち去れ」と敢えて言わなかった。（da-dhr̥ṣ-atur は dhr̥ṣ- の完了形、vaktum は vac-「言う」の不定詞＝ラテン語目的分詞 vocatum「呼びかけるために」）

    kaščiy naiy *adaršnauš* čiščiy þastanaiy pariy Gaumātam tayam magum.

                            （ダリウス大王ベヒストゥーン磨崖
        楔形文字碑文 I, 53. 紀元前 522 年。Weißbach 1911: 18;
        Kent 1953: 117; Brandenstein/Mayrhofer 1964: 84; Gippert 1978: 185）
    誰かがその祭司ガウマータについて何かを敢えて告げはしなかった。（a-darš-nauš は darš- の未完了過去形〔＝古インド語 a-dhr̥ṣ-ṇoti。Brandenstein/Mayrhofer 1964: 79〕、þastanaiy は þaⁿh-「告げる」の不定詞）

    oudé ge hathroízesthai eis basilikèn stratiàn *tharroũsi*.

                （Xenophon, Cyropaedia 8,8,6. Liddell/Scott 1968: 785）
    この者たちは王の軍隊に参加する危険など冒さない。―松本訳

(tharr-oūsi は tharr-eīn の現在形)
sunápsai mèn eis kheīras ouk *ethársēse*.
（Plutarchus, Pericles 22. Liddell/Scott 1968: 785）
（ペリクレースは）しかし戦いには敢えて加わらなかった。(e-thárs-ēse は thars-eīn のアオリスト形)

現代ドイツ語 können の起源は印欧祖語 *gʹnō- < *gʹneh₃-「認識する、知る」(古インド語 jñā-、古ペルシア語 h̬šnā-〔Brandenstein/Mayrhofer 1964: 126〕、古教会スラヴ語 zna-ti、ギリシア語 gi-gnṓ/ginṓ-skein、ラテン語 (g)nō-scere、トカラ語 A knā-) である（英語 know はゲルマン祖語 *knē-、印欧祖語 *gʹnē- < gʹnēh₃-「認識する」に遡る〔吉田 2003: 8〕)。

1. 初期印欧祖語 *gʹe-gʹnóh₃h₂e「私は認識した」— *gʹe-gʹn̥h₃mé「我々は認識した」
2. 印欧祖語 *gʹe-gʹnóa — *gʹe-gʹn̥əmé
   (古インド語 ja-jñáu〔Macdonell 1916: 385〕、ja-jñāú〔Burrow 1955: 343〕、ja-jñaú〔Meid 1971: 23〕)
3. 前ゲルマン祖語 *gnóa — *gn̥əm̥
4. 初期ゲルマン祖語 *knáa > *knā > *knō「私は知っている、するすべを知っている」— *kunnúm
5. ゲルマン祖語 *kánna — *kúnnum
6. ゴート語 kann — kunnum
7. 古ザクセン語 kan — kunnun
8. 古高ドイツ語 kan — kunnun
9. 中高ドイツ語 kan「私は…することができる、するかも知れない」— kunnen/künnen
10. 初期新高ドイツ語 kan — können
11. 現代ドイツ語 kann — können

初期ゲルマン祖語 *knō からゲルマン祖語 *kanna への変則的な発展は他の完了現在動詞の単数形への類推同化である (*mana —

*munum、*skala ― *skulum. Debrunner 1951: 84; Meid 1971: 24 参照)。この動詞の起源については議論の余地があって、上述のように、印欧祖語の完了形ではなくて、現在形に由来するという意見もある。そのような見解（Wilmanns 3,1,1906: 93; Kluge 1913: 171; Bammesberger 1984: 87ff.; St. Müller 2007: 276f.; Lloyd/Springer 5,2014: 890）によれば、古インド語と同様に、鼻音を含む（未完了相的な）現在形が起源とされる。

1. 初期印欧祖語 *ǵn̥-né-h₃-mi「私は知っている」― *ǵn̥-n-h₃-més「我々は知っている」
2. 印欧祖語 *ǵn̥-nṓ-mi ― *ǵn̥-nə-més
   （古インド語 jānā́mi「私は知っている」― jānīmás「我々は知っている」）
3. 前ゲルマン祖語 *gn̥nṓmi ― *gn̥nəmés
4. 初期ゲルマン祖語 *kunnōm ― *kunnmiz
5. ゲルマン祖語 *kanna ― *kunnum

初期ゲルマン祖語からゲルマン祖語への変化はこの場合も他の完了現在動詞への類推同化である（Bammesberger 1986: 74 参照）。

この助動詞は中高ドイツ語以降、客観的にも主観的にも極めて頻繁に用いられるようになって、かつての mögen にとって代わることになる。

古インド語 jñā-（Macdonell 1979: 102; 荻原他 1986: 509; 辻 1974: 304）やギリシア語 gi-gnṓ/gīnṓ-skein（Liddell/Scott 1968: 350; 岩隈 1982: 98）、ラテン語 (g)nō-scere（Glare 1996: 1190; Niermeyer/Kieft 2002: 940）には「…するすべを知っている、することができる」という助動詞的用法もあった。

dyūtapriyaś ca Kaunteyo na ca *jānāti* devitum.
　　　（Mahabharata 2,44,18; 2,45,38. Böhtlingk/Roth 3,1859–1861: 136)
クンティーの息子はさいころを振るすべを知らないのに、さいころ賭博が大好きだ。(jānāti は jñā- の現在形〔< *ja-nā-ti <

*gʲn̩-nō-ti ＜ *gʲn̩-ne-h₃-ti. Tanaka 2009: 132〕、devitum は div/dīv-「（さいころを）振る」の不定詞）
hína gnō̃i tréphein tền glỗssan hēsukhestéran.
                    (Sophocles, Antigone 1089. Liddell/Scott 1968: 350)
（クレオーンが）より穏やかな言葉を育成するすべを知るよう。(gnō̃i は gi-gnṓ-skein の接続法第2アオリスト形)
nec jungere tauros aut componere opes *norant*.
                    (Vergilius, Aeneis 8,317. Georges 1983: 1189; Glare 1996: 1190)
また（人間らは）雄牛らに首木をかけたり、あるいは富を蓄えたりするすべを知らなかった。(nōrant は (g)nō-scere の完了形〔＝完了現在動詞〕nōvī「知っている」の過去形 nōverant)

現代ドイツ語 sollen の直接的な関連は古リトアニア語 skelù「私は借りがある」、古プロイセン語形容詞 skellānts「借りがある」にしか見出せないので、その起源は印欧祖語ではなくて、前ゲルマン祖語の *skel-「借りを作る」である。

1. 前ゲルマン祖語 *skóla「私は借りを作った」― *skl̩m̩「我々は借りを作った」
2. 初期ゲルマン祖語 *skála「私は借りている」― *skulúm
3. ゲルマン祖語 *skála「私は借りている、返さなければならない、しなければならない」― *skúlum
4. ゴート語 skal ― skulum
5. 古ザクセン語 scal「私は…しなければならない」― sculun
6. 古高ドイツ語 s(c)al ― s(c)ulun
7. 中高ドイツ語 sol「私は…しなければならない」― suln/süln
8. 初期新高ドイツ語 sol「私は…しなければならない、するに違いない」― sollen
9. 現代ドイツ語 soll「私は…しなければならない、するそうだ」― sollen

初期新高ドイツ語で単数形と複数形との間の母音交替が放棄され

第2章 様相助動詞の起源

るのは、中高ドイツ語末期においてこの動詞の変異形が極めて多様であった（単数形：sal/sol/scal/scol/schal/schol ― 複数形：suln/soln/sul(l)en/sol(l)en/söllen/süllen/schul(l)en/schol(l)en/sul(l)ent/sol(l)ent/sulnt/solnt/sunt/sont/sun/son）ことへの反作用とみなされる（Birkmann 1987: 220）。

　sollen の場合も完了現在動詞から様相助動詞への意味内容の発展は「感覚的・具体的」から「観念的・抽象的」への進化であり、様相助動詞における客観的用法から主観的用法への発展も更なる抽象性の進化である。なお、古高ドイツ語以降のk音脱落は非強調位置での子音緩和（Trübners DWb. 6, 397）と考えられる。現代ドイツ語の Soll「借り方、負債」に対して Schuld「借金」や Schult-heiß「村長」（<「債務督促者」）には本来の語頭子音群が保たれている。

　mögen は古インド語の名詞 maghá-、アヴェスタ語 maga-「力、富」（Brandenstein/Mayrhofer 1964: 130）、ギリシア語 mēkhos、ドーリア方言 mākhos「手段」、並びに古インド語 mah-「贈る」、ギリシア語 mákh-esthai「戦う」と関連するが（Oettinger 1993: 355; Rix/Kümmel 2001: 422）、直接的な同源同義語は古教会スラヴ語 mogǫ「私はできる」のみであるので、前ゲルマン祖語の時代から助動詞として使用され出したと考えられる。ゴート語で単数形と複数形の語幹母音が同一であることも上掲の由緒正しい完了現在動詞よりも新しいことを示している。古ザクセン語以降の単複語幹の母音交替は thurfan や turran, sculan の母音交替に合わせたものである。

1. 前ゲルマン祖語 *mágha「私は…する力がある」― *maghm̩「我々は…する力がある」
2. 初期ゲルマン祖語 *mága ― *magúm
3. ゲルマン祖語 *mága「私は…する力がある、することができる」― *mágum
4. ゴート語 mag「私は…することができる、するかも知れない」― magum
5. 古ザクセン語 mag ― mugun

6. 古高ドイツ語 mag ― magun/mugun
7. 中高ドイツ語 mac ― magen/mugen/mügen
8. 初期新高ドイツ語 mag「私は…することができる、したい、するかも知れない」― mügen
9. 現代ドイツ語 mag「私は…したい、するかも知れない」― mögen

mögen はかつては極めてよく用いられており、それ故に主観的な用法も一番早く出現しているが、中高ドイツ語以降は können にその席を譲ることになる。しかし現代ドイツ語でも派生語 ver-mögen「…する力がある」や Macht「力」(ゴート語 mahts = 古教会スラヴ語 moštĭ)、mächtig「強力な」には原義が保たれている。

müssen は印欧語の中ではほとんど孤立していて (Kroonen 2013: 372 はアルメニア語 matčʿim「近づく」を挙げている)、直接的な同源語は精々のところ古ザクセン語 muota「余暇」、古高ドイツ語 muaʒi「合間」、muoʒa「機会」、中高ドイツ語 muoʒe「機会」、現代ドイツ語 Muße「余暇」しかなく、助動詞自体も北欧ゲルマン語には欠けている。印欧祖語 *med-「計る」(ギリシア語 méd-es-thai「思案する」、ゴート語 mit-an「計る」)との語源的な関連は昔から賛 (例えば Pokorny 1959: 705f.; Meid 1971: 28f.; Tanaka 2009: 195ff.) 否 (例えば Seebold 1970: 354; Kroonen 2013: 372) 両論ある。Rix/Kümmel (2001: 423) は、ゲルマン祖語の完了現在動詞 *mōta は印欧祖語 *med- に対する新造の完了形 *me-mōd- に由来するとしているが、これも説得力に欠ける。中高ドイツ語以降の単複語幹の母音交替は他の様相助動詞に合わせたものである。

1. ゲルマン祖語 *(ga)mōta「私は余地を持つ」― *(ga)-mōtum「我々は余地を持つ」
2. ゴート語 ga-mōt ― ga-mōtum*
3. 古ザクセン語 mōt「私は…する余地／機会がある、してよい、し得る」― mōtun
4. 古高ドイツ語 muoʒ ― muoʒun

5. 中高ドイツ語 muoʒ「私は…しなければならない、してよい、し得る、するに違いない」— müeʒen
6. 初期新高ドイツ語 mus — müssen
7. 現代ドイツ語 muss「私は…しなければならない、するに違いない」— müssen

müssen は dürfen と同様に激しく意味内容を変化させて来た助動詞であり、しかも dürfen と意味を交換したことになる。起源が新しい割には大変革を遂げる点で müssen は極めて特異な助動詞である。ちなみに英語の must はこの助動詞の（叙想法）過去形であった。

ゴート語の lisan* は印欧語の中でも、ゲルマン語の中でも、ゴート語の中でさえもほとんど孤立している。その語源は印欧祖語の名詞 *leis-「轍、足跡」（ラテン語 līra「畝、畦」< *līza「苗床」< 印欧祖語 *leisā、リトアニア語 lýsė「苗床」< 印欧祖語 *lis/līs-〔Meillet 1910: 201〕、ドイツ語 Ge-leise「轍、軌道」< 印欧祖語 *lois-）からゲルマン祖語で形成された完了現在動詞 *lizan「（跡をたどって）道筋を知っている」である（Debrunner 1951: 85 参照）。筆者の以前の論著では記録のないゴート語の不定詞を Gabelentz/Loebe（1843: 107）、E. Schulze（1848: 198）、Wrede（1920: 450）に従って leisan としていたが、今後は wait — witan にならって lisan（lisan「集める」とは無関係）に変更する。Bernhardsson（2001: 210）は lizan と考えているが、ゲルマン祖語 *durzan もゴート語では ga-daursan であることから判断すると、lisan の可能性の方が大きい。

1. 初期ゲルマン祖語 *láisa「私は…する道筋を知っている」— *lisúm「我々は…する道筋を知っている」
2. ヴェルネルの法則 *láisa — *lizúm
3. ゲルマン祖語 *láisa — *lízum
4. ゴート語 lais（複数形の記録なし）

ゴート語のlaists「足跡」、laistjan「後について行く、従う」(現代ドイツ語leisten「実行する」)やlubja-leis「毒草を知っている(者)＝魔術師」、laisjan「知らしめる、教える」、(現代ドイツ語lehren「教える」)、laisareis「教師」(現代ドイツ語Lehrer「教師」)は同源語・派生語である。

ゴート語munanの起源は印欧祖語 *men-「思う、思い出す」(古インド語man-、古ペルシア語man-〔Brandenstein/Mayrhofer 1964: 131〕)であるが、ギリシア語やラテン語では完了系の語形しか残っておらず(ただしギリシア語ma-ínomai「私は激怒する」 < *mn̥-、ラテン語 re-min-īscor「私は思い出す」等あり)、しかも完了から現在への意味変化が生じていて、命令法形さえ持っている(ギリシア語me-mátō、ラテン語me-mentō「忘れるな、…しようと思え」<印欧祖語 *me-mn̥-tōd〔Walde/Hofmann 1982: 66〕)。

1. 印欧祖語 *me-móna「私は思い出した」— *me-mn̥mé「我々は思い出した」(ギリシア語mé-mona「私は憶えている」、ラテン語me-minī (< *me-mon-ai〔Frisk 2, 1973: 206; Walde/Hofmann 2, 1982: 65; Sihler 1995: 61〕。—ギリシア語mé-mamen「我々は憶えている」)
2. 前ゲルマン祖語 *móna — *mn̥ḿ
3. 初期ゲルマン祖語 *mána「私は(…しようと)思う」— *munúm
4. ゲルマン祖語 *mána — *múnum
5. ゴート語 man — munum*
6. 古ザクセン語 far-man「私は侮る」

古インド語のman-は助動詞にもなり得た(Graßmann 1875: 990; Delbrück 2, 1897: 469)。

mánye vāṃ jātávedasā yájadhyai.

(Rig-Veda 7, 2, 7.

Delbrück 1888: 412; Nooten/Holland 1994: 287; Gippert 1978: 183)

ジャータヴェーダス（＝万物に関する知識を有する者）達よ、我は汝ら二人を崇拝しようと思う。(manye は man- の現在形、yajadhyai は yaj-「崇拝する」の不定詞)

　ホメーロスのギリシア語の完了現在動詞 mémona にも助動詞的用法「…しようと思う」（Liddel/Scott 1968: 1101；高津 1954: 297）が例証されている。

　　Deukalídē, pễi t' àr *mémonas* katadũnai hómilon.
　　　　　　　　　　　　　　　（Ilias 13,307. Prendergast 1875: 262）
　　デウカリオンの御子よ、群がる軍勢のどの辺りで切り込もうとなさるのか。—松平訳
　　mémonen te mákhesthai.　　（Odysseia 20,15. Dunbar 1880: 243）
　　（母犬が）戦わんと意気込む如く。—松平訳

　ラテン語の完了現在動詞 meminī にも助動詞的用法「…しようと思う、忘れずに…する」（Georges 1983: 865; Langenscheidts Lat.-Dt. 1982: 467; Glare 1996: 1096；水谷 2009: 390）が認められる。

　　nec *meminit* justas ponere laesa minas.
　　　　　　　　　　（Propertius, Elegiae 1,10,26. Georges 1983: 865）
　　また傷つけられた女は正当な脅かしの言葉を口に出そうとも思わない。
　　tu regere imperio populos, Romane, *memento*.
　　　　　　　　　　　（Vergilius, Aeneis 6,851. Glare 1996: 1096）
　　ローマ人よ、汝は支配権をもって諸民族を統治しようと思え。

　既に見た完了現在動詞の古インド語 véda、ギリシア語 oĩda の場合と同様、ギリシア語の mémona やラテン語の meminī も完了現在動詞が様相助動詞化され得るという意味では、ゲルマン語の事態と全く同様であって、この事から判断すると、ゲルマン語における完

了現在動詞の様相助動詞化は印欧祖語時代の〈*woida＋不定詞〉と〈*me-mona＋不定詞〉を出発点とし、ゲルマン祖語時代の早い段階で〈*dhers-＋不定詞〉や〈*gʻnō-＋不定詞〉を巻き込んで独特に発達した現象だと考えられる。

ゴート語 bi-nauhan と ga-nauhan の単純形 nauhan の起源は印欧祖語の *Hnekʻ/Henkʻ-「達する」(ヒッタイト語 ḫenk-zi「彼は配分する」〔Tanaka 2009: 177f.〕、古インド語 naś- < *h₂nekʻ-, aś- < *h₂n̥kʻ-、ギリシア語 er-enk-eīn「運び去る」、ラテン語 nac-tus「入手した」、古教会スラヴ語 nes-ti「運ぶ」< *h₁nekʻ-, リトアニア語 néš-ti)である。

1. 初期印欧祖語 *h₂e-h₂nókʻh₂e「私は達した」― *h₂e-h₂n̥kʻ-mé「我々は達した」(Rix/Kümmel 2001: 252)
2. 印欧祖語 *a-nókʻa ― *a-n̥kʻmé
3. 前ゲルマン祖語 *nóka ― *n̥km̥
4. 初期ゲルマン祖語 *náha「私は十分である」― *unhúm（h は [x]）
5. ヴェルネルの法則 *náha ― *ungúm（g は [ɣ]）
6. ゲルマン祖語 *náha ― *núgum（nu- は un- の音位転換）
7. ゴート語 ga-nah「十分である」
   bi-nah「…してよい」
8. 古高ドイツ語 gi-nah「十分である」

ga/bi-nauhan は使用頻度が極めて低くて、複数形の記録はなく、他のゲルマン語では古英語に ge-nugon が見られるのみである。ドイツ語では9世紀前半に消滅することになる。様相助動詞としての用例はゴート語の bi-nah のみであった。ドイツ語の ge-nug と英語の e-nough は同源の形容詞である。

ゴート語 ogan の派生語は他のゲルマン語にも多々あるが、派生源の動詞はゴート語にしか記録されていない。起源は印欧祖語の *agh- < *h₂egh-「驚く」(ギリシア語 ákh-omai「私は悲しむ」、古アイルランド語 ad-āg-or「私は恐れる」)である。

1. 初期印欧祖語 *h₂e-h₂óghh₂e「私は驚いた」— *h₂e-h₂ghmé「我々は驚いた」(Rix/Kümmel 2001: 229; Müller 2007: 205; Kroonen 2013: 3)
2. 印欧祖語 *a-ógha — *a-əghmé
3. 前ゲルマン祖語 *ágha — *āghm̥
4. 初期ゲルマン祖語 *ōga「私は恐れる」— *ōgúm
5. ゲルマン祖語 *óga — *ógum
6. ゴート語 og「私は恐れる、恐れて…しない」— ogum*

ゴート語 aigan/aihan の起源は印欧祖語 *aikʼ- < *h₂eikʼ-「手に入れる」(古インド語完了現在動詞 íś-「所有する、支配する、できる」< *i-iś-〔Meid 1971: 32; Lloyd/Springer 2,1998: 982〕< *Hi-Hikʼ-〔Müller 2007: 210〕、トカラ語 B aik-「知っている＜心に持っている」〔Kroonen 2013: 8〕）にある。

1. 初期印欧祖語 *h₂e-h₂óikʼh₂e「私は手に入れた」— *h₂e-h₂ikʼmé「我々は手に入れた」(Lloyd/Springer 2,1998: 982; Rix/Kümmel 2001: 199; Müller 2007: 209; Kroonen 2013: 8)
2. 印欧祖語 *a-óikʼa — *a-ikʼmé
3. 前ゲルマン祖語 *áika — *aikm̥
4. 初期ゲルマン祖語 *áiha「私は持っている」— *aihúm（h は [x]）
5. ヴェルネルの法則 *áiha — *aigúm（g は [ɣ]）
6. ゲルマン祖語 *áiha — *áigum
7. ゴート語 aih — aigum/aihum
8. 古ザクセン語 ēgun（単数形の記録なし）
9. 古高ドイツ語 eigun「持っている、…しなければならない」（単数形の記録なし）
10. 中高ドイツ語 eigen「持っている」（単数形の記録なし）
11. 初期新高ドイツ語 eigen（単数形の記録なし）

ゴート語の haban が「偶々、あるいは丁度今持っている」を意

味するのに対して、aiganは自然な所有（特に家族）とか法や財産（例えば住居）の固定的な所有を意味する（Meid 1971: 31）。しかしこの動詞はhabenとの競合に敗れて初期新高ドイツ語の時代に消滅する。ドイツ語の形容詞eigen「自分の」と英語の形容詞ownは本来この動詞の過去分詞「所有されている」であり、英語のoughtは（叙想法）過去形であった。

ゴート語duganの起源は印欧祖語の *dheugʹh-「（有益物を）産出する」（古インド語duh-「搾乳する」、ギリシア語teúkh-ein「作り上げる」である。

1. 印欧祖語 *dhe-dhóugʹha「私は（有益物を）産出した」― *dhe-dhugʹhmé「我々は（有益物を）産出した」（古インド語du-dóha「彼は搾乳した」、ミューケナイ・ギリシア語完了分詞te-tukhwoha「作り上げられた」は新造形〔Rix/Kümmel 2001: 129〕）
2. 前ゲルマン祖語 *dhóugha ― *dhughm̥
3. 初期ゲルマン祖語 *dáuga「私は役立つ」― *dugúm
4. ゲルマン祖語 *dáuga ― *dúgum
5. ゴート語 daug（複数形の記録なし）
6. 古ザクセン語 cōg ― dugun
7. 古高ドイツ語 toug ― tugun
8. 中高ドイツ語 toug「私は役立つ、…するにふさわしい」― tugen/tügen
9. 初期新高ドイツ語 taug(e) ― tügen
10. 新高ドイツ語 tauge「私は役立つ」― taugen

この動詞は18世紀初めには完了現在動詞でなくなり、12世紀から現われていた弱変化動詞のtaugenに取って代わられる。

wollenの起源は印欧祖語 *welh₁-「欲する、選ぶ」（古インド語vr̥-「選ぶ、欲する」、古ペルシア語var-、ギリシア語él-d-esthai「欲する」（Schwyzer 1,1977: 701; Pokorny 1959: 1137; Frisk 1,1973: 485,502f. しかしRix/Kümmel 2001: 226はéld-esthaiを *h₁weld-

「望む」からとする)、ドーリア方言 léō/lō「欲する」(< *wl̥h₁-〔Schwyzer 1, 1977: 676; Pokorny 1959: 1137; Hardarson 1993: 83f.; Rix/Kümmel 2001: 226〕。しかし Frisk 2, 1973: 150 は語源不詳とする)、ラテン語 vel-le、古教会スラヴ語 vel-ěti、古リトアニア語 vel-ti)にある。

1. 印欧祖語 *wélīm「私は(…したいと)欲する」— *wélīmē「我々は(…したいと)欲する」(ラテン語・接続法現在形 velim — velīmus)
2. ゲルマン祖語 *wílī(n) — *wílīmē
3. ゴート語 wiljau — wileima (ei は [iː])
4. 古ザクセン語 willi(u)/welliu — williad/welliad
5. 古高ドイツ語 willu/wili — wollēn/wellēn
6. 中高ドイツ語 wil(e)「私は(…したいと)欲する、すると言い張る」— wellen
7. 初期新高ドイツ語 wil — wollen/wöllen
8. 現代ドイツ語 will — wollen

従って wollen は元々完了現在動詞ではないが、ゴート語 wiljan では叙実法現在形の語尾が他の一般動詞の叙想法過去形の語尾と同一であったので、広義の完了現在動詞とみなすことができる。wiljan の叙実法現在形の語尾が他の一般動詞の叙想法過去形の語尾と同一であることは、語本体の語彙的意味(=願望)と語尾の文法的意味(=仮想的願望)とが合致していることを示す。ドイツ語史においては古期ドイツ語の時代から次第に現在単数1人称形と3人称形の語尾が減衰していって、中高ドイツ語の時代には正統な完了現在動詞と同様、無語尾になる。現在単数2人称形は古期ドイツ語の時代から他の完了現在動詞と同じ語尾 -t (これは印欧祖語の完了形語尾 *-ta < *-th₂e〔Meier-Brügger 2010: 314〕に由来する)を持つ wilt が出現し、19世紀初めまで見られた。ゴート語 wiljan の過去形は本来的な *wilida ではなくて wilda であるが、これは既に他の完了現在動詞 skulan や munan の過去形 skulda や munda に準

拠して -i- なしで形成されている。なおゴート語の叙実法現在単数2人称形 wileis（ei は［iː］）はラテン語の接続法（＝叙想法）現在単数2人称形 velīs と全くの同一形である。

古ザクセン語・古高ドイツ語の wel- はゲルマン祖語 *wal-（＋i ウムラウト）、印欧祖語 *wolh₁-（ラテン語、古教会スラヴ語 vol-）に、古高ドイツ語の wol- はゲルマン祖語 *wul-（＋a ウムラウト）、印欧祖語 *wl̥h₁-（古インド語 vr̥-）に由来する。

ギリシア語 él-desthaː は古典期において既に限定的な使用の詩語であったが（Liddell/Scott 1968: 530）、助動詞「…したいと欲する」としての用例は記録されている。

    tõn pér tis kaì mãllon *eéldetai* éks éron heĩnai è polémou.
                                     （Ilias 13,638. Cunliffe 1924: 123）

常人ならば戦いなどより、これらのどれでも心ゆくまで楽しみたいと思いますのに。―松平訳（e-él-detai は él-desthai の現在形）

    eéldeto gár se idésthai.
                      （Odýsseia 4,162. Dunbar 1880: 103; Cunliffe 1924: 123）

（テーレマコスが）是非お目にかかりたいと願っておられたからです。―松平訳（e-él-deto は él-desthai の未完了過去形）

現代ドイツ語の新しい様相助動詞 brauchen（否定詞と共に「…する必要がない、とは限らない」）は本来は本動詞であり、その歴史は次のようであった。

1   印欧祖語 *bhruHg-「享受する、用いる」（ラテン語 fruī。Rix/Kümmel 2001: 81）
2.   ゲルマン祖語 *brūkan（強変化）、*brūkjan（弱変化）「享受する、用いる」
3.   ゴート語 brūkjan「用いる」
4.   古ザクセン語 brūkan「享受する」
5.   古高ドイツ語 brūhhen「用いる、享受する」

    6. 中高ドイツ語 brūchen「用いる、享受する」
    7. 初期新高ドイツ語 brauchen「用いる、享受する」
    8. 現代ドイツ語 brauchen「必要とする、用いる」

Paul のドイツ語辞典によれば「必要とする」の意味は 17 世紀になって初めて Ich brauche das nicht といった否定表現から生じたとされる。つまりこの否定表現の本来の意味「（ある事を実行するのに）私はこれを用いない」から新しい意味「私はこれを必要としない」に変化したのであった。Scaffidi-Abbate（1973: 20）は最古の記録として K. Sticker（1691 年）に見られる Ich brauch jetzund kein Gelt「私は今お金を必要としない」を挙げているが、Anderson 他の初期新高ドイツ語辞典には 1473/78 年の肯定の用例が示されているので、「用いない」から「必要としない」への発展は 15 世紀前半まで遡り得る。

nicht brauchen が zu 付きの不定詞を従えて様相助動詞「…する必要がない」として用いられるのは 18 世紀後半からであるが（Goethe-Wortschatz 128）、この意味の nicht dürfen と完全に交替するのは 19 世紀になってからのことであった（Pauls DWb. 187）。

なお合成動詞 ge-brauchen の方は標準ドイツ語では、同じく合成動詞の be-dürfen や ver-mögen がそうであるように、伝統的な意味を保持している。

現代ドイツ語 werden「成る、なる、…するだろう」も元来は本動詞であり、印欧祖語 *wert-「回す、回る」（古インド語 vr̥t-、アヴェスタ語 varət-、ラテン語 vert-ere、古教会スラヴ語 vrŭt-ěti）に由来する。

    1. 印欧祖語　動名詞 *wértonom、完了 1 単 *we-wórta、完了 1 複 *we-wr̥tmé、完了分詞 *wr̥tonós（古インド語 várta-nam「転」、va-várta「私は回した」、va-vr̥timá「我々は回した」、vr̥tānáḥ「回された」）
    2. 前ゲルマン祖語 *wértonom, *wórta, *wr̥tḿ̥, *wr̥tonós
    3. 初期ゲルマン祖語 *wérþanam, *wárþa, wurþúm, wurþánas

4. ヴェルネルの法則 *wérþanam, *wárþa, wurdúm, wurdánaz
5. ゲルマン祖語　不定詞 *wérþan「成る、なる」、過去1単 *wárþa、過去1複 wúrdum, 過去分詞 wúrdanaz
6. ゴート語 wairþan, warþ, waurþum, waurþans「成る、なる、…するだろう」(ai は [ɛ]、au は [ɔ])
7. 古ザクセン語 werdan, ward, wurdun, wordan
8. 古高ドイツ語 werdan, ward, wurtun, wortan
9. 中高ドイツ語 werden, wart, wurden, worden
10. 初期新高ドイツ語 werden, ward, wurden, worden
11. 現代ドイツ語 werden, wurde/ward, wurden, (ge)worden

ゴート語ではヴェルネルの法則の作用が消えているが、古ザクセン語と古高ドイツ語には保たれている。現代ドイツ語の叙実法過去単数形 wurde は、複数形の語幹が用いられている他の様相助動詞の過去単数形 dürfte（叙想法形）— durfte（叙実法形）や könnte — konnte, möchte — mochte、さらには hätte — hatte 等との類推によって叙想法過去形 würde から作られた新造形であり、既に初期新高ドイツ語の初期から現れている。

最後に、完了現在動詞に由来・準拠する主要な様相助動詞を出現の時代別に記すと以下の通りである。

	必然性	可能性	志向性
印欧祖語		*woida 「するすべを知っている」	*me-mona 「しようと思う」
		(*dhers-) 「する勇気がある」	(*wel-) 「したいと欲する」
		(*ǵnō-) 「するすべを知っている」	
前ゲルマン祖語		*magha 「する力がある、することができる」	

ゲルマン祖語	*skala	*darsa	(*wili[n])
	「しなければならない」	「する勇気がある」	「したいと欲する」
	*þarfa	*kanna	
	「する必要がある」	「するすべを知っている」	
		*laisa	
		「する道筋を知っている」	
ゴート語後		mōt	
		「する余地／機会がある」	
中高ドイツ語			wil
			「したいと欲する」

　これらの様相助動詞は全て人称動詞であって、主語の置かれている状態や主語の肉体的・感情的・精神的な特性を示すものである。上掲の一覧表からは、印欧祖語に遡る必然性の助動詞「しなければならない」がなく、また一般的な可能性の助動詞「することができる」もないことが分かる（Meringer 1909: 231; Fraenkel 1949/1952: 175 参照）。この二つの様相助動詞には個別の言語でそれぞれ異なる語が当てられていた。

	「しなければならない」	「することができる」
古インド語	arhāmi	arhāmi
		śaknomi
		īśmi
ギリシア語	deī（非人称）	dúnamai
	khrē（非人称）	iskhúō
	opheílō	
	ékhō	
ラテン語	oportet（非人称）	possum
	debeo	valeo
		queo
		licet（非人称）
ゲルマン祖語	*skala	*maga

ゲルマン諸語の様相助動詞の中で最も重要な役目を担うことになる *skala と *maga（ドイツ語 soll と mag、英語 shall と may に対応）は歴史上では比較的に若い動詞であった。

第3章
ゴート語における様相助動詞

　ゴート語に例証されている完了現在動詞は wiljan を含めて14種類21語である。Krahe/Meid（2, 1969: 136ff.）が母音交替型によって類別したゲルマン語の完了現在動詞に付いている通し番号に従って並べると以下の通りである（17番は筆者の追加。実際には不定詞形が記録されていない場合が多々あるが、簡略化のためにその旨の表示は行なわない）。

　1）witan「知っている」、miþ-witan「意識している」
　2）aigan/aihan「持っている」、fair-aihan「与かる」
　3）lisan「…する道筋を知っている」
　4）dugan「役立つ」
　5）kunnan「知っている」、fra-kunnan「軽蔑する」、
　　　ga-kunnan「服従する」
　6）þaurban「…する必要がある」
　7）ga-daursan「敢えて…する」
　9）skulan「…しなければならない」
　10）munan「…しようと思う」、ga-munan「思い出す」
　12）magan「…することができる、するかも知れない」、
　　　ga-magan「価値がある」
　13）bi-nauhan「…してよい」、ga-nauhan「十分である」
　15）ga-motan「余地を持つ」
　16）ogan「恐れて…しない」
　17）wiljan「…したいと欲する」

　ゴート語には8番（古高ドイツ語等 unnan「許し与える」）と11番（古ノルド語 munu/mono「…するだろう」）、14番（古ノルド語

knega「…することができる」）に対応する動詞が欠けているが、それでも完了現在動詞の種類はゲルマン語中最多である。

　ゴート語における21語の完了現在動詞の中で、従属不定詞（句）を伴う様相助動詞としての用例が記録されているのは次の10語であり、以下において順次解説する。

　　1) witan, 3) lisan, 6) þaurban, 7) ga-daursan, 9) skulan,
　　10) munan, 12) magan, 13) bi-nauhan, 16) ogan,
　　17) wiljan

3.1　witan

　この動詞の全131例の内で大半の109例は新約聖書ギリシア語原典の eidénai「知っている、知る、理解する」の訳語であり、87例の補足語句は客語文（従属接続詞文、間接疑問文、関係詞文）であるので、現代ドイツ語の wissen「ある事を知っている」とほぼ同様の意味と用法を有している。様相助動詞「…するすべを知っている」としての用例は1例のみである。

　　ei *witi* hvarjizuh izwara gastaldan sein kas in weihiþai jah
　　sweriþai.　　　　　　　　　　　　　　　　　（1テサ4,4）
　　あなた達の各人が自分の器（＝妻）を神聖と栄誉の中で手に入れるすべを知（ってい）るよう。

　その他、原典の eidénai が様相助動詞「…することを心得ている、できる」の意味で用いられているピリ4,12では lisan が、1テモ3,5では magan が、マタ27,65（従属不定詞省略）では kunnan が使用されているが、マタ7,11 とヤコ4,17 は対応するゴート語写本に欠落があるものの、witan で訳されていたに違いない。

　　*jabai þan jus *wituþ* gibos godos giban þaim barnam izwaraim.
　　　　　　　　　　　　　　　　　　　　　　　（マタ7,11）

もしもあなた達が良い贈り物を自分達の子供らに与えるすべを知っているのであれば。
*witandin（現在分詞・男単与）goþ gataujan.　　　（ヤコ 4, 17）
良い事をするすべを知っている者にとって。

witan の様相助動詞としての出番が少なかったのは、ライバルの多さが一番の理由であった。

3.2　lisan

この完了現在動詞は1個所に2例しか記録されていない。

lais jah haunjan mik, *lais* jah ufarassu haban.　　　（ピリ 4, 12）
私は自分を卑しくする道筋を知っているし、また物を有り余るほど持つ道筋も知っている。

この lais はギリシア語の完了現在動詞 oĩda「私は知っている」の訳語である。従って訳語としては同源同形の wait を当てるのが最適であるにもかかわらず、当時は既に古語となりつつあったと思われる lais が用いられているのは、この直前の個所と関係がある。

ni þatei bi þarbai qiþau, unte ik galaisida mik in þaimei im ga-nohiþs wisan.　　　（ピリ 4, 11）
私は貧しさ故にこのような事を言いたいのではない。なぜなら私は自分のいる状況の中で満足していることを自分に教えたからである。

ここに現れる galaisida の不定詞形は ga-laisjan「教える」であって、本来は lisan「（道筋を）知っている」の使役動詞であり、現代ドイツ語の lehren にまで続く非常に活力のある動詞であった。つまり「教える」とは「知っているようにする＝知らしめる」ことに他ならない。このように直前で ga-laisjan を用いたので、直後でも

廃れかけていた派生原語の lais を敢えて使ったのであろう。なおドイツ語 lernen「学ぶ」、英語 learn の方はゲルマン祖語の複数形語幹 *liz- から形成された *liz-nōn「知っているようになる」に由来する。Meillet（1910）は lais を wait に準拠して作られたゴート語固有の完了現在動詞とみなしているが、他のゲルマン語における派生動詞の存在は、*lizan、*lais がゴート語以外のゲルマン語にもかつてはあったことを証している。

3.3　þaurban

þaurban には完全自動詞として「窮乏している」や属格形客語または従属接続詞文を取って「必要とする」という意味の本動詞の用法（否定文 9、修辞疑問文 3、肯定文 5）があって、この内の属格形客語を取る用法と意味は現代ドイツ語の be-dürfen にそのまま受け継がれている。助動詞としての用例は 2 例記録されていて、1 例は anágkēn ékhein「必要性を持っている」に対応する。

    land bauhta jah *þarf* galeiþan jah saihvan þata.　　（ルカ 14, 18）
    私は土地を買った。それで私は行って、それを見る必要がある。

第 2 例は khreían ékhein「必要性を持っている」の訳で、しかも否定の例である。

    bi broþrulubon ni *þaurbum* meljan izwis.　　（1 テサ 4, 9）
    兄弟愛について我々はあなた達に書き送る必要がない。

ni þaurbum はここでは、助動詞が否定される上位否定であり、被許可の下位否定「…しなくてよい」とほぼ同義である（後述）。þaurban の後継語は古期ドイツ語や中高ドイツ語では否定や修辞疑問でしか用いられないが、ゴート語 þaurban の肯定的な用例は極めて特異である。

3.4　ga-daursan

次例は本動詞としての用例であるが、Meid（1971: 23）は、ga-daursan が状態相「勇敢である」を意味するのに対して、起動相「勇気を出す」には ana-nanþjan が用いられていると主張している。共にギリシア語原典の tolmān「勇敢である、勇気を出す」に対応する。

> in þammei hve hvas *anananþeiþ... gadars* jah ik.　　（2 コリ 11, 21）
> 誰かが勇気を出す事には私も勇敢である。

しかしここでは同じ意味を単に別語で訳し変えて同語反復を避けたにすぎないとも考えられる。つまり「誰かが勇敢である／勇気を出す事には私も勇敢である／勇気を出す」。

原典の tolmān「敢えて…する」に対応する従属不定詞を伴った様相助動詞としての用例は 5 例ある。

> *gadars* hvas izwara wiþra anþarana staua habands stojan fram inwindaim?　　（1 コリ 6, 1）
> あなた達の誰かは、他人に対して裁判沙汰があると、敢えて不正な人達によって裁かれるのか。

ここの不定詞 stojan は能動形であるが、ここでは原典の中動不定詞 krínesthai「法廷で論争する」を訳者ウルフィラは受動不定詞「裁かれる」と解釈して、stojan を受動の意味で用いている。またそれに合わせて epì tō̃n adíkōn「不正な人達の前で」を fram inwindaim「不正な人達によって」に変えている。ラテン語訳の Vulgata でも judicari apud iniquos「不正な人達の面前で裁かれる」と訳されているので、ゴート語訳が全くの間違いとは言えない。

ゴート語に分析的な受動の不定詞〈過去分詞 + wairþan〉がない訳ではないが、これは稀な表現であり、前後関係から明白な場合にはむしろ能動の不定詞が受動の不定詞として機能し得る（skulan, magan の項参照）。

　ni gadaursan は上位否定を表わす。

　　　ainshun þanaseiþs ni *gadaursta* ina fraihnan.　　　（マル 12, 34）
　　　もはや誰も敢えて彼に尋ねなかった。

　Birkmann（1987: 107f.）は上掲の 1 コリ 6, 1 と下掲の 2 コリ 10, 12 では既に gadaursan が「…してよい」の意味で用いられていると主張しているが、両例は共にギリシア語原典の tolmān「敢えて…する」の訳語であるので、Birkmann の解釈は不当である。

　　　unte ni *gadaursum* domjan unsis silbans aiþþau gadomjan uns
　　　du þaim sik silbans anafilhandam.　　　（2 コリ 10, 12）
　　　我々は自己推薦する人々に自分自身を敢えて数え入れたり、あるいは比較したりしない故に。

　ni gadaursum をここで「我々は…してよくない」と解しても文全体の意味がさほど大きくは変わらないことから分かるように、否定文での意味の類似性と語形の近似性とが後代において ga-daursan と þaurban との間に熾烈な生存競争を生じさせる根本的な原因であった。

3.5　skulan

　この動詞には本動詞「借りている、返さなければならない」の用例が 3 例ある。

　　　hvan filu *skalt* fraujin meinamma?　　　（ルカ 16, 5）
　　　どれほどあなたは私の主人に借りているのか／返さなければならないのか。
　　　ains *skulda* skatte fimf hunda.　　　（ルカ 7, 41）
　　　一人は 500 枚の銀貨を借りていた／返さなければならな

かった。

　この本来の意味は17・18世紀のドイツ語 Er soll mir noch 1000 Kronen「彼は私にまだ1000クローネの借金がある」(Grimms DWb. 16, 1469) に残っていたり、現代ドイツ語の商用語 Soll「借り高、借り方 (＝複式簿記の左欄)」に受け継がれたりしている。さらに Schuld「借金、罪過 (＝神への借り)」も sollen の派生語で、この場合の sch- はかつての sk- の直接的な反映である (古高ドイツ語 sculd)。

　様相助動詞としての skulan の用例は40例あって、原典の deĩn「…しなければならない、すべきである、することになっている」、opheílein「…しなければならない、すべきである」、ékhein「…しなければならない」の訳語として用いられている。

　ギリシア語の deĩn は非人称動詞で、同じ意味を持つラテン語 oportēre と同様、〈3人称単数形 deĩ ＋対格形 (＝不定詞の意味上の主語) ＋不定詞〉の構成でよく使用されているが、ゴート語の skulan はあくまでも人称動詞であるので、この点ではゴート語の独自性が際立っている。

　skulan は必然性という客観的な様相性を表現するものの、この必然性は個々の具体的な状況では極めて様々である。

　　　nauh ganoh *skal* qiþan izwis.　　　　　　　　(ヨハ 16, 12)
　　　さらに多くの事を私はあなた達に言う必要がある。(必要性)
　　　skuldedeiþ þan us þamma fairhvau usgaggan.　(1 コリ 5, 10)
　　　それならばあなた達はこの世から出て行かなければならないであろう。(強制)
　　　þatei *skuldedum* taujan gatawidedum.　　　　　(ルカ 17, 10)
　　　我々はするよう命じられていた事をした。(受命。þatei skuldedum taujan ＝ þo anabudanona「命じられ (てい) た事」)
　　　hvaþar *skuldedi* maiza (wisan).　　　　　　　(ヨハ解 3, 6)
　　　二人 (＝イエスとヨハネ) のどちらがより偉大であるべく定められていたのか。(神の定め)

>swa jah wairos *skulun* frijon seinos qenins swe leika seina.
>
>(エペ 5, 28)
>
>そのように夫達も自分の体と同様に自分の妻を愛さなければならない。（道徳的義務）
>
>arbaidjands airþos waurstwja *skal* frumist akrane andniman.
>
>(2 テモ 2, 6)
>
>苦労する大地の労働者（＝農夫）が最初に収穫物の一部を受け取るべきだ。（当為）
>
>bi þamma witoda unsaramma *skal* gaswiltan.　　(ヨハ 19, 7)
>
>我々の律法によれば彼は死ななければならない。（規定）

従ってゴート語の skulan は現代ドイツ語の sollen（他者の意志に由来する必然性）と müssen（主として状況に由来する必然性）の両方の意味内容を有していると言える。

　ni skulan では 2 種類の否定、つまり上位否定と下位否定を区別しなければならない。

>ni auk *skulun* barna fadreinam huzdjan.　　(2 コリ 12, 14)
>
>つまり子供達は両親のために貯蓄する必要はない。（上位否定。実行の不必要性）
>
>skalks fraujins ni *skal* sakan.　　(2 テモ 2, 24)
>
>主の僕は争わない必要がある＝争うべきではない。（下位否定。不実行の必然性）

　上位否定の ni skulan「…する必要がない」は被許可の下位否定「…しなくてよい」として、また下位否定の ni skulan「…しない必要がある」は被許可の上位否定「…してはいけない」として用いられ得る（後述）。

　下位否定の場合、skulan の肯定表現が先行すれば、否定詞 ni は従属不定詞の直前または前方に置かれる。

>sinteino *skulun* bidjan jah ni wairþan usgrudjans.　　(ルカ 18, 1)

いつも彼らは祈る必要があって、失望的にならない必要がある＝失望的になるべきでない。
skal-uþ-þan aipiskaupus ungafairinoþs wisan, ni hauhhairts...(wisan). 　　　　　　　　　　　　　　　　　　　　(テト 1, 7)
しかし監督者は完全無欠である必要があり、高慢でない必要がある＝高慢であるべきではない。

ゴート語の skulan に主観的な用法「…するに違いない、するそうだ」は記録されていないが、ほとんど紙一重ほど近い、未来時称の助動詞としての用例がある。この場合は原典の méllein「…するであろう」や未来形に対応するが、しかし依然として必然的な原義が感じ取れる。

　　　saei *skal* stojan qiwans jah dauþans.　　　　　(2 テモ 4, 1)
　　　彼（＝イエス・キリスト）は生者らと死者らを裁くであろう（＝裁くことになっている）。
　　　urruns is, þoei *skulda* usfulljan in Iairusalem.　　(ルカ 9, 31)
　　　彼（＝イエス）がエルサレムで遂げることになっていた最期。（過去未来形）
　　　hva *skuli* þata barn wairþan?　　　　　　　　(ルカ 1, 66。
　　　　　　Grimm 4, 1898: 209; Streitberg 1920: 202; Behaghel 2, 1924: 258)
　　　何に一体この子はなるのであろうか（＝なることになっているのか）。

上掲ルカ 1, 66 では未来時称助動詞の叙想法現在形によって発話者の疑惑の気持ちが強調されているが、古期ドイツ語以降は sculan の叙実法現在形で疑惑が表現され得る。
　Ferraresi（1998: 48）が主観的な（epistemisch）用法「…するそうだ、と言われる」とみなしている下例の skulda もギリシア語原典の méllōn（mélleːn の現在分詞）に対応する過去未来形である。

　　　sa ist Helias, saei *skulda* qiman.　　　　　　　(マタ 11, 14)

彼は、やって来ることになっていたエリアである。(ゴート語の関係代名詞文は原典の分詞句 ho méllōn érkhesthai「やって来るであろう／ことになっている者」の訳。ラテン語訳は未来分詞を用いた関係代名詞文 qui venturus est)

ギリシア語原典の〈deīn/opheílein ＋ 受動の不定詞〉「…されなければならない」はゴート語では5種類の表現に訳されている。

1. skulan 文＋受動文（1 例）
   faurþis *skal* manag *gaþulan* jah *uskiusada* fram þamma kunja.
   (ルカ 17, 25)
   先に彼は多くの事を耐え忍ばなければならず、その時代の人々によって排斥されなければならない。
2. skulan ＋他動詞の過去分詞＋受動の助動詞の不定詞 wairþan（1 例）
   skal sunus mans *uskusans* fram sinistam *wairþan*. (ルカ 9, 22)
   人の息子は長老達によって排斥されなければならない。
3. skulan ＋他動詞の不定詞（1 例）
   skal sunus mans fram gudjam *usqiman*. (ルカ 9, 22)
   人の息子は祭司達によって殺されなければならない。
4. skulan ＋自動詞の不定詞（1 例）
   skal sunus mans þridjin daga *urreisan*. (ルカ 9, 22)
   人の息子は三日目に立ち上がらなければならない＝起こされなければならない。
5. skulan の過去分詞 skulds ＋受動の助動詞 wisan ＋他動詞の不定詞（7 例）
   sunus mans *uskiusan skulds ist* fram þaim sinistam jah *usqiman*.
   (マル 8, 31)
   人の息子はその長老達によって排斥されて、殺されなければならない。
   weis *ataugjan skuldai sijum* faura stauastola Xristaus.
   (2 コリ 5, 10)

我々はキリストの裁判席の前であらわにされなくてはならない。
ik *skulds was* fram izwis *gakannjan*. （2 コリ 12, 11）
私はあなた達によって推薦されなければならなかった。
skulds ist ushauhjan sa sunus mans. （ヨハ 12, 34）
人の息子は高く上げられなければならない。
laisjandans þatei ni *skuld ist*（laisjan）. （テト 1, 11）
（彼らは）教えられない必要がある＝教えられるべきではない事（単数形）を教えつつ。
rodjandeins þoei ni *skulda sind*（rodjan）. （1 テモ 5, 13）
（彼女らは）語られない必要がある＝語られるべきではない事（複数形）を語りつつ。

　1 の場合の uskiusada「（彼は）排斥される」は uskiusan の単一受動形であり、ゲルマン語の中ではゴート語特有の古形であるが、これに対応する、ギリシア語やラテン語にはあった受動の単一不定詞が欠けていたために、その代わりとして用いられている。しかしこのような表現は訳としては不正確である。
　2 は現代語では普通の分析的な表現であるが、〈他動詞の過去分詞＋受動の助動詞の不定詞〉はゴート語では極めて稀であった（他にはマタ 8, 24: gahuliþ wairþan「被われる」とヨハ解 1, 7: ustauhana wairþan「実行される」のみ）。
　3 は既に gadaursan の所にも出ていた表現（1 コリ 6, 1）と同一であり、usqiman は能動の不定詞であるが、動作主の表現 fram「…によって」があるので、受動の意味を表わすことが理解される。
　5 は受動の必然性を明示するためにゴート語で最も多用されている表現であるが、現代語ではあり得ない構成である。2 を下位受動と呼ぶことにすれば、5 は内容的には下位受動であっても、形式的には上位受動と呼べるものである。
　ゴート語に限らず古期ドイツ語でも、不定詞は態に関しても不定であったので、文脈次第で能動にも受動にも解されることができた。現代ドイツ語の Die Aufgaben sind zu *lösen*「それらの課題は解かれ得る／解かれなければならない」における能動不定詞の受動用法

は古期ドイツ語の時代から見られる。

　原典の〈ouk éksestin「…することが許されていない」＋能動の不定詞〉が〈ni skulds wisan ＋能動の不定詞〉で訳されている例がある。

　　waurda, þoei（主格形）*ni skulda sind* mann rodjan.
　　　　　　　　　　　　　　　　　　　　　　（2 コリ 12, 4）
　　人間に語られない必要がある＝人間に語られるべきではない言葉。

これに対応する原典 rhḗmata, hà（対格形）ouk eksòn anthrṓpōi lalē̃sai「語ることが人間に許されていない言葉」は上位否定であるが、ゴート語訳は受動の意味の従属不定詞 rodjan が否定される下位否定である。この個所を Harbert（1978: 227）や Suzuki（1987: 3）は誤訳とみなし、非人称表現の waurda, þoei（対格形）ni skuld ist mann rodjan「語ることが人間には許されていない言葉」が正しい訳文であると考えている。しかしそう考えなければならない必要性は全くない。二つの写本の表現は同一である。

　『ヨハネ伝注解』6, 25–26 の ni skuld ist は、他にも多数の書き間違いがあるように、ni skulds ist の書き間違いである。

　　at þaim gahvairbam frakunnan *ni skulds ist*.　　（ヨハ解 6, 26）
　　（神は）それらの従順な人々によって軽蔑されない必要がある
　　＝軽蔑されるべきではない。

skulds wisan も原典の méllein「…するだろう」の訳として受動の未来形を表現するが、必然的な原義は感じ取れる。

　　sunus mans *skulds ist* atgiban in handuns manne.　（ルカ 9, 44）
　　人の息子は人々の手中に渡されるだろう（＝渡されることになっている）。
　　þuhta im ei suns *skulda wesi* þiudangardi guþs gaswikunþjan.

(ルカ 19, 11)
間もなく神の王国が明らかにされるだろう（＝明らかにされることになっている）と彼らには思えた。（過去未来形）

以上のような人称的な skulds wisan に対して、非人称として3人称単数中性形で用いられている skuld wisan は事情が異なる。skulds wisan では付属する他動詞の不定詞は受動の意味を有していて、skulds wisan の客語であるが、skuld wisan では付属する不定詞は受動の意味を持たず、skuld wisan の主語である。

 waila wisan jah fag·non *skuld was*. （ルカ 15, 32)
 よく食べて楽しんで、喜ぶことが必要とされていた（＝喜ばなければならなかった）。
 kunnuþ, hvaiwa *skuld ist* galeikon unsis. （2テサ 3, 7)
 我々に倣(なら)うことがいかに必要とされている（＝いかに我々に倣わなければならない）のかをあなた達は知っている。

次例は従来、þata riurjo と þata diwano を対格形と考えて、①非人称表現とみなしていたが（E. Schulze 1848: 316; Gering 1874: 421; Streitberg 1965: 124; 髙橋 1980: 191; Takahaši 1982/83: 134; 千種 1997: 450）、þata riurjo と þata diwano を主格形と考えて、②人称表現として解釈することも可能である。

 skuld ist þata riurjo gahamon unriurein jah þata diwano gahamon undiwanein. （1コリ 15, 53)
 ①朽ちるものにとっては不朽性でもって身を被うことが、そして死すべきものにとっては不死性でもって身を被うことが必要とされている。
 ②朽ちるものは不朽性でもって身を被われ、そして死すべきものは不死性でもって身を被われなければならない。

ゴート語の不定詞 gahamon「身を被う」はギリシア語原典の中

動不定詞 endúsasthai「着る」の訳語であるが、この語の中動形は比喩的意味の場合は受動の意味「着せられる」を持ち得るとされており（Bauer 1971: 523; 岩隈 7上, 1980: 131; 岩隈 1982b: 163）、事実続く 1 コリ 15, 54 の中動形 endúsētai は同義語 gawasjan「身を被う」の受動形 gawasjada で訳されている（þanuþ-þan þata diwano gawasjada undiwanein「もしも死すべきものが不死性でもって身を被われるならば」）ので、1 コリ 15, 53 も②の人称受動表現が訳者ウルフィラの意図するところであったと考えられる。

　非人称の skuld wisan 自体が「…することが必要とされている」という意味の受動であることは、本動詞としての skulan「ある人（与格形）にある金額（対格形）を借りている／返さなければならない／返す必要がある」の過去分詞 skulds の中性単数形 skuldo が「返すことが必要とされているもの」の意味で opheilás「負債」の訳語として使われていることから理解される。

　　usgibiþ allaim *skuldo*.　　　　　　　　　　（ロマ 13, 7）
　　あなた達は全ての人に負債を払いなさい。

　肯定平叙文と補足疑問文での skuld wisan は deĩn「…しなければならない、すべきである」の訳語として用いられているが、否定文と決定疑問文や選択疑問文での用例は éksestin「…することが許されている」の訳語である。

　　ni *skuld ist* þus haban qen broþrs þeinis.　　　（マル 6, 18）
　　あなたにはあなたの兄／弟の妻を持つことが許されていない。
　　skuld-u ist unsis kaisara gild giban þau niu?　　（ルカ 20, 22）
　　我々には皇帝に税金を払うことが許されているのか、いないのか。
　　fareisaieis frehun ina, *skuld-u sijai* mann qen afsatjan.
　　　　　　　　　　　　　　　　　　　　　　　（マル 10, 2）
　　夫には妻を離縁することが許されているのかとパリサイ人達は彼に尋ねた。

hva *skuld ist* sabbato dagam, þiuþ taujan þau unþiuþ taujan?
(ルカ 6, 9)
何が安息日には許されているのか。善をなすことか悪をなすことか。

ni skuld ist は本来、必然性の下位否定「…しないことが必要とされている」であるが、被許可の上位否定「…することが許されていない」の等価・代替表現として用いられている（後述）。決定疑問の skuld-u ist?「…することが許されているのか」は必然性の下位否定「…しないことが必要とされている」を可能な答えとして前提にした発言である。

　以上の通り人称表現の〈skulds wisan + 不定詞〉は下位受動「…されることが必要である」であり、非人称表現の〈skuld wisan + 不定詞〉は上位受動「…することが必要とされている」であることが確認できた。〈skulds wisan + 不定詞〉は受動の必然性を表現するために〈skuld wisan + 不定詞〉から転用されたゴート語特有の表現であり、〈skal + 受動の不定詞、即ち過去分詞 + wairþan〉という新機軸の表現が定着するまでの応急措置的なものであったと思われる。

3.6　munan

　第3類の弱変化動詞 munan は頻繁に原典の méllein「…しようと思う」の訳語として用いられているが、完了現在動詞の munan は原典の logízesthai「…しようと思う」に対応する様相助動詞として1例のみ記録されている。

man gadaursan ana sumans þans munandans uns swe bi leika gaggandans.
(2 コリ 10, 2)
我々が肉に従って歩んでいるように考えるある人々に対して私は勇気を出そうと思う。

完了現在動詞の munan はその他では他動詞「思う、考える」として多用されていて、次のような完了機能の従属不定詞を伴う用例もその1例である。

> *man* ni waihtai mik minnizo gataujan þaim ufar mikil wisandam apaustaulum.　　　　　　　　　　　　　　　（2 コリ 11, 5）
> 私は決して自分をあの超大なる使徒達よりも小さい者にしなかった（＝劣っていない）と思う。

　ただしこの用例も、minnizo gataujan「より小さい者にする」が原典の完了不定詞 husterēkénai「劣っていた」（ラテン語訳は minus fēcisse「より小さくした」）の訳であることを知らなければ、様相助動詞と考えて「小さい者にしない（＝劣っていない）ようにしようと思う」と解し得る。

3.7　magan

　この動詞には対格形客語を伴う、一見すると他動詞「なし得る」のように見える用例が2例記録されているが、従属不定詞 gataujan「なす、する」が省略されていると考えて差し支えない。

> all *mag*（gataujan）in þamma inswinþjandin mik Xristau.
> 　　　　　　　　　　　　　　　　　　　　　（ピリ 4, 13）
> 全ての事を私は私を強化するキリストによってなし得る。
> ni *magum*（gataujan）hva wiþra sunja.　　　　（2 コリ 13, 8）
> 我々は何事も真理に反してなし得ない。

　その他の132例は明白に様相助動詞として使用されていて、その内の116例は原典の dúnasthai「…する力がある、できる」、10例は iskhúein「…する力がある、できる」の訳語である。様相助動詞 magan が表現する可能性という様相性は絶対的・主語内的であったり、相対的・主語外的であったりして様々である。

mag guþ us stainam þaim urraisjan barna Abrahama.　（ルカ 3, 8）
神はこれらの石の中からアブラハムのために子孫を起き上がらせることができる。（神の絶対的な能力）

duþþe ei *mageiþ* fraþjan frodein meinai in runai Xristaus.
　　　　　　　　　　　　　　　　　　　　　　　（エペ 3, 4）
あなた達がキリストの奥義への私の洞察を理解することができるよう。（知力）

hvaiwa *magum* þana wig kunnan?　　　　　　（ヨハ 14, 5）
いかにして我々はその道を知ることができるのか。（知力）

graban ni *mag*　　　　　　　　　　　　　　　（ルカ 16, 3）
私は掘ることができない。（上位否定。体力の欠如）

at garunjon waurþanai bistagq ahva bi jainamma razna jah ni *mahta* gawagjan ita.　　　　　　　　　　　　　　（ルカ 6, 48）
洪水が生じた時、水がその家に突き当たったが、それを揺るがすことができなかった。（上位否定。自然力の欠如）

swe wullareis ana airþai ni *mag* gahveitjan.　　（マル 9, 3）
地上の毛織物業者が白くすることができないほど。（上位否定。技術力の欠如）

ni *mahtedun* andqiþan imma faura managein.　（ルカ 8, 19）
彼らは群衆を前にして彼に話しかけることができなかった。（上位否定。外的な障碍）

qen liugaida jah duþe ni *mag* qiman.　　　　　（ルカ 14, 20）
私は妻をめとった。それ故に来る（＝行く）ことができない。（上位否定。外的な障碍）

ni ainshun *mag* qiman at mis, nibai ist atgiban imma fram attin meinamma.　　　　　　　　　　　　　　　　　（ヨハ 6, 65）
もしも私の父によって許されていなければ、誰も私の所に来ることができない。（上位否定。無許可）

þauhjabai *magt* freis wairþan, mais brukei.　（1 コリ 7, 21）
たとえ（奴隷身分のあなたが）自由になることができるとしても、むしろ（奴隷身分を）利用しなさい。（外的な無障碍・機会）

maganは、その派生語mahts「力」（ドイツ語Macht、英語might）が示すように、「…する力がある」が第一義であるので、原典のeidénai「…するすべを知っている」を他の個所のように同源同義のwitanを用いず、わざわざmaganで訳した個所が1例ある。

　　　　jabai hvas seinamma garda fauragaggan ni *mag*.　　　（1テモ3,5）
　　　　もし誰か自分の家を管理することができなければ。

この個所の訳をKahl（1890: 5）が、古代ゲルマン人の生活観に合わせたものであると指摘しているのは正しいと思う。

　　　　古代ゲルマン人の観念によれば、家事を管理するのに知識だけでは不十分である。家父長は自ら剣を手に持って、自分の家を保護し防衛するための体力を持っていなければならない。

　maganと共に用いられている従属不定詞はgahveitjan「白くする、白くしてしまう」やgawagjan「突き当たる」、gataujan「する、してしまう」のような前綴りga-が付いた動詞が多いことをStreitbergは次のように説明している。

　　　　magの後では完了相動詞（Perfektiv）が最も頻繁である。その理由は、ある特定の目標に到達することができる立場にあることを普通は強調するからだ。それに対して、継続的な行為を実施し得ることを強調するのは稀である。　　　（1981: 42f.）
　　　　従属する不定詞はほとんど全て完了相である。　　　（1965: 87）

Streitbergの説明の通りmaganの全用例の74パーセントでは従属不定詞が完了相動詞であるが、26パーセントの用例ではga-の付かないkunnan「知っている」、taujan「する」、skalkinon「仕える」、wisan「…である」等の未完了相動詞（Imperfektiv）が使用されている。
　Leiss（2002: 82f.）は、次例のような未完了相動詞と共に用いら

れた magan は主観的（＝ epistemisch）な意味（①）を表わすと主張しているが、これは原典の意味（②）を無視した暴論である。

 hvaiwa *magum* þana wig kunnan?　　　　　　　（ヨハ 14, 5）
 ①いかにして我々がその道を知っていることがあり得るのか＝知っているはずがない。
 ②いかにして我々はその道を知（ってい）ることができるのか。

 様相助動詞の中でも特に magan の従属不定詞に ga- が付けられる事例は、時代の経過と共に次第に減少しながらも、17 世紀に至るまで見受けられるが、現代ドイツ語の標準語では見られなくなる。しかし現代のスイス・ドイツ語でも möge（＝標準ドイツ語 mögen）が「…することができる」を意味する場合には、従属不定詞に g- が付く（Weber 1964: 247, 257; Hodler 1969: 314; Werlen 1985: 87；田中 1985: 72）。この接頭辞も「終わり・目標に至るまで」の観念と結びついている（Weber 1964: 247）。

 Magsch na *glauffe*?（g + lauffe「走る」）
 （君は）まだ走（り切）ることができるかね。
 I *mag* s nüd *gässe*.（g + ässe「食べる」）
 私はこれを食べてしまうことができない。

 magan の用例は聖書訳であることから否定の用例が多く、ni magan は無能力、無力、有障碍、無許可を意味することになる。しかしながら否定が普通の事態であって、肯定はあり得ない場合もある。

 ni *mag* bagms þiuþeigs akrana ubila gataujan.　　　（マタ 7, 18）
 良い木は悪い実を付けることができない。
 ni manna *mag* twaim fraujam skalkinon.　　　（マタ 6, 24）
 誰も二人の主人に仕えることができない。
 ni *magt* ain tagl hveit aiþþau swart gataujan.　　　（マタ 5, 36）

あなたは一本の毛髪を白くあるいは黒くしたりすることができない。

niþ-þan *mag* augo qiþan du handau: þeina ni þarf. (1コリ 12, 21)
しかし目は手に「私はお前を必要としない」と言うことができない。

leik jah bloþ þiudinassu guþs ganiman ni *magun*. （1コリ 15, 50)
肉と血は神の王国を受け取ることができない。

いずれにしてもこれらの否定文は否定詞が助動詞を否定する上位否定であって、ある事象（動作・状態等）を実現する可能性のないことが話題になっている。しかし極めて稀なことながら、ある事象を実現しない可能性が、従属不定詞を否定する下位否定によって表現されている例が1例ある。

"nih þan atta ni stojiþ ainnohun, ak staua alla atgaf sunau." iþ nu ains jah sa sama wesi... missaleikaim bandwiþs namnam, hvaiwa stojan jah ni stojan sa sama *mahtedi*?　　　(ヨハ解 5, 14)
「父（＝神）はただ一人も裁かず、全ての裁きを息子（＝キリスト）に委ねた」（ヨハ 5, 22)。そこでもし、異なった名前（複数形）でもって示されてはいたが、（父と息子とが）同一者であったとすると、いかにして同じ方（＝神）が裁くことができたり、また裁かないことができたりしたのであろうか。

ただし次例のように否定詞が従属不定詞の前方にあっても、下位否定ではない場合がある。

nih allis gaswiltan þanaseiþs *magun*.　　　　　　(ルカ 20, 36)
と言うのは、彼らはもはや死ぬことができないからだ。

原典の〈dúnasthai/iskhúein ＋ 受動の不定詞〉「…されることができる」は次のように3通りに訳されている。

50

1. magan 文 + （従属接続詞 ei +）受動文（2例）

   ibai *mag* in wamba aiþeins seinaizos aftra *galeiþan* jag-*gabairai-dau*? 　　　　　　　　　　　　　（ヨハ解2, 11f. = ヨハ3, 4）
   彼は自らの母の胎内に再び入って行って、生まれることができるのか。

   maguts-u *driggkan* stikl þanei ik driggka, jah daupeinai þizaiei ik daupjada, *ei daupjaindau*? 　　　　　　　（マル10, 38）
   あなた達二人は私が飲む杯を飲み、私が洗礼される洗礼で洗礼されることができるのか。

2. magan + 自動詞の不定詞（1例）

   an hvas *mag ganisan*? 　　　　　　　　　　　（ルカ18, 26）
   一体誰が助かることができるのか＝助けられることができるのか。

3. magan の過去分詞 mahts ＋ 受動の助動詞 wisan ＋ 他動詞の不定詞（6例）

   ni *mahta was* fram ainomehun *galeikinon*. 　　　（ルカ8, 43）
   彼女は誰によっても治されることができなかった。

   hvaiwa *mahts ist* manna *gabairan* alþeis wisands?
   　　　　　　　　　　　　　　（ヨハ解2, 10; 2, 14f. = ヨハ3, 4）
   いかにして人が年老いている状態で生まれることができるのか。

   hvarjatoh waurde at mannam innuman *maht ist* anþarleikein *inmaidjan*. 　　　　　　　　　　　　　（ヨハ解6, 13f.）
   人間達の所で聞き取られた言葉はどれも違ったものに変えられることができる。

   ni *maht ist gatairan* þata gamelido. 　　　　　　（ヨハ10, 35）
   聖書は破棄されることができない。

   þoei aljaleikos sik habandona *filhan* ni *mahta sind*（1テモ5, 25）
   違った状態である（＝良くない）事（複数形）は隠されることができない。

   maht wesi þata balsan *frabugjan* in managizo þau þrija hunda skatte. 　　　　　　　　　　　　　　　　（マル14, 5）
   その香油は300枚以上の銀貨で売られることができたのだが。

最も多用されている mahts wisan は、skulds wisan「…されなければならない」と全く同様、形式的には上位受動でありながら、内容的には下位受動「…されることができる」である。

〈mahts wisan＋不定詞〉は、〈skulds wisan＋不定詞〉にならって形成されたゴート語独自の表現であるのに対して、〈現在分詞 magands＋不定詞〉はギリシア語原典のなぞりである。

  sijais ni *magands* rodjan und þana dag.   （ルカ 1, 20）
  お前はその日まで話をすることができないであろう。
  ni *magandans* nehva qiman imma faura manageim. （マル 2, 4）
  彼らは群衆のために彼に近寄ることができないので。

非人称の skuld wisan「…することが必要とされている」に対応する非人称の maht wisan は用例がないが、magan の能動叙想法現在形を非人称で用いた例が1例ある。

  jabai *magi* wairþan us izwis, miþ allaim mannam gawairþi habandans.   （ロマ 12, 18）
  もし（そのような事態が）あなた達の中から生じることができる（＝そうなり得る）のであれば、全ての人々と共に平和を持つよう。

このような magan と wairþan「生じる、なる」を用いた、原典 ei dunatón「可能ならば」の自由訳は、古期ドイツ語の hwō mag that giwerdan?（H. 141）や wio mag thaʒ werdan?（O. II, 14, 17）「いかにしてそれが生じることができる（＝そうなり得る）のか」の先駆けであって、既に magan の意味と用法の抽象化が進んでいることを示しているが、しかし Ferraresi (1998: 48) の主張とは違って、ロマ 12, 18 の magi を主観的（epistemisch）な「…するかも知れない」に解することはできない。

以上のような magan や mahts wisan の様相性は、絶対的・主語内的な可能性であれ、相対的・主語外的な可能性であれ、客観的な

ものである。その際に問題になるのは、従属不定詞によって表わされる事象(動作・状態等)の実現または不実現に対する文主語の関わり方である。これに対して、話者が伝える情報の信憑性に関して話者が持つ責任と根拠が問題になる場合には主観的な様相性が表現されることになる。このような主観的な様相性としての可能性「…するかも知れない」を示すmaganの例が『ヨハネ伝注解』に1例見られる。

> jains manniskaim waurdam weitwodjands tweifljan þuhta.
> sunjeins wisands þaim unkunnandam (tweifljan) *mahta*.
> (ヨハ解6, 11)
> 彼(=ヨハネ)は人間の言葉で証言して、疑いを招くように思われた。彼は真実の人であったが、無知の人々の所では疑いを招く(=疑われる)可能性があった=かも知れなかった。

この場合は「ヨハネが人間の言葉で神の子イエス・キリストについて証言した」という根拠に基づいて「筆者は、ヨハネが無知の人々の所で疑いを招く(=疑われる)と推断することができた」という訳(ワケ)である。このように「思われる」という思考の文脈で従属不定詞の事象が自然的(ジネン)・非能動的な場合に主観的用法の起源があったと考えられる。

　Leiss(2002: 79f.)は1コリ15, 50のleik jah bloþ þiudinassu guþs ganiman ni magun「肉と血は神の王国を受け取ることができない」のmagunを、主観的な様相性を表わし得ると考えて、「肉と血は神の王国を受け取るはずがない」(Es ist nicht möglich, dass Fleisch und Blut das Reich Gottes erben)と解したがっているが、このような、二重の意味で「主観的な」解釈はギリシア語原典の意味から考えて無理である。ただし原典の意味を知らないゴート人なら、こう誤解する可能性は大きかったと思われる。

　ゴート語において様相助動詞が主観的な様相性を表現する例はmaganにしか見られないが、もしも『ヨハネ伝注解』が完全に伝存していたり、このような聖書訳以外の知的な文書が他にも現存し

ていたりすれば、maganと同様、十分な抽象化に達していたskulanについても主観的な様相性「…するに違いない」の用例がそこで見つかるに違いない。

3.8 bi-nauhan

bi-nauhanの全3用例の内の2例は本動詞として用いられているように見え、その1例は能動形で、もう1例は受動形である。しかしこの場合も従属不定詞の(ga)taujan「なす、する」が省略されているとみなすことも可能である。

> all *binah*（gataujan）, akei ni all daug; all mis *binauht ist*
> （gataujan）, akei ni all timreiþ.　　　　　　　（1コリ10, 23）
> 私は全ての事をしてよいが、しかし全ての事が役立つ訳ではない。全ての事（をすること）が私には許されているが、しかし全ての事が（徳を）高める訳ではない。

binahとbinauht istはどちらも原典の非人称動詞éksestin「許されている」の訳語であり、binauht istが原典に忠実に受動形で訳されているのに対して、binahの方は能動形で意訳されている。ゴート語の文法書では一般にこのbinahは3人称単数形の非人称動詞と解されているが、それならばラテン語訳のomnia mihi licent「全ての事が私には許されている」のようにall mis binahとならなければならない。単にall binahとあるのは、ピリ4, 13のall mag「私は全ての事をなし得る」と同じ構成で、人称動詞としての様相助動詞が1人称単数形で使われているからである。

全3例中の残る1例は明白に様相助動詞として記録されている。

> hvopan *binah*, akei ni batizo ist.　　　　　　　（2コリ12, 1）
> 自慢してよいが、しかしより良い事ではない。

このbinahは3人称単数形で、原典のdeī「…しなければならない」

に対応しているので、ゴート語の文法書や辞書ではbinauhanにこの意味内容も加えられているが、しかし決して「自慢しなければならない」と解釈されるべきではない。と言うのは、deīはこの個所以外の33例では全てskulanまたはsklud(s) wisanでもって訳されているからである。例えば直前の個所の類似した表現の訳がそうである。

 jabai hvopan *skuld sijai*, þaim siukeins meinaizos hvopau.
(2 コリ 11, 30)
 もし自慢することが必要とされている（＝自慢しなければならない）なら、私は自分の弱さに関する事を自慢したい。

2 コリ 12, 1 の deī は「分かりにくい deī」(Bernhardt 1875: 457) であるため、写本によっては dé「しかし」に直されている場合のあることが報告されている。つまり「しかし誇ることは無益であるが」（岩隈 7下, 1980: 96）。ゴート語訳の binah はこの「分かりにくい deī」をより理解しやすく、かつ脈絡により良く適合するようにした、訳者ウルフィラの解釈に他ならない。

 既に skulan の所で確認したように、被許可の上位否定には skulan, skuld wisan の下位否定「…しないことが必要である、必要とされている」が、被許可の疑問には skuld wisan が使用されていた。一方、被許可の下位否定は skulan や þaurban の上位否定「…する必要がない」によって代替されることが可能である。従って binauhan との論理的な関係を示すと次のようになる。

  肯定「…することが許されている」: binauhan, binauht wisan
  上位否定「…することが許されていない」: ni skulan, ni skuld
   wisan（下位否定）
  下位否定「…しないことが許されている」: ni skulan, ni þaurban（上位否定）
  疑問「…することが許されているのか」: skuld wisan

第3章 ゴート語における様相助動詞　　55

3.9 ogan

ogan は phobeīsthai「恐れる」の訳語として自動詞や他動詞の用例が多数あるが、様相助動詞「…することを恐れる、恐れて…しない」の用例としては同様の 2 例が記録されている。

>　*ohtedun* fraihnan ina bi þata waurd.　　　　　　　　　（ルカ 9, 45）
>　彼らは彼にその言葉について尋ねることを恐れた＝恐れて尋ねなかった。
>　*ohtedun* ina fraihnan.　　　　　　　　　　　　　　　　（マル 9, 32）
>　彼らは彼に尋ねることを恐れた＝恐れて尋ねなかった。

ogan の反対語は gadaursan「敢えて…する」であり、従って ogan は gadaursan の上位否定と同義である。

>　ainshun þanaseiþs *ni gadaursta* ina fraihnan.　　　　（マル 12, 34）
>　もはや誰も彼に尋ねる勇気がなかった＝敢えて尋ねなかった。

ogan を様相助動詞とする著者の解釈に対して Birkmann（1987: 116）は次のように批判している。

>　この 2 例（ルカ 9, 45 とマル 9, 32）に基づいて髙橋（1974: 115）はゴート語の *ogan を様相助動詞に入れたがっている。しかしこれは様相助動詞に関する我々の理解と全く一致し得ないので、髙橋の解釈は拒否せざるを得ない。

このような反論が現代ドイツ人から出るのはもっともなことである。ドイツ語史においては他のゲルマン語同様、当初から ogan に対応する様相助動詞がなく、反対語の gadaursan に対応する助動詞でさえも現在では既に放棄されているからである。しかし完了現在動詞という形式と従属不定詞を伴うという統語法の 2 大条件を満たしているにもかかわらず、ogan を様相助動詞として扱わないのは記

述論理の一貫性を欠くことになる。

3.10　wiljan

この動詞は原典の thélein「欲する」、boúlesthai「望む」の訳語であり、従属不定詞句を客語とする本動詞の用例もある。

　　ni *wilda* witan mannan.　　　　　　　　　（マル 7, 24）
　　彼は（それを）人が知ることを欲しなかった。

この場合は wiljan の主語と従属不定詞 witan「知る」の行為主体は別人であるが、同一人の場合は意志や願望を表現する様相助動詞として機能し、54 例の記録がある。その際、現在分詞での用法も可能であった。

　　gabandwidedun attin is þata, hvaiwa *wildedi* haitan ina.
　　　　　　　　　　　　　　　　　　　　　　　　（ルカ 1, 62）
　　彼らは彼の父に合図してこの事を、どのように彼に命名したいと欲するのかを尋ねた。
　　iþ Peilatus *wiljands* þizai managein fullafahjan.　（マル 15, 15）
　　しかしピラトはその群集を満足させたいと欲しつつ。（ギリシア語現在分詞 boulómenos）

　ni wiljan は統語法上では上位否定であるが、それを下位否定と解しても多くの場合にはほぼ同義である。

　　jabai hvas ni *wili* waurkjan.　　　　　　（2 テサ 3, 10）
　　もしも誰かが働きたいと欲しないならば≒働きたくないと欲するならば。

統語法上で明白な下位否定の必要がある時には〈他動詞 wiljan ＋ 従属接続詞 ei ＋ 叙想法形〉の構成が取られている。

> *wileis* ei ni ogeis waldufni?　　　　　　　　　　　　（ロマ 13, 3）
> あなたは権威を恐れないことを欲するのか。

ここの ogeis は完了現在動詞 ogan の叙想法現在単数 2 人称形であるが、ei ogeis 全体が原典の不定詞 phobeīsthai「恐れる」に対応していることから、これを W. Schulze（1934: 568）は ogan に不定詞がなかったことの証拠と考えている（Braunes Got. Gr. 2004: 169 も同様）。しかし現在分詞 ogands が例証されているので、そう考える必要性は全くない。もしも原典 théleis dè *mề* phobeīsthai tền eksousían（ラテン語訳 vis autem *non* timere potestatem）の下位否定を忠実に直訳すれば wileis ni ogan waldufni? となるが、この ni の語順はゴート語では不自然であるため、統語法上では上位否定の ni wileis ogan waldufni? とならざるを得ない。統語法上の上位否定 ni skulan が意味上の下位否定でもあり得るのと同様である。普通ならば上位否定か下位否定かは前後関係から判断できるが、ロマ 13, 3 は特に下位否定であることを明示する必要があるので、ei ni ogeis と訳したものと思われる。

原典で受動の不定詞を伴う構成 huph' humõn propemphthẽnai 「あなた達によって送り出される」は再帰表現の不定詞で訳されている。

> *wilda* fram izwis gasandjan mik in Iudaia.　　　　　（2 コリ 1, 15f.）
> 私はあなた達の所からユダヤへ自分を送り出したいと欲した。

これは原典の受動不定詞をゴート語に翻訳する際に取られた 6 番目の手段である（他の手段については gadaursan, skulan, magan を参照）。

3.11　他の完了現在動詞の様相助動詞としての可能性

以上においてゴート語の様相助動詞 10 語を考察してきた。ゴート語の完了現在動詞としてはこの 10 語の他にさらに 4 語の基本語、

即ち aigan/aihan, dugan, kunnan, ga-motan が確認されているが、これらには不定詞との結合例が記録されていないので、取り上げなかった。しかしながらこれら4語の完了現在動詞に様相助動詞としての用例が例証されていないのは全くの偶然にすぎないと考えた人々がいる。例えば Grimm（4, 1898）は次のように述べている。

> 第2類の変則動詞（＝完了現在動詞）は全て本来、単純な不定詞を従えていた。　　　　　　　　　　　　　　　　　　　　（101）
> ゴート語 kunnan, aigan, gadaursan（gamotan の間違い）, dugan の後には不定詞の用例がないが、これらに何の支障もある訳ではない。　　　　　　　　　　　　　　　　　　　　　　　　　（102）

Hempel（1973: 237）も同様に考えている。

> 他方 kunnan, mōtaコ, dugan が不定詞と共に現われないのは、記録の偶然かも知れない。

　Grimm や Hempel がこのように考える根拠は、これらの完了現在動詞の、他のゲルマン語での対応語が従属不定詞と共に用いられているという事実である。だが果たして簡単に他のゲルマン語からゴート語の事情を推論することが許されるのであろうか。と言うのは、ゴート語の文献（500年頃）と他のゲルマン語の最古の文献（700–750年頃）との間には少なくとも200年ほどの隔たりがあって、この間には言語事象の変化が十分考えられ得るからである。
　また完了現在動詞が本来は全て不定詞を伴ったというような、Grimm の考えは正しくない。なぜなら、完了現在動詞は本来、本動詞であって、全てのものが助動詞としての機能を持っていた訳ではないからだ。既に見た通り、ゴート語の様相助動詞についても lisan 以外のほぼ全てに、他動詞であれ自動詞であれ、本動詞としての用例が記録されている。
　ところで様相助動詞なるものは他の印欧語のみならず、日本語にも存在する（例えば「べし」や「得る」）のだが、しかしこの文法

範疇を専ら完了現在動詞から作り上げているのがゲルマン語の大きな特徴である。ゲルマン語の中でまとまった最古の文献を残しているゴート語においても既にこのような特殊事情は顕著であった。否むしろ他のゲルマン語におけるよりも大規模に完了現在動詞を助動詞化していたことが確認し得た。この事から考えると、不定詞との結合例が記録されていない aigan/aihan, dugan, kunnnan, ga-motan についても様相助動詞としての可能性を検討しておく必要が生じる。とりわけ kunnan は現在ドイツ語の können に、ga-motan は müssen に形態上、対応しているだけに、これらの完了現在動詞の助動詞としての可能性は一見、疑問の余地がないように思える。だが果たしてそうであるのか否か、そしてもしそうであるならば、どの程度にかという問題を以下で考察してみたい。

その際に重要なのはゴート語の言語体系内での実情の把握、とりわけ構造的な分析と考察に基づいて初めて他のゲルマン語との比較が有意義に行なえるのであって、Grimm や Hempel のように、言語構造の考察を飛ばして、いきなり他のゲルマン語から推論することは許されないと著者は考える。

それ故に aigan/aihan, dugan, kunnnan, ga-motan の全用例を調査してその意味内容を確かめてから、これらの動詞と競合する他の動詞との関係、あるいは様相助動詞の語野（語場、Wortfeld）の分節構造を考慮して、様相助動詞としての可能性を検討する。

3.11.1　aigan/aihan

aigan/aihan は32例とも全て対格形または二重対格形の客語と共に記録されていて、原典の ékhein「持っている、持つ」の訳語である。しかしこの意味の ékhein は aigan/aihan よりも圧倒的に多く（183例）haban でもって訳されている。haban と aigan/aihan の使い分けには次のような傾向が見られる。haban が「偶々、あるいは丁度今持っている」を意味するのに対して、aigan/aihan は自然な所有（特に家族）とか法や財産（例えば住居）の固定的な所有を意味する（Meid 1971: 31）。

注目すべきは、この haban の方に不定詞を伴う助動詞としての

用例があることである。

  1. 無障碍を表わす様相の助動詞として（3例）
     unte eis ni *haband* usgildan þus.　　　　　　　　（ルカ 14, 14)
     と言うのは彼らはあなたにお返しすることができないからだ。
     (＝ékhein)
  2. 未来時称の助動詞として（8例）
     þatei tauja jah taujan *haba*.　　　　　　　　　（2 コリ 11, 12)
     私はしている事をまたするであろう。（＝原典の未来形）
     wissa þatei *habaida* taujan.　　　　　　　　　　（ヨハ 6, 6)
     彼はするであろう事を知っていた。（＝méllein。過去未来形）

このように助動詞として機能し得たのが競争相手のhabanであったが故に、ゴート語のaigan/aihanは助動詞化され得なかったと考えて差し支えない。この事はさらにaigan/aihanが最も助動詞化され易いはずの、必然性の表示（＝ékhein「…しなければならない」）にさえ用いられず、この場合（ヨハ 8, 26; 16, 12; ルカ 7, 40)にはskulanが使われていることからも裏づけされる。

3.11.2　dugan
この動詞は2用例が記録されている。

     all binah, akei ni al *daug*.　　　　　　　　　　（1 コリ 10, 23)
     全ての事を私はしてよいが、しかし全ての事が役立つ訳ではない。
     waurdam weihan du ni waihtai *daug*.　　　　　　（2 テモ 2, 14)
     言葉で戦うことは何にも役立たない。

先のdaugは原典のsumpheréi「役立つ」に、後のdaugは形容詞khrésimos「役立つ」で対応している。しかしながらいずれにしても様相助動詞としての可能性は確認できない。この動詞の後継語は中高ドイツ語ではze＋動名詞と共に、初期新高ドイツ語ではzu＋

不定詞と共に用いられて様相助動詞「…するにふさわしい」として機能するが、ゴート語では既に du + 与格形名詞と共に用いられていて、後代における様相助動詞の準備ができていることが分かる。ただしこの動詞は完全な様相助動詞にはなり切れずに、初期新高ドイツ語以降、弱変化動詞に移行して行く。

3.11.3　kunnan

　この動詞の用例は全部で 95 例あって、その内の 45 例は原典の ginóskein「知る、知っている、理解する」に、41 例は eidénai「知る、知っている、理解する」の訳語として用いられている。同様の意味で競合する witan は 109 例が eidénai を、15 例が ginóskein に対応している。このように意味上では kunnan と witan との間に差異が認められないが、統語法上では差異が見られる。両者の補足語句について調べてみると、kunnan では対格形客語が最多の 62 例あるが、witan では 10 例にすぎない。特に「ある人を知っている、知る」という場合は圧倒的に多く kunnan が用いられている（witan の 1 例に対して 40 例）。witan で最多の補足語句は 87 例の客語文（従属接続詞文、間接疑問文、関係詞文）であるが、kunann では客語文は 17 例にすぎない。これらの事から kunnan は概括的な知識の感覚的な所有を、witan は個別的な知識の観念的な所有を意味する語であると言える。しかしこの対立は現代ドイツ語の kennen と wissen の対立ほど絶対的ではなく、30 パーセントの用例においては対立が中和されている。

　kunnan の用例に従属不定詞を伴う例は存在しないが、この動詞の様相助動詞としての可能性を考える時には、まずマタ 27, 65 の個所が問題になる。ここの kunnuþ は原典の oídate に対応していて、この oídate は単独で用いられた様相助動詞「…することを心得ている、できる」と解釈されている（Bauer 1971: 1101; 岩隈 1982: 327）ので、ゴート語の訳語の方も同様に様相助動詞と解して差し支えない。

　　　gaggiþ witaiduh swaswe *kunnuþ*. 　　　　　　　　　（マタ 27, 65）

お前達は行って、（見張るすべを）知っている通りに見張れ。

　原典でeidénaiが様相助動詞として用いられている個所は他にも4例あって、ピリ4,12では2回lisanで、1テサ4,4ではwitanで、1テモ3,5ではmaganで訳されている。これに対して原典でginóskeinが様相助動詞として用いられているマタ16,3は、対応する部分のゴート語訳写本が欠落しているが、ginóskeinに対するkunnanとwitanの対応関係（45:15）から判断するとkunnanで訳されていた可能性が大きい。

　　　*sweþauh andwairþi himinis *kunnuþ* domjan.　　　（マタ16,3）
　　　確かにあなた達は空の様子を判断するすべを知ってはいるが。

　kunnanの様相助動詞としての用例が極めて少ないのは、ギリシア語原典そのものに知的な可能性の表現が僅少であったこと、部分体系における過剰供給（kunnan, lisan, magan, witan）、並びに内包は小さいが外延の大きなmaganに対して、内包は大きいが外延の小さなkunnanの特性に帰される。従ってBehaghel（2,1924:310）の「canと不定詞の結合はゴート語にはまだ馴染みがない」という判断は皮相的・短絡的だと言わざるを得ない。

3.11.4　ga-motan
　motanという単純動詞は記録されておらず、ga-合成動詞の用例が3例のみである。

　　　swaswe juþan ni *gamostedun* nih at daura.　　　（マル2,2）
　　　それで彼らはもはや戸の所に余地を持たなかった。
　　　waurd mein ni *gamot* in izwis.　　　（ヨハ8,37）
　　　私の言葉はあなた達の（心の）中で余地を持たない。
　　　gamoteima in izwis.　　　（2コリ7,2）
　　　我々はあなた達の（心の）中で余地を持ちたい。

ga-motan を「余地を持つ」と訳したが、「余地を見出す」も可能であり、いずれにしても ga-motan は自動詞である。この 3 用例は原典の khōreīn に対応している。khōreīn 自体は名詞 khōros「場所、余地」からの派生語で、原義は「場所を作る、余地を与える」であり、マル 2, 2 はその空間的な原義を示しているが、原典の文意は「それで戸口の所はもはや余地を与えなかった」である。他の 2 例は比喩的な意味で用いられていて、ヨハ 8, 37 は「前進する、成長する」と、2 コリ 7, 2 は「受け入れる、理解する」と解される。ただし 2 コリ 7, 2 の原典の文意は「我々に（心の中で）余地を作りなさい＝我々を理解しなさい」であるので、ゴート語訳の方はマル 2, 2 と同様、行為主体の転換がなされた自由訳である。

　以上の通り、ゴート語の ga-motan に様相助動詞としての用例は皆無であるので、多くの辞書や文法書が「…してよい」とか「…することができる」といった意味を追加しているのはテキスト上の根拠がないことである。しかしながら「余地を持つ」から「…してよい」とか「…することができる」への意味の移行はゴート語の文献より後の時代には容易に考えられ得ることである。

　(ga)motan が様相助動詞化される要因としては、固有の意味上の連関の他に、様相助動詞の語野内の構造的な特性も考えられる。既に binauhan の所で見たように、例えば現代ドイツ語で「被許可の可能性」という様相性を表わす助動詞として dürfen が占めている位置は、ゴート語では専ら 2 系統の助動詞によって相補的に占められていて、肯定の平叙には binauhan, binauht wisan が、他方、上位否定と疑問には binauhan, binauht wisan は用いられず、上位否定には代わりに skuld wisan が、疑問にも skuld wisan が用いられている。まさしくこのような binauhan の機能的な不完全性、あるいは binauhan, binauht wisan と skuld wisan との相補性、さらに換言すれば様相助動詞の語野内での構造的な不均衡・欠陥が、後代において (ga)motan が様相助動詞の語野の中に新規参入して、「被許可の可能性」の位置から binauhan, binauht wisan と skuld wisan を駆逐し、その位置を独占するに至る一大要因であったと考えられる。

このような考えを筆者は早い段階で発表していたが、その後これに関してBirkmann（1987）が「髙橋（1975a: 106f.）が想定しているような後代の意味変化はなるほどと思える」（114）、「髙橋の論証は非常に人を納得させるように思え、この点では疑問視されるべきでもない」（115）と支持する発言をしているので、Tellier（1962: 34）が抱いた「ゴート語の状況はこの言語が持っていた要素motanをほとんど失ってしまった時点にあるのか、それとも逆に我々は先の状況において存在しなかった新しい要素motanの出現に立ち会っているのか」という疑問に明白な答えを出したことになると言える。

3.12　ゴート語における様相助動詞の体系

以上の考察を次のようにまとめることができる。

1. ゴート語には様相助動詞として機能し得る完了現在動詞の数が多い（21語の内の11語）。
 bi-nauhan, ga-daursan, kunnan, lisan, magan, munan, ogan, skulan, þaurban, witan, wiljan
2. 様相助動詞として機能しない完了現在動詞が多くある（21語の内の10語）。
 aigan/aihan, dugan, fair-aihan, fra-kunnan, ga-kunnan, ga-magan, ga-motan, ga-munan, ga-nauhan, miþ-witan
3. 様相助動詞として機能し得る完了現在動詞のほとんどは本動詞としても機能し得る。
 lisan以外の全て。

次に考えるべきは、ゴート語の様相助動詞を他の類義の動詞から区別する統語法上の特性が存在するのか否かという問題であるが、そのような統語法上の特性は何もないことが分かる。従ってこの点では、例えば現代ドイツ語の様相助動詞の場合とは大いに異なっている。7.8.2で見るように、現代ドイツ語の様相助動詞は統語法上

の多様な特性を共有していて、個々には他の類義の動詞も関与するとは言え、全ての特性が同時に共存するという事態は他の類義の動詞には見出されないからである。ところがゴート語では、現代ドイツ語の様相助動詞における最も重要な統語特性、つまり前置詞なしの不定詞と結びつき、その際、様相助動詞の主語と従属不定詞の意味上の行為主体とが同一であるという特性でさえ、他の類義の動詞にも現われ得る。そのような様相助動詞的な動詞として次のものを挙げることができる。

> haban「…することができる」、ana-nanþjan「敢えて…する」、at-saihvan「…しないように気をつける」、frijon「喜んで…する」、gairnjan「熱烈に…したいと思う」、munan（第2類弱変化動詞）「…しようと思う」、sniumjan「…しようと努める」、sokjan「…しようと試みる」、us-bidan「…したいと願う」、us-daudjan「…しようと努める」、wenjan「…したいと望む」等。

さらに次のような連辞も様相助動詞的な機能を有していて、前置詞なしの不定詞と共に用いられる。

> lustu haban「…する気がある」、waldufni haban「…する力を持っている」、wen haban「…する望みを持っている」gawiljis wisan「…することを望んでいる」、mahteigs wisan「…することが可能である」、skula wisan「…する義務がある」、wairþs wisan「…する資格がある」

このようにゴート語には、意味上のみならず、統語法上でも完了現在動詞系の様相助動詞と同じ働きをする非完了現在動詞系の動詞や連辞が多く存在することも考え合わすと、ゴート語における完了現在動詞と様相助動詞との関係は、現代ドイツ語における両者の関係よりもはるかに緊密ではないと言える。

しかしそれでも、後代における両者の関係の緊密化の傾向が既に

ゴート語に見出されるのは紛れもない事実である。この事はまず、ゴート語の完了現在動詞系の様相助動詞の用例が非完了現在動詞系のものよりもはるかに多いという量的な事実の他に、質的な面についても認められ得る。ゴート語における完了現在動詞系の様相助動詞は、現代ドイツ語におけるのと全く同様に、多様な現実の事態を表現することに対処し得る十分な能力を既に備えていることが分かる。様相助動詞が表わす多種多様の客観的な様相性、つまり事象の実現または不実現に対する文主語の関わり方は、主語の立場から言えば、「可能性」と「必然性」と「志向性」という対立的な3分野に大別することができるが、ゴート語の完了現在動詞系の様相助動詞はこの3分野の全域をうまく、あるいは部分的には何とか、分節・分担している。

　A．客観的様相性
　　1．必然性
　　　1）全般的
　　　　（1）肯定：skulan, skulds wisan
　　　　（2）上否：ni skulan（実行の不必然性）
　　　　（3）下否：ni skulan, skulan ni, ni skulds wisan（不実行の必然性）
　　　2）限定的－状況由来の必然性
　　　　（1）肯定：þaurban
　　　　（2）上否：ni þaurban（実行の不必然性）
　　2．可能性
　　　1）全般的
　　　　（1）肯定：magan, mahts wisan
　　　　（2）上否：ni magan, ni mahts wisan（実行の不可能性）
　　　　（3）下否：magan ni（不実行の可能性）
　　　2）限定的
　　　　（1）知恵・心得：kunnan, lisan, witan
　　　　（2）被許可・無障碍：binauhan, binauht wisan
　　　　（3）勇気

             a. 肯定：gadaursan
             b. 上否：ni gadaursan（実行の勇気の欠如）、ogan
                （実行の躊躇）
      3. 志向性
         1）全般的
           （1）肯定：wiljan
           （2）上否：ni wiljan（実行の無欲）
           （3）下否：wiljan ei ni（不実行の意欲）
         2）限定的 – 意思：munan
   B. 主観的様相性 – 可能性：magan

　これをゴート語における完了現在動詞系の様相助動詞の語野の分節構造とみなすことができる。ここで特徴的なのは、各下位分野の中で内包が小さくて外延の大きな全般項と、内包が大きくて外延の小さな限定項とが対立していることである。

　なお筆者は以前、ゴート語 ga-daursan や対応する古期ドイツ語 gi-durran/turran 等の意味「勇気」を志向的と考えていたが（Kühner/Blass/Gerth 2,2,1904: 6 もギリシア語の tharrō「私は敢えてする」を志向性の表現としている）、後代における可能性（被許可）の müssen や dürfen との競合関係から、本書では「勇気」を可能性の一部とみなすことに変更した。Götz（2001: 432）も古高ドイツ語 gi-turran の意味を「勇気に基づく可能性」（Möglichkeit aufgrund von Mut）と解釈している。

第4章
古期ドイツ語における様相助動詞

　9世紀ドイツの3大作品、ザクセン語の『ヘーリアント』(= H。特記なき限りM写本から引用。『ザクセン語の創世記』= Gを含む)と南ラインフランク語の『オットフリート(の聖福音集)』(= O)と東フランク語の『タツィアーン(の総合福音書)』(= T)に見られる完了現在動詞は以下の21語である(通し番号はKrahe/Meid 2, 1969: 136ff. による)。

1) witan(H)/wiʒ(ʒ)an(O, T)「知っている」、fir-wiʒ(ʒ)an(O)「(再帰動詞) 知的になる」、undar-witan(H)/untar-wiʒ-(ʒ)an(O)「認識する」
2) ēgan(H)/eigan(O)「持っている」
4) dugan(H, O)「役立つ」
5) kunnan(H, O)「知っている」、bi-kunnan(H)「知っている」、in-kunnan(O)「憎む」
6) thurƀan(H)/thurfan(O, T)「必要とする、…する必要がある、するに違いない」、bi-thurƀan(H)/bi-thurfan(O, T)「必要とする」
7) (gi)durran(H)/gi-durran(O, T)「敢えて…する」
8) gi-unnan(H)/(gi)unnan(O)「許し与える」、af-unnan(H)「拒む」、irb-unnan(O)「拒む」
9) sculan(H, O, T)「…しなければならない」
10) far-munan(H)「侮る」
12) mugan(H, O, T)/magan(T)「…することができる、すべきだ、するかも知れない」、gi-mugan(T)「匹敵する」、ubar-mugan(O)「まさっている」
15) mōtan/muotan(H)/muaʒan(O)「…してよい、することが

69

できる」

17）willien/wellian(H)/wollen(O,T)「…したいと欲する」

ゴート語にあった13番の動詞は9世紀初めの高地ドイツ語に2例の3人称単数形 ga/ki-nah「十分である」を残して消失している。逆にゴート語にはなかった8番が登場する。

上掲の21語の完了現在動詞の中で、従属不定詞（句）を伴う様相助動詞としての用例が記録されているのは次の9語であり、以下で順次解説していく。

1）witan(H)/wiʒ(ʒ)an(T), 2）eigan(O), 5）kunnan(H, O), 6）thurƀan(H)/thurfan(O), 7）(gi)durran(H)/gi-durran(O, T), 9）sculan(H, O, T), 12）mugan(H, O, T)/magan(T), 15）mōtan/muotan(H)/muaʒan(O), 17）willien/wellian(H)/wollen(O, T)

4.1　witan/wiʒ(ʒ)an

witan/wiʒ(ʒ)an の約490用例（H: 106, O: 222, T: 157）のほとんどは本動詞「知っている」であるが、純然たる様相助動詞としての用例が1例のみ『ヘーリアント』に見出される。

mīthan siu is thuru thia minnia ni *wissa*.

(H. 5931. Behaghel 2, 1924: 309)

彼女はそれを愛故に思い留まるすべを知らなかった。

『タツィアーン』には前置詞付きの不定詞（＝動名詞）を伴った例が1例ある。これは現代ドイツ語の wissen と同様である。

oba ir *wiʒʒut* guot *zi* gebanne iuweren kindon.

(T. 40, 7 ＝ マタ 7, 11)

もしもあなた達が自分の子供らに良い物を与えるすべを知って

いるのであれば。

次例では〈zi + 不定詞（= 動名詞）〉が省略されている。

faret inti bihaltet, sōso ir *wiʒʒīt*（*zi* bihaltanne）.
（T. 215, 4 = マタ 27, 65）
お前達は行って、（見張るすべを）知っている通りに見張れ。

4.2 eigan

　この動詞の叙実法現在の単数形は既に古期ドイツ語では失われている。『ヘーリアント』と『オットフリート』に見られる 92 の用例（H: 36, O: 56）のほとんどは本動詞「持っている」であるが、『オットフリート』には完了時称の助動詞の用例もある（O. V, 7, 29: sie eigun mir ginomanan liabon druhtīn mīnan「彼らは私からわが愛する主を奪い取った」）。様相の助動詞としては前置詞付きの不定詞（= 動名詞）を伴った例が『オットフリート』に 1 例記録されている。

　zi sorganne *eigun* wir bī thaʒ.　　　　　　　　　（O. V, 19, 2）
　我々はその事について心配しなければならない。

　翻訳文献の『ヴァイセンブルクの公教要理』（9 世紀初め）における未来時称の助動詞としての用例は特異な直訳であるが、基になっているのは必然性の意味である。

　ci thes cumfti alle man *ci* arstandanne *eigun* mit līchamon iro.
　　　　　　　（Weißenburger Kathechismus 105. Erdmann 1, 1886: 96）
　彼の到来時に全ての人々は自らの肉体をもって復活することになっている。（= resurgere habent）

4.3　kunnan

『タツィアーン』にはこの動詞の用例が皆無である。『ヘーリアント』と『オットフリート』でも僅かであり、本動詞「知っている」の用例が11（H: 8, O: 3）、様相助動詞の例は6（H: 4, O: 2）にすぎない。

 thē frōdo man, thē thār *consta* filo mahlian.　　　　（H. 225）
 多くの事を語るすべを知っていたその経験豊かな男。
 sie ni *cunnun* ēnig feho winnan.　　　　　　　　　（H. 1669）
 彼らは何も財産を得るすべを知らない。
 ist ther in iro lante... in ander gizungi firneman iȝ ni *kunni*.
　　　　　　　　　　　　　　　　　　　　　　　　　（O. I, 1, 120）
 彼らの国に他の言語でそれを理解するすべを知らない者がいるならば。

次の例ではmaganが表わす肉体的な能力に対してkunnanが表わす知的な能力が対置されている。

 mag scadon harto līdan, ni *kann* inan bimīdan.　（O. IV, 5, 10）
 （驢馬は）懲らしめによく耐えることができるが、それを避けるすべを知らない。

次例でも外的な無障碍を表わすmaganと知的な能力を表わすkunnanとが対比されている。

 bī themu wundre, hwanen imu *mahti* sulīc word cumen... that hē spel godes gio sō sōdlīco seggean *consti*.　（H. 2649–2651）
 どこから彼にそのような言葉が生じ得て、彼が神の話をいつもそのように正しく告げるすべを知っているのかという驚き故に。

『ヘーリアント』の1例は前置詞付きの不定詞（＝動名詞）を

伴っている。

> nio hie sō wīdo ni *can te* githenkeanne.　（H. 2530. Steig 1884: 490)
> 彼は（＝人は誰も）決してそれほど広く考えるすべを知らない。

この特異な用例については Piper（1897: 203）に〈giwald hebbian te ＋ 不定詞（＝動名詞）〉「…する力を持っている」と同様の用法だという指摘がある。

4.4　thurƀan/thurfan

『タツィアーン』の全1例（T. 191,2 ＝ マタ 26,65）は属格形客語を取る本動詞『必要とする』の用例（修辞疑問文）であり、『オットフリート』にも本動詞「窮乏に苦しむ」の用例（否定文）があるが、様相助動詞としての用例は『ヘーリアント』と『オットフリート』に 42 例（H: 24, O: 18）ある。その内の 1 例は肯定の疑問文で用いられている。

> bihwī hē sō lango frāon sīnun thionon *thorfti*.　　（H. 178)
> 何故に彼はそれ程長く自らの主人に仕える必要があったのかと。

この疑問文は否定の答え「仕える必要はなかった」を措定する修辞疑問文である。さらに否定の主文に後続する副文において肯定で用いられた例も 1 例ある。

> thiu naht, thiu quimit, thaȝ man n'ist, ther *thurfi* thenken, thaȝ megi er wiht giwirken in themo finstarnisse.　（O. III, 20, 19)
> 夜が来ると、何かをその暗闇の中で行ない得ると考える必要がある者はいない＝誰もそう考える必要（＝理由）がない。

他の 40 例は明白な否定文であって、しかもその大半は助動詞が否定される上位否定「…する必要がない」である。

that ik gewald hebbiu seokan man te gehēleanne, sō ik ina hrīnan ni *tharf*. (H. 2329)
私が病気の人に触れる必要がなくても、彼を治す力を有していること。

ther man, ther githwagan ist, thie fuaʒi reino, ni *tharf* er wasgan mēra. (O. IV, 11, 38)
両足を綺麗に洗われている人、彼はそれ以上洗う必要(=理由)がない。

ni *tharf* es wesan mēra. (O. II, 21, 24)
それ以上ある必要がない。(非人称)

　下例のように従属不定詞の事象が自然的・非能動的(ジネン)な場合は、①客観的な「…する必要がない」(上位否定)よりも、むしろ②主観的な「…しないと推断する必要がある＝しないに違いない」(下位否定)と解し得る。ここに ni thurban/thurfan の主観的用法の起源が認められる。

ef thū sīs godes sunu, scrīd thī te erđu hinan. gescriban was it giu lango an bōcun, hwō giboden habad is engilun alomahtig fader, that sie thī at wege gehwem wardos sindun, haldad thī undar iro handun. hwat, thū hwargin ni *tharft* mid thīnun fōtun an felis bespurnan. (H. 1089)

もしお前が神の息子であるなら、ここから地面に滑り落ちてみよ。どの道でもお前のために保護者であるよう、お前を自分達の手の中で支えるよう、いかに自らの天使らに全能の父が命じたのかが、既に長く聖書に書かれていたではないか。本当のところ、

①お前は全く自らの両足で岩に突き当たる必要(＝理由)がない。

②お前は全く自らの両足で岩に突き当たらないに違いない＝突き当たるはずがない。

ni thurban/thurfan の主観的な用例は、中高ドイツ語の ne durfen/dürfen ではままあるものの、古期ドイツ語では他に見られない。

比較的に稀ながら従属不定詞が否定される下位否定「…しない必要がある＝してはならない」の用例も見出される。

 bethiu ne *thurbon* gī umbi iuwa gewādi sorgon, ne gornot umbi iuwa gegariwi.　　　　　　　　　　　　　　(H. 1684)
 それ故にあなた達は自らの服について心配してはならない。あなた達は自らの着物について嘆くな。
 ni *tharft* es lougnen, thīn sprācha scal thih ougen.　(O. IV, 18, 27)
 あなた（＝ペテロ）はそれを否認してはならない。あなたの言葉はあなた（がイエスの仲間であること）を示している。
 ni *thurfut* ir biginnan, thaʒ ir ouh megīt bringan, thaʒ ir gote thionōt joh thoh thia worolt minnōt.　　　(O. II, 22, 3)
 あなた達は神に仕えておりながら、俗世を愛することをも実行するのを試みてはならない。

この下位否定の意味は後にこの助動詞が肯定文で「…してよい」の意味を持つに至る契機となるものである。

なお純然たる肯定の限定的・状況的な必然性の表現には thurban/thurfan は用いられず、sculan か magan（ただし両者の必然性は全般的）、eigan ＋ zi(O) が使われるが、『タツィアーン』はラテン語の非人称動詞 oportet「…しなければならない」を専ら非人称動詞であった gilimphit ± zi で訳している。

 in（対格）*gilimphit* wahsen, mih zi minnirōnne.
 　　　　　　　　　　　　　　　　　(T. 21, 6 ＝ ヨハ 3, 30)
 彼は盛んになり、私は衰えなければならない。
 thaʒ dār giscriban ist, *gilimpfit* gifullit werdan.
 　　　　　　　　　　　　　　　　　(T. 166, 3 ＝ ルカ 22, 37)
 書かれている事に実現されなければならない。

このように限定的・状況的な必然性の表現に肯定と否定・疑問で違った助動詞を用いなければならないという構造的な欠陥が、古期ドイツ語の末期にどの場合にも等しく使用できる助動詞 müssen を導入する原因となる。

『ヘーリアント』M写本では語頭の th が d と記されている場合（例えば 3208 dorfte）があるが、これは（gi)durran「敢えて…する」からの影響と考えられる。

次例の thurƀan は（gi)durran の意味で解釈する方が文脈によりよく適合する。

> thū sagdas that thū mahtis an ēnon dage all tewerpan that hōha hūs heƀancuninges, stēnwerco mēst endi eft standan giduon an thriddion dage, sō is elcor ni *thorfti* bithīhan mann theses folkes furđor.　　　　　　　　　　　　　　　　　　　　　　(H. 5577)
> お前は、他にこの民族の誰もそれ以外に敢えて実行しなかったように、あの天王の高い建物を、石造りの最大の物を一日で全て破壊して、再び三日目に立たせ得ると言った。

古期ドイツ語末期の『ノートケル』では肯定の durfen が修辞疑問文の中でラテン語の接続法形を再現するために用いられている（Karg-Gasterstädt 746; Sehrt 1962: 35; G. Fritz 1974: 72）。ただしその際の従属不定詞は chōsōn「言う」と sagēn「言う」に限定される。

> waʒ *tarf* ih chōsōn umbe dīne sune?　　　　　　　(N. I, 80, 8)
> 私はあなたの息子達について何を言う必要があるのか＝何をか言わんや。（tarf chōsōn ＝ラテン語 dicam「言おうか」）

このような場合の durfen は、現代ドイツ語において懐疑を示す sollen に相当するが、ドイツ語史において dürfen がこのように用いられたのはこの『ノートケル』だけである。

古期ドイツ語の thurƀan/thurfan が否定的な文脈でのみ用いられ

るのに対して、古ザクセン語の派生名詞 tharf「必要性」を用いた〈sīn/wesan ＋ 人の与格形 ＋ tharf ＋ te ＋ 不定詞（＝動名詞）〉「ある人にある事をする必要がある」は肯定的な文脈でも使用される。

> was im tharf mikil te gihōrienne heƀencuninges word. (H. 2376)
> 彼らには天王の言葉を聞く大きな必要性があった＝彼らは天王の言葉を聞く必要が大いにあった。

4.5 (gi)durran

1例（G. 243）は gi- の付かない単純動詞であるが、全部で23例（H: 15, O: 7, T: 1）記録されている。さらに『エッセンの福音書注釈』（10世紀）には gi- のない過去複数3人称形 dorstun が例証されている（Holthausen 1921: 166）。

> ni was iro sō sikur ēnig, that hē themu wībe *gedorsti* stēn an werpen. (H. 3876)
> 彼らの誰も、その女に石を敢えて投げつけるほど無罪ではなかった。
> *gidar* ih lobōn inan fram. (O. I, 8, 9)
> 私は敢えて彼を大いにほめる。
> *gidar* ih zellen uba-lūt. (O. III, 7, 25)
> 私は敢えてはっきり言う。（確言。Götz 2001: 230 参照）

否定文は全て上位否定の例である。

> thuo ni *dorste* Abraham leng drohtin sīnan furđhur frāgon.
> (G. 243)
> その時アブラハムはそれ以上自らの主に敢えてさらに尋ねなかった。
> nioman ni *gidorsta* frāgēn inan. (T. 237, 4 ＝ ヨハ 21, 12)
> 誰も敢えて彼に尋ねなかった。

さらに『ヘーリアント』と『オットフリート』に1例ずつ「…してよい」の用例が見られる。

  sō wrēth giwitscipi, that sia imo wīti bethiu adēlian *gidorstin*.
                (H. C, 5069)
  彼らが彼にそれ故に罰を宣告してよいほど悪い証拠。(M写本ではmōstin「…してよい」)
  oba ih irbaldēn es *gidar*, ni scal ih firlāʒan iʒ ouh al. (O. S. 33)
  もしも私がそれを思い切ってしてよろしければ、私はそれも全く放棄しないでしょう。

僅かとは言え、gi-durran にこの意味の用例があることはどの辞書・文法書にも出ていないが、Götz（2001: 230）だけは O.S. 33 の gidar の意味が普通ではないことを感じているらしく、「この意味（＝「敢えて…する」）が少し弱められている」と述べている。同時代のバイエルン語の『ムースピリ』33 でも「…してよい」の方が文脈によく合致する。

  sō denne der mahtīgo khuninc daʒ mahal kipannit, dara scal queman chunno kilīhaʒ: denne ni *kitar*（＝ gidar）parno nohhein den pan furisizzan, ni allero manno welīh ze demo mahale sculi.
                (M. 31–34)
  力の強い王（＝神）が裁判会を招集する時、いかなる氏族であろうとも出廷しなければならない。その時いかなる者も、人は皆その裁判会に来るべしという、命令を怠ることは許されない。

これらの用例は中高ドイツ語・初期新高ドイツ語に見られる「被許可」の用例の先駆けである。『オットフリート』P写本 IV, 17, 30 の gi-dorftun（＝ -dorstun）の f が thurfan の過去形 thorftun からの影響とも考えられ（Birkmann 1987: 148）、また『ヘーリアント』M写本では thurban の語頭の th が d と記されている場合も見られるように、両者の混交は形態面で既に、thurban/thurfan がま

78

だ被許可の意味をほとんど持たないこの時代から始まっている。
gi-durran の意味推移の契機としては次のような用法も考えられる。

 ef ik thik frāgon *gidorsti*.   (H. 5924)
 もしも私があなたに敢えて尋ねるとすれば≒尋ねてよければ。

4.6 sculan

語頭の子音連結 sc- に代わって10世紀末から s- が多くなるが、既に9世紀初めの『タツィアーン』には sal, sulut, solta が出現しており、9世紀後半の『ザクセン語の創世記』にも1例 salt が見られる。これは非強調位置での子音緩和と考えられる（Trübners DWb. 6, 397）。

3作品の内で『タツィアーン』にのみ本動詞「借りている、返さなければならない」の用例が9例、記録されている。

 wio filu *scalt*-tu mīnemo herren? （T. 108,3＝ルカ 16,5）
 どれほどあなたは私の主人に借りているのか／返さなければならないのか。
 ein *solta* finfhunt pfenningo.   （T. 138,9＝ルカ 7,41）
 一人は500デナリを借りていた／返さなければならなかった。

他の約625（H: 398、O: 218、T: 7）の用例は助動詞としての用例である。古期ドイツ語の様相助動詞 sculan も、現代ドイツ語の sollen（他者の意志に由来する必然性）と müssen（主として状況に由来する必然性）とが担う様々な必然性を表わす。

 kundta imo, er iȝ wolta, iȝ ouh sō wesan *scolta*. （O. I, 25,10）
 彼はそれを望んでいる、またそれはそうあるべきだと彼に告げた。（他者の意志）
 mid thius *scoldis* thū ūs ēr geƀon.   （H. 2064）

これをあなたは我々に先に与えるべきだったのだが。(= hätte sollen. 他者の意志)

ih *scal* thir sagēn racha filu dougna.　　　　　(O. I, 5, 43)
私はあなたに大いに神秘的な事柄を告げなければならない。(受命)

that thī kind giboran *scoldi* werđan.　　　　　(H. 124)
あなたに子が生まれることになっていると。(神の定め)

after ēwu *sal* her sterban.　　　　　(T. 197, 6 = ヨハ 19, 7)
律法によれば彼は死ななければならない。(規定)

er *scal* irsterban thuruh nōt, sō wiȝōd unsēr zeinōt. (O. IV, 23, 23)
彼は、我々の律法が示すように、どうしても死ななければならない。(規定)

ih *scal* fon thir gitoufit werdan.　　　　　(T. 14, 2 = マタ 3, 14)
私はあなたによって洗礼されなければならない。(必要性)

hū *sculun* wit nū libbian?　　　　　(G. 14)
我々二人(＝アダムとイブ)は今やいかに生きなければならないのか。(強制)

thār ic bī rehton *scal* wonon.　　　　　(H. 826)
私が当然、留まるべき所。(当為)

thes *sculun* wir gote thankōn.　　　　　(O. L. 30)
その事に関して我々は神に感謝しなければならない。(義務)

wir *sculun* thiu wort ahtōn.　　　　　(O. I, 24, 13)
我々はその言葉に注意しなければならない＝注意しようではないか。(勧奨。Götz 2001: 160)

wanana *sculun* frankon einon thaȝ biwankōn?　　　(O. I, 1, 33)
何故にフランク人のみがそれをしないでおかなければならないのか。(反語。「私は、フランク人のみがそれをしないでおくという見解を認めない」Götz 2001: 168)

『オットフリート』に 1 例のみ zi ＋不定詞（＝動名詞）の用例があるが、この不定詞は sculan の従属不定詞（Kelle 1881: 529; Steig 1884: 490）ではなくて、主語であり、現代ドイツ語の Was soll das (sein)?「これは何のつもりか」と同様、本来の従属不定詞 sīn「である」が省略されているものと思われる (te/zi + 不定詞が主語になっている他の例については髙橋 1994: 144 参照)。

waʒ *scal* (sīn) es avur thanne nū sō zi frāgēnne? (O. III, 20,124)
それについてその後、再び今そのように尋ねることは何であるべきか＝何のつもりか。

上例と次例のような sculan の単独用法を Götz (2001: 155) は Grimms DWb. 16, 1471f. にならって、「役立つ」という意味に解しているが、次例も上例と同様の解釈が可能である。

nim gouma, waʒ sulīh beta (sīn) *skolti*, waʒ Kriste (sīn) *skolti* thaʒ brōt. (O. II, 4,41f.)
そのような（石をパンに変えよという）要求が何であるべきだった（＝何のつもりであった）のか、キリストにとってそのパンが何であるべきだった（＝何のつもりであった）のかを注意せよ。

下例の単独用法では従属不定詞 duan「する」の省略が考えられる。

waʒ *scolt(i)* ih (duan) thanne, thō ebanlīh ni mohta gizellen thaʒ dohta? (O. V, 23, 239)
（罪のある私と）同様の者がその（天国の）栄光を語り尽くすことができなかったのに、何を私はすべきであったのだろうか＝何もすべきではなかったのだ。
selbo si thaʒ wolta, thō si Kriste (duan) *scolta*, thaʒ si in thera nāhī selbo iʒ al bisāhi. (O. IV, 29,43. Piper 1884: 416)
彼女（＝「聖なる愛」の擬人化）自身はそれを欲した。彼女はキリストに対して、彼女自身がその（キリストの）近くでそれを全て世話することをすべきであったからだ。

前後にあるべき従属不定詞が見つからない場合の独立的な用法の sculan には、一般的な意味の不定詞 sīn「である」や duan「する」を想定する方が無理がないと言える。

　受動の必然性は上掲の2例（H. 124 と T. 14,2）のように、ゴート語とは違い、現代ドイツ語と同様に、〈sculan ＋ 過去分詞 ＋ werdan/werdan〉の構成で表現されている。

　ゴート語と同様に古期ドイツ語でも ni sculan には上位否定「…しなければならなくはない＝する必要がない」と下位否定「…しない必要がある＝してはならない」の両例が記録されている。

　　　ni ik *ni scal* gōmian, hwar hie ganga.　　　　　　　(G. 37)
　　　私は、彼がどこへ行くのかを注意する必要が全くない。（上位否定）
　　　n'ist, ther fon wībe quāmi, *nub* er thār *sculi* sīn, *ni* sie *sculīn* thār iro dāti rentōn.　　　　　　　　　　　　　　　　(O. V, 19,8f.)
　　　女から生まれた者で、そこ（＝最後の審判）にいる必要がない者、そこで自らの行為を弁明する必要がない者はいない。（上位否定）
　　　ne sculun wī im thia dād lahan.　　　　　　　(H. 3994)
　　　我々は彼にその行為をとがめてはならない。（下位否定）
　　　ni *scal* ine fargūmon eowiht, ni farmuni ine an is mōde.(H. 3219)
　　　（人は）彼を決して放っておくべきではない、彼を自らの心の中で軽蔑すべきではない。（下位否定。叙想法現在形 farmuni との併用）
　　　ni kūmet tōd mīnan! *ni scal* ih inan mīdan.　　　(O. IV, 26, 30)
　　　あなた達は私の死を嘆くな。私はそれを避けてはならない。（下位否定）
　　　āhtōs unsēr thuruh nōt; ni *scalt*u queman widorort! (O. IV, 18,26)
　　　お前（＝ペテロ）は我々をひどく痛めつけた。お前は（我々の所に）戻って来てはならない。（下位否定。脅し。Götz 2001: 159）

　下例も上位否定の一種で、社会的・倫理的な否認を意味する。

that hē beginna thero girnean, thiu imu gegangan ni *scal*.
　　　　　　　　　　　　　　　　　　　　　　　　　　　(H. 1481)
　　　自らに帰属することになっていない女を彼が熱望し始めるよう。

　客観的・語用論的な用法として発話者の疑惑の気持ちを強調する用例も例証されている。

　　　trohtīn, waȝ *sal* thesēr（werdan）?　　　　（T. 239,3 = ヨハ 21,21）
　　　主よ、この男（＝使徒ヨハネ）は何になる（と言う）のですか
　　　＝どうなるのでしょうか。（Götz 2001: 167, 436 参照）
　　　scal iȝ Krist sīn, frō mīn? ih sprichu bī thēn wānin.
　　　　　　　　　　　　　　　　　　　　　　　（O. II, 14,89 ≒ ヨハ 4,29）
　　　それはわが主、キリストである（と言う）のか＝であるのだろ
　　　うか。私は期待からこう言う。
　　　scolt(*a*) er sīn Krist guatēr?　　　　（O. III, 16,58 ≒ ヨハ 7,26）
　　　彼は良きキリストであった（と言う）のか＝あったのだろうか。

　古期ドイツ語の sculan にもまだ主観的な用法「…するに違いない、するそうだ」は例証されていない。Krause（1997: 95）が O. III, 12,8 wer quedent sie, theih（= thaȝ ih）sculi sīn「彼らは私が誰だと言うのか」の sculi を現代ドイツ語の噂の sollen と同様の用法と解しているのも、Krause（1997: 95）や Götz（2001: 158）、Schönherr（2011c: 57）が O. II, 14,75 ein man ist uns giheiȝan joh scal ouh Krist heiȝan「一人の男性が我々に約束されていて、（彼は）キリストとも呼ばれることになっている」の scal を引用的・明証的（quotativ-evidentiell）に「キリストとも呼ばれるそうだ」と解しているのも大きな誤解である。O. III, 12,8 は叙想法的用法（後述）であり、O. II, 14,75 は客観的用法である。
　ただし Götz（2001: 356）が、『ムースピリ』38 は sculan が未来時称の助動詞から主観的（引用的）な用法へと発展し得る（伝聞の）文脈であろうと考えているのは理解できる。

> daʒ hōrt'ih rahhōn dia weroltrehtwīson, daʒ *sculi* der antichristo mit Ēlīase pāgan. (M. 38)
> この事を私はこの世の法を知る者らが、アンチキリストはエリアと戦うであろうと語るのを聞いた。(⇒「戦うそうである」)

sculan の未来時称助動詞としての用法は記録されている。この場合でも必然的・受命的な原義が多少なりとも含まれている。

> mugut ir trincan kelih, then ih trincan *scal*? (T. 112,2 = マタ 20,22)
> あなた達は私が飲むであろう杯を飲むことができるのか。(= ラテン語未来分詞 bibiturus + sum「飲もうとしている」)
> than *scalt* thū eft word sprekan. (H. 168)
> その時あなたは再び言葉を話すであろう。
> mih *scal* man gifāhan. (O. III, 13,5)
> 私を人は捕らえるであろう。
> hie sagda simnen, that hie *scoldi* fan dōđe astandan. (H. 5754)
> 彼はいつも、死から復活するであろうと告げた。(過去未来形)
> iro dago ward giwago fon altēn wīʒagōn, thaʒ si uns beran *scolti*, ther unsih giheilti. (O. I, 3,38. Götz 2001: 176)
> 彼女の日々に関しては昔の預言者らによって、彼女が我々を救う方を生むであろうと、言及されていた。(過去未来形)
> thiu quena sun was dragenti joh sih harto scamēnti, thaʒ siu *scolta* in elti mit kinde gān in henti.
> (O. 1, 4,86. Wich-Reif 2007: 140; Schönherr 2011c: 50f.)
> その女性は息子を妊娠していて、彼女が老齢で手に子を抱いて歩くであろうことを大いに恥ずかしがっていた。(過去未来形。Schönherr 2011b: 210 によれば体験話法の萌芽)

さらなる抽象化を受けて古期ドイツ語の sculan は叙想法の助動詞として用いられることがある。この場合も必然的・受命的な原義が完全に消えている訳ではない。

wah warth thesaro weroldi, ef thū iro *scoldis* giwald ēgan.
                                                       (H. 5573)
もしもあなたがこの世に対して力を持っていたならば、この世は悲痛になったのだが。(scoldis ēgan = ēhtis)
thaʒ ir irkiasēt ubar al, oba siu fruma wesan *scal*.   (O. S. 6)
それが有益であるか否かを猊下がとくと質されるために。(wesan scal = sī)
sie wārun eiscōnti, wār er wesan *scolti*.   (O. III, 15, 38)
彼らは、どこに彼がいるのか尋ねた。(wesan scolti = wāri)
rafsta 'nan, ziu er *scolti* thes githenken.   (O. III, 8, 45)
何故に彼がその事を考えたのかと（イエスは）彼をしかった。(scolti githenken = githāhti. Erdmann 1, 1874: 36)
wer quedent sie, theih (= thaʒ ih) *sculi* sīn odo ouh racha wese mīn?
(O. III, 12, 8. Grimms DWb. 16, 1495; Diewald 1999a: 422; Götz 2001: 180)
彼らは私が誰だと、あるいはまた私の事を誰（＝何）だと言うのか。(sculi sīn = sī/wese)
thō ward irfullit thiu zīt, thaʒ sālīga thiu alta thaʒ kind thō beran *scolta*.   (O. I, 9, 2)
するとその至福の老女がその子をその後、産む時が満たされた。(beran scolta = bāri. Erdmann 1, 1874: 36. O. I, 11, 30: thio zīti sih irvultun, thaʒ si chind bāri「彼女が子を産む時が満ちた」)
thō scoldun sie thār ēna dād frummean, that sie ina te Hieruśalem forgeƀan *scoldun* waldanda te them wīha. (H. 452)
その時、彼らはそこで、彼をエルサレムにおいて支配者にその神殿で捧げるという一つの行為をしなければならなかった。(forgeƀan scoldun = forgāƀin. Piper 1897: 48; Sehrt 1966: 475)
skal iʒ geistlīhaʒ sīn, sō skenkent sie uns then guatan wīn.
                                    (O. II, 9, 16. Götz 2001: 173)
もしもそれが精神的なものであれば、彼らは我々に良き葡萄酒を注ぐ（ことになる）。(skal sīn = sī)

整調や押韻の目的以外にはほとんど無意味な sculan の用例も見られる。

> that hē is giwerkes sō wundron *scolda*. (H. 160)
> 彼（＝ザカリア）が彼（＝神）の業をそのようにいぶかったこと。(wundron scolda = wundroda)
> būtan sō ic iu mid mīnun *scal* wordun gebeodan. (H. 1520)
> 私があなた達に私の言葉で命じる以外。（C写本では scal gebeodan に代わって叙実法現在形 gibiudu）
> ni tharft es lougnen, thīn sprācha *scal* thih ougen. (O. IV, 18, 27)
> あなた（＝ペテロ）はそれを否認してはならない。あなたの言葉はあなた（がイエスの仲間であること）を示している。
> ther brūt habēt, ther *scal* ther brūtigomo sīn. (O. II, 13, 9)
> 花嫁を持つ者、それは花婿である。

ただし O. II, 13, 9 のような用例を Grimm のドイツ語辞典（16, 1496）は「実際に存在している事柄を表わすが、普通はそれが当然である、正常であるという含みを伴う」と述べている。

4.7　mugan/magan

この動詞の全用例、約570（H: 245, O: 219, T: 105）の内で『タツィアーン』に本動詞「力がある、役立つ」の用例が1例ある。

> oba thaȝ salz arītalēt, in hiu selzit man iȝ thanne? zi niowihtu *mag* iȝ elihōr, nibi thaȝ man iȝ ūȝwerphe. (T. 24, 3 ＝マタ 5, 13)
> もしも塩が無味になると、どのようにして人はそれ（＝無味になった塩）に塩味をつけるのか。それは、人が放り出す以外に何にも役立たない。（＝ valet「力がある、役立つ」）

その他の用例は全て助動詞としての用例であり、ほとんどは絶対的・主語内的であれ、相対的・主語外的であれ可能性という様相性

が全般的に表現されている。また主語に中性形の代名詞が立つことも可能になっている。

 got *mag* these kisila irquigken zi manne. (O. I, 23, 47)
 神はこれらの小石に生気を与えて人に変えることができる。
 (神の絶対的な能力)
 farstuod siu, that hie was thie mahtigo drohtin endi that hie
 mahti gihelpan managon. (H. 2211)
 彼女は、彼（＝イエス）が力強い主であって、多くの人々を救済することができるのを認識した。（神の絶対的な能力）
 ther *mugi* bifāhan, bifāhe. (T. 100, 6 ＝マタ 19, 12)
 理解することができる者は理解せよ。（知的な能力）
 thoh hē ni *mugi* ēnig word sprecan, thoh *mag* hē bī bōcstabon brēf gewirkean. (H. 229f.)
 彼は一言も話すことができないが、文字で文書を作成することはできる。（肉体的な能力と知的な能力）
 iʒ *mag* burdīn dragan swāra. (O. IV, 5, 9)
 それ（＝驢馬）は重い荷物を運ぶことができる。（肉体的な能力）
 steininu waʒʒarfaʒ, thiu bihabēn *mohtun* einero giwelīh zwei meʒ odo thriu. (T. 45, 4 ＝ヨハ 2, 6)
 それぞれが 2 または 3 メトレテス（1 メトレテス＝約 39 リットル）容れることができた石の容器。（収容力）
 haƀda it thes waldes hlea forana forgangan, that it ni *mahte* te ēnigaro frumu werđan. (H. 2411)
 それ（＝穀物の種）を森（＝草木）の被いが先に死なせてしまったので、それは何らの収穫になり得なかった。（上位否定。外的な障碍。C写本では muosta）
 bī thiu *mag* sih frewen iuēr muat. (O. II, 16, 4)
 それ故にあなた達の心は喜んで差し支えない。（外的な無障碍）
 nū *maht* thū thī an thīnan willeon forđ sīđon te selđun. (H. 2149)
 今あなたは自らの意志で家へと立ち去ることができる＝帰りたければ帰っても構わない。（話者の許容。＝現代ドイツ語 du

magst）

iʒ *mag* uns wesan thrāti. (O. V, 18,13)
それは我々にとって重要であり得る。（機会）

ob'iʒ *mag* wesan. (T. 145,17 = マタ 24,24. Deggau 1907: 14)
それがあり得るならば。（機会。= ラテン語 si fieri potest、ギリシア語 ei dunatón「できれば」）

次例では従属不定詞が省略されている。

wanta furdir thū ni *maht*（gān/gangan）. (O. V, 10,6)
あなたはさらに先へは行けないので。

oba thū waʒ（tuon）*mugis*, hilf uns. (T. 92,4 = マル 9,22)
もしもあなたが何かをなすことができるのであれば、我々を助けて下さい。

thanne ouh fon ther menigī sprāchun thara ingegini, wio suntīg man thaʒ（duan）*mohti*. (O. III, 20,65. Piper 1884: 278)
その時その群集からもそれに対して、いかにして罪人がそれをすることができるかという声が出された。

luzil drank ih es thār, luzil ih es（drinkan）*mohta* joh gōrag es gismakta. (O. II, 9,26. Piper 1884: 277)
私はそれ（= 葡萄酒）をそこで少し飲んだ。私はそれを少し飲むことができて、それを僅かに味わった。

　Sehrt（1966: 399）は、mugan は「時折、未来形の意味に近づく」と述べている。しかしながらそもそも「…し得る」という可能性の表現は行為の実行が将来の事であることを含意するので、殊更 mugan に未来時称助動詞としての機能を認める（Wilmanns 3,1, 1906: 175）必要はない。mugan は後代においても未来時称助動詞にはならない。
　現代ドイツ語で「…することができたのだが」は〈können の叙想法過去完了形 hätte können + 不定詞〉で表現されるが、古期ドイツ語の中期では〈mugan の叙想法／叙実法過去形 + 不定詞〉で

表現され、末期の『ノートケル』になって〈mugen の叙想法過去形＋完了不定詞〉の構成が出現する。

 thoh er sō *duan moḥti*, ob'er thes wolti thenken. (O. II, 10,1)
 彼はそのことを考えようと欲したならば、そのようにすることができたのだが。
 sie *moḥtun* bringan mēra. (O. I, 17,67. Erdmann 1,1874: 12)
 彼ら（＝東方の3賢人）はもっと多くのものを持って来ることができたのだが。
 wanda er *maḥti* iȝ *firmiten ḥaben.* (N. I, 328,8)
 と言うのは彼は（その気になれば）それを避けることができたからだ。

　ゴート語とは違って、受動の可能性は現代ドイツ語と同様に〈mugan＋過去分詞＋werdan/werdan, sīn〉で表現される。

 wuo *mag* ther man *giboran werdan*, thanne her alt ist?
           （T. 119,2 ＝ ヨハ 3,4）
 人が年老いている時に、いかにして生まれることができるのか。
 ni *mugun* iuwa we̅ːk mikil *biholan werdan*. (H. 1393)
 あなた達の大仕事は隠されることができない。
 thiu dāt ni *mag firḥolan sīn*. (O. III, 14,38)
 その行為は隠されていることができない。

　『ヘーリアント』と『オットフリート』の mugan には僅かながら必然性「…しなければならない」の用例もある。これは有可因（＝可能的要因あり）「…して差し支えない、し得る」から有必因（＝必然的要因あり）「…して当然である、せざるを得ない」への段階的な意味移行の結果である（Piper 1884: 278 参照）。

 sō *mag* that mēra manno gehwilicumu wesan, that hī wammas geduot, than hī ahtogea ōđres mannes saca endi sundea.

(H. 1711. Sehrt 1966: 399; 石川 2005: 57)

それでどの人にとっても、彼が悪を行なうことは、彼が他人の責任や罪に注意することよりも重大な事であらざるを得ない。

wir eigun iʒ firlāʒan; thaʒ *mugun* wir io riaʒan.
(O. I, 18,11. Diewald 1999a: 311)

我々はそれ（＝楽園）を捨ててしまった。この事を我々はいつも悔やまざるを得ない。

mag mih lēs! gilusten weinōnnes, sēr joh leid ubar wān ist mir harto gidān. (O. V, 7,21)

私は残念ながら泣きたい気持ちにならざるを得ない。想像以上の苦痛と悲しみが私にひどく与えられている。

2人称形の mugan は語用論的に穏やかな要請、あるいは叙想法過去形で丁重な要請を表わし得る。

nū *mugun* gī gangan herod. (H. 5824. Sehrt 1966: 399)
さあ、あなた達はこちらへ来なさい。（＝現代ドイツ語 ihr mögt）
thū *mohtīs* ein gifuari mir giduan.
(O. II, 14,43. Deggau 1907: 31; G. Fritz 1997a: 76)
あなたは私に好意をお示し下さい。（＝現代ドイツ語 du möchtest）

さらに mugan は発話者の祈念を表現することができる（Erdmann 1,1874: 36 参照）。

jā *mag* iʒ got irbarmēn! (O. IV, 26,24)
真にその事が神に哀れみの念をもたらしますよう。
hiar *mag* er lernēn ubar al, wio er giloubēn scal. (O. I, 26,6)
その者はいかに信じるべきかをここで完全に学ぶよう。
daʒ in wolf noh wulpa za scedin werdan ne *megi*.
(『ヴィーンの犬の呪文』Erdmann 1,1886: 137)
彼ら（＝犬ら）にとって雄狼も雌狼も害にならぬよう。

私は以前の著書『古期ドイツ語文法』(1994: 184) で下記のような mag を Erdmann (1,1874: 36) に従って「叙想の助動詞」(queman mag = queme) とみなしていたが、後代のドイツ語との整合性を図るために、「要求話法の叙想法形を換言する」とされた mag は客観的な必然性の意味を表わすと解釈し直すことにした。

　　　queman *mag* uns thaʒ in muat! 　　　　　　　(O. V, 19, 36)
　　　その事が我々の心の中に入って来るべきである＝入って来て欲しい。(≒ scal)

　必然性の mugan は古バイエルン語の『ムースピリ』にも見られる。

　　　sorgēn *mac* diu sēla, unzi diu suona argēt. 　　　　(M. 6)
　　　その魂は、裁きが下るまで、憂えなければならない。
　　　sō *mac* huckan za dːu, sorgēn drāto, der sih suntīgen weiʒ.
　　　　　　　　　　　　　　　　　　　　　　　　　(M. 23)
　　　それで自らが罪人であることを知っている者はその事を考え、大いに憂えなければならない。

　古期ドイツ語末期の『ノートケル』は他動詞として mugen を「好む」の意味で用いている。

　　　der starchemo fehe gibet sīne fūora, er weiʒ die starchen, die daʒ hewe *mugen*. 　　(N. II, 599,7。詩篇 147,9。Sehrt 1962: 136)
　　　強い家畜に自らの餌を与える方はその干草を好む強いものらを知っている。

　さらに『ノートケル』では助動詞 mugen「…することを好む」も例証されている (Kahl 1890: 41; Lühr 1987: 273)。

　　　waʒ sie getūen *mugīn*. 　　　　　　　　　　(N. I, 40,3)

何を彼らはすることを好むのかを。(getūen mugīn ＝ ラテン語 libuit uti「…することが気に入った」)

この新しい志向性の意味は可能性の上位否定から発展したものである（「…することができない」⇒「…することを好まない」）。次のような用例はその基となり得る（Diewald 1999a: 316 参照）。

manege gihōrente fon sīnēn jungiron quādun: hart ist thiz wort. wer *mag* thaʒ gihōren? (T. 82,11a ＝ ヨハ 6,60)
彼の弟子らの多くは（それを）聞いて言った。この言葉は厳しい。誰がこれを聞き得るのか≒誰もこれを聞きたくない。

以上のような助動詞 mugan は客観的な様相性を意味していたが、従属不定詞の事象が自然的(ジネン)・非能動的な以下の用例は主観的な様相性「…すると推断することができる＝するかも知れない」（上位否定では「…すると推断することができない＝するはずがない」）の意味である。

thū *mahtis* man wesan, thes thē thār genower stēd.
(H. 4957. Behaghel 2, 1924: 238)
汝（＝ペテロ）はたぶん、そこに立っている人（＝イエス）の家来だろう。

thaʒ *mag* thes wānes wesan meist. (O. II, 7,50)
この（ナザレが花を意味するという）事はその（ナザレのような小さな町から素晴らしいものが生じるという）考えの最も大きな点であるのかも知れない。

ni *meg*（＝ mag）iʒ werdan alles. (O. III, 13,24)
それは異なった状態になり得ない＝なるはずがない。

ni *moht*(*a*) iʒ sīn in ander, ni sia ruarti thaʒ sēr. (O. IV, 32,4)
彼女にその苦痛が触れたことは別な状態ではあり得なかった＝彼女をその苦痛が襲ったに違いない。

sō thunkit mih, theiʒ (＝ thaʒ iʒ) *megi* sīn. (O. II, 14,91)

そのような場合、私にはそれがあり得るように思われる。(強く主観的に認識的。Gamon 1994: 148)

thie liuti wārun ahtōᴏti, theiʒ (= thaʒ iʒ) wola wesan *mohti*.

(O. I, 27, 2)

その人々は、それ（＝ヨハネが神の子であること）は大いにあるかも知れない（＝十分あり得る）と思っていた。(強く主観的に認識的。Gamon 1994: 148)

bī thiu *moht*(*a*) er ōᴅo drahtōn: oba thiz ist thes sun...

(O. II, 4, 28)

それ故に彼（＝悪魔）はもしかすると、これ（＝イエス）が彼（＝神）の息子であるなら…と考えたのかも知れない。

ward after thiu irscritan sār, sō *moht*(*a*) es sīn, ein halp jār.

(O. I, 5, 1)

その後すぐに、それに関してはそうであったかも知れないように、半年が過ごされた。(そうであったかも知れない＝恐らく。Axel 2001: 52, 54)

after thiu in wār mīn, sō *mohtun* thrī daga sīn.

(O. II, 8, 1. Schönherr 2011c: 53)

その後、私の（知る）真実では、三日あった（＝経過した）のかも知れない。

ther ēvangēlio thār quīt, theiʒ (= thaʒ iʒ) *mohti* wesan sexta zīt.

(O. II, 14, 9)

福音書はそこで、それは第6時（＝正午）であったかも知れないと言っている。(ラテン語 hora erat quasi sexta「時はほぼ第6時だった」ヨハネ 4, 6 の訳。Axel 2001: 52, 54)

H. 4957 の mahtis は叙想法過去形で、現代ドイツ語の könntest (wohl) に対応する (Sehrt 1966: 399)。O. II, 4, 28 や O. I, 5, 1, O. II, 8, 1 の〈叙実法過去形 mohta ＋不定詞〉は現代ドイツ語の〈叙実法現在形 mag ＋完了不定詞〉に相当するものである。O. II, 14, 9 はその間接話法である。上掲最後の2例は概算「おおよそ」の意味を表現する現代ドイツ語の mögen の先駆けである。Götz（2001:

290）は、既に上で客観的用法として挙げた T. 45,4 steininu waʒ-ʒarfaʒ, thiu bihabēn mohtun einero giwelīh zwei meʒ odo thriu「それぞれが 2 または 3 メトレテス（1 メトレテス＝約 39 リットル）容れることができた石の容器」の mohtun を「話者関連的」（sprecherbezogen ＝主観的）と解して「それぞれが――私が評価するように――2 または 3 メトレテス容れていた石の容器」と訳しているが、これは誤解である。ラテン語訳にもギリシア語原典にもこの助動詞に対応する表現は用いられていないものの、ここでは客観的用法と解釈するのが最も素直に文脈に合致する。

　次のような用例の mugan も主観的な用法で、疑問文では疑惑・困惑を表わすとみなし得る。

　　wuo *mag* thaʒ sīn.　　　　　　　　　　　（T. 3,6 ＝ルカ 1,34）
　　いかにしてそれはあり得るのか＝そうなるのだろうか。（mag sīn ＝ラテン語未来形 fiet「なるだろう」。Scaffidi-Abbate 1981: 301）
　　hwō *mag* that giwerđan?　　　　　　　　　　　（H. 141）
　　wio *mag* thaʒ werdan?　　　　　　　　　　　（O. II, 14,17）
　　いかにしてそうなり得るのか＝そうなるのだろうか。
　　wio *meg*（＝ mag）iʒ io werdan wār, thaʒ ih werde swangar?
　　　　　　　　　　　　　　　　　（O. I, 5,37. Schönherr 2011c: 53）
　　私が身重になるという事がいかにしていつか真実となり得るのか＝真実となるのだろうか。

　古期ドイツ語末期の『ノートケル』では、英語の maybe のように、mag keskehen「（それは）起こり得る」が副詞化して、ラテン語の副詞 forte/forsitan/forsan/fortasse「恐らく」の訳語として用いられている（Sehrt 1962: 136）。

　次例のような自然的・非能動的な事象の不定詞を伴う mugan を Axel（2001: 50f.）は①客観的用法と②主観的用法の両解釈が可能であると考えている。

sī thār, thaʒ ni dohta、sō mir giburren *mohta*.　　　(O. V, 25,29)
①私に生じ得たように／②私に生じたかも知れないように、もしもそこに相応しくなかった事があるならば。

　また Götz（2001: 202）によれば次の個所の mugan は三つの解釈（客観的用法と二つの主観的に認識的な用法）が可能で、作品成立時から曖昧であったと考えられている。

thoh *mag* man wiʒan thiu jār, wio man siu zelit thār.（O. I, 19,28）
しかしその（マリアとヨゼフがエジプトで過ごした）年数を、それをどのようにそこ（＝エジプト）で数えるのかを
①人が知る理由がある。（＝人は知り得る。客観的用法）
②人が知ることは考えられる。（＝人は知るだろう。客観的に認識的な用法）
③誰かが知っていると私は推測する（＝誰かが知っているかもしれない。主観的に認識的な用法）

　さらに mugan は、現実性の欠如や不足を表示する叙想法形に代わって、叙想法の助動詞としても用いられているが（Kahl 1890: 43f. 参照）、可能性や必然性の原義が完全に消えている訳ではない。

in thir wigit scīn, daʒ thū *maht* forasago sīn.
　　　　　　　　　　（『キリストとサマリア女』28. Erdmann 1,1874: 36）
あなた（の言葉）にて、あなたが預言者であることが明らかになる。（＝ O. II, 14, 55: mīn muat duat mih wīs, thaʒ thū forasago sīs「私の心は、あなたが預言者であることを私に教える」）
thoh mir *megi* lidolīh sprechan wortogilīh, ni mag ih thoh mit worte thes lobes queman zi ente.　　（O. I, 18,5. Erdmann 1,1874: 37）
私に（私の体の）それぞれの部分がそれぞれの言葉を語るとも、それでも私は賞賛の言葉を言い尽くせない。（megi sprechan ＝ spreche）
bī hiu se thes ni hogētīn, thaʒ er 'nan *mohta* heiʒan afur ūf stān

joh mit theru krefti avur 'nan irquicti.
(O. IV, 3, 14. Erdmann 1, 1874: 37; Götz 2001: 206)
何故に彼らは、彼（＝イエス）が彼（＝ラザロ）に再び立ち上がるよう命じて、その力で再び彼に生気を与えると考えなかったのだろうか。(mohta〔Freising 写本では mohti〕heiʒan = hiaʒi)

最終的な用法として下例の mugan は独自の意味を持たず、脚韻 (biginnan — bringan) の調整用に使われているにすぎない (Erdmann 1,1874: 37; Götz 2001: 207)。

ni thurfut ir biginnan, thaʒ ir ouh *megīt* bringan, thaʒ ir gote thionōt joh thoh thia worolt minnōt.　　　(O. II, 22,3)
あなた達は神に仕えておりながら、俗世を愛することをも実行するのを試みてはならない。

4.8　mōtan/muotan/muaʒan

この助動詞は『タツィアーン』には全く例証されていないが、他の2作品には比較的多く 186 例（H: 147, O: 39）記録されている。これによって外的な無障碍や機会、被許可の様相性が表現される。この意味は、前古期ドイツ語の *mōtan「余地を持つ」から発展した「…する余地／機会がある」が基になっている。

sō *mōsta* siu mid ira brūdigumon bōdlo giwaldan sibun wintar samad.　　　(H. 509)
それで彼女は自らの夫と一緒に所有地を 7 年間支配することができた。（外的な無障碍）

alle gisprākun, that hē wāri wirðig welono gehwilikes, that hē erdrīki ēgan *mōsti*.　　　(H. 2880)
彼はいかなる富にも値していて、この世の王国を所有し得ると全員が言った。（外的な無障碍、機会）

quedan man iȝ wola *muaȝ*.　　　　　　　　　(O. V, 17, 36)
人はその事を確かに言うことができる。(外的な無障碍)
muot ik thī frāgon nū?　　　　　　　　　　(G. 174)
私はあなたに今、尋ねてもよろしいですか。(被許可)
Jōhannes was ēr themu hēroston cūd; bethiu *mōste* hē an thene hof innan thringan.　　　　　　　　　　　(H. 4949)
ヨハネは以前その最高位者（＝大祭司）に知られていた。それ故に彼はその中庭の中に進入することができた。(被許可)
ther sih thes *muaȝ* frowōn joh innana biscwowōn.　(O. IV, 15, 6)
それ（＝天上の神の家）に関して喜び、その中で眺めることができる者は。(被許可、機会)
sie wunsgtun, *muasīn* rīnan thoh sīnan tradon einan in sīnēn giwātin.　　　　　　　　　　　　　(O. III, 9, 9)
彼らは、それでも彼（＝イエス）の衣服の一つの房に触れることができるよう、望んだ。(外的な無障碍・機会)

最後の用例のような願望文からさらに祈念を表現する客観的・語用論的な用法「…し得るよう、するよう」も生まれている。

thaȝ nieȝe Ludowīg io thār! niaȝan *muaȝi* thaȝ sīn muat io thaȝ ēwinīga guat!　　　　　　　　　　　(O. L. 93)
それをルートヴィヒ王はいつもそこで享受し給え。彼の心はいつも永遠の至福を享受し給え。

拙著『古期ドイツ語文法』(1994: 185) では Erdmann (1, 1874: 37) に従って上例を「叙想の助動詞」としていた (niaȝan muaȝi = nieȝe) が、後代のドイツ語との整合性を取るために、このような叙想法現在形の muaȝi は客観的・語用論的な用法と解釈し直す。
　この叙想法形 muaȝi の用法は 19 世紀の müsse にまで続いていたが、Paul のドイツ語辞典 (2002: 679) が「必然性か可能性かを特に強調することなく、原義から直接発した」と説明しているのは正確さを欠く。この祈念の用法は muaȝan が可能性の意味しか有して

いない時代に既に登場していることに注意しなければならない。

　mōtan/muotan/muaʒan でも上位否定「…してはよくない、することが許されていない、することができない」と下位否定「…しなくてよい、しないことが許されている」が区別される。

giheftid is herta, that hie it gihuggian ni *muot*.　　　　(H. 2524)
（財産が）彼の心を縛る結果、彼はその事（＝最も必要な事）を考えることができない。（上位否定。実行の障碍）

joh wārun wir gispannan, mit sēru bifangan, mit ubilu gibuntan, ni *muasun* unsēr waltan.　　　　(O. IV, 5, 14)
そして我々は繋がれ、苦痛に捕らわれ、悪でもって縛られていて、我々自身を司ることができなかった。（上位否定。実行の障碍）

ni *muaʒ* si (= unsēr racha) thīhan wanne fora themo selben manne.　　　　(O. IV, 4, 73. Diewlad 1999a: 396)
それ（＝我々パリサイ人の状況）はいつかあの例の男性（＝キリスト）の前では栄えることができない。（上位否定。実行の有障碍。事物主語）

sie quādun, that sie ni *mōstin* manno nigēnumu an thea hēlagon tīd te handbanon werđen.　　　　(H. 5198)
彼ら（＝ユダヤ人ら）は、その聖なる期間にいかなる人の下手人にもなることが許されないと言った。（上位否定。実行の不許可）

sie ni *muasun* gān sō fram zi themo heidinen man.　　　(O. IV, 20, 4)
彼ら（＝ユダヤ人ら）はその異教の男（＝ピラト）の方へそのように近づいて行くことが許されていなかった。（上位否定。実行の不許可）

hē haƀat farlēdid, that wī ni *mōtun* te themu hoƀe kēsures tinsi gelden.　　　　(H. 5189)
彼は、我々が皇帝の宮廷に対して租税を支払わなくてもよいと唆した。（下位否定。不実行の被許可）

mit allēn unsēn kreftin bittemēs druhtīn, wir unsih in thēn

riwōn ni *muaʒīn* io biscowōn.　　　　　　　　(O. I, 28, 4)
我々の全力を込めて主に願おう。我々が互いをそれらの苦痛の中で永遠に眺めなくてもよいようにと。（下位否定。不実行の被許可）

　可能性「…することが許されている」の上位否定「…することが許されていない＝してにならない」が必然性「…する必要がある」の下位否定「…しない必要がある＝してはならない」と、可能性「…することが許されている」の下位否定「…しないことが許されている＝しなくてよい」が必然性「…する必要がある」の上位否定「する必要がない＝しなくてよい」と同義であることから、この助動詞は古期ドイツ語末期の『ノートケル』では新しく限定的・状況的な必然性「…する必要がある、しなければならない、せざるを得ない」の意味でも使用されるようになる。

　　　tīe minnera habētōn, dīe *mŭosōn* gān.　　　　　(N. I, 152, 1)
　　　持っている物（＝財産）が少ない者達は歩いて行かなければならなかった。
　　　sīe *mŭosōn* aber dīenōn unholdēn hērrōn.　　　(N. II, 457, 25)
　　　彼らはしかし嫌悪すべき主人らに仕えなければならなかった。

『ノートケル』に見られる唯一の否定 ne mūoʒen は必然性の下位否定「…しない必要がある＝してはならない」を意味する。

　　　sō ne *mŭoʒen* wir cheden drī Gota…nah rehtero geloubo.
　　　　　　　　　　　　　　　(N. II, 641, 29. G. Fritz 1997a: 88)
　　　そこで我々は正しい信仰に従って（神とキリストと聖霊を）3神と言ってはならない。（＝ dicere prohibemur「我々は言うことが禁じられる」）

　Lühr（1997c: 210）は『オットフリート』に現われる次例のような muaʒan は既に必然性の意味を表わしていると主張しているが、

第4章　古期ドイツ語における様相助動詞　　99

しかしここも依然として可能性の意味で用いられていると考えるべきである。

  mit thiu giwerkōn, thaʒ thū uns es *muaʒīs* thankōn. (O. II, 24, 38)
  その事でもって我々は、あなたが我々にそれを感謝し得るように、行動する。

また Diewald（1999a: 342）が必然性を意味しているとする下例も可能性の意味で十分理解できる（Götz 2001: 217 参照）。

  thoh n'ist nihein sterro,（then）ni er ubarfuari ferro; quedan man iʒ wola *muaʒ*: alle drat er se untar fuaʒ! (O. V, 17, 36)
  しかし彼（＝昇天するイエス）が遠く越えてしまわなかった星は一つもない。人は十分こう言うことができる。全てのものを彼は足下に踏みつけた。

mōtan/muotan/muaʒan に主観的な様相性の用例はまだないが、未来時称の助動詞としての用例は2、3記録されている。この場合でも可能性の原義は多少とも含まれている。

  thea ni *mōtun* sweltan ēr, ēr sie godes rīki sehat.
              (H. 3105. Sehrt 1966: 397)
  彼らは神の王国を目にする以前には死なないであろう。
  thie *mōtun* wesan suni drohtines genemnide.
              (H. 1318. Sehrt 1966: 396)
  彼らは主の息子らと呼ばれ（てい）るであろう。
  thia zessa drat ih untar fuaʒ, si furdir darōn mir ni *muaʒ*.
    (O. V, 14, 17. Erdmann 1, 1874: 6; 2, 1886: 97; Kelle 1881: 414)
  その大波を私は足の下に踏みつけた。それは今後、私の害にならないであろう。
  Abrahām ther alto, er blīdta sih thes harto, er thes sih *muasi* frowōn, then mīnan dag biscowōn.

　　　　　　　　　　　　　　　（O. III, 18, 50. Erdmann 1, 1874: 6）
年老いたアブラハムは自分が私（＝イエス）の日を目にすることを享受するであろうと大いに喜んだ。（過去未来形）

　Götz（2001: 223）は、『オットフリート』の上記2例は未来時称の助動詞ではなくて、客観的用法「…することができる」であるとしているが、この助動詞の未来時称助動詞としての用例は古期ドイツ語末期の『ノートケル』にも明白に例証されている（Erdmann 1, 1874: 6; 1, 1886: 97; Wilmanns 3, 1, 1906: 175; Sehrt 1962: 138）。

　　an dero werlte *mūoʒʒint* ir fressun habin.　　（N. II, 393, 3）
　　この世において汝らは圧迫を受けるであろう。（mūoʒʒint habin = ラテン語未来形 habebitis）

　このような用法はさらに中高ドイツ語や初期新高ドイツ語に至るまで見出されるので、『オットフリート』や『ヘーリアント』にも既に認めておいて差し支えない。
　さらにこの助動詞は叙想法の助動詞としても機能するが、依然として可能性の原義が消えている訳ではない。

　　that wāri ūs allaro willeono mēsta, that wī ina selbon gisehan *mōstin*, wissin（叙想法過去形）, hwar wī ina sōkean scoldin.
　　　　　　　　　　　　　　　　　（H. 604. Sehrt 1966: 397）
　　我々にとって最大の願望は、我々が彼自身を目にし、どこで彼を探すべきかを知ることなのだが。（gisehan mōstin = C写本は叙想法過去形 gisāwin）
　　ef it gio giwerthan *muosti*, that ik samad midi thī sweltan *muosti*, thann ne wurthi gio thie dag cuman, that ik thīn farlōgnidi.　　　　　　　　　　　　　　　　　　　　　（H. 4696）
　　もしも、私があなたと一緒に死ぬことがいつか生じても、私があなたを否認する日は決して来ないであろう。（giwerthan muosti = giwurthi. sweltan muosti = swulti）

H. 4696 sweltan muosti の muosti を Heyne（1905: 293）や Sehrt（1966: 399）は必然性「…しなければならない」の意味に解しているが、『ヘーリアント』では他に確実にこの意味を表わす用例（上掲の H. 2880 は可能性）がないことから、直前の giwerthan muosti の muosti と同一の叙想法的な意味・機能で用いられていると判断せざるを得ない。

4.9　willien/wellian/wollen

この動詞は本動詞としての用例も多いが、主語の意志や願望を表わす助動詞としては約 545 例（H: 305, O: 181, T: 58）記録されている。

> hē *welde* ina te furiston dōan.　　　　　　　　　　（H. 5029）
> 彼（＝イエス）は彼（＝ペテロ）を最高位者にしたいと欲した。
> ni *wollēn* heim wīsōn wir wēnegon weison?　　　（O. I, 18, 24）
> 我々不幸な孤児らは故郷へ帰りたいと欲しないのか。
> bimīdan thū ni *wollēs*（叙想法形）.　　　　　　　（O. III, 20, 132）
> お前は避けたいと欲するな。
> ne *willeat*（叙令法形）feho winnan an unreht.　　（H. 1637）
> お前達は財産を不正に取得したいと欲するな。
> wir goum'es nemen *wollēn*（叙想法形）.　　　　　（O. II, 10, 12）
> 我々はその事に留意しようではないか。

下記のような用例の wollen は本動詞であり、対格形客語は従属不定詞の意味上の主語である。

> ni *wollemēs* thesan rīhhisōn obar unsih.　　（T. 151, 3 ＝ ルカ 19, 14）
> 我々はこの人が我々を支配するのを欲しない。

『タツィアーン』には既に無語尾の現在単数 1 人称形が、『ヘーリアント』には無語尾の現在単数 3 人称形と語尾 -t を持つ現在単数 2

人称形が出現している。

> vorlāʒen sie fastante ni *wil*, daʒ sie ni zigangēn in wege.
> 　　　　　　　　　　　　　　　　　　　（T. 89,1 ＝ マタ 15,32）
> 彼らが途中で行き倒れないよう、私は彼らを空腹のまま去らせたくない。
> hwande hē im *wil* genādig werden.　　　　　（H. 1319）
> 彼は彼らに対して慈悲深くなるつもりである故に。（C写本とV写本では wili）
> ef thū *wilt* hnīgan te mī.　　　　　　　　　（H. 1102）
> もしもお前が私に頭を下げるつもりであれば。（C写本では wili）

次のような用例では従属不定詞が省略されている。

> ander leitit thih, thara thū（gangan）ni *wilis*.
> 　　　　　　　　　　　　　　　　　　　（T. 238,4 ＝ ヨハ 21,18）
> 他人があなたを、あなたが行きたくない所へ連れて行く。

ゴート語と同様、『タツィアーン』でも現在分詞での用法は可能であった。ただしこれは『オットフリート』や『ヘーリアント』には見られないので、翻訳調と思われる。

> sama Herodes *wollenti* inan arslahan.　　（T. 79,3 ＝ マタ 14,5）
> 同様にヘロデは彼を殺したいと欲しつつ。（＝ラテン語現在分詞 volens）

この動詞も未来時称の助動詞として機能し得るが、その際でも志向的な原義が多少とも含まれている。

> bethiu *wili* iu thē hēlago drohtin lōnon.　　　（H. 4415）
> それ故にあなた達に聖なる主は報いるであろう。
> thius thiod *wili* wendien after is willean.（H. 4194. Wolff 1973: 58）

この民は彼の意志に従って行動するであろう。

er scal sīnēn drūton thrāto gimuntōn, then alten Satanāsan *wilit* er gifāhan.　　　　　　　　　　　　　　　　　　(O. I, 5,52)

彼は自らの弟子らを大いに保護し、あの年老いたサタンを彼は捕らえるであろう。（scal も未来時称助動詞）

thir *willu* ih geban innan thes sluʒila himiles.
　　　　　　　　　　　(O. III, 12,37. Scaffidi-Abbate 1981: 294)

あなたに私はその内、天国の鍵を与えるだろう。（＝マタ 16, 19。ラテン語未来形 dabo）

in naht, thō er *wolta* in morgan bī unsih selbo irsterban.
　　　　　　　　　　　　　　　　　　　　　　　　(O. H. 145)

彼が翌日、我々のために自ら死なんとした夜に。（過去未来形。Götz 2001: 237）

　さらに叙想法の助動詞としても用いられているが、志向的な原義が完全に消えている訳ではない。

ef hē sie than hēti lību binimen, than *weldin* sie queđen, that hē sō mildiene hugi ni bāri an is breostun.　　　　(H. 3861)

もしも彼がその時、彼女から生命を奪うように命じたならば、その時、彼は自らの胸中にそれほど慈悲深い心を持ってはいないと、彼らは言ったであろう。（weldin queđen = quādin）

wil thū thes wola drahtōn, thū metar *wollēs* ahtōn, in thīna zungūn wirken duam, joh scōnu vers *wollēs* duan.
　　　　　　　　　　　　　(O. I, 1,43f. Erdmann 1,1874: 37)

もしも汝がリズムに意を注ぎ、汝の言葉で偉業をなし、そして美しい詩句を作ることを十分望むつもりであれば。（wollēs ahtōn, wirken, duan ＝ ahtōs, wirkēs, dūest. Schönherr 2011c: 90 参照）

wir eigun kuning einan, anderen niheinan, joh wānen, waltan *wolle* ther keisor ubar alle.
　　　　　　　(O. IV, 24,22. Erdmann 1,1874: 37; Götz 2001: 240)

我々は一人の王を持っていて、他の王は持っていない。そして皇帝が全ての者を支配すると考えている。(waltan wolle = walte)

最終的な用法として下例の wollen は無意味で、脚韻 (irkennen — zellen) の調整のために用いられている (Götz 2001: 239)。

thō hintarquāmun gāhun, thie 'nan ēr gisāhun; ni *woltun* 'nan irkennen joh sus gistuantun zellen.　　　　　(O. III, 20,30)
すると彼（＝見えるようになったかつての盲人）を以前に見ていた者達は直ちに驚き、彼（であること）を認識せずに、このように語り始めた。

4.10　古期ドイツ語における様相助動詞の体系

古期ドイツ語（中期）における様相助動詞の体系を次のようにまとめることができる。

A. 客観的様相性
　1. 必然性
　　1) 全般的
　　　(1) 肯定：sculan, mugan
　　　(2) 上否：ni sculan（実行の不必然性）
　　　(3) 下否：ni sculan, ni mugan（不実行の必然性）
　　2) 限定的―状況由来の必然性
　　　(1) 肯定：eigan + zi
　　　(2) 上否：ni thurƀan/thurfan（実行の不必然性）
　　　(3) 下否：ni thurƀan/thurfan（不実行の必然性）
　　　(4) 修疑：thurƀan/thurfan
　2. 可能性
　　1) 全般的
　　　(1) 肯定：mugan/magan

　　　　（2）上否：ni mugan/magan（実行の不可能性）
　　　2）限定的
　　　　（1）知恵・心得：kunnan ± te, witan/wiʒ(ʒ)an ± zi
　　　　（2）被許可・無障碍・機会
　　　　　a. 肯定：mōtan/muotan/muaʒan, gidurran
　　　　　b. 上否：ni mōtan/muotan/muaʒan（実行の不許可・無障碍）
　　　　　c. 下否：ni mōtan/muotan/muaʒan（不実行の許可・無障碍）
　　　　（3）勇気
　　　　　a. 肯定：gidurran
　　　　　b. 上否：ni（gi）durran（実行の勇気の欠如）
　　3. 志向性
　　　1）肯定：willian/wellian/wollen
　　　2）上否：ni willian/wellian/wollen（実行の無欲）
　B. 主観的様相性
　　1. 必要性—下否：ni thurƀan/thurfan（不実行の必然性）
　　2. 可能性
　　　1）肯定：mugan
　　　2）上否：ni mugan（実行の不可能性）

　古期ドイツ語における様相助動詞の体系は基本的にはゴート語の場合と同様であって、下位分野で全般項と限定項の対立が見られる。しかしゴート語と大きく異なるのは、「許可・無障碍」の位置でmōtan/muotan/muaʒanが完全に、つまり肯定的にも上位・下位否定的にも機能し得る点である。他方、thurƀan/thurfanは肯定的な機能を有しておらず、否定的な機能のままである。これは、本来この助動詞が担当していた「状況由来の必然性」の全位置に、後にmōtan/muotan/muaʒanが「転業」して来ることになる動因であった。

　なおhabēn + zi「…しなければならない」、sīn/wesan + zi「…されなければならない／されることができる」については7.9参照。

第5章
中高ドイツ語における様相助動詞

　1200年頃の『ニーベルンゲンの歌』（特記なき限りB写本から引用）を中心とする中期高地ドイツ語における完了現在動詞は以下の通りである（通し番号は Krahe/Meid 2, 1969: 136ff. による）。

1) wiʒʒen「知っている」
2) eigen「持っている」
4) tugen/tügen「役立つ、…するにふさわしい」
5) kunnen/künnen「…することができる、するかも知れない」
6) durfen/dürfen「…する必要がある、敢えてする、するに違いない」、be-durfen/dürfen「…する必要がある」
7) (ge)turren/türren「敢えて…する、してよい」
8) g-unnen/ünnen「許し与える」、erb-unnen/ünnen「拒む」
9) suln/süln「…すべきだ、するに違いない、するそうだ」
12) mugen/mügen「…することができる、すべきだ、したい、するかも知れない」ge-mugen/mügen「できる」、über-mugen/mügen「まさっている」、ver-mugen/mügen「力がある」
15) müeʒen「…することができる、しなければならない、するに違いない」
17) wellen「…したいと欲する、だろう、すると言い張る」

　eigen「持っている」は『ニーベルンゲンの歌』には記録されておらず、他でも用例は少ない。g-unnen/ünnen「許し与える」、erb-unnen/ünnen「拒む」は本動詞としての用例のみである。Lühr (1987: 263) が gunnen/günnen を様相助動詞に数え入れているのは理解し難い。次例から明らかなように、文主語と後続する ze +

不定詞（＝動名詞）の行為主体とは別人である。

  uns got von himele niht lenger hie ze lebene *gan*.
          （NL. 2226,4. Grimms DWb. 8,903）
  我々に天の神はこれ以上長くここで生きていることを許さない。

 ver-mugen/mügen はまだ様相助動詞としては用いられない。従って残りの11語の完了現在動詞が様相助動詞として機能している。tugen/tügen と be-durfen/dürfen の登場は目新しい。

  1）wiʒʒen, 4）tugen/tügen, 5）kunnen/künnen,
  6）durfen/dürfen, be-durfen/dürfen, 7）(ge)turren/türren,
  9）suln/süln, 12）mugen/mügen, ge-mugen/mügen,
  15）müeʒen, 17）wellen

5.1 wiʒʒen

 『ニーベルンゲンの歌』におけるこの動詞の全用例109（計数は原則として Stiegele 1967 による）のほとんどは本動詞としての用例であるが、ze 付きの不定詞（＝動名詞）を伴う様相助動詞「…するすべを知っている」の、ほぼ同一の否定文例が2例（1510,2; 1925,1）ある。

  ja-ne *weiʒ* ich dir der mære niht mēr *ze* sagene. （NL. 1925,1）
  確かに私はあなたにこの話をこれ以上告げるすべを知らない。

 下例の過去形 wessen は様相助動詞ではなくて、本動詞つまり他動詞であり、wem ze klagene 以下は従属する副文（間接疑問文）であって、動詞 wæren が省略されている。

  si-ne *wessen*, wem ze klagene（wæren）diu ir vil grœʒlīchen
  sēr.   （NL. 2088,4. Behaghel 2,1924: 339,364）

彼らは自分達のとても大きな苦痛が誰に訴えられる（＝苦痛を誰に訴える）べきかが分からなかった。

またBehaghel (2, 1924: 309) が助動詞の用例として挙げている下例も本動詞の用例である。

 er *wiste* schaden gewinnen.   (NL. 2156, 1)
 彼は損害を蒙る（であろう）ことが分かっていた。

次は『クードルーン』からの様相助動詞の用例であるが、従属不定詞にzeが付いていない。

 westen wir si vinden, sō müese in werden wē.
       (K. 836. Grimms DWb. 30, 763)
 我々が彼らを見つけるすべを知っているならば、彼らは痛い目に遭わなければならない／遭うに違いないのだが。

5.2 tugen/tügen

この動詞は『ニーベルンゲンの歌』では本動詞「役立つ」として1例 (868, 3) のみ例証されている。他の作品にはzeを伴う場合と伴わない場合の助動詞「…するにふさわしい」の用例がある。

 waȝ *toug* ich dan *ze* lebenne?   (Parz. 373, 22)
 私はその場合どれほど生きるにふさわしいのか。
 er dāhte daȝ niht *töhte* vrāgen es den vater sīn.
    (Barlaam 26, 2. Benecke/Müller/Zarncke 3, 54)
 彼は、その事を自らの父に尋ねるにふさわしくない（＝適格でない）と考えた。

5.3　kunnen/künnen

『ニーベルンゲンの歌』における全186例の内で対格形客語を取る本動詞「知っている」の用例は1例（255,1）のみであり、他は全て助動詞の用例である。古期ドイツ語のkunnanと比べると著しく助動詞としての比重が高まっていて、その表わす様相性も知的能力・分別だけではなく、肉体的能力、さらには無障碍・被許可という主語外的な可能性・機会も表現できるようになっている。

ich *kan* iu wol gerāten.　　　　　　　　　　　（NL. 1728,1）
私はあなた達にうまく助言することができる。（知的能力）
kundestu（= kündest du）noch geswīgen, daʒ wære dir guot.
　　　　　　　　　　　　　　　　　　　　　　（NL. 839,2）
あなたは黙っていることさえできたならば、それがあなたには良かったのに。（分別）
er-n' *kunde* niht gestēn.　　　　　　　　　　　（NL. 987,1）
彼は立っていることができなかった。（上位否定。肉体的な無能力。A写本ではmohte）
si-ne *kunde* niht gegān.　　　　（NL. 1070,2. G. Fritz 1974: 82）
彼女は歩くことができなかった。（上位否定。肉体的な無能力。C, D, J写本ではmohte）
ān'aller slahte wunden der helt eʒ schiere gebant. kratzen unde bīʒen *kunde* eʒ niht den man.　　　　　　　　　（NL. 950,1）
色々な種類の傷を受けることなくその勇士はそれ（=熊）を直ぐに縛ってしまった。それはその勇者を引っかくことも噛むこともできなかった。（上位否定。外的な障碍）
i-ne *kan* iu niht verdagen.　　　　　　　　　　（NL. 1018,3）
私はあなたに何事も黙っていることができない。（上位否定。道徳的な障碍）
ob ich erbitten *kan*.　　　　　　　　　　　　　（NL. 345.2）
私が頼むことができるかどうか。（無障碍）
do-ne *kunden* disiu mære niht verholn sīn.

（NL. 1175, 2. Kahl 1890: 30）

その時このニュースは隠されていることができなかった＝人々に知られた。（上位否定。障碍）

dā tet'iuwer bruoder die aller grœʒisten nōt, diu immer in den stürmen *kunde*（叙想法過去形）sīn geschehen.

（NL. 232,1. Lucae 1868: 17）

そこであなたの兄は最大の苦難を（敵に）与えた。それはいつも全ての戦闘において生じ得たのだが（実際にはそれまで生じたことがなかった）。（機会）

wie liebe mit leide ze jungest lōnen *kan*. （NL. 17,3）

いかに喜びが悲しみでもって最後に（人に）報い得るのか。（機会）

frouwe, ich tuon iu ungemach. ich *kan* ze lange sitzen.

（Parz. 29,19. G. Fritz 1997a: 49）

女王様、私はあなたにご迷惑をおかけしています。私は長く滞在しすぎることがあります。（習慣・性癖）

　上掲第2例 NL. 839, 2 の *kundestu* は叙想法過去形で、過去の非現実性の表現「できた／し得たならば」であるが、文脈次第では現在または未来の非現実性として「できる／し得るならば」も意味し得る。そこで前者を明示するために、従属不定詞を完了形にした NL. 232,1 kunde sīn geschehen のような下位完了の形式（＝英語 could have happened）が出現しているが、現代ドイツ語式に助動詞の過去分詞を用いる上位完了の形式 hätte geschehen können は15世紀頃以降に登場する（Het'er dye frawen reht kunnen verstān「彼がその女性達を正当に理解することができたならば」Keller 1855: 238; 浜口 1953: 13,15）。ただしこの種の表現は müssen では13世紀から見られる（sō hete ich'ʒ müeʒen lān beliben「それならば私はそれをそのままにしておかなければならなかったのだが」Biterolf 4474. Kurrelmeyer 1910: 163; 浜口 1953: 4,14）。

　次例では古期ドイツ語と同様に、肉体的な能力あるいは外的な無障碍の mugen/mügen に対して知的な能力の kunnen/künnen が対

置されている。

> ich *kan* wol trinken unde *mac*; ich hān kunst unde kraft.
> 　　(Weinschwelg 164。13世紀。Benecke/Müller/Zarncke 1,806; Wackernagel
> 　　　　1859: 735; Lucae 1868: 17; Kahl 1890: 47; Grimms DWb. 11,1729)
> 私は酒を飲むすべを十分知っていて、飲むことができる。私には心得と体力がある。
> ich-n' *mac* noch en-*kan* iu gebieten mēre wandels noch ēre.
> 　　　　　　　(Iwein 2286. Benecke/Müller/Zarncke 1,806; Lucae 1868: 17)
> わたしは、あなたにどんな損害賠償も名誉も提供できませんし、する方法も存じません。―リンケ珠子訳

　既述の3例では抽象名詞（mære「ニュース」NL. 1175,2、nōt「苦難」NL. 232,1、liebe「喜び」NL. 17,3）が主語になっているが、さらに非人称（的）表現での用例もある（非人称受動文は後述）。この場合は可能性が否定されたり、疑問視されたりすることがほとんどである（Klarén 1913: 14; G. Fritz 1974: 83f. 参照）。

> eʒ en-*kunde* niht wern langer. 　　　　　　　(NL. 1692,1)
> もっと長く続くこと（＝長居）ができなかった。
> āne dīne helfe *kund'*（叙想法過去形）eʒ niht gesīn.　(NL. 354,2)
> あなたの助けがなければそれはあり得ないのだが。
> *kunde*（叙想法過去形）eʒ iemer werden sō.
> 　　　　　　　　　　　　　　　(Tristan 6234. Kahl 1890: 32)
> いつかそうなることができればいいのだが。

　非人称表現における kunnen/künnen は十分に抽象化されていることになるが、それでもここまでの用例は全て客観的な用法である。さらに一層抽象化が進んだ主観的な用法「…すると推断することができる＝するかも知れない」も出現している。

> ich fürchte harte sēre etelīchen rāt, ob man der deheinem misse-

dienet hāt, die uns gefüegen *kunnen* vīentlīchen haȝ.
（NL. 922,3。浜崎他 1981: 85）
我々に対して敵意のある憎悪を与えるかも知れない人々の誰かを侮辱したのであれば、私は何らかの陰謀をとても恐れています。

自然的(ジネン)・非能動的な事象の従属不定詞を伴う次例も主観的用法であり、疑惑・困惑を表わす。

er dāht' in sīnem muote: wie *kunde*（叙想法過去形）daȝ ergān, daȝ ich dich minnen solde? daȝ ist ein tumber wān.
（NL. 285,1. Pauls Mhd. Gr. 1998: 303; 2007: 300）
彼は自らの心の中で考えた。私があなたを愛するなどという事がいかにして生じるのだろうか。これは愚かな幻想だ。（solde は仮想性の表示）

以下のような同様の用例は①客観的用法とも②主観的用法とも解釈できる流動的な場合であるが、Lyons（1983a: 396）の言う「客観的に認識的な用法」、即ち客観性の強い主観的用法に該当する。

sō-ne *kan* mir nimmer missegān. 　　　　　　　（NL. 17,4）
①そうすれば私には決して不幸が生じ得ない。
②そうすれば私には決して不幸が生じるはずがない。
sō *kunde*'ȝ（叙想法過去形）nimmer ergān. 　　　（NL. 816,4）
①それでそういう事は決して生じ得ないのだが。
②それでそういう事は決して生じるはずがないのだが。
den Kriemhilde degenen *kunde*（叙実／叙想法過去形）leider nicht gesīn.　　　　　　　　　　　　　　　　　（NL. 1958,4）
クリエムヒルトの戦士らにとって（この時）より悪く（＝より嫌な事）は
①あり得なかった（のだが）。
②あるはずがなかった（のだが）。

次の2例の従属不定詞は非人称受動の完了不定詞であり、同じく助動詞が否定される上位否定であるが、これらも①客観的用法「…されることができなかったのだが」と②主観的用法（「作者の判断」Sakurai 1957: 118)「…されるかも知れなくはなかったのだが＝されるはずがなかったのだが」の両解釈が可能である。

　　　eʒ en-*kunde*（叙想法過去形）baʒ gedienet nimmer helden sīn.
　　　　　　　　　　　　　　　　　　　　　　　　　（NL. 964,2）
①勇士らは決して（それよりも）良く仕えられることができなかったのだが＝それほどの良い接待を受け得なかったのだが。
②勇士らは決して（それよりも）良く仕えられるはずがなかったのだが＝それほどの良い接待は考えられなかったのだが。
(kunde gedienet sīn ＝ künde gedienet worden sīn ＝ 現代ドイツ語 hätte gedient werden können)
　　　von helden *kunde*（叙想法過去形）nimmer wirs gejaget sīn.
　　　　　　　　　　　　　　　　　　　　　　　　　（NL. 1002,2）
①勇士らによって決して（それよりも）悪く狩猟されることができなかったのだが＝それほどの悪い狩り（＝人殺し）は実行され得なかったのだが。
②勇士らによって決して（それよりも）悪く狩猟されるはずがなかったのだが＝それほどの悪い狩り（＝人殺し）は考えられなかったのだが。
(kunde gejaget sīn ＝ künde gejaget worden sīn ＝現代ドイツ語 hätte gejagt werden können)

　最後に、次のような kunnen/künnen の用例には特別な意味がなく、本動詞の単なる換言にすぎないとされる（Benecke/Müller/Zarncke 1,807; Lucae 1868: 17)。

　　　der ich niht sēre entgelten *kan*.　　　　　　（Iwein 7457)
　　　そうしても私はそれほど大きな損をするわけではない。―リンケ珠子訳（entgelten kan ＝ entgilte）

5.4 durfen/dürfen, be-durfen/dürfen

他の作品の durfen/dürfen には属格形の客語を取る本動詞「必要とする」の用例もあるが、『ニーベルンゲンの歌』における durfen/dürfen の全13例は助動詞としての用例であり、古期ドイツ語と同様に全て否定文で用いられている。その内の2例は上位否定「…する必要／理由がない」、3例は下位否定「…しない必要がある＝してはならない」である。

des en-*dorft*' er sich niht schamen.　　　　　　(NL. 716,2)

それを彼は恥じる必要がなかった＝恥じなくてよかった。（上位否定。実行の不必然性）

ja-ne *darftu* mich niht grüeʒen.　　　　　　(NL. 1923,1)

確かにあなたは私に挨拶する必要（＝理由）がない＝挨拶しなくてよい。（上位否定。実行の不必然性）

ir *dorftet*（叙想法過去形）mich niht hān gemant sō verre.

(Tristan 3660. Wilmanns 3,1,1906: 169)

あなたは私をこれほどひどく促す必要がなかったのに。（上位否定。実行の不必然性）

du-ne *dörftest* nimmer gerīten in daʒ lant.　　　　　　(NL. 56,3)

お前は決してその国へ騎行しない必要がある（＝騎行してはならない）だろう。（下位否定。不実行の必然性）

ir en-*durfet* uns niht reizen.　　　　　　(NL. 2267,2)

あなたは我々を刺激しない必要がある＝刺激してはならない。（下位否定。不実行の必然性）

ich slahe in, daʒ er˙ʒ widerspel nimmer mēre *darf* gesagen.

(NL. 2272,4)

私は、彼が語り伝えを二度としてはならぬよう、彼を打ち倒す。（下位否定。不実行の必然性）

上例最後の darf は kann と解釈される（「語り伝えを二度とすることができぬよう」）ことがあるが（Bartsch/de Boor 1996: 356;

第5章　中高ドイツ語における様相助動詞　115

Hashimoto 1960: 21; Grimms DWb. Neubearb. 6,1799)、『ニーベルンゲンの歌』では可能性の意味を持つ例は他になく（Lübben 1877: 36; Bartsch 1880: 85)、Hartmann von Aue の作品にも例証されていないので（Monsterberg 1886: 182f.）、必然性の意味で解釈せざるを得ない（Heinzle 2013: 715 は必然性の上位否定「語る必要がないよう」と解している）。

従属不定詞に ze の付く用例のあることが他の作品から報告されている。

> daʒ ire hīwen... ne *dorften* sament *ze* werfen.
> (Wiener Genesis 1642. Grimms DWb. Neubearb. 6,1798)
> （アブラハムとロトは）自分達の同居人らがごった混ぜにしてはならぬよう（自分達の共有財産を分けた）。

次の 1 例は durfen/dürfen と（ge)turren/türren「敢えて…する」との混同が既に始まっていることを示す。これは両者が音形のみならず、否定での意味も近似することから来ている（「…しなくてよい／してはならない」≒「敢えて…しない」〔G. Fritz 1997a: 112 参照〕）。

> uns en-*durfen* ander tūsent mit strīte nimmer bestān.
> (NL. 342,4. Benecke/Müller/
> Zarncke 1,362; Grimms DWb. Neubearb. 6,1799)
> 我々を千人と言えども戦って敢えて打ち負かすことは決してしない。（A 写本では geturren）

上記 NL. 342,4 の durfen を Bartsch/de Boor（1996: 63）が dürfen nicht wagen「敢えてすることは許されない」と注釈しているのは B 写本と A 写本の折衷訳である。

durfen/dürfen の他の 7 例は下位否定での主観的な用法「…しないと推断する必要がある＝しないに違いない＝するはずがない」である。従属不定詞の事象はほとんどが自然的・非能動的、あるいは

受動的であるが、そうではない、「打ち負かす」のように人為的・能動的な例は、この助動詞の主観的用法がさらなる段階に進んでいることを示す。

ja-ne *dörften* mich dīn zwelve mit strīte nimmer bestān.
(NL. 118,4)
確かに私をあなたのような者が12人戦っても決して打ち負かさないに違いない（＝12人がかりでも打ち負かすはずがない）のだが。

bī der sumerzīte und gein des meien tagen *dorft*'er in sīme herzen nimmer mēr getragen sō vil der hōhen vreude.　(NL. 295,2)
夏季にも5月の日々の頃にも彼は自らの心の中に二度とそのように多くの崇高な喜びを抱かないに違いなかった＝抱くはずがなかった。

ir sult von mir sagen, daʒ in en-*darf* ze der werlde niemen holder gesīn.
(NL. 734,4)
お前達は私について、彼らに対しこの世界で誰も（私より）さらに好意的ではないに違いない（＝誰も私より好意的であるはずがない＝私が最も好意的であるはずだ）と告げるべきだ。

do-ne *dorfte* Kriemhilde nimmer leider gesīn.　(NL. 918,4)
その時クリエムヒルトにとって（それ）より悪く（＝より嫌な事）は決してないに違いなかった＝あるはずがなかった。

ja-ne *dorften* nimmer helde baʒ gehandelet sīn.
(NL. 1668,4. Valentin 1984: 189 参照)
確かに勇士達は決して（それ）より良く接待されなかったに違いなかった＝接待されたはずがなかった。(gehandelet sīn = gehandelet worden sīn)

ja-ne *durftet* ir sō ringe nimmer Hagenen bestān.　(NL. 1767,4)
確かにあなた達はこのように少人数では決してハゲネを打ち負かさないに違いない＝打ち負かすはずがない。

eʒ en-*dorfte* künec sō junger nimmer küener gewesen.
(NL. 2295,4)

このように若い王は決して（誰も彼より）大胆ではないに違いなかった＝彼ほど大胆な若い王がいるはずがなかった。（A写本2232,4ではeȝ-n' dorfte...sīn gewesen「なかったに違いなかった」）

　上掲の主観的な用例に関してBenecke/Müller/Zarncke（1,1854: 363）は2295,4を、Lübben（1877: 36）は918,4以外の6例を現代ドイツ語のdürfte wohl「察するところ…だろう」に当たると解しているが、Lenz（1996: 403）は『イーヴェイン』における類例の現代語訳としては下記のどちらも可能としている。

　　eȝ-n' *dorfte* nie wībe leider ze dirre werlte geschehen.
　　　　　　　　　　　　　　　　　　　　　　　　(Iwein 1312)
　　① Nie konnte es einer Frau auf dieser Welt schmerzlicher ergehen.
　　決して一人の女性にとってこの世で（それ）より痛ましいことになる可能性はなかった＝なるはずがなかった。
　　② Nie dürfte es wohl einer Frau auf dieser Welt schmerzlicher ergehen.
　　決して一人の女性にとってこの世で（それ）より痛ましいことにならない蓋然性がおそらくあるだろう。（Benecke/Wilken 1874: 39 も dürfte wohl）

　『ニーベルンゲンの歌』の用例から考えると、この二つの解釈の内では①の方が正しいが、より正確には上位否定のkonnteではなくて下位否定のmussteで訳されるべきである（「…より痛ましいことにならないに違いなかった＝なるはずがなかった」）。②の解釈に用いられている蓋然性を表わすdürfteは初期新高ドイツ語以降の発展である。
　『エーレク』でも上記と同様の用例が見られる。

　　eȝ en-*dorfte* vrouwen lībe baȝ erboten werden nie dan ouch ir,
　　dō man si emphie.　　　　　　　　　　　　　　(Erec 2903)
　　女性は決して迎えられた時の彼女よりももっと良くもてなされ

ないに違いなかった＝いかなる女性も彼女より良くもてなされるはずがなかった。

『エーレク』に1例のみ見られる特異な肯定の用例は①客観的な必然性の意味にも②主観的な必然性の意味にも解し得る。

> welh ein schade muoȝ ergān, und sol den līp verlorn hān der beste ritter, der *darf* leben!
> (Iwein 6844. Benecke/Müller/Zarncke 1,363; Grimms DWb., Neubearb. 6,1798)

①生きていなければならない／②生きているはずのあの最高の騎士がもしも生命を失ってしまうことになれば、いかなる損失が生じることか。

『ニーベルンゲンの歌』の be-durfen/dürfen は8例が本動詞の「必要とする」であり、1例のみ〈前置詞 ze ＋動名詞〉を取る様相助動詞「…する必要がある」の肯定文で記録されているが、他の作品には ze を伴わない否定文の用例もある。

> dā *bedorften*（叙想法過去形）wir *ze* habene vor frouwen hēr-lich gewant.
> (NL. 354,4)

そこでは我々は貴婦人達の前で立派な着物を身につける必要があるのだが。

> durh eȝȝen ne-*bedarf* man daȝ brōt bachen noch bæn.
> (Himmelreich 9,12. Grimms DWb, Neubearb. 4,454)

食べるためにパンを焼く必要もあぶる必要もない。

5.5　(ge)turren/türren

『ニーベルンゲンの歌』には turren/türren が20例、ge-turren/türren が13例記録されているが、意味・用法に差異は認められない。「勇気がある」という自動詞の1例（1463,4）以外は全て助動

詞の用例であり、その大半は可能性「敢えて…する」を示す。

> er si *torste* schelten vor Etzelen man.　　　　　　（NL. 2024,3）
> 彼は彼女をエッツェルの家来らの前で敢えてののしった。
> i-ne *getar* si's niht gebiten.　　　　　　　　　　　（NL. 727,3）
> 私は彼らにその事を敢えて頼まない。

　NL. 342,4 で durfen/dürfen が否定文において「敢えて…する」の意味で用いられていたように、(ge)turren/türren も否定文（1118,3）や修辞疑問文（1459,4. 1787,2）、仮定文（562,2; 2196, 2; 2267,3）において「…してよい」の意味で使われている。

> wir *turren* ir des hordes vor gehaben niht.　　　　（NL. 1118,3）
> 我々は彼女に対しこの宝物の何も保留してはよくない＝保留することは許されていない。
> wie *getorste(n)* wir geriten in daʒ Etzelen lant?　（NL. 1459,4）
> どうして我々はエッツェルの国に騎行してよいのだろうか。
> wer hāt nāch iu gesant, daʒ ir *getorstet* rīten her in diz lant?
> 　　　　　　　　　　　　　　　　　　　　　　　　（NL. 1787,2）
> 誰があなたの方へ、あなたがこの国に騎行して来てよいと使いを遣ったのか。
> *torst'* ich dir in bieten vor Kriemhilde.　　　　　（NL. 2196,2）
> 私があなたにこれ（＝盾）をクリエムヒルトの前で差し出してよければ。
> *getorste* si in küssen, diu vrouwe tæte daʒ.　　　（NL. 562,2）
> もしも彼女が彼に接吻してよかったならば、その貴婦人はそれをしたのだが。（A写本 526,2 では getorste si in hān küsset）

5.6　suln/süln

　『ニーベルンゲンの歌』におけるこの動詞には助動詞として最多の約600の用例がある。

他の作品には本動詞「借金がある」の用例も見られるが、『ニーベルンゲンの歌』の本動詞「役に立つ、ふさわしい」とされる次のような用例は、従属不定詞が省略された助動詞の用例である。

　　waʒ sold' ich einem man（tuon), der ie herzeliebe von guotem wībe gewan?　　　　　　　　　　　　　　　（NL. 1218,3）
　　かつて心からの喜びを立派な女性から得た一人の男性（＝エッツェル王）に対して私（＝クリエムヒルト）は何をすべきであろうか＝何もないであろう。
　　waʒ sol des mēre（sīn).　　　　　　　　　　　（NL. 1790,1）
　　その事について何がさらにあるべきか＝何もない。

　中高ドイツ語の suln/süln は、ゴート語や古期ドイツ語の対応語と同様に、「他者（人・神・社会）の意志に由来する必然性」と「状況に由来する必然性」とを含む必然性の全域を表わす。

　　ahzec hundert mannen Kriemhilt dō gebōt, daʒ si in holen solden.　　　　　　　　　　　　　　　　　　（NL. 1117,3）
　　8000人の家来らにクリエムヒルトはそこで、彼らがそれ（＝宝物）を取って来るべしと命じた。（主文の主語の命令）
　　ir sult dem künic Gunther alle wesen undertān.　（NL. 466,4）
　　あなた達はグントヘル王に全員、臣従すべきだ。（話者の命令）
　　wir solten（叙想法過去形）zuo der reise haben zierlīch gewant.
　　　　　　　　　　　　　　　　　　　（NL. 350,4. 岡崎 1987: 245）
　　この度の旅にはわれわれは見事な衣装を用意すべきなのだが。
　　―岡崎訳（話者の控え目な主張）
　　der sol hān gewunnen, den man siht ze vordest stān.
　　　　　　　　　　　　　　　（NL. C, 982,4. Wilmanns 3,1906: 170）
　　一番先に（ゴールに達して）立っているのを人が目にする者が勝ったとされるべきだ。（話者の提案）
　　frouwe, ir sult niht weinen durch den willen mīn.
　　　　　　　　　　　　　　　　　　　（NL. 61,3. Lucae 1868: 21）

母上、私のためにお泣きにならないで下さい。(愛情のこもった、控え目な要求／依頼)

got *sol* iuch bewarn der reise an allen ēren.　　　(NL. 1154,2)
神様があなたを旅の途上で一切の名誉に関してお守り下さるよう。(話者の願望)

hey *soldest*（叙想法過去形）du in füeren heim in der Burgonden lant!　　　(NL. 2196,4)
ああ、あなたはこれ（＝盾）をブルグンド人らの国に持ち帰るべきなのだが＝生きて持ち帰って欲しいのだが。(話者の願望)

er *solt'* eʒ haben lān.　　　(NL. 121,3)
彼はそれを思いとどまるべきであったのに。(話者の怒り)

sō *suln* dise recken vil gewærlīchen komen.
　　　　　　　　　　　　　　(NL. 1779,4. 岡崎 1985: 5)
あれらの武士共は十分に武装してかかって来て貰いたい。―岡崎訳（話者の挑発）

sul(*n*) wir mit friunden strīten, daʒ sī got gekleit.　　　(NL. 2200,3)
もしも我々が親友らと戦わなければならないのであれば、神に苦情を訴えたい。(神意)

hie belībet niemen, wan der doch sterben *sol*.
　　　　　　　　　　　　　　(NL. 2132,3. 岡崎 1985: 11)
死ぬべき運命にある者を除いては、誰一人としてここでは死にはしないのだ。―岡崎訳（運命）

sus kam mīn herre her geriten und *solde* mit in hān gestriten.
　　　　　　　　　　　　　　(Iwein 6350. Monsterberg 1886: 155)
こうして我が領主は馬に乗ってここに来て、彼らと戦う羽目になった。(成り行き)

ich *sol* eʒ wol verdienen.　　　(NL. 1831,4)
私（＝ハゲネ）はそれ（＝フォルケールの助力）に十分報いなければならない。(道義)

der uns dā *solde* rechen, der wil der suone pflegen.
　　　　　　　　　　　　　　(NL. 2229,3. Lucae 1868: 19)
（ブルグンド人らに）我々の復讐をすべきであった者（＝リュ

エデゲール）が（彼らと）和解をしたいと欲している。（義務）
er was ir morgengābe, er *solt*' ir billīche sīn.　　　　（NL. 1116,4）
それ（＝ニーベルンゲン族の財宝）は彼女（＝クリエムヒルト）への後朝(キヌギヌ)の贈り物であり、当然彼女のものであるべきであった。（社会規範）

jā *sol* vor küniges wībe nimmer eigen diu gegān.　　　（NL. 838,4）
確かに国王の妻の先を臣下の女が決して歩くべきではない。（下位否定。不実行の必然性「歩かないべきだ＝歩いてはならない」。社会規範）

wir *suln* den herren enpfāhen deste baʒ, daʒ wir iht verdienen des jungen recken haʒ.　　　　　　（NL. 101,1. 岡崎1985: 5）
あの若い武士の恨みなど買わぬよう、われわれは一層丁重にあの御仁を迎えねばならない。―岡崎訳（必要性）

frouwe, ich *sol* ein boten hān.　（Parz. 625,2. Grimms DWb. 16,1486）
女王様、私は使者を得る必要があります。（必要性）

ir *sult* mich niht vlēgen.　　　　　　　　　　　　（NL. 613,2）
あなたは私に懇願する必要はない＝懇願しなくてよい。（上位否定。実行の不必然性）

次例は反問・疑惑・意外性を示す客観的・語用論的な用法である。

wie *sol* ich daʒ gelouben, daʒ der von Bechelāren kœme in ditze lant?　　　　　　　　　　（NL. A, 1121,1. Trübners DWb. 6,398）
ベッヒェラーレンの辺境伯がこの地へやって来たということをどのようにして信じよと言うのか＝私は信じようか（＝信じられない）。

Owē, lieber Wolfhart, *sol* ich dich hān verlorn, sō mac mich balde riuwen, daʒ ich ie wart geborn!　　　　　（NL. 2322,1）
ああ、親愛なるウォルフハルトよ、私が君を失った（と言う）のであれば、私がかつて生まれたことが当然、私を後悔させ得る。

daʒ muoʒ ich immer weinen, *sol* si alsō verderbet sīn.

(NL. 620,4. 岡崎 1985: 13)

あの人があんなに身を貶(オト)すとは、そのことをこそこれから先私は泣かぬわけには参りません。―岡崎訳

daʒ enzimt niht helde līp, daʒ si *suln* schelten sam diu alten wīp.
(NL. 2345,2. 岡崎 1985: 14)

老婆のように罵りあうとは、勇士たるものにあいふさわしいことではない。―岡崎訳

中高ドイツ語特有の語法として話者が話者自身（ら）に向けた要求や意向が suln/süln で表現されている場合がある（Grimms DWb. 16, 1486）。

swaʒ der küneginne liebes geschiht, des *sol* ich ir wol gunnen.
（NL. 1204,3. 岡崎 1985: 4ff.）

妃の身に起る好ましいことは何であれ、わしは妃に許してあげたい。―岡崎訳

frouwe, ich *sol* mīn harnasch hān.
（Parz. 594,19. Grimms DWb. 16,1486）

女王様、私は自分の甲冑を着けるべきです＝着けたい。

dā *suln* wir hine gān. (NL. 969,3)

そちらの方へ我々は行こうではないか。

wir *sulen* disen tōten man begraben.　(Parz. 253,8. Lucae 1868: 21)

我々はこの死んだ男を埋葬しようではないか。（＝ lasst uns）

このような suln/süln の用法はハルトマンの作品においても例証されているが（Benecke/Wilken 1874: 261f.; 千艘 1977: 38）、現代ドイツ語ならば wollen が用いられる所である。

次のような例では、必然性ではなくて、他者の意志に由来する可能性「…してよい」が表現されている。

urloup si gewunnen, daʒ si für *solden* gān.　(NL. 878,1)

彼らは（王の）前に歩み出てよいという許しを得た。

mir wære niht ze leit, ob ich ze botenmiete iu *solde* geben mīn golt. （NL. 556,3. 岡崎 1985: 242）
もし私があなた様に使者のごほうびとして私の黄金を与えることが許されるならば、私には望外の喜びなのですが。―岡崎訳

sol ich mīn leben hān. （NL. 304,3）
私が生きていてよい限り。

ob ich iuch des bitten *sol*.
　（Parz. 620, 2. Lucae 1868: 20; Gloning 1997: 352; Diewald 1999a: 323）
もし私があなたにそれをお願いしてよろしければ。

『ニーベルンゲンの歌』では未来時称の助動詞としての suln/süln の用例が多く見られるが、その際、「他者の意志に由来する必然性」という原義を依然として感じ取ることができる場合もある。

dem man daʒ itewīʒen *sol* nāch den zīten tuon, daʒ sīne māge iemen mortlīche hēn erslagen. （NL. 995,2）
彼（＝ジーフリトの息子）に対して人は後に、彼の親族が誰かを殺意をもって討ったという嘲笑を浴びせる（ことになる）であろう。

mich riuwet iuwer tōt, *sol* an iu verderben sō tugentlīcher muot.
　　　　　　　　　　　　　　　　　　　　（NL. 2184,3）
もしもあなたの所でかくも高徳な心が滅びる（ことになる）ならば、私をあなたの死は悔やませる。

jā *sol* im von Hagenen immer wesen widerseit.
　　　　　　　　　　　　　　　（NL. 873,4. Lucae 1868: 22）
彼（＝ジーフリト）に対してはハゲネによっていつまでも挑戦されるでしょうよ。

dā die vrouwen *solden* gegen dem sale gān. （NL. 657,3）
その貴婦人らがその大広間に向かって歩いて行くことになっていた所。（過去未来形）

次例の suln/süln は格言的な未来形として用いられている。

> der lewe niemer *sol* verzagen, ob in die hasen wellent jagen.
> (Freidank. Pauls Mhd. Gr. 1998: 296; 2007: 294)
> ライオンは、自分を兎らが狩ろうとしても、決してひるまない（だろう）。

suln/süln を助動詞とする未来完了形も現われている。

> ich *sol* si'm schiere hān benomen.　　（Iwein 4650. Lucae 1868: 22）
> 私は彼女を彼から直ぐに取り戻してしまっているだろう。

suln/süln の叙想法過去形はさらに抽象化されて、現代ドイツ語の sollte や würde に相当する叙想法の助動詞として用いられている。

> tæt' eʒ ander iemen, daʒ *sold*' iu wesen leit.　　　　（NL. 1157,3）
> もしもこの事を他の誰かがするならば、それはあなたにとって不快であろう。
> *solt*' der herre Sīfrit gesunder sīn gewesen, bī im wære Kriemhilt hendeblōʒ bestān.　　　　（NL. 1126,2）
> もしも貴人のジーフリトが無事であったならば、彼の側にクリエムヒルトは手ぶらで（＝財宝を放棄して）留まっただろう。
> genuoge ūʒ Beyerlande, *solden* si hān genomen den roub ūf der strāʒen nach ir gewonheit, sō heten si den gesten dā getān vil līhte leit.　　　　（NL. 1302,2）
> もしもバイエルン出の多数の者が彼らの習慣に従って路上で獲物を奪っていたならば、彼らはその旅客らにそこで恐らく苦痛を与えていたかも知れないのだが。

下例の叙想法過去形は不確実性や否定性・仮想性さらには非現実的な願望を表現する。

> ob des niht möht' ergān, ir *soldet* noch belīben durch iuwer schœne wīp, ē ir sō kintlīche *soldet* wāgen den līp.

(NL. 1468,4. 岡崎 1987: 245f.)

そのことが仮にかなわぬとしても、そんな児戯同然に命をかけるくらいなら、美しい女性たちもいることですから、あなたはこの地に留まるべきでしょうに。―岡崎訳

si-n' habent ouch niht der rosse, diu in *solden* tragen.

(NL. 1273,3. 岡崎 1987: 245f.)

その上、それ(＝宝)を運ぶ馬を彼らは満足に持っていない。―岡崎訳

hey *sold*'er komen immer in der Burgonden lant!　　(NL. 774,4)

ああ、それ(＝ニーベルンゲンの宝物)がいつかブルグンド国へ来ればいいのだが。

er dâht' in sînem muote: wie kunde daʒ ergân, daʒ ich dich minnen *solde*? daʒ ist ein tumber wân.　　(NL. 285,1)

彼は自らの心の中で考えた。私があなたを愛するなどという事がいかにして生じるのだろうか。これは愚かな幻想だ。

hei, *solten* sî ze samene komen, mîn lîp, mîn herze.

(Walther. Pauls Mhd. Gr. 1998: 303; 2007: 300)

ああ、それらが歩み寄って一緒になればいいのだが。私の体と私の心が。

　先に取り上げた NL. 121,3 と Iwein 6350, NL. 1126,2 は一見したところ同じような下位の完了表現ではあるが、現代ドイツ語に変換すると、NL. 121,3 は未だ発達していない上位の完了表現に代わるものであり、Iwein 6350 は中高ドイツ語特有の非時称的な完了表現であることが分かる。NL. 1126,2 は現代ドイツ語と同一である。

　　NL. 121,3　　solte haben lân = hätte lassen sollen「思いとどまるべきであったのだが」

　　Iw. 6350　　solde hân gestriten = sollte streiten「戦う羽目になった」

　　NL. 1126,2　solte sîn gewesen = sollte gewesen sein「(万一)…であったならば」

『ニーベルンゲンの歌』B写本で用いられている suln/süln に主観的な用法はないが、C写本や他の作品には「…するに違いない」とか「…するそうだ」という主観的な用例がある。

 mir *sol* des strītes vür komen mīn her Gāwein, des ist zwīvel dehein.(Iwein 914. Grimms DWb. 16,1492; G. Fritz 1997a: 50; 2000: 267)
　わが主人、ガーウェインは戦いに関して私に先んじるに違いない。この事にいかなる疑いもない。

 ob i'ʒ geprüevet rehte hān, hie *sulen* ahzehen frouwen stēn.
        （Parz. 235,7; Grimms DWb. 16,1486）
　私が正しく計算したのであれば、ここには貴婦人が18人立っているに違いない＝立っているはずだ。

 …hān ich gehœret sagen… swer'ʒ hāt an sīme lībe, der *sol* vil gar wol sīn bewart.   （NL. C, 342,4. Bartsch 1880: 286）
　私は（こう）言われるのを耳にした… 誰であれそれ（＝透明マント）を自分の体につけている者は十分よく守られている（＝安全である）そうだ。

 sölch ellen was ūf in gezalt: sehs ritter *solt*' er hān gevalt, die gein im kœmen ūf ein velt.
   （Parz. 197,18. Grimms DWb. 16,1484; Diewald 1999a: 420）
　そのような闘志が彼にはあるとされていた。彼は、自分に向かって戦場にやって来た6人の騎士を倒したとのことだった。

 dannoch vor naht dō wart der schal in dem lande fliegende über al, daʒ der stolze Kāedīn ūʒ geriten *solte* sīn.
   （Tristan 18840. G. Fritz 1991: 36; Diewald 1999a: 421）
　その時まだ日暮れ前に、誇り高いカーエディーンが騎乗して（敵国へ）打って出たそうだという風聞が国中に飛び交うようになった。

　上記『ニーベルンゲンの歌』C写本（13世紀前半）に見られる「他人の主張、噂」を意味する sol sīn bewart「守られているそうだ」は早期における主観的用法の例であるが、これは客観的用法の

「他者の意志に由来する必然性」、つまり「守られているべきだ」から hān ich gehœret sagen「私は言われるのを耳にした」という伝聞（現代ドイツ語 Hörensagen）の文脈で「守られているとされる／言われる」への再解釈によって生じたことが理解される。同様に『パルツィファル』の sölch ellen was ūf in gezalt「そのような闘志が彼にはあるとされていた」や『トリスタン』の der schal「風聞」も伝聞の文脈を形成する。

5.7　mugen/mügen, ge-mugen/mügen

mugen/mügen は『ニーベルンゲンの歌』では 325 例の記録がある。次のような単独の用例は不定詞が省略されているにすぎない。

> sō genese, swer der *mac*（genesen）. 　　　　（NL. 1828,4）
> それで助かり得る者は誰でも助かるがよい。
> wess'ich, war ich（fliehen）*möhte*, ich hete gerne fluht.
> 　　　　　　　　　　　　　　　　　　　　　（NL. 622,2）
> 私はどこへ逃げることができるのかを知っていたら、喜んで逃げたのですが。

中高ドイツ語の mugen/mügen も古期ドイツ語の mugan と同様に最広義の可能性を表現するが、用例の多数を占める否定文では可能性の欠如を表わす。

> si-ne *mohte* mit ir kreften des schuȝȝes niht gestān. 　（NL. 460,3）
> 彼女は自らの力でその投擲に耐えることができなかった。（上位否定。肉体的無能力）
> mir *mac* niemen widersagen. 　　　　　　　　（NL. 1212,1）
> 私には誰も反論することができない。（上位否定。知的無能力）
> von küener recken strīten *muget* ir nu wunder hœren sagen.
> 　　　　　　　　　　　　　　　　　　　　　　（NL. 1,4）
> 勇敢な戦士らの戦いについてあなた達は今から驚くべき事が語

られるのを耳にすることができる。(外的無障碍＝自由)
si-ne *mohten* niht geherbergen alle in der stat. 　　(NL. 1363,1)
彼ら全員がその町で野営することはできなかった。(上位否定。外的障碍)

ja-ne *mac* ich's niht gelāʒen... ich muoʒ mit iu strīten, wand'ich'ʒ gelobet hān. 　　(NL. 2178,1)
確かに私はそれを思い留まることができない。…私はあなた達と戦わなければならない。そう誓ったからだ。(上位否定。道義的障碍)

ir *muget* iuch līhte rüemen. 　　(NL. 994,1)
あなた達は容易に自慢することができる＝自慢したければ自慢しても構わない。(被許可＝話者の許容)

si *mac* wol lange weinen. 　　(NL. 1725,1)
彼女は十分長く泣いていることができる＝泣きたければ泣いても構わない。(被許可＝話者の許容)

ob ich sō sprechen *mac*.
　　　　　　(Parz. 612,10. G. Fritz 1997a: 77; Gloning 1997: 352)
こう申してよろしければい。(被許可)

si *mac* sīn gerne lougen, des Prünhilt verjehen hāt. 　(NL. 831,4)
プリュンヒルトは自らが言った事を喜んで否定することができる＝否定する十分な理由がある。

eʒ *mohte* sīn ein turnei: wan dā lac manc sper enzwei.
　　　　　　　　　　　　　　　　　　　(Parz. 79,11)
それは馬上槍試合であり得た＝である (と言える) 十分な理由があった。そこには多くの槍が二つに折れて落ちていたからだ。

si *mac* mit ēren minnen des küenen Sīfrides līp.
　　　　　　　　　　　　　(NL. 730,4. Kahl 1890: 52)
彼女 (＝クリエムヒルト) は栄誉をもって勇敢なジーフリトを愛することができる＝愛する十分な道理がある。

des *mohte* dō niht wesen. 　　(NL. 1578,2)
その事は何もそこではあり得なかった。(上位否定。機会欠如)

wir *möhten* michel gerner sīn in sturme tōt. 　　(NL. 2112,2)

我々は戦闘において死ぬことができれば、ずっと好ましいのだが。（機会）
möhte ich verslâfen des winters zît!　　　(Walther. Kahl 1890: 54;
　　　　　　　岩﨑 1952: 6; Pauls Mhd. Gr. 1998: 303; 2007: 300)
冬の期間を寝て過ごすことができたらいいのだが。（外的な無障碍）

　最後の2例は初期新高ドイツ語・現代ドイツ語 möchte「…したい」の発生源である（Diewald 1999a: 318f. 参照）。
　上掲最後の用例では現在の非現実的な可能性が表現されているが、過去の非現実的な可能生の表現（現代ドイツ語 hätte ＋ 不定詞 ＋ 過去分詞 können）には旧来の〈叙想法過去形 möhte ＋ 単純不定詞〉と新規の〈möhte ＋ 完了不定詞〉の二通りあった。

　　si was sô rîch des guotes, daʒ drîʒec künige wîp eʒ *möhten* niht
　　erziugen, daʒ tete Kriemhilde lîp.　　　　　　　　(NL. 836,4)
　　クリエムヒルトが行なった事を30人の国王の妻がやって見せることができなかったほど、彼女は財貨に富んでいた。
　　möht' ich es im *geweigert hân*, ich het' iʒ gerne verlân.
　　　　　　　　　　　　　　　　　　　　　　　　　(NL. 422,4)
　　私がそれを彼に拒むことができたのであれば、私はそれを喜んで思い留まったであろう。

　可能性の意味は語用論的には swaʒ「何／誰であれ…」等の認容文中では許容や譲歩の意味にもなり得る。

　　swaʒ ir mîner vriunde immer *muget* gesehen.
　　　　　　　　　　　　　(NL. 1415,1. Diewald 1999a: 394)
　　あなた達は私の縁者の誰に会うことができても＝会おうとも。
　　hilfet mich viel kleine, swaʒ ich sie geloben *mag*.
　　　　　　　　　　　　　　　　　(Walther. Klarén 1913: 19)
　　いかに私が彼女を称えることができても＝（称えようとも）、私

には全く役立たない。
swaȝ ime ze liebe *müge* geschehen.　　　(Walther. Klarén 1913: 19)
何が彼にとって喜ばしくなり得ても＝喜ばしくなろうとも。

　志向性「…することを好む」は古期ドイツ語の末期から出現しているが、これが可能性の上位否定から発展した（「…することができない」⇒「…することを好まない／したくない」）ことは次の第1例から明らかである。

frowe, jā ne-*mac* ih dīn ungemach niht langer sō gesehen.
　　　　　　　　　　　　　　(Kaiserchronik 1529. Deggau 1907: 57)
妃よ、私はそなたの苦悩をこれ以上このように見ることができない＝見たくない。
daȝ man gerne hœren *mac*, dā kērt'er sīnen vlīȝ an.
　　　　　　　　　　　　　　(Iwein 26. Deggau 1907: 57)
人が喜んで聞きたがる事（＝物語）の方へ彼（＝ハルトマン）は自らの努力を向けた。

　古期ドイツ語の mugan と同様に必然性を示す用例もある。

wir *mugen* immer sorge zuo Kriemhilde hān.　　（NL. 1459,2）
我々は常にクリエムヒルトに対して用心しなければならない。
ir *muget* mich gerne grüeȝen und geben botenbrōt.　（NL. 1216,3）
あなたは私に喜んで挨拶し、使いの駄賃を与えてくれなければなりません。
des *muget* ir der reise haben wærlīchen rāt.　　（NL. 330,4）
それ故にあなたはその旅行を本当にやめるべきです。
si sprach: die angest *mugt* ir lān.　（Iwein 7988. Deggau 1907: 71）
彼女は言った。その不安をあなたは捨てるべきです。
ir *möhtet* mich lāȝen gān.　　　　　　　（NL. 847,1）
あなたは私を通らせるべきなのに。
du *möhtes* wol gedaget hān, und wære dir ēre liep.　（NL. 849,2）

あなたは、名誉が大事だったならば、十分、黙っていなければならなかったのに。

2人称の叙想法過去形は丁重な要請を表わし得る。

    ir *möhtent* beiten unz an die stunt, daʒ ir mich sæhent bluotvar.
                    （Erec 8844. Monsterberg 1886: 50; G. Fritz 1997a: 77）
    あなたは、私が血まみれになるのを目にする時まで（嘆くのを）お待ち下さい。

また必然性の mugen/mügen は語用論的に発話者の祈念を表現する。

    mac si sich doch mīner rede versinnen.
                    （Minnesangs Frühling 127,27. Kahl 1890: 54）
    彼女がどうか私の言葉を熟慮しますよう。
    eʒ *möhte* got erbarmen.   （NL. 2112,3）
    この事が神に哀れみの念をもたらしますよう。（C写本では müeʒe。≒古期ドイツ語 jā mag iʒ got erbarmēn! O. I, 26,24）
    daʒ iu ūf der strāʒe niemen *müge* geschaden.   （NL. 1708,3）
    あなた達にとって途上で誰も害にならぬよう。（≒古期ドイツ語 daʒ in wolf noh wulpa za scadin werdan ne megi『ヴィーンの犬の呪文』）

以上のような mugen/mügen の用例は客観的な用法であるが、次のような用例は主観的な用法「…すると推断することができる＝するかも知れない」である。

    ir *muget* wol hie verliesen die ēre und ouch den līp.   （NL. 425,3）
    察するにあなた達はここで栄誉と生命までも失うかも知れない。
    （様相の副詞 wol「察するに」との共起）
    leide *mac* dir wol hie geschehen.   （NL. 1528,1. Diewald 1999a: 389）

あなたにとって察するにここで悲しい事が生じるかも知れない。
vor leide *möht'* ersterben der ir vil wünneclîcher lîp. (NL. 1070,4)
悲痛の余り彼女の大いに見事なその体（＝クリエムヒルト）は死ぬかも知れなかったのだが。（＝hätte können. Bartsch/de Boor 1996: 176）

eʒ *möhten* selbe fürsten oder fürsten boten sîn.
(NL. 85,2. Valentin 1984: 189)
それは王侯達自身か王侯の使者達であるのかも知れないと。
wie *möht'* aber daʒ nū sîn?　　(Walther. Grimms DWb. 12,2459)
しかしそれは今どのようであるのだろうか。（疑惑・困惑）
man *mac* si morgen mehelen einem andern man, wil er die brūtmiete, dem wirt alsam getān.　　(NL. 1928,1)
人は彼女を明日、他の男に嫁がせるかも知れないが、その男が花嫁の持参金を欲するならば、同じ目に会うことになる。（是認の萌芽）

　Kahl（1890: 55）が未来時称の助動詞として用いられると述べている次例は主観的用法と解することができる。

die hānt sō vil getān, daʒ eʒ Liudegēre *mag* immer wesen leit.
(NL. 235,3)
彼らが大いに活躍したので、その事（＝挑戦したこと）はリウデゲールにとってはいつまでも苦痛であるかも知れない。
ir *muget* noch wol geleben den tac.　　(Tristan 8503)
あなたはさらに十分、その日を体験するかも知れない。

　次のような自然的(ジネン)・非能動的な事象の不定詞を伴う用例は①客観的用法とも②主観的用法とも解釈することができる。

des wir dā heten willen, ja-n' *mag* es niht ergān.　(NL. 1840,3)
①我々が望んだ事は、確かに何も生じ得ない。
②我々が望んだ事は、確かに何も生じるはずがない。

このような用例は「客観的に認識的な用法」(Lyons 1983a: 396 参照)、即ち客観性の強い主観的用法であると考え得る。
次の例は叙想法の助動詞としての mugen/mügen の用例である。

ir sult mich lāʒen hœren, wer die vil unkunden recken *mugen* sīn.　　　　　　　　　　　　　　(NL. 410,2. Kahl 1890: 55)
あなた達は、それらの全く未知の勇士らが誰であるのかを私に聞かせるべきだ。(mugen sīn ＝ 叙想法形 sīn)
nu wolde got, *möht'* ich den boten hān, der mīnen bruoder Hagenen kunde wiʒʒen lān.　　　(NL. 1941,1. Klarén 1913: 19)
私の兄のハゲネに知らせ得る使者を私が持っているのを神様が今お望みであればなあ。(möhte hān ＝ hæte)

Kahl (1890: 48) によれば、中高ドイツ語辞典には取り上げられていないものの、ge-mugen/mügen「…することができる」の用例が『クードルーン』に見られる。

wir tuon, swaʒ wir (tuon) *gemügen*.　　　　　　　(K. 1190,1)
私達は何であれ、できる事をいたします。

5.8　müeʒen

この助動詞は『ニーベルンゲンの歌』では236例、記録されているが、次のような単独例は不定詞の省略である。

sō ie die künege rīche riten in ir lant, sō *muosen* ouch die recken mit in (rīten).　　　　　　　　　　　　　　(NL. 137,2)
いつもその力ある王達が自らの領地へ騎行する時には、勇士らも彼らと共に騎行しなければならなかった。

中高ドイツ語の müeʒen にはまだ古い可能性「無障碍・被許可」の用法が残っている。

> die wīle ich leben *muoȝ*.　　　　　　　　　（NL. 1778,3）

私が生きていられる限り。

> si enpfiengen Kriemhilde, daȝ si's ēre *muosen* hān.　（NL. 1345,4）

彼らはクリエムヒルトを迎えた結果、それによって栄誉を得ることができた。

> swer einer marke gerte, dem wart sō vil gegeben, daȝ die armen alle *muosen* vrœlīche leben.　　　　　　　　（NL. 515,4）

誰であれ1マルク求めた者にとても沢山与えられたので、貧しい者達は皆、喜んで暮らすことができた。

> ob ich's biten *muoȝ*.　　（Parz. 456,22. Benecke/Müller/Zarncke 2,1: 270; G. Fritz 1997a: 77; Gloning 1997: 352）

私がそれをお願いしてよろしければ。

次例は可能性の用法から発展した語用論的な用法で、発話者の祈念を表現する。

> nū *müeȝ*' uns got genāden.　　　　　　　　（NL. 2192,1）

今、我々に神が恩恵を授け（得）るよう。

> der heilige engel *müze* dīn geverte sīn vnde geleite dich here widere gesunt.　（Rolandslied. Pauls Mhd. Gr. 1998: 302; 2007: 300）

聖なる天使があなたの道連れとなって、あなたをこちらへ無事に導き戻す（ことができる）よう。

> nū gesterke mir den sin, daȝ ich mīner sēle heil um dich verdienen *müeȝe*.　　　（Neidhart v. Reuenthal. Lühr 1987: 280）

今、私が自らの魂の救いをあなたに尽くして得る（ことができる）よう、私の気質を強めて下さい。

しかし大多数の用例は新しい必然性、それも状況由来のみならず他者由来の必然性をも意味している。つまりmüeȝenは必然性全般を担当するに至った。

> in welle got behüeten, du *muost* in sciere vloren hān.　（NL. 14,4）

彼を神が守ろうとしなければ、あなたは彼を直ぐに失ってしまわざるを得ない。(神の定め)
der karakter ābc *muos*' er hān gelernet ē.
(Parz. 9,453,16. Diewald 1999a: 400)
(アラビア)文字のabcを彼は先に習ってしまう必要があった。
des *muoʒ* ich von schulden tragen vrœlīchen muot. (NL. 817,4)
それ故に私は当然、嬉しい気持ちを抱かざるを得ない。(当然)

du maht wol genesen... eʒ *muoʒ* diu vrouwe Prünhilt noch hīnaht werden dīn wīp. (NL. 652,4)
あなたは十分救われ得る… 貴婦人プリュンヒルトは今夜にもあなたの妻になるべきだ。(話者の意志)

dise herren *muosen* pflegen des hoves unt der ēren. (NL. 10,2)
これらの高貴な男達は宮廷と栄誉を守るべきであった。(義務)

mir'st geboten, daʒ ich singen *muoʒ*. (Walther. Klarén 1913: 21)
私は歌うべく命じられている。(受命)

次の2例は新旧の用法が一緒に見られる珍しい詩節である。

"lāt mir nāch mīnem leide daʒ kleine liep geschehen, daʒ ich sīn schœne houbet noch eines *müeʒe* sehen." dō bat si's alsō lange mit jāmers sinnen starc, daʒ man zebrechen *muose* dō den hērlīchen sarc. (NL. 1068,2,4)
「嘆いた後の私に、彼の美しい頭(=顔)をもう一度見ることができるよう、ささやかな喜びを授けて下さい」。彼女が強い悲しみの心でもって長く頼んだので、立派な柩を破り開けなければならなかった。

dā ze Paʒʒouwe man konde ir niht gelegen. si *muosen* über'ʒ waʒʒer (gān/gēn), dā si funden velt. dā wurden ūf gespannen hütten unde gezelt. si *muosen* dā belīben allen einen tac und ouch die naht mit vollen. wie schōne man ir pflac!

(NL. 1629,3; 1630,1. G. Fritz 1974: 79)

そこパッサウでは彼ら全員を宿泊させることができなかった。彼らは川を渡らなければならなかった。そこで彼らは宿営地を見つけた。そこに小屋と天幕が張られた。彼らはそこに一日中とその夜もずっと留まることができた。何と素晴らしく彼らは接待されたことか。

古い可能性と新しい必然性の意味の区別は文脈から判断される。つまり「彼の美しい顔をもう一度見る」とか「そこに（ゆっくり）滞在する」とかいった好ましい事象の場合にはmüeʒenは可能性の意味に、他方「立派な柩を破り開く」とか「川を渡る」とかいった好ましくない事象の場合にはmüeʒenは必然性の意味に解されることになる。

『ニーベルンゲンの歌』では1例のみmüeʒenの否定が例証されている。もしもこれが古い可能性のmüeʒenであれば、下位否定「…しなくてもよい」であり、新しい必然性のmüeʒenであれば、上位否定「…する必要がない」を意味するが、両者は同義である。

  eʒ en-lebet sō starker niemen, er-ne *müeʒe* ligen tōt. (NL. 1082,2)
  誰も、死んで横たわっていなくても（＝死ななくても）よいほど／死んで横たわっている（＝死ぬ）必要のないほど、強く生きはしない。

不定詞と同形の過去分詞はmüeʒenでは、様相助動詞の中で一番早く、既に13世紀初めのBiterolfに出現している。

  sō hete ich'ʒ *müeʒen* lān belīben.
    (Biterolf 4474. Kurrelmeyer 1910: 163; 浜口 1953: 4,14)
  それならば私はそれをそのままにしておかなければならなかったのだが。

müeʒenも稀に未来時称の助動詞として用いられているが、その

際でも可能性あるいは必然性の意味が感じられる。

des *muoʒ* ich zer werlde immer schande hān.
　　　　　　　　（NL. 1248,3. Pauls Mhd. Gr. 1998: 296; 2007: 295)
それ故に私はこの世で永遠に恥辱を持つであろう。
want uns dā sehen *müeʒen* vil minneclīchiu wīp.
（NL. 506,3. Behaghel 2,1924: 260; Pauls Mhd. Gr. 1998: 296; 2007: 295)
我々をそこでは多くの愛らしい女性達が目にするであろうから。
daʒ *muose* sīt beweinen vil manec edel wīp.
　　　　　　　　　　　　　（NL. 200,4. Jäntti 1981: 47)
この事を後に非常に多くの高貴な女性達が嘆き悲しむことになった。（過去未来形）

さらに抽象化が進んで、主観的な必然性「…するに違いない」も例証されている。従属不定詞の事象は自然的・非能動的（ジネン）である。

dā bī sach wol Hagene, daʒ sīn niht wære rāt, daʒ im sageten diu wilden merewīp. er dāhte:《diese degene *müeʒen* verliesen den līp》.　　　　　　　　　　　　　　　　　　（NL. 1580,4）
それによってハゲネは、自分に不思議なニンフ達が告げた事に回避策のないことがよく分かった。彼は「これらの武者達は生命を失うに違いない」と考えた。
mīn herre was biderbe genuoc, aber jener, der in dā sluoc, der *muose* tiurre sīn dan er.
　　　　　　（Iwein 2035. Monsterberg 1886: 180; G. Fritz 1997a: 99)
私の主人は大いに勇敢であった。しかし彼を討ったあの人は彼よりも優れていたに違いない。(muose sīn ＝ 現代ドイツ語 muss gewesen sein.)
het mich sant Servāce niht ernert, den tōt *müese* ich hān erliten.
　　　　　　　　　　　　　（Servatius 2531. Diewald 1999a: 401)
私を聖セルヴァーティウスが救わなかったならば、私は死をこうむっていたに違いないのだが。(müese hān erliten ＝ 現代ド

イツ語 müsste erlitten haben）

以下のような叙想法過去形の用例は現代ドイツ語の würde や sollte に相当する叙想法の助動詞である（Bartsch/de Boor 1996: 79）。

> wær' ich ze Burgonden mit dem lebene mīn, si *müeste* hie vil lange vrī vor mīner minne sīn.　　　　　（NL. 442,4）
> 私（＝グントヘル）がブルグンドへ生きて戻ったならば、彼女（＝ブリュンヒルト）はここでずっと長く私の愛から自由である（＝私は二度と彼女に求婚しない）のだが。
> der fürste wānde vinden bogen oder swert: sō *müese* wesen Hagene nāch sīnem dienste gewert.　　（NL. 983,4. Klarén 1913: 21）
> その貴人（＝ジーフリト）は弓か剣を見つけようと思った。その場合（＝見つけられた場合）にはハゲネは自らの仕業に応じた報いを受けたのだが。（müese wesen gewert ＝現代ドイツ語 würde belohnt worden sein）

5.9　wellen

この動詞は中高ドイツ語の時代に入って、他の純粋な完了現在動詞と同様に、叙実法現在単数の1人称形と3人称形が無語尾の同形となった。wellen の用例は『ニーベルンゲンの歌』では502例であるが、次のような本動詞の用例も少なくない。

> daȝ *wolde*（叙想法過去形）got.　　　　　　（NL. 1170,1）
> それを神が望まんことを。

助動詞としての wellen はまず志向性「…したいと欲する」を表現する。

> man *wil* uns suochen her in unser lant.　　　　（NL. 149,2）

この国の我々を襲いたいと欲している。

si *wolden* Volkēren ze tōde erslagen hān.　　　（NL. 1893,3）
彼らはフォルケールを打ち殺した状態で持ちたい（＝打ち殺してしまいたい）と欲していた。

er *wolde* sīn genesen, ob im iemen hülfe.　　　（NL. 1578,1）
彼は誰かが助けてくれるならば、助かった状態でいたい（＝助かってしまいたい）と欲した。

dō der künic Sigemunt *wolde* sīn geriten.　　　（NL. 1077,1）
ジゲムント王が馬に乗って去ってしまいたいと欲した時。

den *wolde*（叙想法過去形）ich gerne füeren in daȝ Etzelen lant.
　　　　　　　　　　　　　　　　　（NL. 1698,4. 工藤 2003: 55）
それ（＝盾）を私はエッツェルの国へ運んで行きたいのだが。
（＝現代ドイツ語 möchte）

ich en-*wil* niht jagetgeselle sīn.　　　（NL. 965,4）
私は狩り仲間でありたいとは思わない。

次のような場合には不定詞が省略されている。

si *wolden* über Rīn（gān/gēn）.　　　（NL. 918,3）
彼らはライン川を渡ろうと欲した。

語用論的には叙想法形で祈念・希求「…（したいと欲）するよう」を表現し得る。

got *welle* in uns senden!　　　（Erec 1141. Lühr 1987: 279）
神様が彼を我々の方へ遣わしますよう。（＝現代ドイツ語 möge）

der wirt begund in starke biten, daȝ er dā ruowen *wolde*（叙想法過去形）.　　　（Iwein 5095. G. Fritz 1997a: 78）
その主人は彼に、そこで休息していただきたいと強く願った。
（＝現代ドイツ語 möge/möchte）

hey *wolde*（叙想法過去形）er uns daȝ sehen lān!　　　（NL. 972,4）

ああ彼が我々にそれを見せてくれたらいいのだが。（＝現代ドイツ語 möge/möchte）

wellen は suln/süln と同じように、未来時称の助動詞にも使われている。

si *wellent* schiere kommen.
（NL. 554,3. Wolff 1973: 60; Bartsch/de Boor 1996: 97）
彼らは直ぐに到着するだろう。
ir *welt* iuch alle vliesen, sult ir die recken bestān.
（NL. 1031,4. Pauls Mhd. Gr. 1998: 297; 2007: 295）
あなたはあの戦士達と戦うならば、あなた達全員（の生命）を失うでしょう。
die hiunen *wellent* wænen, deich（＝daʒ ich）āne vriunde sīn.
（NL. 1416,3; Bartsch/de Boor 1996: 227）
フン人達は、私に身寄りがいないと思うでしょう。
daʒ *wil* ich immer diende（＝dienende）umbe Kriemhilde sīn.
（NL. 540,4. Pauls Mhd. Gr. 1998: 310; 2007: 306）
その事を私は永遠にクリエムヒルトに対して恩に着ているだろう。
ir sehet wol, wie eʒ *wil* umbe gān.　（NL. 1930, 2. Wolff 1973: 60）
お前達は、どういうことになろうとしているか、よく分かっている。（起動的）
man sagte, eʒ *wolde* tagen.　　　　　　　　（NL. 1039,1）
夜が明けようとしている（＝明けかけている）と告げられた。（起動的。非人称的）

次例のような wellen による未来表現は格言的な性格を持つとされる（Pauls Mhd. Gr. 1969: 362; 1998: 297; 2007: 295）。

swer ie gepflac ze singenne tageliet, der *wil* mir wider morgen
beswæren mīnen muot.　　　　　　　　　　（Walther）

誰であれいつでも後朝(キヌギヌ)の歌を歌った者は、(いつも)朝方には私の心を苦しめる(だろう)。

上に示した現在形の未来時称助動詞の場合は推量の助動詞、即ち wellen の主観的な用法と解することも可能である (G. Fritz 2000: 268)。次例は明らかに思考の文脈で推量の助動詞として主観的に用いられている。

jā wæne, diu naht uns *welle* nu niht wern mēr.　　　(NL. 1849,2)
夜は我々にとって今やもう長くは続かないだろうと思うよ。
ich wæn', mir liebe geschehen *wil*.
　　　　　　　　　　　　(Des Minnesangs Frühling. G. Fritz 2000: 268)
私にとっては好ましくなるだろうと思う。

さらなる主観的用法「…すると言い張る(が私には疑わしい)」の例がC写本や他の作品には見られる。

die *wellen* sīn unschuldich, die heizet nāher gēn… zuo der bāre,
daz wir die wārheit verstēn.　　　　　　(NL. C, 1055, 3)
我々が真実を理解するために、無実だと言い張る者(=ハゲネ)達に柩の方へ近寄るよう命じて下さい。(B. 1043,2は叙想法形を用いて swelher sī unshuldic「誰であれ無実である(と言う)者」)
wer moht' in daz dō widersagen? wan sī *wolten* daz gewis hān.
　(Iwein 1263. Benecke/Müller/Zarncke 3, 658 f.; Grimms DWb. 30, 1342)
誰が彼らにその時その事を反対し得たのか。何故なら彼らはその事を確信していると言い張ったからだ。

上記『ニーベルンゲンの歌』C写本に見られる「本人の主張」を意味する wellen sīn unschuldich「無実だと言い張る」は客観的用法の「無実であることを欲する、無実のつもりだ/ふりをしている」から daz wir die wārheit verstēn「我々が真実を理解するため

に」という懐疑の文脈での再解釈によって生じたものである。
『イーヴェイン』の wer moht' in daʒ dō widersagen?「誰が彼らにその時その事を反対し得たのか＝（疑ってはいたが）誰も反対し得なかった」も懐疑の文脈を形成している。

以下のような wellen は叙想法の助動詞である。

> als ein mensche in guoten willen kumet, daʒ er gote beʒʒern unde büeʒen *welle*, swaʒ er wider sīnen hulden habe getān.
> (Berthold v. Regensburg. Lühr 1997b: 177)

何であれ人が神の恩寵に逆らってなした事を神に償い、悔い改めるという良き意向に至るや否や。(beʒʒern unde büeʒen welle ＝ beʒʒere unde büeʒe)

> ich *wold*'（叙想法過去形）im wesen holt, der geteilen kunde mīn silber unt mīn golt mīn unt des küniges gesten.　(NL. 513,1)

私は、私の金銀を私と国王の客人達に（公平に）分配し得る者に好意的であるでしょう。(＝現代ドイツ語 würde)

5.10　中高ドイツ語における様相助動詞の体系

中高ドイツ語における様相の助動詞の体系を次のようにまとめることができる。

A. 客観的様相性
  1. 必然性
    1）全般的
      （1）肯定：suln/süln, müeʒen, mugen/mügen
      （2）上否：ne suln/süln, ne müeʒen（実行の不必然性）

      （3）下否：ne suln/süln, ne mugen/mügen（不実行の必然性）
    2）限定的：状況由来
      （1）肯定：durfen/dürfen, be-durfen/dürfen ± ze

（2）上否：ne durfen/dürfen（実行の不必然性）
　　（3）下否：ne durfen/dürfen（不実行の必然性）
 2．可能性
　　1）全般的
　　　（1）肯定：mugen/mügen, kunnen/künnen
　　　（2）上否：ne mugen/mügen, ne kunnen/künnen（実行の不可能性）
　　2）限定的
　　　（1）知恵・心得
　　　　a．肯定：wiʒʒen ± ze
　　　　b．上否：ne wiʒʒen ± ze（実行の無知）
　　　（2）被許可・無障碍
　　　　a．肯定：müeʒen, suln/süln
　　　　b．上否：ne（ge)turren/türren（実行の不許可・障碍）
　　　　c．下否：ne müeʒen（不実行の被許可・無障碍）
　　　　d．修疑・仮定：(ge)turren/türren
　　　（3）勇気
　　　　a．肯定：(ge)turren/türren
　　　　b．上否：ne（ge)turren/türren, ne durfen/dürfen（実行の勇気の欠如）
　　　（4）適性：tugen/tügen ± ze
 3．志向性
　　1）全般的
　　　（1）肯定：wellen
　　　（2）上否：ne wellen（実行の無欲）
　　2）限定的：愛好
　　　（1）肯定：mugen/mügen
　　　（2）上否：ne mugen/mügen（実行の嫌悪）
B．主観的様相性
 1．必然性
　　1）肯定：müeʒen, suln/süln, durfen/dürfen
　　2）下否：ne durfen/dürfen（不実行の必然性）

2. 蓋然性：wellen
3. 可能性
    1）肯定：kunnen/künnen, mugen/mügen
    2）上否：ne kunnen/künnen, ne mugen/mügen（実行の不可能性）
4. 志向性
    1）本人の主張：wellen
    2）他人の主張：suln/süln

　なお werden「…だろう」、haben/hān + ze「…しなければならない／することができる」、sīn/wesen + ze「…されなければならない／されることができる」については7.9参照。

第6章
初期新高ドイツ語における様相助動詞

　ルター訳聖書の1545年版を中心とする初期新高ドイツ語における完了現在動詞は次の通りである（通し番号は Krahe/Meid 2, 1969: 136ff. による）。

1) wissen「知っている」
2) eigen「持っている」
4) tügen「役立つ、…するにふさわしい」
5) können「…することができる、するかも知れない」
6) dürffen「…する必要がある、敢えて…する、してよい、するであろう」、be-dürffen「…する必要がある」
7) (ge)thüren「敢えて…する、してよい」
8) g-ünnen, ver-g-ünnen「許し与える」
9) sollen「…すべきだ、してよい、するに違いない、するそうだ」
12) mügen「…することができる、すべきだ、したい、することを好む、するかも知れない」、über-mügen「まさっている」、ver-mügen「…する力がある」
15) müssen「…することができる、しなければならない、するに違いない」
17) wollen「…したいと欲する、すると言い張る」

　eigen はルターには記録されておらず、他でも用例は僅少であり、動詞としてはこの時代に消滅してしまう。ルターは g-ünnen を古い完了現在動詞（ich/er gan）として使う他に、新しい弱変化動詞（ich gunne, er gunt）としても用いている。この動詞は17世紀初めには完了現在動詞であることをやめるが、その強い能動性故に最後

まで様相助動詞として機能する機会が与えられなかった。

現在単数2人称形はまだ古い語尾 -t を保っていることがある（du darft, solt, wilt）。

6.1　wissen

wissen のほとんどの用例は本動詞であるが、様相助動詞としては zu 付きの不定詞と共に用いられている。

> ein jglicher vnter euch *wisse* sein Fas *zu* behalten in heiligung vnd ehren.　　　　　　　　　　　　　　　　　　（1 テサ 4,4）
> あなた達の各人が自分の器（＝妻）を神聖と栄誉の中で保持するすべを知るよう。
> So aber jemand seinem eigen Hause nicht *weis* fur*zu*stehen.
> 　　　　　　　　　　　　　　　　　　　　　　　　　（1 テモ 3,5）
> しかし誰かが自分自身の家を管理するすべを知っていなければ。（上位否定。実行の無知）
> so wirstu sehen, das der lügengeist nicht hat *wiszen*（＝過去分詞 wissen）*zu* antworten.　　　（M. Luther. Grimms DWb. 30,763）
> そうすればあなたは、その悪魔が答えるすべを知らなかったことが分かるだろう。（上位否定。実行の無知）
> die hat man nit *wißt*（過去分詞）baß gen Rom *zu* bringen.
> 　　　　　　　　　　　　　　　　　　（M. Luther. Paraschkewow 1985: 38）
> それを人はより良くローマに対してもたらすすべを知らなかった。

6.2　tügen

様相助動詞としての tügen は zu 付きの不定詞と共に用いられている。

> Alles, was ins Heer *zu* ziehen *taug* in Jsrael.　　　　　（4 モー 1,3）

イスラエルにおいて軍隊に入るにふさわしい者全員。
Jch *taug* nicht *zu* predigen, Denn ich bin zu jung. 　　（エレ 1,6）
私は説教するにふさわしくない。若すぎるからだ。（上位否定。実行の不適性）

　この動詞は 18 世紀初めには完了現在動詞でなくなり、12 世紀から現われていた弱変化動詞の taugen に取って代わられる。

6.3　können

　初期新高ドイツ語の können は中高ドイツ語の kunnen と同様に、主語に内在する各種の能力のみならず無障碍・被許可といった主語外的な可能性・機会をも含めた全般的な可能性を表現する。

Gott *kan* dem Abraham aus diesen Steinen Kinder erwecken.
　　　　　　　　　　　　　　　　　　　　　　　　（ルカ 3,8）
神はアブラハムのためにこれらの石の中から子孫を起き上がらせることができる。（神の絶対的な能力）
Daran jr mercken *künd'* meinen verstand an dem geheimnis Christi. 　　　　　　　　　　　　　　　　　　　　　（エペ 3,4）
それによってあなた達がキリストの奥義への私の洞察を理解することができるよう。（知的な能力）
Niemand *kan* zweien Herrn dienen. 　　　　　　　（マタ 6,24）
誰も二人の主人に仕えることができない。（上位否定。肉体的な無力）
das sie kein Ferber auff erden *kan* so weis machen. 　（マル 9,3）
それらを地上の染物師がそのように白くすることができないほど。（上位否定。技術力の欠如）
Ein guter Bawm *kan* nicht arge Früchte bringen. 　（マタ 7,18）
良い木は悪い実をつけることができない。（上位否定。自然の不可能性）
Es *kan* das Auge nicht sagen zu der Hand. Jch darff dein nicht.

(1コリ 12,21)
目は手に「私はお前を必要としない」と言うことができない。
（上位否定。肉体的な不可能性）

Wie *kan* ein Mensch geboren werden, wenn er alt ist? （ヨハ 3,4）
人が年老いている時に、いかにして生まれることができるのか。
（肉体的な可能性）

ein Weib *kundte* von niemand geheilet werden. （ルカ 8,43）
ある女は誰によっても治されることができなかった。（上位否
定。肉体的な不可能性）

seine Mutter vnd Brüdere *kundten* fur dem Volck nicht zu jm komen. （ルカ 8,19）
彼の母と兄弟はその群衆を前にして彼の所に来る（＝近寄る）
ことができなかった。（上位否定。外的な障碍）

Jch habe ein Weib genomen. Darumb *kan* ich nicht komen.
（ルカ 14,20）
私は妻をめとった。それ故に私は来ることができない。（上位
否定。外的な障碍）

So hat auch nu die Schlacht nicht grösser werden *künnen*（過去
分詞）wider die Philister. （1サム 14,30）
それで今回はペリシテ人に対する戦闘もより大規模にはなり得
なかった。（上位否定。外的な障碍）

wir sehen, das sie nicht haben *kund*（過去分詞）hin ein komen vmb des vnglaubens willen. （ヘブ 3,19）
我々は、彼らが不信仰故に（安息の中へ）入ることができなっ
たのが分かる。（上位否定。内的な障碍）

Niemand *kan* zu mir komen. Es sey jm denn von meinem Vater gegeben. （ヨハ 6,65）
誰も私の所に来ることができない。それが彼に私の父によって
許されていなければ。（上位否定。不許可）

Wer *kan* denn selig werden? （ルカ 18,26）
それでは誰が救済されることができるのか。（機会）

次例は中高ドイツ語的な表現である。

Man *künd'* das Wasser mehr denn vmb drey hundert Grosschen
verkaufft haben.　　　　　　　　　　　　　　（マル14,5）
その香水を300グロッシェン以上で売ることができたのだが。
（1967年版：hätte verkaufen können）

以上の用例は客観的な可能性の表現例であったが、以下の用例は主観的な可能性「…するかも知れない」の表現例である。

sintemal... alles also zugericht ist, das die kinder mit lust und
spiel lernen *können*.　　　　（M. Luther. Grimms DWb. 5,1738）
子供らが喜びと遊びをもって学び得る（＝学ぶかも知れない）
ように、全てが整えられている故に。（＝ dasz... die möglich-
keit vorliegt, dasz...）
wenn es hätte *können* sein.　（M. Luther. Rössing-Hager 1972: 227）
もしもそうであり得たのであれば＝そうであるかも知れなかっ
たのならば。
es *köndte* wol auch sein.
　　（J. Mathesius 1560年頃。Behaghel 2,1924: 239; G. Fritz 1997a: 103）
察するにそうであるかも知れないのだが。
seliglichern tod *kanstu* nimermehr überkomen.
　　　　　　　　　　　　　　（M. Luther. Grimms DWb. 5,1738）
最早あなたがもっと幸せな死に方をすることはあり得ない＝す
るはずがない。（上位否定。実行の不可能性。＝ es ist nicht
möglich, dasz du...）

6.4　dürffen, be-dürffen

『ニーベルンゲンの歌』のdurfen/dürfenに本動詞としての用例はなかったが、ルター訳聖書のdürffenには属格形、対格形、dass文を補足語として「…を必要とする」という本動詞の用例も多々

ある。

  Jch *darff* dein nicht.   （1 コリ 12,21）
  私はお前を必要としない。
  ich wil selbs vmb mein Haus das Lager sein, das（= dass es）
  nicht *dürffe* stehens vnd hin vnd wider gehens. （ゼカ 9,8）
  （誰の）立ち居も行き来も必要とせぬよう、私自身がわが家の
  周りで陣営となるつもりである。

　様相助動詞「…する必要がある」の用例はルター訳聖書には 19 例ある（塩谷 1987: 182f.）が、全て上位否定か修辞疑問である。

  darumb *durfften* sie jr Feld nicht verkeuffen. （1 モー 47,22）
  それ故に彼らは自分達の畑を売る必要がなかった。（上位否定。
  実行の不必然性）
  Doch das du deste weniger sorgen *dürffest*, so wil ich dirs sagen.
                （トビ 5,19）
  しかしあなたが心配する必要がさほどないように、私はあなた
  にそれを告げよう。（上位否定。実行の不必然性）
  Was *darffstu* wissen, wo her ich bin?   （トビ 5,18）
  何であなたは、私がどこの出身なのかを知る必要があるのか＝
  知る必要はない。

　新高ドイツ語でも nur dürfen は「…することだけが必要である＝しさえすればよい」の意味で、nicht dürfen は「…する必要がない＝しなくてよい」の意味で用いられたが、今日ではこの意味の dürfen は brauchen ± zu で表現されることが多い。
　「…してよい」の用例はルター聖書に 11 例あって（塩谷 1987: 183）、その内の 10 例は上位否定「…してはいけない」で、肯定は 1 例のみである。上位否定「…してはいけない」は「…する必要がある」の下位否定「…しない必要がある」からの発展である。

Vnd *durfft*' sich gar niemand mercken lassen. （2マカ6,6）
そして全く誰も（ユダヤ人だと）気づかれてはいけなかった。
（上位否定。実行の不許可）
man meinet, er hät's vor den heiden nit *dürfen*（過去分詞）thun.
　　　　　　　　（G. Tetzel 1467年以降。Grimms DWb. Neubearb. 6,1797）
彼はそれをその異教徒らの前でしてはいけなかったと言われる。
（上位否定。実行の不許可）
Sie wolten jm fleisch bringen, das er wol essen *dürffte*.
　　　　　　　　　　　　　　　　　　　　　　（2マカ6,21）
彼らは、彼が十分食べてよい肉を彼に持って行くつもりであると。

「敢えて…する」の全6用例中、4例は上位否定か修辞疑問であり、2例は肯定である。

(sondern das) ewr kinder heut' oder morgen nicht sagen *dürffen* zu vnsern kindern. （ヨシュ22,27）
あなた達の子供らが今日か明日、我々の子供らに敢えて（こう）言わないように。（上位否定。実行の勇気の欠如）
Wie habt jr das thun *dürffen*（過去分詞）? （1モー44,15）
どうしてあなた達はそれを敢えてしたのか。
Jsaias aber *darff* wol so sagen. （ロマ10,20）
イザヤはしかし敢えてよくそう言う。
dürfftest dich des trösten, das hoffnung da sey. （ヨブ11,18）
あなたは希望のあることで敢えて満足するだろう。

ルターには例証されていないが、他では「…してよい」からさらに「…することができる」の意味も生じている。

der (gekreuzigte) ist erstanden werlich, das *dorffen* mer (= die das grab bewachenden soldaten) woil sagen sicherlich.
(Alsfelder Passionsspiel 15世紀末写本。Grimms DWb. Neubearb. 6,1799)

あの（十字架にかけられた）者は本当に復活した。この事を我々（＝墓を見張っていた兵士ら）は十分、確実に言うことができる。

ein newenhauer（wein）kann man finden, der *darf* den rheinischen überwinden.　　（E. Alberus 16世紀前半。Grimms DWb. 2,1728）
ライン産を上回り得るノイエンハウ産のワインを見つけることができる。

die hitz war so grosz von dem holz, dasz von weitem niemands hinzu（gehen）*dorfte*.
　　　　　　　　　（Buch der Liebe 1587年。Grimms DWb. 2,1728）
その森林（火災）からの熱がとても激しかったので、遠方から誰もそちらへ向かうことができなかった。

　主観的な用法の可能性／蓋然性「…するであろう」を表わす dürffen は16世紀から始まるとされている（Grimms DWb. 2, 1730）。当初は叙実法現在形も叙想法過去完了形も可能であった。この主観的な様相性は被許可の客観的な様相性「…と推断してよい」、あるいは Lötscher（1991: 352）や G. Fritz（1997: 52）の言うように、さらに新義の客観的な可能性「…と推断することができる」から発展したものと思われる。Brünner/Redder（1983: 49f.）や Öhlschläger（1989: 238）は古い必然性の dürfen に起源があると考えているが、これは正しくない。

es stat eim priester lasterlich an, mit leien und kinden z'disputieren: ich *dörft'* bi gott min pfründ verlieren.
　　　　　　　　（N. Manuel 1526年。Grimms DWb. Neubearb. 6,1800）
司祭にとって、素人や子供と論争することは冒瀆的とされている。私は間違いなく自分の聖職を失うだろう。

das fewr *dörft'* die scheubenhüt verbrennen, wann man's zu ihm nah legt.　　（J. Fischart 1572年。Grimms DWb. 2,1730）
麦藁帽子を火の近くに置くと、火はそれらを焼いてしまうだろう。

er *darf* das wol thon haben, es ist müglich er habe es thon.
（J. Maaler 16世紀。Heynes DWb. 1,643）
彼が察するにそれをしたのであろう。彼がそれをしたことはあり得る。

vnd *darff* der Vergleich allhie wol ehe ins werk gericht werden als etwa in Böhemb. （Aviso 1609年。G. Fritz 1991: 42）
そして和解はここで多分、例えばボヘミアにおけるよりも先に実行に移されるだろう。

hette ich ihm solche（regimenter）bewilligt, so hette ich... selbst stöss *dürfen*（過去分詞）kriegen.
（Fontes rerum austriacarum 1626年。Grimms DWb. Neubearb. 6,1800）
私が彼にそれら（＝連隊）を認可したならば、私自身が襲撃を受ける蓋然性があったのだが。

be-dürffen は dürffen と同様に、属格形、対格形、dass 文を補足語として「…を必要とする」という本動詞としても用いられているが、様相助動詞としては「…する必要がある」のみの用例である。従属不定詞に zu を付ける場合と付けない場合とがある。

dennoch *bedarf* es... alle prediger treulich *zu* vermahnen vnd warnen. （M. Luther. Dietz 1870–1872: 222）
それでも全ての説教者らに誠実に訓戒し警告する必要がある。

hat doch got vns... gnug geben... das wir nit *bedurfften*, szo grewlichen grossen schatz... szo geudisch vorschutten.
（M. Luther. Dietz 1870–1872: 222）
我々がとてつもない、多量の財貨をそれほど浪費する必要がないほど、神は我々に十分与えてくれたのだから。（上位否定。実行の不必然性）

Anderson/Goebel/Reichmann の初期新高ドイツ語辞典によれば特にスイスや南ドイツの実用的・事務的な文献では dürffen と同様に bedürffen も「…してよい」、「敢えて…する」、「…することがで

きる」の意味で使用されている。

> das unser deheiner *bedarf* ein wildtuben schießen.
> （Bauernkrieg 1481 年。Grimms DWb. Neubearb.）
> 我々の誰も白子鳩を射止めてはならぬこと。

6.5 （ge)thüren

　ルターは ge-thüren を用いていないが、同時代の他の文献には現われている。(ge)thüren の用例の大多数は上位否定か修辞疑問である。

> das wir *thüren* sagen. 　　　　　　　　　　　　　（ヘブ 13,6）
> この事を我々は敢えて告げる。
> sie *thursten* jn fürder nichts mehr fragen. 　　　　（ルカ 20,40）
> 彼らは彼にその後敢えてそれ以上何も尋ねなかった。（上位否定。実行の勇気の欠如）
> Wie *thar* jemand vnter euch... haddern fur den Vnrechten?
> 　　　　　　　　　　　　　　　　　　　　　　　（1 コリ 6,1）
> いかにしてあなた達の誰かは不義な者達の前で敢えて争うのか。
> ewer keiner *gethar* wydersten den vinden.
> 　（Die sog. vierte Bibelübersetzung, 3 モー26,37。Kehrein 1,1854: 281）
> あなた達の誰も敵らに対して敢えて反抗しない。（上位否定。実行の勇気の欠如）

　中高ドイツ語と同様に、初期新高ドイツ語の (ge)thüren も「…してよい」の意味で多用されている。

> Jrs Mans hertz *thar* sich auff sie verlassen. 　　　（箴言 31,11）
> 彼女の夫の心は彼女を当てにしてよい。
> Wir *thüren* niemand tödten. 　　　　　　　　　　（ヨハ 18,31）
> 我々は誰をも殺してはならない。（上位否定。実行の不許可）

156

Thar ich mit dir reden? 　　　　　　　　　　（使徒 21,37）
私はあなたと話してよいのか。
dann kein Jud über dreitzehen jar *gethar* barhaupt gehen.
　　　　　　　　　　　　　　　（S. Frank. Grimms DWb. 6,4602）
と言うのは 13 歳以上のユダヤ人は帽子を被らないで歩くことが許されないからである。（上位否定。実行の不許可）

(ge)thüren は、この時代に dürffen と二重の意味「…してよい」と「敢えて…する」で激しく競合した結果として 18 世紀には完全に消滅して（Birkmann 1987: 209）、dürffen に取って代わられるが、「敢えて…する」の意味はさらに主に wagen + zu 等で表わされるようになる。Debrunner (1951: 69) によれば現代の東スイス方言には i/er taar（＝英語 I/he dare）として残っている。

ルター訳聖書 1545 年版のヨシュア 10,21 の thurft (*thurft* niemand fur den kindern Jsrael seine zungen regen「誰もイスラエルの子供らの前で自分の舌を敢えて動かさなかった＝中傷しなかった）」は thurste と durfte との混交と考えられることがあるが（塩谷 1987: 178）、同例がないので、版組みの際に ſ（長い s）ではなくて f を誤植した結果であろう。

6.6　sollen

この時代にはまだ sollen は本動詞「借りている、返さなければならない」として用いられ得た。

wie vil *solt* du meinem herren?
　　　（Nürnberg 版聖書 1438 年、ルカ 16,5。Grimms DWb. 16,1469）
どれほどあなたは私の主人に借りているのか／返さなければならないのか。（ルター訳では Wie viel bistu meinem Herrn schüldig?）

初期新高ドイツ語の様相助動詞 sollen も中高ドイツ語と同様に

必然性全般を表わす。

 Also *sollen* auch die Menner jre Weiber lieben, als jre eigene Leibe. (エペ 5,28)
夫達も自分の体と同様に自分の妻を愛すべきだ。(道徳的義務)
Es *sol* aber der Ackerman, der den acker bawet, der Früchte am ersten geniessen. (2 テモ 2,6)
しかし畑を耕作する農夫が果実を最初に享受すべきだ。(当為)
nach dem Gesetze *sol* er sterben. (ヨハ 19,7)
律法によれば彼は死ななければならない。(規定。1967 年版では muß。Lühr 1997a: 171 参照)
Wie Christlich... ynn solchem Edict... gehandelt, *solt*' ia... E. K. F. G. (= Kurfürst Friedrich) bas fülen denn...
         (M. Luther. Rössing-Hager 1972: 223)
そのような勅令の中でいかにキリスト教的に振舞ったのかを、言うまでもなく選帝侯殿下は…よりもよくお感じにならざるを得ないのですが。(状況的な必然性)
Ich *soll* fleissig studieren.
      (L. Hulsius 1600 年頃。Grimms DWb. 16,1486)
私は熱心に勉強する必要がある。(= Il me faut estudier diligemment)

 sollen における否定は下位否定「…しない必要／義務がある＝すべきでない、してはならない」である。

 Ein Knecht aber des HErrn *sol* nicht zenckisch sein. (2 テモ 2,24)
しかし主の僕は喧嘩好きであってはならない。(下位否定。不実行の必然性)
Du *solt* nicht stelen. (ロマ 13,9)
汝盗むべからず。

 ただし下例の否定文では主語が否定されてはいるが、結局は上位

否定の一種となる全文否定と解される。

> Denn es *sollen* nicht die Kinder den Eltern schetze samlen, sondern die Eltern den Kindern. （2コリ 12,14）
> と言うのは、子供達が両親のために蓄財しなければならないのではなくて（＝蓄財する必要はなくて）、両親が子供達のために（蓄財しなければならない）。

前出 du solt の現在単数2人称形の語尾 -t は印欧祖語由来の完了形語尾であるが（ゴート語 þu skalt、古期ドイツ語 thū/du s(c)alt、中高ドイツ語 du solt、英語 thou shalt）、新高ドイツ語の時代に入り他の動詞に合わされて -st となる。しかし19世紀になっても意図的に古形として用いうれ続けた（Debrunner 1951: 70）。

次例における〈叙想法過去形 solte/sölte ＋ 完了不定詞〉は中高ドイツ語的な構成であって、今日の〈hätte ＋ 不定詞 ＋ 過去分詞 sollen〉に相当する。

> man *solt'* mir *gehorchet* vnd nicht von Creta *auffgebrochen haben*. （使徒 27,21）
> 私の言う事を聞いて、クレタから出発すべきではなかったのに。（＝現代ドイツ語 man hätte mir gehorchen und nicht von Kreta aufbrechen sollen）
>
> man *sölte* wichtigere beyspil *gebraucht haben*.
> （J. Maaler. Grimms DWb. 16,1465）
> もっと重要な手本を使用すべきであったのだが。

次例は反問や疑惑を表わす客観的・語用論的な用例である。

> *solt'*（叙想法過去形）Gott gesagt haben, Jr solt nicht essen von allerley Bewme im Garten? （1モー 3,1）
> あなた達は園の口のあらゆる木から食べてはならないと神が言った（と言う）のか。

> Wo *sol* ich hin gehen fur deinem Geist?
>
> （詩篇 139,7。Trübners DWb. 6,398）
>
> どこへ私はあなたの霊の前から去って行く（と言う）のか。
>
> HErr, was *sol* aber dieser（werden）？　　　　　（ヨハ 21,21）
>
> 主よ、この男（＝使徒ヨハネ）は何になる（と言う）のですか
> ＝どうなるのでしょうか。

　中高ドイツ語の suln/süln と同様に、稀に「…してよい」の意味でも用いられる。

> HERR, wie lange *sollen* die Gottlosen pralen?
>
> （詩篇 94,3。Grimms DWb. 16,1483）
>
> 主よ、いかに長くその不信心な者達は威張っていてよいのですか。

　以上のような客観的な用法に対して以下の例は主観的な推断「…するに違いない＝するはずだ」（下位否定は「…しないに違いない＝するはずがない」を意味している。

> schaw, liebe Fraw, wer kumbt dort rein? *sol* wol der Teuffel selber sein.（H. Sachs. Behaghel 2, 1924: 259; G. Fritz 1997a: 50; 2000: 267）
>
> ご婦人よ、見なさい。誰がそこに入って来たのか。察するに悪魔自身であるに違いない。
>
> Darumb Euch solche Krankheit nicht *soll* betrüben noch bekümmern.　　　（M. Luther. Rössing-Hager 1, 1972: 222; 2, 17）
>
> それ故にあなたをそのような病気が悲しませたり、心配させたりするはずがない。（下位否定。不実行の必然性）

　中高ドイツ語の suln/süln にあった噂の「…するそうだ、すると言われている」が再登場して発達するのは 17 世紀末（Pauls DWb. 924）／1700 年頃以降（Grimms DWb. 14,1485. Trübners DWb. 6,398）とされているが、Ebert 他（1993: 412）は 14 世紀の、

Jäntti (1991: 145) は15世紀末と17世紀半ばからの、G. Fritz (1997a: 52) はルターからの実例を挙げている。

> ein gezig uf die Juden, das sü *soltent* die bürnen und die waßer han vergiftet.　　　　　　　　　　　(Fr. Closener 1362年)
> 泉と川に毒を入れたと言われる、ユダヤ人らに対する告発。
> es *solt*'in der vasten ain versproch(en)er veldstreit gewesen sein.
> 　　　　　　　　　　　　　　　　　　　(V. Arnpeck 1493年)
> 四旬節の間に評判の悪い野戦があったとのことだった。
> wie das e. f. g. (= Kurfürst Friedrich) *solt*' vngnade empfangen haben vber doctor Staupnitz.　　　(M. Luther 1518年)
> 選帝侯殿下はシュタウプニッツ博士を通して（皇帝から）不興を蒙られたそうであったと。
> Hiemit schien in Erfüllung zu gehen, was der General Altringer einst gesagt haben *soll*.　　(M. Friesenegger 1650年頃)
> それでもって、アルトリンゲル将軍がかつて告げたと言われる事が実現するように思われた。

次のsolten（叙想法過去形）はwürdenに相当する叙想法の助動詞である。

> ES sind auch viel ander ding, die Jhesus gethan hat, Welche, so sie *solten* eins nach dem andern geschrieben werden, achte ich, die Welt würde die Bücher nicht begreiffen, die zu beschreiben weren.　　(ヨハ21,25。Kudo1997: 61f.; 工藤2003: 52; 2004; 132)
> イエスが行なった多くの他の事もある。それらが、もしそれらが一つずつ順番に書かれるならば、世界は書かれるべき本を収容し（切れ）ないのだが、と私は思う。

sollenは未来時称の助動詞としても用いられるが、必然性の原義は保たれている。

Jch sende meinen Engel fur deinem Angesicht her, der da bereiten *sol* deinen weg fur dir. (ルカ 7,27)

私は私の使いをあなたの面前に遣わし、彼はあなたの前にあなたの道を整えるだろう。(＝ギリシア語未来形 kataskeuásei「整えるだろう」)

das beide bapst und Türck mit jrem anhang in abgrund der hell *sollen* verstossen werden. (M. Luther. Grimms DWb. 16,1489)

教皇もトルコ人も彼らの一味と共に地獄の深淵に追放されるであろうと。

von dem Ausgang, welchen er *solte* erfüllen zu Jerusalem. (ルカ 9,31)

彼がエルサレムで遂げることになっていた最期について。(過去未来形。＝ギリシア語助動詞 méllein「…することになっている」の未完了形 émellen)

6.7　mügen, ver-mügen

初期新高ドイツ語の mügen は中高ドイツ語の mugen/mügen と同様に、各種の能力や主語外的な無障碍／被許可を中心とする可能性全般を表わすことができるが、目的文や否定文・疑問文での用例の多いことが特徴的である（塩谷 1985a: 35 参照）。

das er dein Volk richten *müge*. (1列王 3,9)
彼があなたの民を裁くことができるよう。(知力)

Graben *mag* ich nicht. (ルカ 16,3)
私は掘ることができない。(上位否定。体力の欠如)

Mag auch ein Blinder einem Blinden den weg weisen? (ルカ 6,39)
実際のところ盲人が盲人に道を教えることができるのか。(肉体的能力)

Was wiltu, das ich dir thun sol? Er sprach: HErr, das ich sehen *müge*. (ルカ 18,41)
私があなたに何をなすことをあなたは望むのか。彼（＝視力障

碍者）は言った。主よ、私が見ることができるように。（肉体的能力）

niemand wird jm widerstehen *mügen*.（ダニ 11,16。塩谷 1985a: 33）
誰も彼に抗戦することができないだろう。（上位否定。戦闘力の欠如）

Das aber Gewesse= kam, da reis der Strom zum Hause zu vnd *mocht*'s nicht bewegen.　　　　　　　　　　（ルカ 6,48）
しかし洪水が来たとき、奔流が家に襲い掛かったが、それを揺るがすことはできなかった。（上位否定。自然の不可能性）

Es *mag* die Stad, die auff einem Berge ligt, nicht verborgen sein.
　　　　　　　　　　　　　　　　　　　　　（マタ 5,14）
山の上にある町は隠されていることができない。（上位否定。自然の不可能性）

Die hörner, die Juda so zurstrewet haben, das niemand sein heubt hat *mügen*（過去分詞）auffheben.　　　（ゼカ 1,21）
誰も自分の頭を上げることができなかったほど、ユダ（の人々）を追い散らした（4本の）角(ツノ)。（上位否定。外的な障碍）

Dieses wasser hette *mocht*（過去分詞）tewr verkaufft vnd den Armen gegeben werden.　　　　　　　　　　（マタ 26,9）
この香水は高く売られて、貧者らに（代金が）与えられることができたのに。（外的な無障碍）

Doch *magstu* schlachten vnd Fleisch essen in allen deinen Thoren.　　　　　　　　　　　　　　　　　（5モー12,15）
だがあなたはあなたの町の中では屠殺して肉を食べることができる＝食べても構わない。（外的な無障碍／被許可）

die Zähne *magst* du blecken, aber fressen kannst du nicht.
　　　　　　　　　（M. Luther. Rössing-Hager 1, 1972: 227）
君は歯を（むきたければ）むいても構わないが、噛み付くことはできないよ。（話者の許容）

die weil dieselbe... nicht furgenomen werden *mag*, weil sie ein... Rache ist, welche von Gott verboten ist.
　　　　　　　　　（M. Luther. Rössing-Hager 1, 1972: 227）

それは、神に禁じられている復讐であるので、企てられてはならない故に。（上位否定。不許可／禁止）

Wir bitten..., das wir sehen *mügen* ewr angesichte. （1テサ3,10）
私達は、あなた達の顔を見る（＝会う）ことができるよう願っている。（機会）

Gleubestu von gantzem herzen, So *mag*'s wol sein.
　　　　　　　　（使徒8,37。Grimms DWb. 12,2456; 塩谷1985a: 35）
あなたが心の底から信じるならば、それは十分あり得る。（機会）

Hetten（wir）euch auch *mögen*（過去分詞）schweer sein als Christi Apostel. 　　　　　　　　　　（1テサ2,7）
（私達は）あなた達にとってキリストの使徒として重要であり得たのだが。（機会）

Nu hat der romisch Geiz und Raubstuhl nit *mocht*（過去分詞）der Zeit erwarten.
　　　　　（M. Luther. Behaghel 2,1924: 370; Paraschkewow 1985: 38）
今やローマの貪欲と盗賊座（＝貪欲で盗賊的なローマ教皇庁）はその時を待ち受けることができなかったのだ。（上位否定。心理的な無能力）

この時代には上掲の〈hätte＋不定詞＋mögen/mocht〉と並んで、まだ中高ドイツ語的な〈möchte＋完了不定詞〉が残っている。

 und het' man ir einen verlorn, man *moht'* niht *gebruft haben*, welher er gewest wer'.　（C. Ebner 14世紀後半。Ebert他1993: 412）
 彼らの一人を失っていたら、彼がどのような人であったのかを調べることができなかったのだが。

初期新高ドイツ語では可能性の意味にkönnenが多用されていて、新高ドイツ語になるとこの意味のmögenはほとんど用いられなくなるが、スイス・ドイツ語のmögenは今日でも可能性の意味を保持している（田中泰三1985: 72）。

従属不定詞に zu を付けた稀な例がルターに見られる。

> ob ihr... *mögt* zu haus allein für euer gesind das evangelium predigen *zu* lassen. 　　　　（M. Luther. Grimms DWb. 12,2451）
> あなた達が家であなた達の雇い人のためにのみ福音を説教させることができるならば。

全般的な必然性を意味し得た古期ドイツ語 mugan や中高ドイツ語 mugen/mügen とは違って、この時代の mügen は主語以外の他者に由来する必然性（要請、要求、祈念）を意味する限定的な用例のみである。

> Darumb *magstu* keren zu Gedalja dem sone Ahikam... Oder gehe, wo hin dirs wolgefelt. 　（エレ 40,5。Grimms DWb. 12,2460）
> それ故にあなたはアヒカムの息子、ゲダルヤの所に戻るべきだ。…あるいはあなたの気に入る所へ行きなさい。
> Spreche ich, finsternis *mügen* mich decken.
> 　　　　　　　　　　　　　（詩篇 139,11。Grimms DWb. 12,2459）
> 私が、暗闇は私を覆うようと言えば。

既に古期ドイツ語の時代に「…することができない」から発展して使われ出していた、「…することを好まない」という意味の nicht mügen が 16 世紀に普及した（Grimms DWb. 12,2462）。

> Thu nur weg von mir das geplerr deiner Lieder. Denn, Jch *mag* deines Psalterspiles nicht hören. 　　　　　　　　　（アモ 5,23）
> あなたの歌の騒がしさを私から遠ざけよ。私はあなたの詩篇演奏を聞くことを好まないからだ。

さらには叙想法過去形の möchte「…したい」も登場している。これは「…することができたらいいのだが」からの発展である。

Jch *möcht'* alle meine Beine zelen.
（詩篇 22,18。Grimms DWb. 12,2463）
私は私の骨を全て数えたい。
Nu *mocht'* ich gerne ein so hoch vornunfft hören.
（M. Luther 1520 年。Klarén 1913: 35; G. Fritz 1997a: 105）
今私は喜んでそのように高尚な分別を耳にしたい。

　次の用例は主観的な可能性「…するかも知れない」を示している。叙実法形と叙想法過去形の両方が可能である。Diewald（1999a: 391）は、この時代の主観的な mögen は現代ドイツ語の können と müssen がカバーする「確実性の全ての度合い」を包含すると主張しているが、下例からは確認できない。

Wer weis, Es *mag* jn widerumb gerewen.
（ヨエ 2,14。Behaghel 2,1924: 242; Grimms DWb. 12,2456）
彼が再び後悔するかも知れないと誰が知っているのか。
Heut' oder morgen *möchten* ewre Kinder zu vnsern Kindern sagen. （ヨシュ22,24）
今日か明日、あなた達の子供らが私達の子供に（こう）言うかも知れない。
Es *möchten* vieleicht funffzig Gerechten in der stad sein.
（1 モー 18,24。Behaghel 2,1924: 238; Ebert 他 1993: 421）
その町の中にはひょっとすると 50 人の義人がいるかも知れない。
wie *möchte* solchs geschehen?（2 列王 7,19。Grimms DWb. 12,2459）
いかにしてそのような事が生じるのだろうか。（疑惑・困惑）

　今日のドイツ語ではこの意味の möchte は地方的であるとされていて（DUDEN 2624）、ルター訳聖書の 1967 年版では上掲の 3 例は共に könnte に代えられている。
　この時代には、古期ドイツ語『ノートケル』の mag keskehen と同様、主観的な mügen を含む連辞 mag geschehen/kommen または

（es）mag leicht が副詞 vielleicht「もしかすると」の意味で用いられ得た（Grimms DWb. 12,2457; Behaghel 2,1924: 242）。

　現代ドイツ語の主観的な mögen は是認の意味「…であるかも知れないが…」で用いられる場合があるが、この用法は 17 世紀末から優勢になるとされる（Klarén 1913: 30）。次に示すルターの用例はその先駆けである（Diewald 1999a: 395）。

Das aber der Bapst odder Bischoff salbet..., *mag* einen gleisner vnd olgotzen machen, macht aber nymmer mehr ein Christen oder geystlichen menschen. 　　　　　　　　　　（M. Luther）
しかし教皇や司教が聖油を注いで聖別することは偽善者と唐変木を作るかも知れないが、しかし断じてキリスト教徒や霊的な人間を作りはしない。

次例の mügen は叙想法の助動詞として用いられている。

ist es müglich, das ich ethwas von dir erwerden *mag*.
　　　　　（Albrecht v. Eyb. Behaghel 3,1928: 573; Lühr 1997: 180）
私が何かを君から得ることがあり得るなら。（erwerben mag = 叙想法形 erwerde）
WEnn ich nicht den zorn der Feinde schewete, das nicht jre Feinde stoltz würden vnd *möchten* sagen: Vnser macht ist hoch.
　　　　　　　　　　（5 モー 32,27。Grimms DWb. 12,2459）
彼らの敵が高慢になって「我々の力は大きい」と言わないよう、私がその敵らの怒りを恐れなかったならば。（möchten sagen = sagten etwa）
Es ist kein finsternis da, die jn verdecken *möchte*.
　　　　　　　　　　（ヨブ 20,26。Grimms DWb. 12,2459）
彼を覆う暗闇はない。（verdecken möchte = etwa verdeckte）

　ver-mügen は 16 世紀初めから様相助動詞「…する力がある、することができる」として用いられる（Kahl 1890: 60; Deggau

1907: 89)。従属不定詞に zu を付けない場合の方が多いが、今日では zu は必須である。

es *vermöchten* auch der verstandt und wille etwas anders wählen. (Ph. Melanchthon. Grimms DWb. 25,886)
理性と意志が何か別のものを選ぶこともできるのだが。
Jch *vermag* das volck nicht allein ertragen. denn es ist mir zu schweer. (4 モー11,14)
私一人で民を全て背負うことができない。それは私には重すぎるからだ。(上位否定。実行の無能力)
Gott *vermag* dem Abraham aus diesen steinen Kinder *zu* erwecken. (マタ 3,9)
神はアブラハムのためにこれらの石の中から子孫を起き上がらせることができる。
Wir *vermügen* nicht hin auff *zu* ziehen gegen das Volck. denn sie sind vns zu starck. (4 モー13,32)
我々はあの民に対し進軍して登ることができない。彼らは我々には強すぎるからだ。(上位否定。実行の無能力)

6.8　müssen

古い可能性の意味「…することができる、してよい」の用例がまだ見られるが、そのほとんどは上位否定である。

was hilft zepter, kron, das du *můst* landt und lewt regieren?
(H. Sachs. Grimms DWb. 12,2750)
王笏や王冠は、汝が国土と人民を支配し得るのに何の役に立つのか。
sie *muste* nicht wider zum Könige komen. (エス 2,14)
彼女は再び王の所に行くことは許されなかった。(上位否定。実行の不許可。1967 年版では durfte)
Weil aber das Volck heute nicht hat *müssen*（過去分詞）essen

von der Beute seiner Feinde. 　　　　　　　（1 サム 14,30）
しかしその兵団は今日その敵らの戦利品の一部を食べることができなかったので。（上位否定。実行の不許可）

　古期・中高ドイツ語と同様、この時代の müssen も祈念を表現する語用論的用法「…するよう」として叙想法現在形で使われているが、これは古い可能性の意味「…し得るよう」の名残りである。今日では代わって mögen/sollen「…して欲しい」が用いられる。

Es *müsse* wolgehen denen, die dich lieben. 　　　（詩篇 122,6）
あなたを愛する者達が幸いであるよう。（1967 年版では möge）
es *müssen* weder thawen noch regenen auf euch 　　（2 サム 1,21）
あなた達の上に露の降りることも雨の降ることもないよう。
（1967 年版では soll）

　しかし新しい、状況由来と他者由来の必然性の用例が増えていて、肯定と上位や下位の否定で用いられる。

es versamlet' sich viel Volcks zu jm, also das er *muste* in ein Schiff tretten. 　　　　　　　　　　　　　　　（マル 4,1）
多くの人々が彼の所に集まって来たので、彼は舟に乗り込まなければならなかった。（必然的な状況）
Es *mus* ja ergernis komen. 　　　（マタ 18,7。Curme 1922: 321）
確かに不快な事が生じない訳にはいかない。（不可避）
Noch hat sie *müssen*（過去分詞）vertrieben werden （ナホ 3,10）
さらに彼女は追放されなければならなかった。（不可抗力）
drumb hat's *mußt*（過去分詞）fort gahen.
　　　　　（M. Luther. Behaghel 2,1924: 370; Paraschkewow 1985: 38）
それ故に急いで立ち去る必要があった。
der vnter den Starcken, der manhafftig ist, sol nacket entfliehen *müssen*. 　　　　　　　　　　（アモ 2,16。塩谷 1985a: 33）
勇者の中の雄々しい者は裸で逃げなければならないだろう。

（不可抗力）

wenn du noch so vngern lebetest, so soltu leben vnd *must* mir leben. 　　　　　　　　　　（M. Luther. Rössing-Hager 1972: 224）

そしてもしもどんなに生きるのがいやであっても、あなたは生きるべきであり、かつ私のために生きなければならない。（受命）

Hie *musset* Ihr dennoch, so Ihr ein Christ sein wollt, sagen.
　　　　　　　　　　（M. Luther. Rössing-Hager 1, 1972: 225）

ここであなたはそれでも、キリスト教徒でありたければ、言わなければならない。（義務）

Gib mir dasselbige wasser..., das ich nicht her komen *müsse* zu schepffen. 　　　　　　　　　　　　　　　　　　（ヨハ 4,15）

私が水を汲みにここへ来る必要のないよう、その水を私に与えて下さい。（上位否定。実行の不必然性）

das der nicht sterben *müsse*, der einen Todschlag gethan hat, Bis das er fur der Gemeine fur gericht gestanden sey.
　　　　　　　　　　　　　　　　　　　　　　　（4モ－35,12）

殺害を行なった者が、共同体の前で裁きに立つまで、死なない必要がある（＝死んではならない）よう。（下位否定。不実行の必然性）

主観的な必然性「…するに違いない」も例証されている。

Drumb *muss* das der heubt teuffel selb gesagt haben, das ym geistlichenn recht stet. 　　　　（M. Luther. Klarén 1913: 38; Valentin 1984: 192; G. Fritz 1997a: 99; Diewald 1999: 43,381）

それ故に、教会法の中に書いてある事はあの悪魔の頭が自ら言ったに違いない。

Das *mus* ein grosser HERR sein, der sie（＝ sonne）gemacht hat.
　　　　　　　（シラ 43,5。Grimms DWb. 12,2756; G. Fritz 1997a: 99）

太陽を作ったのは偉大な主であるに違いない。

Dieser Mensch *mus* ein Mörder sein. 　　　　　　　（使徒 28,4）

この人は人殺しであるに違いない。

使徒28,4のギリシア語原文は pántōs phoneús estin ho ánthrōpos houtos「きっとこの人は人殺しである」であり、様相の副詞 pántōs「きっと」の意味が様相の助動詞 mus で表現されている。

次例の不定詞 müssen は①客観的にも②主観的にも解釈することが可能である。

> Da werden on zwyfel die heiligen Engel gewest sein. Denn wo Vatter, Son, unnd heiliger Geist sich lassen sehen, da wirdt das gantze himlische heer *müssen* sein.　(M. Luther. Curme 1922: 214)
> そこには疑いなく聖なる天使達がいたのだろう。なぜなら父と息子と聖霊が姿を見せる所には天の全軍が①いなければならない／②いるに違いない、と思われるからだ。（werden と wirdt は推量の助動詞）

未来時称助動詞としての次例の mus はギリシア語原典の助動詞 méllein「…するだろう」の訳語として用いられているが、必然的な原義は感じ取れる。

> Denn des menschen Son *mus* vberantwortet werden in der Menschen hende.　　　　　　　　　　　　　　（ルカ9,44）
> 人の息子は人々の手の中へ引き渡されるであろうから。

次の場合にはギリシア語原典の未来形 katargēthḗ sontai「なくされるだろう」に müssen auffhören が対応する。

> Es *müssen* auffhören die Weissagungen.
> 　　　　　　　　　　（1 コリ 13,8。Erdmann 1,1886: 97）
> 予言は廃れるだろう。

叙想法助動詞としての müßte には下記のような例がある。

> bin ich… schuldig, … zu halten, obgleich alle Welt… *müßte* zu

第6章　初期新高ドイツ語における様相助動詞

Schanden werden.　　　　　　（M. Luther. Rössing-Hager 1972: 225）
たとえ全世界が滅亡しようとも、私は守る義務がある。（müßte werden = würde）

6.9　wollen

下例は主語の志向性を表わす様相助動詞 wollen の客観的用法である。

sie wincketen seinem Vater, wie er jn *wolt*' heissen lassen.
　　　　　　　　　　　　　　　　　　　　　　　　（ルカ 1,62）
彼らは彼の父に、どのように彼が彼を呼ばれるようにしたいと欲するのか合図し（て尋ね）た。
welchen Gott *gewolt*（過去分詞）hat kund thun. 　（コロ 1,27）
彼らに神は知らせたいと欲した。
wiewol viel mit vorgebenen wortten yhn haben *wolt*（過去分詞）erredten.　（M. Luther. Behaghel 2, 1924: 370; Paraschkewow 1985: 38）
多くの者が空しい言葉でもって彼を救い出したいと欲したのだが。
will er von den Christen deutschen furstenn, dißes reych geregirt habenn.　　　　　（M. Luther. Ebert 他 1993: 412）
彼（＝神）はキリスト教徒たるドイツの領主らにこの王国を統治してもらいたいと欲している。
so jemand nicht *wil* erbeiten, der sol auch nicht essen.
　　　　　　　　　　　　　　　　　　　　　　　　（2 テサ 3,10）
もしも誰かが働きたいと欲しないならば、その者は食べてもならない。（上位否定。実行の無欲）
Herr, wir *wolten*（叙想法過去形）Jhesum gerne sehen.
　　　　　　　　　　　　　　　　　　（ヨハ 12,21。工藤 2003: 55）
主よ、我々はイエスに会いたいのですが。（＝現代ドイツ語 möchte）
Wir *wollen* hin ziehen vnd vnserm Gott opffern.

(2 モー 5,8。Ebert 他 1993: 420)

我々はむこうへ行って、我々の神に供犠しよう。（勧奨）
wollen wir vorhin sehen, wie er vorunheiliget... wirt.

(M. Luther. Grimms DWb. 30,1338)

我々は、どのようにそれ（＝神の名前）が冒瀆されるのかを予め見てみよう。（勧奨）

中高ドイツ語と同様に、従属不定詞を非時称的な完了形にした場合も見られる。

da er befand, das sie jn *wolten ermordet haben*, lies er sie tödten.

(1 マカ 16,22。Ebert 他 1993: 413)

そして彼は、彼らが自分を殺害し（てしまい）たいと欲しているのを見出したので、彼らを殺させた。

Diesen Mann hatten die Jüden gegriffen vnd *wolten* jn *getödtet haben*.　　　　　　　　　　　　　　　　　　　　（使徒 23,27）

この男をユダヤ人らは捕らえていて、彼を殺し（てしまい）たい欲していた。（1967 年版では wollten ihn töten）

hiemit *will* ich auff diss mall deynem... geschwetz *geanttworttet haben*, nur das ich dich nit vorachtet.

(M. Luther. Grimms DWb. 30,1334)

これでもって私は今回君の空談に対して、私が君を軽蔑したのではないとだけ答え（ておき）たいと欲する。

下掲の過去における非現実表現では前提部が新しい構成〈hätte＋不定詞＋過去分詞 mügen〉であるのに対して結論部には古い構成〈wollte＋haben＋過去分詞〉が用いられていて、初期新高ドイツ語の新高ドイツ語的側面と中高ドイツ語的側面が顕著に示されている。

Wenn ich D. Luther mich *hette mügen* des *versehen*, das die Papisten alle auff einen hauffen so geschickt weren, das sie ein

Capitel yn der schrifft kündten recht vnd wol verteutschen, So *wolt*' ich furwar mich der demut *haben finden lassen*, und sie umb hilff und beystand *gebeten*, das Newe Testament zu verteutschen. 　　　　　　　　　　　　（M. Luther. Ebert 他 1993: 413）
もしも教皇至上主義者らが全員一丸となって、聖書の1章でも正しくかつ上手に独訳できるほど能力のあることを私、ルター博士が期待し得たのであれば、私は確かに自分に謙虚さを見出させて、彼らに新約聖書を独訳する助力と援助を求めたかったのだが。

叙想法形は語用論的に祈念・希求を表現し得る。

Gott *wolle* unss allen ain geluckhafft jar zůsenden.
　　　　　　　　　　　　　　（H. Hug. Ebert 他 1993: 420）
神様が我々全員に幸福な一年をお贈り下さるよう。
da *wölle* vns Got gnedig vor behüten.
　　　　　　　　　　　（V. Dietrich 1548 年。Diewald 1999a: 333）
その事から神様が我々を慈悲深くお守り下さるよう。
Jch ruffe zu dir, das du Gott *woltest* mich erhören.
　　　　　　　　　　　　　　　（詩篇 17,6。塩谷 1985a: 37）
神様、あなたが私の願いを聞き届けて下さるよう、私はあなたに叫ぶ。
(Barnabas) ermanet sie alle, Das sie mit festem hertzen an dem HErrn bleiben *wolten*. 　　　　　　　　　　　（使徒 11,23）
（バルナバは）彼ら全員に、堅い心をもって主に留まるよう諭した。（1967 年版では sollten、1968 年版では wollten）
Du *woltest* komen, vnd deine Hand auff sie legen.
　　　　　　　（マル 5,23。Philipp 1980: 123; Kudo 1997: 55）
あなたがやって来て、手を彼女の上に置いていただきたいのですが。（1967 年版と 1968 年版では wollest）

次例は主観的な用法「…すると言い張る（が、私には疑わしい）」

を示す。

    sie geben für und *wollen* richter der Christlichen kirchen sein.
                                    （M. Luther. G. Fritz 2000: 277）
    彼ら（＝教皇達）はキリスト教会の審判者であると称し、そうだと言い張っている。
    die verantwortung, das er nit *wil* vnrecht gethan haben.
            （V. Dietrich 1548 年。Diewald 1999a: 427; G. Fritz 2000: 278）
    彼が不正は行なわなかったと言い張る弁明。
    fischlin inn brunnen werffen ist bedencklich, wiewols etlich dadurch *wöllen* erfrischen.(M. Sebitz 1579 年。Grimms DWb. 30, 1342)
    小魚を泉の中に投げ入れることは考慮を要する。2、3の人はそれによって生気づけると言い張るのだが。

  Diewald（1999a: 428）は、この時代の主観的な wollen に発話者の疑念は含まれていないと主張しているが、上掲の用例には明らかに発話者の疑念が含意されている。
  この時代には主観的用法の wollen から作られた動名詞 wöllung「（疑わしい）主張」が用いられることがあった。

    Dyrrachium... ligt nach *wöllung* etlicher Cosmographen in dem teyl Macedonia.   （Neue Zeitung 1539 年。G. Fritz 1997b: 300）
    デュラヒウムは2、3の地理学者達の（疑わしい）主張によればマケドニアの一部にある（そうだ）。

  wollen は未来時称の助動詞にも用いられるが、人間が主語の場合にはその意志が感じ取れる。事態が主語の場合にはその起動が問題になる。

    (ich) *wil* dir des Himelreichs schlüssel geben.   （マタ 16, 19）
    私はあなたに天国の鍵を与えるだろう（＝与えよう）。（ギリシア語原文では未来形 dōsō「私は与えるだろう＝与えよう」）

第6章　初期新高ドイツ語における様相助動詞　　**175**

Was meinestu, *wil* aus dem Kindlin werden?

(ルカ 1,66。Trübners DWb. 8,256; Grimms DWb. 30,1357; Wolff 1973: 61; Ebert 他 1993: 391)

何があなたはこの子から生じようとしていると思うか。(ギリシア語原文では tí ára tò paidíon toũto éstai〔未来形〕「何に一体この子はな(ってい)るのだろうか」)

(Judas) redet' mit den Hohenpriestern..., wie er jn *wolte* jnen vberantworten. (ルカ 22,4)

(ユダは)祭司長達と共に、どのように彼が彼を彼らに引き渡すのかを語った。(過去未来形。＝第2アオリスト接続法形 paradõi「引き渡そう」)

Bleib bey vns, Denn es *wil* abend werden.

(ルカ 24,29。Grimms DWb. 30,1357)

私達の所にとどまって下さい。夕方になりかけていますので。(起動的。ギリシア語原文は pròs hespéran estìn「夕方近くである」)

es rausschet, als *wolt*'s seer regen(en).

(1列王 18,41。Wolff 1973: 61)

激しく雨が降り出すかのような音がする。(起動的)

ルカ 1,66 の wil werden「生じようとしている」を Wolff(1973: 62)は、単なる未来形ではない、ドイツ語特有の思考方法に適合した起動的な(ingressiv)表現をルターが自由に求めた結果だと理解している(1980年の統一訳は wird werden「生じるだろう」)。

未来形によって格言が表わされ得る。

er würt' zeitlich krumm, was ein hack *wil* werden.

(1548年。Grimms DWb. 30,1357. Wolff 1973: 62)

<ruby>鉤<rt>カギ</rt></ruby>になる(であろう)ものは、一時的に曲がるのだが(＝硬いだけでは役に立たない)。

hart anhalten *wil* zuletzt etwas zu wegen bringen.

(1577年。Grimms DWb. 30,1357. Wolff 1973: 62)

硬くあり続ければ最後には何かを成し遂げる（だろう）。

ルターには例証されていないが（G. Fritz 2000: 269）、次例は推量を表わす主観的用法である。

    das *wil* nun keinem Vergleich oder Parition ehnlich sein.
                         （Aviso 1609 年。G. Fritz 2000: 269）
    これは今やいかなる和解あるいは応訴にも似ていないだろう。

以下の用例は叙想法の助動詞である。

    so ich auch etwas weiter mich rhümete von vnser Gewalt...
    wolte ich nicht zu schanden werden.
                             （2 コリ 10,8。Kudo 1997: 57f.）
    たとえ私がもう少し我々の力を誇ったとしても、私は恥にならないのだが。（1967 年版では würde werden）
    so er（＝Hannibal）einen eigenen... historienschreiber hätte gehabt, *wollten* wir viel grosze, herrliche thaten von ihm haben.
                            （M. Luther. Grimms DWb. 30,1343）
    彼（＝ハンニバル）が私有の修史家を持っていたならば、我々は彼に関する多くの偉大な、素晴らしい事績を有しているのだが。(wollten haben ＝ hätten/würden haben)

6.10　初期新高ドイツ語における様相助動詞の体系

初期新高ドイツ語の様相の助動詞の体系は以下の通りである。

A. 客観的様相性
  1. 必然性
    1）全般的
      （1）肯定：müssen, sollen
      （2）上否：nicht müssen, nicht sollen（実行の不必要性）

（3）下否：nicht müssen, nicht sollen（不実行の必然性）
　2）限定的
　　（1）状況由来の必然性
　　　a．肯定：be-dürffen ± zu
　　　b．否定
　　　　a）上否：nicht dürffen, nicht be-dürffen ± zu（実行の不必然性）
　　　　b）下否：nicht dürffen（不実行の必然性）
　　　　c）修疑：dürffen
　　（2）他者由来の必然性：mügen
2．可能性
　1）全般的
　　（1）肯定：können, mügen ± zu, müssen
　　（2）上否：nicht können, nicht mügen, nicht müssen（不可能性）
　2）限定的
　　（1）知恵・心得
　　　a．肯定：wissen + zu
　　　b．上否：nicht wissen + zu（無知）
　　（2）被許可
　　　a．肯定：dürffen,（ge）thüren, sollen
　　　b．上否：nicht dürffen, nicht（ge）thüren（実行の不許可）
　　（3）勇気
　　　a．肯定：(ge)thüren, dürffen
　　　b．否定
　　　　a）上否：nicht（ge）thüren, nicht dürffen（勇気の欠如）
　　　　b）修疑：(ge)thüren, dürffen
　　（4）適性
　　　a．肯定：tügen + zu
　　　b．上否：nicht tügen + zu（不適性）

(5) 能力
- a. 肯定：ver-mögen ± zu
- b. 上否：nicht ver-mögen ± zu（無能力）

3. 志向性
  1) 全般的
  （1）肯定：wollen
  （2）上否：nicht wollen（実行の無欲）
  2) 限定的
  （1）好み＋上否：nicht mügen（実行の嫌悪）
  （2）願望：möchte

B. 主観的様相性
 1. 必然性
  1) 肯定：müssen, sollen
  2) 下否：nicht sollen（不実行の必然性）
 2. 蓋然性・可能性
  1) 肯定：dürffen, wollen
  2) 下否：nicht wollen（不実行の蓋然性）
 3. 可能性
  1) 肯定：können, mügen
  2) 上否：nicht können（実行の不可能性）
 4. 志向性
  1) 本人の主張
  （1）肯定：wollen
  （2）下否：nicht wollen（不実行の主張）
  2) 他人の主張：sollen

なおwerden「…だろう」、haben + zu「…しなければならない／することができる」、sein + zu「…されなければならない／されることができる」については7.9参照。

第7章
新高ドイツ語・現代ドイツ語における様相助動詞

　新高ドイツ語・現代ドイツ語（以下では特に問題のない限り単に「現代ドイツ語」とする）における完了現在動詞は次の通りである（通し番号は Krahe/Meid 2, 1969: 136ff. による）。

 1）wissen「知っている」
 5）können「…することができる、するかも知れない」
 6）dürfen「…してよい、するだろう」、be-dürfen「必要とする」
 9）sollen「…すべきだ、するそうだ」
12）mögen「…したい、するかも知れない」、ver-mögen「…する力がある」
15）müssen「…しなければならない、するに違いない」
17）wollen「…したいと欲する、すると言い張る」

　現代ドイツ語に至って完了現在動詞の個数が減少した結果、完了現在動詞という形態論上の範疇と様相助動詞という統語論上の範疇が大幅に重なることになった。
　以下の例示で聖書訳は《Die Bibel. Altes und Neues Testament. Einheitsübersetzung》1980 より引用する。また典拠に DUDEN とあるのは《DUDEN. Das große Wörterbuch der deutschen Sprache in 10 Bänden》3., völlig neu bearbeitete und erweiterte Auflage. 1999 である。

7.1　wissen

　現代ドイツ語の様相助動詞としての wissen + zu「…するすべを知っている」は高尚な標準語に属するとされる（Engel 1988: 483）。

Er *wusste* manches *zu* berichten. (DUDEN 4538)
彼は幾つもの事を報告するすべを知っていた＝報告することができた。（＝ konnte）
Er *weiß zu* leben. (Pauls DWb. 1177)
彼は生きるすべを知っている。（実践的な心得）
Er hat *zu* antworten *gewußt*. (Curme 1922: 318)
彼は答えるすべを知っていた。（＝ He knew how to answer）
Niemand von den Zuschauern *wusste zu* sagen, wer diese Leute waren. (DUDEN 4538)
その目撃者達の誰も、これらの人々が誰であるのかを言うすべを知らなかった。（上位否定：実行の無知）
Jeder, der einmal Deutschunterricht an Ausländer erteilt hat, *weiß* ein Lied davon *zu* singen, wie schwierig es für einen Deutschlernenden ist, sich mit dem Gebrauch der deutschen Modalverben... vertraut zu machen. (Kaufmann 1962: 154)
一度外国人にドイツ語の授業を行なったことのある者なら誰でも、ドイツ語学習者にとってドイツ語様相助動詞の用法に習熟することがいかに困難であるのかが身にしみて分かっている。（＝ kann）

　Debrunner（1951: 66）は、フランス語の Il sait nager「彼は泳ぐすべを知っている＝泳ぐことができる」の影響を受けて、Er kann schwimmen と言うべき所で Er weiß schwimmen と言うスイス人女性のいたことを報告している。
　wissen は印欧祖語由来の最も由緒ある完了現在動詞であって、様相助動詞としての働きが大いに嘱望されながらも、これが期待はずれに終わったのは、万能の mögen の活躍と、次いでこれに代わって登場した können の陰に埋没してしまったためである。そこで wissen は本動詞としての領域で生きる道を見出さざるを得なくなった。
　15世紀以来、現代ではとりわけ南西ドイツ・スイスでは er weiß が、他の一般動詞からの類推で語尾が付けられて er weißt となるこ

とが報告されている（Pauls DWb. 1177; Paul 2,1968: 263; Grimms DWb. 30,748）。これは将来、かつて様相助動詞としての出番がほとんどなかった er taug が er taugt となったように、wissen が完了現在動詞でなくなる予兆であるのかも知れない。

7.2　können

könnenが本来は wissen と同様、「知っている」を意味する本動詞であった名残りが Er kann Deutsch「彼はドイツ語ができる」とか Er kann das Gedicht「彼はその詩をそらんじている」のような用例に見られる。従ってここでは sprechen「話す」や verstehen「理解する」とか auf/hersagen「暗唱する」といった従属不定詞の省略を考える必要はない。

Jongeboer（1985: 78）によれば次のような用例でも古義が感じ取れるとされる。

> Ich *kann* mir nicht helfen.
> 私は自助するすべを知らない。(= Ich weiß... zu helfen)
> Sie *kann* Märchen so hübsch vorlesen.
> 彼女は童話をとても上手に読んで聞かせるすべを知っている。
> (= Sie weiß... vorzulesen)

客観的用法の様相助動詞 können は可能的要因（＝可因）の存在することを意味し、可能性の全般を表現する。

> Gott *kann* aus diesen Steinen Kinder Abrahams machen.
> 　　　　　　　　　　　　　　　　　　　　　　（ルカ 3,8）
> 神はこれらの石の中からアブラハムの子孫を作ることができる。
> （神の絶対的な能力）
> Wenn ihr das lest, *könnt* ihr sehen, welche Einsicht in das Geheimnis Christi mir gegeben ist.　　　　（エペ 3,4）
> あなた達がこれを読めば、キリストの奥義へのどのような洞察

が私に与えられているかを見て取ることができる。(知的な能力)

Streichholzschachteln, die frei und selbstgefällig auf dem Küchentisch lagen, waren vor ihm, der das Streichholz hätte erfunden haben *können*, nie sicher.

(G. Grass. 浜口 1970: 56; Litvinov/Radčenko 1998: 153; Leirbukt 2002: 75)

台所のテーブルの上に気ままに、高慢ちきに横たわっているマッチ箱(複数)は、マッチを発明しておくことができたかも知れない彼の前では決して安全ではなかった。(知的な能力)

Niemand *kann* zwei Herren dienen.　　　　　(マタ 6,24)

誰も二人の主人に仕えることができない。(上位否定。肉体的な無力)

Sie *kann* kein Blut sehen.　　　　　(Curme 1922: 319)

彼女は血を見るに耐えない。(上位否定。忍耐力の欠如 = cannot bear to)

…so weiß, wie sie auf Erden kein Bleicher machen *kann*.

(マル 9,3)

それらを地上で漂白職人がなすことができないほど白く。(上位否定。技術力の欠如)

Eigentlich hätte er ja mit diesen überschüssigen Geldern die Schuld des Vaters gegenüber dem Chef weiter abgetragen haben *können*.　　　　　(F. Kafka. 浜口 1962: 107; 1972: 97)

本来ならば、たしかにこの浮いてきた金で父の負債を店主にどんどん返済していくことができたであろう。—浜口訳(財力。abgetragen haben は強調の能動・完了不定詞)

Das Flugzeug *kann* bis zu 300 Passagiere aufnehmen.

(DUDEN 2214)

その飛行機は乗客を 300 人まで収容することができる。(性能)

Eisen *kann* geschmiedet werden.　　　(Raynaud 1976: 229)

鉄は鍛造され得る。(特性)

Der Baikalsee *kann* 1625m tief sein.　　　(Maché 2009: 36)

バイカル湖は 1625 メートルの深さの所がある。(特性)

Er *kann* eine furchtbare Nervensäge sein.　　　(G. Fritz 1997a: 49)
彼は恐ろしく人の神経を逆なですることがある。(習慣・性癖)
Aber da er manchmal zärtlich und dumm wie ein Junge sein *konnte*, ertrug sie es weiter und liebte ihn sogar.
　　　　　　　　　　　　　　　　　　(H. Roch. 真鍋 1958: 11)
しかし彼は往々にして子供のようにやさしく、またぼっとした所もよくあったので、それからもその点は我慢して、彼を可愛がってさえやった。―真鍋訳（過去の習慣的な可能性）
Isa *konnte* mitunter sogar die Nachbarn durch ihr Schnarchen wecken.　　　　　　　　　　　　　　　　(Holl 2001: 227)
イーザは隣人達さえも自分のいびきで起こすことが時折あり得た。(過去の習慣的な可能性)
Es *konnte* geschehen, daß auf offener Straße ein Blick, ein klingendes Wort, ein Auflachen ihn ins Innerste traf.
　　　　　　(Th. Mann, T. Kröger. Brinkmann 1971: 397; 山田 1990: 164)
どこかの路頭でふとある眼ざし、ある響きの言葉、ある高笑いが彼の心に食い入ってくるのも（しばしば―筆者補足）体験した。―高橋義孝訳（同一事象の反復生起）
Kannst du bis heute abend alles gepackt haben?
　　　　　　　　　　　　　　(E. M. Remarque. Sherebkov 1967: 360)
君は今晩までに全てを荷造りしておくことができますか。(外的な無障碍)
Noemi war mit Castelli... nach Lugano gefahren, wo er（= Castelli）den letzten Zug nehmen und vor Mitternacht die Grenze passiert haben *konnte*.　　　　(Ulvestad 1984b: 266)
ノエミはカステリと一緒にルガーノへ車で行き、そこで彼（＝カステリ）は最終列車に乗って、真夜中前に国境を通過しておくことができた。(外的な無障碍)
Sie *konnten* aber wegen der vielen Leute nicht zu ihm gelangen.
　　　　　　　　　　　　　　　　　　　　　　　　(ルカ 8,19)
彼らはしかしその多数の人々のために彼の所に達することができなかった。(上位否定。外的な障碍)

Der wissenschaftlich ausgebildete Lehrer soll und *kann* nicht alle Erkenntnisse gelöffelt haben, die es zu seinem Beruf derzeit gerade gibt. (Böll/Gollwitzer/Schmid. Leirbukt 1984: 224)
学術的な教育を受けた教員は、自分の職業に関して今まさしく存在する全ての認識を理解しておく必要はないし、できもしない。(上位否定。外的な障碍)

... nächstes Jahr hätt' ich schon Großvater sein *können*.
(O. Hassencamp. Leirbukt 1984: 236)
来年には私は既に祖父になっていることができていたのだが（＝娘が堕胎したので、来年は祖父になっていない）。(外的な無障碍)

Ein Geschäft hätte ich *können* aufmachen.
(G. Hauptmann. 浜口 1972: 97)
店を私は開くことができたのだが。(外的な無障碍)

Aber eine Schuld gibt es deswegen doch, auch wenn einer nicht anders hat *können* als schlecht sein. (H. Hesse. 浜口 1970: 61)
しかし仮にある人が邪悪以外の状態であることができなかったとしても、それでもやはり罪科は存在する。(上位否定。外的な障碍)

Aufsperren hat sie nicht *können*. (H. v. Doderer. 浜口 1972: 96)
開くことが彼女にはできなかった。(上位否定。外的な障碍)

Niemand *kann* zu mir kommen, wenn es ihm nicht vom Vater gegeben ist. (ヨハ 6,65)
誰も、父によって許されていなければ、私の所に来ることができない。(上位否定。不許可)

Damals *konnte* man das 40. Lebensjahr überschritten haben, wenn man sich bewarb. (Gerstenkorn 1976: 292)
当時、応募する際には、40番目の生存年を越えていることができた＝40歳になっていてもよかった。(被許可)

Wer *kann* dann noch gerettet werden? (ルカ 18,26)
それではまだ誰が救われることができるのか＝救われることがあるのか。(機会)

Sind aber alle Menschen nur frei, das zu tun, was sie wollen und wollen *können*, so ist auch die Menschheit nicht frei, unterzugehen oder nicht. (Der Spiegel. Zifonun 他2, 1997: 1259)
しかし全ての人間に、したいと欲する事やしたいと欲し得る事をする自由しかないならば（＝したくない事をする自由がなければ）、人類にも滅亡するか、しないかの自由はない。（外的な無障碍・機会）

"… ich habe noch nie darüber gesprochen." "Sie *können* es sagen oder auch nicht sagen." (Raynaud 1977a: 13)
「私はまだ一度もそれについて話していない。」「あなたはそれを言うことができるし、また言わないこともできる。」（肯定と下位否定＝不実行の可能性）

Man *kann* hier auch keine Vorspeise bestellen.
(Penka/Stechow 2001: 267)
ここでは前菜を注文しないこともできる＝しなくても構わない。（下位否定。不実行の可能性）

Nicht tanzen *kann* Fritz. (Öhlschläger 1989: 89)
ダンスをしないこともフリッツはできる＝しなくても構わない。（下位否定。不実行の可能性）

Ihre Krankheit ist unangenehm, aber nicht lebensbedrohlich. Die Operation ist nicht aussichtslos, bietet aber auch keine Heilungsgarantie. Sie *können* sich operieren lassen oder Sie *können* sich NICHT operieren lassen. Die Entscheidung liegt bei Ihnen. (Ehrich 2001: 161)
あなたの病気は不快ですが、生命の危険はありません。手術は見込みがなくはありませんが、治癒の保証も約束しません。あなたは手術を受けることができますし、あるいは手術を受けないこともできます＝受けなくても構いません。決定はあなたの側にあります。（肯定と下位否定＝不実行の可能性）

Nicht gehen *kannst* du nicht. (Faulstich 1983: 145)
君は行かないことができない＝行かない訳にはいかない＝行かなければならない。（上位否定＋下位否定＝不実行の不可能性

= 実行の必然性）

Ihn nicht fragen *kann* man auch nicht. 　　（Öhlschläger 1989: 89）
彼に尋ねないこともできない＝尋ねない訳にはいかない＝尋ねなければならない。（上位否定＋下位否定＝不実行の不可能性＝実行の必然性）

次例のように versuchen「試みる」を持つ主文に続く副文中の können は今日では冗語的とされる（Lühr 1997b: 193）。

Ihr dürft nicht versuchen, daß ihr zustande bringen *könnt*, Gott zu dienen und doch die Welt zu lieben.
あなた達は、神に仕え、かつそれでも俗世を愛することをなし遂げ得るよう試みてはならない。（より正しくは daß ihr zustande bringt「成し遂げるよう」）

次文の können も冗語的である（Andresen 1923: 156f.）。

Sie hofft bald im stande zu sein, Ihnen über den fraglichen Gegenstand Genaueres mitteilen zu *können*.
彼女は間もなく、あなたに問題の件に関してもっと詳細な事を伝えることができ得ると思っている。（より正しくは mitteilen「伝え（得ると）」）

とりわけ口語表現では語用論的に様々なニュアンスが können に付け加わり得る。

Kann ich Ihnen helfen? 　　　　　　　　　（DUDEN 2214）
私はお手伝いいたしましょうか。
Können Sie mir bitte sagen, wie spät es ist? 　　（DUDEN 2214）
済みません、今何時でしょうか。
Könnten Sie（bitte）einen Augenblick zur Seite gehen?
　　　　　　　　　　　　　　　　　　　　（G. Fritz 1997a: 75）

済みませんが、ちょっと道を空けていただけませんか。
Kannst du nicht aufpassen? (DUDEN 2214)
君は注意できないのか＝注意しなさい。
Können Sie nicht anklopfen? (DUDEN 2214)
あなたはノックできませんか＝ノックしてくれませんか。
So etwas *kannst* du doch nicht machen. (DUDEN 2214)
でも君はそんなことをしてはいけない。
Du *könntest* etwas freundlicher sein. (G. Fritz 1997a: 5)
君はもう少し親切になって欲しいのだが。
(Die Kaiserin Theodora)... gebot dem Kleinen ruhig: Du *kannst* gehen. (A. König. Curme 1922: 319; Raynaud 1977a: 12)
テオドーラ皇后はその小者に静かに命じた。下がってよろしい＝下がりなさい。
Du hast vergessen, den Text abzuspeichern! Jetzt *kannst* du nochmal von vorne anfangen. (Diewald 1999a: 311)
君はテキストを保存するのを忘れてしまってるよ。今もう一度最初から始めることができる＝始めなければならない。（＝musst）
Und ich *kann* dann wieder den ganzen Mist aufräumen! (G. Fritz 1997a: 30)
では私はこのがらくたを全部片付けできますよ＝片付けなきゃならないんです。（婉曲）
Darin *kann* ich Ihnen nur zustimmen. (DUDEN 2215)
この点では私はあなたに同意することしかできない＝同意しなければならない。
Das war ein Tag, ich *kann* dir sagen! (DUDEN 2214)
それはもの凄い一日だった。本当だよ。（感情的な保証。Gloning 1997: 323, 365 参照）
Das *kannst* du meinetwegen tun. (DUDEN 2215)
私としてはそれを君がしても構わない。（darfst「…してよい」より弱い）
Es *kann* mir Wurscht sein. (真鍋1958: 13)

それは私にはどうでもいいさ。―真鍋訳

Wenn du das nicht lässt, *kannst* du was erleben.

(DUDEN 2214; G. Fritz 1997a: 30)

君はそれをやめなければ、ただでは済まないよ。

Du *kannst* ohne Sorge sein, weil alles in Ordnung ist.

(DUDEN 1978: 1537)

全てうまく行っているから、君は心配しなくていいよ。(下位否定。不実行の可能性)

Wie *kannst* du bei deinem Alter solche Reden machen!

(L. Thoma. 真鍋 1958: 10)

まあ子供のくせによくもそんな生意気な口が利けたもんね！―真鍋訳（呆然）

Sie *kann* einem Leid tun. (DUDEN 2215)

彼女は気の毒だ。

Herr Ober, *kann* ich zahlen? (Welke 1965: 47; 浜口 1976: 187)

ボーイさん、支払いをしていいですか＝支払いをしたい。

Kann ich Sie bitten? (Welke 1965: 48)

私はあなたにお願いをすることができますか＝お願いをしたい。

Ich *kann* leider nicht an Ihrer Veranstaltung teilnehmen.

(Zifonun 他 3, 1997: 1891)

私は残念ながらあなた達の催しに参加することができません＝参加したくない。

Ich *kann* Ihnen mitteilen, daß Sie den ersten Preis gewonnen haben. (Öhlschläger 1989: 209)

1等賞を獲得なさったことをご通知させていただきます（私としては通知できるのが幸いです）。

　könnenの主観的用法「…するかも知れない」は「…と推断する可因がある」ことを意味するが、発話者が何らかの根拠に基づいて行なう推断は確率50パーセント程度（Gerstenkorn 1976: 340; Kątny 1979: 36; Wunderlich 1981: 39; Dieling 1983: 325）の不確実なものである。

Es *kann* sein, daß sich hier tatsächlich ein Ansatzpunkt bietet, der uns weiterhilft. (H.-J. Hartung. Welke 1965: 64)
私達が先に進む助けとなる手掛かりがここで事実、見出されることはあるかも知れない。

Es *kann* nicht（sein）, Hans, es *kann* nicht（sein）; darüber sei ganz beruhigt. (H. Hesse. 浜口 1964: 155)
そんなはずはないよ、ハンス、あるものかね。そのことならちっとも心配することはないよ。―浜口訳（上位否定。実行の不可能性）

Es *könnte* ja sein. (F. Hoffmann. Gelhaus 1969: 320)
そうかも知れないだろうね。

Könnte es sein, daß er stirbt? (研究社『独和中辞典』1996: 803)
ひょっとして彼が死んでしまうなんてことがあるのかしら。―『独和中辞典』訳（疑惑・困惑）

Dieser Einfall *könnte* von dir sein. (DUDEN 2215)
この着想は君のものであるかも知れないのだが＝君のものであるみたいだ。

Wenn der Angeklagte der Täter sein *kann*, wird er inhaftiert. (Öhlschläger 1989: 209)
もしもその被告が犯人であるかも知れないならば、彼は拘留される。

Der Angeklagte dürfte der Täter sein *können*. (Öhlschläger 1989: 210,245)
その被告は犯人であるかも知れないのだろう。（können は「客観的に認識的」、dürfte は「主観的に認識的」）

Du Tor, sie wird schon sterben *können*! (W. Hauff. 浜口 1962: 95)
この馬鹿野郎、この女はそのうちきっと死ぬかもしれないぞ！―浜口訳

Das ließ wiederum den Schluß zu, daß der Täter Handschuhe getragen haben *konnte*. (H.-J. Hartung. Welke 1965: 63; Duden-Gr. 1984: 96)
その事は再び、犯人が手袋をはめていたかも知れないという結

論を可能にした。(間接話法)

Der Gedanke, an ihr achtlos vorbeigegangen sein zu *können*, bekümmerte ihn.　　　　　　　　　(Hetland/Vater 2008: 98)
彼女の側をうっかり素通りしたかも知れないという考えが彼の心を痛めた。

Es hätte geregnet haben *können*.　　　　(Lyons 1983a: 411)
雨が降ったかも知れなかったのだが。

Es war ihm, als wenn er aus einem Traume erwachte; und doch fühlte er, daß es kein Traum sein *könne*.
　　　　　　　　　　　　　　(R. Leander. 浜口 1976: 191)
彼はまるで夢からさめたような心地がしたが、そのくせ彼はそれは夢であるはずはないと感じた。―浜口訳(上位否定。実行の不可能性)

Sie *konnte* sich doch nicht damit abgefunden haben, daß er sie hatte verlassen wollen.　　(H.-J. Steinmann. Welke 1965: 63)
だが彼女は、自分(=主人公ミヒャエル)が彼女を見捨てるつもりであったことを承知していたはずがない。(上位否定。実行の不可能性。体験話法)

In Shanghai dachte ich, daß Knut mit seiner Frau kreuzunglücklich wäre. Das *kann* aber nicht der Fall gewesen sein.
　　　　　　　　　　　(A. M. Ekert-Rotholz. Ulvestad 1997: 220)
上海で私は、クヌートがその妻と共にひどく惨めであると考えていた。しかしそのような事情ではなかったのかも知れない。(下位否定。不実行の可能性)

A: Der Junge hat gar nichts gegessen, er muß krank sein.
B: Er *kann* ja einfach keinen Hunger gehabt haben.
　　　　　　　　　　　　　　　　　(Brünner 1980a: 108)
A：あの少年は全く何も食べなかった。彼は病気であるに違いない。
B：彼は単に空腹ではなかっただけかも知れないよ(下位否定。不実行の可能性)

Die Bedingungen für das Wirken einer Ursache jedoch *können*

vorhanden sein oder nicht vorhanden sein.　　（Welke 1965: 67）
しかしながらある原因の作用条件が存在しているかも知れないし、存在していないかも知れない。（肯定と下位否定＝不実行の可能性）

Nicht gekommen sein *kann* er nicht.　　（Faulstich 1983: 141）
彼が来なかったはずがない＝来たに違いない。（上位否定＋下位否定＝不実行の不可能性＝実行の必然性）

　Dieling（1983: 325f.）によれば次のような、können と müssen の並置例では蓋然性の程度が問題ではなくて、仮説の異なりが問題になると言われる。

　Der Butler *kann* und *muß* der Täter sein.
　その執事が犯人である可能性と必然性とがある。
　Der Butler *kann* nicht nur, er *muß* der Täter sein.
　その執事は単に犯人である可能性があるのではなく、その必然性がある。

　Diewald（1999a: 32, 33）は下記のような用例を主観的な用法「かも知れない」でも客観的な用法「できる」でもなく、両者の中間段階であるとしている。

　Bei dringendem Tatverdacht *können* die Personen festgenommen und ihre Stimmen mit den Tondokumenten abgeglichen werden.　　　　　　　　　　　　　　　（Der Spiegel）
　明白な犯罪容疑のある場合にその人物らは逮捕されて、彼らの声が録音資料と照合され得る＝逮捕されて照合されることがあり得る／考えられる。

　しかしこのような用例は Diewald 自身も Lyons（1983a: 396）に従って「客観的に認識的な用法」（der objektiv epistemische Gebrauch）と呼び、können が広い作用域（主語＋述語）を持ってい

第7章　新高ドイツ語・現代ドイツ語における様相助動詞　193

ることを認めているように、推論上の可能性を表わしているので、主観的な用法、つまりは客観性の強い主観的用法だと考えて差し支えないのではなかろうか。しかしながら、次例のような自然的(ジネン)な事象の表現の場合には①客観的用法と②主観的用法の中間段階か前者から後者への移行段階、あるいは両方にまたがる表現とみなすことができる。

    Der Vulkan *kann* jederzeit wieder ausbrechen.
                             (Duden-Gr. 1984: 95; 2009: 557; Diewald 1999a: 152)
    その火山はいつでも再び噴火し得る＝①噴火するエネルギーがある／②噴火するかも知れない。
    Der See *kann* kalt sein.   (Maché 2009: 35)
    ①その湖は（季節次第では）冷たいことがある／②その湖は冷たいかも知れない。

次の用例も同様である。

    Demselben *kann* Dasselbe nicht zugleich und in derselben Beziehung zukommen und nicht zukommen.
                                               (G. Klaus. Welke 1965: 67)
    同一のものに同一のものが同時かつ同一関係において帰属し、かつ帰属しないことは①あり得ない／②あるはずがない。
    Ein Schweigen entstand, daß man ein Zündholz hätte fallen hören *können*.   (J. Wassermann. 浜口 1972: 105)
    マッチ棒が落ちるのを①耳にすることができる／②耳にするかも知れない、ほどの沈黙が生じた。

7.3 dürfen, be-dürfen

この動詞は19世紀初頭までは本動詞として旧来の「必要とする」を意味し得た。

du (göttin) nicht *darfst* der versöhnungen (durch opferga-
ben).　　　　　　(H. Voss 1806 年。Grimms DWb., Neubearb. 6,1799)
汝（女神）は（供物による）贖罪を必要としない。

　現代ドイツ語における客観的用法の様相助動詞 dürfen は限定的な可能性（許可、許容、根拠、理由、権限）を表わす。

Man *durfte* sich überhaupt nicht mehr als Jude bekennen.
　　　　　　　　　　　　　　　　　　　　　　(2 マカ 6,6)
もはや決して自分がユダヤ人だと表明してはならなかった。（上位否定。実行の不許可）
Er solle sich doch Fleisch holen lassen, das er essen *dürfe*.
　　　　　　　　　　　　　　　　　　　　　　(2 マカ 6,21)
だが彼は、食べてよい肉を持って来させるべきだと。
Es *darf* gelacht werden/Jetzt *darf* gelacht werden.
　　　　　　　　　　　　　　　　　　　(Diewald 1993: 220)
笑われてよい／今は笑われてよい＝笑っても差し支えはない。
Ach, wenn ich hätte lernen *dürfen*（過去分詞）Flöte spielen, oder gar Violine.　　　　(M. v. Ebner-Eschenbach. 浜口 1970: 61)
ああ、私がフルートか、あるいはバイオリンまでも奏でるのを学ぶことが許されていたらなあ。
denen das Bewußtsein, ihn haben anschauen zu *dürfen*（過去分詞）, den Rest ihres Lebens vergolden mochte.
　　　　　　　　　　　　　　　　　　(Th. Mann. 浜口 1970: 65)
彼らに対して、彼を見つめることが許されたという意識が彼らの人生の残余を美しく見せるのかも知れなかった。
… tun *dürfen*（過去分詞）hätte sie das nicht.
　　　　　　　　　　　　　　　　　　(G. Gaiser. 浜口 1972: 96)
それをすることは彼女には許されなかったのだが。（上位否定。実行の不許可）
Zwei verlorene Kriege in einem Menschenalter… *dürfen* für Deutschland nicht umsonst gewesen sein.

(C. Zuckmayer. 真鍋 1958: 14; 浜口 1962: 102)

一世代における二度の敗戦はドイツにとって無駄であって（いて）はならない。（上位否定。実行の不許可）

Sie wird ihrem Mann doch nichts sagen, weil sie sich fürchtet. Sie *darf* mich nie gekannt haben. (A. Seghers. 浜口 1962: 102)

彼女は、怖いので、夫にはどうせ何も言わないだろう。彼女は私を決して知っていてはならないのだ。（上位否定。実行の不許可）

Der Bewerber *darf* das 52. Lebensjahr im Zeitpunkt der Ernennung noch nicht vollendet haben.

（ドイツの大学教授公募の際にしばしば付される応募条件）

応募者は任用時にまだ52番目の生存年を終えていてはならない＝52歳未満であること。（上位否定。実行の不許可）

Weiterhin muß die Pflanze lateinisch beschrieben werden und der lateinische Name *darf* bisher noch für keine andere Pflanzenart gebraucht worden sein.

(Südwest-Presse. M. Krause 1997: 94f.)

さらに植物はラテン語で記述されなければならず、そのラテン語名はこれまでに他の植物種に使用されていてはならない。（上位否定。実行の不許可）

Wie viele Männer *darf* eine Frau geliebt haben?

(Eltern. Leirbukt 1984: 224)

一人の女性が幾人の男性を愛したことがあってもよいのか。

Die Studenten *dürfen* sich in Deutschland aufgehalten haben.

(Leirbukt 1984: 224)

その学生達はドイツに滞在したことがあってもよい。

Ich *darf* mit niemandem darüber reden.

(Lerner/Sternefeld 1984: 189)

私は誰ともそれについて語ってはならない。（上位否定。実行の不許可）

Auf 22 Seiten hatte im Juni 1983 ein Gutachtergremium befunden, daß Frauen grundsätzlich zum Bund wollen, aber nicht müssen *dürfen*. (Der Spiegel. Zifonun 他2, 1997: 1259)

22ページにわたって、1983年6月にある専門家委員会が、女子は基本的に国防軍に入る自由意志を持ってよいが、しかし強いられてはならないと判定していた。（上位否定。実行の不許可）

Wir *durften* annehmen, dass der Film ein voller Erfolg werden würde. (DUDEN 904)

私達は、その映画が大成功となるだろうと想定してよかった＝想定できる根拠・理由があった。

Wir *dürfen* heute sagen, daß die Chemie ein Teil der Physik ist. (Welke 1971a: 295)

私達は今日、化学は物理学の一部であると言ってよい＝言える根拠・理由がある。

Wir *dürfen* den Herrn nicht länger aufhalten. (Th. Mann. Brinkmann 1971: 392)

我々はこの男性をこれ以上長く引き止めてはならない＝引き止める権限がない。（上位否定。＝ Wir haben kein Recht…）

Das Hochwasser *darf* nicht über diese Marke steigen. (Öhlschläger 1989: 161)

高潮はこのマークを越えてはならない（越えると好ましくない結果に結びつく）。（上位否定）

Morgen *darf* es regnen. (Öhlschläger 1989: 161)

明日は雨が降っても構わない（降っても好ましくない結果には結びつかない）。

次のような dürfen は冗語的である。

So bitte ich mir die Freiheit aus, Verschiedenes darin anzeigen zu *dürfen*. (G. E. Lessing. Andresen 1923: 157)

そこで私は、種々の事をその中で暗示してよい自由を切望する。（より正しくは anzuzeigen）

Erlauben Sie, daß ich mich dabei beteiligen *darf*?

(Andresen 1923: 156)

私がそれに参加してよいということをお許し下さいますか。（より正しくは beiteilige）

Vier Wochen wartete ich vergebens auf Erlaubnis des japanischen Kriegsministers, meinen Kollegen A. besuchen zu *dürfen*. (Bremer Nachrichten 1915/4/11)

4週間むなしく私は同僚のAを訪ねてよいという日本国陸軍大臣の許可を待った。（より正しくは zu besuchen）

Ich bitte um die Erlaubnis, das tun zu *dürfen*.
(Duden-Richtiges 1985: 474)

私はそれをしてよいという許可を求める。（より正しくは das zu tun）

　また昔、ドイツの大学の文学部長が多用していた、官庁語風の dürfen も無意味とされるが（Vater 2004: 20）、この用法は「敢えて…する」の名残りであろう。

Ich *darf* die Sitzung eröffnen.
会議を開かせていただきます。
Ich *darf* Sie auf mein Rundschreiben vom 18. 2. 89 verweisen.
皆さんに89年2月18日付けの私の通達をご参照下さるよう指示させていただきます。

　とりわけ話し言葉では語用論的に色々なニュアンスが dürfen に付け加わり得る。

Und ich *darf* dann alles wieder aufräumen. (G. Fritz 1997a: 5)
では私が全て元通りに片付けさせてもらいますよ＝片付けなきゃならないんです。
Nun *darf* ich mich auch noch für euer Versehen entschuldigen.
(DUDEN 904)
それで私はまたさらに君達の過ちについて詫びる理由がある＝

詫びても差し支えない／詫びなければならない。(kann/muss)
Darf ich Sie bitten, das Formular auszufüllen?　　　(DUDEN 904)
この書式にご記入下さいませんか。(dürfte を使えばさらに丁寧。Gloning 1997: 400 参照)

(Wir landen jetzt.) Ich *darf* Sie bitten, sich anzuschnallen.
(Gloning 1997: 308)

(今から着陸いたします。)シートベルトをお締め下さるようお願い申し上げます。(これに対して Nein, das dürfen Sie nicht!「いや、そんなことを頼むのはあなたに許されていない」とか So? Wer hat es Ihnen denn erlaubt?「そうなの？　一体誰がそんなことを頼むのをあなたに許したのか」などと言うのはナンセンスか下手な冗談。この場合の darf は möchte とほぼ同義で、Ich bitte Sie, sich anzuschnallen「シートベルトをお締め下さい」の丁寧表現)

Ich *darf* Sie zu diesem Kauf beglückwünschen.
(Öhlschläger 1989: 239)

このご購入に際してお祝い申し上げます(私としてはお祝い申し上げることが許されて幸いです)。

Das *darfst* Du ja aber noch nicht wissen.　　　(真鍋 1958: 15)
それを君はまだ知ってはいけないよ＝そんなことはまだ君に知らせるわけに行かない。―真鍋訳

Was *darf* es sein?　　　(Brockhaus-Wahrig 2, 342)
それは何であってよいのですか＝何をお望みですか。(店員の問いかけ)

Darf man einmal fragen, wie lange das noch dauert?
(DUDEN 904)

それがまだどれだけ時間がかかるか、一度尋ねてよいですか＝まだ時間がかかるんですか。

Das *darf* doch nicht wahr sein.　　　(DUDEN 904)
だがそれは本当であってはならない＝理解し難い。

Das über das Braune Haus hättest du nicht sagen *dürfen*.
(B. Brecht, Furcht Sz. 10. 真鍋 1958: 15)

(ナチス指導部の)「茶色の家」のことなんか言わなきゃよかったのに。―真鍋訳（不得策）
Das *dürfte* man eigentlich langsam wissen.
(Duden-Gr. 1973 年。Grimms DWb., Neubearb. 6,1800)
この事を本当はそろそろ知っておいていいのだが。（勧奨）
Ungleichheit der verhältnisse *darf* ideologisch nicht sein.
(Zeller 1974 年。Grimms DWb., Neubearb. 6,1800)
生活環境の不同はイデオロギー的であってはならない。（＝soll）
Vor allem sei Euro-Lotto die erste europäische Lottogesellschaft, heißt es in den Inseraten, bei der die Spieler über einen Fonds zugleich Mitbesitzer sein *dürfen*.
(Der Spiegel 1996 年。Diewald 1999b: 127)
とりわけユーロ・ナンバーズくじは、参加者が一基金以上に共同所有者でもあることが許されるヨーロッパ最初のナンバーズくじ会社だと広告では言われている。（皮肉）

初期新高ドイツ語において dürffen と können の間に意味の重なりが見られたように、現代ドイツ語でも次例のような場合には主語外的な可能性を意味する können と置換可能な関係にある。

Die sonnenmonstranzen des barocks... *darf* man als verkünder des... (überirdischen) lichtes deuten.
(Ed. Redslob 1972 年。Grimms DWb. Neubearb. 6,1799)
バロックの太陽型聖体顕示台は（神々しい）光の告知器と解し得る。
Demnächst werden Sie möglicherweise nicht nur neue Vollmitglieder aus dem Osten begrüßen *dürfen*. Frankreich hat angekündigt, daß es seinen Sonderstatus, der aus de Gaulles Zeiten stammt, überdenken will.
(Der Spiegel 1996 年。Diewald 1999: 131)
やがてあなた（＝NATO のソラナ事務総長）はもしかしたら東欧の新しい正加盟国（複数）にだけ歓迎の挨拶をする機会を

持つことにはならない（のであって、フランスにも歓迎の挨拶をする機会を持つことになる）でしょう。フランスは、ド・ゴール時代に由来する自らの特殊地位を熟考するつもりであると発表しました。(= Möglicherweise werden Sie demnächst die Gelegenheit dazu haben, nicht nur neue Vollmitglieder aus dem Osten, sondern vielleicht auch Frenkreich in den NATO-Konferenzen zu begrüßen. Denn Frankreich hat angekündigt, daß es... 〔Prof. Dr. W. Michel による換言〕)

次例は古い必然性「…しなければならない」の上位否定「…する必要がない＝しなくてよい」と制限「…だけする必要がある＝それしかする必要がない＝しさえすればよい」であるが、今日では brauchen ± zu で表現されるのが普通である（7.9.2 参照）。制限的な用法は 17 世紀になってからとされる。また 18 世紀には nicht brauchen zu「…する必要がない」との混交から従属不定詞に zu が付くこともあった。

 die raisß uncösten hat man nicht *terffen* (= *dürfen*) *zu* bezahlen. (Chr. Sonnenb. 1732 年。Grimms DWb., Neubearb. 6, 1798)
その旅費は支払う必要がなかった。
Es ist mir lieb, daß ich seinem Jammer nicht anhören *darf*.
          (G. Freytag. Pauls DWb. 239)
彼の嘆きに耳を貸す必要のないことが私には嬉しい。
Wer den Schaden hat, *darf* für den Spott nicht sorgen.
    (Pauls DWb. 239; Brinkmann 1971: 391; G. Fritz 1974: 73)
損害を持つ者は嘲笑を手配する必要がない（＝自分から求めずとも、直ぐに他人から嘲笑される）。(格言)
Wer seine Schuhe kann selber flicken, *darf* sie nicht zum Schuster schicken.   (Jongeboer 1985: 99)
自分の靴を自分で修繕できる者は、靴屋の所へ持って行かせる必要がない。(格言)
Da *darfst* du dich nicht wundern.   (G. Fritz 1997a: 58)

だから君は驚かなくてもよい。

wo kein graß wachsen wil, *darff* man nur hewsaamen hinsäen, so wird alsobald graß wachsen.
(J. E. Wegener 1669年。Grimms DWb., Neubearb. 6,1798)
草が生えようとしない所では、干草の種をまきさえすればよい。そうすると直ぐに草が生えるだろう。

Sie schnitt ihm vor, so daß er nur die Gabel gebrauchen *durfte*.
(J. W. v. Goethe. Debrunner 1951: 114)
彼女が彼に（肉を）切ってやったので、彼はフォークを使いさえすればよかった。

Wenn sich Gregor nur hätte umdrehen *dürfen*, er wäre gleich in seinem Zimmer gewesen.　　　　　(F. Kafka. 浜口 1967: 58)
グレゴールはただ方向転換をやってのけさえすれば、すぐさま自分の部屋へ戻れたろうに。―浜口訳

DUDENの大辞典にはもはやこの用法は取り上げられておらず、nur/bloß を伴う用法のみ「地方的」として記載されている。

Du *darfst* bloß ein Wort der Kritik sagen, dann gerät er schon außer sich.　　　　　　　　　　　　　　(DUDEN 904)
君は批判を一言言いさえすればよい。そうすると彼は直ぐに度を失うよ。

Sie *dürfen* nur klingeln.　　　　　　　(Jongeboer 1985: 99)
あなたはベルを鳴らしさえすればよいのです。

Welke（1965: 108）によれば、学術的なテキストにおける nicht dürfen…, sondern müssen の nicht dürfen には古い必然性の下位否定の意味が読み取れると言う。

Das bedeutet in unserem Falle, daß man nicht bei den extensionalen Bestimmungen stehenbleiben *darf*, sondern zu den intensionalen weitergehen muß.　　　　　　　　　(G. Klaus)

この事は我々の場合において、外延的な規定に留まらないようにしなければならず、さらに内包的な規定へと進まなければならないことを意味する。

　Brünner/Redder（1983: 50）は、dürfte が「弱められた必然性」の意味で用いられることがあって、次例は①客観的用法と②主観的用法の境界領域の事例だと述べている。

　　Das *dürften* Sie allmählich wissen.
　　この事をあなたはそろそろ
　　①知っていなければならないだろう。
　　②知っているに違いないだろう。

　今日の nicht dürfen は普通は上位否定「…することは許されていない＝してはいけない」であるが、Raynaud や Öhlschläger は下位否定「…しないことが許されている＝しなくてよい」も認めている。

　　Fritz kam nicht zum Fest, weil er nicht tanzen *durfte*.
　　　　　　　　　　　　　　　　　　（Öhlschläger 1989: 85）
　　フリッツはダンスをすることが許されなかった（＝ダンスをしてはならなかった）ので、パーティに来なかった。（上位否定。実行の不許可）
　　Fritz kam nicht zum Fest, obwohl er nicht tanzen *durfte*.
　　　　　　　　　　　　　　　　　　（Öhlschläger 1989: 85）
　　フリッツはダンスをしないことが許されていた（＝ダンスをしなくてもよかった）のに、パーティに来なかった。（下位否定。不実行の許可）
　　Nicht tanzen *darf* Fritz（auch）.　　（Öhlschläger 1989: 85）
　　フリッツはダンスをしなくて（も）よい。
　　Du darfst das tun, du *darfst* es aber auch nicht tun.
　　　　　　　　　　　　　　　　　　　（Raynaud 1976: 230）

君はそれをしてよいが、しかししなくてもよい。
Fritz darf tanzen und er *darf*（auch）nicht tanzen.

(Öhlschläger 1989: 85)

フリッツはダンスをしてよいし、またダンスをしなくてもよい。

　Nussbaumer/Sitta（1986: 359）が挙げている「…してよい」の下位否定と解釈できる dürfen の用例は古い必然性「…する必要がある」の上位否定と解することも可能である。

Ihr Schweizer *dürft* nicht wissen, daß Hamburg nicht am Meer liegt.
君達スイス人は、ハンブルクが海辺に位置していないことを知っていなくてよい／知っている必要がない。

　Ehrich（2004: 125）も次文は①上位否定と②下位否定の両方の解釈が可能であるとしている。

Weil der Suppenkasper die Suppe nicht essen *darf*.
① Weil es dem Suppenkasper nicht erlaubt ist, die Suppe zu essen.
そのスープ嫌いの子にはそのスープを飲むことが許されていないので。
② Weil es dem Suppenkasper erlaubt ist, die Suppe nicht zu essen.
そのスープ嫌いの子にはそのスープを飲まないことが許されているので。

　さらに下記の例文は、単なる二重否定（＝肯定）ではなく、上位と下位の二重否定である（不実行の不許可）。

Alle müssen am Frühsport teilnehmen. ― Darf man auch einmal nicht teilnehmen? ―Nein, *nicht* teilnehmen *darf* man

nicht!　　　　　　　　　　　　　　（Faulstich 1983: 145）
全員、早朝運動に参加しなければなりません。――一度くらいは参加しなくてもいいですか。――いいえ、参加しなくてよくはありません。
　Hans *darf nicht nicht* zur Schule gehen.　　（Öhlschläger 1989: 86）
ハンスは学校へ行かなくてよくはない＝行かなければならない。

　18世紀までは dürfen は「敢えて…する」の意味も持っていたが、その後はこの意味は wagen + zu か sich anmaßen/erdreisten/erkühnen/erlauben/erwinden/getrauen/herausnehmen/unterstehen/vermessen + zu で表現される。

　Verachtest du also mein Gebot, daß du meiner spotten *darfst*.
　　　　　　　　　　　（J. K. A. Musäus 18世紀。Pauls DWb. 240）
君が敢えて私を愚弄して、私の命令を軽んじるならば。
（Sie）hätte... zugleich des Lasters heimliche Entzückungen zu naschen sich erdreistet? Das *durfte* sie? Das sollte ungerochen der Gauklerin gelungen sein?
　　　　　　　　　（Fr. v. Schiller, Don Carlos 2,9. Jongeboer 1985: 102）
彼女は同時に悪徳の秘められた狂喜を敢えてつまみ食いしただろうか？　それを彼女は敢行したのか？　そんな事が報復されずにあの女ペテン師は成功したのだろうか？

　この用法は特に19世紀になっても Gotthelf や Pestalozzi のようなスイス人に多用されている（Grimms DWb. 2,1729; Pauls DWb. 240）。

　Lange *durfte* die gute frau den kopf nicht heben, nicht nach dem schaden sehen, den sie erlitten.
　　　　　　（G. Gotthelf 1847年。Grimms DWb. Neubearb. 6, 1799）
長くその善良な女性は敢えて頭を上げず、彼女が受けた被害の方に敢えて目を向けはしなかった。

今日でも標準ドイツ語 dürfen に対応するスイス・ドイツ語の töörffe（チューリヒ方言）/dörffe（ベルン方言）は wagen の意味でも用いられる（Hodler 1969: 315; Weber 1964: 258; 田中泰三 1985: 73; Werlen 1985: 95）。

  I *darf* nid i ds Wasser.   （Debrunner 1951: 66）
  私は水に入る勇気がない。（= Ich getraue mich nicht ins Wasser）

主観的な用法の叙想法過去形 dürfte「…する蓋然性がある、…するだろう」は「können や mögen より高く、müssen よりは低い確実度」（Buscha/Heinrich/Zoch 1977: 14f.）、「0.5 よりも明白に高く、1 よりも明白に低い蓋然性」（Dieling 1983: 329）を表わす。

  Man *dürfte* Sie fragen.   （Curme 1922: 319）
  あなたは質問されるでしょうね。（= I warn you, you will be questioned「言っておきますが、あなたは質問されますよ」）
  Ansporned für diesen Versuch *dürfte* das damals außerordentlich gute Einvernehmen zwischen dem Papst und den Ducefaschisten gewesen sein.   （Welke 1965: 107）
  この企てにとって、当時極めて良好な、教皇とドゥーチェ・ファシスト党との間の協調関係は刺激的であっただろう。
  Wer *dürfte* der Täter sein?（上昇アクセント付き）
             （Dieling 1983: 326）
  誰が犯人であるのだろうか。
  Wenn der Angeklagte der Täter sein *dürfte*, wird er inhaftiert.
            （Öhlschläger 1989: 209）
  もしもその被告が犯人である蓋然性があれば、彼は拘留される。
  Durch das gleichzeitige Aufbringen einer zusätzlicher Wärmedämmung wird eine sehr merkliche Energieeinsparung möglich. Dadurch *dürften* sich die Kosten sehr rasch amortisiert haben.   （Zifonun 他 2, 1997: 1271）
  追加的な断熱を同時に行なうことによって非常に顕著な省エネ

が可能になる。それによって経費は非常に速く償却されてしまっているだろう。

Eine moderne Theorie ohne jedes dialektische Element *dürfte* überhaupt nicht zu finden sein. （Welke 1965: 109）
一切の弁証法的な要素を欠く何らかの現代理論は全く見出されないだろう。（下位否定。不実行の蓋然性）

次例のような dürfte は冗語的である（Andresen 1923: 157）。

Es ist wahrscheinlich, daß Hobart Pascha mit dem obersten Kommando des Geschwaders betraut werden *dürfte*.
（Kölner Zeitung）
ホーバルト・パシャがその戦隊の至上命令を託されるであろうことはありそうだ。（より正しくは betraut werde）

下例のような口語表現を Diewald（1999a: 286）は①客観的用法とも②主観的用法とも解釈できると述べている。

Nur so was *dürft'* es nich geben, wenn man eine eine Sendung auf'n Weg bringt, nich wahr?
ある一つの放送番組を正道に戻すこと、
①そんな事だけは起きてはならないだろうよね。
②そんな事だけは起きないだろうよね。

主観的用法の dürfte が叙想法過去形であるということは「推断の慎重さの表現」（Dieling 1983: 329）でもあるが、Diewald（1999a: 232ff.; 2004: 242）によれば主観的用法の dürfte はほとんど専ら、論証的な性格を持つ書き言葉のテキストの中で用いられ、他人の推断に基づく発話者の推断を表現するものとされて、「結果的・前方照応的」（konsekutiv-anaphorisch）と称される。

Nach Worms Schätzungen *dürfte* inzwischen rund die Hälfte

aller Arbeitslosen 45 Jahre und älter sein.　　(Fürther Nachrichten)
ヴォルムの見積りによれば、そうこうする内に全失業者のざっと半数が45歳以上であるだろう。
In den Wintermonaten Januar/Februar allerdings *dürfte* die Kurve — wie immer in der kalten Jahreszeit — einmal noch weiter nach oben gehen.　　(Fürther Nachrichten)
1月／2月の冬季月間にはもちろんグラフのカーブは――寒冷期はいつもそうであるように――いずれさらに上昇するだろう。

　主観的用法のdürfteの否定は下位否定であるが（Engel 1988: 471）、Öhlschläger（1989: 88）によれば、次のような文例は上位否定と解することも可能であると言う。

　　Die Aktienkurse *dürften* nicht steigen.
　　①株式相場は上がらない蓋然性がある。（下位否定。不実行の蓋然性）
　　②株式相場は上がる蓋然性がない。（上位否定。実行の無蓋然性）

しかしこの場合、②の上位否定は結局のところ①の下位否定とほとんど同義である。
　今日では叙実法現在形のdarfは主観的には用いられないが、18世紀まではこれも可能であったし、極めて稀ながら今日でもあり得るとされる。

　　er *darff* es wol gethan haben.
　　　　　　　　　（Aler 1727年。Grimms DWb. Neubearb. 6,1800）
　　彼はそれを多分したのだろう。（= non abest ille a suspicione「彼は疑惑から免れていない」）
　　Das *darf* doch nicht wahr sein.　　(G. Fritz 1997a: 45)
　　しかしそんな事は本当のはずがない。（= kann）
　　Die Rüstungsindustrie, sowie alle Unternehmen, die sich der

Energieexploration verschrieben haben, *dürfen* die Rezession am besten überstehen.　　　（Die Zeit. Jongeboer 1985: 101）
軍需産業、並びにエネルギー開発に専念した企業は全て景気の後退を一番うまく克服するだろう。（印刷ミスの可能性あり）

現代の用法は、初期新高ドイツ語の時代に dürfen が können と同義で用いられていたことの名残りと言われるが（Lötscher 1991: 352f.; G. Fritz 1997a: 46）、現代ドイツ語の中で考えると次のような換言が可能である（Fourquet 1970: 159）。

　　Es *dürfte* wahr sein　=　Es wird wohl erlaubt sein, zu denken, daß es wahr ist.
　　それは本当だろう＝それが本当であると考えることは察するに許されているだろう。

be-dürfen + zu の様相助動詞「…する必要がある」としての、次例のような用法は今日では廃れている。

　　Stärke, Erhabenheit, Würde *bedürfen* weit weniger von dem Ausdruck unterstützt *zu* werden.　　（Fr. v. Schiller. Pauls DWb. 143）
　　強さ、崇高、威厳の方は表現によって支えられる必要性がはるかに少ない。
　　Zu trinken *bedurfte* ich nicht.　（W. v. Goethe. Grimms DWb. 1, 1239）
　　私は（飲み物を）飲む必要がなかった。

7.4　sollen

本動詞「借りている、返さなければならない」の用例は時折 18 世紀までは見られたが、今日この意味は商用語の Soll「借り方」に残っているにすぎない。

　　Was ich Ihnen *soll* für den Tee.　　（J. W. v. Goethe. Pauls DWb. 923）

あなたに茶代として私が借りている額。／私は幾ら返さなければならないのか。

客観的用法の様相助動詞 sollen は他者（人、神、社会）の意志に由来する限定的な必然性を表わす。

Der Bauer, der die ganze Arbeit tut, *soll* als erster seinen Teil von der Ernte erhalten. （2 テモ 2,6）
全ての労働を行なう農夫が最初に自分の収穫の分け前を受け取るべきだ。（社会的当為）

Die Eintragung *soll* nur erfolgen, wenn die Zahl der Mitglieder mindestens sieben beträgt.
（ドイツ連邦共和国民法第 56 条。Engberg 2002: 132）
登録は、構成員の数が少なくとも 7 名になる場合にのみなされるべきである。（規定＝立法者の意志）

Die Erteilung der Vollmacht erfolgt durch Erklärung gegenüber dem zu Bevollmächtigenden oder dem Dritten, dem gegenüber die Vertretung stattfinden *soll*.
（ドイツ連邦共和国民法第 167 条。Engberg 2002: 132）
全権の付与は、全権を委ねられ得る者、あるいは代理行為が向けられるべき第三者に対する言明によってなされる。（全権委任者の意志）

An dieser Stelle *soll* die neue Schule gebaut werden.
（DUDEN 3596）
この場所に新しい学校が建てられることになっている。（建築主体の計画）

Du *sollst/solltest*（叙想法過去形）nach Hause gehen.
（Kasper 1987: 99）
君は帰宅すべきだ（発令または命令への注意喚起）／帰宅した方がいいよ（助言）。

... hupen *sollte* man dürfen. （M. Walser. 浜口 1972: 93）
クラクションを鳴らすのは許されるべきだろう。

Studenten der Romanistik *sollen* die lateinische Sprache wenigstens so weit erlernt haben, daß sie Vorlesungen über die Geschichte der romanischen Sprachen ohne Schwierigkeiten folgen können. (Kaufmann 1962: 172)
ロマンス語学の専攻学生は少なくとも、ロマンス諸語の歴史に関する講義に難なくついて来ることができる程度にラテン語を修得しているべきだ。(教員の要求)

Entschuldigen Sie, das *soll* nicht wieder vorkommen.
(Kaufmann 1962: 167)
お許し下さい。このような事は二度と起きないようにします。(話者の決意)

Ein Mann *soll* keine Frau heiraten, die zwanzig Jahre älter ist als er. (Kaufmann 1962: 158)
男性は、自分より20歳も年上の女性と結婚すべきではない。(「理性の要求」。下位否定。不実行の必然性)

Ein Knecht des Herrn *soll* nicht streiten. (2テモ 2,24)
主の僕は争うべきではない。(教義。下位否定。不実行の必然性)

Man hätte auf mich hören und von Kreta nicht abfahren *sollen*.
(使徒 27,21)
私の言う事を聞いて、クレタから出発すべきではなかったのに。(肯定と下位否定＝不実行の必然性)

18世紀まではmüssenの意味でも用いられ得た。

Mir scheint es, dasz ich eher einem Griechen als einem Scythen dich vergleichen *soll*.
(J. W. v. Goethe. Grimms DWb. 16, 1486. Diewald 1999a: 326)
私には、スキタイ人よりもむしろギリシア人と君を比較しなければならないように思える。

以下のようなsollenの用法は、先に要求や目的であることが明示されているので、冗語的とされる。

Wir befahlen dem Kutscher, daß er uns um 11 Uhr abholen *sollte*. (Andresen 1923: 156)
我々は御者に、11時に迎えに来るよう命じた。(より正しくは abhole)

Er kam der Aufforderung, das Lokal verlassen zu *sollen*, nicht nach. (Duden-Gr. 1984: 100)
彼はその場から立ち去るべしという要求に応じなかった。(より正しくは zu verlassen)

Und ich sprang in den Flur zurück, damit er mich nicht sehen *sollte*. (H. Böll. Duden-Gr. 1984: 100)
彼が私に会わないように、私は玄関へ飛んで戻った。(より正しくは sehe/sähe)

19世紀初めまではまだ本来正しい叙実法現在形 du solt/sollt（英語 thou shalt）が見られた（Trübners DWb. 6, 397）。

Du *solt* kein Stück von meinen Ziegen nehmen.
(J. W. v. Goethe 1773年)
あなたは私の山羊を1匹も取るべきではない。

Drin *sollt* du es zu meiner Herrin tragen. (L. Uhland 1811年)
それに入れてあなたはそれを私の女主人の所へ運んで行くべきだ。

過去分詞 sollen の普及は他のものより遅れたため（浜口 1962: 92）、19世紀の作品の中でもまだ中高ドイツ語以来の構成〈叙想法過去形 sollte ＋完了不定詞〉が見出される。

Du *solltest* es gethan haben. (Campes WDSp. 4, 470)
あなたはそれをすべきだったのだが。(= Du hättest es thun sollen)

Aber sie *sollte* nicht allein gegangen sein.
(G. E. Lessing. Erdmann 1, 1886: 113; Trübners DWb. 6, 397; 浜口 1962: 92)

だがあの娘をひとりでやったのはいけなかったな。―浜口訳
(= Sie hätte nicht allein gehen sollen)
Ich *sollte* es um so weniger getan haben.
(Fr. Hebbel. 関口 1974: 309)
私はそれだけにそうすべきではなかったのだが。(= Ich hätte es um so weniger tun sollen)
Ich *sollte* vorsichtiger gewesen sein.
(Blatz 2, 1896: 545; Curme 1922: 318)
私はもっと慎重であるべきだったのだが。(= Ich hätte vorsichtiger sein sollen)

下掲の二重完了表現は新旧両型の特異な混交である。

Du *hättest* mir das sogleich *sollen gemeldet haben*.
(G. E. Lessing. Grimms DWb. 16, 1468;
浜口 1962: 107; 関口 1974: 309; Leirbukt 2002: 61)
お前はそれをすぐさま私に告げなきゃならなかったのだが。―浜口訳

これに対して次のような二重完了表現は現代ドイツ語特有のものである。

Wissen Sie, was man mit Ihnen *hätte gemacht haben sollen*, als Sie ein Baby waren?
(B. Viertels Übersetzung von Tennessee
Williams《Die tätowierte Rose》. Aldenhoff 1962: 215; Leirbukt 2002: 61)
あなたが赤ん坊の時に、(周りの)人はあなたを相手に何をしておくべきだったのか、ご存じですか。

〈叙想法過去形 sollte + 完了不定詞〉は今日でもある行為の完了を推奨・期待する表現として使われる。

Ihr *solltet* das einmal erlebt haben.
                              （S. Lenz. Zifonun 他 2, 1997: 1270）
君達はそれを一度体験しておくといいよ。
Das *sollte* er längst gemacht haben. （Duden-Bedeut. 2010: 862）
それを彼はとっくにしておいて欲しいのだが。

sollen の口語表現では語用論的に色々なニュアンスが加わり得る。

Sollen wir heute ein wenig früher gehen?   （DUDEN 3596）
私達は今日は少し早く行きましょうか。（＝ wollen）
Was *soll* es sein?   （Klappenbach/Steinitz 3452）
何をお望みですか。（店員の問いかけ）
Der *soll* mir nur（mal）kommen!
                              （DUDEN 3596; Kaufmann 1962: 169）
あいつは来るなら来い（受けて立つぞ）。（nur〔mal〕と共に挑発）
Das hätte der mal wagen *sollen*! Bei mir hätte der auf Granit gebissen.   （Kaufmann 1962: 169）
それをあいつは思い切ってやればよかったのに。どうせ私には歯が立たなかったのだが。（mal と共に仮定的な挑発）
Wollen sie meutern? Rebellion machen? Sie *sollen* nur!
                              （E. v. Handel-Mazetti. Curme 1922: 251）
奴らは反抗したいのか。反乱を起こしたいのか。やりたけりゃやってみろ。（強い禁止）
Gott *soll* uns bewahren!   （Jongeboer 1985: 89）
神様が我々をお守り下さるよう。（＝ möge）
Den *soll* der Kuckuck holen!   （Kaufmann 1962: 167）
あいつはくたばってしまえ。（呪い）
Mein Gott, meine Tabletten! Die *sollte*（叙実法過去形）ich doch schon vor dem Essen einnehmen. Und jetzt habe ich schon den Nachtisch gegessen.   （Kaufmann 1962: 164）
しまった、錠剤！ これを私は既に食前に服用すべきだったん

だ。今はもうデザートを食べてしまっているよ。(doch と共に自分に対する非難)

Wir *sollen* halt immer nur Pech haben. 　　(Kaufmann 1962: 159)
我々はいつも不運しか持たないことになっているのだ。(halt と共に運命に対する諦め)

Das *soll* Konrad sein. 　　(Doherty 1985: 119)
これがコンラートであることにする。(= Ich will, daß das Konrad ist)

Alfred der Große *soll* London erbaut haben. Wie erklären Sie dann, daß die Römer die Stadt schon vor Christi Geburt kannten? 　　(Curme 1922: 322)
アルフレッド大王(849–899年)がロンドンを建てたことにするよ。そうするとあなたは、ローマ人がこの都市を既にキリスト誕生前に知っていたことをどう説明しますか?(= Well! We'll say that Alfred the Great built…)

A: Paul ist immer noch nicht von seinem Himalaya-Urlaub zurück.
B: *Soll* ihn doch ein Yeti gefangen haben, mir ist's egal.
　　(Henjum 2004: 107)
A：パウルは未だにヒマラヤへの休暇旅行から戻っていない。
B：彼を雪男が捕らえたことにすべきだな＝捕らえたって構わない。私にはどうでもよい。(doch と共に無関心)

Sie *soll* ruhig schon mal reingehen. 　　(Diewald 1999a: 324)
彼女は遠慮なく入って行っても全く構わない。(= darf)

Aber Sie *sollen* auch nicht umsonst gekommen sein.
　　(St. Zweig. 浜口 1962: 102)
でもあなたが無駄においでくださったのではないという証拠をお見せ致しましょう。―浜口訳

Die *sollen* mir nicht ungestraft meinen Jungen umgebracht haben. 　　(H. Fallada. Sherebkov 1967: 360; Leirbukt 1984: 233)
奴らは罰を受けずに私の息子を殺したことにされるべきではない＝その罰を受けさせてやるぞ。(復讐の威嚇)

Ein solches Angebot *sollte*（叙想法過去形）mir heute mal einer machen! Ich würde sofort zugreifen; aber damals hatte ich leider nicht genug Geld. 　　　　　（Kaufmann 1962: 169）
そのようなオファーを現時点で私に誰かして欲しいのだが。私は直ちに買い取るだろうに。しかし当時は残念ながら資金が足りなかったのだ。

Wir Deutsche... *sollten*（叙想法過去形）uns durch die Tat... verpflichtet fühlen. 　　　（Weilburger Tageblatt. Vater 2001: 96）
我々ドイツ人はその行為によって…に義務付けられていると感じようではないか。（勧奨）

Ich beteilige mich nicht an Sitzungen, obwohl ich eigentlich daran teilnehmen *sollte*（叙想法過去形）. 　（Spannagel 1977: 310）
私は、本来ならば会議に出なければならないのだが、それに出席しない。（＝müsste）

Weshalb *sollte*（叙想法過去形）ich mich fürchten?
　　　　　　　　　　　　　　　　　　　　　（Glas 1971: 36）
何故に私は恐れるべきなのか。（＝Ich habe keinen Grund, mich zu fürchten「私には恐れる理由がない」）

"Na, los, ich hab keine Zeit zum Rumstehen", knört sie. "*Solltet* auch lieber arbeiten, als andern Leuten die Zeit stehlen".
　　　　　　　　　　　　　（E. M. Remarque. Droessiger 2005: 90f.）
「さあ、急いで。私にはぼうっと突っ立ってる暇はないの」と彼女は小声でどなった。「あんた達も、他人から時間を奪うよりも、働く方がいいよ」（不満・嫌悪感）

Ich hätte nicht kommen *sollen*. 　　（Wandruszka 1969: 416）
私は来るべきではなかったのだが。（＝Es wäre besser gewesen, wenn ich nicht gekommen wäre.「私は来なかった方が良かったのだが」。Blumenthal 1976: 47 参照）

疑惑、懐疑、怪訝、懸念、困惑、反問、驚き、怒りも客観的・語用論的な意味として sollen で表現され得る。

Was! Mich *soll* der Klapperstorch gebracht haben?

(Kaufmann 1962: 171)

何だって！　僕をコウノトリが運んで来たと言うの？（驚き・疑い）

DIE FRAU: Du bist heute so nervös. War in der Schule was los?
DER MANN: Was *soll* in der Schule los gewesen sein?

(B. Brecht, Furcht Sz. 10)

妻：あなたは今日はとてもいらついていますね。学校で何かありましたか。
夫：何が学校であったと言うのかね。（反問）

Was *soll* ich nur machen? (DUDEN 3597)

私にどうしろと言うのか。（nur と共に怪訝・不満）

So etwas habe ich noch nie erlebt; und da *soll* einer nicht grob werden! (Kaufmann 1962: 159)

そのような目に私はこれまで遭ったことが全くない。なのに荒っぽくなるなと言うとは。（und da と共に怪訝・不満）

Oder *sollte* ich etwas übersehen haben?

(H.-J. Hartung. Welke 1965: 103)

それとも私は何かを見落としたのだろうか。（独白的な疑惑）

Äh, ich wüßte nicht, warum sie nicht dahin gehen können *sollten*. (Diewald 1999a: 202)

へえ、私には、なぜ彼らがそこへ行けないのかが分からないのだが。

Er wusste nicht, wie er aus der Situation herauskommen *sollte*.

(Duden-Bedeut. 2010: 862)

彼は、どうやってその状況から抜け出したらよいのか分からなかった。（困惑）

Sollte er es etwa vergessen haben? (Kaufmann 1962: 171)

彼はまさかそれを忘れたのでは？（etwa と共に懸念）

Was die Annahme einer Beeinflussung durch Verben des Typs 'füllen-fulte' betrifft, so ist zunächst nicht recht einzusehen, weshalb die Modalverben im Plural des Indikativs Präsens den

Umlaut dieser Verben übernommen haben *sollten*.
(Lühr 1987: 264)

füllen-fulte 型の動詞による影響という推測に関してはまず、様相助動詞が叙実法現在の複数形において何故にこれらの動詞のウムラウトを受け入れたのかということがかなり分かりにくい。(懐疑)

Sie *sollte* irgendeinem krähenden Hahn vor dir den Vorzug geben...? (Th. Mann. Flämig 1962: 39)
彼女はどこかの鳴く雄鶏を君よりも優れているとするのかね？(呆然として冷静な懐疑)

叙令法形（例えば Stell das Radio ab!「ラジオのスイッチを切りなさい」）と違って、Du sollst das Radio abstellen「君はラジオのスイッチを切るべきだ」は「第3者の要求の伝達」または「先になされた要求の催促」(Vater 1980: 298) といった意味を含んでいる。従って sollen による命令には「間接性」が付随しているので、直接話法の叙令法形を間接話法において換言するのに適している。

直接話法　Er hat mir gesagt: "Warten Sie nicht auf mich!"
　　　　　彼は私に言った。「私を待たないで下さい」
間接話法　Er hat mir gesagt, ich *solle* nicht auf ihn warten.
(Buscha/Heinrich/Zoch 1977: 18)
　　　　　彼は私に、私が彼を待つべきではない、と言った。
　　　　　（möge を用いる方が丁寧）

要求を表わす叙想法現在形を副文では使用できないので、sollen で換言される。

Wenn/Weil die Seite a 5 cm lang sein *soll*, dann...
(Welke 1971b: 302)
辺 a が 5 センチメートルの長さであるべきであれば／あるべきである故に、その場合には…（*Wenn/Weil die Seite a 5 cm

lang sei は不可）

　上掲の用例のように今日の nicht sollen は下位否定「…せざるべし＝してはならない」であるが、19世紀には上位否定「…するに及ばず、する必要がない＝しなくてよい」はまだ珍しくはなかった。今日でもごく稀に上位否定の場合があるが（Lenz 1996: 409; Brünner 1980: 105; Faulstich 1983: 146）、普通は nicht brauchen が使用される（7.9.2参照）。

　　Seines Handwerks *soll* sich niemand schämen.
　　　　　　　　　　　　　　　　　　　　　（K. Simrock. Lenz 1996: 409）
　　自分の手職を誰も恥じる必要がない。
　　Du *sollst* das Auto nicht kaufen, du sollst es dir nur mal anschauen.　　　　　　　　　　　　　　　　（Lenz 1996: 409）
　　君はその車を買う必要はない。それを一度よく観察することだけはすべきだ。
　　Aber er schwänzte nicht mehr so oft die Schule. Der Lehrer *sollte* nicht wieder an die Mutter schreiben.
　　　　　　　　　　　　　　　　　　　　　（U. Wölfel. 浜口 1976: 205）
　　しかし彼はもうそれほど頻繁には学校をサボらなかった。先生は二度と母親に手紙を書く必要がなかった。
　　Sie *sollen* nicht Japanisch sprechen lernen, aber Sie sollen eben etwas Japanisch lernen.
　　　　　　　　　　　　（Brünner 1980a: 105; Zifonun 他 3, 1997: 1907）
　　あなたは日本語の会話を学ぶ必要はありませんが、少しくらいは日本語を学習すべきですよ。
　　Der wissenschaftlich ausgebildete Lehrer *soll* und kann nicht alle Erkenntnisse gelöffelt haben, die es zu seinem Beruf derzeit gerade gibt.　　（Böll/Gollwitzer/Schmid. Leirbukt 1984: 224）
　　学術的な教育を受けた教員は、自分の職業に関して今まさしく存在する全ての認識を理解しておく必要はないし、できもしない。

Denn nicht die Kinder *sollen* für die Eltern sparen, sondern die Eltern für die Kinder.　　　　　　　　　　　(2 コリ 12,14)
と言うのは、子供達が両親のために貯蓄しなければならないのではなくて（＝貯蓄する必要はなくて）、両親が子供達のために（貯蓄しなければならない）。（主語否定＝全文否定＝上位否定）

　Faulstich（1983: 146）によれば、否定の助言 Du solltest nicht sprechen は上位否定「君は話すとよくないよ」と下位否定「君は話さないのがいいよ」の両方の解釈が可能であるが、両者に意味の違いはないとされる。
　Öhlschläger（1989: 91）は上位と下位の二重否定が可能であるとする。

　Nicht anrufen *soll* man auch *nicht*.
　電話をかけないこともすべきでない（不実行の不必然性）＝電話をかけてもよい（実行の可能性）。

しかし Faulstich（1983: 146）は次例のような助言の二重否定は文字通りの二重否定で、肯定と解されると言う。

　Nicht sprechen *solltest* du *nicht*.
　君は話さないことをすべきではないよ。（＝ Du solltest sprechen「君は話すといいよ」）

　次例のような sollen も客観的用法であるが、主観的用法に向かう一歩手前にあって、客観的用法と主観的用法の連続性を証していると言える。この 2 文は非伝聞の文脈にあるので（前者はワイン屋から直接聞かされており、後者はファーターの著書を自ら読んでいる）、まだ主観的用法とは解されない。

　Mir ist jetzt noch ganz schlecht von diesem Zuckerwasser. Und

diese Brühe *soll* "erstklassiger Pfalzwein" gewesen sein（der
Weinhändler hatte es behauptet）! (Kaufmann 1962: 171)
私は今でもまだこの砂糖水のせいで全く気分が悪い。このまず
い飲み物が「一級のプファルツワイン」だったと言うのか！
（あのワイン屋はそう主張していた）

Es ist deutlich, worauf Vater hinaus will. 'Werden'*soll* primär
Modalverb sein; in den meisten Fällen *soll* für die Bezeichnung
der Zukunft die Präsensform Ind. genügen und nur bei sehr
ferner Zukunft *soll* 'werden' in Zeitfunktion verwendet werden
können. (Jongeboer 1985: 133)
（ハインツ・）ファーターが何を意図しようとしているのかは
明白である。werden は根本的には様相助動詞であると（彼は
主張）する。ほとんどの場合に未来の表示には叙実法現在形で
十分であると（彼は主張）する。非常に遠い未来の場合のみ
werden は時の機能で用いられ得ると（彼は主張）する。

主観的な用法「…すると言われる、するそうだ」は現在形のみと
されるが（Engel 1988: 472; DUDEN 3597; Duden-Bedeut. 2010:
862; Klappenbach/Steinitz3452; Tarvainen 1976: 23）、実際には過
去形や完了形、未来形もあり得る。

Nach Zeugenaussagen *soll* die Verschwundene noch einmal ge-
sehen worden sein. (Duden-Gr. 1984: 102)
証人の供述によればその失踪した女性はもう一度目撃されたそ
うだ。
Fritz *soll* nicht gekommen sein. (Öhlschläger 1989: 92)
フリッツは来なかったそうだ（下位否定。他人の、不実行の主
張）
… *soll* er vor Schreck nur: Ameisen! Ameisen! haben rufen
können. (H. E. Nossack. 浜口 1968: 102)
彼は驚いてただ「蟻だ。蟻だ」と叫ぶことしかできなかったそ
うだ。

Sie nahmen auch den alten, rauchigen tempel der Latona in augenschein und das grabmal des Abderus, der die stadt zuerst erbaut haben *sollte*.　　　(Ch. M. Wieland. Grimms DWb. 16, 1485)
彼らはまたラトナの古い、煤けた神殿と、その町を最初に建設したと言われていたアブデルスの墓石を実見した。
Für Fichte handelt es sich nun darum... womit zugleich das Modell des gedanklichen Fortschritts... gegeben sein *sollte*.
（Welke 1965: 97）
フィヒテにとっては、それでもって同時に思想上の発展モデルが与えられていると言われていた事が今や問題である。
Hans hat mal wieder an allem unschuldig sein *sollen*.
（Reis 2001: 294）
ハンスはまたしても全てに責任がないとのことだった。
… ist es schwer vorstellbar, wie das mutmaßlich inzwischen rom. gewordene spätgot. *Maut*-Wort spätestens in der 2. Hälfte des 8. Jh. über slaw. Gebiet zu den Baiern hätte gelangen *sollen*.
（P. Wiesinger. Leirbukt 2002: 72）
多分その間にロマンス語化した末期ゴート語のMaut「関税」が遅くとも8世紀の後半にスラヴ語域を経てバイエルン人らの所に達すると言われたとて、その様子は想像し難い。
Ich werde es wieder getan haben *sollen*.　　　（Curme 1922: 322）
私はそれをしたと再び言われるだろう（＝It will be said again that I did it）

　この用法は叙想法形を伴う間接話法と同じである（Engelen 1973: 47）。

　A zu B: In den Alpen schneit es schon seit Tagen.（直接話法）
　AがBに：アルプスではもう数日前から雪が降っている。
　B zu C: A hat gesagt, in den Alpen schneie es schon seit Tagen.（間接話法）
　BがCに：Aが、アルプスではもう数日前から雪が降っている

と言った。
　= In den Alpen *soll* es schon seit Tagen schneien.
　アルプスではもう数日前から雪が降っているそうだ。

　主観的用法のsollenは「話者は情報として伝える事の真実性を保証しない」（DUDEN 3597）とされるが、しかしEngel（1988: 472）は「話者の懐疑と結びついている」と指摘しているし、さらにWelke（1965: 96）によれば、筆者が他人の見解を批判的に論じる場合にもsollenが用いられる。

> ... entdeckt Gundlach jetzt das "natürliche Selektionsprinzip" unter den Menschen, das die verschiedenartigsten "Eliten" hervorbringen *soll*.　　　　　　　　　　（Welke 1965: 97）
> …グントラハは今や、極めて様々な「エリート」を生み出すと言われる「自然淘汰原理」を人間の間で発見する。

　Engelen（1973: 51）によれば主観的用法のsollenの信憑性は言語外の要因に左右される。

> Ich *soll* in der Narkose gesprochen haben.
> 私は麻酔状態の中でしゃべったそうだ（それはもしかしたら本当かも知れない）。
> Ich *soll* jahrelang mit ihr verlobt gewesen sein.
> 私は長年、彼女と婚約していたそうだ（それは間違いだ）。

　上述のように主観的用法のnicht sollenは普通は下位否定「…しないと言われる」であるが、Faulstich（1983: 152）によれば次例のような助動詞に強勢が置かれるnicht sollenでは「話者が行為を他人の意見として表現しない」ことが表わされるとされる。

> Er <u>soll</u> das nicht getan haben, er <u>hat</u> es getan.
> 彼がそれをしたとは言われていない。彼がそれをしたのだ（＝

噂ではなくて、実際に彼がそれをしたのだ）。

このような場合 Faulstich は下位否定でも上位否定でもないと述べているが、これこそ正しく sollen が否定される上位否定に他ならない。Öhlschläger（1989: 92）も特別な場合には nicht sollen を上位否定として解釈できると主張している。

　次例のような sollen は冗語的である。

> Es wird erzählt, daß der Prinz verwundet sein *soll*.
> 　　　　（Köln. Zeitung 1880 年。Andresen 1923: 156; Lühr 1997b: 205）
> その皇太子は負傷しているそうだと語られる（より正しくは verwundet sei）

中高ドイツ語や初期新高ドイツ語にあった主観的用法の必然的推断は 19 世紀初めまで見られたが、今日ではもはやあり得ない。

> Mich däucht, ich *soll* ihn irgendwo gesehen haben.
> 　　　　　　　　（Adelung 1811 年。G. Fritz 1997a: 50; 2000: 267）
> 私は、彼にどこかで会ったに違いないと思われる。

その代わりに現代ドイツ語では叙想法過去形 sollte に別の主観的用法「…するはずだが」があって、想定を評価するのに使われる。

> Auf den Planeten, die eine dichte Atmosphäre besitzen, ist die Art des Bodens eine ganz andere; kleine Meteoriten verglühen, und es gibt kaum sekundäre Krater. Auf der Venus *sollte* es demnach keine Einschlagkrater mit einem Durchmesser von weniger als einigen hundert Metern geben.
> 　　　　　　　　　（Neue Züricher Zeitung. Glas 1984: 104）
> 濃密な大気を持つ惑星では大地の様態は全く異なっている。小さな隕石は燃え尽きてしまい、ほとんど 2 次的なクレーターが存在しない。金星には従って 2、300 メートル以下の直径を持

つ隕石痕クレーターは存在しないはずだが。

Glas（1984: 104）によればこの意味の sollte は begründet「根拠がある」とか gerechtfertigt「当然だ」で換言できると言う。

> Demnach wäre es gerechtfertigt, anzunehmen, daß es auf der Venus keine Einschlagkrater mit einem Durchmesser von weniger als einigen hundert Metern gibt.
> 従って、金星に2、300メートル以下の直径を持つ隕石痕クレーターが存在しないと推断するのは当然であろう。

Fullerton（1984: 99）や Nehls（1986: 30, 83）、G. Fritz（1997a: 107）も sollte は比較的高い確実度を示す主観的な用法を有していて、英語の should「…するはずだが」に対応するとしている。

> Sepp *sollte* noch zu Hause sein. 　　　　　（Fullerton 1984: 99）
> ゼップはまだ家にいるはずだが。
> Sie gingen um neun weg, daher *sollten* sie jetzt（eigentlich）angekommen sein. 　　　　　（Nehls 1986: 83）
> 彼らは9時に立ち去った。だから彼らは今頃（本来なら）到着しているはずだが。（= They left at nine, so they *should* have arrived by now）
> Er *sollte* jetzt schon zuhause sein. Normalerweise braucht er nur zwei Stunden. 　　　　　（G. Fritz 1997a: 109）
> 彼は今頃、既に家にいるはずだが。（家まで）通常は2時間しか要しないのだ。
> Ihre Bestellung wure abgeschickt und *sollte* in Kürze bei Ihnen eintreffen. 　　　　　（筆者あてのEメール）
> ご注文品は発送されました。間もなく貴方に到着するはずですが。

Öhlschläger（1989: 236）はこのような sollte に「主観的に認識

的な」意味を認めている。

> Emil *sollte* dieses Rennen gewinnnen.
> = Ich erwarte es/nehme es eigentlich an, daß Emil dieses Rennen gewinnt.
> エーミルはこの競走に勝つはずだ。
> =私は、エーミルがこの競走に勝つと見込んでいる／勝つと本当は推測している。

Lötscher（1991: 347）は sollte と dürfte を同等視して、muß「違いない」と kann「かも知れない」の間に位置づけている。

> Morgen *dürfte/sollte* das Wetter besser sein.
> 明日は天気が多分よくなっているはずだ。

未来時称の助動詞としての sollen を以下に示す。
過去形や現在完了形で過去時での未来性が表現されるが、sollen の運命的な必然性という原義が多かれ少なかれ付随している。

> （Jedoch）es *sollte* bald regnen（, so daß der geplante Ausflug unterbleiben mußte）. (Erben 1980: 99)
> （しかしながら）直ぐに雨が降ることになった（ので、計画されていた遠足は中止せざるを得なかった）。(sollte は「予期せぬ転回を予告する」)
> Es war zum erstenmal, daß sie sich wieder sehen *sollten*.
> (R. Musil. Welker 1998: 375)
> 彼らが再会する（ことになる）のは初めてだった。
> von seinem Ende, das sich in Jerusalem erfüllen *sollte*.（ルカ 9,31）
> エルサレムで遂げられることになっていた自分の最期について。
> Jenes böse Wort *sollte* ihn später noch gereuen.
> (Duden-Gr. 1995: 100)
> あの悪意のある言葉を彼は後にさらに後悔することになった。

Das von Außenminister Powell angekündigte Weißbuch über den internationalen Terrorismus *sollte* nie erscheinen.
(Westdeutscher Rundfunk 3, 2002/10/2. Vater 2004: 24)
パウエル国務長官によって告げられていた国際テロリズムに関する白書は決して出ることにはならなかった。
Es hat nicht *sollen* sein.
(J. V. v. Scheffel 1853 年。
Trübners DWb. 6,398; DUDEN 3597; Duden-Bedeut. 2010: 862)
（残念ながら）そういう事になるには至らなかった。(sollen sein ＝ sein sollen)
In dieser Welt hat er nicht glücklich werden *sollen*.
(Kaufmann 1962: 159)
この世では彼は幸せになることがなかった。

未来時称の助動詞 werden には不定詞がないので、sollen が代役を果たすことがある。

Das Gut scheint verkauft werden zu *sollen*.
(Wilmanns 3, 1906: 179)
その地所は売却されるであろうと思われる。
Man durfte kaum erwarten, noch so viel Neues und Beachtenswertes über Friedrich von Hagedorn erfahren zu *sollen*.
(A. Köster. Curme 1922: 284f.)
フリードリヒ・フォン・ハーゲドルンに関してさらにとても多くの耳新しい事や注目すべき事を知るであろうことをほとんど期待してはいけなかった。

Curme や Erben, Tarvainen, Vater は次のような現在形の sollen も未来を表示すると述べているが、Erben によれば北独方言調である。

Versuchen Sie diesen Kohl, er *soll* Ihnen schmecken.

(Curme 1922: 321)

このキャベツを食べてみて下さい。あなたのお口に合うでしょう＝合いそうですよ。（＝ is apt to）

In einer Stunde vielleicht, wenn das Wasser... rüberkommt, dann *sollen* wir wohl noch'n bisschen dümpeln.

(M. Hausmann. Erben 1972: 98; Tarvainen 1976: 19)

もしかしたら1時間後に、水がこちらに来れば、我々は多分さらに少し波に揉まれるだろう。

Das Haus *soll* im Sommer fertig werden. (Vater 2001: 90)

その家は夏に完成する（だろう）。

Die neue Brücke *soll* am 1. 1. 2005 dem Verkehr übergeben werden. (Vater 2004: 26)

その新しい橋は2005年1月1日に交通に委ねられる＝開通する（だろう）。

Diewald（1999a: 281）は次のような用例を客観的用法と未来表現との両方にまたがると見なしている。

Ihr *sollt* mich nicht wiedersehen!
君達は私と再会すべきでない／再会しないだろう。

Dunger（1927: 13）によればハンブルクの商用語における次のような未来時称助動詞 sollen は英語調とされる。

Soll ich noch heute Ihre Ordres haben?
当方は今日中にご注文を頂けるでしょうか。（＝ Werde ich... erhalten?）

以下は叙想法の助動詞としての叙想法過去形 sollte である。

Wenn wir morgen Zeit haben *sollten*, kommen wir mit.
(Welke 1971b: 300f.)

(万一)明日、時間があれば、我々は一緒に行きます。(実現の可能性あり。しかし Wenn wir morgen Zeit hätten, kämen wir mit「明日、時間があったら、我々は一緒に行くのですが」は実現の可能性なし)

Sehen muß ich Sie, und *sollte* es auf fünf Minuten sein.
(関口 1974: 329)

ほんの五分間で好いからお目に懸りたい。─関口訳(sollte sein = wäre)

Es *sollte* mich freuen, wenn es mir gelungen wäre, dir Genüge zu tun. (Erben 1972: 110; Tarvainen 1976: 18)

私は、君を満足させることに成功したならば、嬉しいのだが。(= würde)

LORENZO: So beschäftigt sich Florenz mit meiner Krankheit?
CAMBI: Das *sollt'* ich denken! Es steht ihr immerhin nicht ganz teilnahmslos gegenüber! (Th. Mann. 関口 1974: 336)

ローレンツォ：ではフィレンツェの町でも流石にわしの病気は問題になっていると見えるな？
カンビ：勿論でございますとも！　いずれにせよ、その様な事はどうでもよいと考えては居りませぬ。─関口訳(sollt' = würde)

Sollte er dieses（inzwischen abgestürzte）Flugzeug benutzt haben, dann wäre er jetzt tot.
(『基礎ドイツ語』1985年11月号「ドイツ語質問箱」回答者 Dr. D. Berger)

ひょっとして彼がこの（その間に墜落した）飛行機を利用していたとしたら、今は生きていないはずだ。─佐伯／鐵野訳(sollte は「実現可能な条件」つまり「もしかすると起こるかもしれない、あるいはすでに起こったかもしれない仮定の事件」を表わす)

Die Geschichte ist erfunden ─ sie ist, selbst wenn sie sich zugetragen haben *sollte*, nicht wahr. (P. Bichsel. Vater 2001: 95)

その話はでっち上げだ──例えそれが起きたとしても、本当じゃない。(= würde)

次のような sollte は冗語的である。

> *Sollte* der gesuchte Erbe bereits verstorben sein, so fällt das Legat an seine Hinterbliebenen.
> 　　（『基礎ドイツ語』1985年11号「ドイツ語質問箱」回答者 Dr. D. Berger）
> 探していた相続人がすでに死亡していたような場合には、遺贈はその相続人の遺族のものになる。―佐伯／鐵野訳（Ist... verstorben で十分であるが、sollte を用いれば「推測、可能性」が一層強調される）
>
> Falls das passieren *sollte*. 　　　　　　　　（G. Fritz 1997a: 34）
> 万一そういうことが起きるならば。（より正しくは passiert）

最終的な用法として下例の sollen は固有の意味を持たないとされる。

> Was *soll* Mut damit zu tun haben? 　　（G. Wohmann. Vater 2001: 96）
> 勇気はその事と何の関わりがあるのか。（= Was hat Mut damit zu tun?）
>
> damit wir wissen *sollen*. 　　　　　　　　　　　（Glas 1971: 38）
> 我々が知っておくために。（sollen は目的文の意味を強化するにすぎない）

7.5　mögen, ver-mögen

現代ドイツ語 mögen にまず挙げられる志向性「…したい」（好み・欲求）は「…することができる」からの発展であるが、この可能性の意味は今日では次例のような場合に辛うじて生き残っている。

> Sie *mag* ihn（gern/gut）leiden. 　　　　　　　　（DUDEN 2624）
> 彼女は彼を（好んで／良く）許容することができる = 彼が好きだ。（mag leiden = kann leiden. 岩﨑 1952: 7）
>
> Ich *möchte* doch Herrn A sprechen! 　　　　　　（岩﨑 1952: 5）

A氏と面会出来たらなあ。―岩﨑訳

　mögen が持っていた客観的な可能性の意味は 19 世紀には最終的に放棄されたと言われるが（Diewald 1999a: 320）、Trübner のドイツ語辞典（4,660）によれば 20 世紀の用例でもまだ古義が感じ取れるとされる。

> Dabei *mag* der wohlhabende Bauer auch gut und gern etwas draufgehen lassen. （Rumpelstilzchen 1936 年）
> その際、裕福な農民はまた気楽に少し（金を）浪費することができる／浪費することを好む。
> Nein, es wollte nicht reichen, man *mochte* rechnen, so viel man wollte. （H. Fallada 1938 年）
> いや足りそうになかったが、欲するだけ沢山、計上することができた／計上したがった。

　今日、次のような用例はスイス・ドイツ語に特有、あるいはその他の地方的とされる。

> Es *mochte* nichts helfen. （DUDEN 2624）
> それは何の助けにもなり得なかった。
> Ich *mag* mich noch erinnern. （Debrunner 1951: 102）
> 私は今でも思い出すことができる。

　しかしルター訳聖書の Ist Gott für uns, wer *mag* wider uns sein?（ロマ 8, 3。1967 年版）「神が我々の味方であるなら、誰が我々に敵対し得るのか」に使われている可能性の mögen は今日でもかなりのドイツ人の受動的語彙に入っていると言われる（G. Fritz 1997a: 81）。
　初期新高ドイツ語まであった被許可の意味「…してよい」は今日では消失しているが（Diewald 1999a: 314）、許容・認容・譲歩・無関心「…して（も）構わない」を表わす用法はかつての客観的な

可能性の意味に由来する用法である。

  Er *mag* es thun.   （Grimms DWb. 12, 2461）
彼はそれをしても構わない。（= Es steht ihm frei zu thun, aber mir ist es einerlei「するのは彼の自由だが、私にはどうでもよいのだ」）
  Mögen sie sich noch so sehr anstrengen, sie werden es trotzdem nicht schaffen.   （Duden-Gr. 1984: 105）
たとえ彼らは大いに努力しても、それでもうまくは行かないだろう。
  Ich *mochte* nun suchen, wo ich wollte, finden konnte ich das Verlorene nie wieder.   （関口 1964: 315）
どこを探そうとも、私は無くした物を二度と見つけることができなかった。
  … ich bin glücklich, glücklich, was da auch kommen möge… Es ist zum ersten Male das erlaubte und innerlich hoffnungsvolle und glückselige Glück, … dem ich mich guten Muts überlassen darf, was da auch kommen *mag*. （Th. Mann. Flämig 1962: 162）
何が起きようとも、私は幸せ、幸せだ。…それは初めて許された、内面的に希望に溢れた、至福の幸せであって、何が起きようとも、それに私はわが身を委ねてよいのだ。(was… möge は将来の事が許容・認容され得る要求として「起きるなら何でも起きてみろ」、was… mag は許容・認容され得る事実として「何が現に起きようと（構わない）」)
  Kleiden *mochte* er sich wie er wollte.
       （Th. Mann. Zifonun 他 3, 1997: 1896）
彼は欲する通りの服装をしても構わなかった。
  Mochte sie kommen! *Mochte* sie ihm erklären, was sie zu erzählen hatte.
       （O. Gmelin. Trübners DWb. 4, 661）
彼女は来ても構わなかったのだ。語らなければならなかった事を彼に語っても構わなかったのだ。(挑発的)

Der Tote hatte offenbar diesen Tick gehabt. Nun, *mag* er ihn gehabt haben. (A. Seghers. Leirbukt 1984: 226)
その死者は明らかにこのような奇癖を持っていたのだ。まあ、彼がそれを持っていたって構わないがね。

Mag Friederike zu Hause gewesen sein! (Was ändert das schon?) (Dieling 1983: 330)
（あの時）フリーデリーケが家にいたって構わない（元々その事で何が変わるのか＝何も変わらない）。

und so ist es in Ordnung, *mögen* die Zeiten auch äußerlich einen unordentlichen und exaltierten Eindruck gemacht haben.
(N. E. Nossack. 浜口 1962: 103)
ですから、よしんばそれらの時代が表面上は無秩序で、のぼせあがったような印象を与えたにしましても、それはそれでちゃんと秩序がついているのです。―浜口訳

Er *mag* hoch leben! （関口 1974: 191; 常木 1986: 21）
彼は長生きしたけりゃ勝手に長生きしろ！―関口・常木訳（これに対して Er *möge* hoch leben!「どうか彼が長生きし（てくれ）ますように！」）

Mag man denken über sie, wie man will: sie ist doch ein ehrbares Mädchen. （真鍋 1958: 35）
あの女のことをどう考えようと考える人の勝手だが、あれは何といってもやはり真面目な娘です。―真鍋訳

かつては ver-mögen からの類推で、特に従属不定詞が前置される場合には、zu が付けられることがあった。

Diesz ihr heil vermagst du ganz allein zu schaffen, die gefahr von ihr *zu* wenden *magst* du ganz allein.
(J. W. v. Goethe. Curme 1922: 320; Grimms DWb. 12, 2451)
この彼女の救いをあなたは全く一人でもたらすことができます。危険を彼女からあなたは全く一人で遠ざけることができます。

古期ドイツ語以来の必然性の意味もまだ要請、要求、願望、祈念「…して欲しい」として保たれている。

　Er *mag* nur aufpassen, sonst passiert ein unglück.
（Grimms DWb. 12,2460; G. Fritz 1997a: 45）
まあ彼は注意して欲しい。さもないと不幸が生じる。(≒ soll)
　Er *mag* sich ja in Acht nehmen!
（Grimms DWb. 12,2460; DUDEN 2624）
彼は気を付けて欲しいね。(≒ soll)
　Sag ihm, er *möge/möchte* zu mir kommen.　　（DUDEN 2624）
私の所に来てくれるよう、彼に言ってよ。(solle/sollte とほぼ同義だが、möge/möchte の方が丁寧。Buscha/Heinrich/Zoch 1977: 16)
　Eines Tages erhielt ich einen Eilbrief eines Freundes aus Paris, eine italienische Dame wolle mich in einer wichtigen Angelegenheit in Salzburg besuchen, ich *möchte* sie sofort empfangen.
（St. Zweig. 岩﨑 1952: 6）
ある日、私はパリから一友人の速達を受け取った。あるイタリアの婦人が私を重要な用件でザルツブルクに訪問したがっている。私は彼女を直ぐに迎えて欲しいと。
　Sie gab ihm Geld, damit er unterwegs keinen Hunger leiden *möge*.　　（岩﨑／小野寺 1969: 113）
彼が途中でひもじい思いをしないように、彼女は彼に金をあたえた。―岩﨑／小野寺訳（やや古風。現代では本動詞の叙実法形または叙想法形〔高尚〕でよいとされるが、話し言葉では助動詞 sollen も使われる。DUDEN 744 参照）
　Gott gebe, daß du mich noch um viele Jahre überleben *möchtest*.
（Debrunner 1951: 103f.）
君が僕よりもさらに何年も長生きするように神様がしてくれますよう。
　Möge/Möchte es so bleiben.　　（DUDEN 2624）
そうあり続けますよう。(= Es ist/wäre wünschenswert, dass

es so bleibt「そうあり続けることが望ましい／望ましいのだが」）

Möge ich ihn nie wiedersehen! 　　　　　　（Flämig 1962: 126）
私は彼に決して再会しませんよう。
Möge Gott ihr Zufriedenheit gegeben haben!
　　　　　　　　　　　　　　　（H. v. Hoerner. 浜口 1962: 103）
願わくは神様が彼女に満足をお授けになっていますよう。―浜口訳（祈願調の *Möge* Gott... に対して Gott *möge*... は要求調。Flämig 1962: 127）
... die gastgebenden Herren in Bonn werden hoffen, daß der hohe Gast（= Breschnew）den unangenehmen Zwischenfall in unserer Moskauer Botschaft vergessen haben *möge*.
　　　　　　　　　　　　　　　　（Bild. Leirbukt 1984: 226）
ボンの供応者達は、その高位の客人（＝ブレジネフ）が当方のモスクワ大使館での不快な偶発事件を忘れてしまっているよう、期待しているだろう。
Ach, *möchte* er doch auch das vergessen haben, diese dummen, dummen Briefe! 　　　　　　（H. Hesse. Demian 4. Kap.）
ああ彼がこの事も、これらの馬鹿な、下らない手紙のことを忘れてしまっているよう。
Möchten Sie die Güte haben, mir zu folgen? 　　（Curme 1922: 250）
どうか私の後について来ていただけませんか。（「丁重」）

　mögen による表現は、要求の叙想法形や叙令法形と比べて、控え目で、弱められた意志表示が認められる（Flämig 1962: 127）。
　次例のような願望の客語文中の mögen はかつては冗語的であって、本動詞の叙想法現在形で十分であるとされていたが（Andresen 1923: 156）、今日では問題ないとされる（Pauls DWb. 2002: 671）。

　Er wünscht, daß ich ihn besuchen *möge*.
　彼は私が訪問してくれるよう望んでいる。

Ich wünsche, daß er damit zufrieden sein *möge*.
私は彼がそれで満足してくれるよう望んでいる。

　Flämig（1962: 128）によればTh. Mannの『すげかえられた首』（1940年）の中の下例のようなmögenには四つの「意味層」が認められると言われる。

Und auch dir vergebe ich, Nanda, wie du deinerseits mir vergeben *magst*, daß ich... Sita für mich nahm...
そしてナンダ、君さえも僕は許すよ。僕がシータを自分のために奪い取ったことを君の方で
①君が僕を許すことができる（du bist nun imstande, mir zu vergeben ― deine seelische Verfassung läßt es zu「君の心的な状態がそれを許容する」）ように。
②君が僕を許して差し支えない（du kannst mir nun vergeben ― es liegt kein Hinderungsgrund vor「阻害要因がない」）ように。
③君が僕を自由に許せる（es ist dir freigestellt, mir zu vergeben ― es ist deiner Entscheidung zu überlassen「それは君の決断に委ねられ得る」）ように。
④君が僕を許すべきである（du sollst mir nun vergeben ― es wird von dir erwartet, du wirst aufgefordert「それは君に期待される、君に要求される」）ように。

　上記四つの意味層のどれが意図されているのかは、その都度の発話状況によって決まるとされ、この場合は④である。しかし他のどの意味層でも語用論的には「君は僕を許して欲しい」という話者の要求を表わすことになる。
　志向性「好み・欲求」を意味する現代ドイツ語のmögenは、普通は上位否定「…したくない」か制限「…しかしたくない」で用いられる（Engel 1988: 466; Weinrich 1993: 307）。肯定的な意味での使用をPaulのドイツ語辞典（2002: 671）は「異例」とし、

Vater（1976: 407）は、Ich mag etwas essen「私は何か食べたい」は「非文法的」だと断言している。

    Ich *mag* keinen Fisch essen.　　　　　　　　(DUDEN 2624)
私は魚を食べたくない＝食べるのが嫌いだ。（←食べることができない）
Ich *mag* nicht（gern）weggehen.　　　　　　(DUDEN 2624)
私は立ち去りたくない。
Ich habe nicht weggehen *mögen*.　　　　　　(DUDEN 2624)
私は立ち去りたくなかった。
Andrea Nassler, die das Lotus-Marketing für Zentraleuropa leistet, *mag* über diese Art von Sicherheitsfragen nicht diskutieren.　　　　　(Der Spiegel. Diewald 1999a: 149,288)
中欧のためにロータスマーケティングを行なうアンドレーア・ナスラーはこの種の安全保障問題について議論することを好まない。
Er *mochte* nicht vergebens gesucht haben, und darum suchte er verbissen weiter.　　　　　　　　(Gerstenkorn 1976: 292)
彼は無駄に探したこと（になるの）を好まなかった。それ故に彼は歯をくいしばって探し続けた。
… daß mich das deutliche… Gefühl ankam, der（Aug-)Apfel müsse herausspringen, und das hätte er immerhin tun *mögen* — *mochte* er doch!　　　　　(Th. Mann. Flämig 1962: 133)
その結果、私は目玉が飛び出さずにはおれないような、はっきりした感覚に襲われた。目玉は何としてもそうしたいくらいだった。とにかくそうしたかったのだが。(mochte er doch! ＝ hätte er doch gemocht! この非現実話法文は否定を含意する。「本心ではそうはしたくなかった」)
Ich *mag* mich nur so gern jener Zeit erinnern, als du unter uns warst.　　　　　　　　　　　(関口 1964: 237)
私は君が我々の元にいたあの頃の事しか思い出したくない。

しかしながら純然たる肯定の好み・欲求を表わす mögen が全くあり得ない訳ではない（Grimms DWb. 12, 2463 参照）。

> Der Mensch, dessen Kräfte zu dem Notwendigen und Nützlichen nicht hinreichen, *mag* sich gern mit dem Unnötigen und Unnützen beschäftigen. 　　　　（J. W. v. Goethe. 関口 1964: 237f.）
> 必要なこと、有益なことをするのに力不足の人間は不必要なこと、無益なことにかかわりたがる。―藤田訳
> Heute *mögen* wir Wein trinken. 　　　（Schulz/Griesbach 1962: 70）
> 今日は我々はワインを飲みたい。
> Ich *mag* gern ins Kino gehen. 　　　（Duden-Gr. 1984: 105）
> 私は映画を見に行くのが好きだ。
> Ich *mag* gern spazieren gehen. 　　　（Lühr 1986: 99）
> 私は散歩に行くのが好きだ。

次のような過去分詞 mögen は別途詳述する möchte「…したいと思う」の過去分詞の代用である。

> Das möchte ich sehen, hätte ich gern sehen *mögen*.
> 　　　　（DUDEN 2624; Duden-Bedeut. 2010: 655）
> それを私は見てみたい、見てみたかったのだが。

mögen の主観的な用法「…するかも知れない」は Duden-Grammatik（1984: 105）によると現代では「古くなりつつあって、やや気取った印象を与える」、Vater（1976: 405）にとっては「幾分奇妙に思われる」とされる。

> Kommt er?（Das）*mag* sein. 　　　　（DUDEN 2624）
> 彼は来るのか。（そう）かも知れない。（mag sein ≒ 英語の副詞 maybe）
> Es *mag* sein, daß einem in dieser Zeit leichter ein Unglück zustößt. 　　　　（R. Musil. 浜口 1964: 153）

こんな時期のほうが、えてして災難に見舞われがちなものかもしれない。―浜口訳

Friederike *mag* kaum zu Hause gewesen sein, als das Telefon klingelte.　　　　　　　　　　　　　　　　（Dieling 1983. 329）
フリーデリーケは、電話が鳴った時には、ほとんど家にいなかった（＝外出したばかりだった）のかも知れない。

... hatte ich immer noch die Vorstellung, er *möge* nicht viel anders sein als andere.　　　　（W. Bergengruen. 浜口 1976: 191）
私はあい変わらず、あの人はほかの人とたいして違ってはいまいと、考えていました。―浜口訳（下位否定。不実行の可能性）

An der Kanone stand ein großer, hagerer Bursche, der nicht viel älter als Holt sein *mochte*.　　　　（D. Noll. Welke 1965: 112）
その機関砲の側に一人の大きな、痩せこけた奴が立っていたが、彼はホルトよりもずっと年上ではないかも知れなかった。（下位否定。不実行の可能性）

Da lagen Haarnadeln am Boden, nicht eine einzelne etwa, das hätte ja Zufall sein *mögen*, mehrere und von verschiedener Größe.　　　　　　　　　　　　（G. Benn. Allard 1975: 110）
そこでは床にヘアピンが落ちていた。1本だけが偶々落ちていたのではなかった。それなら言うまでもなく偶然であるかも知れなかったのだが。数本、それも様々な大きさのものが落ちていた。

Wohin *mag* sie gegangen sein?　　　　　　（Dieling 1983: 330）
どこへ彼女は行ってしまったのだろうか。（会話の相手から答えを期待しない場合。期待するには Wohin ist sie gegangen?）

Wohin sie nur gegangen sein *mag*!　　　　　（Dieling 1983: 330）
一体どこへ彼女は行ってしまったのだろうか。（独白的）

Wie *möchte* das zu erfahren sein?　　　　（Grimms DWb. 12,2459）
どのようにしてそれは知られ得るのだろうか。（疑惑・困惑）

次例のような mögen は主文の Möglichkeit の内容説明であるので、冗語的である（Lühr 1997b: 204f.）。

Die Möglichkeit ist nicht ausgeschlossen, daß unter den verschollenen Schiffen sich eins oder das andere befunden haben *mag*.
　行方不明になった船（複数）の中にどちらかの船が入っていたかも知れない可能性は排除されていない。（より正しくは befunden hat）

　主観的用法の mögen は、不定詞の表わす事象に関する推断ではなくて、数量に関する推断、つまりは概算を示す場合もある（Trübners DWb. 4,661; Grimms DWb. 12,2456 参照）。このような用法は既に古期ドイツ語から見られる。

　　Sie *mag* etwa vierzig Jahre alt sein.　　　（Duden-Stil 2001: 550）
　　彼女はおおよそ40歳であるかも知れない。（= Sie ist schätzungsweise vierzig Jahre alt）
　　Scherk *mochte* etwa fünfunddreißig oder vierzig Jahre alt sein.
　　　　　　　　　　　　　　　　　　　（H.-J. Steinmann. Welke 1965: 112）
　　シェルクはおおよそ35歳か40歳であるかも知れなかった。
　　Acht Tage *mochten* es her sein.
　　　　　　　　　　　　　　　　（H. Buddenhagen. Trübners DWb. 4,661）
　　あれから1週間になるかも知れなかった。
　　Es *mochten* dreißig Leute sein.　　　（Duden-Bedeut. 2010: 655）
　　30名の人々がいるのかも知れなかった（= Es waren schätzungsweise dreißig Leute）
　　Es *mochte* drei Uhr gewesen sein, als...
　　　　　　　　　　　　　　　　　　　　　（Klappenbach/Steinitz 2541）
　　…した時、3時であったのかも知れなかった。

　Kaufmann（1965: 11）は、主観的用法の sollen では「第3者の陳述が価値判断なしに受け入れられる」、wollen では「第3者の陳述が信じ難いと称される」のに対して mögen では「第3者の陳述がやむを得ず受け入れられ、発話者はそれの検証を放棄する」と説

明している。

> Er *mag* sich umfangreiche Geschichtskenntnisse angeeignet haben, von Mathematik jedenfalls versteht er so gut wie nichts.
> 彼は該博な歴史の知識を習得したかも知れないが、数学に関してはいずれにせよ何も理解しないのと同然だ。

主観的用法のmögenはかなりの程度、書き言葉のテキストに限定されていて、異議が後続すると、是認の意味合いが加わり得る（是認的推断／推断的是認）。このような用法をDiewald（1999a: 231ff.; 2004: 243）は「認容的・後方照応的」（konzessiv-kataphorisch）と呼んでいる。主観的なmögenにこの意味が加わるのは新高ドイツ語になってからだと言われるが（Diewald 1999a: 385）、既にルターにその先駆けが、『ニーベルンゲンの歌』に萌芽が見られた。

> Die Leute *mögen* das so empfinden, richtig ist es dennoch nicht.
> （Der Spiegel. Diewald 1999a: 236; 2004: 243）
> 人々は皆それをそう感じるかも知れないが、それでもやはりそれは正しくない。
> Für Fremde *mochte* es ein Streit um Worte sein, in Wirklichkeit verbarg sich aber dahinter mehr.（Buscha/Heinrich/Zoch 1977: 16）
> 他人にとってはそれは言葉をめぐる争いであるかも知れなかったが、実際にはその背後にもっと多くのことが潜んでいた。
> Die Lage *mag* wohl ernst sein, aber nicht kritisch.（関口 1964: 237）
> 確かにこの事態は深刻であるかも知れないが、危機的ではない。

Öhlschläger（1989: 196ff.）によればEmil mag glücklich sein「エーミルは幸せであるかも知れない」といった文は、特定の明証から特定の蓋然度において「エーミルが幸せであること」が推断されるのではなくて、そのような事態の存在の蓋然性に関する主観的な判断が表現される。前者の場合をÖhlschlägerはobjektiv-epistemisch「客観的に認識的」と、後者の場合を subjektiv-epistemisch「主観的に認識的」と呼んで区別していて、mögen には「主観的に認識的」な用法しかないが、können, dürften, müssen には両方の用法があると言う。主観的用法の können と müssen（稀に dürften）は上位否定が可能であるのに対して、mögen（並びに werden）の上位否定が不可能（Öhlschläger 1989: 207）なのは発話者が行なう推断の主観性の強さと関係があるように思われる。つまり主観的用法の mögen「…と推断して構わない＝かも知れない」には既に「…と推断して構わなくはない＝ないかも知れない」の否定の意味が多分に含まれている故に、明示的な上位否定が表現としてはあり得ないのであろう。

　叙想法過去形を用いた Das *möchte* sein「そうかも知れないのだが」は DUDEN（2624）では地方的とされているが、主観的用法の möchte はかつては文学作品にも見られた。

　　Zu sprechen aber wagte er nicht, aus Furcht, es *möchte* dann um seine Standhaftigkeit geschehen sein. (P. Heyse. 関口 1974: 327)
　　然しそれを口に出して云う勇気はなかった。口に出してしまえば折角の辛抱も腰が折れると思ったからである。—関口訳
　　Er kannte meine Fähigkeiten und hatte Angst, ich *möchte* ihm in der Musik über den Kopf wachsen.
　　　　　　　　　　　　　　　　　　　（A. E. Brachvogel. 関口 1974: 327）
　　彼は私の腕並を承知していたから、私が音楽の方で彼の手に負えなくなりはしないかと心配した。—関口訳
　　… von dem Gedanken, daß Eduard unter Umständen für ihre Ehre sein junges Leben *möchte* in die Schanze zu schlagen haben. 　　　　　　　　（Th. Mann. Zifonun 他 2, 1997: 1270）
　　エードゥアルトが事情次第では彼女の名誉のために自分の若い命を賭けなければならないかも知れないだろうという考えから。
　　Spränge ich ihr nach, so *möchte* ich wohl beide noch einholen.
　　　　　　　　　　　　　　　　　　（G. v. le Fort. Klappenbach/Steinitz 2541）
　　彼女の後を急いで追いかけるならば、私は察するところ二人に

まだ追いつくかも知れないのだが。

　Wunderlich（1981: 27）によればmöchteの主観的な用法は今日では「異常」であって、Auch er *möchte* in Kyoto gewesen sein「彼も京都にいたのかも知れないのだが」は精々のところ「実現されなかった願望」（= hätte in Kyoto sein mögen「京都へ行きたかったのだが」）と解され得るとのことである。
　しかしG. Fritz（1997a: 83）は1982年に出た小説と1995年に行なわれた学術講演の中での用例を挙げている。

> ... wenn man bei jedem einzelnen so ein Theater machte, das *möchte* nicht zum Aushalten sein.　　　　　（J. Becker 1982年）
> 一々そのように大騒ぎしていたら、耐え難いかも知れない。
> Deshalb kam der Gedanke gar nicht auf, daß es sich hier um junge Lehnwörter handeln *möchte*.　　　　　　（1995年）
> それ故に、これらは年代の新しい借用語であるかも知れないという考えは全く念頭に浮かびませんでした。

　Vater（2010: 107）はノルトライン・ヴェストファーレン州内のヴッパータール・ロンスドルフ教区牧師の標準語による説教での、ごく最近（2000年）の用例を挙げている。

> Verschließen wir uns als Gemeinde nicht selbstmächtig und frühzeitig — es *möchte* sein, dass der Geist Gottes großzügiger ist als unser Herz.
> 我々は教会員として自制的かつ早期に心を閉ざさないようにしましょう。神の精神は我々の心よりも寛大であるかも知れません。

　今日、この主観的な意味のmöchteが「異常な」（Wunderlich 1981: 27）、「全く異常に思える」（Brünner/Redder 1983: 47）とか「個人主義的な」（Zifonun他3, 1997: 1894）と言われるほど用い

られなくなったのは（G. Fritz 1997a: 5,45f., 82 参照）、願望の助動詞 möchten「…したいと思う」が独立しつつあること（後述）と密接に関連しているに相違ない。

　ver-mögen「…する精神的・肉体的な能力がある、することができる」は高尚な標準語に属する（Engel 1988: 482）とされるが、これには本動詞と助動詞の両用があって、助動詞の場合でも従属不定詞には zu を付ける。

　　　Sie *vermag*（本動詞）, den Arm zu heben.
　　　　　　　　　　　　　　　　　　　（Duden-Richtiges 2007: 955）
　　　彼女は腕を上げることができる。
　　　Sie *vermag*（助動詞）den Arm *zu* heben.（Duden-Richtiges 2007: 955）
　　　彼女は腕を上げることができる。
　　　Sie *vermag*（本動詞）es nicht, den Arm zu heben.
　　　　　　　　　　　　　　　　　　　（Duden-Richtiges 2007: 955）
　　　彼女は腕を上げることができない（上位否定。実行の無能力）
　　　Sie *vermag*（助動詞）den Arm nicht *zu* heben.
　　　　　　　　　　　　　　　　　　　（Duden-Richtiges 2007: 955）
　　　彼女は腕を上げることができない（上位否定。実行の無能力）

　かつてはルター訳聖書の改訂版（1865年）等でもまだ従属不定詞の前の zu が省かれることがあった。

　　　Ich *vermag* das Volk nicht allein alles ertragen.　　（4 モー 11,14）
　　　私はこの民を一人で全て担うことができない。（しかし Denn er *vermag* euch nicht *zu* erretten von meiner Hand「と言うのは彼はお前達を私の手から救うことができないからだ」2列王 18,29）

　過去分詞は本動詞の場合も助動詞の場合も vermocht であるが、助動詞の場合にはかつて稀に vermögen も用いられた。

Keine Tür der eisernen Stadt hätte dieser Axt stand*zu*halten *vermocht*. 　　　　　　　　　　　（Die Welt. DUDEN 4252）
その氷の町のいかなる扉もこの斧に耐える力がなかったのだが。（上位否定。実行の無能力）

ohne daß sie es ganz *zu* erkennen und für die Dauer auf*zu*nehmen *vermocht* hätte. 　　　　（W. Bergengruen. 浜口 1970: 57）
彼女がそれを完全に認識して、長く受け入れる力を持つには至らなかった。

Sie hat die Verhältnisse vorher nicht *zu* übersehen *vermögen*.
　　　　（I. Boy-Ed. Curme 1922: 258; Aldenhoff 1962: 211; 浜口 1966: 82）
彼女はその事情を予め見通す力がなかった。（上位否定。実行の無能力）

Die Waldberge stürzten so auf und nieder, daß man diese Häßlichkeit einem, der nur die Meereswellen kannte, gar nicht hätte *zu* beschreiben *vermögen*. 　　（R. Musil. 浜口 1966: 82）
その森林山脈は高くなったり低くなったりと急転したので、海の波しか知らない者に対してこの醜さを記述することが誰にも全くできなかった程だ。（上位否定。実行の無能力）

　Hetland/Vater（2008: 102）は「vermögen は既に新高ドイツ語の初期に様相助動詞の地位を失っていて、もやは認識的（＝主観的）な用法では現われない。…認識的な意味は失われた」と述べているが、これは根拠を全く欠いている。即ち「失われる」以前の認識的な用法の実例は挙げられておらず、筆者の問い合わせに対してもこの共同執筆者達は二人とも相方に尋ねて欲しいと言うだけで、どちらも実例を示すことができなかった。

　20世紀の初めまで使われていた über-mögen「まさっている、打ち負かす」は今日では古語となった。この完了現在動詞は古期ドイツ語の時代から一度も様相助動詞として機能したことがなかった。

7.6　müssen

客観的用法の müssen は必然的要因（＝必因）の存在することを意味し、必然性の全般を表現する。

... ich werde dich am Ende *müssen* hängen sehen.
(H. Hesse. 浜口 1972: 95)
私はお前が最後には吊り下がっているのを目にしなければならないだろう。（運命の必然性）

... aber nicht wie früher so fix und leicht, sondern schwer schnaufen *müssen* hat er dabei.　(St. Zweig. 浜口 1965: 109)
昔のようにさっさと軽快にはできず、（外套を）ぬぎながらふうふう荒い息づかいをしなくてはなりませんでした。―浜口訳（生理的必然性）

Sie erzählt, dass sie mit neunzehn geheiratet hat, heiraten hat *müssen*.　(H. Zenker. DUDEN 2664)
彼女は19歳で結婚した、（妊娠したので）結婚しなければならなかったと語る。（状況の必然性）

Ich *müßte* lügen, wenn ich sagte, daß mir das gefällt.
(Schulz/Griesbach 1962: 68; Kauffmann 1963: 45)
私はもしもそれが気に入っていると言えば、嘘をつかざるを得ないのだが。（状況の必然性）

Labour und Liberale hätten bei Neuwahlen zum gegenwärtigen Zeitpunkt ganz gewiß schwere Verluste hinnehmen *müssen*.
(Abendpost. Leirbukt 1984: 236)
労働党と自由党は改選に際して現時点で全く確実に重大な敗北を受け入れなければならなかったのだが（両党の協約により今はそうでなくなっている）。（状況の必然性）

Diese Batterien *müssen* Sie spätestens alle vier Wochen aufladen.　(Kaufmann 1963: 43)
これらの電池は遅くとも4週間に一度、充電しなければなりません。（技術的必然性）

Wieviel Gläser（und wieviel Wein!）hätte er getrunken haben *müssen*, um einen solchen Satz richtig sagen zu können?

(M. Walser. 浜口 1972: 97; Litvinov/Radčenko 1998: 154)

本来ならば、そのような文を適切に言うことができるためには、いかに多くのグラス（といかに多くのワイン）を彼は飲み乾していなければならなかったのだろうか。（必要性）

Und man *müßte* die österreichischen（Waggons）nur betreten haben, um schon im voraus zu wissen, was diesem Lande geschehen war.　　　　　　(St. Zweig. 浜口 1962: 104)

そして一体オーストリアにどのような事件が生じていたのかを前もって知るには、この国の車両に乗っておきさえすればよいのだが。（必要性。制限的）

Worte braucht er nicht viele zu sagen, aber seine Augen *müssen* reden können.　　　　　　(H. Hesse. 浜口 1972: 93)

言葉を彼は多く喋る必要がないが、彼の目は語ることができなければならない。（必要性）

In aller Kürze *müssen* wir das Buch gefunden haben!

(H.-J. Hartung. Welke 1965: 75)

ごく短時間で私達はその本を見つけておかなければならない。（必要性）

Aber gesehen *muß* man es haben.　　(G. Regler. 浜口 1972: 92)

しかしそれを見ておかなければならない。（必要性）

Auch die Hundertjährigen *mußten* einmal sterben.

(Raynaud 1977a: 12)

その百歳の年寄り達もいつかは死なざるを得なかった。（不可避性）

Doch als er sie allein sah, *mußte* er zu ihr sprechen.

(Heiseler. 真鍋 1958: 21)

しかし、彼女が一人でいるのを見たので、彼は彼女に話しかけずにおられなかった。—真鍋訳（不可避性）

Der Hund *muß* an allen riechen.　　（橋本文夫 1956: 262）

犬は何でも嗅がずにはいられない。（習癖）

Er dachte an Machold, und es fiel ihm ein, er *müsse* ihm ein Zeichen seiner Dankbarkeit dalassen, wenn er fortginge.

(Raynaud 1977a: 12)

彼はマホルトのことを考えて、立ち去るのなら彼に自分の感謝のしるしを置いていかなければならないと思い至った。(義務)

Das Glück unseres Hauses ging abwärts. Mein jüngster Bruder... *mußte* eine unbesonnene Wett (= Wette) ... mit dem Leben bezahlen. (Fr. Grillparzer. 真鍋 1958: 20)

家運は傾いて来たのです。私の一番下の弟は軽率な賭事を生命を以って支払う始末になりました。―真鍋訳(不運)

Daß es heute regnen *muß*, das ist eine Katastrophe.

(B. Brecht, Furcht Sz. 10)

今日、雨が降るとは、大災難だ。(不運)

Gerade ihn *mußte* ich treffen! (Curme 1922: 321)

よりによって彼に出くわさなければならなかったとは(私は不運だった)。(= Whom should I unfortunately happen to meet but him!)

Franz befahl mir: "Du *mußt* jetzt nachhause gehen."

(Engelen 1975: 148)

フランツは私に命じた。「君は今から家に帰るべきだ」。(話者の意志)

Du darfst mich jetzt nicht im Stich lassen, du *mußt* mir helfen.

(Kaufmann 1963: 43; Klappenbach/Steinitz 2576)

あなたは私を今、見捨ててはならない。私を助けなければならない。(話者の意志)

Unsere Demos zum Beispiel sind abschreckend, unklar, undiskutabel... Der vorige Streik *muß* der letzte gewesen sein, in dem wir uns mit dem reinen Nein-Sagen zufriedengeben konnten.

(Die Zeit. Leirbukt 1984: 223)

例えば我々のデモは威嚇的であり、不可解であり、議論の余地がない。先のストライキは、我々が純粋に「ノー」と言うことに満足し得た最後のものであったことにしなければならない。

（話者の意志）

Morgen *muß* es regnen. 　　　　　　（Öhlschläger 1989: 149）
明日はどうしても雨が降って欲しい。（話者の願望）
Er soll, er *muß* ihm Antwort stehen in dieser wichtigsten Frage der Existenz. 　　　　　　（St. Zweig. 真鍋 1958: 25）
生存のこの最も重大な問題について自分にはっきりと答えて欲しいのだ。いや、どうあっても責任ある回答をきかして貰うのだ。―真鍋訳（強制力は soll よりも muß の方が強い。Buscha/Heinrich/Zoch 1977: 18 参照）
Nach diesem Gesetz *muß* er sterben. （ヨハ 19,7. Lühr 1997a: 171）
この律法によれば彼は死ななければならない。（規定）
Da $2p^2$ gerade ist, muß es auch q^2, also auch q sein.
　　　　　　　　　　　　　　　　　（G. Klaus. Welke 1965: 74）
$2p^2$ は偶数であるので、q^2 も、従って q もそうであらざるを得ない。（因果関係）

次例のような müssen は冗語的である。

... war es unausbleiblich, daß Meinungsverschiedenheiten hervortreten *mußten*. 　　　　　（Nationalzeitung. Andresen 1923: 157）
意見の違いが生じざるを得なかったのは必然的であった。（より正しくは hervortraten）
Ich sah mich genötigt, abreisen zu *müssen*.
　　　　　　　　　　　　　　（Duden-Richtiges 1985: 530; 2007: 709）
私は旅立たなければならないように強いられていると思った。（より正しくは abzureisen）

Ehrich（2004: 122）によれば müssen の状況的（＝客観的）な解釈には4通りある。

Jonathan *muss* täglich schwimmen, das braucht er für sein Wohlbefinden.

第7章　新高ドイツ語・現代ドイツ語における様相助動詞　249

> ヨーナタンは毎日泳がなければならない。それを彼は自分の健康のために必要としている。（素因的）
> Jonathan *muss* täglich schwimmen, das verlangt sein Trainer.
> ヨーナタンは毎日泳がなければならない。それを彼のトレーナーが要求する。（束縛的）
> Jonathan *muss* zur Insel schwimmen, denn das Wasser ist zu tief, um hindurch zu waten.
> ヨーナタンは島まで泳がなければならない。歩いて渡り切るには水が深すぎるからだ。（現実的）
> Jonathan *muss* jetzt schwimmen, er hat zu nichts anderem Lust.
> ヨーナタンは今から泳がずにはおれない。彼はその他の事をする気がない。（意志的）

語用論的には色々なニュアンスが müssen に付け加わり得る。

> Was habe ich da über dich hören *müssen*!　　　（DUDEN 2665）
> 何たる事を私はそこで君について聞かなければならなかったのか＝君はまた何をやってくれたのか。（嘆き。＝ Was hast du denn schon wieder angestellt!）
> *Musst* du immer gleich aggressiv werden?　　　（DUDEN 2665）
> 君はいつも直ぐ攻撃的にならざるを得ないのか。（非難）
> Das hat er ausgerechnet zu mir sagen *müssen*.
> 　　　　　　　　　　　　　　　（M. Fleisser. 真鍋 1958: 18）
> 人もあろうに選りによって私なんかにそんなこと言っても仕様もないのに。―真鍋訳（偶発性に対する感情の反発）
> Du mußt nicht kommen.　　　（Blumenthal 1976: 45）
> 君は来る必要がないよ（でも来てくれると、とても好都合なのだが）。（mußt nicht に強勢）
> Haben Sie verstanden, was der dahermurmelte?... Kann "Heil Hitler" geheißen haben. *Muß* nicht. Die Brüder hab ich schon gern.　　　（B. Brecht, Furcht Sz. 3. 真鍋 1958: 9）
> その男がぶつぶつ言った事が分かりましたか。「ハイル・ヒッ

トラー」だったかも知れないが、そうであった必要はない（＝そうでなくても構わない）。あの連中が私は好きなのだ。
Man *müßte* noch einmal zwanzig sein.　　（Öhlschläger 1989: 151）
もう一度20歳であるべきなのだが＝20歳に戻りたいのだが。（＝ Meine Wünsche machten〔叙想法過去形〕es notwendig, daß ich noch einmal zwanzig wäre「私の願望は、私がもう一度20歳であることを必要とするのだが」）
Ich *muß* Sie darauf hinweisen, daß das Betreten des Rasens verboten ist.　　　　　　　　（Öhlschläger 1989: 239）
（私としては本来言いたくはないのですが）この芝生への立ち入りが禁止されていることをご注意しなければなりません。
Niemand darf hier herein, er *müßte* denn/nun einen Ausweis haben.　　　　　　　　　　　　　　（関口 1964: 273）
誰も、身分証明書を持っていなければ、ここに立ち入ってはならない。（←立ち入るには身分証明書を持っていなければならないのだが）
Ich habe auch mit Ihnen Mitleid. Ich *müßte* ja kein Mensch sein.
　　　　　　　　　　　　　　（G. Hauptmann. 関口 1974: 148）
あなたに対しては勿論御同情申し上げています。わたくしとても矢張り人間でございますから。―関口訳（←同情しないのであれば、人間である必要がないのだが）

19世紀まではまだ可能性の意味での用例が見られたが、今日でもない訳ではない。

So schön *muß* ihn（＝ den Branntwein）kein Mensch abziehen.
　　　　　　　　　　　　　　（G. W. Rabener. Pauls DWb. 679）
そううまくはそれ（＝火酒）から浮きかすをいかなる人も取り除けない。
Dafür haben wir auch ein Nationaltheater, wie kein andres in der Welt sein *muß*.　　　　（Chr. M. Wieland. Pauls DWb. 679）
その代わりに我々は、世界にまたとあり得ないような国立劇場

も有している。
Wir *mußten* nicht lachen, sondern waren entsetzt, betroffen über...
（『基礎ドイツ語』1983年11号「ドイツ語質問箱」回答者 Dr. D. Berger）
我々は笑うどころではなくて、…に仰天、狼狽した。―佐伯／鐵野訳（＝ konnten）

それに対応して祈念「…し得るよう／するよう」を表現する客観的・語用論的用法の müsse（＝今日の möge）もまだ19世紀には見られた。

So *müsse* mir Gott helfen.
（Fr. v. Schiller. Curme 1922: 321; Pauls DWb. 679）
そのように私に神様が手助けしてくれますよう。
Und *müsset* sein von Ahnungen durchzittert.
（Fr. Rückert. Pauls DWb. 679）
そしてあなた達が予感によっておののかされてあるよう。

必然性を表わす客観的な用法の下位否定「…しない必要がある＝してはならない」は19世紀ではまだ一般的に可能であったが、今日では古風な格言に残っているか、DUDEN の言う「北ドイツ特有」か Brockhaus-Wahrig や Kaufmann（1963: 45）の言う「話し言葉」のいずれかである。Öhlschläger（1989: 186）は「現代ドイツ語ではもはや不可能である」と断言している。

Ich *muß* nicht nach dem Schlosse zu gehen vergessen.
（L. Tieck. Pauls DWb. 679）
私は城へ行くのを忘れてはならない。
... das weiß ich ja auswendig; du *mußt* auch nicht immer dasselbe erzählen.　　（Th. Storm. Curme 1922: 321）
それを私は十分聞き飽きていますよ。あなたはいつも同じ事を語ってはなりません。

Man *muß* die Peitsche nicht eher kaufen als den Gaul.
（H. u. A. Beyer. Lenz 1996: 407）
馬より先に鞭を買うべからず。
Man *muß* nicht alles Holz auf einmal verbrennen.
（Brünner 1979a: 89）
全ての薪を一度に燃やすべからず。
Ihr *müsst* das nicht so ernst nehmen.
（DUDEN 2664; Duden-Stil. 2001: 556）
君達はそれをそう真剣に取ってはならない。
Wir *müssen* nicht schweigen, sondern（müssen）laut anklagen.
（Duden-Gr. 1984: 99; Lühr 1987: 283）
我々は黙っていてはならないのであって、大声で訴えなければならない。
Du *mußt* nicht immer in der Nase bohren!
（Brünner 1979a: 89; G. Fritz 1997b: 282）
いつも鼻の穴をほじくっていてはいけないよ！
Du *mußt* bloß nicht hingehen, und schon ist das Problem gelöst.
（Faulstich 1983: 145）
君は出向かないことだけが必要だ（＝出向くことだけはしてはいけない）。それでもう問題は解決済みなんだ。（＝ Du brauchst bloß nicht hin[zu]gehen）

　この場合には nicht sollten（叙想法過去形）か nicht sollen「…すべきではない」や nicht dürfen「…してはいけない」が用いられるのが一般的である。
　上位否定の nicht müssen は「…する必要がない」を意味する。

Das heißt aber nicht, daß der Marxismus nicht die verschiedensten Aspekte des konkreten Menschen...erforschen *muß*.
（Welke 1965: 75）
これはしかしマルクス主義が具体的な人間の極めて多種多様な側面を探求する必要がないということを意味する訳ではない。

この場合には nicht brauchen「…する必要がない」がよく代用される（7.8.2 参照）。

否認の場合には全文が否定されるが、これは上位否定の拡大版的な一種である。

> Sie muss helfen. ― Nein, sie muss nicht helfen.
> 彼女は手助けしなければならない。―いや、彼女は手助けしなければならないことはない。(= 彼女は手助けしなくてもよい／手助けする必要がない。= Sie braucht nicht〔zu〕helfen)

Faulstich（1983: 145）によれば Du mußt nicht rauchen「君は喫煙してはいけない」は下位否定「喫煙しない必要がある」ではなくて、上位否定「喫煙する必要がない」であって、発話者は喫煙の不必要性を伝えることによって間接的に禁煙を要求しており、この点で直接的な Du darfst/sollst nicht rauchen「喫煙してはいけない」とは異なるとされる。

müssen の主観的用法「…するに違いない」は「…と推断する必因がある」ことを意味するが、発話者が特定の根拠に基づいて行なう推断は確率 100 パーセントに近い確実なものである（Gerstenkorn 1976: 340; Kątny 1979: 36; Wunderlich 1981: 39; Dieling 1983: 325）。

> Da rief der Basti sofort: "Das steht im Lied, das kommt von den Herren!" Ja, das *mußte* so sein; jetzt war es auch der Mutter klar...
> 　　　　　　　　　　　　　　　　　　(J. Spyri. 浜口 1964: 163)
> すかさずバスティが叫んだ、「これは歌にある文句だよ、旦那がたから来たものだね!」確かに、それにちがいなかった。いま母親もはっきり知った。―浜口訳（体験話法）
>
> Ich *muß* wohl diese nördliche Neigung von meinem Vater haben, denn meine Mutter war doch eigentlich mehr für die belleza.　　　　　　　　　(Th. Mann. Letnes 1986: 518)
> 私はこのような北方への愛着を察するに父から受け継いでいる

に違いない。と言うのは母は元々むしろベレッツァ（＝イタリア語で「美」）に熱中していたからだ。
Die Welt *muß* doch noch etwas anderes sein als ein aus Zufällen zusammengesetztes Chaos.　　　(A. Andersch. Letnes 2010: 159)
世界は、複数の偶然から組み立てられている混沌とは依然として異なるものであるに違いないではないか。(doch と共に断言)
Weil Jourgensen gern böse dreinschaut und ebensolche Musik macht, meinen einige seiner Hardcore-Fans, er *müsse* mit dunklen Mächten im Bunde sein. (Der Spiegel. Diewald 1999a: 275)
ユルゲンセンはよく怒った目つきをしていて、まさにそのような音楽を演奏するので、彼のハードコア・ファンの何人かは、彼が悪霊と結託しているに違いないと言う。
Im Einklang mit unserer Hypothese ist aber zu vermuten, daß wir sie schon 200 Jahre vorher belegen können *müßten*.
(G. Fritz 1997a: 97)
しかし我々の仮説に合わせて、我々はそれ（＝ können の主観的用法）を既に（従来の見解よりも）200 年前に例証し得るに違いないだろうと推測できる。
Es war ihm, als *müßte* sie heute kommen.
(Klappenbach/Steinitz 2577)
彼は、彼女が今日来るに違いないような気がした。
Rasch erhob sie sich und hatte sofort die klare Auffassung des Moments. Heute *mußte* Alfred kommen!
(A. Schnitzler. 常木 1986: 69)
すばやく彼女は起き上がると、すぐに自分の今の立場をはっきり理解した。きょうはアルフレートが来るはずだ。―常木訳（体験話法）
Ich *muß* wohl auf dem tiefsten Tiefpunkt angelangt gewesen sein.　　　(Weitbrecht. Litvinov/Radčenko 1998: 203)
私は多分、どん底に達してしまっていたに違いない。（二重完了不定詞 angelangt gewesen sein は過去完了の不定詞に相当する）

Wenn der Angeklagte der Täter sein *muß*, wird er inhaftiert.

(Öhlschläger 1989: 209)

もしもその被告が犯人であるに違いないなら、彼は拘留される。

Der Angeklagte kann der Täter sein *müssen*.

(Öhlschläger 1989: 210, 245; Durbin/Sprouse 2001: 40)

その被告は犯人であるに違いないのかも知れない。(müssen は「客観的に認識的」、kann は「主観的に認識的」)

Sie würde nach Grönland fahren *müssen*, wäre sie Außenministerin. (Leiss 2009: 16)

彼女は外務大臣であったなら、グリーンランドへ行くに違いないだろう。

Seit beinahe einem halben Jahrhundert gibt es in unserem Land keine deutschen Schulen mehr. Dies allein hätte ausreichen *müssen*, damit die Sprache verloren geht.

(R. Werber. In: F. Coulmas/
T. Sengoku: Deutsch in der Welt. 朝日出版 1991: 54)

ほぼ半世紀前から私達の国（＝旧ソ連）にはドイツ語学校がもはやない。この事だけでも、言葉（＝ドイツ語）が消えて行くには十分であるに違いなかったのだが。

Wären damals nur vierzehn Jahre verflossen gewesen, so hätten in diesen vierzehn, richtiger: in den letzten sieben davon, alle zwölf Kinder... ihm *müssen* geschenkt worden sein, was, da vier Frauen in Tätigkeit waren, an und für sich nicht unmöglich gewesen wäre.

(Th. Mann. Litvinov/Radčenko 1998: 154; Leirbukt 2002: 62)

もしもあの頃に14年しか経ってしまっていなかったのであれば、この14年間、より正確に言えば、その最後の7年間に12人の子供全員が彼に贈られたに違いなかったのだが。この事は、4人の妻が勤しんでいたので、それ自体あり得なくはなかっただろう。

Nicht jede Normwidrigkeit *muß* fehlerhaft sein, sie kann auch eine ihr vom Sprecher zugewiesene Funktion haben.

(Gelhaus 1969: 319)

どの規範違反も間違いであるとは限らず、それもまた話者によって割り当てられた機能を持っているかも知れない。(上位否定。実行の不必然性)

Bei der sprachlichen Analyse müssen wir jedoch berücksichtigen, daß die beiden Argumente einer solchen Äquivalenzbeziehung inhaltlich durchaus nicht gleichwertig sein *müssen*.
(Welke 1965: 77)

しかし言語分析の際に我々は、そのような等価関係の両項が意味内容的に決して等価であるとは限らないということを考慮しなければならない。(上位否定。実行の不必然性)

Wenn nun alles, meint er, in der Art wäre, daß es sowohl sein als nicht sein könnte, wäre nichts entstanden, da alles dann einmal nicht sein *mußte*. (H. Hörz. Welke 1965: 75)

彼の言うには、そこで全てが、あり得ると同時にあり得ないという様式であれば、何も生じなかっただろうと。それならば全てがかつては存在しないに違いなかった(=存在するはずがなかった)からだ。(下位否定。不実行の必然性)

Er *muß* nicht sehr stark gewesen sein.
(C. Zuckmayer. Gustus 1970: 79)

それ(=人類の自己防衛)は非常に強くはなかったに違いない。(下位否定。不実行の必然性)

Nicht gekommen sein *muß* er nicht. (Faulstich 1983: 141)
彼が来なかったとは限らない。(上位否定＋下位否定＝不実行の不必然性)

Ehrich (2004: 122) によれば müssen の非状況的 (=主観的) な解釈には2通りある。

Jonathan *muss* täglich schwimmen, sonst wäre er nicht so fit.
ヨーナタンは毎日泳いでいるに違いない。さもなければ彼はあのように体調が良くないのだが。(認識的)

Jonathan *muss* täglich schwimmen, das hört man aus seiner Umgebung.
ヨーナタンは毎日泳いでいるに違いない。それを彼の周囲から耳にする。(明証的)

後者の muss は発話者にとっては「明証的」とされるが、ヨーナタンの周囲の人にとって「認識的」であることに変わりはなく、Öhlschläger（1989: 209）の言う「客観的に認識的」な場合に相当する。

Hundt（2003: 369）によれば Der Bauarbeiter *muss* den Graben zugeschüttet haben は①の文脈では「客観的に認識的」であり、②の文脈では「主観的に認識的」であると言う。

① Der Bauarbeiter *muss* den Graben zugeschüttet haben. Für alle anderen Umstehenden wurde ihre Beteiligung (am Zuschütten) bereits mit Sicherheit von der Polizei ausgeschlossen. Der Bauarbeiter ist der einzige, der eine Möglichkeit dazu hatte. Zudem gibt es Augenzeugen, die ihn gesehen haben.
その土木作業員がその溝を埋めたことは間違いない。周りに立っていた他の全ての人々には（溝埋めへの）関与が既に確実に警察によって排除された。その土木作業員は、その可能性を持っていた唯一の者である。その上、彼を見た目撃者（複数）もいる。

② Der Bauarbeiter *muss* den Graben zugeschüttet haben. Ich habe dafür zwar keine Beweise, ich habe es aber für sehr sicher, dass er es war. Ich kann es mir nicht anders erklären.
その土木作業員がその溝を埋めたに違いない。確かに私はその証拠を持っていないが、彼がそうしたことを大いに確実であると思う。私はこの事を違った風には解釈できない。

Hundt は②が推測（Vermutung）を表現するのに対して、①は断言（Assertion）を表現すると主張している。しかし①と②の意

味上の相違は主観的（認識的）用法の müssen が表示する確実性の程度の違いであって、①は確実性が極めて高く、ほとんど100％確実な事として表現するのに対して、②はやや低い確実性を表わしていると言えよう。ちなみに Der Bauarbeiter muss den Graben zugeschüttet haben は異なった文脈、例えば Sonst kann man nicht weiter arbeiten「さもなければ作業が先に進まない」といった文が後続すれば、「その土木作業員はその溝を埋めておかなければならない」という客観的な用法と解される。

　以下のような用例は、必然的な推断に感情的な要因「驚き」や「怒り」、「感情移入」が加わっているとされる（Letnes 2010: 149ff.）。

　　Sie *muss* auch dumm sein, sie spricht ja kein Wort.
　　　　　　　　　　　　　　　（Th. Fontane. Bech 1949: 28）
　　彼女は実際のところ馬鹿に違いない。一言も話さないからだ。（感情に規定された考え）
　　Das versteht Laher noch weniger. Diesen erstklassigen Tabak gegen eine blecherne Kokarde — der Mann *muß* überschnappt sein.　　　　　　　（E. M. Remarque. Droessiger 2005: 90）
　　それをラーヘルはもっと理解しない。この一級のタバコをブリキの国籍記章と引き換えるとは――この男は頭がおかしいに違いない。（驚き）
　　"Sie *müssen* doch wissen, wer den Schlüssel... hat", schilt der Leutnant ärgerlich.　　　　　（H. Fallada. Ulvestad 1984: 282）
　　「あなたは、誰がその鍵を持っているのか、知っているはずじゃないか」と少尉は腹立たしげに叱った。
　　"Sie *müssen* verrückt sein", fuhr er mich an.
　　　　　　　　　　　　　　　（A. Andersch. Letnes 2010: 154）
　　「あなたは気が狂っているに違いない」と彼は私を叱り付けた。
　　Balinkay schwieg einen Augenblick, dann seufzte er teilnehmend. "Armer Kerl, dir *müssen*'s（＝ müssen sie）aber gehörig zugesetzt haben."　　　　　　（St. Zweig. Letnes 2010: 155）

バーリンカイは一瞬、沈黙した。その後、彼は同情的にため息をついた。「可愛そうな奴よ。君は十分、苦しめられたに違いない」。

Sie sind aber doch sehr traurig. Das *muß* doch einen Grund haben. 　　　　　　　　　　　　　　(Th. Fontane. Letnes 2010: 160)
でもあなたはとても悲しそうですね。それには何か理由があるに違いないですよね。

　さらに主観的・感情的な müssen は非現実的な誇張を表現し得る (Letnes 2010: 156ff.)。

… ich（befreundete）mich mit zwei Chinesinnen, die aber griechisches Blut in den Adern haben *mußten*, denn die praktizierten eine Liebe, die vor Jahrhunderten auf der Insel Lesbos besungen wurde. 　　　　　　　　　　　　　　　　　(G. Grass)
私は二人の中国人女性と親しくなったが、彼女らはギリシア人の血を血管の中に持っているに違いなかった。と言うのは、彼女らは、何百年も前にレスボス島で歌われた愛を実践していたからだ。

Aber dann kam der Krieg, und irgendein Teufel *muß* mich in den Journalismus geritten haben. 　　　　　　　　　　　(A. Andersch)
しかしその後、戦争が始まった。そして何かある悪魔が私をジャーナリズムへと駆り立てたに違いない。

　疑問文や感嘆文では古い可能性の müssen が können や mögen とほとんど同じ意味で用いられることがあった（浜口 1962: 97; 1964: 165）。

Ich weiß nicht, was ich Anzügliches für die Menschen haben *muß*. 　　　　　　　　　　　　　(J. W. v. Goethe. 橋本文夫 1956: 264)
世間の人たちにとって、どんな魅力が私にあるのだろうか私には分からない。―橋本訳

Muß nicht der Tod etwas sein, ohne das der Mensch nicht leben möchte?　　　　　　　　　　　　（Ch. Morgenstern. 浜口 1964: 166）
死とはこれあればこそ人間が生きていく気になるものではあるまいか。―浜口訳
O wie *muß* sie ihren Schatz in ihren Gedanken begleitet haben!
　　　　　　　　　　　　　　　　　　　　　　　　　　（W. Raabe）
まあどんなにかあの娘は恋人の身の上に思いをはせたことでしょう！―浜口訳
Wie froh *mußt* du sein!　　　　　　（M. v. Ebner-Eschenbach）
さぞ君はうれしいことだろうね！―浜口訳

　主観的用法の上位否定 nicht müssen「…するとは限らない」も nicht brauchen で（7.8.2 参照）、下位否定「…しないに違いない＝するはずがない」は上位否定の nicht können「…する可能性はない＝するはずがない」で代用され得る。
　次例のような「論理的必然性」を表わす müssen は「①客観的用法と②主観的用法との間、つまりその中間に位置していて…この二つの異なる用法の連続性を示している」（板山 1983: 13）。

Leo ist sehr groß, blond, mit seiner randlosen Brille sieht er aus, wie ein Superintendant aussehen *müßte* oder ein schwedischer Jesuit.　　　　　　　　　　　　　　　　（H. Böll. 板山 1983: 11）
レーオはとても背が高くて、髪はブロンドであり、縁なし眼鏡をかけていて、大教区監督かスウェーデンのイエズス会士なら①そうでなければならない／②そうであるに違いないような様子をしている。

　客観的用法と主観的用法とでは文アクセントの位置が異なる場合がある（Kaufmann 1963: 45）。

Das muß so sein.
そうでなければならない。

Das muß wohl so <u>sein</u>。
察するにそう（である）に違いない。

次例の müssen は冗語的である（Andresen 1923: 157）。

Es darf kaum bezweifelt werden, daß die Dichtung bald nach 1150 verfaßt sein *müsse*. 　　　　　　　　　　(J. Grimm)
この文芸作品が1150年の直後に著わされたに違いないことはほとんど疑われてはならない。（より正しくは verfaßt〔worden〕sei）

7.7　wollen

客観的用法の wollen は志向性全般（意思、意図、決意、願望、計画等）を表わす。

Das *will* ich Ihnen auch *geraten haben*. 　　　(Engelen 1973: 52)
それを私はあなたにも忠告しておきたいと思います。
Was *willst* du in 10 Jahren erreicht haben?
　　　　　　　　　　　　　　　(Die Zeit. Leirbukt 1984: 225)
何を君は10年後に達成しておきたいと欲しているのか。
Ich *wollte* längst Feierabend gemacht haben.
　　　　　　　　　　　　　　　(H. Eppendorfer. DUDEN 4550)
私はとっくに仕事を終わりにしておきたいと思った＝終わりにしておきたかったのだが。(= Ich hätte gern längst Feierabend gemacht)
Des Frevlers Namen *will* ich in meiner Gegenwart nicht mehr genannt haben. 　　　　　　　　　　　　(浜口 1962: 105)
犯罪者の名前はおれのいる前ではもう二度と言ってもらいたくないね。―浜口訳
Wenn man geholfen haben *will*, darf man nicht herumreden und nichts verschweigen. 　　　(St. Zweig. Raynaud 1977a: 20)

助けてもらいたいのなら、言い抜けしたり、何事も黙っていたりしてはならない。
Ach ja, einmal haben auch die Menschewiki Flugblätter von uns gedruckt haben *wollen*.
（F. C. Weiskopf. Litvinov/Radčenko 1998: 155）
ああそうだ、一度メンシェヴィキ達もビラを我々に印刷しておいて欲しいと思ったことがある。
Ich *will* die Arbeit noch heute getan sehen/wissen.
（Trübners DWb. 8, 255）
私はこの仕事を今日中に片付けておいて欲しい。
Ich *wollte* das vorläufig nicht gehört haben.
（Th. Mann. Letnes 2002b: 102）
私はそれを当分の間は聞かなかったことを欲した＝聞かなかったことにしたかった。
Wen sie nicht halten konnte, dem *wollte* sie... doch die beste von allen gewesen sein. （O. Hassencamp. Leierbukt 1984: 225）
彼女が引き止めることができなかった男に対しては、それでも自分が最高の女であったことにしたかった。
"Ich war so eine Art Verwaltungsrat" — sage ich und mache eine Geste biederen Gewinns — "auf einer Hazienda". Die Geste *will* er nicht gesehen haben. （M. Frisch. Letnes 2001: 78）
「私は一種の管理委員だったんだよ」と私は言って、実直に儲けたジェスチャーをする。「ある中南米の農園でね」。そのジェスチャーを彼は見なかったことにしたがる＝見なかったふりをする。
Es freut mich, wenigstens das Richtige getan haben zu *wollen*.
（Engelen 1975: 152）
私は、少なくとも正しい事はしたつもりであることを嬉しく思う。
Willst du mitfahren? （DUDEN 4551）
君は一緒に行きたいのか。（＝möchtest）
Es verging Zeit, bis ich in Schüben begriff..., daß ich unwis-

sentlich oder, genauer, nicht wissen *wollend*, Anteil an einem Verbrechen hatte. (G. Grass. Hetland/Vater 2008: 99)
私が知らず知らずに、あるいはより正確に言うと、知りたいと思うことなく、ある犯罪に加担していることを一団の中で理解するまで時間がかかった。

Du bist edel, *wolle*（叙令法形）deinen Adel nicht verachten.
(W. Bergengruen. 浜口 1968: 94)
君は気高い。君の気品を軽蔑したいと思うな。

Er befahl mir, nachhause gehen zu *wollen*. (Engelen 1975: 149)
彼は私に、帰宅する気になるよう命じた。（自己責任による従命）

Diese Abhandlung *will* die Ergebnisse einiger Untersuchungen über die Bedeutung der Modalverba in der modernen deutschen Schriftsprache mitteilen. (Bech 1949: 3)
この論考は現代ドイツ文章語における様相助動詞の意味に関する若干の研究の成果を伝えることを欲している。

Ich wollte（叙想法過去形）Sie fragen, ob Sie mir helfen könnten.
(Gloning 1997: 347)
私にお手伝いしていただけるかどうかお尋ねしたいのですが。
(G. Fritz 1997a: 110 が叙実法過去形と見なしているのは誤解)

19世紀まではまだ古い叙実法現在形 du wilt/willt（英語 thou wilt）が見られた。

Herr, schicke, was du *willt*,
ein Liebes oder Leides!
Ich bin vergnügt, daß beides
aus deinen Händen quillt
(Ed. Mörike. Debrunner 1951: 70;
Kaufmann 1963: 48; Soeteman 1967: 139)
主よ、お望みのものをお送り下さい、
好ましい事でも嫌な事でも。

私は喜んでいます、両者が
あなたの両手の中から溢れ出るのを。

上掲の Ich *wollte* das vorläufig nicht gehört haben「私はそれを当分の間は聞かなかったことを欲した＝聞かなかったことにしたかった」における否定は従属不定詞句が否定される下位否定であったが、①上位否定と②下位否定の両解釈が可能な場合もある (Feltkamp 1969: 363)。

 Er *wollte* nicht hingehen.
 ①彼は出向くことを欲しなかった。(= Er sträubte sich, hinzugehen「彼は出向くことを拒んだ」)
 ②彼は出向かないことを欲した。(= Er hatte beschlossen, dem Treffen fernzubleiben「彼はその会合に出席しないことを決めていた」)

とは言え nicht wollen は普通は上位否定である。例えば Er will nicht auffallen「彼は人目を引くことを望まない」。この文を下位否定にしたい場合には「文体的に特に強調されねばならない」(『基礎ドイツ語』1983年11号「ドイツ語質問箱」(三修社) 回答者は Duben 編集部の Dr. D. Berger)。

 Er *will* nur eins: nicht auffallen.
 彼の望むことはただ一つ、人目を引かないということだ。―佐伯／鐵野訳

次例のような二重否定は肯定と同義である (Faulstich 1983: 150)。

 Nicht wegfahren wird sie *nicht* wollen.
 車で出かけないことを彼女は欲しないだろう。(= Sie wird wegfahren wollen「彼女は車で出かけることを欲するだろう」)

次のような事物を主語とする nicht wollen は、何か障碍があるように思われること（Wolff 1973: 63）、あるいは話者が行なった無駄な努力（Jongeboer 1985: 93）を意味するが、Debrunner（1951: 118）は、人々の願望がその事物によって長く実現されないので、その事物に「悪意を付与する」ための表現であるとする。

  Die Wunde *will*（und *will*）nicht heilen.   （DUDEN 4551）
  この傷は（なかなか）治りたがらない＝治ろうとしない＝治りそうにない。
  Es *will* noch immer nicht regnen.   （Welke 1971a: 293）
  未だに雨が降りたがらない＝降りそうにない。

以下の用例では志向性の原義が薄れて、事象の間近さや起動が表わされている。

  Eine alte Frau am Theißufer *will* mit Neunzig sterben.
             （J. Hay. 真鍋 1958: 1）
  タイス河の畔のさる婆さんが90歳で死にかけているんだよ。
  ―真鍋訳
  Als nach drei Jahrzehnten in der Potsdamer Straße 134 C das runde Datum gefeiert werden *wollte*. （G. Grass. Vater 2001: 91）
  30年後にポツダム通りの134Cで切りのよい日付が祝われかけた時に。
  Das Schiff *will* sinken.   （Wolff 1973: 62）
  船は沈みかけている。
  Was, Herr Meier ist drüben? Da *will* ich ihn gleich mal danach fragen.   （Kaufmann 1963: 49）
  何、マイアーさんが向こうにいるって？ じゃ、直ぐにその事を尋ねてみよう。

Brünner/Redder（1983: 151ff.）や Weinrich（1993: 293）によれば、話し言葉では叙実法過去形の ich wollte, du wolltest と叙想

法過去形の ich wollte, du wolltest を区別するために、後者の別形として ich wollt'、du wolltst という「短形」が使われる傾向があると言われる。

 Ich *wollt'* jetzt mal in etwa wissen, wieviel äh wieviel Wochenstunden man als Erstsemester nimmt.
（Brünner/Redder 1983: 148）
 私は第1学期生として毎週、何、エー、何時間取るのか今、大体のところを知りたいんですが。

従属不定詞を伴う完了形の場合に過去分詞が wollen ではなくて、gewollt が稀に見られる。

 Du (= Gott) würdest uns unsere Schuld vergeben, mir auch, weil ich immer bloß glattweg drauflos leben *gewollt* habe.
（A. Seghers. 浜口 1965: 98）
 神様、私はいつもただこの道ひと筋に暮していこうと思っていただけのことでございますから、私どもの罪を、私どもは申すに及ばず、この私にもお許し下さいますことでしょう。—浜口訳

 Er hatte drei Tage in Berlin bleiben *gewollt* und blieb drei Monate
（J. Wassermann. 浜口 1965: 99）
 彼はほんの3日ベルリンに滞在のつもりだったのに、いつのまにか3月も滞在してしまった。—浜口訳

Was *will/soll* das heißen?「それはどういうつもりか」は wollen でも sollen でも構わないが、能動文の wollen は受動文では sollen に直される必要がある。ところがしばしば不注意から wollen のままになっている場合が見受けられる（Debrunner 1951: 117）。

 Eine Anzahl großer Schlachtschwerter *wollte*（sollte の間違い）mir von einem Gegner durchaus abgerungen werden.

(G. Keller, Der grüne Heinrich)

若干数の大きな広刃の刀が私からある敵対者によって断じて奪い取られようとした。(能動文は Ein Gegner wollte... abringen「ある敵対者は奪い取ろうとした」)

Es ist ein Unglück, daß von keiner Seite ein Wank getan werden *will*（soll の間違い）.　　　　　　　　(J. Gotthelf, Schulmeister)
どの側からも何もなされようとしないのは不幸である。

Rinder können alle Tage, Schweine *wollen*（sollen の間違い）dagegen nur Montags und Donnerstags geschlachtet werden.
　　　　　　　　（ある南西ドイツ地方の市長の告示。Dunger 1927: 13）
牛は毎日、屠殺され得るが、豚はそれに対して月曜日と木曜日にのみ屠殺されたがる。(最高傑作!?　正しくは「屠殺されることになっている」)

ただし次のような受動文中の wollen の使用はそれなりの意味を持っていて、間違いではない（Debrunner 1951: 117f.）。

Diese Herren *wollen* gedrückt werden, anders es Händel absetzt.　　　　　　　　　　　　　　　　(C. A. Loosli)
この男性達は、喧嘩になれば別だが、押し付けられたがっている。(被虐願望)
Der Bauernkrieg *will* vor allem als Niederschlag geistig-revolutionärer und religiöser Strömungen verstanden werden.
農民戦争はとりわけ精神的・革命的かつ宗教的な思潮の反映として理解されたがっている。(擬人化)

語用論的に色々なニュアンスが wollen に加わり得る。最初の 6 例の wollen は叙想法現在形である。

Die Öffnungszeiten der Staatsbank *wollen* Sie bitte dem dortigen Anhang entnehmen.　　　　　　　　(DUDEN 4551)
国立銀行の営業時間はどうかそこの掲示からご確認いただきた

い。(やや古風＝mögen)

Wollen Sie so gut sein und mir den Weg zeigen?

(『基礎ドイツ語』1988年3号「ドイツ語質問箱」回答者 Dr. D. Berger)

すみませんが、道を教えていただけませんか。―佐伯／鐵野訳

Wollen Sie mich nicht endlich in Ruhe lassen!

(Kaufmann 1963: 50)

いい加減で私を静かにさせてくれませんか！

Diejenigen, welche dafür sind, *wollen* gefälligst die Hand erheben.

(Jongeboer 1985: 94)

賛成の方はどうか手を挙げて下さい。(3人称複数の人々に対する要請)

Heute *wollen* wir lustig sein und alle Sorgen vergessen.

(Kaufmann 1963: 50)

皆さん今日は楽しくして、心配事は全て忘れましょう。(勧奨)

Nun *wollen* wir schnell noch unseren Tee austrinken.

(Engel 1988: 470)

さあ私達は急いでさらに紅茶を飲んでしまいましょうね。(権威差がある場合、例えば幼稚園の先生が園児に、医師や看護師が患者に対して)

Willst du wohl aufhören! (Repp 1978: 208)

君はやめたいだろうね＝やめなさい。

Wollt ihr nicht nochmal darüber nachdenken? (Engel 1988: 470)

君達はもう一度それについてよく考えてみたくないか＝よく考えてみなさい。

Du *wollest* das nicht versäumen! (Flämig 1962: 129)

君はそれを怠らないで欲しい。(＝ Ich wünsche/verlange, daß du das nicht versäumen willst!)

Das *wolle* Gott verhüten!

(Kaufmann 1963: 49; Duden-Bedeut. 2010: 1103)

神様がそれを防止して下さるよう。(やや古風)

Sie *wollen* doch nicht etwa behaupten, daß ich die Uhr gestohlen hätte! (Kaufmann 1963: 48)

あなたはまさか、私がその時計を盗んだとでも主張したいのではないでしょうね。(憤激)

Er *wollte* sich kugeln vor Lachen. (Kaufmann 1963: 49)
彼は笑い転げまくった。(尋常ではない笑い方は意図的とみなされる)

Ich staunte über die glatte Trivialität seiner Komplimente, die mir zu ihm nicht ganz passen *wollten*. (Fr. Werfel. 真鍋 1958: 2)
私は彼が如才なくありきたりのお世辞をならべたてるのに驚いた、それが私にはどうもこう彼にぴったりしない様に思えてならなかった。―真鍋訳

Unsere große Passion war es, Pferde zu putzen. Das *wollte* gelernt sein. (M. Dönhoff. DUDEN 4551)
私達の大きな情熱は馬達の体を磨き上げることだった。これは学ばれていることを欲した＝修業される必要があった。(＝musste)

Kranke und gebrechliche, alte Leute *wollen* gut gepflegt sein. (Kaufmann 1963: 47)
病気と障碍のある老人は十分介護されなければならない。

Die Blumen *wollen* noch begossen werden. (Wolff 1973: 62)
この花々はさらに水やりされる必要がある。

Das Buch *will* ein Ratgeber für alle Lebenslagen sein. (DUDEN 4551)
この本は全ての生活状況のための助言者でありたいと欲する＝あることを著者は意図する。(＝soll)

Ich *will* nichts gesagt haben. (Pauls DWb. 1183; Kaufmann 1963: 51; Gloning 1997: 328)
私は何も言わなかったことを欲する＝言わなかったことにする＝ここだけの内緒の話だよ。

Ich *will* mich gern geirrt haben. (Curme 1922: 322)
私は間違ったことを喜んで欲する＝私の間違いであって欲しい。(＝I wish/hope I may be mistaken)

"Ich habe alles genau so gemacht, wie Sie es mir aufgetragen

haben." "Das *wollte* ich Ihnen auch geraten haben!"
(Kaufmann 1963: 51)
「私は全てあなたが指示した通りにきちんとやりましたよ。」「それを私はあなたに事実、忠告しておきたかったんだ（私は他の事は何も期待していなかった）。」

Das *will* ich meinen.　　　(Kaufmann 1963: 51; Gloning 1997: 328)
それを私は意図したい＝その通りだ。

Das ist es, was mir nicht gefallen *will*.
(Fr. v. Schiller. Grimms DWb. 30, 1359)
それがどうも私の気に入らないところだ。

Gut Ding *will* Weile haben.　　　　　　　(Wolff 1973: 63)
良きもの、しばしの時を持つを要す（＝大器晩成）。(Gut Ding ＝ Gutes Ding)

Wer wollte（叙想法過去形）das wissen?　　(Jongeboer 1985: 95)
誰がそれを知っていると言うのか。(修辞疑問。 ＝ Wer weiß das schon?)

Ich *wollte*（叙想法過去形）ganz gerne, wenn es gestattet ist, noch eine Anmerkung zu dem machen, was Herr Doktor Simsa sagte.　　　　　　　　　　　　(Westheide 1978: 314)
私は、お許しいただけるのであれば、ジムザ博士がおっしゃった事に全く喜んで一言コメントいたしたいのですが。(弁解的)

　次例のような wollen の非人称的な用法は、近接するスラヴ語系のソルブ語からの影響と見なされている（Vater 2004: 25）。

Großmutter geht nicht durch die offizielle Ladentür, das *will* sich ihr... nicht.　　　　　　　　　(E. Strittmatter, Laden)
祖母は店の表口を通らない。それを彼女は欲しない。

Jesus, die Schrift, was die Kinder jetzt... lernen tun, *will* sich mir nicht lesen.　　　　　　　　(E. Strittmatter, Laden)
ああ神様、子供らが今学んでいる聖書を私は読みたくありません。

中高ドイツ語や初期新高ドイツ語に見られた推量の主観的用法は新高ドイツ語の初期まで例証されている。

Der Friede mit Moßkau *will* continuiren.
(Nordischer Mercurius 1667 年。G. Fritz 2000: 270)
モスクワとの和平は継続するだろう。

現代ドイツ語における唯一の主観的用法「…すると言い張る」は「他人の主張を懐疑的だとみなす」（DUDEN 4551）を含意するが、これは glauben machen wollen「信じさせたいと欲する」（Zifonun 他 3, 1997: 1896）あるいは Er will, dass ich annehme/man annimmt「彼は私／人が推断することを欲している」と換言できる。この用法にも過去形、完了形、未来形があり得る。

Gäste des Lokals *wollen* zu später Stunde Nazilieder gehört haben. (P. O. Chotjewitz. DUDEN 4551)
その飲食店の客らは遅い時刻にナチの歌を聞いたと言い張る。
Alles schon endgültig durchschaut haben zu *wollen*, ist höchstens die Illusion selbstzufriedener Kleingeister.(Welke 1971a: 293)
全ての事を既に究極的に見抜いたと言い張るのは、精々のところ自己満足的な凡人の幻想である。
Sie *will* morgen ihren Artikel fertig geschrieben haben.
(Leiss 2009: 6)
彼女は、明日には自分の論説を書き終えてしまっていると言い張る。
Er *will* es nicht gewusst, gesehen haben. (DUDEN 4551)
彼はそれを知らなかった、見なかったと言い張る。（不実行の主張）
Ich hörte, er *wolle* den Motor entsprechend überprüft haben.
(Engel 1988: 473)
私は、彼がそのモーターを然るべく点検したと言い張るのを耳にした。（叙想法現在形は極めて稀）

Gesehen *wollte* sie keiner von denen haben, welche ich zu befragen Gelegenheit hatte. 　　　　　　(Th. Storm. 浜口 1968: 101)
私が尋ねる機会を持った人々の誰も彼女を見なかったと言い張った。（不実行の主張）

Nachher *wollte* er dreitausend gesagt haben.
　　　　　　　　　　　(E. Strittmatter. Klappenbach/Steinitz 4390)
後で彼は（三万でになくて）三千と言ったと言い張った。

Man hat später wissen *wollen*, daß...
　(Klappenbach/Steinitz 4390; Leirbukt 1988: 178; Letnes 2002b: 108f.)
人々は後に…ということを知っていると言い張った。

Hätte Claudio auch noch so sehr nichts gesehen haben *wollen*, er hätte es... nun nicht mehr können. (H. Reinoß. Leirbukt 2002: 74)
たとえクラウディオがどんなに激しく何も見なかったと言い張ったとしても、彼はそれを今やもうすることはできなかったのだが。（不実行の主張）

Er hat doch tatsächlich behauptet, du hättest zu dem fraglichen Zeitpunkt in London gewesen sein *wollen*. 　　(Engelen 1973: 57)
だが彼は実際に主張した。君が問題の時点にロンドンにいたと言い張ったと。（＝ Er hat behauptet, du hättest behauptet, du seiest... gewesen）

Er wird es wieder nicht gehört haben *wollen*. 　(Curme 1922: 322)
彼は再びそれを聞かなかったと言い張るだろう。（＝ He will claim again that he didn't hear it）

　主観的用法の「言い張る」と客観的用法の「ふりをする」とは実際には区別が困難な場合もあるが（Letnes 2001: 78f.）、その文脈が懐疑の文脈であれば、主観的用法と解される。

Ich *will* es nicht gesehen haben. 　　　　　(Curme 1922: 322)
私はそれを見なかったと言い張る／見なかったふりをする（ことになる）。（＝ I will claim/pretend that he did not see it.）

Er hat eine Explosion gehört haben *wollen*, obwohl sie ja gar

nicht war. (Letnes 2001: 79)
爆発など言うまでもなく全くなかったのに、彼はそれを聞いたと言い張った／聞いたふりをした。

　主観的な用法のnicht wollenは下位否定「…しないと言い張る」が普通であるが、Öhlschläger（1989: 93）は上位否定「…すると言い張らない」の解釈も可能であるとしている。
　G. Fritz（1997b: 251）によれば次のようなwollenは新しい推論的（＝主観的）な用法であるが、まだ固定されておらず、いわば流動的とのことである。

　　Da *will* sich was anspinnen.
　　そこでは何か（恋愛関係が）生じかけているようだ。（＝ Da scheint sich etwas zu entwickeln）

　未来時称の助動詞としてのwerdenには不定詞や過去形、過去分詞がないので、wollenはその代用にもなる（Wilmanns 3, 1906: 179; Brinkmann 1971: 387）。しかしこの場合でも志向性の原義が感じ取れる（Buscha/Heinrich/Zoch 1977: 19）ように、wollenの原義が純然たる未来時称助動詞になることを妨げて来た（Wolff 1973: 65）。

　　Er erklärt ausdrücklich, noch einmal wieder kommen zu *wollen*. (Brinkmann 1971: 387)
　　彼はもう一度戻って来るだろうと明言する。（＝ daß er noch einmal wieder kommen werde）
　　Der Baum scheint eingehen zu *wollen*. (Trübners DWb. 8, 256)
　　その木は枯れるだろうと思われる。
　　Man trennte sich früh, aber doch mit der Zusicherung, am andern Tage spätestens um sieben beim Frühstück sein zu *wollen*.
　　　　　　　　　　　　　　　　　　　　　　(Th. Fontane. Curme 1922: 284)
　　彼らは朝早く、しかし翌日遅くとも7時の朝食には戻っている

だろうという確約をして別れた。
Es *wollte* regnen.　　　　　　　　　　　（Brinkmann 1971: 387）
雨が降ろうとしていた。
Es hat/hatte regnen *wollen*.　　　　　　（Lenerz 1997: 407）
雨が降ろうとした／していた。

　Welke（1965: 80）や Tarvainen（1976: 21）は wollen の現在形も未来を表示すると言う。

Wir *wollen* aber jedenfalls feststellen, daß...
我々はしかしいずれにせよ…ということを確認するだろう。

　DUDEN 4551 は Es will Abend werden を Es wird allmählich Abend「次第に夕方になる」の高尚な（gehoben）な表現としているが、Vater（2004: 28）は Es will Abend werden や Es will regnen は未来表現だと断言している。
　叙想法の助動詞としての wollen は以下の通りである。

Täte er es noch einmal, so *wollte* ich ihm schon meine Meinung sagen.　　　　　　　　　　　　　　　（Trübners DWb. 8,256）
彼がそれをもう一度すれば、私は彼に必ず私の考えを言うだろう。（ = würde）
Es sieht so aus, als *wollte* sie uns verlassen.（Duden-Gr. 1984: 103）
彼女は我々の所から立ち去るように思われる。（ = würde）
Es wäre aber falsch, wenn wir es nicht noch einmal versuchen *wollten*.　　　　　　　　　　　　　　（Welke 1971b: 300）
しかし我々がそれをもう一度試みなければ（＝試みないのは）、間違っているだろう。（versuchen wollten = versuchten）
Wollte er doch gekommen sein!　　　　　　（Tarvainen 1976: 20）
彼が来ておればいいのだが。（ = möchte/würde gekommen sein または wäre gekommen）

最終的な用法として下例のような wollen は無意味とされる（Jongeboer 1985: 94; Vater 2001: 91 参照）。

 Das *will* sagen.   （Grimms DWb. 30, 1358）
 これは…のことを言う。（＝ Das heiszt「つまり」）
 Das *will* nichts heißen.   （DUDEN 4551）
 これは何も意味しない。（＝ Das heißt nichts）
 Es *will* mir scheinen, daß...
    （Klappenbach/Steinitz 4390; Duden-Stil. 2001: 938）
 私には…であるように思われる。（＝ Es scheint mir, daß...）

ただし G. Fritz（1997a: 78）によれば Es will mir scheinen は「発話者が自らの発言を主観的な陳述として示すことで鋭さを幾分和らげる」ための慣用句であるとされる（Grimms DWb. 30, 1358 も同様）。

7.8　新しい様相助動詞 möchten, brauchen

これら新参の二つは今日では益々独自の機能を持つ様相助動詞としての地位を確立しつつある。

7.8.1　möchten

願望「…したい（と思う）」を表わす möchten は本来 mögen の叙想法過去形であった。

 Ich *möchte*（gern）kommen.   （DUDEN 2624）
 私は（喜んで）来たいと思う。
 Das *möchte* ich überhört haben.   （DUDEN 2624）
 それを私は聞き漏らしたことにしたいと思う。
 Das *möchte* ich mir sehr verbeten haben. （Leirbukt 2002: 71）
 それを私は固くお断りしておきたいと思う。
 Wir *möchten* unsere Unterhaltung nicht gestört haben.

　　　　　　　　　　　　　　　　　　　（浜口 1962: 106）
私たちは団欒のじゃまをされたくありません。―浜口訳
Woran ich dabei denke, ist etwas, worüber ich nicht reden
möchte.　　　　　　　　　　　　　　　　（DUDEN 2624）
それなのに私が考えているのは、話したくない事だ。
Ja, Christine, das alles *möchte* ich dir erzählen dürfen.
　　　　　　　　　　　　　（W. Bergengruen. 浜口 1968 95）
そうだ、クリティーネ、その事を全て私は君に語ってよいことを願う。
Dieser Aufsatz *möchte* einen Überblick über die neuere
Forschung geben.　　　　　　　（Öhlschläger 1989: 182）
この論文は比較的新しい研究に関する概観を与えたいと思う。

　möchtenの意味を Diewald（1999a: 148）は「möchtenでもって話し相手への依存関係における意志が表現される」と述べて、次のような例文とその換言を示している。

　　In der Welt der Aktien und Börsen begegnet Ihnen regelmäßig
　　ein Wesen, das wir an dieser Stelle gerne einmal gebührend vor-
　　stellen *möchten*: Der Dax.（Der Spiegel 誌上のドイツ銀行協会の広告）
　　株式や証券取引の世界では規則的にあるものが皆さんの目に触れます。それを私達はこの場で喜んで一度然るべくご紹介したいと思います。ドイツ株価指数のことです（＝私達は皆さんにドイツ株価指数をご紹介しようと思いますが、それは皆さんが私達にお耳を貸すか、さらに先を読むご意志のあることに掛かっています）。

　Ich möchte Herrn A sprechen「A氏と面談したい」に対して次例のような仮想的願望文のmöchteにはmögenの可能性の原義が生きている（岩﨑 1952: 5）。

　　Ich *möchte* doch Herrn A sprechen!

A 氏と面会出来たらなあ。―岩﨑訳

　また Sie möchten etwas Neues anfangen「あなたは何か新しい事を始めたいと思っている」（主語に内在する志向性）に対して次文の möchten は他者由来の必然性（主語に外在する志向性）の古義に由来する用法である。

　　Sie *möchten* etwas Neues anfangen, hat der Chef gesagt.
　　　　　　　　　　　　　　　　　　　　　　（Repp 1978: 206）
　　あなたに何か新しい事を始めて欲しいと社長が言った。

　従って Er sagte ihm, er möchte das Fenster schließen の間接話法文には二つの直接話法文が対応する（Glas 1971: 37）。

　　① Er sagte: "Ich möchte das Fenster schließen."
　　彼は「私は窓を閉めたい」と言った。
　　② Er sagte: "Schließen Sie bitte das Fenster."
　　彼は「どうか窓を閉めて下さい」と言った。

　次例のような möchte は mögen「…することを好む」の叙想法過去形と解釈することも、また möchten「…したいと思う」の変化形であると解釈することも可能である（Vater 2010: 104）。

　　Unser alter Erdball beginnt zu rumoren, als *möchte* er uns abschütteln.
　　　　　　　　　　　　　　　　　　　　　　　　　　（G. Grass）
　　我々の古い地球は、あたかも我々を払い落とすことを好んでいる／払い落としたがっているかのように、ゴロゴロと唸り始める。

　願望の möchten は現在形としてしか用いられないので、過去形には mochte（Welke 1965: 115; Eisenberg 1986: 96; Zifonun 他 2, 1997: 1253）か wollte（Schulz/Griesbach 1962 70; Buscha/

Heinrich/Zoll 1977: 16; Helbig/Buscha 1972: 111）が、過去分詞や不定詞には mögen（CUS 2009: 181; Duden-Bedeut. 2010: 655. Hentschel/Weydt 1990: 69 は「地方的」）か wollen（Engelen 1975: 146; Hentschel/Weydt 1990: 69）が代用される。

　19世紀以来 mögen とのつながりが多くのドイツ人に意識されなくなりつつあって（Diewald 1999a: 320 参照）、その結果今日では möchten を独立した動詞と考えている人も少なくない。他動詞としての mögen が普通は dass 副文を客語文とし得ない（ただし上位否定の mögen は例外。Ich *mag* nicht, dass du ungewaschen ins Bett gehst「私は、あなたが体を洗わずにベッドに入るのを好まない」Hetland/Vater 2008: 103）のに対して、möchten はこれが可能である（Ich *möchte* nur, daß Sie mir glauben「私は、あなたが私を信頼することだけを望んでいる」Welke 1965: 114）ことも理由の一つであると思われる。

　私自身かつて1980年頃、勤務大学の同僚であったドイツ人教師からこの事を認識させられた経験がある。とある日、当時30歳前後であったB氏は日本人教員達との雑談中に、偶々一人の日本人教員がこの話題を持ち出した時、即座に関係があるはずがない、そのような事を聞いたこともないと真顔で答えた。これには日本人教員全員があっけに取られたのだが、いくら説明をしても日本人が何を言うかと、彼は頑として聞き入れなかった。そこで私が研究室から Duden の文法書を取って来て、該当ページを開いて見せたところ、じっとそこに目を通した彼は渋々ながらそれを認めざるを得なかった。その後、彼が退席すると、残った日本人教員らの間では、ベルリン自由大学でドイツ語学文学を専攻した彼からしてあのようなら、一般人は推して知るべしという結論になった。

　Duden の適正ドイツ語辞典（2007: 630）にはわざわざ möchte の項を立てて「möchte には独自の基本形（不定詞）が存在しない」と説明しているが、これは möchten という不定詞形があるのではないかと考えるドイツ人が益々増えていることの証しであるに違いない。

　Trübner のドイツ語辞典（4, 1943: 661）では70年も前に既に次

のように述べられていた。

> 叙想法形 ich möchte 等は、ほとんどこれに対して不定詞 möchten を作りたいという気がするくらい既に使い込まれている。

Große（1969: 410）も「mögen の叙想法過去形は独立して möchten という動詞になる」と述べていた。文法論文では、一般的・抽象的な記述を行なう必要があるので、möchten という不定詞形が好んで使われる。これは文法学者達の方から積極的に「間違った」語形の使用が支持された稀有な事例である。ドイツ語文法学において不定詞 möchten を最初に掲げたのは Ehlich/Rehbein（1972: 318）が最初とされている（Vater 1980: 307）。Ehlich/Rehbein はそこで mögen II（= mögen の叙想法過去形）に次のような脚注を付けている。

> 不定詞として möchten を用いる試みをすることはほとんど可能だろう。この不定詞は当然のことながら新設以外の何物でもない。これによって、mögen が現在その用法においてある種の変化を受けているという事情に対応することができよう。

これを支持する Vater（1980: 303）にも次のような記述が見られる。

> 様相助動詞 möchte（起源としては mögen の叙想法形 II）は意味の点で mögen から遠く離れてしまったので、比較的新しい様相助動詞の研究文献ではしばしば独自の動詞として扱われ、時折は新造の不定詞形（= möchten）が与えられたりもする。

Buscha/Heinrich/Zoch（1977）も教育上の理由で早くから不定詞 möchten を用いている。

> （ドイツ語教育の）方法論的な理由から我々は、ich möchte, du

möchtest 等の活用を取り扱う初期の段階では不定詞 mögen を含めず、該当する語形（= ich möchte 等）は叙想法形として特徴づけないことを提案する。　　　　　　　　　　(23)
（学習の）難しさという観点ではしかし möchten が最も難しくはない事象であり、sollen が最も難しい事象である限りにおいてのみ明白な序列が明らかとなる。　　　　　　　　　　(26)
我々の記述によれば次のような様相助動詞の配列が考えられよう：möchten, können, wollen, müssen, sollen, dürfen.　(26)
möchten が語彙として（ドイツ語教育に）取り入れられる。
　　　　　　　　　　　　　　　　　　　　　　　　(31)

Redder（1979: 191）にも不定詞 möchten が見られる。

これらの問題を扱うことができるために私は…様相助動詞 möchten, können, müssen, dürfen, wollen, sollen の意味を略述したいと思う。

同様に Brünner/Redder（1983）では無数の個所に不定詞 möchten が登場する。

少なくとも möchten や nicht brauchen, werden を（様相助動詞に）追加する十分な根拠がある。möchten は歴史的には過去現在動詞 mögen から発達して、この叙想法形で独立した動詞とみなされ得る。　　　　　　　　　　　　　　　(14)

Brünner/Redder（1983）の中の Wunderlich の寄稿でも同様である。

möchten はほとんど全ての発話行為動詞と結びつく。　(235)

Reis（2001）にも möchten が多々見られる。

> wollen/möchten は不定詞補語の代わりに定形補文を可能にする。　　　　　　　　　　　　　　　　　　　　　　　　　　　(303)

最も先進的なのは Eisenberg（1986）であって、彼は動名詞 das Möchten までも用いているほどである。

> möchten にとって問題は、語源的に mögen と親縁関係にある点にある。　　　　　　　　　　　　　　　　　　　　　　　　(96)
> まだ Blatz の文法書（1900 年）に出て来るのは mögen だけで、möchten は出て来ない。　　　　　　　　　　　　　　　　　(96)
> 一般的には現在、möchten は mögen と並んで様相助動詞の一員とみなされる。　　　　　　　　　　　　　　　　　　　　　　(96)
> 「欲する（das Wollen）」や「好む（das Mögen）」、「望む（das Möchten）」は、…行為者側の心的な過程に結びつけられている。　　　　　　　　　　　　　　　　　　　　　　　　　　　　(102)

Lötscher（1991）にとっても möchten は独立的な動詞である。

> （叙想法過去形が叙実法現在形に変移した）最もよく知られる例は möchten であり、文法書で mögen の叙想法過去形（接続法第 2 式）と述べられているのは伝統的かつ歴史的には正しいが、しかし共時的には mögen から本来的に独立した動詞である。　　　　　　　　　　　　　　　　　　　　　　　　　　　　(338)
> それ（＝ mögen の叙実法）の代わりに叙想法過去形 möchten が wollen の意味をもって強く普及して独立した結果、一方では意味の中の叙想法的要素が完全に消失し、他方では mögen との関連ももはや感じられない。こうして効果的に新しい動詞 möchten が誕生したのだ。　　　　　　　　　　　　　　(354)

Vater（1997: 58）は次のように断言している。

> möchten という不定詞は比較的新しいが、文法の文献だけで

はなくて、話し言葉でも現われる。

さらに彼は次文を可能としている。

　　Paul wird nicht kommen *möchten*.　　　（Hetland/Vater 2008: 98）
　　パウルは来たがらないだろう。

そして現代の話し言葉では既に以前から次のような用法では不定詞 möchten が一般化していると言う。

　　Möchten tät ich schon.　　　（Vater 2001: 83; 2004: 15）
　　望むことなら私はとっくにするのだが＝したいのは山々だが。
　　Von *möchten* kann nicht die Rede sein. Müssen!
　　　　　　　　　　　　　　　　　　　　（Vater 2010: 103）
　　「したい」では話にならない。「しなければならない」んだ！

次例は、オーストリア方言調の話し言葉ではあるが、既に19世紀末に文学作品中で用いられた例である。ここでは存在しない過去形 *möchtete の代わりに möchten tat と換言されている。

　　Daß der Muckerl keine andere will wie dich und selbst, wenn er eine *möchten* tat, mich schon af d'allerletzt, das weißt...
　　　　　　　　　　　（L. Anzenburger 1885年。Vater 2010: 103）
　　あの卑屈者はあんた以外の女を欲してないし、女を一人望んだ時でさえ、私は元々最後の最後なのをあんたは知ってる…。

それどころかベルリン方言では mechten（= möchten）という不定詞形が過去分詞としても用いられることが報告されている（Meyer/Mauermann/Kiaulehn 1971: 52）。

　　Det hätt ick *mechten* sehn!
　　それを私は見たかったのだが。

Duden 文法書の第 8 版（2009: 560）はもう既に不定詞形 möchten に対しては否定的な態度を示さなくなっている。

　　叙想法形 II（＝叙想法過去形）はこの意味（＝「願望」）では時折、独自の不定詞形 möchten が設定されるほど独立している。

　さらなる関連として Vater（2001: 87; 2004: 17）では möchten の新しい主観的な用法が報告されている。

　　möchten は察するに認識的な解釈では wollen のように振舞う。（参照：Paul *möchte* dabei gewesen sein「パウルは居合わせていたと言い張る」）

　そして Vater はこの意味の möchten を次のように換言できるとしている。

　　Paul *möchte* erfolgreich sein/gewesen sein.
　　＝ Paul ist angeblich/nach eigener Angabe erfolgreich（gewesen）.
　　　パウルは本人の言うところでは／自身の申し立てでは成功している／していた。
　　＝ Paul behauptet, dass er erfolgreich ist/gewesen ist.
　　　パウルは、自分が成功している／していたと言い張る。

このような換言は主観的な用法の wollen「と言い張る」と全く同様である。
　Hetland/Vater（2008: 96）や Vater（2010: 107）によれば次のような実例の möchte も will と同様の主観的な——彼らは evidentiell「明証的な」という——意味で用いられているとされる。

　　Niemand aus der Nachbarschaft will etwas bemerkt haben, keiner *möchte* auch nur Verdacht geschöpft haben.

(Kölner Stadtanzeiger 2006/8/30)

近所の誰も何も気づかなかったと言い張っている。誰も疑念すら抱かなかったと言い張っている。

この用法の möchten は既に Ehlich/Rehbein（1972: 334,339）によって指摘されていた。

Udo *möchte* Champignons gefunden haben.
ウードはマッシュルームを見つけたと言い張る。

Ehlich/Rehbein は上掲の例文を次のように解説している。

この文では、観察者（＝発話者）が「私（＝ウード）はマッシュルームを見つけた」という文の断言力を受け入れるよう、ウードによって観察者に期待される。　　　　　(339)
観察者に対するウードの比較的弱い要請が伝えられる。　(339)

Reinwein（1977: 140）でも「möchte 詐称」(möcht-VORGEBEN) として次のような例文が示されている。

Peter *möchte* Paul gesehen haben.
ペーターはパウルを目撃したと言い張る。
Paul *möchte* von Peter gesehen worden sein.
パウルはペーターに目撃されたと言い張る。

この種の用例は現在のところはまだ稀であり、上例の will と möchte の間に意味の差異はなく、単なる文体論的な違いしかないとされているが（Vater 教授からの私信メールによる）、将来的には主観的用法の wollen の弱意形、つまりより詐称性・懐疑性の弱い表現として発展する可能性があるように思われる。
　現代ドイツ語において möchten が wollen と同様の主観的な用法を持ち始めた理由は、wollen と möchten の間に意味の類似性のみ

ならず統語法にも次のような極めて大きな共通性があるからである。

1. 他動詞として対格形客語を取り得る。

  Er *will* nur seine Ruhe.   （DUDEN 4551）
  彼は自分の安らぎしか欲していない。
  Sie *möchte* ein Fahrrad zu Weihnachten. （DUDEN 2625）
  彼女は自転車をクリスマスプレゼントに望んでいる。

2. 他動詞として dass 副文を客語文とし得る。

  Ich *will*, dass du das tust.   （DUDEN 4551）
  私は、君がこれをすることを欲している。
  Sie *möchte* nicht, dass er es erfährt. （DUDEN 2625）
  彼女は、彼がそれを聞き知ることを望んでいない。

3. 客観的な様相助動詞として完了不定詞を取り得る。

  Was *willst* du in 10 Jahren erreicht haben?
         （Die Zeit. Leirbukt 1984: 225）
  何を君は 10 年後に達成しておきたいと欲しているのか。（能動完了）
  Was *möchten* Sie erreicht haben, wenn Sie 40 sind?
         （Der Stern. Leirbukt 1984: 225）
  何をあなたは、40 歳になった時に、達成しておきたいと望んでいるのか。（能動完了）
  Das *will* ich Ihnen auch geraten haben. （Engelen 1973: 52）
  それを私はあなたに忠告しておきたいと思う。（強調完了）
  Das *möchte* ich mir sehr verbeten haben. （Leirbukt 2002: 71）
  それを私は固くお断りしておきたいと思う。（強調完了）
  Des Frevlers Namen *will* ich in meiner Gegenwart nicht mehr genannt haben.   （浜口 1962: 105）

犯罪者の名前をおれのいる前ではもう二度と言ってもらいたくないね。―浜口訳（受動完了）
Wir *möchten* unsere Unterhaltung nicht gestört haben.
（浜口 1962: 106）
私たちは団欒のじゃまをされたくありません。―浜口訳（受動完了）

従って wollen の主観的な用法 Er *will* es nicht gewusst, gesehen haben「彼はそれを知らなかった、見なかったと言い張る」(DUDEN 4551) に対応する Er *möchte* es nicht gewusst, gesehen haben が「彼はそれを知らなかった、見なかったと言い張る」の意味で用いられるようになるのは容易な事である。それも、möchten の以前の主観的な意味「かも知れないのだが」が既に標準語からはほとんど消失してしまっているので、極めて自然の成り行きだと言えよう。

以上の通り、möchten はごく近い将来には一般的な言語使用においても完全に独立した様相助動詞として扱われるに違いない。

7.8.2　brauchen

既に何度か言及したように、現代ドイツ語では必然性の上位否定を意味する nicht müssen や nicht sollen, nicht dürfen は nicht brauchen ± zu で代用される。これは brauchen が様相助動詞の一員になり終えつつあることを示している訳であるが、その様子をここで改めて考察してみたい。

brauchen の様相助動詞としての特徴の程度を測るために、まず現代ドイツ語における主要な様相助動詞 dürfen, können, mögen, müssen, sollen, wollen に共通する特性を考察する。以下に挙げられる特性の個々のものには、確かに他の動詞も関与していることがあるが、しかしその全部または、ほとんど全てを共有しているのが、現代ドイツ語の様相助動詞の特徴である。

A. 形態上の特性
A.1. 叙実法現在単数1人称と3人称の語形は無語尾で、しかも同形である。

ich/er kann.

A.2. 叙実法現在形で単複の語幹母音が異なる。

ich/er kann – wir/sie können。ただし sollen は例外。

A.3. 不定詞と叙実法過去形は互いに語幹母音が異なる。

können – ich/er konnte。ただし sollen と wollen は例外。

A.4. 叙想法過去形の語幹母音が変音化する。

ich/er könnte。ただし sollen と wollen は例外。

B. 意味上の特性
B.1. 客観的な様相性を意味する。
　様相助動詞は、不定詞の表わす事象（動作・状態等）の実現または不実現に対する主語の関わり方——これを客観的な様相性と呼ぶ——を表現する。従って様相助動詞の文法上の主語は不定詞の意味上の行為主体と同一人物・事物である。

Er *kann* schwimmen = Er besitzt die Fähigkeit, zu schwimmen.
（Buscha/Heinrich/Zoch 1977: 15）
彼は泳ぐことができる＝彼は泳ぐ能力を有している。

　この客観的な様相性の体系については Bech（1949）、Welke（1965）、Brinkmann（1971）、Bergmann/Pauly（1975; 1983; 1992）、Blumenthal（1976）、Raynaud（1977a）等によって色々

と論じられているが、どの説も該当するほど、この体系は多面的である。

　今ここで代表的な意味のみを取り上げて、その論理的な関係を考えると、客観的な様相性は次の3群に大別できる。

　　a． 最広義の「必然性」: müssen, sollen
　　b． 最広義の「可能性」: dürfen, können
　　c． 最広義の「志向性」: mögen, möchten, wollen

　この3区分はFourquet（1965: 89）の区分に対応するが、否定の点で次のような論理的関係を有している。

　　①「可能性」の上位否定　＝　「必然性」の下位否定
　　（…することは可能でない　＝　しないことは必須である）
　　②「可能性」の下位否定　＝　「必然性」の上位否定
　　（…しないことは可能である　＝　することは必須でない）
　　③「可能性」　＝　「必然性」の上位否定＋下位否定
　　（…することは可能である　＝　しないことは必須でない）
　　④「可能性」の上位否定＋下位否定　＝　「必然性」
　　（…しないことは可能でない　＝　することは必須である）
　　⑤「志向性」の上位否定　＝　「志向性」の下位否定
　　（…したい意欲がない　＝　したくない意欲がある）
　　⑥「志向性」の上位否定＋下位否定　＝　「志向性」
　　（…したくない意欲がない　＝　したい意欲がある）

　ただし、様相助動詞の用法は規範に強く規定されるので、全ての様相助動詞が上記のような論理的関係式の通りに用いられる訳ではない。従って現代ドイツ語では①の両項（nicht kann/darf tun ＝ muss/soll nicht tun）は普通にあり得るのに、②の左項（kann/darf nicht tun）は一般的ではなくて、右項（nicht muss/soll tun）の方が普通である。二重否定になる③の右項（nicht muss/soll nicht tun）や④の左項（nicht kann/darf nicht tun）は実際的ではないが、

Öhlschläger (1989: 86, 89, 91) によれば次のような上位と下位の二重否定は可能とされる。

> *Nicht* anrufen *soll* man auch *nicht*.
> 電話しないこともすべきでない＝電話してもよい。
> Hans *darf nicht nicht* zur Schule gehen ＝ Hans muß zur Schule gehen.
> ハンスは学校に行かなくてもよくはない＝行かなければならない。
> Ihn *nicht* fragen *kann* man auch *nicht*.
> 彼に尋ねないこともできない＝尋ねなければならない。（英語でも We *can't not* go with them「私達は彼らと一緒に行かないことができない＝行かない訳にはいかない＝行かなければならない」荒木他 1977: 340 参照）

また Faulstich（1983: 150）によれば wollen の二重否定も可能であるが、この場合は単なる肯定と同義になる（上掲の⑥）。

> *Nicht* wegfahren wird sie *nicht wollen* ＝ Sie wird wegfahren wollen.
> 車で出かけないことを彼女は欲しないだろう＝彼女は車で出かけることを欲するだろう。

B.2. 主観的な様相性を意味する。

様相助動詞はまた、話者が伝える情報の信憑性、換言すれば事象（動作・状態等）の現実性・真実性に関して話者が持つ責任の度合と根拠――これを主観的な様相性と呼ぶ――を表現する。

> Mein Freund *kann* heute kommen ＝ Aus bestimmten Gründen glaube ich, daß er heute kommt. (Schulz/Griesbach 1962: 67)
> 私の友人は今日、来るかも知れない＝特定の理由から私は彼が今日、来ると思う。

この場合、様相助動詞の意味上の行為主体と従属不定詞の意味上の行為主体とは別人物・事物であって、上の例文は次のように書き換えることができる。

　　Ich/Man *kann*（客観的様相性）annehmen, daß er heute kommt.
　　私／人は彼が今日、来ると推断することができる。

　ただし次の文例のような、話者が第3者からの情報をそのまま伝える場合の用法は特に「引用的・明証的」(quotativ-evidentiell) と呼ばれることがある（Ehrich 2001: 149, 154, 168）。

　　Das Testament *muss* unterschrieben sein, habe ich gehört.
　　その遺言書は署名されているに違いない、と私は聞いた。
　　Eine Zinssenkung *soll* unmittelbar bevorstehen.
　　利下げが差し迫っているそうだ。
　　Er *will* von den schwarzen Kassen nicht gewusst haben.
　　彼は裏金については知らなかったと言い張っている。

　話者が伝える情報の信憑性の高い順に主観的な様相助動詞とwerdenを並べると次のようになるが、mögenとkönnenの順序は人によって異なることがある。

　1. müssen「違いない」
　2. müssten「違いなかろう」
　3. sollten「はずだが」
　4. werden「（きっと）…だろう」
　5. dürften「だろう」
　6. mögen「あり得る、かも知れない（が）」
　7. können「かも知れない」
　8. könnten「かも知れないだろう」
　9. wollen, möchten「言い張る」（懐疑的）
　10. sollen「だそうだ」（中立的／懐疑的）

möchten「あり得るだろう、かも知れないのだが」をこの序列に加えるドイツ人もいるが（Ehlich/Rehbein 1972: 334）、DUDENの大辞典（2624）では地方的とされる。他方 möchten「言い張る」はごく最近の登場である（Vater 2004: 17; Hetland/Vater 2008: 96）。

nicht brauchen「とは限らない」については詳述する。

sollten（叙想法過去形）「はずだが」を認めているのは Brinkmann（1971: 397ff.）、Erben（1980: 104, 110）、Duden-Gr.（1984: 159）、Glas（1984: 104）、Fullerton（1984: 99）、Nehls（1986: 27, 83）、Öhlschläger（1989: 236）、G. Fritz（1997a: 107）、Maché（2009: 26）、CUS（2009: 137）である。

Welke（1965: 112）は mögen の方が können よりも確実性が高く（Öhlschläger 1989: 187 も同様）、この間に推量の助動詞 werden が入ると述べており、Raynaud（1977a: 23）は次のように様相の副詞を対応させている。

muss, kann nicht	—	sicherlich, gewiss
wird	—	bestimmt, wahrscheinlich
dürfte	—	vermutlich
mag	—	wohl, schon, vermutlich
kann	—	vielleicht, mutmaßlich

Spannagel（1978: 311）もほぼ同様の事を主張している。

> muss は相対的に最強の度合いを、kann/könnte は相対的に最弱の度合いを表現する。中間域（wird, dürfte, mag）にはほとんど明白な尺度を設けることができない。文脈によって初めて、特に様相の副詞によって推測の度合いに関する情報が提供される。

しかし Brünner（1980a: 107）、Brünner/Redder（1983: 83）があるゼミで、「全く確実」を＋5,「全く不確実」を－5 と評価する

ように指示して行なったアンケート調査によれば順序は次の通りである（括弧内は平均値）。

　　müssen　（+ 3.9）
　　müßten　（+ 2.7）
　　werden　（+ 2.6）
　　dürften　（+ 2.1）
　　können　（+ 1.4）
　　mögen　（+ 0.9）

　Valentin（1984: 187）も muß, müßte, wird, dürfte, kann, könnte, mag の順に並べている。G. Fritz（1991: 47; 1997a: 37, 94）も同様である。Dieling（1983: 330）は「können と werden は（蓋然性の）全段階をカバーし、müssen は頂点に限定されていて、mögen はその対極であり、dürfte は中間群の位置を保持している」と述べている。また Wunderlich（1981: 39）では mag を省いて、muß, wird, dürfte, kann の順に並べられている。

　mögen の位置づけが不安定なのは、是認の意味合いがある（Erben 1980: 110; Diewald 1999a: 238）ことと関連している。Dieling（1983: 324）によれば Friederike *mag* zu Hause gewesen sein「フリーデリーケは家にいたのかも知れない」と言うだけでは不十分で、後に aber...「しかし…」が続かなければならない。さらに主観的な意味での mögen の使用が次第に少なくなりつつあることがその不安定な位置づけに関連している（Öhlschläger 1989: 187, 206）と思われる。

　客観的な様相助動詞に当てはまった論理的関係式は主観的な様相助動詞にも当てはまる。①の両項（nicht kann getan haben = muss nicht getan haben）も②の両項（kann nicht getan haben = nicht muss getan haben）も共に可能であるし、二重否定になる③の右項と④の左項も可能である（Faulstich 1983: 141）。

　　Nicht gekommen sein *muß* er *nicht* = Er kann gekommen sein.

彼は来なかったに違いなくはない＝来なかったとは限らない＝来たかも知れない。
Nicht gekommen sein *kann* er *nicht* ＝ Er muss gekommen sein.
彼は来なかったかも知れなくはない＝来なかったはずがない＝来たに違いない。

C. 統語法上の特性
C.1. ほとんど全ての不定詞や完了不定詞と結び付くことができる。その際、主観的用法の方が客観的用法よりも自由度が高い（Jäntti 1983: 63 参照）。

Er *kann* es gewußt haben/wissen/morgen wissen.
（G. Fritz 1991: 31）
彼はそれを知っていた／知っている／明日知るかも知れない。

　Engel（1988: 465）は、客観的用法の様相助動詞は完了不定詞を決して支配しないと述べているが、反証は多くある。

Kannst du bis heute abend alles *gepackt haben*?
（E. M. Remarque. Sherebkov 1967: 360）
君は今晩までに全てを荷造りしておくことができますか。
DIE FRAU: Sie wissen doch, daß wir jetzt noch nicht *weggegangen sein können*.
DER MANN: Wieso *können* wir nicht *weggegangen sein*?
DIE FRAU: Weil es regnet.
DER MANN: Das ist doch kein Grund.
DIE FRAU: Wohin *sollen* wir denn *gegangen sein*?
（B. Brecht, Furcht Sz. 10）
妻：あの人達は、私達が今まだ出かけてしまっていることができないのを知っているのではないですか。
夫：なぜ我々は出かけてしまっておれないのかね。
妻：雨が降っているからよ。

夫：それは理由にならないね。
妻：ではどちらへ私達は行ったことにしましょうか。
Aber Sie *sollen* auch nicht umsonst *gekommen sein*.
(St. Zweig. 浜口 1962: 102)
でもあなたが無駄においでくださったのではないという証拠をお見せ致しましょう。―浜口訳

Der Bewerber *darf* das 52. Lebensjahr im Zeitpunkt der Ernennung noch nicht *vollendet haben*.
応募者は任用時にまだ52番目の生存年を終えていてはならない＝52歳未満であること。（ドイツの大学教授公募の際にしばしば付される応募条件）

Er *mochte* nicht vergebens *gesucht haben*, und darum suchte er verbissen weiter. (Gerstenkorn 1976: 292)
彼は無駄に探したこと（になるの）を好まなかった。それ故に彼は歯をくいしばって探し続けた。

Das *möchte* ich mir sehr *verbeten haben*. (Leirbukt 2002: 71)
それを私は固くお断りしておきたい。

Und man *müßte* die österreichischen（Waggons）nur *betreten haben*, um schon im voraus zu wissen, was diesem Lande geschehen war. (St. Zweig. 浜口 1962: 104)
そして一体オーストリアにどのような事件が生じていたのかを前もって知るには、この国の車両に乗っておきさえすればよいのだが。

Ich *wollte* das vorläufig nicht *gehört haben*.
(Th. Mann. Letnes 2002b: 102)
私はそれを当分の間は聞かなかったことを欲した＝聞かなかったことにしたかった。

論理的な矛盾のない限り他の様相助動詞を従属不定詞とすることもできる。

Kein Mensch *muß müssen*.

(G. E. Lessing. Curme 1922: 321; Hodge 1968: 168; Küpper 1987: 556)
何人も強いられてはならぬ。
Wie viele *müssen müssen*, was sie nicht *wollen wollen*.
(L. Anzengruber. Hodge 1968: 166)
いかに多くの人々が、したいと欲しない事を強いられざるを得ないことか。
Auf 22 Seiten hatte im Juni 1983 ein Gutachtergremium befunden, daß Frauen grundsätzlich zum Bund *wollen*, aber nicht *müssen dürfen*. (Der Spiegel. Zifonun 他 2, 1997: 1259)
22ページにわたって、1983年6月にある専門家委員会が、女子は基本的に国防軍に入る自由意志を持ってよいが、しかし強いられてはならないと判定していた。
Was "können" und "müssen" bedeuten *können müssen*.
(Kratzer 1976: 1)
können と müssen が意味することができなければならない事。
Man *kann* ein Haus nicht kaufen *müssen*, wenn es nicht käuflich ist, also nicht gekauft werden kann. (Raynaud 1977b: 386)
ある家が売り物でなければ、従って買われることができなければ、それを買わなければならないことはできない(=買う必然性は生じ得ない)。
Ich *möchte* Auto fahren *können*. (Vater 2010: 102)
私は車が運転できるようになりたい。
Sie *müssen* ein Haus bauen *müssen*. (Abraham 1991: 112)
彼らは家を建てなければならないに違いない。
Er *soll* nach Berlin fahren *sollen*. (Große 1969: 409)
彼はベルリンへ行くよう命じられているそうだ。

C.2. 従属不定詞に前置詞 zu を必要としない。しかしごく稀に zu 付きの場合もあった。

Die Gefahr von ihr *zu* wenden *magst* du ganz allein.
(J. W. v. Goethe. Curme 1922: 320)

危険を彼女からあなたは全く一人で遠ざけることができます。

現代の話し言葉でも zu 付きの実例が報告されているが、2 例とも副文で、中断の後に従属不定詞が文末に来る場合である。

... weil diese Familie *wollte* [Pause] mit Bürgern dieser Stadt *zu* leben.　　　（ドイツ第1テレビ 2002/10/1。Hetland/Vater 2008: 100）
なぜならこの家族は欲していたからだ［中断］この町の市民達と共に暮すことを。
... wo wir entweder nicht *gewollt* haben oder nicht *gekonnt* haben [Pause] Druck aus*zu*üben.
　　　　　　　　　（ドイツ第1テレビ 2004/6/23。Hetland/Vater 2008: 100）
そこでは私達は欲しないか、し得ないかのどちらかだった［中断］圧力をかけることを。

C.3.　従属不定詞を伴う完了形には過去分詞として不定詞（不定詞型の過去分詞）が用いられる（他に lassen, sehen, hören, fühlen, heißen も同様）。

Ich habe die Aufgabe nicht lösen *können* ― Ich habe die Aufgabe nicht *gekonnt*.　　　（Buscha/Heinrich/Zoch 1977: 12,13）
私はその課題を解くことができなかった――私はその課題ができなかった。

ただしこの原則は一般的な「書かれた標準語」に当てはまる（Eisenberg 1986: 97）のであって、強意、古文調、方言調、俗語調等では弱変化型の過去分詞を取ることがある。

Er hatte Umschau gehalten nach einem andern Gefährten, doch keiner hatte ihn begleiten *gewollt*.　　（J. Wassermann. 浜口 1965: 99）
彼はだれかほかの道連れをさがしたのだが、だれひとり彼の供をしようと言ってくれる人はいなかったのだ。―浜口訳

Ich habe keinen Nepos nicht präparieren *gekonnt*.

(L. Thoma. 浜口 1965: 101; 1968: 102)

僕はネポスの下調べがからきしできなかったんです。―浜口訳

Aber sie hat uns in ein Zimmer geführt, wo wir haben warten *gemußt*. (L. Thoma. 浜口 1970: 58)

しかし彼女は我々をある部屋に案内したのだが、そこで我々は待たなければならなかった。

Ich habe müssen lernen drei Tag, bis ich hab spielen *gekonnt*.

(M. v. Ebner-Eschenbach. 浜口 1965: 102)

こちとらときたら、3日があいだ練習してやっとこさ吹けるようになったというに。―浜口訳

Was haste *mußt* nach Berlin werden!

(E. Strittmatter. Vater 2001: 85. ブランデンブルク・ラウジッツ方言調)

何でお前はベルリンへ行こうとしなければならなかったんだ。

Skilaufen hat er nicht *gekonnt*, sonst war er im Sport ein Ass.

(grammis 2.0, 2014/8/22)

彼はスキーをすることができなかった。その他の点では彼はスポーツの名人だった。（主語内的な不可能性？）

Engel（1988: 464）も話し言葉では時折、弱変化型の過去分詞を耳にすると述べている。

Sie hätte nicht mitkommen *gemußt*.
彼女は一緒に来る必要がなかったのだが。

副文において完了の助動詞が省略された場合にも弱変化型の過去分詞が用いられている。

Das Frauenzimmer, von dem er Geld erpressen *gewollt*（hatte）, wusch sich mit einem nassen Tuch das Gesicht ab.

(J. Wassermann. 浜口 1970: 52)

彼が金を脅し取ろうとしたその女は濡れたタオルで顔を拭った。

Eine Schulkameradin, die sie ehemd gut leiden *gemocht* (hatte), ...hatte den Notar Rübsam geheiratet.
(J. Wassermann. 浜口 1970: 52)
彼女が以前、好いていたある同級生の女性は公証人のリュープザームと結婚していた。

Nur von einem, den er züchtigen *gemußt*（hat）, hätten sie ihn fast fortgelockt. 　(H. Weigel. Folsom 1966: 31; 浜口 1970: 52)
ただ彼が懲らしめないと気が済まなかったある者から彼らは彼をほとんど誘って云らせるところだったのだが。

　逆に南ドイツの話し言葉では従属不定詞を伴わなくても不定詞型の過去分詞を取るのが普通とされる（C.21, C.22 参照）。

Das hätten Sie nicht *müssen*. 　　　　　(Engel 1988: 464)
それをあなたはする必要がなかったのだが。
Die Tante... hat ganz langsam gefragt, wer hat *dürfen*.
（L. Thoma. 浜口 1965: 101）
叔母さんは…ごくゆっくり「（もしそうだったら）だれが乗せてもらえたの」とたずねた。―浜口訳
... und niemand hat ihn *mögen*.　　　（L. Thoma. 浜口 1965: 101）
だれひとり（聖者の像を）ほしがる者はなかったのだ。―浜口訳
Nur hab' ich *wollen*, daß du davon weißt.
(H. Hesse. 浜口 1965: 101)
ただ私は、あんたにそのことを承知していてほしかっただけなのよ。―浜口訳

C.4.　主観的用法の場合には完了形は用いられない（Brinkmann 1971: 384; Engel 1988: 471; Abraham 2001: 7）。

*Erwin *hat* gestern zu Hause sein *müssen*, weil so ein Krach war「エルヴィーンは昨日あんなに大きな音がしたので、家に

いるに違いなかった」は不可（Holl 2001: 230）。

ただし können, mögen, müssen は叙想法過去完了形で用いることができる（浜口 1962: 89; 1976: 194）。

Nirgends stand ein Fenster offen, aus dem der Gesang *hätte* dringen *können*.　　　　(M. v. Ebner-Eschenbach. 浜口 1962: 89)
歌声の洩れてきそうな窓はどこにも開いていなかった。―浜口訳
Nach allem, was ich weiß, *hätte* er da noch in Prag sein *können*.
　　　　　　　　　　　　　　　　　　　　(Reis 2001: 295)
私の知っている全ての事によれば、彼はその時まだプラハにいるかも知れなかったのだが。
Jawohl, für ein ander Mädchen *hätte* das wohl genügen *mögen*.
　　　　　　　　　　　　　　　　　(W. Raabe. 浜口 1962: 89)
そうですとも、よその女の子ならばそれで十分だったでしょうが。―浜口訳（＝十分であるかも知れなかったのだが）
Da lagen Haarnadeln am Boden, nicht eine einzelne etwa, das *hätte* ja Zufall sein *mögen*, mehrere und von verschiedener Größe.　　　　　　　　　　(G. Benn. Allard 1975: 110)
そこでは床にヘアピンが落ちていた。1本だけが偶々落ちていたのではなかった。それなら言うまでもなく偶然であるかも知れなかったのだが。数本、それも様々な大きさのものが落ちていた。
Das *hätte* ja daheim allen auffallen *müssen*.
　　　　　　　　　　　　　　　(W. Bergengruen. 浜口 1962: 89)
村でそんなことしようものなら、きっとみんなの注意をひいたことでしょう。―浜口訳（＝ひくに違いなかったのだが）
Der Bauarbeiter lärmte ziemlich; sonst *hätten* die beiden mein Herankommen hören *müssen*.　　(H. Carossa. 浜口 1976: 194)
その土木作業員はかなり騒いでいた。さもなければ両人は私が近づいて来る足音を耳にするに違いなかったのだが。

Nach allem, was ich weiß, *hätte* er dann zu Hause sein *müssen*.
(Reis 2001: 295)
私の知っている全ての事によれば、彼はその時、家にいるに違いなかったのだが。

　Leirbukt（2002）には主観的な sollen と wollen の叙想法過去完了形の実例も示されている。

… ist es schwer vorstellbar, wie das mutmaßlich inzwischen rom. gewordene spätgot. *Maut*-Wort spätestens in der 2. Hälfte des 8. Jh. über slaw. Gebiet zu den Baiern *hätte* gelangen *sollen*.
(P. Wiesinger. Leirbukt 2002: 72)
多分その間にロマンス語化した末期ゴート語の Maut「関税」が遅くとも8世紀の後半にスラヴ語域を経てバイエルン人らの所に達すると言われたとて、その様子は想像し難い。
Hätte Claudio auch noch so sehr nichts gesehen haben *wollen*, er hätte es… nun nicht mehr können. (H. Reinoß. Leirbukt 2002: 74)
たとえクラウディオがどんなに激しく何も見なかったと言い張ったとしても、彼は今ではもうそうすることができなかったのだが。

　さらに wollen や sollen では叙実法現在完了形も可能とされている。

Man *hat* später wissen *wollen*, daß…
（Klappenbach/Steinitz 4390; Leirbukt 1988: 178; Letnes 2002b: 108f.）
人々は後に…ということを知っていると言い張った。
Hans *hat* mal wieder an allem unschuldig sein *wollen/sollen*.
(Reis 2001: 294)
ハンスはまたしても全てに責任がないと言い張った／責任がないとのことだった。

Diewald（1999a: 415）によれば次例のような間接話法文中の können の叙想法現在完了形も主観的な解釈が排除されないとされる。

> Deine schwester meinte, er *habe* in der schachtel stecken *können*.　　　　　　　　　　　　　　　　　　　(H. Heine. Klarén 1913: 34)
> 君の姉／妹は、（あの時点では）それはあの箱の中に入っているかも知れなかったと（後で）言った。（直接話法は konnte）

主観的用法の過去形については後述する（第 9 章）。

C.5.　主観的用法の場合には不定詞形では用いられない（Vater 1975: 128; Wunderlich 1981: 33; 保阪 1985: 48; Holl 2001: 230; Abraham 2001: 7）。

> *Er gestand mir, wohl einen Augenblick nicht aufgepaßt haben zu *müssen*「彼は私に、察するところ一瞬、注意していなかったに違いないと打ち明けた」は不可（Engelen 1975: 148）。

しかし可能であると主張する研究者もいる。

> Der Angeklagte kann der Täter sein *müssen*.
> 　　　　　　　　　　　　　　　　　　　(Öhlschläger 1989: 210, 245)
> その被告は犯人であるに違いないのかも知れない。（kann は主観的に認識的、müssen は客観的に認識的）
> Der Angeklagte dürfte der Täter sein *können*.
> 　　　　　　　　　　　　　　　　　　　(Öhlschläger 1989: 210, 245)
> その被告は犯人であるかも知れないのだろう。（dürfte は主観的に認識的、können は客観的に認識的）
> Sie würde nach Grönland fahren *müssen*, wäre sie Außenministerin.　　　　　　　　　　　　　　　　　　　(Leiss 2009: 17)
> 彼女は外務大臣であったなら、グリーンランドへ行くに違いないだろう。

Der Verdacht, sich täuschen zu *müssen*, drängte sich auf.
(Reis 2001: 295; Holl 2001: 231)
思い違いしているに違いないという疑いが浮かび上がった。

Hans wies die Unterstellung, wahnsinnig sein zu *müssen*, zurück.　　　　　　　　　　　　　　　　　(Reis 2001: 295)
ハンスは、気が狂っているに違いないという誹謗を退けた。

Der Gedanke, an ihr achtlos vorbeigegangen sein zu *können*, bekümmerte ihn.　　　　　　　　　(Hetland/Vater 2008: 98)
彼女の側をうっかり素通りしたかも知れないという考えが彼の心を痛めた。

Alles schon endgültig durchschaut haben zu *wollen*, ist höchstens die Illusion selbstzufriedener Kleingeister. (Welke 1971a: 293)
全ての事を既に究極的に見抜いたと言い張るのは、精々のところ自己満足的な凡人の幻想である。

Hans soll/muß mal wieder an allem unschuldig sein *wollen*.
(Reis 2001: 294)
ハンスはまたしても全ての事に責任がないと言い張っているそうだ／に違いない。

Jetzt dürfte Hans es wohl wieder nicht gewesen sein *wollen*.
(Reis 2001: 294)
今ハンスは多分またそうではなかったと言い張っているのだろう。

Kratzer（1976: 14）はニュージーランド産の新種の蝸牛をめぐるダーウィンらの架空の議論を創作して、次のような主観的用法の不定詞 können が可能であることを示している。

Ihrer Darstellung nach muß（主観的）ja diese Schnecke im Hinblick auf die zur Verfügung stehenden Berichte auf jeden Fall irgendwelche Saugfüße haben *können*.
彼らの描写によれば、確かにこの蝸牛は自由に使える諸報告を顧慮するといずれにせよ何らかの管足を持っているかも知れな

いに違いない（＝「彼らの描写によれば…に違いない」＋「自由に使える諸報告を顧慮すると…かも知れない」）。
Und auch in Zukunft muß (客観的) diese Schnecke im Hinblick auf alle mir zu Augen oder Ohren kommenden Informationen Saugfüße haben *können*.
そして将来においても、この蝸牛が私の耳目に達する全情報を顧慮すると管足を持っているかも知れない必要性がある（＝持っている可能性がなければならない）。

しかしこのような作例を Holl（2001: 230）は疑問視している。次例は Werlen（1985: 77）が挙げているアレマン方言での実例である。

je irgend es meitschi wird das *müesse* kmacht ha.
誰かある女の子がそれをしたに違いないのだろう。（＝ Je irgend ein Mädchen wird das müssen gemacht haben）

C.6. 主観的用法は条件文中では不可能である（高田るい子 1977: 70）。

*Wenn er jeden Augenblick hier sein *kann*「彼が今にもここに（来て）いるかも知れないならば」は不可。

しかし Öhlschläger（1989: 209）は客観的に認識的な様相助動詞は可能だと主張している。

Wenn der Angeklagte der Täter sein *kann/dürfte/muß*, wird er inhaftiert.
その被告が犯人である可能性がある／蓋然性がある／必然性があるならば、彼は拘留される。（この場合に主観的に認識的な mag は不可）

Dieling（1983: 327）は次のような条件文中の kann は推断ではなくて、仮説の真偽が問題になると述べている。

> Wenn der Butler der Täter sein *kann*, so kann auch der Koch der Täter sein.
> あの執事が犯人である可能性があれば、あのコックが犯人である可能性もある。

C.7. 主観的用法の様相助動詞は疑問文では用いられない（高田るい子 1977: 70）。

> ?Wer *muß/dürfte* dagewesen sein?　　　　（G. Fritz 1997a: 59）
> 誰がそこにいたに違いないのか／いたのだろうか。

ただしこのような疑問文は「誰かがそこにいたに違いない／いたのだろう」という発言の問い返し（Echofrage）「誰がそこにいたに違いないって／いたのだろうって？」としては可能である。

Dieling（1983: 326）も疑問詞に強勢を置き、文末を上昇アクセントで発音すれば、問い返しになると述べている。

> Wer *dürfte* der Täter sein?
> 誰が犯人であるのだろうかって？

面白いことに Wer *könnte* dagewesen sein? は「誰がそこにいたかも知れないだろうって」ではなくて、中高ドイツ語式に「誰がそこにいることができたのだろうか」（= Für wen wäre es möglich gewesen, da zu sein?）と解され得るとのこと（G. Fritz 1997a: 60）。

18 世紀には様相助動詞は疑問文でも主観的に用いられ得たし、Brecht の戯曲にも問い返しではない用例がある。

> Wer *muss* ihn denn erbrochen haben?
> 　　　　　　　　　　　（G. E. Lessing. Klarén 1913: 38）

誰がそれを一体開封したに違いないのか。(「このような用法は今日ではもはや可能ではないだろう」Diewald 1999a: 403)
Wer *musz* uns diesen streich gespielt haben?
(J. Ch. Adelung. Grimms DWb. 12: 2757)
誰が我々にこのような悪戯をしたに違いないのか。(mag よりも確定的)

Was *kann* ich denn gesagt haben? Ich kann mich auch nicht mehr erinnern. (B. Brecht, Furcht Sz. 10)
一体何を私は言ったかも知れないのか。何しろ私はもはや思い出せない。

Wer *kann* das gewesen sein/getan haben?
(Brockhaus-Wahrig 4,240)
それは誰であった／誰がそれをしたかも知れないのか。

Muß ihm dann langsam sein Kollege Heiner Müller unheimlich geworden sein? (Diewald 1999a: 209)
彼にとってその後次第に彼の同僚ハイナー・ミュラーが不気味になったに違いないのか。

Kannst du nicht gesagt haben, daß du diese Schweinereien in den Sakristeien mißbilligst? (B. Brecht, Furcht Sz. 10)
あなたは、聖職者控え室内のこのような不道徳な事を非難すると言ったはずがないのですか。

Doherty（1985: 122）は、主観的な müssen と können の疑問文での使用は制約なく可能であるが、werden と mögen は不可だと言う。

Muß/Kann Konrad verreist sein?
コンラートは旅に出たに違いないのか／かも知れないのか。
*Wird/*Mag Konrad verreist sein?
コンラートは旅に出たのだろうか／かも知れないのか。

Blumenthal（1976: 53）は、様相の副詞があれば主観的な könnenの決定疑問文は可能としている。

 Kann er sich *vielleicht* geirrt haben?
 彼は多分、間違ったのかも知れないのか。

またDieling（1983: 326）によれば、推断が問題ではなくて、仮説の前提条件の有無を問う場合には次文は適切と言われる。

 Kann der Butler der Täter sein? — Ja, er kann der Täter sein.
 あの執事が犯人である可能性（の前提条件）があるのか――そうだ、彼が犯人である可能性（の前提条件）がある。

なお次例は感嘆文での主観的な用法である。

 Wie *muß* er gelitten haben!   （Klappenbach/Steinitz 2577）
 いかに彼が苦しんだに違いないことか！

C.8. 未来形の代わりに現在形がよく用いられる（Buscha/Heinrich/Zoch 1977: 12, 30; Welker 1998: 371）。

 Vielleicht *werde* ich gehen *müssen*. ⇒ Vielleicht *muß* ich gehen.
 もしかしたら私は行かなければならないだろう。⇒もしかしたら私は行かなければならない。

しかし未来性の強調や現時点での推測を表現する場合には当然、未来形が用いられる。

 Mein königlicher Bruder *wird* natürlich seinen vergifteten Liebling rächen *wollen*. （H. Mann. Sherebkov 1967: 357）
 王たる私の兄はもちろん毒殺された自分の寵児の復讐をしたいと欲するだろう。
 Du *wirst* doch nicht in Ernst behaupten *wollen*... daß es einen

Menschen gibt, der dieses Leben hinter Gittern der Freiheit
vorzieht.　　　　　　　　　　　(Fr. K. Ka.l. Sherebkov 1967: 357)
君はそれでも、自由よりも鉄格子の中での生活の方を好んで選ぶ人間がいると本気で主張したいとは欲しないだろう。

　主観的用法の場合に未来形は用いられないのが普通であるが、ごく稀に例外がある。

Du Tor, sie *wird* schon sterben *können*!　(W. Hauff. 浜口 1962: 95)
この馬鹿野郎、この女はそのうちきっと死ぬかもしれないぞ！
―浜口訳
Wird das sein *können*?　　　　　(W. Bergengruen. 浜口 1962: 95)
そんなことがありうるだろうか？―浜口訳
Ich *werde* es wieder getan haben *sollen*.　　　(Curme 1922: 322)
私はそれをしたと再び言われるだろう。（＝ It will be said again that I did it）
Er *wird* es wieder nicht gehört haben *wollen*.　(Curme 1922: 322)
彼は再びそれを聞かなかったと言い張るだろう。（＝ He will claim again that he didn't hear it）

C.9.　特に話し言葉では現在完了形の代わりに過去形がよく用いられる（Brinkmann 1971: 384; Buscha/Heinrich/Zoch 1977: 12, 29; Erben 1980: 96; Vater 1997: 58）。

Das ist nicht gelungen. Das *konnte* nicht gelingen.
　　　　　　　　　　　　　　　　　　（Brinkmann 1971: 384）
それはうまく行かなかった。それはうまく行くことができなかった。

C.10.　他の助動詞 haben, sein, werden と同様、様相助動詞も副文の最後に位置する（*Ich nehme an, daß er *kann* kommen「彼は来ることができると私は思う」は不可）。しかし

versuchen「…しようと試みる」は副文末に来ないことも可能である。… daß er *versucht* zu kommen ＝ daß er zu kommen *versucht*「彼が来ようとすること」(Bergmann/Pauly 1975: 132; 1983: 85)。

ただしこの原則に反する場合（強意、俗語調、方言調）がしばしば見られる。

 Weil ich wissen will, wann ich *muß* aufstehen, und wann ich *muß* schlafen gehen!　　　　　　　(St. Andres. 浜口 1969: 109)
いつ私は起床しなければならないのか、そしていつ私は就寝しなければならないのかを知りたいからだ。

 daß ihm schien, nun sei hier seine Heimat, die er nie mehr *wolle* verlassen.　　　　　　　(G. Britting. 浜口 1969: 109)
今やここに、彼が決して二度と捨てるつもりのない自分の故郷があるように思えたこと。

 Bentry litt sehr darunter, daß er es nicht verhindern *konnte* zu erörtern.　　　　　　　(L. Rinser. 浜口 1969: 108)
ベントリーは彼がそれを議論するのを阻止できなかったことを大いに悩んだ。

 damit wir… in deinem Willen und Geboten treu *mögen* erfunden werden.　　　　　　　(Th. Mann. 浜口 1969: 111)
私達があなたの意思や命令において忠実だと見られるよう。

 Wir fragen, worin sie（mit）dem Zweitakt *müsse* verglichen, worin von ihm unterschieden werden.
　　　　　　　(L. Klages. 浜口 1969: 111; 1972: 99)
どの点でそれが２拍子と比較され、どの点でそれから区別されなければならないのかを我々は問う。

 Wir konnten nicht die Antwort geben, die Ihr *möget* erhofft haben.　　　　　　　(H. Hesse. 浜口 1969: 110)
私達は、あなた達が期待していたかも知れない答えを与えることができなかった。

und je und je vernahmen wir gerüchtweise von irgendeinem Wort, einer Glosse oder Gegenrede, die er einem Lehrer *sollte* gegeben haben.　　　　　　　　　　(H. Hesse. 浜口 1969: 110)
そして時折、私達は噂で、彼がある教師に与えたと言われる何らかの言葉や寸評、反論について耳にした。

C.11. 主文での枠外し（*Ich hatte nicht gekonnt, es zu machen）は不可である。しかし versuchen「試みる」では可能である (Ich hatte versucht, es zu umgehen ＝ Ich hatte es zu umgehen versucht〔Folsom 1968: 321, 322〕「私はそれを回避しようと試みた」）。

　しかし特に俗語的な表現では意味を強調するために、枠外しが見られる（浜口 1965: 110, 111; 1968: 104, 105）。

Du hättest *sollen* Professor werden.　　　　　　(H. Hesse)
おめえは大学教授にでもなれればよかったな。―浜口訳
Ich hätte nachher doch den Brief Ihnen *sollen* bringen.
　　　　　　　　　　　　　　　　　　　　　　(Th. Storm)
のちほどこの手紙をお宅までお届けすることになっていたのですよ。―浜口訳
Oje, 's wär' schad' um die Haut, sie hätt' *können* naß werden.
　　　　　　　　　　　　　　　　　　　　　　(H. Hesse)
おやおや、皮膚こそとんだ災難ね、ずぶぬれになったことでしょうからね。―浜口訳

　標準語の書き言葉でも従属不定詞句が長い場合には枠外しが見られる。

Dieses Wasser hätte *können* teuer verkauft und den Armen gegeben werden.　　　　　　　　　(LB. 1967年。マタ 26,9)
この香水は高く売られて、貧者らに（代金が）与えられ得たの

だが。

... so hätten in diesen vierzehn, richtiger: in den letzten sieben davon, alle zwölf Kinder... ihm *müssen* geschenkt worden sein.
(Th. Mann. Litvinov/Radčenko 1998. 154; Leirbukt 2002: 62)
そうであればこの14年間、より正確に言えば、その最後の7年間に12人の子供全員が彼に贈られたに違いなかったのだが。

C.12. 上位と下位の両否定が可能であり（主観的な mögen は別）、上下の二重否定も不可能ではない（Öhlschläger 1989: 89）。

Fritz *darf nicht* tanzen.
①フリッツはダンスをすることが許されない。（上位否定）
②フリッツはダンスをしないことが許される。（下位否定）
Hans *darf nicht nicht* zur Schule gehen.
ハンスは学校へ行かないことが許されない＝行かなければならない。

このような否定の様式は raten「勧める」でも見られる。

Fritz *rät nicht* zu kommen.
①フリッツは来ることを勧めない。（上位否定）
②フリッツは来ないことを勧める。（下位否定）
Fritz *rät nicht, nicht* zu kommen.
フリッツは来ないことを勧めない。

このことから Öhlschläger（1989: 93）は「様相助動詞」を助動詞ではなくて、本動詞だとみなす。

一方、助動詞 werden の否定は一つの解釈しかあり得ず（Öhlschläger 1989: 82 は全文否定≒上位否定と、Dieling 1982: 329 は下位否定と解する）、二重否定は単なる肯定と解される。

Fritz *wird nicht* kommen.

フリッツは来るまい＝来ないだろう。
Fritz *wird nicht nicht* kommen.
フリッツが来ることはなくはないだろう＝来ないことはないだろう＝来るだろう。

C.13. 副文においても様相助動詞を否定する nicht は様相助動詞の直前に立つことができず、その前の不定詞（句）の前に立つため、上位否定と下位否定の区別が曖昧になる（Öhlschläger 1989: 99）。

… daß Paul den Film nicht besuchen darf.
①パウルはその映画を見に行くことが許されない。（上位否定。
*daß Paul den Film besuchen nicht darf は不可）
②パウルはその映画を見に行かないことが許される。（下位否定）

しかし versprechen「約束する」では上位否定が可能である。

… daß Paul den Film nicht zu besuchen verspricht.
①パウルはその映画を見に行くことを約束しない。（上位否定。
= daß Paul den Film zu besuchen nicht verspricht）
②パウルはその映画を見に行かないことを約束する。（下位否定）

C.14. 状況語（句）は従属不定詞にかかるのが普通であるが、様相助動詞にかかる場合もある（Öhlschläger 1989: 94ff.）。

Jetzt darf Fritz morgen kommen.
今ではフリッツは明日来ることが許されている。
Fritz *muß in Hamburg* studieren, um diesen Beruf ausüben zu können. In Bremen wäre dies nicht nötig.
フリッツはハンブルクでは、この職業に従事できるために、大

学で勉強しなければならない。ブレーメンではこのことは必要ではないのだが。

Die Aktienkurse dürften *wegen des Regierungswechsels* steigen.

①株式相場は上がることが政権交代によってあるだろう。
（wegen des Regierungswechsels は dürften にかかる）
②株式相場は政権交代によって上がることがあるだろう。
（wegen des Regierungswechsels は steigen にかかる）

このような状況語（句）のかかり方からも Öhlschläger は「様相助動詞」を本動詞だと考えている。

C.15. 従属不定詞を強調して文頭に出すことが新高・現代ドイツ語の特異な構文として多用される（浜口 1968: 97）。

Zurufen konnten wir es ihnen auch nicht.　　　　（E. Schnabel）
それを彼らに大声で伝えることも我々はできなかった。
Nur *schweigen müssen* Sie.　　　　（H. Bender）
ただ黙っておりさえすればあなたはよいのです。
Hierbleiben will ich nicht.　　　　（R. Baumgart）
ここにとどまるのを私は望まない。
Aber freilich, *bitten sollte* sie für ihn gehen.　　　　（C. Viebig）
もちろん彼のためにとりなしに彼女は行くべきだが。（bitten は第 2 順位の不定詞）。
Ausgehen möchte ich von einem Notwendigkeitsausdruck'S müssen v'.　　　　（Brünner 1980a: 103）
私が出発したいのは必然性の表現〈S müssen v〉からだ。

C.16. 副文あるいは不定詞句における完了表現で様相助動詞の不定詞が過去分詞として従属不定詞を伴う場合、この不定詞型の過去分詞は副文あるいは不定詞句の末尾に立ち、完了時称の助動詞は従属不定詞の前に立つ（浜口 1970: 55; 1972: 106）。

Wenn sie nur *hätte mitfahren können*!　(A. Seghers. 浜口 1970: 55)
彼女が一緒に行くことができていたらなあ。
Paul wird den Film *haben besuchen dürfen*.

(Öhlschläger 1989: 101)
パウルはその映画を見に行ってよかったのだろう。
Ich glaube es *haben tun* zu *können*.　(Wilmanns 3, 1906: 163)
私はそれをすることができたと思う。（＝オランダ語 Ik geloof het te hebben kunnen doen の方が文法的に正しい！）
Jedes Verbum scheint die Reduplikation *haben wegwerfen* zu *können*.

(Struve. 浜口 1970: 65)
どの動詞も（過去形形成の）語頭音節反復を放棄することができたようである。
Ich freue mich ihn *haben begrüssen* zu *dürfen*.

(Wilmanns 3, 1906: 163)
私は彼に挨拶することが許されて嬉しく思う。（本来は begrüßen *gedurft* zu haben が正しい。Curme 1922: 259）
das Bewußtsein, ihn *haben anschauen* zu *dürfen*.

(Th. Mann. 浜口 1972: 106)
彼を見つめることが許されたという意識。

副文中ではさらなる定形の助動詞が動詞群の先頭に立ち得る。

Es ist eine grobe Vermessenheit von ihm, daß er alles *will haben tun können*.　(橋本文夫 1956: 277)
彼がすべてをなし得たと主張するのは、彼として僭越不遜の振舞である。―橋本訳
Weil er den Wagen nicht *wird haben kaufen wollen*.

(Askedal 2000: 150)
彼がその車を買いたがらなかったのであろう故に。

しかしながらオーストリア方言調の場合には完了の助動詞が様相助動詞の直前に、シュヴァーベン・アレマン方言調では従属不定詞

（本動詞）が文末に立つことがあるとされる（『基礎ドイツ語』1986年11号「ドイツ語質問箱」回答者 Dr. D. Berger）。

> Der Wolf war so schwach, daß er nicht viel Schaden *anrichten hätte können*. （Die Presse 1985年）
> その狼はとても弱っていたので、大した害を与えることはできなかっただろう。―佐伯／鐵野訳
> Daß die Maschine zum Reinigen *abgestellt werden hätte müssen*, wird nicht erwähnt. （E. V. Zenker）
> 機械がクリーニングのために止められねばならないところだったということには触れられていない。―佐伯／鐵野訳
> Was ich... eigentlich *sagen hätte sollen*. （Ch. Wolff）
> 私が…本当は言うべきであったこと。―佐伯／鐵野訳
> Weil er euer Herz und göttliches Vorhaben nicht *hindern hat können*. （Diewald 1999a: 414.390 にも同様例）
> 彼はあなた達の心と神聖な企図を阻止し得なかった故に。（様相助動詞研究の第一人者 G. Diewald はバイエルン州出身の由）
> Wir sagten ihm, daß er uns einen Brief *hätte können schreiben*.
> （Duden-Richtiges 1985: 474; 2007: 631）
> 我々は彼に、手紙の一通ぐらい書くこともできただろうにと言ってやった。―佐伯／鐵野訳

Öhlschläger（1989: 102f.）は、正則的な①よりも変則的な②の方がドイツ語としてより自然な語順であるように思われると述べている。

① Paul wird den Film haben besuchen wollen.
② Paul wird den Film besuchen gewollt haben.
パウルはその映画を見に行きたかったのだろう。

C.17. 副文における定動詞が様相助動詞や未来時称助動詞であり、複数の従属不定詞の中で上位の不定詞が様相助動詞の場合に

は、定動詞は従属不定詞群の前に立ち、様相助動詞の不定詞は副文末に立つ（浜口 1969: 111）。

… während allerdings auf Produkte wie Iphigenie und die Natürliche Tochter vielleicht nur die höheren Schichten Prätentionen *mögen machen dürfen*. 　(Th. Mann. 浜口 1969: 112)
もっとも『イフィゲーニエ』や『自然の娘』のような作品に対しては恐らく上流社会の人達だけが高望みしてよいのかも知れないが。

Ob Filenio nie davon gehört habe, wie eine solche Pflanze als Mittlerin zwischen getrennten Liebenden geheimnisvoll *sollte dienen können*. 　(W. Bergengruen. 浜口 1969: 111)
いかにそのような植物が離された恋人達の間の仲介者として神秘的に役立ち得るのかという噂についてフィレーニオが全く耳にしなかったかどうか。

da wir eine gewisse Reserve beim Kleben *werden gebrauchen können*. 　(H. Böll. 浜口 1969: 116)
我々はある種の予備を編集の際に使用することができるであろうから。

Jetzt aber sah ich es kommen, daß sie selbst eine Menge davon *würde schlucken müssen*. 　(H. Carossa. 浜口 1969: 116)
しかし今や私は、彼女が自らそれを多量に飲み込まなければならないであろうという事態の生じるのを目にした。

しかし例外的に未来時称助動詞が従属不定詞群の中に入っている場合も例証されている。

Aber entscheidend wird auch sein, wie sie sich vor dem Publikum *bewegen wird können*.
　　　　　　　　　　　(Feiburger Korpus. Marschall 1987: 129)
しかし彼女が観客の前でいかに行動できるであろうかということも決定的でしょう。（ミスコンテストの審査条件）

Darüber hinaus deutete er an, daß man spätestens in fünf
Jahren über eine neue Pensionsreform *reden wird müssen*.
(Die Presse.『基礎ドイツ語』1986年12号 56f.)
さらに彼は、遅くとも5年後には新たな年金改革について論ぜ
ざるを得ないだろうと示唆した。―佐伯／鐵野訳

また様相助動詞の不定詞を前置する例も見られる。

Der Brief, den er heute *wird müssen schreiben lassen*.
(関口 1964: 222)
彼がきょう書かせねばならないであろう手紙。―関口訳

C.18. 上位（定動詞）と下位（不定詞）の二重完了形、つまり〈様
相助動詞の叙想法過去完了形＋完了不定詞〉の構成が可能で
ある。

客観的用法
Verschwinden Sie! Sie *hätten* schon vor Jahren *verschwunden
sein sollen*. Nach Spanien.
(E. M. Remarque. Litvinov/Radčenko 1998: 153)
消え失せて下さい。あなたは既に何年も前に消え失せてしまっ
ているべきだったのに。スペインへ。
Was Huret über die Göttinger Studentensitten schreibt, *hätte*
Emile Zola *geschrieben haben können*.
(Deutsche Rundschau 1907年。Curme 1922: 276)
ユレがゲッティンゲンの学生風俗について書いている事をエ
ミール・ゾラは書いてしまっていることができたのだが。
Eigentlich *hätte* er ja mit diesen überschüssigen Geldern die
Schuld des Vaters gegenüber dem Chef weiter *abgetragen haben
können*.
(F. Kafka. 浜口 1962: 107; 1972: 97)
本来ならば、たしかにこの浮いてきた金で父の負債を店主にど
んどん返済していくことができたであろう。―浜口訳（abge-

tragen haben は強調の完了不定詞）

Streichholzschachteln, die frei und selbstgefällig auf dem Küchentisch lagen, waren vor ihm, der das Streichholz *hätte erfunden haben können*, nie sicher.

(G. Grass. 浜口 1970: 56; Litvinov/Radčenko 1998: 153; Leirbukt 2002: 75)

台所のテーブルの上に気ままに、高慢ちきに横たわっているマッチ箱（複数）は、マッチを発明しておくことができたかも知れない彼の前では決して安全ではなかった。

Wieviel Gläser（und wieviel Wein!）*hätte* er *getrunken haben müssen*, um einen solchen Satz richtig sagen zu können?

（M. Walser. 浜口 1972: 97; Litvinov/Radčenko 1998: 154）

本来ならば、そのような文を適切に言うことができるためには、いかに多くのグラス（といかに多くのワイン）を彼は飲み乾していなければならなかったのだろうか。

Etwas, das uns nicht mehr gehörte und das uns *hätte* fremd *geworden sein müssen*.

（Kulturpol. Korrespondenz 1981 年。Leirbukt 1984: 233）

何かあるもの、それはもはや我々のものではなくて、我々にとって縁遠いものになってしまっていなければならなかったのだが。

Nicht was es *hätte gewesen sein wollen*, sondern was es wirklich war, ist wichtig.

（B. Reifenberg. 浜口 1970: 56; Litvinov/Radčenko 1998: 153）

そうであっておきたいと思った事ではなくて、現実にそうであった事が重要である。

Merkwürdigerweise haben mir deine kleinen Geschichten, obwohl sie manche Hemingwaysche Wendung enthalten, fast alle gut gefallen. Von denen *hätte* ich … fast jede selber *gemacht haben wollen*.

（E. Strittmatter. Litvinov/Radčenko 1998: 153; Leirbukt 2002: 62）

奇妙にも、君の短編物語（複数）は幾つかのヘミングウェイ的な表現法を含んではいるが、ほとんど全てが十分、私には気に

入った。それらのほとんどどれをも私は自分で作っておきたかったのだが。

Euer zweites, nachträgliches Angebot mit dem Paperback-Band, was mich sehr reizt, ist eben zu spät gekommen, ich *hätte* dann mit dem Aufbau(-Verlag) nicht schon *verhandelt haben dürfen*.

(E. Strittmatter. Litvinov/Radčenko 1998: 153; Leirbukt 2002; 62)

君達の2番目の追加的な、ペーパーバック版の申し出は――私をとても魅惑するが――何しろ届くのが遅すぎた。それなら私はアウフバウ出版社と既に交渉してしまっていてはならなかったのだが。

主観的用法

Es *hätte geregnet haben können*. (Lyons 1983a: 411)
雨が降ってしまっていたかも知れなかったのだが。
Er *hätte* zu diesem Zeitpunkt in Prag *gewesen sein können*.
(Reis 2001: 296)
彼はこの時点でプラハにいたかも知れなかったのだが。
Der Bootsverleiher hatte an dem Nachmittag an viele junge Paare Boote vermietet und sie alle zurückbekommen. Darauf zu achten, daß einer etwa in Begleitung wegfuhr und allein wiederkam, war ihm nicht möglich gewesen; es *hätte* ja auch die zweite Person irgendwo... *ausgestiegen sein können*.

(M. L. Kaschnitz. Leirbukt 2002; 73)

その貸しボート屋はその日の午後、多数の若いカップルにボートを貸し出して、全てを返してもらっていた。ある男が例えば女連れで漕ぎ去って、一人で戻って来ることに気を配るのは彼には不可能だった。もちろん第2の人物がどこかで降りてしまっていたかも知れなかったのだが。

Da *hätte* er sich aber schwer *getäuscht haben müssen*.
(Reis 2001: 296)
それなら彼はひどく思い違いをしていたに違いなかったのだが。

Es kam aber die Vermutung auf, daß es keine Deutschen waren; niemand will ein Nationalitätszeichen gesehen haben. Aber dann *hätten* es Russen *gewesen sein müssen*... Das ist doch wohl wenig wahrscheinlich. (H. Reinoß. Leirbukt 2002: 73)
しかし、それはドイツ兵らではないという推測が成立した。誰も国籍表示を目にしなかったと言い張っている。しかしそれならば、それはロシア兵（＝ソ連兵）らであったに違いなかったのだが。…だがこれは恐らくほとんどありそうな事ではないだろう。

Wären damals nur vierzehn Jahre verflossen gewesen, so *hätten* in diesen vierzehn, richtiger: in den letzten sieben davon, alle zwölf Kinder... ihm *müssen geschenkt worden sein*, was, da vier Frauen in Tätigkeit waren, an und für sich nicht unmöglich gewesen wäre.

(Th. Mann. Litvinov/Radčenko 1998: 154; Leirbukt 2002: 62)
もしもあの頃に14年しか経ってしまっていなかったのであれば、この14年間、より正確に言えば、その最後の7年間に12人の子供全員が彼に贈られたに違いなかったのだが。この事は、4人の妻が勤しんでいたので、それ自体あり得なくはなかっただろう。

Hätte Claudio auch noch so sehr nichts *gesehen haben wollen*, er hätte es... nun nicht mehr können.(H. Reinoß. Leirbukt 2002: 74)
たとえクラウディオがどんなに激しく何も見なかったと言い張ったとしても、彼は今ではもうそうすることができなかったのだが。

稀ながら叙実法過去完了形の例も報告されている。

Ursprünglich *hatte* er die Reise schon am 21. November *beendet haben wollen*. (Die Welt. Litvinov/Radčenko 1998: 154)
元々彼はその旅行を既に11月21日には終えてしまっていたかったのだ。

さらには Leirbukt（2002: 82）によれば次のような三重完了形も文脈次第では可能だと認めるドイツ人もいるとのことである。

> Sie hatten Glück. Der Chef hatte ihnen mehr Zeit gelassen. Sonst *hätten* sie diese Arbeit schon bis Ende Mai *erledigt gehabt haben müssen*.
> 彼らは運が良かった。社長は彼らにもっと時間を与えていた。さもなければ彼らはこの仕事を既に5月末までに片付けておいてしまわなければならなかったのだが。（二重完了不定詞 erledigt gehabt haben は過去完了の不定詞に相当する）

C.19. 客観的用法の場合、方向規定の状況語句があれば、従属不定詞（移動を表わす自動詞、例えば gehen, kommen）は省略できる。ただし肯定の mögen は不可（Brünner/Redder 1983: 16）。

> Sie *können* jetzt nicht *aufs Feld*.
> 彼らは今は野良仕事に行けない。
> Ich *mag* nicht mehr *nach Haus*. 　　（Th. Fontane. Bech 1949: 3）
> 私はもはや家へ帰る気がしない。

稀に受動の不定詞も省略されることがある。

> Die Kohlen *müssen aus dem Waggon*. 　　（Welke 1965: 15）
> その石炭は貨車からシャベルですくい出される必要がある。
> （geschaufelt werden の略）
> Der Brief *soll* möglichst schnell *zur Post*.
> 　　　　　　　　　　　　　（Duden-Bedeut. 2010: 863）
> この手紙はできるだけ早く郵便局へ持って行かれるべきだ。
> （gebracht werden の略）

これらの場合でも gehen, kommen が省略されていると考えるこ

とは可能である。

　この完了形には弱変化型の過去分詞を用いるのが原則であるが、不定詞型の過去分詞が用いられる場合も相当多い（浜口 1965: 105）。

> Er hatte nach Waldleiningen *gewollt*, um nach seinen Pferden zu sehen. 　　　　　　　　　　　　　　　（J. Wassermann）
> 彼は馬の様子を見にヴァルトライニンゲンへ行くつもりだった。―浜口訳
> Ich habe nicht zu dir *wollen*. 　　　　　　　　（A. Schnitzler）
> わたくし、あなたのお部屋へ行くつもりはなかったのよ。―浜口訳
> Sie hat ohne heilige Zehrung davon *müssen*.
> 　　　　　　　　　　　　　　　　　　　（E. G. Kolbenheyer）
> 彼女は臨終の聖餐を受けずに死ななければならなかった。

C.20. 客観的用法の場合、方向規定の副詞と一体化して分離動詞となることができる。

> herab-, auf-, hinauf-, weg-, durch-, herbei-, vorbei-, hinein-, herein-, hin-, hinüber-, weiter-, vor-, heraus-, mit-（同時同一方向）、fort-, zu-, hinzu-können（Mater の逆引き辞典の記載順。他に an-, umhin-, dafür-können も挙がっている）

　これらの分離動詞は DUDEN や Brockhaus-Wahrig の大辞典では話し言葉とされている。

　この場合の完了形にも弱変化型の過去分詞を用いるのが原則であるが、不定詞型の過去分詞を使った例もある。

> Er hat nicht weg *gewollt*. 　　　　　　　　　（浜口 1965: 104）
> 彼は立ち去ることを望まなかった。―浜口訳
> Ich habe fort *müssen*. 　　　　　　　　（Behaghel 2, 1924: 369）

私は去らなければならなかった。（南ドイツの話し言葉）
Heute nachmittag, gerad' wie ich aus der Fabrik hab' fort *wollen*, hat mir einer einen Brief geschickt.
（L. Ganghofer. 浜口 1965: 105）
今日の午後、ちょうど工場から退出しようとしているところへ、さる人から手紙を受け取った。―浜口訳

C.21. 客観的用法の場合、従属不定詞（句）を es/das/dies で代用できる。

Er kann doch den Sohn nicht enterben. Doch, *das kann* er.
（Folsom 1968: 322）
だが彼は息子を廃嫡することができない。いや、彼はそれができるよ。
Kann Peter schwimmen? Ja, *das kann* er. (Hetland/Vater 2008: 109)
ペーターは泳げるのか。うん、彼はそれができるよ。

この場合の完了形には弱変化型の過去分詞を用いるのが原則であるが、不定詞型の過去分詞が用いられた例もある（C.3 参照）。

Er hätte gern noch etwas fragen wollen; er hatte *es* schon im Auto *gewollt*.
（A. Seghers. 浜口 1965: 108）
彼はほかにまだたずねたいことがあった。自動車に乗っているうちからそう思っていたのだ。―浜口訳
Dieses Wort von Mann zu Mann erfüllte mich mit Stolz und Reue und traf mich im Herzen, wie kein anderes Wort *es* hätte *können*.
（H. Hesse. 浜口 1965: 108）
この男と男の約束は、僕を誇りと悔恨の念で満たし、ほかのどんな言葉をもってしても、とうてい及ばないほど、僕の心にこたえた。―浜口訳
Hätten wir nicht der Schifferstochter helfen sollen, du und ich? Oder wenn es dir lästig war, hätt' ich *es* nicht *sollen*?

(J. Wassermann. 浜口 1965: 108)
ぼくたちは、2人で共力して、あの船頭の娘を当然助けてやるべきところだったろうね？ それとも君がいやならば、ぼくだけでもそうすべきところだったろうね？─浜口訳

　この場合の様相助動詞が副文において未来時称助動詞と共に用いられる場合は、未来時称助動詞が文末に立つのが原則である（浜口 1972: 100）。

Aber daß er dies einmal *können würde*, war ihm nicht fraglich.
(E. Strauß)
しかし彼がこれをいつかできるであろうということは彼には疑わしくはなかった。

　主観的用法の場合、es/das による代用は限定的に可能である（Öhlschläger 1989: 243 は「不可」）。

Elisabeth muß in letzter Zeit viel gearbeitet haben. *Das muß* sie wohl/Sie *muß es* wohl. 　　　　　（Zifonun 他 2, 1997: 1258）
エリーザベトは最近、大いに勉強したに違いない。彼女は察するところそうに違いない。（主語が異なる *Das muß Hans auch／*Hans muß es auch「ハンスもそうに違いない」は不可。Öhlschläger 1989: 47 参照）
Peter muss gelogen haben. ─Ja, *das muss* er.
(Hetland/Vater 2008: 109)
ペーターは嘘をついたに違いない。─うん、彼はそうに違いない。
Kann Peter gelogen haben?/Peter kann gelogen haben. ─Ja, *das kann* er. 　　　　　（Hetland/Vater 2008: 109）
ペーターは嘘をついたかも知れないのか／ペーターは嘘をついたのかも知れない。─うん、彼はそうかも知れない。
Peter will in Rom gewesen sein. ─Ja, *das will* er.

(Hetland/Vater 2008: 109)

ペーターはローマにいたと言い張っている。―うん、彼はそう言い張っている。

C.22. 客観的用法の場合、従属不定詞（句）を完全に欠くことができる。

Ich rauche nicht. Ich *darf* nicht. (Buscha/Heinrich/Zoch 1977: 14)
私は喫煙しない。私は許されていないんだ。
Haben Sie verstanden, was der dahermurmelte? ... Kann "Heil Hitler" geheißen haben. *Muß* nicht. Die Brüder hab ich schon gern. (B. Brecht, Furcht Sz. 3. 真鍋 1958: 9)
その男がぶつぶつ言った事が分かりましたか。「ハイル・ヒットラー」だったかも知れないが、そうであった必要はない（＝そうでなくても構わない）。あの連中が私は好きなのだ。
《Regeln, was man *darf* und was man nicht *darf*》, erklärte Wolzow großsprecherisch, 《gibt es in der Strategie überhaupt nicht》. (D. Noll. Buscha 1975: 45)
「何がよくて、何がいけないのかという規則は、この戦略には全くないのだ」とヴォルツォーは偉そうに説明した。
Was für ein konfuser Vorgang! Er schien zu *wollen* und nicht zu *können*. (Th. Mann. Buscha 1975: 48)
何と支離滅裂な事か。彼は気があるのに、できないようだった。

この場合の完了形にも弱変化型の過去分詞を用いるのが原則であるが、不定詞型の過去分詞が用いられた例もある（C.3 参照）。

Ich habe alle Tage noch mehr zu diesem Briefe schreiben wollen, und nicht *gekonnt*. (F. Gellert. 浜口 1965: 104)
私は毎日この手紙を更に書き足そうと思いながら、それができませんでした。―浜口訳
Ich habe gesagt, wir wollen mit Ännchen und Cora marschie-

ren, aber er hat nicht *mögen*. 　　　　　(L. Thoma. 浜口 1965: 103)
僕は「アンナちゃんとコーラと一緒に並んで行進しようじゃないか」と言ったのだが、彼はいやだと言った。―浜口訳

　この場合の様相助動詞が副文において未来時称助動詞と共に用いられる時も、未来時称助動詞が文末に立つのが原則であるが、強意を意図した俗語的な表現では様相助動詞が文末に立つことがある（浜口 1968: 104; 1969: 115; 1972: 100）。

Wenn du nicht *wirst wollen*, ja, da hätt'st ihn müssen früher wegschicken. 　　　　　(Th. Mann)
もし君が望まないなら。もちろん、あの時は彼をもっと早く解雇しなければならなかったのだが。

　主観的用法であっても従属不定詞（句）を完全に欠き得る（Öhlschläger 1989: 243 と Diewald 1999a: 55 は「不可」）。

"Durchfallen ist einfach unmöglich. Einfach unmöglich. Sind das Gedanken!" "Ich meine nur, es könnte ja doch sein..." "Es *kann* nicht, Hans, es *kann* nicht; darüber sei ganz beruhigt."
　　　　　(H. Hesse. 浜口 1964: 155f.)
「落第なんか絶対にするものかね。絶対にするはずがないとも。とんでもない料簡だ！」「僕はただそんなことないとは言えないって、思っただけのことです。」「そんなはずはないよ、ハンス、あるものかね。そんなことはちっとも心配することはないよ。」―浜口訳

　推量の助動詞 werden の単独使用も例証されている。

Präsident: Das ist der Mann, der die Milford heuraten (= heiraten), und die erste Person am Hofe werden *wird*.
Hofmarschall: Sie stoßen mir ein Messer ins Herz. *Wird*? *Wird*?

Warum *wird* er? Wo ist die Notwendigkeit?

(Fr. v. Schiller, Kabale und Liebe 3,2. Saltveit 1962: 254f.)

宰相：それが例の男（＝内膳頭<ruby>ナイゼンノカミ</ruby>）だな。そいつがきっとミルフォード夫人（＝領主の愛妾）と結婚して、宮廷の第一人者になるだろうよ。

侍従長：あなたは（内膳頭を目の仇にしている）私の心臓にナイフを突き刺す（ようなことをおっしゃる）。だろうですって？　だろうですって？　何故に彼だろうなのですか？　どこにその必然性があるのですか？

　従って問い返しの場合には主観的な müssen/können を単独で使用することも不可ではない。

Er muss/kann es getan haben. ―*Muss/Kann*? Warum *muss/kann* er?
彼がそれをしたに違いない／したかも知れない。―違いないって／かも知れないって？なぜ彼に違いないのか／彼かも知れないのか？

C.23. 他の助動詞 sein, haben, werden と同様、疑問文の答えに代動詞 tun を使用することができない（Isačenko 1965: 173; Erben 1969: 47; Hetland/Vater 2008: 109）。

Kann Peter schwimmen? ―Ja, das *kann* er.
ペーターは泳げるのか。うん、彼はそれができるよ。(*Ja, das tut er は不可)
Kann Peter gelogen haben? ―Ja, das *kann* er.
ペーターは嘘をついたかも知れないのか。うん、彼はそうかも知れない。(*Ja, das tut er は不可)
Peter wird gelogen haben. ―Ja, das *wird* er.
ペーターは嘘をついたのだろう。うん、彼はそうだろう。(*Ja, das tut er は不可)

tun 代用の不可能性は様相助動詞（Modalverb）が助動詞であることの証左となるが、他方、様相性動詞（Modalitätsverb）の scheinen, drohen, versprechen 等は本動詞性が強いので、tun 代用が可能である。

　　Scheint es zu regnen? —Ja, das *tut* es.
　　雨が降る様子があるのか。うん、そうだ。
　　Droht es zu regnen? —Ja, das *tut* es.
　　雨が降る恐れがあるのか。うん、そうだ。
　　Verspricht es zu regnen? —Ja, das *tut* es.
　　雨が降る見込みがあるのか。うん、そうだ。

　なお本動詞としての haben「持っている」や können「習熟している、心得ている」も tun 代用は不可とされる（Hetland/Vater 2008: 109）。
　さらに口語調の換言〈tun ＋不定詞〉も様相助動詞では不可能である（Durbin/Sprouse 2001: 143f.; Chr. Schwarz 2009: 109）: *Er tut gut Englisch（sprechen）können「彼は英語がよくできる」。

C.24.　wollen や können 以外の叙令法形は用いられない。

　　O *wolle* nicht den Rosenstrauch huldvoll als Gruß mir reichen.
　　　　　　　（J. V. Scheffel. Behaghel 2, 1924: 248; Hetland/Vater 2008: 99）
　　おお、そのバラの潅木を慈悲深く挨拶として私に差し出したいと思うな。
　　Der Jungfrau *wolle* hold dich neigen, Dem Kind, das für den Vater fleht!　　　　（A. Storck/F. Schubert. 佐々木 1989: 131）
　　この乙女に、父のために切に願うこの子に、やさしい心をお寄せください。―佐々木訳
　　Du bist edel, *wolle* deinen Adel nicht verachten.
　　　　　　　　　　　　　　　　（W. Bergengruen. 浜口 1968: 94）
　　君は気高い。君の気品を軽蔑したいと思うな。

助動詞 wollen の叙令法形には叙想法現在形 wollest/wollst が、また本動詞としての wollen の叙令法形には、nimm「取れ」等に準拠して、will が用いられたことがある（Blatz 1, 1895: 558）。

    Nur eine Bitte, Herr, *wollst* mir gewähren.　　（Chr. M. Wieland）
    主よ、私に願いを一つだけ叶えて下さい。
    Will du nur recht, nimm dich zusammen!　　（B. Auerbach）
    さあ汝は正義を欲せよ、奮起せよ！

können の叙令法形は wollen の叙令法形よりもさらに稀である。

    Doch sprich es nicht nur! *Könn*'es auch wahrhaftig.
                     （L. Schefer. Grimms DWb. 11, 1724）
    どうかそれをただ単に口に出してくれるな。本当にそれをすることもできよ。

C.25.　他動詞として用いられ得る mögen, möchten, wollen, können 以外、受動形は不可能である（Brinkmann 1971: 383; 浜口 1972: 91）。

    Karl *wird* von allen *gemocht*.　　（Eisenberg 1986: 101, 102）
    カルルは全員に好まれる／望まれる。
    Das *war* nicht *gewollt*.　　（Brinkmann 1971: 383）
    それは欲されていなかった。
    So ein Trick will *gekonnt sein*.　　（D. Noll. Welke 1965: 18）
    そのようなこつが心得られている必要がある。
    Auch sterben muß *gekonnt sein/werden*.（Zifonun 他 2, 1997: 1255）
    死ぬことも心得られている／心得られる必要がある。
    Englisch *wird* von allen *gekonnt*.
               （Öhlschläger 1989: 60; Hetland/Vater 2008: 104）
    英語が全員によって心得られる。（しかし *Englisch wird von Hans gekonnt「英語がハンスによって心得られる」は不可。

Durbin/Sprouse 2001: 144 参照）

Diese Aufgabe *wurde* von allen *gekonnt*.　　（König 1970: 249）
この課題は全員によって果たされた。

In diesem Fach muß nicht weniger *gekonnt werden* als in anderen Fächern.　　（Klappenbach/Steinitz 2174）
この学科では他の学科におけるよりも少なく心得られてはならない＝少なくとも同じくらいは修得されなければならない。

Brünner/Redder（1983: 111）は、sollen の受動、例えば Das *war* wohl eher *gesollt* als gewollt「それは察するところ欲されていたというよりも、むしろ命じられていたのだろう」も考えられなくはないと言う。

また Debrunner（1951: 72）によれば冗談では müssen や dürfen の受動も考えられるとのことである。

Du willst nicht? —Dann *wird* eben *gemußt*!
君はしたくないんだね。—だったらどうしてもされなければならないよ。
So etwas sollte nicht *gedurft werden*!
そんな事は許されるべきではないのだが。

C.26. 能動文の様相助動詞は受動文でも同じ意味で用いられ得る（Feltkamp 1969: 363f. はこれを Transpassivität「超受動性」と呼ぶ。他に werden, scheinen, drohen, pflegen, aufhören, anfangen, beginnen 等も同様）。

Johann *sollte* das Buch lesen.
ヨーハンはその本を読むべきだった。
Das Buch *sollte* von Johann gelesen werden.
その本はヨーハンによって読まれるべきだった。
Er *durfte* die Tür nicht öffnen.
彼はその戸を開けてはいけなかった。

Die Tür *durfte* von ihm nicht geöffnet werden.
その戸は彼によって開けられてはいけなかった。
Peter *muss/kann* das Buch lesen.
ペーターはその本を読むに違いない／読むかも知れない。
Das Buch *muss/kann* von Peter gelesen werden.
その本はペーターによって読まれるに違いない／読まれるかも知れない。

しかし様相性が主語に内在する wollen や möchten は事情が異なる。

Er *will/möchte* das Mädchen nicht küssen.
彼はその女の子にキスしたくない。（彼の志向性）
Das Mädchen *will/möchte* von ihm nicht geküsst werden.
その女の子は彼にキスされたくない。（彼女の志向性）

能動文の wollen の意味を受動文でも保持しようとすれば、sollen が用いられる。

Man *will* Schweine nur montags und donnerstags schlachten.
豚は月曜日と木曜日にのみ屠殺することにしている。
Schweine *sollen* nur montags und donnerstags geschlachtet werden.
豚は月曜日と木曜日にのみ屠殺されることになっている。

können では「超受動性」が認められる場合とそうでない場合とがある。

Peter *konnte* das Buch nicht verstehen.
ペーターはその本を理解し得なかった。
Das Buch *konnte* von Peter nicht verstanden werden.
その本はペーターによって理解され得なかった。

能動文の nicht können が本の側の難解さという主語外的な障碍を意味している場合には「超受動性」が生じるが、他方、能動文の nicht können が主語内的な無能力であれば、本の側では外的な障碍であるので、「超受動性」は生じない。

C.27. ラテン語 bene-volens「好意的な」や male-volens「悪意のある」の翻訳借用とされる wohl-wollend や übel/miss-wollend とか ver-mögend「能力のある」、hoch-mögend「声望のある」、groß-mögend「大きな権力を持つ」のような形容詞化したもの以外、現在分詞の使用は極めて稀である（Brinkmann 1971: 384）。

ein nicht enden *wollender* Nachmittag.
(Th. Storm. Trübners DWb. 8,254)
終わろうとしない＝終わりそうにない午後。
das nicht enden *wollende* Gelächter.　　　（Curme 1922: 268）
その終わろうとしない＝終わりそうにない高笑い。
Er machte eine höflich sein *sollende* Bewegung.
彼は礼儀をわきまえたつもりの行動を取った。
alle Deutsch sprechen *könnenden/müssenden/dürfenden* Studenten.　　　（Abraham 2002: 30）
ドイツ語を話すことができる／話さなければならない／話してよい全学生。
Das Spiel gewinnen *wollend/sollend/müssend* strengte sich Paul sehr an.　　　（Hetland/Vater 2008: 99）
その試合に勝ちたいと思って／勝つように命じられて／勝たなければならないとパウルは大いに頑張った。
Es verging Zeit, bis ich in Schüben begriff…, daß ich unwissentlich oder, genauer, nicht wissen *wollend*, Anteil an einem Verbrechen hatte.　　　（G. Grass. Hetland/Vater 2008: 99）
私が知らず知らずに、あるいはより正確に言うと、知りたいと思うことなく、ある犯罪に加担していることを一団の中で理解

するまで時間がかかった。

　主観的用法の現在分詞、例えば *der sich jetzt（sicher）ärgern *müssende* Erwin「今（きっと）怒っているに違いないエルヴィーン」は不可とされる（Holl 2001: 230）。

　以上のような様相助動詞の統語法上の諸特性は様相助動詞が助動詞と本動詞の両方にまたがる「ハイブリッド的な」（Diewald 1999a: 64）機能を持っていることを示している（Öhlschläger 1989: 74 参照）。

D.　頻度上の特性

　様相助動詞の使用頻度は一般に極めて高い。Kaeding（1897, 1898）が速記法のために選んだ書き言葉のテキスト中の 10,906,235 の語形の内で 5,000 回以上現われる 200 語に様相助動詞は入っており、これら以上に多いのは代名詞と、2、3 の接続詞や前置詞、並びに助動詞 haben, sein, werden にすぎない（Große 1969: 407）。そこでの様相助動詞の頻度順は次の通りである。

können	52,384 回
müssen	30,350 回
wollen	27,834 回
sollen	23,910 回
mögen	14,406 回
dürfen	9,432 回

　Ruoff（1981）の話し言葉の頻度辞典によれば、全 50 万語形の内の動詞の用例 105,939 に占める各様相助動詞の使用頻度は次の通りである。

5 位：müssen	3,432 回	（3.24％）
10 位：können	2,131 回	（2.01％）

第 7 章　新高ドイツ語・現代ドイツ語における様相助動詞　333

14位：wollen　　　　883回（0.83％）
22位：sollen　　　　507回（0.48％）
26位：dürfen　　　　380回（0.36％）

möchten（86回0.08％）と mögen（37回0.03％）の使用頻度は低い。

Rosengren（1972–1977）の新聞語の頻度辞典によれば、Die Welt 紙の全2,465,836語形（54,703語）中の頻度は次のようになっている。

24位：können　　　　9,945回
39位：sollen　　　　6,744回
42位：müssen　　　　6,235回
57位：wollen　　　　3,858回
98位：dürfen　　　　2,022回
203位：mögen　　　　1,027回

以上の通り、現代ドイツ語の6個の伝統的な様相助動詞は種々の特性を共有している訳であるが、このような特性の多くを新しい様相助動詞 brauchen が具有するに至っていることは既に幾多の研究者によって指摘されている。現在までに確定している特性は次の通りである。

B.1.　brauchen は否定表現において客観的な様相性「実行の不必然性」（上位否定「…する必要がない」）を意味する（B.1 は上掲の伝統的な様相助動詞の特性に対応する。以下同様）。

 Es *braucht* nicht sofort *zu* sein.　　　　（DUDEN 653）
 即刻である必要がない＝時間がある。
 Du *brauchtst* doch nicht gleich *zu* weinen.　　　　（DUDEN 653）
 でも君は直ぐに泣く必要がない＝泣く理由がない。
 Brauchtest（叙想法過去形）du nur nicht erst den Umweg *zu* ma-

chen!　　　　　　　　　　　　　(Flämig 1962: 133)
君が最初から回り道をせずに済みさえすればいいのだが。
Du brauchst nicht zu kommen.　　　(Blumenthal 1976: 45)
君は来る必要がないよ（でも来てくれると、とても好都合なのだが）。(brauchst nicht に強勢)

次例の否定詞 niemandem は従属不定詞の客語ではあるが、それを否定するのではなくて、助動詞 brauchen を否定する。

Er braucht niemandem zu gehorchen.(Lerner/Sternefeld 1984: 187)
彼は誰にも従う必要がない。

下記のような brauchen 文も、表面的には肯定文であるが、深意・真意は否定文である。

Wir brauchen nur verstellt zu weinen, so thun sie ihre Schuldigkeit.
（Chr. Gellert 18 世紀半ば。Campes WDSpr. 1, 606; Grimms DWb. 2, 318）
私達は嘘泣きをしさえすればよいのです。そうすると彼らは自分の義務を果たしますよ。（最初期の用例、しかも制限的）
Es brauchte（叙想法過去形）nur das Winkelmaß der Logik an die Sprache gelegt zu werden.　　　(G. Storz. Folsom 1968: 325)
論理学の直角定規が言語に当てられることだけが必要なのだが＝当てられさえすればよいのだが（それ以外の事はなされる必要がないのだが）。
… zu selbstverständlich, als daß man sich darüber den Kopf zu zerbrechen brauchte（叙想法過去形）.(F. Bracher. Folsom 1968: 325)
その事について頭を悩ます必要があるには余りにも自明だ＝自明すぎてその事について頭を悩ます必要がない。
Beweise haben wir so gut wie keine, was braucht er also zu fürchten?　　　　　　　　　(S. Bertl. Folsom 1968: 325)
証拠を我々は持っていないのも同然だ。従って何を彼は懸念す

る必要があるのか＝懸念する必要がない。

Brauchst du denn das *zu* tun? (Pauls DWb. 187)
君はそもそもそれをする必要があるのか＝する必要がない。
Brauchen d i e nach Mallorca *zu* fahren! (Zifunun 他 2, 1997: 1277)
あの連中はマジョルカ島へ行く必要があるのだと！＝行く必要なんかないのに！
Es ist nichts, was Sie *zu* beunruhigen *braucht*.

(H. Martin. Folsom 1968: 326)
あなたを不安にする必要がある事は何もない＝何もあなたを不安にする理由がない。
Fritz glaubt nicht, daß er *zu* kommen *braucht*.

(Lerner/Sternefeld 1984: 187)
フリッツは、自分が来る必要があるとは思っていない＝来る必要がないと思っている。
Ich finde meine Frage, was nun weiter sein soll, nicht so abwegig, daß Lila mich deswegen an*zu*schreien *braucht*.

(M. Frisch. Folsom 1968: 326)
今やさらに何があるべきかという私の問いを、リーラがそれ故に私をどなりつける必要がある程、的外れだと私は思わない＝どなりつける必要がない。
Was der Ehegatte, der das Gesamtgut verwaltet, zum Gesamtgut schuldet, *braucht* er erst nach der Beendigung der Gütergemeinschaft *zu* leisten.　(民法典 1446,1。Gliwiński 2000: 293)
共有財産を管理する配偶者が共有財産に対して負う責務は、財産共有状況の終了後に初めて果たす必要がある＝果たせばよい＝それ以前には果たす必要がない。
Sie *brauchen* höchstens 10 mark dafür *zu* bezahlen.

(Blumenthal 1976: 44)
あなたはそれに精々10マルク支払えばよい＝それ以上は支払う必要がない。(しかし *Sie brauchen mindestens 10 Mark dafür zu bezahlen「あなたはそれに少なくとも10マルク支払えばよい」＝「それ以下は支払う必要がない」は論理的に無

意味)

しかしながら Pfeffer（1973）が集めた話し言葉の用例では 100 例中、4 例は純然たる肯定文であった。

　Er *braucht* auch können.
　彼はできる必要もある。（zu なし）
　... so daß er... zweihundertachtzig Mark bezahlen *braucht*.
　その結果、彼は 280 マルク支払う必要がある。（zu なし）
　... so daß die Büchereien also den Bestand... aufstellen *brauchen*.
　その結果、全図書館は要するに蔵書を配置する必要がある。（zu なし）

これらの用例は brauchen が müssen と同じ客観的な意味で用いられていることになるが、もう 1 例は müssen の主観的な意味と同様に使われている。

　Es *brauchen* immer so die sehr schwierigen Sachen *zu* sein.
　それはいつもそのように大変厄介な案件であるに違いない。

brauchen の肯定使用は「異例」（Pauls DWb. 187）ではあるが、既に 18・19 世紀の文学作品からも例証されている。

　Es ist entsetzlich, daß ich dir *zu* sagen *brauche*: er ist unschuldig.
　　　　　　　　　　　　　　　　　（J. W. v. Goethe.
　　　Pauls DWb. 187. Goethe-Wortsch. 128; Goethe-Wb. 2,857）
　彼は無実だ、と私が君に言う必要のあることは恐ろしい事だ。
　... *zu* melden, wie lange Zeit ich habe biss ich wieder etwas Manuscript *zu* schicken *brauche*.
　　　　　　　　　　（J. W. v. Goethe. Goethe-Wb. 2,859）
　私が再び多少の原稿を送る必要のある日までどのくらい余裕が

あるのかを伝えるよう。

Es *braucht* nun gezeigt *zu* werden, dasz dieser prinz einer solchen abscheulichkeit fähig war.

(Fr. v. Schiller. Grimms DWb. 2,318; G. Fritz 1997a: 54)

この王子はそのような醜行の素質があったということが今や示される必要がある。

Was ist's, das wieder gut *zu* werden *braucht*?

(Fr. v. Schiller. Folsom 1968: 326)

再びよくなる必要があるものとは何か。

nicht brauchen がしばしば禁止を表現することについては既に Debrunner（1951: 114）が次のように述べている。

Du *brauchst* nicht *zu* lachen は先ずもって「君が笑うことは不必要だ」を意味する。しかし今ではこれを我々は禁止「笑うな！」として口に出す。

Wandruszka や Raynaud, Klappenbach/Steinitz も nicht brauchen が話し言葉では禁止法（Vetativ）として用いられることを認めている。

Erich, du *brauchst* niemand *zu* sagen, daß ich gekommen bin.

(H. Hesse. Wandruszka 1969: 420)

エーリヒ、君は僕が来たことを誰にも言ってはいけないよ。（= Don't tell any one）

Der Junge wird rot. "Verkohlen *brauchst* du mich nicht!"

(E. M. Remarque. Raynaud 1977a: 15)

その若者は赤くなった。「君は僕をからかうな」。（zu なし）

Du *brauchst* gar nicht *zu* lachen!　　(Klappenbach/Steinitz 661)

君は全く笑うべきではない。（= Du solltest lieber nicht lachen）

このような禁止表現は方言（調）でも報告されている（Scaffidi-

Abbate 1973: 27)。

> Hier *braucht* keiner *zu* rauchen.　　（H. Frischbier. プロイセン方言調）
> ここでは誰も喫煙してはならない。
> Deem *brauchs* näischt *ze* léinen.　　　　（ルクセンブルク方言）
> 彼に君は何も貸してはならない。(= Dem darfst du nichts leihen)

そうすると、本来は上位否定の nicht brauchen「…する必要がない」が下位否定「…しない必要がある」と解されていることになる。Vater（2004: 22）でも Niemand braucht es (zu) wissen「誰もそれを知る必要がない」= Niemand soll es wissen「誰もそれを知るべきではない」とある。Faulstich（1983: 145）によれば下例の nicht brauchen も下位否定とされる。

> Du *brauchst* bloß nicht hin*zu*gehen, und schon ist das Problem gelöst.
> 君は出向かないようにしさえすればいい（＝出向くことだけはしてはいけない）。それでもう問題は解決済みなんだ。(= Du mußt bloß nicht hingehen)

既に話し言葉では異例ながらも肯定の用例が報告されていることも考え合わせると、将来いつか brauchen が自由かつ完全に müssen と競合する時代が来るのかも知れない。

C.1.　従属不定詞が完了不定詞である場合。

> Man *braucht* nicht alles selbst *gesehen* noch *erlebt zu haben*.
> 　　　　　　（J. W. v. Goethe, Max. und Refl. 570. Goethe-Wortsch. 128)
> 人は全ての事を自分で見たり、また体験したりしておく必要がない。
> Man *braucht* dieses Städtchen nie *verlassen zu haben*, um die Hitlerstimme noch heute im Ohr zu haben.

(M. Frisch. Leirbukt 1984: 223)

ヒトラーの声を今日でも耳に残しておくために、この小さな町から立ち去ってしまう必要は決してない。

Universell von Veranlagung und alle Möglichkeiten der Welt in mir hegend, *brauchte* ich eine fremde Sprache nicht eigentlich *gelernt zu haben*, um... für kurze Zeit wenigstens, den Eindruck ihrer flüssigen Beherrschung vorzuspiegeln.

(Th. Mann. Leirbukt 1984: 224)

天分が万能であり、かつ世界の可能性を全て自分の中に抱いていたので、少なくとも暫くの間は、流暢な熟達の印象を本当だと思わせるために、私は外国語を本来、学んでおく必要がなかった。

Paul *braucht* nicht bis morgen den "Faust" *gelesen haben*.

(Vater 2004: 17)

パウルは明日までに『ファウスト』を読んでおく必要がない。（zu なし）

Ihr *brauchtet*（叙想法過去形）mich nicht so sehr *aufgefordert haben*. (Diewald 1999a: 406)

君達は私をこれほどまでひどく挑発しておく必要がないのだが（zu なし）。

Es *braucht* nur e i n e Zeile *zurückgeblieben zu sein*.

(A. Schnitzler. Leirbukt 1984: 224)

1行、残っておりさえすればよい。

他の様相助動詞を従属不定詞にする場合。

Dann *braucht* man wenigstens nicht mehr lesen *zu können*.

(Wunderlich 1981: 33)

その場合少なくとも、もう読むことができる必要はない。

In unserer Lage *brauchten* wir ja auch nicht viel mehr als schießen *zu können*.

(J. Barth, Tsingtau Tagebuch.

Geschrieben in Marugame, Januar/Februar 1915. OAG, Tokyo 1985, S. 22)
我々の置かれている状況下では言うまでもなく射撃以上のことができる必要もなかった。

C.3. 従属不定詞を伴う完了形には過去分詞として不定詞型のbrauchen が用いられる。

 Er hatte sich nicht *zu* schämen *brauchen*.
         (G. Gaiser. Folsom 1968: 321)
彼は恥じる必要がなかった。
 Es（= das Missgeschick）hätte nicht *zu* sein *brauchen*.
         (DUDEN 653)
それ（＝不運）はある必要がなかったのだが＝避けることができただろうに。

従って弱変化型の過去分詞 gebraucht の使用は今日では誤りとされるが（Duden-Gr. 1984: 193）、20世紀初めまでは gebraucht と brauchen が共存していて、むしろ brauchen の方が間違いとされていた（Andresen 1923: 67）。

 Ein jedes Gut nach seinem Wert zu schätzen, habe ich dich nicht *zu* lehren *gebraucht*. (J. W. v. Goethe. 浜口 1967: 64)
一つ一つの物をその価値に応じて評価することを私は君に教える必要がなかった。
 (Ihr) hättet mich nicht *zu* mahnen *gebraucht*.
         (Wilmanns 3,1906: 169)
あなたは私を促す必要がなかったのに。（ドイツ語学の大家 Wilmanns は brauchen も容認していた。3,1906: 161）
 Er hätte nur die Regungen der eigenen Brust *zu* besingen *gebraucht*. (H. Heine. Sanders 1908: 101; 浜口 1967: 64)
彼は自分自身の胸の動きを全て歌にしさえすればよかったのだが。

Dieses glückliche Geschöpf hatte... nichts, nicht das geringste hinunter*zu*schlucken und stumm *zu* verwinden *gebraucht*.

(Th. Mann. Aldenhoff 1962: 201)

この幸福な人間は何事も、いささかも甘受し、黙って耐える必要がなかった。

Die Regierung hätte das Buch gar nicht *zu* verbieten *brauchen*.

(H. Heine. Sanders 1908: 101; 浜口 1967: 64)

政府がその本を禁止する必要は全くなかったのだが。

Hätte sie's nie *zu* erfahren *brauchen*.

(K. Gutzkow. Andresen 1923: 67)

彼女はそれを知る必要が全くなかったのであれば。

Ich hätte mich bloß nicht ein*zu*mischen *brauchen*.

(Curme 1922: 258)

ただ私が口出しする必要はなかったのだが。(I simply had no need of mixing myself up in the matter.「(brauchen ほど) 一般的ではないが、より正しくは gebraucht」)

これに対して従属不定詞がなければ本来的な弱変化型の過去分詞が使われる。

Ich hätte es nicht *gebraucht*.　　　　　（Folsom 1968: 321）

私はそうする必要がなかったのだが。

C.10. 副文の最後に位置する。

＊daß sie nicht *braucht*, ihn zu sehen は不可（Zifonun 他 2, 1997: 1258。正しくは daß sie ihn nicht *zu* sehen *braucht*「彼女が彼に会う必要のないこと」）。

C.11. 主文での枠外しは不可である。

＊Ich habe nicht *gebraucht*, mich zu schämen は不可（Folsom

1968: 321。正しくは Ich habe mich nicht *zu* schämen *brauchen*「私は恥じる必要がなかった」)。

C.15. 従属不定詞を強調して文頭に出した例。

 Nur einmal *zu begießen* hätte man sie *gebraucht*.
        (W. Bergengruen. Aldenhoff 1962: 201)
 一度だけそれに水やりすればよかったのだが。
 Zu umarmen brauchen Sie mich zwar nicht unbedingt.
        (A. Lernet-Holenia. Gelhaus 1969: 320)
 私を抱きしめる必要は必ずしもあなたにはありませんが。
 Zu hetzen brauchen wir heute erstmalig nicht.
       (K. Graudenz/E. Pappritz. Folsom 1968: 326)
 我々は今日初めて急いで行く必要がない。
 Kaum *zu erläutern brauche* ich auch die überragende Rolle des Raumfaktors.   (H. Steger. Folsom 1968: 326)
 空間要因の格別な役割も私が解説する必要はほとんどない。

C.16. 副文において不定詞型の brauchen が過去分詞として従属不定詞を伴う場合、この brauchen は副文末に立ち、完了時称の助動詞は従属不定詞の前に立つ。

 ... wenn ich gestern nicht *hätte zurückzufahren brauchen*.
      (W. Lohnes/F. Strothmann. Folsom 1968: 322)
 もしも私が昨日（乗り物に乗って）戻る必要がなかったのならば。
 ... vielleicht weil ihre Keuschheit für ihn zu selbstverständlich war, als daß er sie *hätte zu erwähnen brauchen*.
        (J. Bodamer. Folsom 1968: 325)
 もしかすると彼女の純潔は、彼がそれに言及する必要がなかったほど、彼にとっては自明であったので。

C.19. 方向規定の状況語句があれば、従属不定詞（移動を表わす自動詞）は省略できる。

Du hast einen lahmen Fuß und *brauchst* nicht *zur Bundeswehr*.
(W. Friedrich. Folsom 1968: 323)
君は片足が麻痺している。それで連邦国防軍に入隊する必要がない。
Ich *brauche* heute nicht *in die Stadt*. (DUDEN 653)
私は今日、町へ行く必要がない。
... so daß man nur *in ein Geschäft braucht*. (Pfeffer 1973: 92)
その結果ある店に行きさえすればよい。

C.20. 方向規定の副詞と一体化して分離動詞となることができる。

Vorläufig *brauchen* wir nicht mehr *hin*. (DUDEN 1805)
さしあたり我々はもはやそちらへ行く必要がない。
Nun, ein Stückchen *braucht* man *weiter*. (Pfeffer 1973: 92)
さあ、もう少しさらに行きさえすればいいのだ。
Margot *braucht* vielleicht nicht *mit*. (Pfeffer 1973: 92)
マルゴットは多分一緒に行く必要がないだろう。
Ein paar Freunde, die nicht *mitbrauchten*, waren an Bord, um uns "Lebewohl" zu sagen.

(J. Barth, Tsingtau Tagebuch. Geschrieben in Marugame, Januar/Februar 1915. OAG, Tokyo 1985, S. 1)
一緒に行く必要のなかった2、3人の友人達が我々に別れを告げるために船上にいた。

上記の3例の内でhin-brauchenだけはDUDENの大辞典に話し言葉として収録されている。

C.21. 従属不定詞（句）をes/dasで代用できる。

Wenn Sie bisher nicht daran glaubten, daß fliegende Unter-
tassen oder auch Flugobjekte（Ufos）Weltraumschiffe anderer
Planeten sind..., dann *brauchen* Sie *es* auch in Zukunft nicht.
　　　　　　　　　　　（Mannheimer Morgen. Folsom 1968: 322）
もしもあなたがこれまで、空飛ぶ円盤あるいはまた（未確認）
飛行物体（UFO）は他の惑星の宇宙船であると信じていな
かったのなら、将来もそうする必要がない。
Ich fahr'dich in dein Geschäft. *Das brauchst* du nicht.
　　　　　　　　　　　　　　（S. Bertl. Folsom 1968: 322）
私は君を君の事務所へ車で送るよ。君はそうする必要がない。

C.22. 従属不定詞（句）を完全に欠くことができる。

　　Wenn Sie nicht wollen, *brauchen* Sie nicht.
　　　　　　　　　　　（K. Graudenz/E. Pappritz. Folsom 1968: 323）
　　あなたはしたくなければ、する必要がない。
　　Ich *brauche* nicht, sagte der andere.（O. v. Essen. Folsom 1968: 323）
　　私はする必要がない、と他方の男が言った。

C.23. 代動詞 tun は使用できない（Hetland/Vater 2008: 109）。

　　Peter braucht nicht kommen. ― Nein, das *braucht* er nicht.
　　ペーターは来る必要がない。うん、彼はその必要がない。
　　（*Nein, das tut er nicht は不可）

他動詞 brauchen はもちろん tun 代用が可能である。

　　Peter braucht keine Hilfe. ― Nein, das *tut* er nicht.
　　ペーターは助けを必要としない。うん、彼はそうしない。

C.26. 受動文でも能動文と同じ意味で用いられ得る（超受動性）。

Meinetwegen *brauchst* du ein hoffnungsvolles Leben nicht hin-(zu)werfen.
　私のために君は希望に満ちた人生を投げ出す必要がない。
　Meinetwegen *braucht* ein hoffnungsvolles Leben nicht hinge-worfen（zu）werden.
　私のために希望に満ちた人生が投げ出される必要はない。

　以上が brauchen に既に備わっている様相助動詞の特性であったが、次に今なお備わっているとは認められていない特性を検討してみたい。

A.1.　ich/er brauch という無語尾形は、既に話し言葉では、他の様相助動詞からの類推によって使用されることが報告されている（Wilmanns 3,1906: 161; Scaffidi-Abbate 1973: 31; Bergmann/Pauly 1983: 89; Wurzel 1984: 149; Lehmann 1991: 513）。Duden の適正ドイツ語辞典（2007: 186）は話し言葉では、特に zu なしの不定詞と共に用いられる際には時折 er brauch という無語尾形が使われるが、この形は許されないとしている。Engel（1988: 464）によれば（特に北ドイツの）話し言葉ではしばしば語尾の t が落とされるという。

　　Er *brauch* nicht unterschreiben.
　　彼はサインする必要がない。

　Zifonun（2000: 53）は er brauch を「標準語以下」（Substandard）としており、Duden 文法書の第 8 版（2009: 459）も単数 3 人称形の brauch を正しくないとしながら、次のような実例を挙げている。

　　Wer einmal eine wissenschaftliche Arbeit verfasst... hat, dem *brauch* man es nicht mehr *zu* sagen...　　（Tagesspiegel 2000 年）
　　学術的な著作を書いたことのある者に、それをもはや言う必要はない。

多くの方言では無語尾形が定着していると言われる（Wilmanns 3,1,1906: 161; Kolb 1964: 76; Scaffidi-Abbate 1973: 31; Bruch 1955: 74f.）。興味のあることに、アメリカのペンシルベニア・ドイツ語では本動詞の er braucht に対して助動詞は er brauch である（Haag 1982: 81）。ベルリン方言も同様である（Meyer/Mauermann/Kiaulehn 1971: 52。Er *braucht* Geld「彼はお金を必要としている」—Darum *brauch* er donnich jleich haun!「だがそのために彼は直ぐ殴る必要がないよ」）ので、ペンシルベニア・ドイツ語の事態を英語の he needs（本動詞）—he need（助動詞）の影響と考える必要はない。ラインフランク方言でも助動詞としての er brauch が確認されている（Brugmann 1912: 372,373。Er *brauch* nit *zu* komme「彼は来る必要がない」）。恐らく近い将来、少なくとも話し言葉では様相助動詞として ich/er brauch という無語尾形が一般化するであろう。

A.2 と 3 の特性（*bräuchen）を brauchen が持つようになるとは当分、期待できない。しかし方言にはこの特性が生じている。例えばペンシルベニア・ドイツ語では不定詞と複数形に ei を持つ別形があって、次のように変化する（Haag 1982: 81）ので、Buffington/Barba（1954: 76）では Modal Auxiliaries の一つとして扱われているほどである。

```
ich brauch        mir brauche/breiche
du brauchscht     dihr braucht/breicht
er brauch         sie brauche/breiche
```

ei は au の変母音であって、名詞の Maul「口」（単数形）—Meiler（複数形）は標準ドイツ語の Maul—Mäuler に対応する。この方言では同様に solle（＝標準ドイツ語 sollen）の複数形にも変母音が見られる（mir/sie solle/selle; dihr sott/sett）。

A.4. bräuchte という南ドイツ起源の、本動詞としての叙想法過

去形が既に話し言葉としてDUDENの大辞典に収録されている。

　　Ich brauchte/（ugs.:）*bräuchte* eigentlich neue Schuhe.
　　　　　　　　　　　　　　　　　　　　　　（DUDEN 653）
　　私は本来、新しい靴を必要としているのだが。

　Dudenの文法書では、この語形を他の様相助動詞への同化形（Kolb 1964: 74, Folsom 1968: 328, Scaffidi-Abbate 1973: 32; Vater 2004: 20）とは考えず、叙実法過去形から区別するために生じた形であろうと考え、次のような文学作品中の用例を第2版（1966: 114）は「本来、正しくない」としていたが、第4版（1984: 126）は「地方的である」と認めている。

　　Keiner wird mich künftig sehen, der mich nicht wahrhaftig *bräuchte*!　　　　　　　　　　　　　　　　　　　　（H. Carossa）
　　私を本当に必要としない人は誰も将来、私に会わないだろう。

　しかしながら、hätteと混合変化動詞のdächteやbrächteを別にすれば、他の弱変化動詞には類例（*räuchteや*gläubte）が知られていないので、やはりbräuchteは他の様相助動詞の叙想法過去形（dürfte, könnte, möchte, müsste, wüsste）、ことに本動詞としても機能して、「欲しい」という似た意味を持つmöchteの影響下で生じて、広まりつつあるのではなかろうか。
　Dudenの適正ドイツ語辞典（2007: 186）はbräuchteを追認し始めている。

　　日常語、とりわけ話し言葉では普通の語形であるbräuchte, bräuchtest等はまだ一般に標準語としては受け入れられない。

　しかしDuden文法書の第8版（2009: 459）はさらに肯定的になっている。

叙想法形 II（＝叙想法過去形）では語幹母音は今日しばしば——話し言葉ではそれどころか規則的に——変音化される（brauchte に代わる bräuchte）。

このように bräuchte に対する Duden 編集部の見方が徐々に肯定的になって来ていることから考えると、これが様相助動詞 brauchen の叙想法過去形として書き言葉でも一般化するのはそう遠くはないように思われる。

C.2.　Trübner のドイツ語辞典（1, 1939: 411）によれば brauchen の従属不定詞に zu が付かない例は既にグリムの童話集（初版 1812–1815 年）に見られ、話し言葉では G. Hauptmann の『御者ヘンシェル』（1899 年）や Th. Mann の初期の作品『ブッデンブロークス家の人々』（1901 年）にも見られる。

Da hätt' ich se nich erscht *brauchen* mitbringen.
(G. Hauptmann. Biener 1932: 20)
そんなこって態々（わざわざ）ひっぱって来るもんかい。—秦訳（シュレージエン方言版 Do hätt' ich se ni irscht *braucha* mitbrenga「それなら俺は彼女を先ずもって連れて来る必要がなかったのに」。zu なし）

Wir haben uns nicht schämen *brauchen*.
(Th. Mann. Biener 1932: 20)
我々は恥じる必要がなかったんだ。（zu なし）

しかし zu を付けないのは誤り（Andresen 1923: 67 参照）で、zu を付けるのが文法規則とされていたために、この規則の是非を巡って幾多の議論がなされてきた。その過程で生まれた Wer *brauchen* ohne *zu* gebraucht, braucht *brauchen* gar nicht zu gebrauchen「brauchen を zu なしで用いる者は brauchen を用いる必要が全くない」（ブラウヘン、ツ抜き遣いはあきまへん）という「語呂合わせ的な規則」はかつてよく学校の教師が生徒に忠告とし

て与えたのであった。ところが1840年にはこの規則で自嘲する人もいたと伝えられている（Trübners DWb. 1, 1939: 411）。

> Sei großmütig, da die Strafe in Deiner Hand liegt und Du nur mich lange auf einen Antwortsbrief warten lassen *brauchst*（zu lassen willst Du ja）.
>
> （J. G. Droysen から L. E. Heydemann への手紙 1840/6/20）

君は寛容であって欲しい。罰は君の手中にあるのだし、君は僕に長く返書を待たせさえすればよいのだから（君は「zuを放棄する」〔*zu* lassen〕／「〔僕を〕許し入れる」〔zu-lassen〕つもりだよね）。

次例は B. Brecht の戯曲『第3帝国の恐怖と困窮』（1935–1938年）の中の台詞であるが、同一人物が同一文を相前後して zu 付きと zu 抜きで口にしている。

> DER MANN: Aber sie hätten ihm nicht die Jacke *zu* verreißen *brauchen*. So dick hat es unsereiner nicht.
> DIE FRAU: Auf die Jacke kommt es doch nicht an.
> DER MANN: Sie hätten sie ihm nicht verreißen *brauchen*. (Sz. 2)

夫：しかし彼らは彼の上着を引き裂く必要がなかったのに。我々のような者はさほど裕福ではないのだ。
妻：上着なんかが問題ではないのよ。
夫：彼らは彼の上着を引き裂く必要がなかったのに。

Trübner のドイツ語辞典第1〜4巻の編集者であった Götze は既に1939年に brauchen の zu なし不定詞に対して肯定的な態度を示していた。

> 生の用語法は正当であり、brauchen がいわゆる助動詞に発展するのを促進している。それ故に我々は zu なしの brauchen にもこれ以上、反対しないようにしよう。

しかしながら Götze の主張はその後、受け入れられた訳ではなくて、状況は依然として同じようなものである。

　Pfeffer（1973）によれば、zu が付く場合と付かない場合の比率は、書き言葉では 34:1（68例：2例）で前者が圧倒的であるが（Gelhaus〔1969〕によれば 26:1〔583例：22例〕）、話し言葉では 5:4（56例：44例）とほぼ拮抗しており、年齢・社会層・性別・地域の片寄りはないと言う。

　書き言葉でも既に過去分詞としての brauchen が認められているのに、zu なし従属不定詞の方がまだ認められていないのは大きな矛盾である。この点について Kolb（1964: 77）は次のように強く非難していた。

　　それでその原因は、個別を全体に関連づけないで見る文法や文体批評による言語の形式主義的な規制以外の所にはほとんどあり得ない。

Kolb の主張によれば、ドイツ語の言語構造から見て正しいのは Er hat es nicht *zu* tun *gebraucht* か Er hat es nicht tun *brauchen* のどちらかであって、Er hat es nicht *zu* tun *brauchen* は首尾一貫していないのである。

　Scaffidi-Abbate（1981）が新聞編集者とギムナージウムのドイツ語教師に対して行なったアンケート調査によれば、zu を付けない用法を私的には正しいと考えていても、古い規範に固執する人からの批判を恐れて、公的には zu を付ける人がかなりいることが分かる。従って Duden 疑義辞典の第2版（1972: 147）の意見も控えめであった。

　　従って zu なし不定詞に対しては、少なくとも学校外の領域では、ある種の寛容が望ましい。

Duden 適正ドイツ語辞典の第6版（2007: 185）ではさらに進んで次のように述べられている。

特に話し言葉では不定詞の前の zu はしばしば省略される。
書き言葉では不定詞の前の zu は大抵の場合まだ置かれる。

　標準語の書き言葉でも brauchen 自体が zu 付きの不定詞として用いられる場合には従属不定詞に zu を付けないで済ませたり、また受動の不定詞を支配する場合にも zu を省いたりすることが多いと指摘されている（浜口 1967: 62,63）。さらには口調の理由や従属不定詞の強調前置も挙げられる（Gelhaus 1969: 320; Duden-Gr. 1984: 377）。

> Daß man glaubt, sich um diese Anforderungen nicht kümmern zu *brauchen*.
> (M. Weber から兄／弟 Alfred への手紙 1885/7/30。Trübners DWb. 1,412)
> これらの要請に構う必要がないと思っていること。
> Wir als zukünftige Verteidiger Tsingtaus glaubten nicht, die Verbündeten fürchten zu *brauchen*.
> (J. Barth, Tsingtau Tagebuch. Geschrieben in Marugame, Januar/Februar 1915. OAG, Tokyo 1985, S. 6)
> 我々将来の青島守備兵達は同盟国軍を恐れる必要があるとは思っていなかった。
> Er versprach mir, nicht nach Rom fahren zu *brauchen*.
> (Engelen 1975: 151)
> 彼は私に、ローマへ行く必要がない（＝行かなくてもよい）と請け合った。
> Das Bewußtsein, sie nur rufen zu *brauchen*, macht mich irr.
> (E. E. Dwinger. 浜口 1967. 62)
> 彼女を呼びさえすればよいという意識は私を当惑させる。
> Meinetwegen *braucht* ein... hoffnungsvolles Leben nicht hingeworfen werden.　(M. v. Ebner-Eschenbach. 浜口 1967: 63)
> 私のために希望に満ちた人生が投げ出される必要はない。
> Gregor hätte doch nicht vernachlässigt werden *brauchen*.
> (Fr. Kafka. 浜口 1967: 63)

だがグレーゴルは放っておかれる必要がなかったのだが。
Die Blockflöte ist etwas für mich, dachte ich, denn im Gegensatz zum Klavier *braucht* man auf ihr immer nur einen Ton zugleich spielen. 　　　　　(A. Spoerl. Gelhaus 1969: 320)
リコーダーは私ににちょっとした物だ、と私は考えた。と言うのは、ピアノに比べてそれでいつも一つの音を一緒に演奏しさえすればよいからだ。(zugleich があるため)
Es *brauchten*（叙想法過去形）auch nicht länger 90 Prozent der Abiturienten zu den Hochschulen zugelassen werden.
　　　　　　　　(Frankfurter Allgemeine Zeitung. Gelhaus 1969: 320)
事実もはやギムナジウム卒業生の90パーセントが大学に入学許可される必要はなかろう。(zu den Hochschulen や zugelassen があるのと受動であるため)
Es könnte ja sein, wundern *brauchte*（叙想法過去形）man sich ja nicht darüber. 　　　　　(F. Hoffmann. Gelhaus 1969: 320)
そうかも知れないだろうね。それを不思議がる必要はないだろうよ。(作品中の会話文)
Wandern *braucht* ihr nicht.
　　　　　(F. Rückert 1834年。Trübners DWb. 1,411; Pauls DWb. 187)
遍歴をあなた達はする必要がない。(詩文)

　個人的な意見ながら、zu付きとzu抜きでは意味が異なると言うドイツ人もいる。Hennig（2002/3: 26）は zu 付きの方が zu 抜きよりも不必要性を強調すると主張している。恐らくこれは、zu 抜きが話し言葉的で、非フォーマルであるのに対して、zu 付きが書き言葉的でフォーマルと感じられることに関連しているのであろう。
Wer *brauchen* ohne *zu* gebraucht, braucht *brauchen* gar nicht zu gebrauchen「brauchen を zu なしで用いる者は brauchen を用いる必要が全くない」という「規則」は、恐らくごく近い将来には Wer *brauchen* mit *zu* gebraucht, brauch(t) *brauchen* gar nicht gebrauchen「brauchen を zu 付きで用いる者は brauchen を用いる必要が全くない」（ブラウヘン、ツ付き遣いはあきまへん）に取って

代わられているであろう。

D. brauchen が否定文とその一種である制限文や（修辞）疑問文（肯定の疑問は否定を前提とする）の中でしか用いられない特性から考えて、使用頻度がそう高くはないことは当然である。Ruoff の統計によれば様相助動詞としての brauchen は動詞の中では möchten と同じ86回（0.08％）と記録されている。Rosengren の統計では、本動詞としての用例を含めて、307位（681回）に位置づけられている。

残る最大の問題は B.2 の主観的な様相性を表現する可能性である。これに関して、様相助動詞としての brauchen を多数の実例を挙げて論証し、brauchen が否定文や制限文の中では müssen の代用となり得ることを例証した Folsom は「これまでに見つかった唯一の例外はいわゆる主観的な陳述であって、この場合に müssen は brauchen で代用できない」（1968: 328）と述べている。その証拠として彼は次の例文を示している。

> Aber irgend etwas *muß* nicht gestimmt haben, sonst hätte Branton die Plozei alarmiert.　　　　　　　　（M. Ulrich）
> しかし何かがうまく行かなかったに違いない。さもなければブラントンは警察を呼んだのだが。
> Es *muß* kein sehr fröhliches Winken gewesen sein, denn er kam mir auf Flur mit einem Gesicht entgegen, wie ein Leichenbitter.
> 　　　　　　　　　　　　　　　　　　　　　　　（H. Martin）
> それはさほど楽しい合図ではなかったに違いない。と言うのは、彼は葬儀屋のような顔をして私を玄関ホールで出迎えたからだ。

この2例は明らかに否定詞が不定詞（句）を否定する下位否定であって、次のように客観的な用法の müssen で書き換えることができる。

> Aber ich/man *muss* annehmen, dass irgend etwas nicht gestimmt hat/stimmte.

しかし何かがうまく行かなかったと推断しなければならない。
Ich/Man *muss* annehmen, dass es kein sehr fröhliches Winken war.
それはさほど楽しい合図ではなかったと推断しなければならない。

従ってこの場合に、元来は肯定平叙文の中で用いることのできない brauchen による代用が不可能なこと（Zifonun 他 3, 1997: 1907）は当然の帰結である。

*Aber ich *brauche*/man *braucht* an(zu)nehmen, dass irgend etwas nicht gestimmt hat/stimmte.
*Ich *brauche*/*Man *braucht* an(zu)nehmen, dass es kein sehr fröhliches Winken war.

ところが Folsom 自身が客観的な陳述の例として示している次の例文こそは正しく brauchen の主観的な陳述の用例ではないのか。

Es *braucht* nicht unbedingt ein Irrtum des Computers gewesen *zu* sein.　　　　　　　　　　　　　　　　　　（Fernsehen）
それが必ずしもコンピューターの間違いであったとは限らない。
Ebenso *brauchte* nicht unbedingt sie die Eintrittskarte in Iesolo verloren *zu* haben.　　　　　　　　　　　　（L. Fortride）
同様に必ずしも彼女が入場券をイェーソロで無くしたとは限らなかった。

この２文は客観的な用法の brauchen で次のように書き換えることができる。

Ich *brauche*/Man *braucht* nicht unbedingt an(zu)nehmen, dass es ein Irrtum des Computers war.
それがコンピューターの間違いであったと推断する必要は必ず

しもない。
Ebenso *brauchte* ich/man nicht unbedingt an(zu)nehmen, dass sie die Eintrittskarte in Iesolo verloren hatte.
同様に彼女が入場券をイェーソロで無くしたと推断する必要は必ずしもなかった。

従って、Folsom が客観的な陳述の例として挙げていた上掲の 2 例文が brauchen の主観的な用法であることは明白である。
　さらに Folsom（1972: 150）が追加している次の 2 例も同様である。

... es *brauchte* durchaus kein Schuß gewesen *zu* sein.（L. Fortride）
それは全く銃声であったとは限らなかった。
... Persönlichkeiten..., die... keine eigentlich wissenschaftliche Laufbahn absolviert *zu* haben *brauchen*.
（P. Kipphoff/Th. v. Randow/D. Zimmer）
真に学術的な経歴を修了したとは限らない人物達。

　上で私は主観的用法の nicht brauchen「とは限らない」を客観的用法の nicht brauchen an(zu)nehmen「と推断する必要がない」で換言できるとしたが、Ulvestad（1997: 218）は Ich brauche nicht anzunehmen を I have no reason to assume that...「私は…と推断する理由を持たない」と英訳して、このような換言は不適（unfit）であると述べている。しかしこの場合の英訳は I need not assume that...「私は…と推断する必要がない」でなければならなず、これは当然「私は…と推断してもよいし、しなくてもよい」を含意しているので、Ulvestad の批判は当たらない。
　brauchen が否定詞と共に用いられて、主観的な様相性「…する／したとは限らない」を意味することは、どういう訳か、筆者が以前に調べた限りの全ての辞書や文法書のみならず、Kolb（1964）、Gelhaus（1969）、Pfeffer（1973）、Scaffidi-Abbate（1973）の brauchen を扱った論文においても取り上げられていなかった。逆

に Raynaud（1977a: 22）は次のように否定していたくらいである。

> nicht brauchen については議論の余地がある。私の考えでは、まだ標準語における Modalisatoren（＝主観的用法の様相助動詞）の一員ではなくて、書き言葉においてはそれとしてこれまでほとんど現われない。しかし「私はその情報が誤りであることを必須だとは思わない＝私にはその情報が誤りであることが可能だと思われる」という意味の Die Nachricht braucht nicht falsch zu sein（「その情報が誤りであるとは限らない」）のような文は全く考えられ得る。

　さらには Öhlschläger の教授資格取得論文（1989: 8）ですらまだ「(nicht) brauchen も古典的な様相助動詞の用法の可能性の一部——非認識的な用法の可能性——しか提示しない」と述べていて、この個所の脚注に「しかし Takahaši 1984（＝ nicht brauchen の主観的な用法）を参照せよ」とあるにすぎない（G. Fritz 1997a: 17 の脚注にも同様の指示）。

　しかしながら現代ドイツ語の様相助動詞について論じた比較的新しい論文ではこの事に時折、言及されている場合がある。例えば Große（1969: 411）は話し言葉の Er braucht nicht krank zu sein「彼は病気であるとは限らない」は Es spricht nicht alles dafür daß...「全ての事が…であることを証明する訳ではない」と同義であると説明されており、また Ehlich/Rehbein や Blumenthal も簡単ながら次のような文は可能であると述べている。

　　Udo braucht keine Champignions gefunden（zu）haben.
　　　　　　　　　　　　　　　　　　　　　（Ehlich/Rehbein 1972: 340）
　　ウードがマッシュルームを見つけたとは限らない。
　　Chomskys Lösungen brauchen nicht die einzig richtigen zu sein.
　　　　　　　　　　　　　　　　　　　　　　　（Blumenthal 1976: 51）
　　チョムスキーの解決策が唯一正しいものであるとは限らない。
　　（＝ Les solutions de Chomsky ne sont pas nécessairement les

seules bonnes「チョムスキーの解決策が必ずしも唯一正しいものである訳ではない」)

さらに Reinwein(1977: 30,141)は epistemisch「認識的(=主観的)な」用法として次の2文を示している。

　　Peter *braucht* Paul nicht gesehen(zu)haben.
　　ペーターがパウルを目撃したとは限らない。
　　Paul *braucht* von Peter nicht gesehen worden(zu)sein.
　　パウルがペーターに目撃されたとは限らない。

また Repp(1978: 210)では次の例文が挙げられている。

　　Er *braucht* das Feuer nicht gesehen *zu* haben.
　　彼がその火を見たとは限らない。

その他では Welke(1965: 14)、Schnur(1977: 284)、Brünner(1980a: 110)、Brünner/Redder(1983: 50)の言及とシンチンゲル／山本／南原編の『現代和独辞典』の kagiru の項(1980: 456)に次の例示が見出されたのみである。

　　金持が幸福とは限らない。
　　'Reich' *braucht* nicht unbedingt 'glücklich' *zu* heißen.

小学館『独和大辞典』の初版(1985年)の brauchen の項に主観的な用法は取り上げられていなかった。しかし第2版(1989年)になってやっと「…であるとは限らない」の意味が追加されたものの、用例は掲げられていない。
　なぜ brauchen の主観的な用法が辞書や文法書に取り上げられていないのかという筆者の質問に対して Duden 編集部のあるマンハイムの Bibliographisches Institut のドイツ語相談室から H. Hartmann 博士と W. Müller 博士の連署で次のような回答(1982年10

月28日付け）を得た。

　brauchen の主観的な用法は確かに最新のものではない。これは全く普通のことだが、そう頻繁ではない、つまり目立つ訳ではないので、文法家や辞書編集者達がこれまで見落としてきたと思われる。

　しかし brauchen の主観的な用法が全くのところ稀でないことは、次のような、筆者が手元の文献の中で偶々目にした多数の実例からも理解される。従属不定詞の事象は全て自然的・非能動的である。

　Man muß sich vollständig darüber klar sein, daß hier durchaus nicht notwendig kriegerische Konflikte heraufzukommen *braucht*.　　　　　　　（Die Baracke 3,17. Bando 1919: 301)
ここで決して必然的に軍事紛争が始まるとは限らないことを完全に認識しておかなければならない。
　Die in den Mundarten weiter verbreitete potentiale Ausdrucksweise（"er wird krank gewesen sein"）*braucht* nicht aus dem Fut. exactum hervorgegangen *zu* sein, sondern kann Analogiebildung sein.
　　　　　　　　　（O. Behaghel: Deutsche Syntax. 2, 1924: 298)
全ての方言の中に広く普及している可能法的な表現方法（「彼は病気だったのだろう」）は未来完了形から生じたとは限らず、類推による形成であるかも知れない。
　Die Japaner *brauchen* nicht notwendig ein einheitliches Volk *zu* sein, sie können ebensogut auch aus zwei oder drei verschiedenen Rassen bestehen.　　　　　　　　（関口 1950: 237)
日本人は必ずしも単一民族であるとは限らない。2、3の異なる種族から成っているかもしれない。―藤田訳（1980年）
　Dabei sind die Modelle gewöhnlich auch stofflich verschieden von den materiellen Gebilden, deren Modell sie sind. Das *braucht* aber nicht notwendigerweise so *zu* sein. So dient z. B.

ein einseitig aufgeschnittener Motorblock als Anschauungs- und Demonstrationsmodell, um die Arbeitsweise des Motors verständlich zu machen.

(G. Röhler: Zur erkenntnistheoretischen Bedeutung von Hypothese, Modellvorstellung und Theorie in der Chemie. In: Deutsche Zeitschrift für Philosophie 10, 1962: 1295. Welke 1965: 77)

その際モデルは通常、そのモデルとなっている物質的な構成物とは素材的にも異なっている。しかしこの事は必ずしもそうであるとは限らない。それで例えば片側だけ切り開かれたエンジンブロックは、エンジンの作動様式を理解し易くするために、観察と実演のモデルとして役立つ。

Notwendig ist es nicht, denn die Schillerzitate... *brauchen* gar nichts mit "Einflüssen" irgendeiner Brecht-Lektüre zu tun haben. (H. Mayer 1965. Gelhaus 1969: 320)

それは必然的ではない。と言うのは、シラーの引用は何らかのブレヒト熟読の「影響」と関係するとは全く限らないからだ。
（haben の前に zu なし）

Diese methodische Schwierigkeit hat ihren Grund in der formal-inhaltlichen Doppelseitigkeit des sprachlichen Zeichens und darin, daß formale und inhaltliche Klassen einander nicht *zu* decken *brauchen*. (G. Stötzel 1967: 53)

このような方法論上の困難はその理由を言語記号の形式的・内容的な両面性や、形式的な部類と内容的な部類とが互いに重なるとは限らないという事実の中に有している。

Demnach wäre 'fatereres mines' mit 'meines Vaterlands' zu übersetzen, was nicht ganz abwegig *zu* sein *braucht*.

(R. Schützeichel: Althochdeutsche Wortstudien. Zum Hildebrandslied. In: Frühmittelalterliche Studien 3, 1969: 75)

それ故に fatereres mines は「私の祖国の」と訳すことができよう。これが完全に間違っているとは限らない。

Die Wendung 'irmingot... obana ab hevane' *braucht* der vorgeschlagenen Deutung der Form 'wettu' als 1. Pers. Sg. Präs. Ind.

nicht unter allen Umständen im Wege *zu* stehen.　　　（同上 77）
irmingot... obana ab hevane という表現形式が1人称単数現在叙実法形として提案された語形 wettu の解釈にとって何が何でも邪魔になるとは限らない。

Diese Elemente des Schriftbildes *brauchen* nicht unbedingt auf einen ags. Einfluß *zu* deuten.

(J. S. Groseclose/B. O. Murdoch:
Althochdeutsche poetische Denkmäler. Stuttgart 1976: 46)

字面のこれらの要素が必ずしもアングロサクソン語からの影響を指し示すとは限らない。

Dies wäre zu begrüßen und könnte zu einer Intensivierung und Verbesserung des Sprachenstudiums führen, wenn damit eine fundierte und umfassende sprachwissenschaftliche Ausbildung verbunden wäre. Das *braucht* aber nicht der Fall *zu* sein.

(H. Gipper: Sprachwissenschaftliche
Grundbegriffe und Forschungsrichtungen. München 1978: 12)

これは、もし伝統的な言語学の分野における確実で、幅広い専門教育がそれと結びついておれば、歓迎すべき事であり、言語研究の強化・改善に至り得るであろう。しかしこのような事情であるとは限らない。

Diese dürfte weder unseren Formen der Logik widersprechen, noch *braucht* sie weniger leistungsfähig *zu* sein.　　（同上 37）

これは我々の論理学の形式と矛盾することはないであろうし、その能力が我々の方のものよりも劣っているとは限らない。

Die Lösung einer Forschungsaufgabe wird durch vertraute Sehweisen der Beobachter mitbestimmt bzw. in eine bestimmte Richtung gelenkt, ohne daß dies dem einzelnen Forscher jeweils bewußt *zu* sein *brauchte*（叙想法過去形）.　　（同上 75）

ある研究課題の解決は観察者達の慣れた見方によっても規定され、あるいは特定の方向へ導かれるが、この事を個々の研究者がその都度意識しているとは限らないだろう。

... wonach die Arbeit nicht unbedingt ein notwendiger Aus-

gangspunkt kultureller Entwicklung gewesen *zu* sein *braucht*.
(同上188)

それによれば、労働は必ずしも文化発展の必然的な出発点であったとは限らない。

Am Rande sei angemerkt, daß diese Ordnungen, die sich ein Mensch im Prozeß der Spracherlernung aneignet, zwar hinfort dem kompetenten Sprecher zur Verfügung stehen, daß er aber deshalb keineswegs in der Lage *zu* sein *braucht*, über diesen Besitz auf Befragungen gleich genaue Auskunft zu geben.
(同上189)

序でながら言うと、人間が言語習得の過程で自己のものにする、このような秩序を確かにその後、言語能力のある話者は自由に使用できるが、しかしそうであるからと言って質問に答えて直ちに、このような秩序を有していることについて正確な情報を与え得る状況にあるとは限らない。

Daß dies alles nicht so *zu* sein *braucht*, geht aus sprachvergleichenden Untersuchungen deutlich hervor. (同上202)

以上の事が全てそうであるとは限らないことが、言語の対比研究から明らかになる。

Diese Verben *brauchen* aber durchaus nicht dem Merkmal "Möglichkeit" gegenüber inkompatibel (= nicht kompatibel) *zu* sein. (B. Matzke 1980: 237)

しかしこれらの動詞が全く「可能性」という特性に対して両立し得ないとは限らない。(上下の二重否定。＝両立し得るかも知れない)

Dennoch *braucht* "Kann doch sein" nicht inferentiell verstanden werden... Vielmehr besteht auch eine nichtinferenntielle Lesart... (G. Brünner 1981a: 317)

それでもやはり"Kann doch sein"は推論的（＝主観的）に理解されるとは限らない。むしろ非推論的（＝客観的）な解釈もある。（zu なし）

Im Englischen *braucht* diese Konstruktion aber keineswegs pa-

tienszentriert *zu* sein.   (P. Boon 1981: 195)
英語ではこの構成（= be + to + infinitive）はしかし全くのところ被動者中心であるとは限らない。
Das zu 'brunnono' gehörige Zahlwort 'bedero' *braucht* keine as. Umsetzung von ahd. 'beidero' *zu* sein, da auch im Ahd. 'bēde' (neben'beide') vorkommt.   (R. Lühr 1982: 700)
brunnono に属する数詞 bedero は古高ドイツ語 beidero の古ザクセン語への置換であるとは限らない。古高ドイツ語においても（beide と並んで）bēde が現われるからだ。

1997年に出版された全3巻から成る浩瀚なドイツ語文法書、G. Zifonun 他編 Grammatik der deutschen Sprache の第2巻（1277f.）では初めて本格的に brauchen の主観的な用法が取り上げられていて、以下の4例が示されている。

　　Das kann stimmen, *braucht* aber nicht *zu* stimmen.
　　そうかも知れないが、そうとも限らない。
　　Daß das Streichholz nicht anbrennt, *braucht* nicht immer denselben Grund *zu* haben.
　　マッチの火がつかないのはいつも同じ理由があるとは限らない。
　　Das *braucht* nicht unbedingt der Fall *zu* sein.
　　必ずしもこのような事情であるとは限らない。
　　Aber das *braucht* nicht ein Faktor der Entmutigung für die neue Bundesregierung und den neuen Außenminister *zu* sein.
　　しかしそれは新しい連邦政府と新しい外務大臣にとって落胆要因であるとは限らない。

そしてこの例示の後に次のように述べている。

　　(brauchen の) epistemisch「認識的（= 主観的）な」用法は必ずしも比較的最近のものではないが、ドイツ語の文法書ではほとんど言及されない（Takahaši 1984: 21 参照）。

Reis（2001: 312）では叙想法過去形 bräuchte を使った用例も示されている。

> Um das zu erklären, *bräuchte* die Leber wohl nicht krank（zu）sein.
> これを説明するとすれば、肝臓が多分、病気であるとは限らないのだが。

Hetland/Vater（2008: 109）では従属不定詞句を das で代用した文例も示されている。

> Peter *braucht* nicht in Rom gewesen sein. Nein, *das braucht* er nicht.
> ペーターはローマにいたとは限らない。うん、彼はそうとは限らない。

なお、ある nicht brauchen が①客観的に用いられているのか、それとも②主観的に用いられているのかは文脈から判断され得るが、しかし次のような例文だけでは両方の解釈が可能である。

> Ein großer Grammatiker *braucht* nicht groß *zu* sein.
> 　　　　　　　　　　　　　　　　　　　　（Zemb 1975: 483）
> ①大文法学者は体が大きくある必要がない＝大きくなくてもよい。
> ②大文法学者は体が大きいとは限らない＝大きくないかも知れない。

面白いことには、英語の need でも事情は同じようなものであった。OED 7（1933）とその補巻 11（1976）、さらには各英和大辞典の need の項に、主観的な用法があるとは記されていなかった。しかし次の文中の need は明らかに主観的な用法である。

The 'doh' in l. 48 is difficult only as long as it is taken to indicate a contrast of opinion. This *need* not be the case, for this line and the next could be detached from the group 37–47 and taken to introduce a new idea.

(J. K. Bostock/K. C. King/D. R. McLintock:
A Handbook on Old High German Literature. Oxford 1976: 45)

48行目のdoh「しかし」は意見の対比を示すと解される限りは難解だが、このような事情であるとは限らない。と言うのは、この行と次の行は37–47の行群から引き離されて、新しい考えを導入すると解されるかも知れないからだ。

ここに出て来る This *need* not be the case は先に見た Das *braucht* nicht der Fall *zu* sein と、ドイツ語の方のzuを別にして、全く同じ構成でもって全く同じ事を意味しているのが分かる。
『現代の英文法』（研究社）第9巻の『助動詞』（1977: 344）には法助動詞（＝様相助動詞）の陳述緩和的（＝主観的）な意味と根源的（＝客観的）な意味とが一覧表にまとめられているが、その表ではneedの陳述緩和的（＝主観的）な意味の欄が空白である。しかしながらG. N. リーチ『意味と助動詞』（国広哲弥訳、大修館書店1976: 140）には次の例文が訳文と共に示されている。

　　It *needn't* always be my fault.
　　いつも私の過ちであるとは限らない。

さらにはJ. Coates（1983: 49ff.）も詳細にneedの主観的な意味について論じている。これらの論考に基づいてか、最近の英和辞典にはneed notの主観的な用法も取り上げられているのを見かけるようになった。

　　It *need* not be so　　　　　　　（講談社『英和中辞典』1994年）
　　かならずしもそうなるとはかぎらない。
　　It *need* not be true　　　　　　（研究社『新英和大辞典』第6版2002年）

それは正しいとは限らない。

　これらの例文を見て分かる通り、英語の need の方は様相助動詞として用いられる時には現在単数 3 人称形で語尾を付けず、従属不定詞に to も付けないので、完全に助動詞化されている。それでは一見すると、ドイツ語の brauchen は英語の need の後を追いかけているようにも見えるが、果たして影響関係があるのだろうか。

　Visser（1423ff.）と Birkmann（1987: 346）によれば中英語の時代（1150 年頃–1500 年頃）に þurve(n)「…する必要がある」（＝中高ドイツ語 durfen/dürfen）と durre(n)「敢えて…する」（＝中高ドイツ語 turren/türren）との間で混同が生じた結果、中英語の末期に þurve(n) が消滅して、その意味を古英語の時代から「必要とする」の意味で使われていた非人称動詞 neede(n) が引き継いだ。3 人称単数現在形で無語尾の人称動詞 need は初期近代英語の時代、16 世紀から出現するという。

　片やドイツ語では、既に見たように、中高ドイツ語の時代から大幅に見られた dürfen「…する必要がある」と türren「敢えて…する」との混同の結果、先ず新高ドイツ語時代の 18 世紀に türren がその意味を dürfen に譲って消滅し、その後最終的には 19 世紀になって dürfen はその本来の意味「…する必要がある」と用法を、15 世紀から「必要とする」の意味を持っていた brauchen に譲り、自らは非本来的な意味「…してよい」に特化するに至った。

　従って英語の need もドイツ語の brauchen も同じ様相助動詞 þurve(n)/dürfen からその必然性の意味を受け継いだ点は同じであるが、しかしその用法に大きな相違がある。つまり助動詞としての need は brauchen と同様に、否定文や疑問文でのみ用いられる一方、need は本動詞、あるいは本動詞的な助動詞として用いられることも可能で、その場合には to 付きの従属不定詞と共に肯定文でも否定文でも疑問文でも使われる点である。

　　He *needs* to learn English　　　　　（講談社『英和中辞典』1994 年）
　　彼は英語を習うことが必要だ。

You don't *need* to take such trouble （同上）
そんなに手間をかける必要はありません。
Do I *need* to ask him? （同上）
彼に聞く必要があるでしょうか。

　さらに must の上位否定「…しなければならくはない＝する必要がない」（客観的）や「…するに違いなくはない＝とは限らない」（主観的）には must not ではなく、need not が使われる点である。ドイツ語では nicht müssen も nicht brauchen も同様に用いることができる。
　このように両者の歴史的事情と用法がかなり異なることから、brauchen に対して need が影響を及ぼしたとは考えにくく、need の方が先行しはするものの、両者は必然的に同様の事態から出発して、それぞれの側の必要性に応じつつ、互いに無関係に類似した助動詞化を進めたのだと考えざるを得ない。
　では現代ドイツ語において nicht müssen があるにもかかわらず、nicht brauchen が用いられるのはなぜか。その理由は nicht müssen の次のような多義性とこの多義性の一般的な回避傾向の中に求めることができよう。

　①「…してはならない」（DUDEN では「北ドイツ特有」、Brockhaus-Wahrig や Kaufmann〔1963: 45〕では「話し言葉」）
Ihr *müsst* das nicht so ernst nehmen. （DUDEN 2664）
君達はそれをそう真剣に取ってはならない。
　②「…する必要がない」
Du *mußt* nicht mitkommen, wenn du nicht willst.
（Brünner 1980a: 103）
君は欲しないなら、一緒に来る必要がない。
　③「…しないに違いない」
Er *muß* nicht sehr stark gewesen sein.
（C. Zuckmayer. Gustus 1970: 79）

それ（＝人類の自己防衛）は非常に強くはなかったに違いない。
④「…するとは限らない」
Nicht jede Normwidrigkeit *muß* fehlerhaft sein.
(Gelhaus 1969: 319)
どの規範違反も間違いであるとは限らない。

　Raynaud（1977a: 15）の調査によれば、könnenの全用例中でnicht könnenは30.6パーセントであったのに対して、müssenの全用例中でnicht müssenが占める割合は3.1パーセントにすぎなかった。このことからnicht müssenが大幅に回避されることが分かる。
　様相助動詞の意味は「客観的」と「主観的」の2種類であり、否定は「下位」と「上位」の2種類であるので、その組み合わせは4通りあることになるが、この4通りの用法を普通に合わせ持っているのは現代ドイツ語ではnicht müssenだけである。

　①客観的な意味のmüssenの下位否定「…しない必要がある＝してはならない」は普通はnicht dürfenかnicht sollten（叙想法過去形）またはnicht sollen（Lenz 1996: 408）で表現される。

　　Diese Äußerung *darf/sollte* nicht falsch verstanden werden ＝ muß richtig verstanden werden.　　　(Duden-Gr. 1973: 69)
　　この発言は誤解されてはならない＝正しく理解されなければならない。
　　Du *sollst/darfst* nicht so schnell fahren.　　　(Lenz 1996: 408)
　　君はそんなに速く車で走ってはならない。
　　Wir müssen/*dürfen* nicht schweigen, sondern（müssen）laut anklagen.　　　(Duden-Gr. 1984: 99)
　　私達は沈黙してはならず、大声で訴えなければならない。

　②客観的な意味のmüssenの上位否定「…する必要がない＝しなくてよい」はnicht brauchenで言い換え・書き換えられ得る。

Ich mußte Komödie spielen, um dich zu bekommen, aber nun, da ich dich habe, *brauche* ich es nicht mehr.
(B. Kellermann. Bech 1955: 212; Folsom 1968: 326; Brinkmann 1971: 396)
僕は君を得るために、喜劇を演じなければならなかったが、君を得たからには、もうその必要がない。

Keine Mutter *braucht zu* zittern, wenn ihr Kind sich einmal verspätet. Kein Vater muß um das Leben seines Sohnes bangen.
(M. Molsner. Folsom 1968: 328)
母親は自分の子が一度遅れても、心配する必要がない。父親は自分の息子の人生を案じる必要がない。

　nicht brauchen が完全には nicht müssen の代用にならないと主張する人もいる。例えば Schulz/Griesbach（1962: 69; 1982: 87）は、様相助動詞が否定される場合に nicht müssen が、全文が否定される場合には nicht brauchen が用いられると述べている。

Mein Vater *muß* mir kein Geld schicken, man zwingt ihn nicht dazu. 　　　　　　　　　　　　　　　　　　　　（1962: 69）
私の父は私に仕送りする義務がない。彼はそれを強いられない。
Mein Vater *braucht* mir kein Geld *zu* schicken, denn ich verdiene jetzt selbst genug.
私の父は私に仕送りしなければならないことはない。私は今では自分で十分稼いでいる。
Inge *muß* ihrer Mutter nicht helfen（Es besteht für sie kein Zwang, es ist ihrer freien Entscheidung überlassen）.　（1982: 87）
インゲは彼女の母を手助けする義務がない（彼女に対して強制はなく、彼女の自由な決断に委ねられている）。
Inge *braucht* ihrer Mutter nicht *zu* helfen（Diese Forderung ist nicht an sie gestellt worden）.
インゲは彼女の母を手助けしなければならないことはない。
（この要請は彼女に向けて出されたのではない）

この点に関してDuden編集部のあるBibliographisches Institutのドイツ語相談室から届いた回答（1982年）は次の通りである。

> nicht müssenを使用する場合も全文が否定される。この事は、否定を分離する――その際に全文が保たれていなければならないが――ことによって追試することができる。
> Sie *muß* nicht helfen ＝ Es trifft nicht zu, daß sie helfen *muß*.
> 彼女は手助けしなければならないことはない＝彼女が手助けしなければならないことは事実に合わない。
> これに対してbrauchenの使用は大抵は別の強勢あるいは話題化と結びついている。
> Sie braucht nicht（zu）*helfen*.
> 彼女は手助けなんかする必要がない。
> この相違はしかし否定の文法的な役目に影響を及ぼさない。両方の場合とも否定は全述語に関係する。と言うことは、全文が否定される。

Sie *muß* nicht helfen も Sie *braucht* nicht（zu）helfen も共に全文を否定し得るというのであれば、このような全文否定は助動詞を否定する上位否定の拡大版であって、とりわけ否認の場合に見られる否定である。

> Sie muß helfen. ―Nein, sie *muß* nicht helfen/*braucht* nicht（zu）helfen.
> 彼女は手助けしなければならない。―いや、彼女は手助けしなければならないことはない（＝彼女は手助けする必要がない）。

Dudenの適正ドイツ語辞典（2007: 185）の解説はさらに単純である。

> 否定された、あるいは制限されたbrauchenは否定された、あるいは制限されたmüssenと同様に用いられる：Du brauchst

nicht kommen「君は来る必要がない」= Du musst nicht kommen. Du brauchst erst morgen anfangen「君は明日になってから始めればよい」= Du musst erst morgen anfangen.

Blumenthal（1976: 44）は次のように主張していた。

不必然性が聞き手にとっても明白な方法で、現実の、あるいは想像された、あるいは名目的な必然性を背景にして見られない場合には nicht müssen は言語規範と矛盾する。nicht müssen は従って無標（unmarkiert）の nicht brauchen と比べて追加的な意味素性を含んでいて、両助動詞間の欠如的（privativ）な対立の強意的な有標項（merkmalhaftes Glied）であると示され得る。

```
┌─────────────────────────────┐
│ nicht brauchen              │
│          ┌──────────────┐   │
│          │ nicht müssen │   │
│          └──────────────┘   │
└─────────────────────────────┘
```

そして次のような分布を挙げている。

1. 2、3の統語論的な文脈（目的の副文や不定詞句、非現実の条件文、肯定の答えを期待する疑問文）では必然性の否定には専ら nicht müssen が規範である。
   Wenn ich in Paris nicht hätte umsteigen *müssen*, wäre ich schon zwei Stunden früher in Köln angekommen.
   私はパリで乗り換える必要がなかったならば、既に2時間前にケルンに到着していたのだが。
2. 幾つかの文脈では nicht müssen は可能であるが、必須ではない。
   Rechtlich *muß* Mr. Heath gar nicht zurücktreten.
   法律的にはヒース氏は全く手を引く必要がない。
3. その他の場合には nicht müssen は誤用ではないが、極めて異常に感じられる。

>Du hättest eigentlich nicht *zu* kommen *brauchen*.
>君は本来、来る必要がなかったのだが。

しかし Blumenthal（1976: 45）は、強勢が置かれると nicht müssen と nicht brauchen は同義になると述べている。

>Du MUSST NICHT kommen.
>Du BRAUCHST NICHT zu kommen.
>君は来る必要がないよ（＝本来、強制ではないものの、君が来てくれると、とても好都合なのだが）。

さらに Brünner（1979）は次のような相違点を指摘している。

1. 先行する müssen を否定する場合には nicht müssen の方がはるかに多く用いられる。
2. können が使われる前後では nicht müssen の方が多い。
3. 一緒に使用される不変化詞に片寄りが見られる。aber や doch は nicht brauchen の場合、稀である。unbedingt や in jedem Fall は nicht brauchen と共に用いられていない（unbedingt はよくある―髙橋）。überhaupt や gar の使用は nicht brauchen の場合が多い。
4. nicht müssen の場合、焦点は müssen の様相性の上にあり、従って強く発音されることがあるが、nicht brauchen の場合には従属不定詞句の方に焦点がある。
5. nicht müssen v（v は任意の従属不定詞句）は können v′（v′ は v と反意の従属不定詞句）と等価なので ja と共に用いられると、提案を表現するが、nicht brauchen は「それは不必要／余計である」と換言できるので、しばしば要請を表現する。

Brünner/Redder（1983: 87）によれば話し言葉では上記のような相違に基づいて両者は同等に、つまりは相補的に使い分けられて

いると言われるが、しかし Lenz（1996: 410）は、nicht müssen はむしろ話し言葉で、nicht brauchen はむしろ書き言葉で用いられると主張している。

『基礎ドイツ語』1983年11号によれば nicht müssen と nicht brauchen とは別の事を表わす場合がある（回答者は Duden 編集部の Dr. D. Berger）。例えば Wir *mußten* nicht lachen, sondern waren entsetzt, betroffen über...「我々は笑うどころではなくて、…に仰天、狼狽した」（佐伯／鐵野訳）の nicht müssen は nicht können, nicht imstande sein「…することができない」の代わりなので、この場合に nicht brauchen を使うのは誤りである。nur müssen と nur brauchen にも時によると微妙な相違があると言う。

> Du *mußt* nur klingeln, dann kommt die Nachtschwester.
> ベルだけは鳴らしなさいね、そうしたら夜勤の看護婦さんが来てくれますからね（自分に注意を向けさせるためには、患者は少なくともベルを鳴らさなければならない）。―佐伯／鐵野訳（mußt nur「…だけしなければならない」）
> Du *brauchst* nur *zu* klingeln, dann kommt die Nachtschwester.
> ベルを鳴らすだけでいいのよ、そうしたら夜勤の看護婦さんが来てくれるのよ（気がついてもらうためには、それ以上は必要でない。―佐伯／鐵野訳（brauchst nur「…しかする必要がない」）

Hentschel/Weydt（1990: 74）は nicht müssen の方が nicht brauchen よりも強意的であると述べている。

Ehrich（2001: 161）によれば、法規のように話者がもはや賛否の態度を表明できない場合には nicht müssen と nicht brauchen は交換が可能である。

> An den innereuropäischen Grenzen *braucht* man seinen Pass nicht mehr vor(zu)weisen/*muss* man seinen Pass nicht mehr vorweisen.

欧州内の国境では旅券をもはや呈示する必要がない。

しかし次のような場合には語用論的に明白な違いがあると言う（Ehrich 2001: 159ff.）。

　　　Sie *müssen* sich nicht operieren lassen ＝ Es ist nicht unumgänglich, dass Sie sich operieren lassen.
　　　あなたは手術を受ける必要がない＝あなたが手術を受けることは避けられなくはない（でも私は手術を勧める）。
　　　Sie *brauchen* sich nicht operieren *zu* lassen ＝ Es ist überflüssig, dass Sie sich operieren lassen.
　　　あなたは手術を受ける必要がない＝あなたが手術を受けることは余計である（だから私は手術を思い止まらせる）。

　以上の通り、nicht müssen と nicht brauchen との相違を指摘・主張する研究者達の発言は種々様々である。この事は両者間の相違のあり方については、それどころか相違の有無についてさえ、一般的な合意が形成できていないことを示している。従って Duden 文法書第 8 版（2009: 558）の簡明な判断が今後の基準となるであろう。

　　　否定された müssen には否定された brauchen が規則的に用いられる。

　③主観的な意味の müssen の下位否定「…しないに違いない」は上位否定の nicht können「…する可能性はない＝するはずがない」で表わされ得る（Grimms DWb. 12, 2756）。

　　　Paul muss ― nicht zu Hause gewesen sein.
　　　⇒ Paul kann nicht ― zu Hause gewesen sein.
　　　　　　　　　　　　　　　　　　　　（Dieling 1982: 329 参照）
　　　パウルは家にいなかった―に違いない。

⇒パウルは家にいた―はずがない。

④従ってまた主観的な意味の müssen の上位否定「…するに違いなくはない＝するとは限らない」が nicht brauchen で換言されるのも、むしろ自然の成り行きであると言える。

　主観的な用法の nicht brauchen と主観的な上位否定の nicht müssen との間の相違を主張する人を筆者はほとんど知らない。唯一 Brünner/Redder（1983: 50）が nicht brauchen には「該当する選択肢から焦点がぼかされる」という特性があると述べているにすぎないが、ギッパー教授は自著における主観的な用法の nicht brauchen の用例について nicht müssen との違いはないとかつて筆者に答えた。

　以上の通り brauchen はほぼ完全に様相助動詞の一員になり終えかけていることが確認できた。

7.9　様相助動詞としての werden, haben ＋ zu, sein ＋ zu

　これらの3動詞は他にも重要な助動詞としての機能（受動：werden と sein、完了：haben と sein）を有しているが、さらに完了現在動詞系の様相助動詞が果たし得ない特異な機能を委ねられている。様相助動詞 werden, haben ＋ zu, sein ＋ zu は、その主観的用法（werden の場合）あるいは客観的用法（haben ＋ zu と sein ＋ zu の場合）における必然性／可能性の意味が本来的に曖昧であって、しばしば文脈や発話状況に依存するか、あるいは曖昧なままにしておかれ得る点に共通の特徴がある。

7.9.1　werden
　印欧祖語の *wert-「回す、回る」から発したゲルマン祖語の *werþan は先ず本動詞として最広義の「成る（発生する、生まれる）」を意味する完全自動詞として、次に名詞類（＝名詞、形容詞）を補語とする連結動詞（＝コプラ）「…になる」として現代ドイツ語に至るまで用いられ続けている。さらにこの意味の連結動詞から

受動の助動詞「(…されたもの)になる=される」に転用されて、ゴート語以来ずっと現代ドイツ語でも動作受動の助動詞として機能している。

この動詞はその他にも多様な助動詞として重要な機能を担っている。ゴート語の wairþan は成始(=転成・開始)の助動詞「…するようになる、し始める」として現在分詞と共に用いられる。

> *wairþaid* bleiþjandans. (ルカ 6,36)
> (あなた達は)哀れむ人々／哀れむようになりなさい。(ギリシア語原典は gínesthe oiktírmones「慈悲深くなりなさい」)
> Iudan Iskarioten, saei jah *warþ* galewjands ina. (ルカ 6,16)
> (後に)彼を裏切る者／裏切るようになったイスカリオテのユダを。(= egéneto prodótēs「裏切り者になった」)
> *warþ*... gawaseins is hveita skeinandei. (ルカ 9,29)
> 彼の衣服は白く輝き出した。(= egéneto eksastráptōn「輝き出した」)

ゴート語の〈wairþan + 現在分詞〉はギリシア語原典の未来形に対応する表現としても記録されている。

> jus *saurgandans wairþiþ*. (ヨハ 16,20)
> あなた達は悲しむだろう。(= lūpēthḗsesthe「悲しませられるだろう」)
> stairnons himinis *wairþand driusandeins*. (マル 13,25)
> 天の星々は落ちるだろう。(= ésontai píptontes「落ちるだろう」)
> twos *wairþand malandeins* samana. (ルカ 17,35)
> 二人の女が一緒に臼を引くだろう。(= ésontai aléthousai「臼を引いているだろう」)

ゴート語では未来事象は単に叙実法現在形で、しかもしばしば接頭辞の ga- を付けて表わされるのが普通であり、また推測や疑惑の

意味合いの強い未来事象には叙想法現在形が用いられるが、助動詞表現としては〈wairþan＋現在分詞〉以外に〈duginnan「始める」／haban「持っている」／skulan「すべきである」＋不定詞〉も使用され得た。

ゴート語に〈wairþan＋不定詞〉の構成は存在しない。一見するとそのように思われる次の文例では、後続不定詞の行為主体が与格形で表わされているように、後続不定詞は wairþan の補語ではなくて、主語である。

 warþ þan gaswiltan þamma unledin. （ルカ 16,22）
 その後、死ぬことがその貧しい男に生じた＝その貧しい男が死ぬ事態が生じた。

古期ドイツ語でも werdan/werdan は成始の助動詞として現在分詞と共に用いられている。

 wart thō sīn sweiȝ samasō tropfo bluotes rinnenti in erda.
  （T. 182,3 ＝ ルカ 22,44。Kleiner 1925: 24; Saltveit 1962: 179）
 その時、彼の汗は血の滴のように地面に流れ落ち出した。
 thō *ward* mund sīnēr sār sprechantēr. （O. I, 9,29 ＝ ルカ 1,64）
 その時、彼の口は直ぐに喋（れ）るようになった。
 wio... sehenti avur *wurti*, ther blint was fon giburti.
  （O. III, 20,122 ≒ ヨハ 9,26）
 誕生以来、目の見えなかった者がいかにして再び見えるようになったのかと。
 thō *ward* im thes... mōd mornondi.
  （H. 720f. Piper 1897: 69; Kleiner 1925: 24）
 その時その事を彼の心が心配し始めた。
 wurdun imu īs wangun... blīcandi sō thiu berhte sunne.
  （H. 3124f. Kleiner 1925: 15）
 彼の両頬は明るい太陽のように輝き出した。

古期ドイツ語の〈werdan＋現在分詞〉も『タツィアーン』ではラテン語の未来形の訳として使われている。

> thie... mīn *scamēnti wirdit*..., furlougnu ih sīn fora mīnemo fater.　　　　　(T. 44, 21 ＝ マル 8, 38。Behaghel 2, 1924: 261)
> 私を恥じるであろう者を、私は彼を私の父の前で否認する。(＝ confusus fuerit「恥じているだろう」)
> nū *wirdist* thū *swīgēnti* inti ni maht sprehhan unzan then tag.
> 　　　　　　　　　　　(T. 2, 9 ＝ ルカ 1, 20。Erdmann 1, 1886: 98)
> さあこれからお前はその日まで沈黙しているだろう、そして喋ることができない。(＝ eris tacens「沈黙しているだろう」)

『イージドール』(800 年頃) や『ヘーリアント』には未来表現の一つとして〈werdan/werdan ＋完了相自動詞の過去分詞〉による形式が見られる。

> nū *wirdid* sniumo herod *cuman*..., thē mī farcōpot haƀad.
> 　　　　　　　　　　　　　　　　　　　　　　(H. 4805f.)
> 今すぐここへ、私を売った者が来るだろう。
> hweo auh fona Abrahames samin *wardh quhoman* druhtīn Jesus Christus.　　　　　　　　　　　　(I. VII)
> しかし何故にアブラハムの子孫から主イエス・キリストがやって来ることになっていたのか。(＝ futurus esset「生じようとしていた」。過去未来形)
> quāđun, that gio ni *wurdi* an thit lioht *cuman* wīsaro wārsago.
> 　　　　　　　　　　　　　　　　　　　　　　(H. 2875f.)
> より賢い預言者は決してこの世に来ないだろうと彼らは言った。(過去未来形)

同様に古期ドイツ語の werdan/werdan の過去形は完了相自動詞の過去分詞と共に用いられて、現在とは無関係の、過去の動作を第一義的に表現する完了過去形を形成した。

ghelstar joh salbunga *bilunnan wurdun*.

(I. 27, 10. Behaghel 2, 1924: 410)

供犠と塗油は途絶えてしまった。（＝完了不定詞 cessa[vi]sse）
wurdun wortan samasā tōte.

(T. 217, 4 ＝マタ 28, 4. Behaghel 2, 1924: 410)

彼らは死人のようになってしまった。（＝完了過去形 facti sunt）
thō *ward* eft thes wības hugi aftar them ārundie al *gihworben*.

(H. 281f.)

その時その女の心はその知らせの方へ完全に向いてしまった。

　古期ドイツ語にも〈werdan/werdan ＋ 不定詞〉による表現の確実な例は見当たらない。『オットフリート』（O. V, 25, 45）の thaʒ giscrīb mīn wirdit beʒira sīn の sīn は不定詞（新保 1993: 168）ではなくて、人称代名詞 er「彼」の属格形とされ、beʒira は比較級形の名詞化「より良き事、利益」と解される。「私のこの著書は彼（＝神）の利益となる」（Piper 1884: 33; Saltveit 1962: 185f.）。Erdmann（2, 1876: 43）も同様に考えているが、しかし wirdit を werdan ではなくて、wirdian（＝ wirden）「尊崇する」の変化形とみなし、「私の著書は彼（＝神）のより良き意向を尊崇する」と解している。しかしながらこれらの解釈には相当の無理がある。最も無理がないのは sīn を人称代名詞の中性形 iʒ の属格形（＝ es）と解することである（Franck 1971: 218）。「私のこの著書はそれ（＝神の忠臣による手直し）によって（手段）／その分だけ（比較差）より良くなる」。普通の中性属格形は es であるが、類例は O. IV, 36, 24 にも例証されている。問題になっている O. V, 25, 45 での使用は押韻（mīn ―― sīn）の都合による。

　よく引用される（Behaghel 2, 1924: 261; Dal 1966: 132; Lockwood 1968: 111）『ノートケル』（N. II, 63, 3）からの例 sō wirdo ih anahareen「私が呼びかけるであろう時に」は sō wir dih anahareen「我々があなたに呼びかける時に」（＝ qua invocaverimus te）の誤写とされる（Kleiner 1925: 26; Sehrt/Legner 1955: 578; Saltveit 1962: 187）。ただし wirdo ih anahareen をノートケル（1022年没）

後の写字生の、未来表現としての言語使用を反映していると解することは可能である。

Behaghel（2,1924: 261）が引用しているもう一つの『ノートケル』の用例 unde dann geberen wirt dei werch は Kleiner（1925: 26）によれば geberen も wirt も写本上では一部の文字が書かれておらず、編集者の推読であるので、例証たり得ない。

『ラインフランク語の旧約賛歌』に2度出てくる begien wirdit の begien は bi-jehan「告白する」の不定詞ではなくて、過去分詞と解される（Kleiner 1925: 26; Heffner 1961: 90）。

Kotin（2003: 135）が挙げている『ノートケル』の ih ward iu forn gwar...nāh philologia chelen（N. I, 727,28f.）と sie wurten gwar die sangcutenna darzū faren（N. I, 721,19f.）は共に〈werdan + 不定詞〉の表現ではなくて、〈giwar werdan（+ 対格形）+ 不定詞〉「（ある人が）…するのを知覚する」（= 現代ドイツ語 gewahr werden）の構成である。

〈werdan + zi + 動名詞〉が『オットフリート』に1例、『ノートケル』に数例見られるが、これは「…されることになる」という受動の成始を表現する。

iʒ *wirdit* etheswanne iu *zi wiʒanne*. (O. IV, 11,28)
それ（= イエスの意図）はいつかあなた達に（よって）知られることになる。
demo chuninge daʒ *ze wiʒenne wurte*. (N. I, 28,20)
その王に（よって）それが知られることになったと。（= compertum foret = bakannt wurde. Sehrt 1962: 276）

中高ドイツ語における〈成始の助動詞 werden + 現在分詞〉は『ニーベルンゲンの歌』にはないが、他の作品には見られる。

dō si si *vrāgende wart*. (Iwein 5891. Lucae 1868: 10)
彼女が彼女に尋ね始めた時。
sie *wurden spilnde* umbe guot.

　　　　　　　（Des Minnesangs Frühling. Pauls Mhd. Gr. 1969: 370; 2007: 307）
彼らは賭け事をし始めた。
do'ʒ *nahtende wart*.
　　　　　　　　　（Tristan 14613. Pauls Mhd. Gr. 1969: 370; 2007: 307）
夜になり始めた時。

〈成始の助動詞 werden ＋不定詞〉も出現している。

sō diz liuht nahtis *ward slāfin*.
　　　　　　　（Annolied 11 世紀後半。Pauls Mhd. Gr. 1998: 311; 2007: 307）
この人々が夜、眠り始めた時。
dō *wart* ouch her Wolfhart *klagen*.
　　　　　　　（Virginal 13 世紀後半。Pauls Mhd. Gr. 1998: 311; 2007: 307）
ヴォルフハルト殿も嘆き始めた時。
er *wart* mit vlīʒe *vrāgen* sie.
　　　　　　　（Livländ. Reimchronik 13 世紀末。Grimms DWb. 29,249）
彼は熱心に彼らに尋ね始めた。
den bischof *wart* sīn angest *jagen*.
　　　　　　　（Marienlegenden 13 世紀末。Grimms DWb. 29,249）
その司教を自らの不安が駆り立て始めた。

この場合の ze なし不定詞の使用は、同じ意味の成始の助動詞 beginnen「…し始める」が普通は従属不定詞に ze を必要としなかったことに影響されていると思われる（Wilmanns 3,1906: 177; Diewald/Habermann 2005: 237）。
　〈werden の過去形＋不定詞〉は 13 世紀後半以降、beginnen の場合と同様に、単なる過去形の換言として広まるとされる（Lucae 1868: 11）。

　　　dā bī *wart* man sie *erkennen*.　　　　（Berthold v. Regensburg）
　　　それによって人は彼らを知った。
　　　dō daʒ liecht *erlöschen wart*.　　　　　　　　　　（U. Boner）

第 7 章　新高ドイツ語・現代ドイツ語における様相助動詞　381

その明かりが消えた時。

〈未来時称の助動詞 werden ＋現在分詞〉は『ニーベルンゲンの歌』には 1 例しか記録されていないが（Bartsch 1880: 378）、他の作品には多々見られる。

  jā *wirt* ir dā *dienende* vil manic wætlīcher man.
    （NL. 1210,4. Erdmann 1,1886: 98; Blatz 1,1895: 568f.;
  Behaghel 2,1924: 261; Grimms DWb. 29,247; Pauls Mhd. Gr. 1998:
  297; 2007: 295; Dal 1966: 132; Lockwood 1968: 111; Ebert 1978: 60）
言うまでもなく彼女にそこではとても多くの美々しい家来が仕えるだろう。
er *wirt* uns *komende* balde ze hūse von dem walde.
   （Troj. Krieg 13533. Pauls Mhd. Gr. 1998: 297; 2007: 295）
彼は我々の方へ急いで森から家に帰って来るだろう。
er *wirt* mich gerne *sehende* unde *wirde* ich ime *verjehende*.
    （Tristan 3987f. Erdmann 1,1886: 98; Blatz 1,
  1895: 569; Grimms DWb. 29,247; Pauls Mhd. Gr. 1998: 297; 2007: 295）
彼は私に喜んで会うだろう、そして私は彼に約束するだろう。
daȝ sīn pfant dar umbe hōhe *stēnde wirt*.
    （U. v. Zatzikhoven 1195 年。Kleiner 1925: 35）
その結果、彼の抵当はその分だけ高額であるだろう。
Als got sich selben bekennet, alsō *werden* wir in *bekennende*.
   （Meister Eckehart 14 世紀前半。Diewald/Habermann 2005: 242）
神がご自身を信奉するように、同様に我々も彼を信奉するだろう。

〈未来時称助動詞 werden ＋不定詞〉は中高ドイツ語ではまだ極めて稀とされる（Pauls Mhd. Gr. 1998: 297; 2007: 296）。

  swaȝ wir zwei klagen solten, daȝ *wirt* er eine *klagen*.
     （Wolfdietrich, 写本は 1300 年以降。

　　　　　　Behaghel 2, 1924: 261; Pauls Mhd. Gr. 1998: 297; 2007: 296）
我々二人が訴えるべきであった事を彼が一人で訴えるだろう。
Die krefte der himel *werdent* sich *bewegen*.
　　　（Meister Eckehart 14 世紀前半。Diewald/Habermann 2005: 242）
天の力は活動するだろう。（ルカ 21,26. ＝ラテン語未来形 movebuntur「活動するだろう」）
wen ich *kussen werde*.
　　　　　　　（Matthias v. Beheims Evangelienbuch
　　　　　　　　マル 14,44。1343 年。Grimms DWb. 29,248）
私が接吻するであろう人。（同書マタ 26,48 は wen ich kussinde〔現在分詞〕werde）

　しかし 1340 年に東中部ドイツ語で書かれた典礼用福音書では 38 例の〈未来時称の助動詞 werden ＋不定詞〉のみならず、未来完了形も例証されている（Westvik 2000: 248）。

er wen der han czwir dy stymme gegebyn hat, *wirstu* myn *vorloukent han*.　　　　（≒マタ 26,34; マル 14, 30; ヨハ 13,38）
雄鶏が再度声を出してしまう前に、お前は私を否認してしまっているだろう。

　さらに過去時における未来（過去未来形）を表示する叙想法過去形の würde も既に 14 世紀初めから登場している。

dā si *wurd' enphangen* von Arrogūn diu kunigin.
　　　　　　　（Ottokar v. Steiermark. Grimms DWb. 29,255）
そこでは彼らをアログーンの女王が迎えることになる。

　未来時称の助動詞 werden の場合も ze を付けない不定詞の使用は、先行する未来時称の助動詞 wollen, sollen, müeʒen からの影響であるに違いない（Wilmanns 3, 1906: 177; Ebert 他 1993: 393; Westvik 2000: 258; Harm 2001: 294）。

中高ドイツ語に〈推量の助動詞 werden ＋不定詞〉の実例は少ない。

wer *wirt* in den luften *gelīchen* dem herren, wer *wirt* gelīch *wesen* dem herren in den chinderen gotes?

(詩篇 89,7 行間訳 12 世紀。
Behaghel 2, 1924: 261; Saltveit 1962: 188f.; Leiss 1985: 257)

誰が空中において主と同等であるだろうか。誰が神の子らの中で主と同じであるだろうか。（現在推量。＝ラテン語未来形 equitabitur「同列に置かれるだろう」、erit「であるだろう」）

ich wæne, ir *werdent* mir es *jehen*, swaʒ ir anders gelernt hānt.

(K. Fleck 1220 年頃。Lucae 1868: 11; Erdmann 1, 1886: 99; Wilmanns 3, 1906: 177; Grimms DWb. 29, 251; Saltveit 1962: 189)

あなた達は違った風に学んだ事を私に告げるであろうと私は思う。

〈叙想法の助動詞 würde ＋不定詞〉は中高ドイツ語末期に実例がある。

ob dise swigen（叙想法過去形）、die steine *worden*（叙想法過去形＝würden）*schrīen*.

(Matthias v. Beheims Evangelienbuch
ルカ 19, 40。1343 年。Grimms DWb. 29, 257)

これらの人々が黙っているならば、石らが叫ぶのだが。

中高ドイツ語にも成始受動の〈werden ＋ ze ＋動名詞〉が例証されている。

daʒ eʒ niemen kunde gesagen, wā er im *ze vindenne wart*.

(Erec 5574. Lucae 1868: 10;
Pauls Mhd. Gr. 1998: 319; 2007: 314; Holl 2010: 62)

その結果、どこで彼が彼に（よって）見つけられることになる

のかを誰も言うことができなかった。

　初期新高ドイツ語のルター訳聖書では成始の助動詞 werden は現在分詞と不定詞の両方とも従属させることが可能であった。

    Da *ward* das gantze Heer *lauffend*.
                          （LB. 士師 7,21. Behaghel 2,1924: 383）
    するとその全軍が走り出した。（1967年版は fing an zu laufen、1968年版は ward laufend）
    Moses aber *ward zittern*.   （LB. 使徒 7,32）
    しかしモーゼは震え出した。（1967年版は fing an zu zittern、1968年版は ward zitternd）

　いわゆる「格言的未来形」das gnomische Futur は純粋の未来表現ではなくて、「(…すれば)…する(ことになるのは確実だ)」という超時間的な成始表現である。

    Suchet, so *werdet* i:r *finden*.   （LB. マタ 7,7）
    索ねよ、さらば見出さん。(＝未来形 heurēsete「見つけるだろう」)
    Wenn dein auge einfeltig ist, so *wird* dein ganzter Leib liecht *sein*.   （LB. マタ 6,22。嶋﨑 2007: 13）
    もしもあなたの目が純真であれば、あなたの全身は明るい（ことになる）。(＝未来形 éstai「あるだろう」)

　初期新高ドイツ語の初期にはまだ現在分詞を従えた未来時称の助動詞 werden が例証されている。

    bi demselben aid, so er *schwerent… wird*.
            （St. Galler Urkunde 1396年。Grimms DWb. 29,248）
    彼が誓うであろうその誓約の際に。

しかしルター訳聖書における未来時称の助動詞 werden は不定詞のみを従属させている。

Du *wirst* schwanger *werden* im Leibe, vnd einen Son *geberen*.
(LB. ルカ 1,31)

あなたは身重になって、息子を産むだろう。（＝未来形 sullḗmpsēi「身重になるだろう」、téksēi「生むだろう」）

Du *wirst erstummen* vnd nicht reden *können* bis auff den tag.
(LB. ルカ 1,20)

お前はその日まで沈黙して、話すことができないだろう。（＝未来形 ésēi siōtō̃n「沈黙しているだろう」、ésēi〔＝ wirst sein〕dunámenos〔＝ könnend〕「できるだろう」）

sō es dasselbig Haus werd ist, *wird* ewer Friede auff sie komen.
(LB. マタ 10,13)

その家がそれ（＝平安）にふさわしくあれば、あなた達の平安は彼らの上に（必ず）来るだろう。（原典の elthátō は érkhesthai「来る」の第 2 アオリスト命令法 3 人称単数形で「未来の約束を表わす特に強い形」岩隈 1982: 193; 2 上, 1989: 117; Rienecker 1970: 24）

Denn Jhesus wuste von anfang wol..., welcher jn *verrhaten würde*.
(LB. ヨハ 6,64)

と言うのはイエスは最初から、どの者が彼を裏切るのかをよく知っていたからだ。（＝未来分詞 paradósōn「売り渡すであろう（者）」。*verrhaten würde* は過去未来形）

ルター以降 werden は益々未来時称助動詞としての地位を確立していき、17 世紀には以前によく用いられた未来時称助動詞 sollen や wollen にほぼ取って代わる（Diewald/Habermann 2005: 232）。

1 人称形の ich werde が全て、現代ドイツ語のように「1 人称の主語の意志を表す」（嶋﨑 2007: 12）とは断定しがたいが、否定もできない。

Denn *werde* ich jnen *bekennen*.　　　　　　(LB. マタ 7,23)
その時、私は彼らに明言するだろう／つもりだ。(未来形 homologḗsō を岩隈 2 上, 1989: 88 は「意志を表わすものであろう」と解して「はっきりと言おう」)

Welchen ich *küssen werde*, der ist's.　　　(LB. マル 14,44)
私が接吻するであろう／接吻するつもりの者がそれだ。(= 未来形 philḗsō「接吻するであろう」)

Jch sage euch, das ich hinfurt nicht *trincken werde* vom gewechse des Weinstocks, bis auff den tag.　(LB. マル 14,25)
その日まで私は今後、葡萄の木の産物を飲まないだろう／つもりだとお前達に言う。(= 第 2 アオリスト接続法形 píō「飲む」、ラテン語訳も未来形 bibam「飲むだろう」)

Schweigen werde ich nicht.　　(M. Luther. Rössing-Hager 1972: 220)
沈黙なんか私はしないぞ。

　他方、稀ではあるが 2 人称形の du wirst が受命を表わす用例がルター以外に報告されている。

Das ffunfte gebote gotes spricht also: du *wirst* nicht toten.
　　　　(M. v. Amberg 14 世紀。Saltveit 1962: 225; Ebert 他 1993: 392)
神の第 5 戒はこう言う。汝、殺すなかれ。

dich hilfft dein claffen nit. du *wirst* sagen von wannen dir das gelt kom.　　　　　　(Fortunatus 16 世紀初め。嶋﨑 2007: 10)
おしゃべりしても無駄だ。その金をどこから手に入れたのか言うんだ。—嶋﨑訳

　次例はルターにおける〈推量の助動詞 werden ＋不定詞〉の用例であるが、聖書の 3 例は共に原典には対応する表現がないので、ルターの独創と思われる。

Da dachten sie bey sich selbs, vnd sprachen: Das *wird*'s *sein*, das wir nicht haben Brot mit vns genomen.

（LB. マタ 16,7. Ebert 他 1993: 392; 嶋﨑 2007: 13）

そこで彼らは互いに考えて言った。これは、我々がパンを持参しなかったことだろう。

Gehet jr auch hin in den Weinberg. Vnd was recht *sein wird*, sol euch werden. 　　　　　（LB. マタ 20,7. 嶋﨑 2007: 13）

お前達も葡萄園へ行け。相当であると思われるものがお前達に与えられるべきだ＝相当であると思われる報酬を与えよう。

Es ist blut. Die Könige haben sich mit dem Schwert verderbet, vnd einer *wird* den andern *geschlagen haben*.

（LB. 2 列王 3,23。

Grimms DWb. 29,256; Philipp 1980: 123; Ebert 他 1993: 392）

これは血だ。あの王達は互いに剣で滅ぼし合ったのだ。一方が他方を交互に討ったのだろう。

Da *werden* on zwyffel die heiligen Engel *gewest sein*. Denn wo Vatter, Son, unnd heiliger Geist sich lassen sehen, da *wirdt* das gantze himlische heer *müssen sein*.　　（M. Luther. Curme 1922: 214）

そこには疑いなく聖なる天使達がいたのだろう。なぜなら父と息子と聖霊が姿を見せる所には天の全軍がいなければならない／いるに違いない、と思われるからだ。

ルターの著作には〈叙想法の助動詞 würde ＋（完了）不定詞〉も例証されている。

Es sind auch viel ander ding, die Jhesus gethan hat, Welche, so sie solten eins nach dem andern geschrieben werden, achte ich, die Welt *würde* die Bücher nicht *begreiffen*, die zu beschreiben weren.　　（LB. ヨハ 21,25。Kudo 1997: 61f.; 工藤 2003: 52; 2004; 132）

イエスが行なった多くの他の事もある。それらが、もしそれらが一つずつ順番に書かれるならば、世界は書かれるべき本を収容し（切れ）ないのだが、と私は思う。

Wer(e) das euangelion da gewest..., der tewffell *wür*(*de* e)s nicht *gelyden haben*.　　（M. Luther 1523 年。Grimms DWb. 29,258）

福音（書）があったならば、悪魔はそれを許容しなかったのだが。

初期新高ドイツ語でも〈成始受動の werden + zu + 不定詞〉が見られる。

 ... wo jnen ein wort mag *zů hœren werden*...
         （J. Geiler. Ebert 1976: 61）
 そこでは彼らに（よって）ある言葉が聞かれることになるかも知れない。
 also schůf er durch seinen tochterman das jm der man gottes *zů sehen ward*.   （J. Geiler. Ebert 1976: 61）
 そのように彼は自分の女婿を通して事を運んだので、彼に（よって）その神父は面会されることになった。
 so bald das inen *zu wissen wurt*. （J. Geiler. Holl 2010: 62）
 その事が彼らに（よって）知られることになるや否や。

〈成始の助動詞 werden「…するようになる、し始める」+ 現在分詞／不定詞〉の語彙的な、即ち字義通りの用例は19世紀後半まで見られるが、極めて限定的である。

 Als ich aber geendet, *wurde* der schullehrer ganz *lachend*.
      （L. Steub 1862年。Grimms DWb. 29,248）
 しかし私が終えた時、その教師は完全に笑い出した。
 Die blindheit unsres auges *ist sehend worden*.
      （Fr. Rückert 1867年。Grimms DWb. 29,248）
 我々の目の盲目〈＝盲目の目〉は見えるようになった。
 Schau nur, wie fremd und vornehm er *aussehen worden ist*.
      （Th. Storm 1898年。Grimms DWb. 29,249）
 彼が何と外国人風に、そして上品そうに見えるようになったのかを、さあよく見なさい。

方言や方言調の場合には今日でも〈成始の助動詞 werden ＋現在分詞／不定詞〉の構成が生きていると報告されている。

  Rengad（= Regnend）*wird's*. （バイエルン方言。Schmid 2000: 7）
間もなく雨が降り出す。(Diewald/Habermann 2005: 240 によれば未来・推量「雨が降るだろう」)
Dat *ward*(= wird) *regen*(= regnen).
    （北ドイツ・グリュックシュタット方言。Curme 1922: 286）
雨が降り始める。(= Es fängt an zu regnen)
Do *wor*(= wurde) he *ween'n*(= weinen).
    （北ドイツ・グリュックシュタット方言。Curme 1922: 286）
すると彼は泣き出した。(= Da fing er an zu weinen)
So oft die Red' auf'n Gelbhofbauer kommt, *wird* bei ihm's Radel *laufend* und da haspelt er die ganze alte Geschicht' aber.
    （オーストリア人作家 L. Anzengruber 19 世紀。Curme 1922: 286）
話があのゲルプホーフバウアーに及ぶ度に彼の頭の中では歯車が回り始めて、彼はあの昔話を全部またしても早口でまくし立てる。
Es sind etliche *streitend worden*.
（オーストリア人作家 E. Handel-Mazzetti 1912–1913 年。Curme 1922: 286）
2、3 人が争い出した。

現代ドイツ語の標準語ではこのような語彙的な用法はもはや見られず、下例の現在分詞は今日では形容詞とみなされる。

  Er *wird wütend*.   （Th. Fritz 1997: 85）
彼は激怒する。(wütend = ärgerlich「怒った」)
dasz die einzelnen sagenkreise sinnbildlich *sprechend werden*.
    （P. Böckmann 1949 年。Grimms DWb. 29, 248）
それらの個々の伝説圏が象徴的に意味深くなること。(sprechend = ausdrucksvoll「意味深い」)
Auch die Pharisäer fragten ihn, wie er *sehend geworden sei*.

(Die Bibel. Einheitsübersetzung 1980 年。ヨハ 9,15)
パリサイ人らも彼に、どのようにして彼が見えるようになったのかと尋ねた。(sehend = sehfähig「視力のある」)

Stehend geworden ist das reflexive Passiv bei 'haben zu' im Sinne von 'notwendig sein'. (Behaghel 2,1924: 171)
慣用的になったのは「必然的である」という意味の haben zu における再帰的受動である。(stehend = gebräuchlich「慣用的な」)

しかしながら成始助動詞 werden の語用論的な用法は色々と見受けられる。例えば次例のような「あらかじめの確認・保証」(研究社『独和中辞典』1996: 1583) あるいは「激励」(Schulz/Griesbach 1962: 58) は成始表現から来ている。

Du *wirst* schon die Prüfung bestehen.
君はきっと試験に合格するよ。(←合格することになる)

このような「気遣い」(Hacke 2009: 169) あるいは「話者の感情的な関わり」(Duden-Gr. 2009: 1112) を表現する用法は「表出的」(expressiv) とも呼ばれる。

Die frische Luft *wird* Ihnen gut tun!
(Diewald 2005: 29,31; Hacke 2009: 168f.)
新鮮な空気はあなたのためになりますよ。
Das *werden* Sie bereuen! (Duden-Gr. 2009: 1113)
それをあなたは悔いることになりますよ。
Du *wirst* mich doch jetzt nicht allein lassen?
(Duden-Gr. 2009: 1113)
でも君は僕を今一人にしたりしないよね。
Da *wird* Vati aber staunen.
(Matzel/Ulvestad 1982: 322;
Diewald 2005: 29; Hacke 2009: 18; Duden-Gr. 2009: 1113)

それならパパはびっくりすることになるよ。

「格言的未来形」も同じく「(…すれば／であれば)…する(ことになるのは確実だ)」という超時間的・普遍的な成始表現である。

 Ein guter Mann *wird* stets das Bess(e)re wählen.
  (Blatz 2,1896: 508; Duden-Gr. 1966: 102; Matzel/Ulvestad 1982: 301)
 有能な男ならば常により良い方を選ぶ(ことになる)。(Blatzは「アオリスト的未来形」aoristisches Futurum, Matzel/Ulvestadは「常時未来形」Allzeitfuturと呼ぶ)
 Lernet, dasz schicksal nicht von götzen kommt, so *werdet* ihr auch endlich lernen, dasz es keine götzen und götter gibt!
  (H. Hesse. Grimms DWb. 29,253)
 運命が偽神から来るのではないことを学べ。そうすればあなた達も偽神と神々が存在しないことを結局学ぶことになる。

2人称形の成始表現は「受命」を意味すると解されることが多い。

 Du *wirst* das Buch morgen zurückgeben
  (Klappenbach/Steinitz 4318)
 君はこの本を明日返しなさい。
 Bis übermorgen *wirst* du die Sache hinter dich gebracht haben!
  (Leirbukt 1984: 220)
 明後日までに君はこの件を片付けてしまっていなさい。
 Sie *werden* es also gefälligst nächstens so machen.
  (Th. Mann. Klappenbach/Steinitz 4318)
 それならば近々そのようになさって下さい。

Sie werden hierher kommen und bezahlen「こちらに来て、支払いなさい」というような命令表現は同義のKommen Sie hierher und bezahlenと比べると、発話者の方が社会的に上位である場合には使用可能であるが(Dieling 1982: 327)、そうなければ「も

め事の場合」(Konfliktfall. Marschall 1987: 128) にのみ可能とされる。

次例の2人称形は推量表現である。

> Du *wirst* den Schlüssel nicht finden. Es ist zu dunkel.
> （Matzel/Ulvestad 1982: 307）
> 君は鍵を見つけないだろう。余りにも暗すぎる。
> Du *wirst* müde sein. （Dieling 1982: 327）
> 君は疲れているのだろう。

受命のwerdenは3人称形でもあり得るが、下例では2人称の人物を介した発話者の命令である。

> Paul *wird* tun, was ich gesagt habe!
> （Vater 1975: 124; 中村 1994a: 138）
> パウルは私の言った事をすべきだ＝パウルに私の言った事をさせろ。
> Die Herren *werden* sich entscheiden: Bündnis oder nichts. Es ist die letzte Chance, die ich Ihnen bieten kann.
> （M. Frisch. Th. Fritz 1997: 97; Mortelmans 2004: 49）
> あの男性達は決心すべきだ＝あの男性達に決心させなさい。連合するかしないかを。これは私があなた達に与え得る最後のチャンスです。
> Er *wird* nicht unterschreiben. （Engel 1988: 469）
> 彼はサインをしてはならない＝彼にサインをさせるな。

上掲最後の例文は上位否定「サインをすることになるな」とも下位否定「サインしないことになれ」とも解釈できるが、両者は結局のところほぼ同義（不成就の圧力）である。

Vater（1975: 123）によればwerdenによる命令は叙令法形やsollenによる場合よりも迫力があって、強固であり、Jongeboer（1985: 118）によればより短気な命令の形式であるとされる。

Du *wirst* den Apfel schießen von dem Kopf des Knaben ― ich begehr's und will's.
　　　　　　　　　（Fr. v. Schiller. Wilmanns 3, 1906: 219; Behaghel 2, 1924: 248; Grimms DWb. 29, 253; Duden-Gr. 1966: 103; Vater 1975: 123）
お前はあの子の頭から林檎を撃ち落とすのだ。私はそれを要求し、望んでいる。

Joachims Drohung, er *werde* alles hinwerfen und ins Flachland abreisen.　　　　　　　　　（Th. Mann. 浜川 1979: 199）
彼は全てを投げ捨てて、平地へ旅立て、というヨアヒムの脅し。

　成始の助動詞 werden の1人称形は語用論的にしばしば主語の決意を表示する。従って ich werde は単なる志向や願望を示すにすぎない ich will や ich möchte よりも行為の実現が確実である、あるいは意志が直ちに実行に移される（Vater 1975: 122 参照）。

Ich *werde* es schon tun.　　　　　　　　　（Curme 1922: 214）
私はきっとそうするつもりです。（= I'll do it, you can count on it「私はそうします。あなたはそれを当てにしてよいです」）

その際、状況次第では威嚇を含み得る。

Dem *werd'* ich's zeigen.
　　　　　　　　　（Grimms DWb. 29, 253; Klappenbach/Steinitz 4318）
あいつには思い知らせてやるぞ。
Na wart man, Bürschchen, dir *werde* ich helfen.
　　　　　　（H. W. Richter. Klappenbach/Steinitz 4318; Brockhaus-Wahrig 6, 717）
おい待て、小僧、お前を助けてやろう =（そんな事をしたら）ただでは済まさんぞ。

　次のような場合は主語の確言・確約と解される。

Immer *werde* ich dich lieben.　　　　　　　　　（Dittmann 1976: 177）

いつも僕は君を愛しているよ。
Ich *werde* das Radio abstellen.　　　　　（Wunderlich 1976: 156）
僕はラジオのスイッチを切るよ。
Ich *werde* die Arbeit rechtzeitig beenden.　　（Amrhein 1996: 82）
私はこの仕事を間に合うように片づけますよ。(心配する上司に対して)
"Und Sie sollten mal mit 'nem einfachen, netten Mädchen ins Kino gehen", sagte Wulla. "Das *werde* ich heute abend tun", sagte Murke, "ich verspreche es Ihnen."　　（H. Böll. Vater 1975: 121）
「それにあなたは一度普通の、優しい女の子と一緒に映画に行った方がよいのに」とヴラが言った。「僕は今晩そうするつもりです」とムルケは言った。「僕はあなたに約束します」。

　Wunderlich（1976: 156）や Vater（1980: 300）は、werden 抜きでも同様に文脈から約束と解され得ることから、werden 自体は約束の意味を含まないと言うが、werden の使用によって約束の強度が増していると考えられる。
　次例では2人称形（Sie werden = Sie sollen）と1人称形（ich werde = ich will）が連続している。

Hab' ich gesagt: "Gut. Wenn Sie mir nicht helfen können, dann bin ich gezwungen, an die englische Kommandantur zu gehen." "Das *werden* Sie nicht tun!" Ich sag': "Doch, das *werde* ich, und sofort von hier aus fahr 'ich hin."
　　　　　　　　　　（Bottroper Protokolle. Vater 1975: 123）
私は言いました。「よろしい。あなたが私を助けられなければ、私は英軍司令部へ行かざるを得ません」。「それをあなたはしてはいけません」。私は言いました。「いや、私はそうするつもりです。直ぐにここからそこへ行きます」。

　Das werden Sie nicht tun! も上位否定「それをすることになるな」と下位否定「それをしないことになれ」の解釈が可能である。

1人称形のwerdenはいつも決意を意味する訳ではなく、次のような場合には推量を意味している。

> Ich *werd'* euch was zu trinken geben müssen.
> (B. Brecht. Vater 1975: 122)
> 私はあなた達に何か飲み物を出さなければならないでしょう。
> Ich *werde* den Schlüssel nicht finden. Es ist zu denkel.
> (Matzel/Ulvestad 1982: 307)
> 私は鍵を見つけないだろう。余りにも暗すぎる。

また3人称形でも稀に決意を示す場合があるとされる。

> Sie *werden*'s nicht machen. (B. Brecht. Vater 1975: 123)
> 彼らはそうしないつもりだ／そうするつもりがない。（＝カトリック軍の将校達は提案された取引に応じようとしない）

2人称形の疑問文でも決意が問われる。

> *Wirst* du still sein? (Duden-Gr. 1966: 103)
> 君は静かにしているつもりだね＝静かにしていなさいよ。
> *Werden* Sie Ihre Erfahrungen mit diesem Händler bewerten?
> (Amazon de.)
> あなたはこの販売者との経験を評価するおつもりですか。

下例では受命と決意の2人称形が連続している。

> Darauf sprachen sie zu ihm:（Also）*wirst* du, du *wirst* jetzt erklären, wen von uns beiden du heiraten *wirst*.
> (Freiburger Korpus.
> Dittmann 1976: 189; Vater 1980: 300; Marschall 1987: 128)
> それに応じて彼女達は彼に言った。（じゃ）してよ。私達二人の誰と結婚するつもりか今説明してよ。

日本のドイツ語文法や辞書においても werden は主に 1 人称形では「意図・意志」を、2 人称形では「命令」を、3 人称形では「未来・推量」を表現すると説明されることがあるが、これまで見てきた通り、このような人称別の使用規則は「似非規則」Pseudoregel であることが分かる（Matzel/Ulvestad 1982: 307）。

　成始の werden の一種である「物語未来形」（Lenerz 1997: 400）は北ドイツと東ドイツの話し言葉や方言では歴史的現在形で「生彩のある語りの際に…過去において突然生じた、あるいは驚くべき出来事を表わす」（Vater 1975: 124）ために用いられる。

　　Gestern ging ich spazieren; da *werde* ich den N. treffen.
　　　　　　（K. Müller-Fraureuth. Grimms DWb. 29,253; Vater 1975: 124）
　　昨日私は散歩に行った。すると N に出くわす（ことになる）んだよ。
　　Wer *wird* da besoffen auf der Straße liegen? Der Hannes!
　　　　　　　　　　　　　　　　　　　　　　（Vater 1975: 124）
　　すると泥酔して道路の上に誰が寝ている（ことになる）と思う？　ハンネスの奴さ。
　　Dann greift er der Kleinen am Halse und nun *werden* die beiden anfangen, sich mitten in der Stunde regelrecht zu hauen.
　　　　　　　　　（E. Wildenbruch. Curme 1922: 215; Vater 1975: 124）
　　それから彼がそのチビの首筋をつかんだので、二人は授業の真っ最中に本格的に殴り合いを始める（ことになる）んだ。
　　Der Herr Schmidt hatte ja wohl so ein zwanzig oder dreißig letzten Donnerstag weggeschickt, weil sie Sozialisten waren, und das *werden* sich ja die andern zu Nutzen machen und dem Herrn Schmidt einen ganz erschrecklichen Lohn *fordern*.
　　　　　　　　　　　　　　　　　（Fr. Spielhagen. Curme 1922: 214）
　　あのシュミット氏は 2、30 人位をこの前の木曜日に解雇してしまったよ。彼らが社会主義者だったからだ。するとそれを他の連中が利用して、シュミット氏に全く法外な報酬を要求する（ことになる）んだ。

未来時称の助動詞 werden は報道文やアナウンス、また法文においてよく用いられるが、このような場合には推量の意味は含まれていない。

> Der Kanal *wird* weitergebaut werden, daran gibt es keinen Zweifel.
>
> （バイエルン州首相 Fr. J. Strauß,
> Mittelbayerische Zeitung. Matzel/Ulvestad 1982: 312; 嶋﨑 2007: 3）
>
> その運河の建設は続行されます。その事に疑念はありません。（予定）
>
> In wenigen Minuten *werden* wir in Frankfurt landen.
>
> （Matzel/Ulvestad 1982: 312; Vater 1997: 61）
>
> 数分後に私達はフランクフルトに着陸します。（予定・予告。機内アナウンスは英語風に未来時称の助動詞が多用される）
>
> der bundesminister für wirtschaftliche zusammenarbeit doktor erhard eppler ist in unser bonner studio gekomken wo ihm peter hopen nun einige fragen stellen *wird*.
>
> （ドイツ第2テレビ。Mortelmans 2004: 39）
>
> 経済協力大臣のエーアハルト・エップラー博士が当方のボン・スタジオに来られました。ここで大臣にペーター・ホーペンが質問を2、3いたします。（予定）
>
> In den Ballungszentren *wird* es zu einer tief greifenden Einschränkung des Individualverkehrs kommen.
>
> （Duden-Gr. 2009: 508）
>
> 密集中央域では個人交通が徹底的に制限されます。（予告）
>
> Im Westen, Süden und auch im Osten *werden* zum Teil sehr heftige Niederschläge niedergehen. Die Höchsttemperaturen steigen（現在形による未来表現）zum Teil nur wenig über den Gefrierpunkt an. Zum Teil *werden* sie ihn noch nicht einmal erreichen.
>
> （Freiburger Korpus.
> Marschall 1987: 128; Zifonun 他 3,1997: 1901; Hacke 2009: 21,150）

西部と南部そして東部でも部分的に非常に激しい降水があります。最高気温は一部の地域で氷点をほんの少ししか越えません。一部の地域ではまだ氷点に達することすらありません。（予報）
Das vereinte Deutschland *wird* die Gebiete der Bundesrepublik Deutschland, der Deutschen Demokratischen Republik und ganz Berlins umfassen.
　　　　　　　　（ドイツ統一条約1990年。第1条。Weinrich 1993: 232)
統一ドイツはドイツ連邦共和国とドイツ民主共和国、全ベルリンの領土を包括する。（予告）
Das vereinte Deutschland hat keinerlei Gebietsansprüche gegen andere Staaten und *wird* solche auch nicht in Zukunft erheben.　　　　　（ドイツ統一条約1990年。第3条。Weinrich 1993: 232)
統一ドイツは他国に対していかなる領土要求権をも持たず、また将来においてもそれを主張しない。（否定事象の予告）
Am kommenden Mittwoch *wird* das Raumschiff den Mond erreicht haben.　　　　　　　　　　　　（Duden-Gr. 1984: 153)
次の水曜日には宇宙船は月に到達しています。（= Am kommenden Mittwoch hat das Raumschiff den Mond erreicht）

　過去時における未来事象は叙想法過去形の würde で示されるが、これは「運命の未来形」（Duden-Gr. 2009: 512）とも呼ばれていて、sollte と同義である。Engel（1988: 469）によれば sollte と würde の本質的な相違は観点の違いであって、sollte では未来の事象が発話者の観点から、würde では主語の観点から眺められるとされるが、しかし sollte は主語の側の運命・成り行きであり、würde は発話者の側の判断であるので、Engel の主張の逆が正しいのではなかろうか。Duden の語義辞典（2010: 862）も sollte は「物語の登場人物達の視点から未来の事が話題になることを伝える」と述べている。また Schönherr（2011b: 205）は sollte を「いわゆる"客観的な"過去未来形」と称している。いずれにしても、未来の結果は過去の時点で判明しているので、推量の余地はあり得ない。

Sie *würde* das noch oft zu hören kriegen. (Engel 1988: 469)
彼女はそれをその内しばしば聞く羽目になる（＝聞くことになる）。

Unter dem Vergessen aber, sehr verborgen, blieb der Wunsch nach Gerechtigkeit bestehen. Nach Bestrafung. Sie *würde* ihn sich erst zwanzig Jahre später erfüllen.
(W. Bergmann. Duden-Gr. 2009: 512)
しかし忘却の下で、極めて密かに公正への願望があり続けた。処罰後に。彼女はそれをやっと20年後に実現することになる。

　上例は地の文が過去形で語られているので、過去未来に叙想法過去形 würde ―― これは有田（1984）では「未然過去形」と呼ばれている ―― が使われている。しかし地の文が歴史的現在形であれば、歴史的未来形が用いられる。

Im September 1748 kehrt Johann Friedrich Vulpius nach Weimar zurück. ...Ein Jahrzehnt *wird* sich Christianes Vater bemühen müssen, bis er eine Anstellung am Weimarer Fürstenhof erreicht. (S. Damm. Duden-Gr. 2009: 509; Hacke 2009: 35, 123)
1748年の9月にヨーハン・フリードリヒ・ヴルピウスはヴァイマルに戻る。…10年間クリスティアンの父は、ヴァイマルの領主宮廷で官職を得るまで、苦労しなければならないことになる。

Im Dezember 1790 wird Jean-François Champollion geboren. 1801 holt ihn sein Bruder nach Grenoble und übernimmt seine Erziehung. Er *wird* viel für den Familiennamen leisten.
(Hacke 2009: 19,147)
1790年12月にジャン＝フランソア・シャンポリオン生まれる。1801年に彼を兄がグルノーブルに呼び寄せて、彼の教育を引き受ける。彼は自分の家名のために大仕事をすることになる。

　主文の動詞が過去形や現在完了形の場合に、副文中の werden が

叙想法現在形や叙実法現在形になる例も報告されている。

  Man sprach von einer Auction, die demnächst stattfinden *werde*.   （P. Heyse. Behaghel 3, 1928: 687）
  間もなく開催されるオークションが話題になった。
  Sie wußte, er *werde* doch nicht wiederkommen.
      （P. Heyse. Behaghel 3, 1928: 687; Grimms DWb. 29, 256）
  彼女は、彼がやはり戻って来ないことになるのが分かっていた。
  Hanna hat immer schon gewußt, daß ihr Kind sie einmal verlassen *wird*.
      （M. Frisch. Matzel/Ulvestad 1982: 300; Hacke 2009: 28, 40, 63, 76, 85, 118, 123）
  ハンナは、自分の子が自分の元をいつか去ることになるのが前々から分かっていた。
  Jeder hat davon gesprochen, was er tun *wird*.
      （M. Gregor-Dellin. Welker 1998: 374）
  各人は、各々がする事について話した。

未来時称助動詞の werden には不定詞がないので、その代わりに wollen か sollen が用いられる（Wilmanns 3, 1, 1906: 179）。

  Er scheint sein Gut verkaufen zu *wollen*.
  彼は自分の地所を売却する（であろう）と思われる。
  Das Gut scheint verkauft werden zu *sollen*.
  その地所は売却される（であろう）と思われる。

推量の助動詞 werden の用例は次の通りである。

  Ich *werde* doch nicht krank sein?   （Saltveit 1960: 52）
  私はやはり病気ではないでしょうね。（現在の事象に対する推量）
  Wie das jetzt ist, das *wirst* du besser wissen als ich.

(W. Bergengruen. Zifonun 他 3, 1997: 1700)

それが今はどうなのかを君は私よりよく知っているだろう。（現在の事象に対する推量）

Aber ein Kännchen Milch für ein Kind *werdet* ihr doch haben.
(B. Brecht. Duden-Gr. 2009: 509)

でも子供用ミルクの小缶くらいならあなた達は持っているでしょう。（現在の事象に対する推量）

Er *wird* kommen. (Vater 1997: 59)

彼が来たのだろう。（戸口に物音がするのを聞いて。現在の事象に対する推量）

Die Begründung unserer Ablehnung *wird* Ihnen bekannt sein.
(Duden-Gr. 2009: 509)

我々の拒絶の理由をあなたはご存知でしょう。（現在の事象に対する推量）

Blöd *werd* ich sein. (Hacke 2009: 19,25)

私は馬鹿なのだろう。（感情的推量）

An Zusammenstößen mit Frankreich *wird* es aber auch in Zukunft nicht mangeln.
(Die Zeit. Vater 1975: 115)

フランスとの衝突にはしかし将来も事欠かないだろう。（未来の事象に対する推量）

Ich aber bin mit Nobel der Ansicht, daß die Menschheit aus neuen Entdeckungen am Ende mehr Gutes als Schlechtes gewinnen *wird*.
(P. Bamm. Zifonun 他 3, 1997: 1901)

しかし私はノーベルと同じく、人類は新しい諸発見の中から結局は悪よりも多くの善を獲得するだろうという見解です。（未来の事象に対する推量）

Ich *werde* meine Tempusskizze bis Ende nächster Woche geschrieben haben.
(Zifonun 他 3, 1997: 1710)

私は来週末までに時称草案を書いてしまっているだろう。（未来における完了事象に対する推量）

Wenn die Verleger eines Tages ihre verschlissenen Druckmaschinen erneuern müssen, *werden* diese um die Hälfte teurer

geworden sein. (Die Zeit. Vater 1975:119)
全出版社がある日、自分達の磨耗した印刷機を更新しなければ
ならない時には印刷機は半額分だけ高くなっているだろう。
（未来における完了事象に対する推量）

In zweihundert Jahren *werden* wir alle nicht mehr leben.
(Vater 1975: 101)
200年後には我々は全員もはや生きていないだろう。（下位否
定。未来の否定事象に対する確実な予想）

Viel Freude *wird* Professor Bach an seinem Volontärassitenten
Musil nicht gehabt haben. (K. Corino. Duden-Gr. 2009: 510)
多くの喜びをバッハ教授は自分の見習助手ムージルに対して
持っていなかったのだろう。（下位否定。過去の否定事象に対
する推量）

Den Namen hatte Denis Denissowitsch nicht mehr im Ge-
dächtnis, es *wird* einer von diesen verdammten polnischen
Namen gewesen sein, die einander alle so ähnlich sind.
(W. Bergengruen. Zifonun 他 3, 1997: 1901)
その名前をデニス・デニソヴィッチュはもはや記憶していな
かった。それは、互いに全部よく似ているこれらの忌々しい
ポーランド人名の一つだったのだろう。（過去の事象に対する
推量）

Die Soldaten waren gedrückt. An der Ostfront *würden* viele
von ihnen sterben, vielleicht alle. (G. Hoffmann. 鈴木 2005: 72f.)
兵士たちは沈み込んでいた。東部戦線では自分たちの多くは死
ぬことになるだろう、ひょっとしたら全員が。―鈴木訳（体験
話法）

Und nun nahte ja auch die Stunde, in welcher der Rabbi das
Gericht in seiner vollen Schärfe erblicken *würde*.
(G. v. le Fort. 有田 1984: 17)
今や、律法師が裁きの有様を眼光鋭く見つめるであろう時も
迫ってきた。―有田訳

Schwarze Wolken standen am Himmel. Bald *würde* es regnen.

(Welker 1998: 369)

黒雲が空にかかっていた。間もなく雨が降るだろう。
Bist du zufrieden? Wie *werd'* ich denn zufrieden sein?
(Behaghel 2, 1924: 264; 浜川 1979: 13)
君は満足しているのか。私が一体どう満足しているのだろうか？＝満足なんかしている訳がない。（余計な問いに対する不機嫌な答え）

Wo warst du gestern? Wo *werde* ich schon gewesen sein!
(Duden-Gr. 1966: 103)
君は昨日どこにいたのか。どこに私がいたのだろうかだって？＝どこにいたってよいではないか。（余計な問いに対する不機嫌な答え）

　主観的用法の他の様相助動詞、例えば müssen や können は上位と下位の両否定が可能であるが、werden は、mögen と同様に、下位否定しかあり得ない（Dieling 1982: 329）。

Paul muß nicht | zu Hause gewesen sein.（上位否定）
パウルは家にいたに違いなくはない＝いたとは限らない。
Paul muß | nicht zu Hause gewesen sein.（下位否定）
パウルは家にいなかったに違いない＝いたはずがない。
Paul kann nicht | zu Hause gewesen sein.（上位否定）
パウルは家にいたのかも知れなくはない＝いたはずがない。
Paul kann | nicht zu Hause gewesen sein.（下位否定）
パウルは家にいなかったのかも知れない＝いたとは限らない。
Paul wird | nicht zu Hause gewesen sein.（下位否定）
パウルは（きっと）家にいなかったのだろう。

　たとえ wird に強勢を置いて Paul wird nicht zu Hause gewesen sein と発音しても上位否定にはならず、話者の確信をより強く暗示するにすぎないとされる（Dieling 1982: 329）。このことは werden が、mögen と同様に、発話者の強い主観性を表わすことを意味し

ている。

　推量のwerdenは上位否定で用いられないだけでなく、過去形でも不定形（＝不定詞、過去分詞、現在分詞）でも用いられ得ないが、これはこの用法のwerdenに「主観的な認識的モダリティ不可侵性の原理」（後に9で解説）が最も純粋な形で作用しているからだと考えられる。このwerdenを上位否定や過去形、不定形で用いると、発話者の推断の主観性が侵害されて、werdenの存在理由そのものが否定されてしまうことになるのであろう。

　推量の助動詞としてwerdenが用いられる理由をGrimmのドイツ語辞典（29,256）はK. Brugmannの「自分の発言が（将来）正しいと証明されるという発話者の期待に基づく」という説を引用して説明しており（Hermann 1928: 190; Fourquet 1970: 160; Pauls DWb. 2002: 1163も同様）、Brünner/Redder（1983: 50）も「ある現在の、あるいは過去において終了した、または未来において終了する行為が、もしくはある事態が現実的と判明するであろうことが期待される」と言う。

　Hacke（2009: 126）も同じく「werden＋不定詞は、発話時点の後に始めてp（＝命題）の真理値が検証され得る事実を明示する」と述べている。換言としてはPaul（1970: 278）がEr wird zu Hause sein「彼は家にいるのだろう」をEs wird sich herausstellen, dass er zu Hause ist「彼が家にいることが明らかになるだろう」と解しているのと同様に、Lenerz（1997: 406）はPaul wird in der Badewanne sitzen「パウルは浴槽につかっているのだろう」をEs wird dazu kommen, daß Sprecher/Hörer sicher sind, daß es eine Tatsache ist, daß Paul in der Badewanne sitzt「パウルが浴槽につかっているということが事実であることを話者／聴者が確信している事態に至るだろう」と義解しているが、しかしながらPaulもLenerzも義解自体の中に同じ意味のwird「だろう」を含める点で真に義解しているとは言えない。Diewald（2005: 31）はDer Sprecher hat direkte Anzeichen dafür, dass eine Veränderung vor sich geht, die zu p führt「話者は、命題pに至る変化が生じつつあることを示す直接的な兆候をつかんでいる」という義解が〈werden＋不定詞〉の全ての用法に当てはまると主張しているが（Diewald/Smirnova 2010b: 250,321 では werden を推論的・明証的〔inferential evidential〕と解している）、むしろ他の様相助動詞の場合と同様に、主観的用法は客観的用法に「推断」の要素が加わって発展したものと考える方が簡明である。

> Er *muss*（主観的用法）es getan haben ＝ Ich *muss*（客観的用法）annehmen, dass er es getan hat.
> 彼がそれをしたに違いない＝私は、彼がそれをしたと推断しなければならない。
> Er *kann*（主観的用法）es getan haben ＝ Ich *kann*（客観的用法）annehmen, dass er es getan hat.
> 彼がそれをしたのかも知れない＝私は、彼がそれをしたと推断することができる。
> Er *wird*（主観的用法）es getan haben ＝ Ich *werde*（客観的用法）annehmen, dass er es getan hat.
> 彼が（きっと）それをしたのだろう＝私は、彼がそれをしたと推断するつもりだ。

推量の助動詞 werden の語用論的な用法として18世紀には現在事象の「控えめな主張」を表現する場合があった。これは「陳述の正当性に関する決定を未来に委ねる」（Erdmann 1,1886: 99）ためであったとされる。

> Ich *werde* Martin Krumm heissen und *werde* hier wolbestallter Vogt sein. 　　　　　　　　　　　　　　　　　　（G. E. Lessing）
> 私はマルティーン・クルムと申しまして、当地の正代官でございます。

現在と過去の事象に関して用いられた werden は全て推量の意味を有しているが、未来の事象に関しては推量の場合と予定の場合（未来時称の助動詞 werden 参照）とがある（Zifonun 他 3,1997:

1901)。次のような文は「新聞報道であれば一般的には未来性を伝えるが、しかし話し言葉であれば推量として解釈されるであろう」(Engel 1988: 495) と言われる。

 Der Papst *wird* auch die südlichste Insel besuchen.
 教皇は最南端の島も訪問する予定だ／訪問すると思われる。

 これは話し言葉では、未来性をほとんど全て現在形で表現する古いシステムがまだ支配的である（Vater 1997: 65; Lipsky 2002: 104; Diewald/Habermann 2005: 240）ことと関連している。Vater (1997: 58) によれば電話の会話では未来事象の75％が現在形で表わされ、werdenの使用は5％程度にすぎないとのことである。
 次の用例のwerdenも①未来と②現在推量の両解釈が可能である（Hacke 2009: 128f.）。

 Zu den Bildern, die in Madrid zu sehen sein *werden*, gehören…
 ①（その時）マドリッドで見ることができる絵画に属するのは…
 ②（今）マドリッドで見ることができるであろう絵画に属するのは…

 次の場合は①確実な未来事象とも、あるいは②未来推量とも解釈できる（Hacke 2009: 142）。

 Zusammen mit einer höheren Förderung auch in den Staaten außerhalb der OPEC bestehe die Gefahr, daß der Ölpreis im Herbst einbrechen *werde*, sagte ein Branchenanalyst…
 OPEC以外の国々においても生産量が比較的多いことと関連して、石油価格が秋には①崩れる／②崩れるかも知れない危険があると専門分析者が言った。

 次例は形式的には推量の疑問的感嘆文でありながら、内実は命令

文である。

> *Werdet* ihr wohl sofort hierher kommen!
> (Schulz/Griesbach 1962: 58)

君達は恐らく直ぐにこちらへ来るだろうね＝来て欲しい。

> Wer *wird* denn gleich weinen!
> (Klappenbach/Steinitz 4318; Hacke 2009: 40)

誰が一体直ぐに泣くだろうか＝誰も泣いたりしないよ＝今、君は泣いてはいけないよ。(＝ Nun weine doch nicht)

叙想法の助動詞 würde の用例は以下の通りである。

> Wenn die Begeisterung für Umweltschutz die Welt verändern *würde*, *würde* ich mich freuen. (Duden-Gr. 1984: 160)

環境保護への熱狂が世界を変えるならば、私は嬉しいのだが。(＝ veränderte, freute)

> Nie *würde* ich diese Reise zugelassen haben, hätte ich gewußt, daß... (Klappenbach/Steinitz 4318)

私は…という事を知っていたならば、決してこの旅行を許さなかったのだが。

> Ich *würde* das gerne bis morgen hinter mich gebracht haben.
> (Leirbukt 1984: 220)

私ならそれを喜んで明日までに片付けてしまっているのだが。

> *Würden* Sie mir bitte das Salz reichen? (Klappenbach/Steinitz 4318)

どうか塩を私に取っていただけないでしょうか。

> Ich wünschte, es *würde* nicht regnen. (Welker 1998: 371)

私は雨が降らないように願った。

> Ich *würde* behaupten... (Jongeboer 1985: 134,137)

私は…と主張したいのだが。

最初の用例のように副文と主文の両方に würde による換言を用いるのは、鈍重・冗長で音声的にも美しくはないので、避けるべき

とされる（Duden-Zweifel 2007: 537）。

最後に werden の用法の変遷をまとめてみると次のようになる。

	ゴート語	古期独語	中高独語	初期新高独語	現代独語
本動詞（自動詞）	○	○	○	○	○
連結動詞					
+名詞類	○	○	○	○	○
助動詞					
1. 動作受動の助動詞					
+過去分詞	○	○	○	○	○
2. 成始の助動詞					
+現在分詞	○	○	○		
+不定詞			○	○	○
3. 完了過去の助動詞					
+過去分詞		○			
4. 未来時称の助動詞					
+現在分詞	○	△	○	△	
+過去分詞		△			
+不定詞			△	○	○
5. 推量の助動詞					
+不定詞			△	○	○
6. 叙想法の助動詞					
+不定詞			△	○	○
7. 成始受動の助動詞					
+zu動名詞		○	○		
+zu不定詞				○	

○は一般的、△は限定的

　以上見てきた助動詞としての werden の様々な機能の内で、成始の助動詞は客観的用法の様相助動詞に、推量の助動詞は主観的用法の様相助動詞に該当する。様相助動詞としての werden が表わす様相性は客観的用法も主観的用法も共に「確実性」であるが、嶋﨑（2007）では「必然性」と、板山（1997）では「非現前性」、Diewald（2005）では「明証性／直接的徴候」（Evidentialität/direkte Anzeichen)、Hacke（2009）では「遠望／遠隔性」（Perspektivierung/Abständlichkeit)、Dieling（1983: 326）では「仮説の主観性」と言われている。既に関口存男（1964: 143）は次のように述べていた。

> 未来、未来完了は厳密にいうと、「未来」に関して用いるというよりは、むしろ「確実らしく言うための表現法」である（たとえば確約、決意、予言、など）。Es wird regnen（きっと降るでしょう）; Wird er zahlen?（ほんとうに払うでしょうか）; Das werde ich schon zu verhüten wissen（そうはさせぬぞ）; Unsere Zeit wird schon kommen（今にきっとおれたちの時代がやってくる）。発音の際 wird を強めるとますます「必ず」の意が強調されるのをみても、werden の機能がわかるであろう。──それに反し、別に確約、予言、など確実性が直接の問題とならない場合には、未来は現在で、未来完了は現在完了で表現するのが普通である。Morgen ist Sonntag（あすが日曜であるということは、その確実性を強調する必要がないほど確実であるから werden を用いない)。

とは言え、確信がなければ（確実らしく）Morgen *wird* Sonntag sein「明日は日曜日だろう」と言わざるを得ないし（Vater 1997: 59）、また「話者にとって特別な出来事が問題になる」（Hacke 2009: 171）日である場合にも同様の未来表現が用いられる。

> Morgen *wird* Dienstag sein, mein 50. Geburtstag/der Tag der Entscheidung.
> 明日は火曜日、私の50回目の誕生日だ／決戦の日だ。

推量の助動詞（＝主観的用法の様相助動詞）werden が表示する、（完了）不定詞の事象の確実度については、müssen「違いない」の下に、しかし叙想法過去形 dürften「だろう」の上に位置づけられることが認められているが、語用論的には変動幅が大きい。

werden は 0.5 からほぼ 1 までの蓋然性の段階幅をカバーするので、möglicherweise「ひょっとしたら」とも gewiss「確かに」とも結びつけられ得る。　　　　　　（Dieling 1982: 330）
werden はあらゆる種類の副詞的な仮説表示機能詞（＝様相の副詞）と共起し得る。従ってこれは特定の蓋然性度に固定されていない。（中略）werden は弱い推測と非常に強い推測とを表現し得る。　　　　　　　　　　　　　（Dieling 1983: 328）
認識的な werden は確実度に関しては文脈次第で変動するように見える。vielleicht「もしかすると」、wohl「察するところ」、wahrscheinlich「多分」との、しかしまた zweifellos「疑いなく」、sicher「確実に」、bestimmt「きっと」、gewiß「必ず」との共起はこの変動性を示している。　　（Zifonun 他 3, 1997: 1901）
この事から専門文献における確実度の判定の不一致も説明される。それは「高い確実度」（Ludwig 1972）から「中位の確実度――しかし können の場合よりも müssen の場合に近い」（Vater 1975, Raynaud 1976, 1977）を経て低い確実度あるいはそれどころか不確実の想定にまで及ぶ。

（Zifonun 他 3, 1997: 1901）

　次例は Fr. von Schiller の戯曲『たくらみと恋』（1784 年）の中の一節であるが、ここでは werden が必然的な推断を表わすものとして使用されており、その必然性の根拠も示されている（Saltveit 1962: 254f. 参照）。

　　Präsident: Das ist der Mann, der die Milford heuraten（＝ heiraten), und die erste Person am Hofe werden *wird*.
　　Hofmarschall: Sie stoßen mir ein Messer ins Herz. *Wird*? *Wird*? Warum *wird* er? Wo ist die Notwendigkeit?
　　Präsident: Weil mein Ferdinand nicht will, und sonst keiner sich meldet.　　　　　　（Fr. v. Schiller, Kabale und Liebe 3,2）
　　宰相：それが例の男（＝内膳頭(ナイゼンノカミ)）だな。そいつがきっとミルフォード夫人（＝領主の愛妾）と結婚して、宮廷の第一人者に

なるだろうよ。
侍従長：あなたは（内膳頭を目の仇にしている）私の心臓にナイフを突き刺す（ようなことをおっしゃる）。だろうですって？　だろうですって？　何故に彼だろうなのですか？　どこにその必然性があるのですか？
宰相：私の（息子の）フェルディナントが（我々の望んでいる、彼女との結婚を）望んでおらず、他に誰も名乗り出ない（＝彼女に求婚しない）からだよ。

　必然性の müssen との相違については「müssen でもって話者は通常、間主観的な（＝複数の人が共有する）知識の源泉を示唆する」のに対して、「werden では主観的な、疑わしい場合でも論証できない想定や推測、あるいは仮定さえ示唆される」ので、「認識的な werden はしばしば müssen でもって置換できない」(Zifonun 他 3, 1997: 1901) が、逆に müssen は werden で置換し得るとされる。

Bei all deiner Distanz zum Liebesleben *wird*（muss は不可）dir nicht unbekannt sein, daß junge Leute sehr oft eine gereifte Weiblichkeit der unerfahrenen Jugend, dem blöden Gänschentyp vorziehen.
(Th. Mann)
君は恋愛生活に距離を置いていても、若者達が極めて頻繁に成熟した女らしさの方を未熟な若さ、退屈なおぼこ娘タイプよりも好むことをきっと知らなくはないだろう。
Seine Lungen *müssen*（werden は可）bis in die Beine reichen, anders ist diese schmetternde Stimme nicht zu erklären.
(E. M. Remarque)
彼の肺は脚にまで達しているに違いない。さもなければこの朗々とした声は説明がつかない。

　Dieling (1982) はまた推量の werden の特性に関して次のように述べている。

> werden は、話者が論証できない、または論証する気がない主
> 観的な確信を主題とする。　　　　　　　　　　　　　　(328)
> werden は、一般に想定されるように、確信の特定の度合を表
> 現するのではなくて、仮説の特殊なタイプを主題とする。(329)
> werden は、wohl「察するに」を例外として、他の仮説表示機
> 能詞とは違って仮説の主観的な性格を主題としていて、この点
> にその特殊性がある。　　　　　　　　　　　　　　　(330)

　さらには Hacke（2009: 112）も「werden ＋ 不定詞には特定の蓋然度あるいは確実度が割り当てられ得ない」と述べているように、現代ドイツ語の様相助動詞 werden が意味する「確実性」が客観的な場合のみならず、主観的な場合も語用論的に大きな可変性を有していることに正に werden の存在意義があるものと思われる。そしてそれ故にこそ多くの言語状況において非常に使われ易い助動詞に進化していると言えよう。浜川（1979）によれば「ドイツ語の達人」と評される Thomas Mann はその 3 作品『ブッデンブローク家の人々』、『紳士詐欺師フェーリックス・クルルの告白──回想録第 1 部』および『魔の山』の中で受動と叙想以外の助動詞としての werden 約 1500 を次のように多様な意味とニュアンスで使用しているとされる。

1. 非時称的用法
   a) 現在についての推定、意外に思う気持ち、軽い非難
   b) 一般的真理の叙述
2. 時称的用法
   a) 純粋な時称的用法
   b) 予想、予見、預言、予期、予感、可能性、自負、勝利感、憂慮、底意地の悪さ
   c) 期待、心配、恐れ、好意的／冷ややかな関心、軽蔑
   d) 断定、断言、自信、確信の表明、決意、誓い、脅迫
   e) 疑問、疑惑、自信のない態度
   f) 予告

g）約束、保証
　　h）要求、強要、押しつけ、命令、哀願、警告
　3．その他のニュアンス
　　a）遠慮
　　b）無関心
　　c）皮肉、冷笑、嘲笑
　　d）説得

　この用法分類は2のa）が未来時称の助動詞に、その他は様相助動詞の客観的用法と主観的用法に該当するが、「werdenの接続法II（＝叙想法過去形）および話法の助動詞（＝様相助動詞）の表現し得る話法的意味が比較的限定されているのにたいし、この形式（＝werden＋不定詞）が、いろいろの制限はありながら、融通無礙とも言い得る表現可能性を持ち、前者では表現できないような話法的な意味をほとんどすべて自分の領域に取り込んでいるかの観を呈している。（中略）これほど多様な話法的意味を持つに至った事実を目の当たりにすると、改めて言語というものの持つ不思議な生命力に感嘆せざるを得ない」（浜川 1979: 210）と言われるほど発展の極みに達している。

7.9.2　haben + zu

　様相助動詞としての用例は既にゴート語 haban に見られ、du（＝zu）を必要としないが、3例ともギリシア語原典の ékhein「持っている、できる」の訳語である。

　　unte eis ni *haband* usgildan þus.　　　　　　　　（ルカ 14,14）
　　と言うのは彼らはあなたにお返しをすることができないからだ。
　　（＝未来形 ékhousin「できるだろう」）
　　ei *habai* dailjan þaurbandin.　　　　　　　　　（エペ 4,28）
　　（彼が）必要としている人々に分け与えることができるよう。
　　（＝接続法現在形 ékhēi「できるよう」）
　　þatei *habaida* so gatawida.　　　　　　　　　　（マル 14,8）

（することが）できる事を彼女はしたのだ。（不定詞 taujan の略。＝第2アオリスト形 éskhen「できた」）

ゴート語の haban に必然性の意味「しなければならい」は例証されていない。ギリシア語原典の ékhein がこの意味で使用されている個所は 3 例（ヨハ 8,26；16,12；ルカ 7,40）とも skulan「しなければならない」で訳されている。

他方で haban は未来時称の助動詞としても機能し得た。

    þatei tauja, jah *taujan haba*.　　　　　　　（2 コリ 11,12）
    私は（今）している事をまたするだろう。（＝未来形 poiésō「するだろう」）
    iþ silba wissa, þatei *habaida taujan*.　　　　　（ヨハ 6,6）
    しかし彼自身は（将来）する事を知っていた。（過去未来形。＝未来時称助動詞 méllein の未完了形 émellen）
    þo sei *ustauhana habaida wairþan* fram fraujin, garehsn.
    　　　　　　　　　　　　　　　　　　　　　（ヨハ解 1,7）
    主によって実行されることになっていた計画。（受動の過去未来形）

古期ドイツ語では『タツィアーン』と『オットフリート』に様相助動詞 habēn ＋ zi が例証されている。『タツィアーン』ではラテン語 habere「持っている、しなければならない」（＝ギリシア語 ékhein「持っている、しなければならない」）に対応する。

    managu *habēn* ih ƺon iu *zi* sprehhanne inti *zi* tuomenne.
    　　　　　　　　　　　　　　　　　　（T. 131,9 ＝ ヨハ 8,26）
    多くの事を私はあなた達について言わなければならず、かつ裁かなければならない。（原義は「私はあなた達について言うために、かつ裁くために多くの事柄を持っている」）
    ih *habēn* thir sihwaȝ *ci* quedanne.　　　（T. 138.8 ＝ ルカ 7,40）
    私はあなたにある事を言わなければならない。

noh nū *habēn* ih iu managu *zi* quedanne.　　（T. 173,1 = ヨハ 16,12）
今なお私はあなた達に多くの事を言わなければならない。
habēn ih *zi* klagōnne joh leidalīh *zi* sagēnne.　　（O. V, 7, 23）
私は嘆かなければならず、かつ一切の苦痛を告げなければならない。

『タツィアーン』108,7 の habēn は①本動詞と②助動詞の二通りの解釈が可能である。

ih *habēn* toufī gitoufit werdan.　　（T. 108,7 = ルカ 12,50）
①私は洗礼されるべく洗礼を持っている＝私には受けねばならない（一つの）洗礼がある。（toufī は対格形客語。 = baptismum habeo baptizari. Wilmanns 3, 1, 1906: 176）
②私は洗礼によって洗礼されなければならない＝私は（一つの）洗礼を受けねばならない。（toufī は手段の対／与格形。 = baptismo habeo baptizari）

ゴート語の haban とは違って古期ドイツ語の様相助動詞 habēn は必然性の意味しか持たず、末期の『ノートケル』でも同様である。

waʒ *habo* ih *ze* sagenne.　　（Sehrt 1962: 83）
何を私は言う必要があるのか。（= quid attinet dicere「何を言う必要があるのか＝何も言わなくてよい」）

Karg-Gasterstädt/Frings の古高ドイツ語辞典は上掲の T. 131,9 と T. 173,1 を疑問符付きで可能性の意味の用例としているが、可能性の確実な用例は示していない。
『ニーベルンゲンの歌』では haben + ze は必然性と可能性の両義で使用されている。

des ich unz an mīn ende immer genuoc *ze* weinen *hān*.
　　　　　　　　　　　　　　　　　　　　　　（NL. 1789, 4）

それ故に私は（人生の）最後までいつも大いに泣いていなければならない。（A 写本 1727,4 は ze weinne hān）
er ist ouch wol sō rīche, daʒ ich *ze* gebene *hān*.　　（NL. 1260,3）
彼はまた確かにとても裕福であるので、私は（気前よく）恵み与えることができる。

中高ドイツ語から始まった haben + zu の両義性は初期新高ドイツ語にも受け継がれている。

Man drücke die Leute mit arbeit, das sie *zu* schaffen *haben*.
　　　　　　　　　　　　　　　　　(LB. 2 モー 5,9. Dietz 1973: 198)
人々が働かなければならないよう、彼らに仕事を押し付けよ。
alle, die zum Heer tuchten…Das ist die summa der geschlecht der Kahathiter, die alle *zu* schaffen *hatten* in der Hütten des Stiffts.　　　　　　　　(LB. 4 モー 4,37. Dietz 1973: 198)
兵役に適した全員…これは、全員が宗教施設の幕屋の中で働くことができたケハト一族の総数である。

しかしながら必然性と可能性のどちらが意図されているのか明白ではない用例のあることが報告されている（Boon 1981: 193）。

Jr *habt* den üwern teil *zů* nemen.　　　　　　(Th. Murner)
あなた達はその自らの分け前を取らなければならない／取ることができる。（= müßt/könnt）
Du *hast* dich auch seinenthalb nicht *zů* beklagen.　(Th. Murner)
あなたはまた彼のために嘆くべきではない／嘆いてはいけない。（= sollst/darfst nicht）

〈haben の叙令法形 + 再帰代名詞 + ze 不定詞〉が単なる叙令法形の代用とされる場合もあった（Grimm 4, 1898: 208; Lucae 1868: 15）。

第7章　新高ドイツ語・現代ドイツ語における様相助動詞

nu *habet* iu *ze* rāten.　　　　　　　　　　(Wigalois 6862)
今ご助言下さい。(= Nun mögt/sollt ihr raten; Nun ratet)

ゴート語や古期ドイツ語と同様、初期新高ドイツ語・新高ドイツ語にも従属不定詞に zu の付かない構成がある。

Denn ich auch nichts scheuen *habe*. (M. Luther. Grimms DWb. 10,66)
と言うのは私は実際何も恐れる必要がないからだ。
Jüdische propheten *hatten* gut weissagen.
　　　　　　　　　　　　　　　　(I. Kant. Grimms DWb. 10,66)
ユダヤの預言者らは気安く予言することができた。
Der *hat* gut reden.　　　　　　　　　　　(Erben 1980: 300)
あいつは気楽に語れる。(hat = kann)

現代ドイツ語の haben + zu はほとんどの場合に必然性の意味で用いられているが、その多くは müssen に、稀に sollen に対応する。

Man wird Entscheidungen *zu* treffen *haben*, und Anpassungen werden stattfinden müssen.　　　(Die Welt. Gelhaus 1977: 120)
決定を下さなければならないだろう。そして調整がなされなければならないだろう。(= wird treffen müssen)
Seine Stellung bei den Festwochen brachte es mit sich, dass er viel *zu* repräsentieren *hatte*.　(W. Bergengruen. Raynaud 1977b: 390)
祝祭週間の際の彼の役職に伴い、彼は多くの事を代表しなければならなかった。
Ein Germanist *hat* das Nibelungenlied gelesen *zu* haben.
　　　　　　　　　　　　　　　　　　　　　(Holl 2010: 49)
ゲルマニストなら『ニーベルンゲンの歌』を読んでおかなければならない。(定義的な必然性)
Zum Gipfel *hatten* wir noch 200 Meter auf*zu*steigen.
　　　　　　　　　　　　　　　　　　　　　(Holl 2010: 63)
頂上まで我々はさらに200メートル登らなければならなかった。

（目的論的な必然性）
Kinder *hatten* einfach weniger verstanden *zu* haben als ihre Eltern. (J. Hensel. Holl 2010: 143)
子供達はとにかくその両親よりも少なく理解していなければならなかった。（＝まともな子供なら親よりもよく理解していてはならなかった）
Beamte und Angestellte sind nicht nur Diener des Staates, sondern *haben* auch Helfer des Staatsbürgers *zu* sein. (K. Ullrich. Gelhaus 1977: 138)
公務員と従業員は国家の僕であるだけではなくて、国民の協力者でもあるべきだ。（＝ sollen sein）
… der Maler El Greco *habe* am ersten Sanntag im Advent vor seiner Eminenz *zu* erscheinen. (St. Andreas. Raynaud 1977b: 390)
そして画家エル・グレコは降臨節の第1日曜日に猊下の面前に出頭すべしと。

否定は上位否定と下位否定が区別される。

Wir *haben* auch nicht *zu* untersuchen, warum das Epische nirgends zu so großer Blüte gelangt wie in Hellas. (E. Staiger. Gelhaus 1977: 131,133)
我々はまた、何故に叙事的なものがどこにおいてもギリシアのように隆盛するに至らなかったのかを調べる必要がない。（上位否定。= brauchen nicht〔zu〕untersuchen）
Hattest du dich nicht *zu* melden? — Nein, soweit ich weiß, *hatte* ich das nicht *zu* tun. (Faulstich 1983: 146)
君は届け出る必要がなかったのか。—そうだ、僕の知る限り、そうする必要はなかったんだ。（上位否定）
Er *hat* keine Zeit *zu* verlieren. (E. Strittmatter. Gelhaus 1977: 135,138)
彼は時間を失わない必要がある＝失ってはならない。（下位否定。= darf keine Zeit verlieren）

Er *hat* ihn nicht gesehen *zu* haben. (Welke 1965: 14)
彼は彼に会わなかったことにすべきだ。(下位否定。= Ihm wird befohlen, ihn nicht gesehen zu haben〔Dr. M. Rüffer による換言〕)

Er (= Dr. Laternser) fordert von den Richtern: Sie *haben* hier weder Geschichte *zu* machen noch die Vergangenheit *zu* bewältigen. Sie *haben* hier nur Recht *zu* sprechen über Personen und Taten. (K. Jaspers. Raynaud 1977b: 391)
彼（＝ラテルンザー博士）は裁判官達に要求する。彼らはここで歴史を作ることも、過去を克服することもしてはならない。彼らはここで人物と行為について判決を下しさえすればよい。(前文は下位否定「歴史を作らず、過去を克服しない必要がある」、後文は上位否定の一種である制限「それしかする必要がない」)

必然性を表わす haben + zu は müssen や sollen に対応すると述べたが、その対応関係は完全ではなくて、Gelhaus（1977: 358ff.）によれば「要求」という副成分のない客観的必然性や存在論的な客観的必然性、あるいは仮説的な主観的必然性を表わす場合の müssen は haben + zu で換言できない。

Aber ich *muß* dabei an ein Gespräch denken, das ich vor dreißig Jahren in einem Hofe des Universitätsgebäudes geführt habe.
(W. Heisenberg)
しかし私はその際、私が30年前に大学校舎のある中庭で交わした会話を思い出さざるを得ない。(この意味で *habe zu denken は不可)

Ich *mußte* lächeln, wenn Hanna so redete. (M. Frisch)
私は、ハンナがそんな風に語る時は微笑せざるを得なかった。(この意味で *hatte zu lächeln は不可)

Die quantentheoretischen Gesetze *müssen* statistischer Art sein. (W. Heisenberg)

量子理論の法則は統計学的な種類のものであらざるを得ない。(存在論的な必然性。この意味で *haben zu sein は不可)
Wenn alle wilden Tiere ausgerottet sind, *muß* auch die Tsetsefliege aussterben.　　　　　　　　　(B. Grzimek)
全ての野生動物が絶滅させられているならば、ツェツェ蝿も死滅するに違いない。(仮説的な主観的必然性。この意味で *hat auszusterben は不可)

　ドイツ語の haben + zu が主観的な必然性「…するに違いない」の意味を持たないことは、その意味も持つ英語の have + to との大きな相違である (Holl 2010: 23。例えば It has to have been a skunk/ It had to be a skunk. Look at the tooth marks「それはスカンクであったに違いない。この歯形を見てごらん」Gamon 1994: 149)。
　Holl も主語内的な必然性や主語の素因を表わす müssen は haben + zu での換言が不可としている。

Ich *muß* diesen Film sehen, ich freue mich schon so lange darauf.　　　　　　　　　　　　　　(Holl 2001: 227)
私はこの映画を見ずにはおれない。私は既にとても長くそれを楽しみにしているのだ。(この意味で *habe zu sehen は不可)
Wenn man eine chronische Bronchitis hat, *muss* man viel husten.　　　　　　　　　　　　　　(Holl 2010: 26)
慢性気管支炎があれば、しょっちゅう咳をせざるを得ない。(この場合に *hat zu husten は不可)
Wenn Anna Witze erzählt, *muss* man (unwillkürlich) lachen.
　　　　　　　　　　　　　　(Holl 2010: 26)
アンナが冗談を言う時は(思わず)笑わざるを得ない。(この場合に *hat zu lachen は不可)

　また統語論的には受動不定詞を伴う場合や完了形、zu 付き不定詞の場合も haben + zu は使用できない (Gelhaus 1977: 365ff.)。

Immerhin *muß* hervorgehoben werden, daß auch für Newton die Muschel deswegen wichtig ist, weil sie aus dem großen Ozean der Wahrheit stammt. (W. Heisenberg)
いずれにせよ、ニュートンにとってもその貝殻が真理の大洋から由来している故に重要であるということが強調されなければならない。(＊hat hervorgehoben zu werden は不可)

Im Flughafen von Tripolis *haben* wir schon manchmal eine Stunde mitten in der Nacht warten *müssen*. (B. Grzimek)
トリポリ空港で我々は既に幾度か真夜中に1時間待たなければならなかった。(＊haben zu warten gehabt は不可)

Wir fuhren in die City, um ein frisches Hemd zu kaufen, das heißt, Hanna kaufte es, ich hatte ja kein Geld und wartete im Taxi, um mich in meinem alten Hemd nicht zeigen zu *müssen*.
(M. Frisch)

我々は新しいシャツを買うために町中へ行った。つまりハンナはそれを買ったが、私は言うまでもなく金がなかったので、古いシャツを着ている姿を見せる必要がないようタクシーの中で待っていた。(＊zu zeigen zu haben は不可)

ただし、どうしても haben + zu を用いて受動文を作りたければ、受動不定詞の代わりに再帰不定詞を使う手がある(Behaghel 2, 1924: 171)。

Das *hat* sich noch *zu* fragen. (Ch. M. Wieland)
それはまだ問われなければならない。

かつては Das hat noch gefragt zu werden は「耐え難く鈍重である」(Behaghel 2, 1924: 171) と言われていたが、今日では可とされることもある。

Das Buch *hat* bis morgen gelesen *zu* werden. (Holl 2010: 49)
この本は明日までに読まれなければならない。

他方 haben + zu は「命令、指図、法規等の厳格性を強調する」(Gelhaus 1977: 380) ので、「好意的な要請」を意味している場合の sollen を haben + zu で換言すると意味が歪むとされる。

Auf einen Wink des größten der Krieger holen die beiden Jungen ein braunes, kurzhaariges Schaf. Es wird vor dem Feuer auf den Rücken gelegt, die Jungen und zwei andere Krieger halten die Beine fest, so daß es sich nicht rühren kann. Die Massai sehen mich fragend an. Was wollen sie? *Soll* ich etwa aus dem Euter des Mutterschafs Milch trinken? (B. Grzimek)
その戦士らの中で最も大きな者の合図でその二人の若者が茶色の、毛の短い羊を連れて来た。それは火の前で仰向けに寝かされ、その若者らと二人の別の戦士が四肢をしっかり押さえたので、羊は動くことができなかった。マサイ族の人達は問いかける眼差しで私をじっと見つめた。彼らは何を欲しているのか。もしや私に母羊の乳房からミルクを飲んで欲しいのか。(Habe ich etwa aus dem Euter des Mutterschafs Milch zu trinken? ならば「もしや私に母羊の乳房からミルクを飲めと言うのか」)

下例の haben + zu は可能性を表わす。

Der Pilot *hat* allein *zu* entscheiden, ob er Passagiere mitnimmt.
(B. Grzimek. Gelhaus 1977: 141, 142)
パイロットだけが、乗客を同乗させるかどうかを決定する権限がある＝決定してよい／決定できる。(= hat das Recht zu entscheiden)
Du *hast* mir nichts *zu* befehlen.
(Klappenbach/Steinitz 1681; Gelhaus 1977: 141, 142)
君は私に何も命令する権限がない＝命令できない。
Was *hat* das *zu* bedeuten? (E. Engel. Grimms DWb. 10, 67)
これは何を意味し得るのか。(= kann bedeuten)
Was *hast* du *zu* berichten? (Helbig/Buscha 1972: 108)

何を君は報告することができるのか。(= kannst berichten)
...ich *habe* Ihnen wenig *zu* sagen.
(Fr. Dürrenmatt. Metschkowa-Atanassowa 1974: 107)
私はあなたに少ししか言えません。(= kann sagen)
Er müßte etwas *zu* sagen *haben*, damit... (Zorn 1977: 144)
彼は…するには何かを言うことができなければならないのだが。(= sagen können)
Mit ihr *hat* man viel *zu* lachen. (Holl 2010: 12)
彼女が相手だとよく笑える。(= kann lachen)

Ich *habe* Ihnen wenig *zu* sagen のような können を意味する haben + zu は DUDEN や Klappenbach/Steinitz, Brockhaus-Wahrig の辞典にも Duden の文体辞典（2001）にも Engel（1988: 479f.）の文法書や Gelhaus（1977）の研究書にも最早取り上げられていなくて、対応する表現形式は〈本動詞 haben「持っている」＋対格形客語〉と〈zu ＋ 不定詞〉に分けられ、〈zu ＋ 不定詞〉は対格形客語に対する補足語と解されている。

Zu verlieren *hat* er nichts. (E. Staiger. Gelhaus 1977: 145,147)
失うものを彼は何も持っていない。
Sie *haben* kaum noch etwas *zu* hoffen. (DUDEN 1629)
彼らはもうほとんど期待するものを持っていない。
Anna *hatte* noch ein Brot *zu* essen（das sie Uli überließ）.
(Holl 2001: 218)
アンナは食べるパンをもう一つ持っていた（それを彼女はウーリに与えた）。

Brinkmann（1971: 365）も「haben との不定詞では主語が規定の執行者と解されるので、可能性の観念は問題にならない」と述べており、Holl（2001: 218）も「能動的な haben + zu は必然的な解釈しか認めない」と断言している。

しかしながら Holl（2010: 21）は次例の haben + zu 構文では可能性と必然性の両方を認めているが、haben + zu 自体に両義がある訳ではないと言う。

(Was die Reste nach der Party betrifft) Wir *haben* noch zwei Stück Torte *zu* essen.
（パーティ後の残り物に関して）我々はまだ食べ得る／食べるべきケーキを二つ持っている。(= Wir haben noch zwei Stück Torte, die gegessen werden können/müssen)

haben + zu が必然性を表わすのか、あるいは可能性を表わすのかは普通は従属不定詞の意味や文脈で決まるが、次例のような場合にはそれが従属不定詞の意味からも文脈によっても判断できないとされる（Raynaud 1977b: 391）。

… wo immer der Bundespräsident seine Unterschrift *zu* geben *hat*.　　　　　　　　　　　　　　　　　　　　　　　(K. Jaspers)
どこであれ連邦大統領が自ら署名をしなければならない／することができる場合。
Wir *hätten* uns so viel *zu* sagen und haben nie dafür Zeit gefunden.　　　　　　　　　　　　　　　　　　　　　　　(R. Schneider)
我々は互いにそれほど多くの事を話さなければならない／話すことができるのだが、全くそのための時間が見つからなかった。

haben + zu の表わす様相性の曖昧さが意図的に、あるいは文体論的に利用されている場合がある（Metschkowa-Atanassowa 1974: 109）。

Wenn ich *zu* wählen *hätte* zwischen dieser Mutter und einer fröhlichen, lachenden, die ihr Kind säugt, würde ich mich für die zweite entscheiden.　　　　　　　　　　　　　(M. Zimmering)

もしも私がこの母とわが子に授乳する陽気な、笑う母のどちらかを選ぶことができる／選んでよい／選ぶべきであるならば、私は後者を取るのだが。

Weil aber in der Plastik der Künstler vielmehr würdige Gegenstände mit Augen sehen muß, so *hat* er nach den Resten der höchsten Vorzeit *zu* fragen. (J. W. v. Goethe)

しかし彫刻においては芸術家はむしろ価値のある対象物を目で見なければならない故に、彼は最高の太古の遺物をたずねてよいし、たずねもしなければならない。

Dann *hab*' ich niemand an*zu*klagen und niemand weiter *zu* bedauern. (Fr. v. Schiller)

その場合、私は誰かをとがめる理由も正当性もなく、また誰かをさらに哀れむ理由も必然性もない。

最後に、次のような場合には haben + zu の様相性が弱められていたり、完全に放棄されていたりするとされる（Zorn 1977: 145; Holl 2010: 11）。

Heute gibt es diese Rangordnung nicht mehr... Aber das *hat* nichts *zu* sagen, denn vor dem Herrn Direktor sind alle gleich. (O. Domma)

今日このような序列はもはやない。しかしこれは何も意味しない。と言うのは社長さんの前では全員平等だからだ。(= Aber das sagt/bedeutet nichts)

Die Verhältnisse sind heute ganz anders. Damals *hatte* man es mit Ausbeutern und Faschisten *zu* tun. (F. Selbmann)

状況は今日では全く違っている。当時は搾取者とファシストらを相手にしていたのだ。

7.9.3　sein + zu

この表現形式に対応する構成はゴート語には見られず、古期ドイツ語では『ヘーリアント』にも見られない。古期ドイツ語の他の作

品には受動の必然性と可能性の両義が例証されている。

 daʒ allēm christānēm za galauppenne *ist* jā auh simplum *za* pigehanne. （キリスト教徒に対する奨励800年頃）
全てのキリスト教徒達によって信じられるべき、かつまた常に告白されるべき事。(= credendum est...profitendum「信じられるべき、告白されるべきである」)
 niuwan wīn in niuwa belgi *zi* sentenne *ist*. (T. 56,9 = ルカ 5,38)
新しい葡萄酒は新しい皮袋に入れられなければならない。(= mittendum est「入れられなければならない」)
 thio *zi* scrībanne *sint*, buoh. (T. 240,2 = ヨハ 21,25)
書かれなければならない書籍。(= scribendi sunt「書かれなければならない」)
 zi wiʒʒsanne ist nū uns chiwisso, dhaʒs fater einemu ist dhurahchunt, hweo ir sunu chibar. (I. 3,6.8 世紀末。Götz 2001: 318)
ところで、いかに父（＝神）が息子（＝キリスト）を生み出したのかは父にのみ明らかであることが我々にしかと知られる得る。(= Scire autem manifestum est solum patrem, quomodo genuerit filium「ところで、いかにして息子を生み出したのかは父にのみ明らかであることを知り得る」)
 in thiu *wāri* follon *zi* erkennenne mannon, thaʒ er got forahta.
              (O. II, 9,55)
この点で彼が神を恐れていることは完全に人々によって認められ得ると。
 in thie thoh ubil thanne n'*ist* wiht *zi* zellenne. (O. V, 19,13)
しかし彼らに対してその時、悪い事は（陰で）語られ得ない。

『タツィアーン』ではこの表現形式が受動の未来形として用いられている。

 mannes sun *ist zi ſellenne* in hant manno. (T. 93,1 = マタ 17,22)
人の息子は人々の手の中へ引き渡されるだろう。(= traden-

dus est「引き渡されるだろう」。國原 2007: 83 参照）

中高ドイツ語でも受動の必然性と可能性の両義で用いられている。

si-ne wessen, wem *ze* klagene（*wæren*）diu ir vil grœʒlīchen sēr.　　　　　　（NL. 2088,4. Behaghel 2,1924: 339,364）
彼らは自分達のとても大きな苦痛が誰に訴えられる（＝苦痛を誰に訴える）べきかが分からなかった。
des vil *ze* sagene *wære* her ze Burgonden lant.
　　　　　　　　　　　　　　　（NL. 234,4. Grimms DWb. 16,327）
それについては多くの事がブルグンド国のこちらへと告げられ得るのだが。

初期新高ドイツ語でも必然性と可能性の両義が例証されている。

Es sind auch viel ander ding, die Jhesus gethan hat, Welche, so sie solten eins nach dem andern geschrieben werden, achte ich, die Welt würde die Bücher nicht begreiffen, die *zu* beschreiben *weren*.　　（LB. ヨハ 21,25. Kudo 1997: 61f.; 工藤 2003: 52; 2004; 132）
イエスが行なった多くの他の事もある。それらが、もしそれらが一つずつ順番に書かれるならば、世界は書かれるべき本を収容し（切れ）ないのだが、と私は思う。
Der sichrer weg *ist* dem menschen alweg *ze* erwellen.
　　　　　　　　　　　　　　　　　　　（J. Pauli. Ebert 他 1993: 398）
安全な方の道が人によってどこでも選ばれるべきだ。（＝ est eligenda「選ばれなければならない」）
Da *ist* kains schlecks *zu* pflegen.　　（J. Geiler. Ebert 他 1993: 398）
そこでは食道楽にふけられてはならない。（属格形主語）
... *ist* ihm nicht *zu* raten noch *zu* helfen.
　　　　　　　　　　　　　　　　　（M. Luther. Erdmann 1,1886: 92）
彼には助言され得ないし、助力もされ得ない。（与格形主語）
... noch *ist* daran nicht *zu* gelauben. (J. Hartlieb. Ebert 他 1993: 398)

さらにその事も信じられ得ない。(前置詞付き主語)

完全自動詞や再帰動詞も従属不定詞になり得た。

 Man mũß... schweigen so *zů* schweigen *ist*.
(J. Geiler. Ebert 他 1993: 398)
沈黙されていなければならない通りに沈黙しているべきだ。
 Vor sölichen *ist* sich wol *ze* hütten. (J. Pauli. Ebert 他 1993: 398)
そのような人々に対しては十分用心されなければならない。
 des *ist* sich schier mehr *zu* verwundern.
(M. Luther. Erdmann 1886: 92)
その事は直ちにもっと怪しまれなければならない。

しかし必然性と可能性のどちらが意図されているのか判然としない用例のあることも報告されている (Boon 1981: 192)。

 So gloub' ich, was *zů* glouben *ist*. (Th. Murner)
 それで私は信じられるべき／信じられ得る事を信じる。(= was geglaubt werden soll/kann)
 es *sey* sich nit vff dich *zů* verlassen. (Th. Murner)
 君は信頼されるべきではない／信頼され得ないと。(= man solle/könne sich nicht auf dich verlassen)

現代ドイツ語の sein + zu も受動の必然性と可能性の両方を表わすことができる。まず前者は〈müssen/sollen + 受動不定詞〉に対応する。

 Inwiefern das Resultat der Poetik dadurch an Bedeutung verliert, wird später *zu* erörtern *sein*. (E. Staiger. Gelhaus 1977: 60f.)
 詩学の成果がそれによってどの程度まで意味を失うのかは、後に議論されなければならないだろう。(= wird erörtert werden müssen)

... zum Schluß wußte niemand, wie das Erntefest *zu* feiern *wäre*.
(E. Strittmatter. Gelhaus 1977: 74)
最後には誰も、その収穫祭がどのように祝われるべきかを知らなかった。(= gefeiert werden sollte)
Das erste Bad *ist* unbedingt heute noch *zu* nehmen!
(H. Pinkwart. Brinker 1969: 25)
最初の入浴は必ず今日にもなされるべきです。(医者が患者に。= muß/soll genommen werden)

次例は他動的な自動詞が従属不定詞の場合の必然性である。

Am 13. August *war* der Maueropfer *zu* gedenken. (Holl 2010: 18)
8月13日に壁の犠牲者達が追憶されなければならなかった。
Darüber *ist* noch nach*zu*denken. (Höhle 1978: 47)
それについてはさらに熟考されなければならない。
Auf Karl ist besonders *zu* achten. (Höhle 1978: 47)
カルルには特に注意が払われるべきだ。

必然性を意味する sein + zu の否定は上位と下位の両方があり得る。

Davon *ist* in diesen Erinnerungen nichts *zu* sagen.
(Th. Heuss. Gelhaus 1977: 68)
それについてはこの回想録の中では何も言われる必要がない。(上位否定。= braucht nichts gesagt〔zu〕werden)
Deshalb *ist* eine schriftliche Einwilligung des betroffenen Patienten nur für gewisse Ausnahmefälle *zu* fordern!
(K. Ullrich. Gelhaus 1977: 67)
それ故に罹患者の文書同意はある種の特例用にのみ要求されればよい。(制限的。= 上位否定「その場合しか要求される必要がない」= braucht nur gefordert〔zu〕werden)
Ein wütender Straußenhahn *ist* nicht *zu* unterschätzen.

（B. Grzimek. Gelhaus 1977: 69）
暴れ回る雄駝鳥は軽視されない必要がある＝軽視されてはならない。（下位否定。＝ darf nicht unterschätzt werden）

Auf Liebe und Gunst von uns Menschen *ist* ohnehin nicht sehr *zu* bauen.　　　　　　　　　（B. Grzimek. Gelhaus 1977: 53）
我々人間の愛情と好意がとにかく大いに当てにされてはならない。（下位否定。＝ darf nicht gebaut werden）

動作受動の可能性を意味する sein + zu は、ほとんどの場合〈können + 受動不定詞〉に、稀に〈dürfen + 受動不定詞〉に対応する。

Die Sache zwischen Züpfner und mir... *wäre* nur durch ein Duell *zu* klären *gewesen*.　　　　　（H. Böll. Gelhaus 1977: 20）
ツュップフナーと私の間の問題は決闘によってのみクリアされることができたのだが。（＝ hätte geklärt werden können）

Durch Argumente *ist* er weder *zu* erschüttern noch *zu* verstärken.　　　　　　　　　　（P. Bamm. Gelhaus 1977: 20）
論証によってそれ（＝信念）はぐらつかせられることも強められることもできない。（上位否定。＝ kann weder erschüttert noch verstärkt werden）

Sie löst viele der Probleme und zeigt die Wege, auf denen weitere Fortschritte *zu* erwarten *sind*.　　（P. Bamm. Gelhaus 1977: 53）
それは諸問題の多くを解決して、さらなる進歩が期待されてよい道を示す。（＝ erwartet werden dürfen）

下例は他動的な自動詞が従属不定詞の場合の可能性である。

Ihm *ist*（nicht）*zu* helfen.　　　　　（Schwalm 1986: 305）
彼には手助けされ得る（され得ない）。（＝ Man kann ihm〔nicht〕helfen）

Brinker（1969: 30f.）によれば可能性の〈sein + zu + 不定詞〉

第7章　新高ドイツ語・現代ドイツ語における様相助動詞　431

と〈können＋受動不定詞〉とは完全な同義ではないとされる。

> Die Tür *ist* kaum *zu* öffnen.
> そのドアはほとんど開けられ得ない。（ドアの方に問題がある場合、つまり不可因は主語内的。＝ Die Tür läßt sich kaum öffnen）
> Die Tür *kann* kaum geöffnet werden.
> そのドアはほとんど開けられ得ない。（開けようとする人の方に問題がある場合、つまり不可因は主語外的）

　従って次例の可能性も読む人の側の問題でになくて、作品に内在する特性に帰される（これを Holl は「素因的」dispositionell と呼ぶ）。

> Faust I *ist* leichter *zu* lesen als Faust II. 　　　(Holl 2010: 23)
> 『ファウスト第1部』は『ファウスト第2部』よりも簡単に読まれ得る。

　さらにまた積極的な可能性ではない意味の können は sein＋zu では換言できない（Gelhaus 1977: 182f.）。

> Nach drei Wochen *konnte* er aus dem Spital entlassen werden.
> 　　　　　　　　　　　　　　　　　　　　　　　　(B. Grzimek)
> 3週間後に彼はその病院から退院させられ得た。（この意味で *war zu entlassen は不可）

　Schwalm（1986: 307）や Zifunun 他（3, 1997: 1899）でも、関連する状況が主語の状態・特性・直接的な付随状況に制限されている場合でなければ、可能性の sein＋zu は不可とされている。

> Wenn die Scharniere geölt sind/Wenn der Griff dran ist/Weil der Schrank jetzt nicht mehr davor steht, *kann* man das Fenster

aufmachen.
蝶番に油が差されているならば／取っ手がそれについているならば／戸棚が今はもうその前にないので、その窓を開けることができる。(= ist aufzumachen)
Wenn einem heiß ist/Wenn es der Hauswirt erlaubt, *kann* man das Fenster aufmachen.
暑ければ／家の主人が許すならば、その窓を開けることができる。(この意味で *ist aufzumachen は不可)
Wenn man genügend Kraft hat, *kann* man das Fenster aufmachen.
力が十分あれば、その窓を開けることができる。(この意味で ist aufzumachen が可能か否かは意見が分かれる)

この指摘は上掲の Brinker の指摘（Die Tür *ist* kaum *zu* öffnen と Die Tür *kann* kaum geöffnet werden との相違）にほぼ符合している。

Holl（2001: 227）も主語内的な必然性や可能性は sein + zu で表現できないとしている。

Ich *muß* diesen Film sehen, ich freue mich schon so lange darauf.
私はこの映画を見ずにはおれない。私は既にとても長くそれを楽しみにしていたのだ。(この意味で *Dieser Film ist von mir zu sehen は不可)
Isa *konnte* mitunter sogar die Nachbarn durch ihr Schnarchen wecken.
イーザはしかも自分のいびきで隣人達を起こすことが時折あり得た。(この意味で *Von/Für Isa waren mitunter sogar die Nachbarn durch ihr Schnarchen zu wecken は不可)

主観的な müssen や können も sein + zu に変換できない。

> ... das Brummen der Motoren *muß*（kilometerweit）gehört werden. (Gelhaus 1977: 218f.)
> エンジンのうなる音は（何キロメートルも離れた遠くで）聞かれるに違いない。（この意味で *ist zu hören は不可）
> Er *kann* getäuscht werden. (Gelhaus 1977: 180f.)
> 彼は欺かれるかも知れない。（この意味で *ist zu täuschen は不可）

ただし Flämig（1962: 54）によれば sein + zu で「陳述の比較的小さい確実度」が表わされる場合があると言う。

> Der Schöne ging schlendernd, er *war* ein*zu*holen. (Th. Mann)
> その美男子はぶらぶら歩いて行った。ひょっとしたら彼に追いつけるかも知れなかった。(= Man konnte ihn möglicherweise einholen)

Köller（1995: 46）も様相の不定詞（die modalen Infinitive）は様相的に不鮮明な場合があって、話者の態度表明（Modalisation =主観的様相性）の領域に入り込み得ると述べている。ここにも更なる発展の可能性が認められる。

既述のように、sein + zu に従属する不定詞は他動詞か他動的な自動詞であるのが普通であるが、稀に完全自動詞や再帰動詞の例もある。

> Jetzt *ist zu* fliehen oder *zu* sterben. (Grimms DWb. 16,327)
> 今や逃げるか、あるいは死ぬべきだ。
> Aus dieser Klemme *ist* ohne Buße nicht *zu* kommen.
> (G. E. Lessing. Pauls DWb. 2002: 670)
> この窮地からは償いをしなければ抜け出せない。
> Endlich *ist* sich auf ächte Verleumdung mehr *zu* verlassen als auf Satire. (J. Paul. Paul 4,1920: 119)
> 結局は風刺よりも本当の中傷の方がずっと信頼されるべきだ。

Höhle（1978: 47）も完全自動詞が従属不定詞になっている用例を「幾分疑わしい印象を与える」と否定的に見ている。

Während der Fahrt *ist* nach Möglichkeit nicht *zu* rauchen.
走行中は極力、喫煙されるべきではない＝喫煙しないこと。
An einem solchen Ort *ist zu* schweigen.
そのような所では沈黙されていなければならない＝沈黙していること。

Holl（2010: 17f., 1C1,153f.）は完全自動詞の下掲最初の４例を認めており、後の例は大いに疑問視するものの否定はしていない。

Ab 22 Uhr *ist zu* schlafen.
22時からは寝なければならない＝寝ること。
Wenn man noch eine Woche Urlaub vor sich hat, *ist* leicht *zu* lachen.
まだ休暇が１週間残っているならば、気軽に笑える。
Erst nach 200m *ist* auf der Innenbahn *zu* laufen.
200メートル後に初めてインコースを走ることができる。
Es *ist* so *zu* schwimmen, dass keine anderen Badegäste behindert werden.
他の水浴客の邪魔をしないように泳がなければならない＝泳ぐこと。
??Zumindest heute *ist* mal pünktlich *zu* kommen.
少なくとも今日は時間通りに来なければならない。
??Ins Haus *ist* erst dann *zu* gehen, wenn ich pfeife.
家へは、私が口笛で合図をしてから入らなければならない＝入ること。
??Nun *ist* aber wirklich ein*zu*schlafen.
今や本当に寝入ることができる。
?*Aufgrund eines Vipernbisses *ist* durchaus *zu* sterben.
クサリヘビに噛まれると絶対に死なざるを得ない。（?* は不可

とは断言できないことを示す）

　?*Auf glatten Straßen *ist*（leicht）aus*zu*rutschen.
　つるつるの道路では（容易に）滑って転び得る。

再帰動詞の用例を Holl（2010: 19f., 154）は許容の境界線上にあると見ている。

　?Bei solchen Geschäftspartnern *ist sich* besser vor*zu*sehen.
　そのような商売相手達にはよりよく用心されなければならない。
　?Vor einem Vorstellungsgespräch ist *sich zu* rasieren.
　面接の前には髭剃りされなければならない。
　?*Zu Beginn des Beitrags *ist* sich zunächst kurz vor*zu*stellen.
　寄稿の最初に先ず簡単に自己紹介されなければならない。
　?*Nach einer solchen Tat *ist* sich durchaus *zu* schämen.
　そのような行為の後では全く恥じられなければならない。

上例のような対格形の再帰代名詞ではなくて、与格形の自由な再帰代名詞が用いられる場合は全く問題がないとされる（Holl 2010: 20）。

　Vom Kuchen *ist* sich erst *zu* nehmen, wenn alle am Tisch sitzen.
　ケーキは、全員がテーブルについて始めて、各自に取られてよい。

sein + zu 構文では行為者表示 von... は「可能ではあるが、ぎこちないので、避けられる」（Gelhaus 1977: 211）ものの、なされている場合には要求表現と解される（Brinker 1969: 29）。

　Die Tür *ist* von ihm *zu* öffnen.　　　　　　（Brinker 1969: 29）
　そのドアは彼によって開けられるべきだ。（＝ muß/soll geöffnet werden）
　Umso mehr fühlt sich de Gaulle in seiner Ansicht bestätigt, daß

Vietnam von den Amerikanern schleunigst *zu* räumen und *zu* neutralisieren *wäre*.　　　　　　(FAZ. Gelhaus 1977: 212)
それだけに一層ド・ゴールは、ヴェトナムがアメリカ軍によって大至急、明け渡されて中立化されなければならないという彼の見解が確認されたと感じている。(= geräumt und neutralisiert werden müsse)

　しかしながら Eggers（1973: 41）や Zifonun 他（3,1997: 1899）では不特定の行為者表示ならば可能性の場合にも現われ得るとされている。

Die Tür *ist* von allen/von jedermann *zu* öffnen.（Eggers 1973: 41）
そのドアは全ての人によって／誰によっても開けられ得る。
Weil die Scharniere geölt sind, *ist* das Fenster jetzt von jedem Kind auf*zu*machen.　　　　　（Zifonun 他 3,1997: 1899）
蝶番に油が差されているので、その窓は今やどの子によっても開かれ得る。

　この場合には für による行為者表示も可能である（Holl 2010: 18）。

Die Aufgaben *sind* für alle（leicht）*zu* lösen.
それらの課題は全員にとって（簡単に）解かれ得る。

　可能性の sein + zu 構文の場合には特定の行為者表示が不可能であるのに対して、werden 受動の場合はこの制約がない（Höhle 1978: 52; Holl 2010: 19）。

Dieser Kanal kann von einer starken Quelle ohne weiteres gespeist werden.
この運河は豊富な水源によって難なく給水され得る。(*ist zu speisen は不可)

第7章　新高ドイツ語・現代ドイツ語における様相助動詞　　437

Das Dach kann von dieser Säule leicht getragen werden.
屋根はこの支柱によって簡単に支えられ得る。（*ist zu tragen は不可）

必然性と可能性の区別は従属不定詞の意味や文脈、さらには使われている副詞（句）から判断できるのが普通である。

Händler schoben ihre Karren vorüber, Kaufleute öffneten ihre Ladentüren und schauten nach dem Himmel, ob Schnee *zu* erwarten *wäre*. 　　　　　　　　　　　　（Thim-Mabrey 1986: 256）
行商人達は荷車を押して通り過ぎ、商人達は店の戸を開けて、（今日も）雪が予期されなければならないのか／雪が期待され得るのかどうかと空を見上げた。（商人がスキー洋品店主であれば後者の意味）

Das Problem der Umweltverschmutzung *ist* zwar nicht so leicht *zu* lösen, aber es *ist* so bald wie möglich *zu* lösen.（吉田 1985: 71）
環境汚染の問題は確かにそう簡単には解決され得ないが、しかしできるだけ早く解決されなければならない。

さらに Thim-Mabrey（1986: 261）によれば文中でのアクセントも関係し得る。

Seine Gedanken *waren zu* erraten.
彼の考えは察知されなければならなかった。
Seine Gedanken *waren zu* erraten.
彼の考えは察知され得た。

また肯定文では必然性を意味するのに、否定文では可能性と解される場合もある（Thim-Mabrey 1986: 262f.）。

Eine Frage, die *zu* klären *ist*, ist die folgende.
クリアされなければならない問題は次のものである。

Eine Frage, die nicht *zu* klären *ist*, ist die folgende.
クリアされ得ない問題は次のものである。

しかし発話者の不注意から曖昧さが生じている場合や意図的に曖昧にしている場合がある（Gelhaus 1977: 106; Raynaud 1977b: 388; Holl 2010: 34f.）。

Auf die bildungsfreudige Geistlichkeit dieser Zeit *ist* wahrscheinlich auch zurück*zu*führen, daß Tassilo das erste deutsche Schulgesetz erließ... (R. Pörtner. Brinker 1969: 25)
タシロがドイツ最初の学校法を発布したことも多分、この時代の、教育好きの聖職者階級に原因が求められ得る／求められなければならない。(Thim-Mabrey 1986: 241によれば「求められてよいし、求められなければならない」= darf und muß zurückgeführt werden)

Woraus *wäre* das *zu* schließen? (H. Pinkwart. Gelhaus 1977: 107)
何からそれが推論され得るのだろうか／推論されるべきなのだろうか。

Ob das "Schmuntz"-Gesetz... da oder dort heilsam wirkte, weiß ich nicht — seine Konstruktion mit Sachverständigen, mit Beschwerdemöglichkeiten und so fort *ist* hier nicht dar*zu*stellen. (Th. Heuss. Gelhaus 1977: 113f.)
「シュムンツ」の法則がここかしこで有益に作用したのか否かは私には分からない──専門家や異議の可能性等々を伴う構図はここでは述べられ得ない／述べられる必要がない。(= kann/braucht nicht)

Wenn soeben von "unmittelbarer" Verwendung der Atomenergie gesprochen wurde, so *ist* das nicht allzu wörtlich *zu* verstehen. (O. W. Gail/W. Petri. Gelhaus 1977: 110)
今しがた原子力の「直接的」使用という言葉が使われたが、これは極度に文字通り理解されてはならない／理解される必要はない。(= darf/braucht nicht)

Es *ist zu* erwarten, daß noch in diesem Jahr ein Abkommen abgeschlossen wird.　　　　　　　　　　　　（Zifunun 他 3, 1997: 1898）
今年中にも取り決めが結ばれることが期待され得る／期待されなければならない。

Was *war zu* tun? Sie entschloss sich, am nächsten Tag den Pastor aufzusuchen.　　　　　　　（F. G. Jürgen. Raynaud 1977b: 388）
何がなされ得るのか／なされてよいのか／なされるべきか／なされなければならないのか。彼女は翌日、牧師を訪ねることにした。（＝ konnte/durfte/sollte/musste）

Es *ist* davon aus*zu*gehen, dass Paul seine Frau zur Party mitbringt.　　　　　　　　　　　　　　　　　　（Holl 2010: 35）
パウルが妻をパーティに連れて来ることが前提にされなければならない／前提にされてよい。（Wir müssen davon ausgehen ではパウルの妻の出席に対して消極的だと、しかし Wir können davon ausgehen では積極的だと解されかねないが、Es ist davon auszugehen は両義的・中立的なので無難）

　必然性を表わす場合の sein + zu は müssen と sollen の意味を合わせ持っているので、この表現形式は「規則や法令において sollen の様相性（＝規定）に満足できず、他方では müssen の様相性（＝強制）を単刀直入に表明したくない行政の言語の頻繁な、特徴的な構成要素である」（Kolb 1966: 194; Brinker 1969: 32）と指摘されている。

Die Steuern *sind* bis zum 1. jeden Monats bei der Gemeindekasse *zu* bezahlen.　　　　　　　　　　　（Zifunun 他 3, 1997: 1898）
税金は毎月1日までに市役所会計課でお支払い下さい。

　bekommen, erhalten, erfahren, haben は能動文で対格形客語を取るものの、その能動性が小さい、つまり非能動的なので werden 受動を形成できないが、sein + zu 受動は可能である。

Die Bücher *sind* am Schalter im Lesesaal *zu* bekommen.
(Holl 2010: 19)
本は全て閲覧室のカウンターで受け取られ得る。(*können bekommen werden は不可)

Das Geld *war* gestern *zu* erhalten. (Holl 2010: 19)
お金は昨日、受領され得た。(*konnte erhalten werden は不可)

Mehr *war* auch auf Nachfrage in der Presseabteilung nicht *zu* erfahren. (Holl 2010: 153)
それ以上の事は広報部に照会しても知らされ得なかった。(*konnte nicht erfahren werden は不可)

Das Buch *ist* im Laden nicht mehr *zu* haben. (DUDEN 1629)
その本は書店ではもはや入手され得ない。(*kann nicht mehr gehabt werden は不可)

sein + zu と同じ意味で stehen + zu や bleiben + zu が用いられることもある（Raynaud 1977b: 389）。

Im gegenteil, die hoffnung ist auf den nullpunkt gesunken, dass von dieser regierung überhaupt noch etwas *zu* erwarten *stehe*.
(Deutsche Zeitung)
逆に、この政府からとにかくまだ何かが見込まれ得るという期待は最低の状態にまで下がってしまった。

So *bleibt* also nichts *zu* tun als auf die Majorin zu warten.
(E. Wiechert)
それであの女性少佐を待つこと以外に何もなされ得ない／なされる必要がない。

最後に、次のような場合には sein + zu の様相受動性が失われているとされる（Zorn 1977: 145; Holl 2010: 11）。

Im Augenblick *war* ihm darum *zu* tun, den Schwätzer loszuwerden.
(C. Letsche)

目下の所、彼にはこのお喋り屋を厄介払いすることが大事だった。(= Ihm war daran gelegen)

述語形である〈sein + zu + 不定詞〉に対応して、付加語形のいわゆる未来分詞（Gerundiv）〈zu + 現在分詞〉も必然性と可能性の様相性を持っている。

Ich kenne die hier *anzuwendenden* Gesetze genau.
(Weinrich 1993: 166)
私はこの場合に適用されるべき法律をよく知っている。(= die hier angewandt werden müssen)
Das ist eine nicht *zu rechtfertigende* Handlung.
(Weinrich 1993: 166)
これは正当化され得ない行為だ。(= Sie kann nicht gerechtfertigt werden)
die für/von Abiturienten leicht *zu lösenden* Aufgaben.
(Holl 2010: 20)
アビトゥーア受験生にとって／によって簡単に解かれ得る課題。

このような未来分詞の最古の使用は17世紀初めの官庁語に例証されていて（Behaghel 2, 1924: 395; Ebert 他 1993: 328）、ラテン語の（受）動形容詞／所相的形容詞（Gerundiv）が手本になった（例えば vir *laudandus*「誉められるべき男」、injura non *ferenda*「甘受され得ない不正」）と考えられている。

die markengenossen, so der von Gott *zu bescherenden* mast zu genießen berechtiget (sind).
(Dernekamp の規定 1603 年。Grimm 4, 1898: 70; Eckert 1909: 7, 23; Behaghel 2, 1924: 395; Demske-Neumann 1994: 170)
神から授けられるべき／授けられ得る飼料用どんぐりを受用する権利を付与されている共有地組合員達。
Ein völliges und nach den fundamentis der Teutschen Sprache

einzurichtendes Wörterbuch oder Lexicn.
                              (J. G. Schottel 1663年。Ebert 他 1993: 328)
完全な、ドイツ語の基礎に従って調整されるべき辞書または辞典。

現代ドイツ語の未来分詞は他動詞から作られるが、かつては極めて稀に完全自動詞からも作られた。

    der bey diesem Gebet *zu* seyende zweck.　　(Behaghel 2, 1924: 396)
    この祈りの際にあるべき目的。
    die *zu* entstehende Irrung.　　　　　　　　(Behaghel 2, 1924: 396)
    発生し得る錯誤。

現代ドイツ語の一般的な名詞化形 der/die Aus*zu*bildende「養成されなければならない者＝職業訓練生、研修生、実習生、見習い等」は1969年に公布された『職業教育法』の用語であるが（Pauls DWb. 115）、当人達は好んで Azubi と簡略化する。他に Anzulernende「職業速習生達」、der zu Bevollmächtigende「全権被託可能者」、das Umzubrechende「掘り返されるべきもの〔例えば耕地〕」）。
　述語形の〈sein + zu + 不定詞〉、付加語形の〈zu + 現在分詞〉に加えて、状況語形としての〈zu + 不定詞〉もある。

    Paul stand, wegen des Nebels nur undeutlich *zu erkennen*, am anderen Ufer und rief.　　　　　　　　(Holl 2010: 51)
    パウルは、霧のためにぼんやりとしか認められ得ないが、向こう岸に立っていて、そして叫んだ。

7.10　現代ドイツ語における様相助動詞の体系

現代ドイツ語における様相の助動詞の体系は次のようにまとめられる。

A．客観的様相性
  1．必然性
    1）全般的
      （1）肯定：müssen
      （2）上否：nicht müssen, nicht brauchen ± zu（実行の不必然性）
      （3）下否：nicht müssen, nicht brauchen ± zu（不実行の必然性）
    2）限定的―他者由来の必然性
      （1）肯定：sollen, mögen
      （2）上否：nicht sollen（実行の不必然性）
      （3）下否：nicht sollen, nicht mögen（不実行の必然性）
  2．確実性―成始圧力
    1）肯定：werden
    2）上否／下否：nicht werden（不成始の圧力）
  3．必然性／可能性
    1）肯定：haben + zu, sein + zu
    2）上否：nicht haben + zu, nicht sein + zu（実行の不必然性／不可能性）
    3）下否：nicht haben + zu, nicht sein + zu（不実行の必然性）
  4．可能性
    1）全般的
      （1）肯定：können
      （2）上否：nicht können（実行の不可能性）
      （3）下否：nicht können（不実行の可能性）
    2）限定的
      （1）知恵・心得
        a．肯定：wissen + zu
        b．上否：nicht wissen + zu（実行の無知）
      （2）権限・許可・根拠・理由
        a．肯定：dürfen

　　　　b．上否：nicht dürfen（実行の無許可等）
　　　　c．下否：nicht dürfen（不実行の許可等）
　　（3）能力
　　　　a．肯定：vermögen + zu
　　　　b．上否：nicht vermögen + zu（実行の無能力）
　5．志向性
　　1）全般的
　　　（1）肯定：wollen
　　　（2）上否：nicht wollen（実行の無欲）
　　　（3）下否：nicht wollen（不実行の意欲）
　　2）限定的
　　　（1）愛好＋上否：nicht mögen（実行の嫌悪）
　　　（2）願望
　　　　a．肯定：möchten
　　　　b．上否：nicht möchten（実行の願望欠如）
　　　　c．下否：nicht möchten（不実行の願望）
B．主観的様相性
　1．必然性
　　1）肯定：müssen, sollten
　　2）上否：nicht müssen, nicht brauchen ± zu（実行の不必然性）
　　3）下否：nicht müssen, nicht sollten（不実行の必然性）
　2．確実性（必然性〜可能性）
　　1）肯定：werden
　　2）下否：nicht werden（不実行の確実性）
　3．蓋然性
　　1）肯定：dürften
　　2）上否：nicht dürften（実行の無蓋然性）
　　3）下否：nicht dürften（不実行の蓋然性）
　4．可能性
　　1）肯定：können, mögen
　　2）上否：nicht können（実行の不可能性）

3）下否：nicht können, nicht mögen（不実行の可能性）
　5．志向性
　　　1）本人の主張
　　　　（1）肯定：wollen, möchten
　　　　（2）上否：nicht wollen（実行の不主張）
　　　　（3）下否：nicht wollen, nicht möchten（不実行の主張）
　　　2）他人の主張
　　　　（1）肯定：sollen
　　　　（2）上否：nicht sollen（実行の不主張）
　　　　（3）下否：nicht sollen（不実行の主張）

第8章
主要な様相助動詞の意味変遷と相互関連

　完了現在動詞系の主要な様相助動詞の意味の変遷と相互の関連を概略的にまとめてみると以下の通りである。古期ドイツ語の場合は『オットフリート』の語形で代表する。下線の助動詞は客観的な用法に加えて主観的な用法も有している。

	必然性		可能性		志向性	
	全般的	限定的	全般的	限定的	全般的	限定的
ゴート語	skulan	þaurban	<u>magan</u>	kunnan ga-daursan	wiljan	munan
古期独語	sculan mugan	eigan <u>ni thurfan</u>	<u>mugan</u>	kunnan muaʒan gi-durran		wollen
中高独語	<u>suln</u> <u>müeʒen</u> mugen	(ne) <u>durfen</u>	mugen kunnen	müeʒen (ge)turren	<u>wellen</u>	mugen
初期新高独語	müssen <u>sollen</u>	nicht dürffen mügen	können <u>mügen</u>	dürffen (ge)thürren müssen	<u>wollen</u>	nicht mögen möchte
新高独語 現代独語	müssen nicht brauchen	sollen mögen	können	dürfen dürften mögen	<u>wollen</u>	nicht mögen <u>möchten</u>

　様相助動詞の語野（Wortfeld）は必然性・可能性・志向性という3様相域から構成されていて、各様相域は全般的と限定的の2項に分けられるが、古期ドイツ語の志向性は単項的である。ただし古期ドイツ語の末期には限定的な mugen が登場して2項的になる。各様相域を代表する全般的な項目は用例の（圧倒的な）多数性にその特徴が対応する。

以下では簡略化のために原則として現代ドイツ語の語形で説明すると、一見して明らかなように、sollen や wollen はその様相域そのものに変更がないが、müssen と dürfen は結果的に担当する様相域を交換している。この交換の理由は、古期ドイツ語以降の限定的な、状況由来の必然性の位置に排他的・安定的な助動詞がなかったためである（sollen と mögen は全般的な必然性を意味し、限定的な必然性の eigen は現在複数形で zu 付きでしか用いられず、dürfen は否定的にしか使用できなかった）。このような構造上の不備・欠陥を補うためにドイツ語の当初から限定的な可能性を担当していた müssen が古期ドイツ語の末期から限定的な、状況由来の必然性を兼担し始めた。これを可能にしたのは、可能性「…することが許されている」の上位否定「…することが許されていない＝してはならない」と必然性「…する必要がある」の下位否定「…しない必要がある＝してはならない」との同義関係であり、また可能性「…することが許されている」の下位否定「…しないことが許されている＝しなくてよい」が必然性「…する必要がある」の上位否定「…する必要がない＝しなくてよい」との同義関係であった。以上は「（必然性用に）muoȝan が選ばれ、古高ドイツ語における本来の意味からそれにより適していた durfan が選ばれないのは何故か」という Götz（2001: 50）の問いへの回答となる。

　初期新高ドイツ語において必然性の様相域内での müssen の位置が安定するにつれて、長くこの位置にあった nicht dürfen が否定から解放されて、本来は müssen の本分であった限定的な可能性の位置に就くことになった。

　müssen に関しては類似の現象が既に古期ドイツ語前にも生じていた。müssen に対応するゴート語の ga-motan はまだ助動詞ではなくて、「余地を持つ」という意味の本動詞であったが、被許可・無障碍という限定的な可能性の位置に安定的・排他的な助動詞がなかったために、ここにゴート語後に元来の意味特性に目をつけられて müssen が起用されていた。つまり müssen は歴史的に２度も、最も若い完了現在動詞であるが故にその柔軟性と活力が買われて欠陥是正の大役を担わされた訳である。この特異な歴史的現象に関す

る以下の 2 段階表示は「ゴート語の状況はこの言語が持っていた要素 motan をほとんど失ってしまった時点にあるのか、それとも逆に我々は先の状況において存在しなかった新しい要素 motan の出現に立ち会っているのか」(Tellier 1962: 34) という問いのみならず、「ゲルマン語の完了現在動詞 *mōt が中高ドイツ語 müeʒen の幅広い意味階梯（＝現代ドイツ語の können, dürfen, mögen〔叙想法形〕、sollen, müssen）にまで至った意味の発展は個々には不明である」(Pauls Mhd. Gr. 2007: 272) という疑問にも答えるのに役立つ。

1. ゴート語の限定的な可能性「…してよい、し得る」
   a. 肯定平叙：binauhan, binauht wisan
   b. 上位否定：ni skuld wisan
   c. 疑問：skuld wisan
   　　　　↓←ゴート語／前古期ドイツ語 mōtan「余地を持つ」
   　　mōtan/muaʒan
   古期ドイツ語の限定的な可能性「…する余地／機会がある、してよい、し得る」

2. 古期ドイツ語の限定的な必然性「…する必要がある、せざるを得ない」
   a. 肯定平叙：eigan + zi
   b. 上位否定：ni thurfan
   c. 下位否定：ni thurfan
   d. 修辞疑問：thurfan
   　　　　↓←古期ドイツ語 muaʒan「…してよい、し得る」
   　　mūoʒen
   古期ドイツ語末期の限定的な必然性「…する必要がある、せざるを得ない」

中高ドイツ語以降 müssen はさらに活動範囲を広げて全般的な必然性の位置で sollen と肩を並べるまでに成長するに至ったが、

sollen の方はその後、限定的な、他者由来の必然性の位置に退くことになった。

　しかしながら müssen の成長は行きすぎた（客観的／主観的な両方の用法と上位／下位の両方の否定）ため新たに上位否定を明示するのに nicht brauchen の手を借りる必要が生じた。

　nicht brauchen は上位否定の nicht müssen だけではなくて、上位否定の nicht sollen の代用にもなり得るという意味で全般的である。

　必然性の dürfen は必然性の müssen に早い段階で完全に取って代わられたのではなくて、上位否定や制限的な意味では新高ドイツ語期まで使われ続けた。また可能性の müssen も新高ドイツ語期まで残っていた。

　歴史の初めから全般的な可能性を本分としていた mögen は古期ドイツ語以降、必然性の様相域にも手を伸ばしたために、現代ドイツ語では、かつて庇を貸していた können に母屋を奪われる形で、可能性と必然性の化石的な用法を残して、ほとんど志向性の様相域に、それも否定付きで追いやられてしまった。その結果、mögen は好悪の本動詞として生きる道を見出した。これが Stevens（1995: 203）の「mögen がその現代の意味〈好む〉において様相助動詞の体系から退いたのは何故なのか」という疑問に対する回答である。

　長く比較的に安定していた (ge)thürren も初期新高ドイツ語の時代についに dürfen との競合に負けて、その後に退場を余儀なくされた。

　初期新高ドイツ語において限定的な志向性の所に登場していた möchten は現代ドイツ語でその地位を確立するに至った。主観的用法の発達については後章で詳述する。

　様相助動詞の未来時称的用法と叙想法的用法の変遷は次のようにまとめられる。

	未来時称的用法	叙想法的用法
ゴート語	skul. (wairþ.)	
古期独語	scul. muaʒ. woll. (werd.)	scul. mug. muaʒ. woll.
中高独語	sul. müeʒ. well. (werd.)	sul. mug. müeʒ. well.
初期新高独語	soll. müss. woll. werd.	soll. müg. müss. woll. werd.
新高独語	soll. woll. werd.	soll. woll. werd.
現代独語		

　この一覧表から明白で、dürfen と können は未来時称的にも叙想法的にも用いられた歴史のないことが分かる。
　叙想法的用法について補足すると、この用法は様相助動詞がその本来・固有の意味を失って、現代ドイツ語の würde のように、叙想法の換言に使われる場合である。従って本書では「祈念」や「許容・認容」、「疑惑・困惑」が表現される場合は、本来・固有の意味に基づく語用論的用法（祈念の müsse, möge/möchte, wolle、許容・認容の mag、疑惑・困惑の soll の場合）、あるいは主観的用法（疑惑・困惑の mag の場合）とみなし、叙想法的用法とは考えない。

　　So *müsse* mir Gott helfen.　　　　　　　（Fr. v. Schiller）
　　そのように私に神様が手助けしてくれますよう。（←「手助けし得るよう」）
　　Möge/Möchte es so bleiben.　　　　　　　（DUDEN 2624）
　　そうあり続けますよう。（←「あり続けて欲しい」）
　　Das *wolle* Gott verhüten!　　　　　（Duden-Bedeut. 2010: 1103）
　　それを神様が防止してくれますよう。（←「防止することを欲するよう」）
　　Was er auch sagen *mag*, ihm glaubt niemand mehr.
　　　　　　　　　　　　　　　　　　　　　　　（常木 1986: 28）
　　彼が何を言っても、もう誰ひとり信じはしない。−常木訳（←「何を言っても構わない」）
　　Mich *soll* der Klapperstorch gebracht haben?
　　　　　　　　　　　　　　　　　　　　　（Kaufmann 1962: 171）
　　僕をコウノトリが運んで来たって？（←「運んで来たと言うの？」）

Wohin *mag* sie gegangen sein? （Dieling 1983: 330）
どこへ彼女は行ってしまったのか（←「行ってしまったのだろうか」）

また、直接話法の叙令法形に対応する間接話法のsollenとmögenも叙令法形の換言ではなくて、sollenとmögen本来の必然的な意味で用いられていると考える。

Er hat mir gesagt: "Warten Sie nicht auf mich!"
彼は私に「私を待たないで下さい」と言った。
Er hat mir gesagt, ich *solle/möge* nicht auf ihn warten.
（Buscha/Heinrich/Zoch 1977: 16,18）
彼は私に、自分を待つべきではない／待って欲しくないと言った。

第9章
客観的用法と主観的用法

　先に第7章で取り上げた現代ドイツ語の様相助動詞の中でzu付き不定詞を従える haben, sein, vermögen, bedürfen, wissen には客観的用法しかあり得ないが、他の、zu なし不定詞を従え得る brauchen, dürfen/dürften, können, möchten, mögen, müssen, sollen, werden, wollen は客観的用法と主観的用法を合わせ持っている。前者の動詞群を「様相性動詞」Modalitätsverben と呼んで、後者の「様相助動詞」Modalverben と区別することが可能である（Schmid 2010: 83）。

　歴史的に見ると、様相助動詞の主観的用法は、客観的用法が十分に発達した段階で登場している。また子供の母語習得においても様相助動詞の主観的用法は客観的用法よりも後に現われることが多くの言語で確認されている（Stephany 1993: 136; Doitchinov 2001: 111 参照）。Doitchincv（2001: 112, 118）によればドイツ語を母語とする少児は平均的に3年3か月で全ての客観的な様相助動詞が使用できるが、主観的な様相助動詞は4歳になった後に使えるようになり始めるとのことである（これは生物学でいうエルンスト・ヘッケルの反復説「個体発生は系統発生を繰り返す」の言語版である）。この両者の関係は、主観的用法の様相助動詞＝客観的用法の様相助動詞＋「（私／人は）推断する」という等式に基づく。「推断」という高度に抽象的な知的行為はドイツ語という一言語においても、個人の言語発達においても文化あるいは知能がかなりの段階に達して初めて可能になるものであり、また必要とされるものである。

　Er *muss/wird/dürfte/kann/mag/soll* es getan haben.
　彼がそれをしたに違いない／（きっと）したのだろう／したの

だろう／したのかも知れない／したのかもしれないが／したそうだ。

= Ich/Man *muss/werde, wird/dürfte/kann/mag/soll* annehmen, dass er es getan hat. 　　　　　　　（Öhlschläger 1989: 238 参照）

私／人は、彼がそれをしたと推断しなければならない／推断するつもりだ／推断してよいのだが／推断することができる／推断して構わない／推断するよう要請されている。

Er *braucht* es nicht getan haben.

彼がそれをしたとは限らない。

= Ich *brauche*/Man *braucht* nicht annehmen, dass er es getan hat.

私／人は、彼がそれをしたと推断する必要がない。

Er *will/möchte* es getan haben.

彼はそれをしたと言い張っている（が、私は信用しない）。

= Er *will/möchte*, dass ich annehme/man annimmt, dass er es getan hat. 　　　　　　　（Öhlschläger 1989: 240 参照）

彼は、自分がそれをしたと私／人が推断することを欲している／望んでいる。

　欧米におけるドイツ語の様相助動詞の体系的な研究は第2次世界大戦後に始まるが、初期の研究者Bech（1949,1951）やWelke（1965）ではこの助動詞の意味、用法、解釈、様相性に関する二分法はまだ十分に意識的ではなかった。とは言え、個々の様相助動詞の主観的な用法自体は古くから当然、認識されてはいた。例えばCampeのドイツ語辞典（1807–1813）ではmögenの所で「推測、蓋然性を含む」と、müssenの所では「しばしば確信している事を表わす」と述べられている。またKahl（1890）は中高ドイツ語のmugenが「弱められた主張を表現するのに役立つ」と指摘している。Klarén（1913）でも中高ドイツ語のmugenは「あり得る生起」または「推測」を表現すると言われている。

　「客観的用法―主観的用法」という二分法を明示したのはSchulz/Griesbach（1960）が最初であり（Öhlschläger 1982: 179; Letnes

2008: 25)、この二分法は1950年代末から同様の考えを持っていた (Raynaud 1977a: 1) フランスのFourquet（1970）によって支持されて普及したとされる（Buscha 1984: 216; Zifonun 他3, 1997: 1886)。それに先立ち哲学では1951年に von Wrightが「束縛的―認識的」という表現を示していた（Buscha 1984: 216; Hentschel 2010: 180。von Wright はさらに「真理的―存在的―力動的」も提案している。澤田2006: 32ff. 参照）。しかし日本では既に1939年に山田幸三郎による『話法の助動詞』が出ていて、その中で「原義・重義―転義・軽義」という二分法が提示されていた。

　その後、ドイツ語のみならず英語やその他のゲルマン語、さらにはフランス語や他の多くの言語におけるこの種の助動詞や表現の意味、用法、解釈、様相性に関する二分法が多くの研究者の関心を集めた結果として、多様な解釈と術語が提案されている。以下に掲げた一覧表はBuscha（1984: 214）やÖhlschläger（1989: 28)、Milan（2001: 35)、Goldschmitt（2007: 41）のリストに大幅な追加・修正を加えたものである。極めて多くの考察がなされ、様々な術語が提案されて来た研究史はこの二分法の複雑・多様な側面を如実に物語っていると言える。

1. 原義・重義―転義・軽義（山田1939）
2. objektiv ― subjektiv（Schulz/Griesbach 1960）
   客観的―主観的
3. internal ― external（Bach 1964）
   内在的―外在的
4. logisch-grammatisch ― kommunikativ-modal（Admoni 1966）
   論理的・文法的―情報伝達的・叙法的
5. root ― epistemic（Hofmann 1966）
   根源的―認識的（認識様態的／陳述緩和的）
6. ontologisch ― logisch-psychologisch（Valentin/Zemb 1967）
   存在論的―論理学的・心理学的

第9章　客観的用法と主観的用法　　455

7. non-inferential — inferential（Lyons 1968）
   非推論的—推論的

8. root — epistemic (predictive)（Fillmore 1968）
   根源的—認識的（予言的）

9. transitive — intransitive（Ross 1969）
   他動詞的—自動詞的

10. nicht-epistemisch — epistemisch（König 1970）
    非認識的—認識的

11. modulation — modality（Halliday 1970）
    調整—様相

12. Realisierung — Information（Brinkmann 1971）
    実現—通知

13. complex — non-complex（Anderson 1971）
    複合的—非複合的

14. Sachverhalte — Verbalisierung（Ehlich/Rehbein 1972）
    事態—動詞化

15. subject orientation — speaker orientation（Jackendorff 1972）
    主語指向—話者指向

16. subjektiv — objektiv（Růžička 1972）
    主体的—客体的

17. modification — modalisation（Valentin 1973）
    述語修飾—態度表明

18. nonevidential — evidential（Bouma 1973）
    非明証的—明証的

19. voluntative Modalität — Gewißheitsmodalität（Grepl/Masařík 1974）
    意志的様相性—確信様相性

20. prédicatif — propositionnel（Raynaud 1974）
    断定的—陳述的

21. primary — secondary（Close 1975）
    本来的—副次的

22. prädikatsmodifizierend ― satzmodifizierend（Zemb 1975）
    述語修飾的―文修飾的
23. nicht-pragmatisch ― pragmatisch（Gerstenkorn 1976）
    非語用論的―語用論的
24. lexikalisch―grammatisch（Tarvainen 1976）
    語彙的―文法的
25. zweiwertig（transitiv）― einwertig（intransitiv）（Wagner 1976）
    2価的（他動詞的）― 1価的（自動詞的）
26. Wirklichkeit ― Nichtwirklichkeit（Kühnl 1977）
    現実―非現実
27. circumstantial ― epistemic（Horgan 1977）
    状況的―認識的
28. deontic: objective/subjective ― epistemic: objective/subjective（Lyons 1977）
    束縛的：客観的／主観的―認識的：客観的／主観的
29. Modifikation（modifizierend）: potenzial/volitiv ― Modalisation（modalisierend）: Vermutung/überbrachte Rede（Raynaud 1977）
    述語修飾（的）：潜在的／意欲的―態度表明（的）：推量／被伝達発言
30. Subjekt-Prädikationsverhältnis ― Sprecher-Aussageverhältnis（Repp 1978）
    主語・叙述関係―話者・陳述関係
31. prospicient ― concurrent（Fichtner 1979）
    予見的―共起的
32. deontic ― inferential（Bolkestein 1980）
    束縛的―推論的
33. prädikativ ― propositional（Öhlschläger 1982）
    述語的―命題的
34. präskriptiv ― epistemisch（Glas 1982）
    規範的―認識的

35. Aufforderungsmodalität — Gewißheitsmodalität（Mückel 1982）
    要求様相性—確信様相性

36. einfach — abgeleitet（Brünner/Redder 1983）
    単純的—派生的

37. modifizierend — modalisierend: hypothetisch/vermittelt（Dieling 1983）
    述語修飾的—態度表明的：仮説的／媒介的

38. nicht-modal — modal（Jongeboer 1985）
    非心態的—心態的

39. extrinsic — intrinsic（Quirk 他 1985）
    外因的—内因的

40. handlungsorientiert — wahrscheinlichkeitsorientiert（Nehls 1986）
    行動指向的—蓋然性指向的

41. valeur informative — valeur communicative（Schanen/Confais 1986）
    情報価値—伝達価値

42. subjektbezogen — sprecherbezogen（Engel 1986）
    主語関連的—話者関連的

43. deontic — evidential（Anderson 1986）
    束縛的—明証的

44. direkt — indirekt（Heringer 1988）
    直接的—間接的

45. intra-prédicatif — extra-prédicatif（Guimier 1989）
    述語内的—述語外的

46. deontisch-volitiv — epistemisch（Abraham 1991）
    束縛的・意欲的—認識的

47. agent-oriented — epistemic（Bybee/Pagliuca/Perkins 1991）
    動作主指向的—認識的

48. deontisch — inferentiell: alethisch（apodiktisch）/epistemisch（problematisch）（Ulvestad 1991）

束縛的―推論的：真理的（断定的）／認識的（懐疑的）

49. handlungsorientiert ― wissens- oder erkenntnisorientiert（Lötscher 1991）
    行動指向的―知識・認識指向的

50. nicht-grammatikalisiert（weniger grammatikalisiert）―（stärker）grammatikalisiert: nicht-quotativ/quotativ（Diewald 1993）
    文法化されていない（より少なく文法化された）―（より強く）文法化された：非引用的／引用的

51. pragmatic ― hypothetical（Heine 1995）
    実践的―仮説的

52. Modalität ― Modalisierung（M. Krause 1997）
    様相性―態度表明

53. ontologic ― hypothetic（Ulvestad 1997）
    存在論的―仮説的

54. determinativ: deontisch/voluntativ ― epistemisch/evidenziell（Th. Fritz 1997）
    決意的：束縛的／自発的―認識的／明証的

55. (prototypisch,) nicht-deiktisch: deontisch/volitiv/dispositionell ― deiktisch: rein deiktisch/quotativ/(text)phorisch（Diewald 1999）
    （原型的、）非直示的：束縛的／意欲的／素因的―直示的：純粋に直示的／引用的／（テクスト）照応的

56. zirkumstantiell ― epistemisch/(quotativ-)evidentiell（Axel, Ehrich, de Haan 2001）
    状況的―認識的／（引用的・）明証的

57. evident: deontic:: permissive/obligative/commissive//dynamic:: abilitive/volitive ― propositional: epistemic:: speculative/deductive/assumptive//evidential:: reportive/sensory（Palmer 2001）
    事象的：束縛的：：許可的／義務的／確約的／／力動的：：能力的／意志的―命題的：認識的：：推測的／推理的／想定的

／／明証的∷報告的／感覚的

58. zirkumstanziell: deontisch/dispositionell/realistisch/buletisch — nicht-zirkumstanziell: epistemisch/evidenziell（Ehrich 2004）
状況的：束縛的／素因的／現実的／意志的―非状況的：認識的／明証的

59. zirkumstanziell: deontisch/dispositionell — epistemisch: epistemisch im engeren Sinne/evidenziell（Hetland 2005）
状況的：束縛的／素因的―認識的：狭義に認識的／明証的

60. root: deontic/dynamic — non-root: epistemic/evidential（Eide 2006）
根源的：束縛的／力動的―非根源的：認識的／明証的

61. 事象的：力動的／存在的／束縛的―命題的：言語行為的／態度的∷判断的∷∷証拠的／認識的／／感覚的∷∷感情的／自発的（澤田 2006）

62. deontisch: dispositionell/deontisch/volitiv — epistemisch: objektiv epistemisch/subjektiv epistemisch/existentiell（Goldschmitt 2007）
束縛的：素因的／束縛的／意欲的―認識的：客観的に認識的／主観的に認識的／実存的

63. grundmodal: deontisch/permissiv/boulomaisch―epistemisch（Abraham 2008, 2010）
基本様相的：束縛的／許容的／意欲的―認識的

64. zirkumstanziell: deontisch/bouletisch/dispositionell/realistisch — epistemisch: inferentiell/evidentiell（Ehrich 2010）
状況的：束縛的／意思的／素因的／現実的―認識的：推論的／明証的

65. zirkumstantiell: deontisch/teleologisch/definitorisch/präferentiell（buletisch）/dispositionell/nicht-dispositionell — epistemisch/evidentiell（Holl 2010）
状況的：束縛的／目的論的／定義的／選好的（意志的）／素因的／非素因的―認識的／明証的

上掲の一覧表を見れば明らかなように、二分法にさらに対象言語次第では色々と下位区分がなされて精緻になるのが近年の傾向であるが、一方、Helbig/Buscha（1972）や Buscha/Heinrich/Zoch（1977）、4版（1984）以降の Duden 文法書、Jongeboer（1985）、Zifonun 他（1997）のように二分法を殊更重視しない記述も見られる。しかしながらそのような場合でも主観的──「認識的」と呼ばれることが多い──月法が無視されることはない。

　筆者は従来より「客観的─主観的」という術語対を好んで用いているが、この術語対を最も良く説明しているのは Raynaud（1976: 234）である。

　　述語修飾的な様相助動詞によって話者は「客観的な」伝達を行なうこと、事実を確認することを欲する。
　　態度表明的な様相助動詞によって話者は聴者を自分の個人的な、「主観的な」考えに向けること、（主語と不定詞からなる）接合の真実と現実に関する自分自身の演繹の結果について聴者に情報を与えることを欲する。

　Spannagel（1977: 313）は「客観的─主観的」を採用する理由を次のように述べている。

　　この術語は、誤解を招き易いかも知れないが、表現力に富む性格故に、現在、専門文献中に見出される抽象的で、しばしば互いに矛盾する術語（複数）に対して優位性が与えられ得る。

　また Buscha（1984: 216）も下記のように Helbig（1983: 111）の概念規定から出発すると、「客観的─主観的」という術語対は明白になると言う。

　　客観的様相性でもって、（文法的な）主語が不定詞の事象に対する際の「客観的な」諸条件が、主観的様相性でもって、（文法的な）主語と不定詞の事象との間の関係に関する話者の「主

観的な」態度が表現される。

しかしながら「述語的―命題的」を採用するÖhlschläger（1982: 178ff. 1989では「非認識的―認識的」を採用）は「客観的―主観的」にも「束縛的―認識的」にも欠陥があると主張している。

ドイツ語においては本来的な様相助動詞の主観的用法が比較的稀であり（Raynaud 1977a: 23; Diewald 1999a: 217)、英語におけるよりも少ない（Mortelmans/Boye/van der Auwera 2009: 32）ことが指摘されている。Raynaud（30文学作品）とDiewald（書き言葉と話し言葉の資料体）の統計では本来的な各様相助動詞の全使用例中に占める主観的用法の割合は次の通りである。

  Raynaud（1977a: 23） Diewald（1999a: 217）
  dürfen: 0.1%   38用例中6例（15.8%）
  können: 3.9%   319用例中23例（7.2%）
  mögen: 13%   48用例中7例（14.6%）
  müssen: 10%   182用例中9例（4.9%）
  sollen: 2.5%   100用例中8例（8%）
  wollen: 0.8%   152用例中0例（0%）

Große（1969: 411f.）が引用している次の小話「死亡統計」（Neues Deutschland, 1965/4/11）の中の誤解は主観的用法が、取り分け話し言葉や方言では稀なことに基づいている（Zifonun他3, 1997: 1885）。

 もう何年も前の事であるが、ある地方行政郡の医療参事官がその郡内の全村落における死亡者数に関して2、3の情報を必要とした。そこで彼は村長らに次のように依頼した。
「統計表を作成するために、貴村では毎年何名死亡する可能性がある（mögen）のかをできるだけ早くご連絡下さるようお願い申し上げます。」
クラインリーゼン村のモイスレ村長はあきれて首を左右に振り

ながらこの書簡を読み通し、着席して返事を書いた。
「当村では全く誰も死ぬことを好んで（mag）いません。」
医療参事官は問い合わせの中で多分、誤解を招く表現をしたのだろうと気づいて、書き返した。
「貴村では1年に平均して何名死亡する可能性があります（können）か。」
都会人の馬鹿げたしつこい質問に立腹したモイスレ村長は答えを返した。
「当地では全員、死ぬことができます（können）!」
しかし今度は医療参事官の方も村長の頑固さに立腹したが、暫く考えた後に、明白で一義的な表現方法の見本と思われる文章をしたためた。
「クラインリーゼン村ではまあ1年間に何名死亡する蓋然性がある（dürften）のかを私は至急知りたいと思います。私の問い合わせに対して3日以内に明確な回答がなされなければ、私は郡長に対して告発を行ないます。」
モイスレ村長は激怒して、村議会を招集した結果、村議会は次のような回答を決議した。
「当地では毎年何名死ぬことが許されているのであろう（dürften）かという、地方行政郡医療参事官殿のご質問に対して我々――村議会と村長――は全員一致して以下の通りにお答えいたします。
ここではどの人も死ぬことが許されています（darf）。なぜなら誰も、郡長といえども、それを禁じることは事実できないからです。そして将来我々をその事で困らせないでいただきたい。なぜなら我々は我々の都合のよい時に死ぬのであって、都会人らが指図する時に死ぬのではないからです。」
この時以降、モイスレ村長は郡庁所在都市から二度と煩わされることはなかった。

　しかしこの事は、何もドイツ語が英語よりも推断の知的レベルの点で低いことを示す訳ではない。ドイツ語では守備範囲の広い

werden の重用に加えて、主観的用法の様相助動詞に代わる様相の副詞や形容詞、前置詞句も多用されるからである（Vater 2004: 17,19 参照）。

 Paul *muss*//*kann* erfolgreich（gewesen）sein.
パウルは成果を挙げている（いた）に違いない／／かも知れない。
 = Paul ist *höchstwahrscheinlich*//*vielleicht/möglicherweise* erfolgreich（gewesen）.
パウルは十中八九／／もしかすると／ひょっとしたら成果を挙げている（いた）。
 = Es ist *sehr wahrscheinlich*//*möglich*, dass Paul erfolgreich（gewesen）ist.
パウルが成果を挙げている（いた）ことは大いに真実らしい／／あり得る。

主観的用法の様相助動詞と様相の副詞・副詞化形容詞、並びに様相の前置詞句の対応・共起関係は以下のようである（Raynaud 1976: 233; 1977a: 23; Vater 1975: 114,2004: 19; Ulvestad 1984a: 379ff.; Zifonun 他 3,1997: 1901 に追加）。

 muss「に違いない」: hundertprozentig 100 パーセント、todsicher 非常に確かに、sicherlich 確かに、gewiss 必ず、bestimmt 確実に、sicher 確実に、höchstwahrscheinlich 十中八九、zweifellos 疑いなく、fraglos 疑いなく、augenscheinlich 明らかに、offen-bar/kundig/sichtlich 明白に、unbedingt 必ず、zwangsläufig 必然的に、notwendigerweise 必然的に、wohl 察するところ（Grimms DWb. 30,1062; Kaufmann 1963: 45）、vielleicht もしかすると（Kaufmann 1965: 12。しかし Öhlschläger 1989: 209 は不可）、wahrscheinlich 恐らく（Ulvestad 1984a: 380）、

vermutlich 多分（Ulvestad 1984a: 382）
mit letzter/voller/aller/tödlicher/(mehr oder minder) großer Sicherheit 究極的な／十分な／全くの／絶対的な／（多かれ少なかれ）大きな確実性をもって、mit dem Schein größter/größerer Sicherheit 極めて／比較的大きな確実性の見かけをもって、ohne die geringste Unsicherheit ごく僅かの不確実性もなく、mit Sicherheit 確実性をもって、mit einiger/ziemlicher/annähernder/ausreichender/mehr oder weniger Sicherheit 若干の／かなりの／おおよその／十分な／多少の確実性をもって、mit allergrößter/großer Wahrscheinlichkeit 極めて大きな／大きな蓋然性をもって（Ulvestad 1984a: 380）、ohne jeden Zweifel 何ら疑いなく、nach menschlichem Ermessen 人間の考え得る限り

wird「（きっと）だろう」：(ganz) bestimmt（全く）確実に、sicherlich 確かに（Hacke 2009: 22）、zweifellos 疑いなく、sicher 確実に、ganz gewiss 全く疑いなく（Dieling 1982: 330）、gewiss 必ず、schon きっと（Duden-Bedeut. 2010: 825）、wahrscheinlich 恐らく、vielleicht もしかすると、wohl 察するところ、vermutlich 多分（Hacke 2009: 129）、möglicherweise ひょっとしたら、möglichenfalls ひょっとしたら、womöglich 場合によっては、eventuell 事情によっては（Lipsky 2002: 103）、voraussichtlich 見込みでは（Behaghel 2, 1924: 264）、anscheinend どうやら

mit einer an Sicherheit grenzenden/mit an Sicherheit grenzender Wahrscheinlichkeit 確実性に近い蓋然性をもって、mit größter/größerer/großer/hoher/erhöhter/höchster Wahrscheinlichkeit 極めて大きな／比較的大きな／大きな／高い／高められた／極めて高い

第9章　客観的用法と主観的用法　465

蓋然性をもって、aller Wahrscheinlichkeit nach 全くの蓋然性によれば、mit einem hohen/hohem Grad der/von Wahrscheinlichkeit 高い程度の蓋然性をもって、mit einem ziemlich hohen Grad an Wahrscheinlichkeit かなり高い程度の蓋然性をもって、mit einiger Wahrscheinlichkeit 若干の蓋然性をもって、dem/allem Anschein nach どうやら

dürfte「だろう」: vermutlich 多分、vielleicht もしかすると（しかし Öhlschläger 1989: 209 は不可）、möglicherweise ひょっとしたら、möglichenfalls ひょっとしたら、eventuell 事情によっては

mag「かも知れない（が）」: wohl 察するところ、vermutlich 多分、vielleicht もしかすると、möglicherweise ひょっとしたら、möglichenfalls ひょっとしたら、eventuell 事情によっては、schätzungsweise おおよそ、多分（DUDEN 3329; Duden-Stil. 2001: 550; Duden-Bedeut. 2010: 655）

kann「かも知れない」: vielleicht もしかすると、mutmaßlich 推測では、wohl 察するところ、möglicherweise ひょっとしたら、möglichenfalls ひょっとしたら、eventuell 事情によっては

will「言い張る」: angeblich 本人の言うところでは、vorgeblich 本人の言うところでは、vermeintlich 自称では（Valentin 1984: 188; Helbig/Helbig 1993: 77）、nach eigener Angabe 自身の申し立てでは

soll「だそうだ」: angeblich 世間の言うところでは、vorgeblich 世間の言うところでは、gerüchtweise 噂では、vermeintlich 世評では（Valentin 1984: 188; Helbig/Helbig 1993: 77）、Gerüchten zufolge 噂によれば、nach dem Hörensagen 伝聞では

ある様相助動詞が客観的に用いられているのか、それとも主観的

に用いられているのかは文脈や従属する（完了）不定詞の意味から判断されるのが普通だが、次のような場合には文脈から両方の解釈が可能であって、発話者自身がそもそも両者の区別を意識／意図していなかった場合や判断を聞き手／読み手に委ねている、要するにどちらでも構わない場合もあり得る。

Der Vulkan *kann* jederzeit wieder ausbrechen.
（Duden-Gr. 1984: 95; 2009: 557）
その火山はいつでも再び噴火し得る＝噴火するエネルギーがある／噴火することがあり得る。

Eigentlich *müsste* ich mehr Zeit haben als bisher.（筆者あての私信）
本来ならば私はこれまでよりも（暇な）時間が多くなければならないのだが／あるはずなのだが。

Leo ist sehr groß, blond, mit seiner randlosen Brille sieht er aus, wie ein Superintendant aussehen *müßte* oder ein schwedischer Jesuit.
（H. Böll. 板山 1983: 11f.）
レーオはとても背が高くて、髪はブロンドであり、縁なし眼鏡をかけていて、大教区監督かスウェーデン人イエズス会士ならそうでなければならない／そうであるに違いないような様子をしている。

Ich *hätte* ja ein schöner Idiot sein *müssen*, wenn ich auf dieses Angebot eingegangen wäre. （Kaufmann 1963: 45）
もし私がこのオファーに応じていたならば、私は立派な間抜けでなければならなかっただろうよ／であるに違いなかっただろうよ。

Aber Brinkers Urteil beruht auf einem Trugschluß; er ist zu einseitig vorgegangen. Hätte er einen anderen Agens eingeführt, so *hätten* alle seine Informanten mit übereinstimmender Regelmäßigkeit für die Können-Modalität plädieren *müssen*.
（Eggers 1973: 41）
しかしブリンカーの判断は誤謬に基づいている。彼は余りにも一面的に処理しすぎた。彼が別の動作主を導入していたら、彼

のインフォーマントは全員、一致する規則性をもって können の様相性を支持しなければならなかったのだが／支持するに違いなかったのだが。

また用法の区別が認識されていても、表現形式自体が混同される場合の多々あることが報告されている。

 Da *habe* ich mich irren *müssen*.　　　　　　（Wustmann 1966: 91）
 それならば私は間違っていたに違いない。（正しくは Da muß ich mich geirrt haben）
 Ich glaube bewiesen zu haben, daß die Verfügung des Oberpräsidenten an dem Anschwellen der Bewegung nicht schuld sein *konnte*.　　　　　　　　　　　　（Wustmann 1966: 91）
 私は、州長官の指示があの運動の高まりに責任のあったはずがないことを実証したものと思います。（正しくは gewesen sein kann）
 Sein Gesicht *hätten* Sie sehen *müssen*.（研究社『独和中辞典』1996 年）
 彼の顔をあなたは見たはずだが。（正しくは müssten Sie gesehen haben）

上掲第 2 の誤例 sein konnte（= gewesen sein kann）は中高ドイツ語以前の古風な形式と全く同様である。

 der *muose*（叙実法過去形）tiurre *sīn* dan er.　　　（Iwein 2035）
 あの人は彼よりも優れていたに違いない。（= 中高ドイツ語 muoʒ sīn gewesen、現代ドイツ語 muss gewesen sein）
 after thiu in wār mīn, sō *mohtun* thrī daga sīn.　　　（O. II, 8,1）
 その後、私の（知る）真実では、三日あった（= 経過した）のかも知れない。（= 現代ドイツ語 mögen gewesen sein）
 bī thiu *maht*(*a*) er ōdo *drahtōn*.　　　　　　　（O. II, 4,28）
 それ故に彼はもしかすると考慮したのかも知れない。（= 現代ドイツ語 mag bedacht haben）

R. Gathge 教授（岡山大学）によれば主観的用法の Wie kann er das nur erduldet haben!「いかに彼がそれに耐えた可能性のあることか」は客観的用法の Wie konnte er das nur erdulden!「いかに彼はそれに耐え得たことか」と同義に解され得ると言う。この指摘も、両用法の区別が日常的には必ずしも意識的ではないことを証している。

　主観的用法の様相助動詞に近い意味を持つ動詞として scheinen + zu「…するように思われる」、drohen + zu「…する恐れがある」、versprechen + zu「…する見込みがある」が挙げられるが、これらは「様相性動詞」（Modalitätsverben）と呼ばれる（Diewald 2004: 244ff.）。

　　Und hier *scheint* mir eine Diskontinuität *zu* bestehen.
　　　　　　　　　　　　　　　（Freiburger Korpus. Diewald 2004: 245）
　　そしてここに断絶があるように私には思われる。
　　In Ungarn *drohen* die Dämme *zu* brechen.
　　　　　　　　　　　　　　　（Fürther Nachrichten. Diewald 2004: 248）
　　ハンガリーでは全てのダムが決壊する恐れがある。
　　Nach diesem Faschingsauftakt *verspricht* die "fünfte Jahreszeit" narrisch gut *zu* werden.
　　　　　　　　　　　　　　　（Süddeutsche Zeitung. Diewald 2004: 251）
　　このカーニバルの幕開け後に「5番目の季節」はカーニバルらしくよくなる見込みがある。
　　in einem Hotel, das den Sternen nach ein gutes *zu* sein *versprach*.　　（Oberösterr. Nachrichten. Reis 2005: 129）
　　星（の数）から判断すれば良さそうな見込みがあったホテルで。

　様相性動詞は何らかの明証に基づいた推断を表わすので、Diewald は「明証的」（evidentiell）と呼び（Diewald/Smirnova 2010a: 120 では werden と共に「推論的・明証的」inferentiell evidentiell と称されている）、主観的用法の様相助動詞は何らの明証を示さないとして「直示的」（deiktisch）と呼んで区別している。し

かしながら次文のようなmüssenやkönnenは明証に基づいてなされた推断を表わしているので、直示的・直感的ではなくて、明証的であると言わざるを得ない。

  Wer einen so großen Wagen fährt, *muß* sehr reich sein.
           （Schulz/Griesbach 1962: 69）
  このように大きな車を運転している者はとても金持ちであるに違いない。
  Jonathan *muss* täglich schwimmen, das hört man aus seiner Umgebung.   （Ehrich 2004: 122）
  ヨーナタンは毎日泳いでいるに違いない。それを彼の周囲から耳にする。
  Jonathan *kann* im Kino sein〈sein Auto steht vor dem Eingang〉.
           （Ehrich 2001: 154）
  ヨーナタンは映画館にいるのかも知れない（彼の車が入り口の前に止まっている）。

 事実Ehrichは上掲の第2例文を明証的と呼んでいる。他方Diewald自身も認めているように、明証的とされるscheinenにも明証的ではない用法がある。

  Dort hält man mitten im Winter im Dorfe The Pass das Fest der Pelzjäger ab. Für drei Tage *scheint* sich hier die Bewohnerzahl *zu* verdreifachen. （Freiburger Korpus. Diewald 2004: 247）
  そこでは冬の最中に「峠」村で毛皮猟師の祭が催される。三日間にここでは人口が3倍になるように思われる。

この文例では何らかの明証に基づいて3倍になるだろうと推断している訳ではなくて、単に直感的な印象が述べられているにすぎない。従って「様相助動詞は直示的で、様相性動詞は明証的である」とは断定できないことになる。
 主観的用法の様相助動詞は従来、不定詞形で用いることが不可能

であるとされていた（Wunderlich 1981: 33; 保阪 1985: 48; Diewald 1993: 231; Abraham 2001: 7）。従って Engelen（1975: 148）は *Er gestand mir, wohl einen Augenblick nicht aufgepaßt haben zu *müssen*「彼は私に、察するところ一瞬、注意していなかったに違いないと打ち明けた」のような文を不可としていた。しかしながらそれが可能であることが複数の研究者によって認められ始めている。

>　Und auch in Zukunft muß diese Schnecke im Hinblick auf alle mir zu Augen oder Ohren kommenden Informationen Saugfüße haben *können*.　　　　　　　　　　　　　　　(Kratzer 1976: 14)
>　そして将来においても、この蝸牛が私の耳目に達する全情報を顧慮すると管足を持っているかも知れ（＝持っている可能性が）なければならない。
>　Der Verdacht, sich täuschen zu *müssen*, drängte sich auf.
>　　　　　　　　　　　　　　　(Reis 2001: 295; Holl 2010: 142)
>　思い違いしているに違いないという疑いが浮かび上がった。
>　Das scheint so sein zu *müssen*.　　　　(Abraham 2005: 246)
>　そうであるに違いないと思われる。
>　Der Gedanke, an ihr achtlos vorbeigegangen sein zu *können*, bekümmerte ihn.　　　　　　　　　(Hetland/Vater 2008: 98)
>　彼女の側をうっかり素通りしたのかも知れないという考えが彼の心を痛めた。

　さらに Kratzer（1976: 14）は主観的用法の様相助動詞の併用もあり得ることを認めていた。

>　Ihrer Darstellung nach *muß* ja diese Schnecke im Hinblick auf die zur Verfügung stehenden Berichte auf jeden Fall irgendwelche Saugfüße haben *können*.
>　彼らの描写によれば、確かにこの蝸牛は自由に使える諸報告を顧慮するといずれにせよ何らかの管足を持っているかも知れないに違いない。（＝「彼らの描写によれば…に違いない」＋

「自由に使える諸報告を顧慮すると…かも知れない」)

　　Öhlschläger (1989: 196) は Lyons (1977: 797; 1983a: 396) にならって、特定の明証から特定の蓋然性度において推断する様相助動詞を「客観的に認識的」(objektiv-epistemisch) と、事態の存在の蓋然性に関する主観的な判断を表現する様相助動詞を「主観的に認識的」(subjektiv-epistemisch) と呼んで区別していて（ただしUlvestad 1991: 375 も言うように区別が容易でない場合も多い）、mögen には「主観的に認識的」な用法しかないが、können、dürfen、müssen には両方の用法があると言う。しかも「客観的に認識的な」様相助動詞と「主観的に認識的な」様相助動詞の併用も可能とのことである（Öhlschläger 1989: 210）。

　　Der Angeklagte *kann*（主観的に認識的）der Täter sein *müssen*（客観的に認識的）.
　　その被告は犯人であるに違いないのかも知れない。
　　Der Angeklagte *dürfte*（主観的に認識的）der Täter sein *können*（客観的に認識的）.
　　その被告は犯人であるかも知れないのだろう。

Diewald (1999a: 84) でも同様の例文が見られる。

　　Es *dürfte* regnen *können*.
　　雨が降るかも知れないのだろう（= Vielleicht kann es regnen「ひょっとしたら雨が降るかもしれない」）

このような、従来はあり得ないとされていた（Vater 1975: 127; Holl 2001: 230）主観的用法の様相助動詞の併用は、現代における推断という知的行為の高度の進展に対応する新しい統語法現象である。
　　さらに従来、主観的用法の様相助動詞は条件文には現われない（高田るい子 1977: 70）とされていたが、Öhlschläger (1989:

209) によれば客観的に認識的な können, dürften, müssen は可能とされている。

> Wenn der Angeklagte der Täter sein *kann/dürfte/muß*, wird er inhaftiert.
> もしもその被告が犯人である可能性／蓋然性／必然性があるならば、彼は拘留される（この場合に主観的に認識的な mögen は不可）

　もう1点、主観的用法の様相助動詞は過去形や完了形で用いられ得るのか否かという問題がある。従来「話者の命題に対する態度を表すという性質ゆえに」（保阪 1985: 43）主観的用法の様相助動詞に過去形はないとされ、見られてもそれは「小説等のある設定された世界において認められる用法であり、体験話法の一つだと考えられる」（保阪 1985: 43. Engelen 1973: 50; 1975: 147; Wagner 1976: 54; Diewald 1993: 227f.; Reis 2001: 291; Axel 2001: 45; Diewald 1999a: 26 参照）と言われていた。また現代の話し言葉では過去形の mochte は用いられないとされている（G. Fritz 1997a: 82）。確かに以下の用例は1例以外は体験話法であるが、最後の1例は一種の間接話法であって、主文との時称の一致（Duden-Gr. 1984: 167）によって過去形が用いられているので、体験話法での過去形も時称の一致とみなすことができる。直接話法では現在形の muss や kann が対応する。

> Rasch erhob sie sich und hatte sofort die klare Auffassung des Moments. Heute *mußte* Alfred kommen!（A. Schnitzler. 常木 1986: 69）
> すばやく彼女は起き上がると、すぐに自分の今の立場をはっきり理解した。きょうはアルフレートが来るはずだ。—常木訳
> Ich hatte sie seit fünf Jahren nicht gesehen, und sie *mußte* jetzt über sechzig sein. 　　　　　　　　（H. Böll. 板山 1983: 15）
> 私は彼女に5年前から会ったことがなかった。彼女は今では60を越えているはずだ。

第9章　客観的用法と主観的用法　　473

Sie wälzte Pläne, Macheath bei irgendeiner Weibersache zu ertappen. Er *mußte* unbedingt Weibergeschichten haben, sie hatte seinen Griff um die Hüfte Pollys nicht vergessen, und jetzt war er die ganze Zeit ohne Frau.　　　(B. Brecht. Ulvestad 1984a: 376)
彼女はマキースをどこかの女と会っている所で取り押さえる計画を練った。彼は絶対、女達との色恋沙汰を持っているに違いない。彼がポリーの腰に手を回していたのを忘れはしない。今彼はずっと女気のない状態なのだ。

Noch wußte Dr. Berner nicht, was für ein Verbrechen seinen lähmenden Schatten über das Dorf geworfen hatte. Aber es *mußte* ein großes, ein scheußliches Verbrechen gewesen sein, das war gewiß, und das ganze Dorf *mußte* auf seltsame Weise darin verstrickt sein.　　　(W. Bredel. Welke 1965: 75)
ベルナー博士には、どのような犯罪が無気力な陰をその村の上に投げかけたのかがまだ分からなかった。しかしそれは大きな、忌まわしい犯罪であったに違いない。それは確かだ。そしてその村全体が奇妙にもそれに巻き込まれているに違いない。

Michael begegnete ihrem Blick, und wie ein Schlag kam ihm die Erinnerung, daß auch zwischen ihm und Gisela jener Abend lag, an dem er seine Abschiedsbriefe geschrieben hatte. Ob sein Brief sie erreicht hatte? Weshalb sagte sie nichts? Sie *konnte* sich doch nicht damit abgefunden haben, daß er sie hatte verlassen wollen!　　　(H.-J. Steinmann. Welke 1965: 63)
ミヒァエルは彼女と目が合った。そして電撃のように、自分とギーゼラの間にも、別れの手紙を書いたあの晩があることを思い出した。自分の手紙は彼女に届いていないのか。何故に彼女は何も言わないのか。だが彼女は、自分が彼女を見捨てるつもりであったことを承知していたはずがない。

Als er den Namen Old Sureland hörte, stutzte er so auffällig, daß mir sofort klar war: zwischen ihm und dem Genannten *mußte* unbedingt etwas vorliegen.　　　(K. May. Ulvestad 1984a: 380)
彼がオールド・シュアランドという名前を耳にした時、とても

人目を引くほどぎょっとしたので、私には直ぐに明らかだった。彼とその名指しされた男との間には必ず何か関係があるに違いない。

Das ließ wiederum den Schluß zu, daß der Täter Handschuhe getragen haben *konnte*.
　　　　　　　　　　(H.-J. Hartung. Welke 1965: 63; Duden-Gr. 1984: 96)
その事は再び、犯人が手袋をはめていたかも知れないという結論を可能にした。

　最後の用例のkonnte（直接話法ではkann）は「犯人は手袋をはめていたと推断する」という行為を可能にする要因のあることを表わすが、この推断行為の主体は発話者ではなくて、犯罪捜査に関わる人（々）である。
　次例は体験話法中のmußteではあるが、推断者は主人公でも筆者でもなく、「名もなき人々」である（鈴木2005: 152）。

… und über geräumigen Kellern erwuchs... Thomas Buddenbrooks neues Haus. Kein Gesprächsstoff in der Stadt, der anziehender gewesen wäre! Es wurde tipptopp, es wurde das schönste Wohnhaus weit und breit! Gab es etwa in Hamburg schönere?... *Mußte* aber auch verzweifelt teuer sein...　　(Th. Mann)
広い地下室の上に…トーマス・ブデンブロークの新居が出来上がってきた。市中でこれほど人々をひきつける話題はなかったろう！　飛び切りになるぞ、かなり広い範囲を見ても、これ以上きれいな家はないだろう！　たとえばハンブルクにこれ以上きれいな家があるだろうか？　…しかしまたおそろしく金がかかるに違いない。―森川俊夫訳

　また体験話法でもなく、時称の一致でもなくて、過去時における発話者の推断を示す用例も見出される（Kaufmann 1965: 9f. 参照）。これは山田（1990: 144）の言う「視点の移動」がなされた結果である。

Die japanischen Matrosen nahmen am letzten Tag ihres Aufenthalts Abschied von ihren Freundinnen in den verschiedenen Bars der Stadt, und eine Nachricht, daß das 2000 Tonnen große U-Boot auslaufen würde, *mußte* das Hauptquartier des Feindes erreicht haben.

(J. Barth: Als deutscher Kaufmann in Fernost, Berlin 1984, S. 139)

日本人水兵らは停泊の最終日にその町（＝ドイツ占領下のフランス西部の港町ロリアン）のあちこちの酒場で自分達のガールフレンドに別れを告げた。それでこの2000トンの（日本の）潜水艦が出港するという情報は敵国（＝フランス）の司令部に届いていたに違いなかった。

In Pauls Zimmer brannte Licht. Paul *mußte* also zu Hause sein. Paul *konnte* das Haus also noch nicht verlassen haben.

(Kaufmann 1965: 6)

パウルの部屋には明かりがついていた。パウルは従って家にいるに違いなかった。パウルは従って家をまだ後にしていなかったのかも知れなかった。

Thomas begründet seine Auffassung mit der These, daß aus Nichts nichts entsehen kann. Wenn nun alles, meint er, in der Art wäre, daß es sowohl sein als nicht sein könnte, wäre nichts entstanden, da alles dann einmal nicht sein *mußte*.

(H. Hörz. Welke 1965: 75)

トマスは自分の見解を、無からは何も生じ得ないというテーゼでもって論証する。彼の言うには、そこで全てが、存在し得ると同時に存在し得ないという様式であれば、何も生じなかっただろうと。全てがその際かつては存在しないに違いなかった（＝存在するはずがなかった）からだ。

Heute, wo ich weiß, was ihn bedrücken *mußte*..., weiß ich, daß ich in Lebensgefahr geschwebt habe.   (W. Bredel. Welke 1965: 74)

彼の気をふさいでいるに違いなかった事を知っている今日、私が生命の危機の中を漂っていたことを私は承知している。

Im Hinblick auf das, was wir damals wußten, *mußte* er voriges

Jahr in Kyoto sein; heute wissen wir, daß er in Osaka war.
(Wunderlich 1981: 27)

我々が当時知っていた事を顧慮すれば、彼は前年、京都にいるに違いなかった。今日では我々は、彼が大阪にいたことを知っている。

Er stellte sich links an die Höhenrichtmaschine, drehte das Rohr steil in die Höhe und wieder hinab, und dann war die Zünderstellmaschine dran. So ging es fort. Das Tempo *mochte* Schmiedling unheimlich sein, denn er ließ immerfort wiederholen.
(D. Noll. Welke 1965: 112)

彼（＝ヴォルツォー）は照準機の左側に立って、砲身を高く上げ、再び下ろした。その次は信管調整機の番だった。そうして点検が進んだ。そのテンポはシュミートリングとっては不気味かも知れなかった。と言うのは彼は間断なく（点検を）繰り返えさせたからだ。

Bei Anton hatte ein Geschoß den Luftvorholer zerschlagen. Ein Splitter *mochte* Schmiedling getötet haben.
(D. Noll. Welke 1965: 112)

アントーンの所では砲弾が復座装置を破壊してしまっていた。破片がシュミートリングを殺したのかも知れなかった。

Hoftaller saß hinter leerem Becher, *mochte* aber restlichen Vanillegeschmack nachkosten. (G. Grass. G. Fritz 1997a: 82)

ホーフタラーは空にしたコップを前にして座っていたが、ヴァニラの後味を享受しているのかも知れなかった。

　上掲最後の用例のように G. Grass は『果てしなき荒野』（1995年）の中で、現代の話し言葉では稀な主観的用法の過去形 mochte を多用しているが、これは自らのテキストに Th. Fontane 風の 19世紀的な古色を出すためであろうと考えられている（G. Fritz 1997a: 82）。
　次例のような叙想法過去完了形の hätte müssen/können は過去時の主観的な必然性や可能性に対する話者の仮定的な保留を表わし、

現在時の主観的な必然性や可能性に対する話者の仮定的な保留を示すmüsste/könnteに対応する過去形である。

> Nach allem, was ich weiß, hätte er dann zu Hause sein *müssen*.
>
> (Reis 2001: 295)

私の知っている全ての事によれば、彼はその時、家にいるに違いなかったのだが。

> Seit beinahe einem halben Jahrhundert gibt es in unserem Land keine deutschen Schulen mehr. Dies allein hätte ausreichen *müssen*, damit die Sprache verloren geht.
>
> (R. Werber. In: F. Coulmas/T. Sengoku: Deutsch in der Welt. 朝日出版 1991: 54)

ほぼ半世紀前から私達の国（＝旧ソ連）にはドイツ語学校がもはやない。この事だけでも、言葉（＝ドイツ語）が消えて行くには十分であるに違いなかったのだが。

> Nach allem, was ich weiß, hätte er da noch in Prag sein *können*.
>
> (Reis 2001: 295)

私の知っている全ての事によれば、彼はその時まだプラハにいるかも知れなかったのだが。

また主観的用法のsollenとwollenも過去形と完了形が可能である。

> Für Fichte handelt es sich nun darum…womit zugleich das Modell des gedanklichen Fortschritts… gegeben sein *sollte*.
>
> (Welke 1965: 97)

フィヒテにとっては、それでもって思想上の発展モデルが与えられていると言われていたことが今や問題である。

> Atze *wollte* nichts von dem Buch wissen.
>
> (W. Schmoll. Welke 1965: 81)

アッツェはその本については何も知らないと言い張った。

> Hans hat mal wieder an allem unschuldig sein *wollen/sollen*.

(Reis 2001: 294)
ハンスはまたしても全てに責任がないと言い張った／責任がないとのことだった。

稀ではあるが、主観的用法の未来形さえも例証されている。ただしこれらは純粋の未来表現ではなくて、主観的様相性に対する現時点での推量表現である。

Du Tor, sie wird schon sterben *können*!　（W. Hauff. 浜口 1962: 95）
この馬鹿野郎、この女はそのうちきっと死ぬかもしれないぞ！
―浜口訳
Wird das sein *können*?　　　　（W. Bergengruen. 浜口 1962: 95）
そんなことがありうるだろうか？―浜口訳
Ich werde es wieder getan haben *sollen*.　　　（Curme 1922: 322）
私はそれをしたと再び言われるだろう（＝ It will be said again that I did it）
Er wird es wieder nicht gehört haben *wollen*.　（Curme 1922: 322）
彼は再びそれを聞かなかったと言い張るだろう（＝ He will claim again that he didn't hear it）

しかしながら、未来時点においてその先の事態を推断する場合には主観的用法の未来形が使用され得る（後述）。
中核的な様相助動詞が、頻度に差はあっても客観的用法と主観的用法を合わせ持つことは現代ゲルマン諸語に共通する重要な特徴であるが（Mortelmans/Boye/van der Auwera 2009: 11,59）、しかし様相助動詞という文法的範疇が認められていなくても、客観的な「しなければならない」や「することができる」を意味する（動詞的）表現が主観的に「に違いない」や「かも知れない」を合わせて意味し得ることは他の言語でも認められている（Raynaud 1976: 234; Leiss 2008: 33; Hansen/de Haan 2009）。

	必然性	可能性
ラテン語	debere, oportere	posse
フランス語	devoir, falloir	pouvoir
イタリア語	dovere	potere
エスペラント	devi	povi
現代ギリシア語	prepi	bori
ロシア語	dolžen	moč'
ポーランド語	musieć	móc

　そしてさらには主観的用法の存在理由、即ちこれが動詞の叙実法と叙想法の中間領域を表現する手段として発展して来た歴史（後述）を考えると、名称はどうであれ、主観的用法の重要性を無視・軽視することはできない。

　本章のまとめを兼ねて、現代英語における様相助動詞の主観的様相性との比較をしてみたい。これに関して Coats（1983: 244; 1992: 286）は「認識的モダリティ（＝主観的様相性）不可侵性の原理」Principle of the Inviolability of Epistemic Modality として次のような三つの特性を挙げている（澤田 2006: 77f. 参照）。

1. （原則として）否定は主陳述（＝不定詞〔句〕によって表わされる命題内容）に作用する。
Tom may not be there「トムはそこにいないかも知れない」では not の作用域は may ではなくて、be there である。
2. 仮定の意味は主陳述に作用する。
You might have met him if you'd been there「あなたはそこに行ったら彼に会えたかも知れないのに」では仮想されているのは may のモダリティ（＝可能性）ではなくて、you met him という命題内容である。
3. （原則として）過去時標識は主陳述に作用する。
He might/could have come yesterday「彼は昨日やって来たかも知れない」では過去の意味になっているのは命題内容であって、might/could の表わす可能性の意味は現在の意味である。

このような特性の存在に関して澤田（2006: 78）は「日常言語における認識的モダリティには、発話時に話し手がある事柄に関する主観的な判断を下すという認識的な働きが表されている」と述べているが、「発話時」と「話し手」という設定がドイツ語に当てはまらない場合のあることは既にこれまで所々で見てきた。ドイツ語における様相助動詞の主観的用法は推断時点が過去時でも、推断者が3人称でも可能であるので、現代英語にあるとされる「認識的モダリティ不可侵の原理」のようなものは現代ドイツ語には全面的には該当し得ないことになる。
　主観的用法の müssen と können は上位否定（＝モダリティ否定）が可能であり、brauchen は上位否定で用いられるのが普通であり、dürften や sollen, wollen は上位否定も可能とされるが、しかし mögen と werden の上位否定は不可能であるので、この二つの助動詞に限っては「認識的モダリティ不可侵性の原理」、より正確には「主観的な認識的モダリティ不可侵性の原理」が当てはまる。
　ドイツ語における様相助動詞の主観的用法での仮定法過去完了形、つまり叙想法過去完了形は過去時における発話者の保留的な推断を表わす以外に、単に過去時での仮定的な推断や、過去時の否定的な文脈での推断を示す場合もある。

　　Das *hätte* ja daheim allen auffallen *müssen*.
　　　　　　　　　　　　　　　　（W. Bergengruen. 浜口 1962: 89）
　　村でそんなことしようものなら、きっとみんなの注意をひいたことでしょう。―浜口訳（＝注意を引く必然性があったのだが）
　　Jawohl, für ein anderes Mädchen *hätte* das wohl genügen *mögen*.
　　　　　　　　　　　　　　　　（W. Raabe. 浜口 1962: 89）
　　そうですとも、よその女の子ならばそれで十分だったでしょうが。―浜口訳（＝十分である可能性があったのだが）
　　Da lagen Haarnadeln am Boden, nicht eine einzelne etwa, das *hätte* ja Zufall sein *mögen*, mehrere und von verschiedener Größe.　　　　　　（G. Benn. Allard 1975: 110）
　　そこでは床にヘアピンが落ちていた。1本だけが偶々落ちてい

たのではなかった。それなら言うまでもなく偶然であるかも知れなかった（＝偶然である可能性があった）のだが。数本、それも様々な大きさのものが落ちていた。

Nirgends stand ein Fenster offen, aus dem der Gesang *hätte* dringen *können*. 　　　　（M. v. Ebner-Eschenbach. 浜口 1962: 89）
歌声の洩れてきそうな窓はどこにも開いていなかった。―浜口訳（＝歌声が洩れて来る可能性があった窓は…）

　結論として、ドイツ語における主観的用法の様相助動詞は種々の統語論的環境に立ち得るので、ドイツ語には「認識的モダリティ不可侵性の原理」はほとんど見られないが、しかしながら「推断行為不可侵性の原理」の存在は明白である。この原理は日本語ではより厳然としている。

1. 上位否定
 Er *muss/kann* es nicht getan haben.
 彼がそれをしたとは限らない／したはずがない。
 ＝ Es gibt keinen notwendigen/möglichen Grund dafür, dass ich annehme/man annimmt, dass er es getan hat.
 彼がそれをしたと「私／人が推断する」必因／可因はない。
2. 仮定
 Er *müsste/könnte* es getan haben.
 彼がそれをしたに違いないのだが／したかも知れないのだが。
 ＝ Es gäbe einen notwendigen/möglichen Grund dafür, dass ich annehme/man annimmt, dass er es getan hat.
 彼がそれをしたと「私／人が推断する」必因／可因があるのだが。
3. 過去時
 Er *musste/konnte* es getan haben.
 彼がそれをしたに違いなかった／したかも知れなかった。
 ＝ Es gab einen notwendigen/möglichen Grund dafür, dass ich/man annahm, dass er es getan hatte.

彼がそれをしたと「私／人が推断する」（ドイツ語は時称の一致により「私／人が推断した」）必因／可因があった。

4. 推量

   Er wird/dürfte es getan haben *müssen/können*.
   　　　　　　　　　　（Öhlschläger 1989: 210; Diewald 1999a: 84 参照）
   彼がそれをしたに違いないのだろう／したかも知れないのだろう。
   ＝ Es wird/dürfte einen notwendigen/möglichen Grund dafür geben, dass ich annehme/man annimmt, dass er es getan hat.
   彼がそれをしたと「私／人が推断する」必因／可因があるのだろう。

5. 未来時

   Am kommenden Mittwoch wird das Raumschiff den Mond erreicht haben. Dann wird man dort schlagende Beweise für die Geburt des Mondes entdecken *müssen/können*.
   次の水曜日には宇宙船は月に到達している（だろう）。その後そこでは月の誕生に関する決定的な証拠が発見されるに違いない／発見されるかも知れない（だろう）。
   ＝ Dann wird es einen notwendigen/möglichen Grund dafür geben, dass ich annehme/man annimmt, dass man dort schlagende Beweise für die Geburt des Mondes entdeckt.
   その後、そこで月の誕生に関する決定的な証拠が発見されると「私／人が推断する」必因／可因がある（だろう）。

6. 条件

   Wenn er es getan haben *muss/kann*. （Öhlschläger 1989: 209 参照）
   もし彼がそれをしたに違いないのなら／したかも知れないならば。
   ＝ Wenn es einen notwendigen/möglichen Grund dafür gibt, dass ich annehme/man annimmt, dass er es getan hat.
   もし彼がそれをしたと「私／人が推断する」必因／可因があるならば。

7. 理由

Weil er es getan haben *muss/kann* 　　(Öhlschläger 1989: 209 参照)
彼がそれをしたに違いないので／したかも知れないので。
　= Weil es einen notwendigen/möglichen Grund dafür gibt, dass ich annehme/man annimmt, dass er es getan hat.
彼がそれをしたと「私／人が推断する」必因／可因があるので。

8. 判断内容

   Ich glaube/bezweifle/vermute, dass er es getan haben *muss/kann*.　　　　　　　　　　　(Öhlschläger 1989: 208f. 参照)
   彼がそれをしたに違いない／したかも知れないと私は思う／ことを疑う／と推測する。
   　= Ich glaube/bezweifle/vermute, dass es einen notwendigen/möglichen Grund dafür gibt, dass ich annehme/man annimmt, dass er es getan hat.
   彼がそれをしたと「私／人が推断する」必因／可因があると私は思う／ことを疑う／と推測する。

9. 疑問

   Muss/Kann er es getan haben?　　　　　(Diewald 1999: 209 参照)
   彼がそれをしたに違いないのか／したかも知れないのか。
   　= Gibt es einen notwendigen/möglichen Grund dafür, dass ich annehme/man annimmt, dass er es getan hat?
   彼がそれをしたと「私／人が推断する」必因／可因があるのか。

10. 感嘆

    Wie *muss/kann* er gelitten haben!
    　　　　　　　　　　(muss 文は Klappenbach/Steinitz 2577)
    いかに彼が苦しんだに違いないことか（=「彼はさぞやひどく苦しんだことだろう」小学館『独和大辞典』）／苦しんだかも知れないことか（=「程度はどうであれ彼が苦しんだことなんかあり得ないよ」―ある鈍感な人物がある困難な状況で苦しんだ可能性を人が想像できない場合〔R.Gathge 教授からの教示〕）

= Wie gibt es einen notwendigen/möglichen Grund dafür//
Was für einen notwendigen/möglichen Grund gibt es dafür,
dass ich annehme/man annimmt, dass er gelitten hat!

彼が苦しんだことを「私／人が推断する」必因／可因がいかにあることか／／彼が苦しんだことを「私／人が推断する」いかなる必因／可因のあることか！

11. 付加語的不定詞

Der Verdacht, sich getäuscht haben zu *müssen/können*, drängte sich auf. 　　　　（Reis 2001: 295; Holl 2010: 142 参照）

思い違いしていたに違いない／したのかも知れないという疑いが浮かび上がった。

= Der Verdacht, dass es einen notwendigen/möglichen Grund dafür gab, dass er annahm, dass er sich getäuscht hatte, drängte sich auf.

自分が思い違いしたと「彼が推断する」（ドイツ語は時称の一致により「彼が推断した」）必因／可因のある疑いが浮かび上がった。

　もしも、例えば推断行為自体を否定して、「…と推断しない必因／可因がある」などと言うつもりで nicht müssen/können を使用しようとすれば、これは全くの無意味なことであって、「推断しない」のであれば、様相助動詞を使う必要がなく、叙実法形の本動詞で表現すれば済む話である。

　英語の「認識的モダリティ不可侵性の原理」には、「原則として」と言われるように、色々と例外がある（例えば上位否定の can not「…することはあり得ない＝するはずがない」や need not「必ずしも…する訳ではない＝するとは限らない」）ことから考えると、英語にも該当するのは同じ「推断行為不可侵性の原理」であるに違いない。

　最後に強調しておくと、ドイツ語が様相助動詞の過去分詞を持っていて、叙想法過去完了形を駆使できることは（再度後述）、不定詞、並びに叙実法過去形と明白に異なる叙想法過去形を持っている

ことと共に英語に対する大きな利点であり、表現力の豊かさの点では英語を遥かに凌いでいる。もっとも Visser（1751,1788ff.）と Lightfoot（1979: 110）によれば英語もかつては様相助動詞の過去分詞（完了形と受動形）や不定詞があり得たとのことである。

> He might (have) wel escaped, if he had *wolde*（will の過去分詞）. (Ld. Berners 1525 年)
> 彼はもしも欲したならば、うまく逃げることができたのだが。
> If wee had *mought*（may の過去分詞 = 初期新高ドイツ語 mocht）come togyther. (Th. More 1528 年)
> もしも我々が一緒になることができていたならば。
> whiche was not lyke *mowed*（may の過去分詞）to be borne.
> (Letters & Papers 1440 年)
> それは多分、耐えられ得られなかった（＝耐えられ得なかった）のだろう。（may の受動形！ OED 6,257; Visser 1790,2447）
> I shall not *konne*（can の不定詞）answere. (Chaucer 1386 年頃)
> 私は答えることができないだろう。
> I deme neither the world him silf to *mowe*（may の不定詞）take tho bookis. (Wycliffe ヨハネ 21,25. 1380 年頃)
> 世界自身もそれらの本を受け入れることができないと私は思う。
> before my letters shall *may* come unto your grace's hands.
> (Th. Cranmer 1532 年)
> 私の書簡が閣下のお手元に届き得るであろう前に。

現代のスコットランド方言でも過去分詞や不定詞は使われるとされる。(He has not *could* come「彼は来れなかった」Visser 1752; Will you *can* come?「君は来れるのだろうか」Lightfoot 1979:110)。

現代英語の標準語が様相助動詞の過去分詞や不定詞を用いないのは助動詞化を徹底しているからだと解され（Lightfoot 1979: 110）、ドイツ語の様相助動詞の方は過去分詞や不定詞があるので助動詞ではないとみなされるが（保阪1985: 44）、既に考察した通り、ドイツ語の様相助動詞は強い助動詞性と若干の本動詞性を合わせ持つハ

イブリッド動詞であり、このハイブリッド性がドイツ語の様相助動詞の高い表現能力を支えていると言える。

　もしも英語の様相助動詞が過去分詞や不定詞を持ち続けていたならば、現代英語においても様相助動詞の主観的用法はより多彩で繊細な表現手段になり得たであろう。

第10章
様相助動詞の否定関係

　スコラ哲学で用いられた論理的四辺形（das logische Quadrat）は次のように構成されている（Blumenthal 1976: 41; Zifonun 他 3, 1997: 1902 参照）。

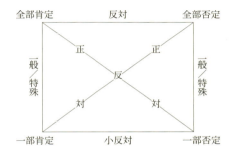

　様相助動詞の様相性を上掲の論理的四辺形に当てはめてみると次のようになる（「志向性」は独立的なので考慮の対象外とする）。

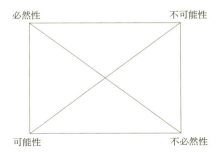

　四つの頂点に該当する現代ドイツ語の様相助動詞は以下の通りである。

客観的様相性の場合
 「必然性」　muss/soll「する必因がある＝しなければならない」
 「可能性」　kann/darf「する可因がある＝することができる／してよい」
 「不可能性」nicht kann/darf「する可因がない＝することができない／してよくない」
 「不必然性」nicht muss/soll/brauch「する必因がない＝しなくてよい」

主観的様相性の場合
 「必然性」　muss「すると推断する必因がある＝するに違いない」
 「可能性」　kann「すると推断する可因がある＝するかも知れない」
 「不可能性」nicht kann「すると推断する可因がない＝するはずがない」
 「不必然性」nicht muss/brauch「すると推断する必因がない＝するとは限らない」

　上掲の図形は各頂点が3種類の否定を通して他の頂点と対立関係にある、換言すれば、否定詞の添加によって等値関係にあることを示している。

「必然性」は
　1. 上位否定によって「不必然性」と
　2. 下位否定によって「不可能性」と
　3. 上位否定＋下位否定によって「可能性」と
「可能性」は
　1. 上位否定によって「不可能性」と
　2. 下位否定によって「不必然性」と
　3. 上位否定＋下位否定によって「必然性」と
「不可能性」は

1. 上位否定によって「可能性」と
  2. 下位否定によって「必然性」と
  3. 上位否定＋下位否定によって「不必然性」と

「不必然性」は
  1. 上位否定によって「必然性」と
  2. 下位否定によって「可能性」と
  3. 上位否定＋下位否定によって「不可能性」と

このような否定の関係式に現代ドイツ語の客観的用法の様相助動詞を入れてみると、

「必然性」muss/soll「する必因がある＝しなければならない」の否定は
  1.「不必然性」nicht muss/soll/brauch「する必因がない＝しなくてよい」
  2.「不可能性」muss/soll nicht「しない必因がある＝してよくない」
  3.「可能性」nicht muss/soll/brauch nicht「しない必因がない＝してよい」

「可能性」kann/darf「する可因がある＝することができる／してよい」の否定は
  1.「不可能性」nicht kann/darf「する可因がない＝することができない／してよくない」
  2.「不必然性」kann/darf nicht「しない可因がある＝しないことができる／しなくてよい」
  3.「必然性」nicht kann/darf nicht「しない可因がない＝しないことができない／しなくてよくはない＝しなければならない」

「不可能性」nicht kann/darf「する可因がない＝することができない／してよくない」の否定は
  1.「可能性」nicht nicht kann/darf「する可因がなくはない＝することができなくはない／してよくなくはない」⇒ kann/

第10章　様相助動詞の否定関係　491

darf「する可因がある＝することができる／してよい」
  2. 「必然性」nicht kann/darf nicht「しない可因がない＝しないことができない／しなくてよくはない＝しなければならない」
  3. 「不必然性」nicht nicht kann/darf nicht「しない可因がなくはない＝しないことができなくはない／しなくてよくなくはない」⇒ kann/darf nicht「しない可因がある＝しないことができる／しなくてよい」

「不必然性」nicht muss/soll/brauch「する必因がない＝しなくてよい」の否定は
  1. 「必然性」nicht nicht muss/soll/brauch「する必因がなくはない」⇒ muss/soll「する必因がある＝しなければならない」
  2. 「可能性」nicht muss/soll/brauch nicht「しない必因がない＝してよい」
  3. 「不可能性」nicht nicht muss/soll/brauch nicht「しない必因がなくはない」⇒ muss/soll nicht「しない必因がある＝してよくない」

主観的用法の様相助動詞では、

「必然性」muss「すると推断する必因がある＝するに違いない」の否定は
  1. 「不必然性」nicht muss/brauch「すると推断する必因がない＝するとは限らない」
  2. 「不可能性」muss nicht「しないと推断する必因がある＝しないに違いない」
  3. 「可能性」nicht muss/brauch nicht「しないと推断する必因がない＝しないとは限らない」

「可能性」kann「すると推断する可因がある＝するかも知れない」の否定は
  1. 「不可能性」nicht kann「すると推断する可因がない＝するはずがない」

2. 「不必然性」kann nicht「しないと推断する可因がある＝しないかも知れない」

3. 「必然性」nicht kann nicht「しないと推断する可因がない＝しないかも知れなくはない＝しないはずがない＝するはずだ」

「不可能性」nicht kann「すると推断する可因がない＝するはずがない」の否定は

1. 「可能性」nicht nicht kann「すると推断する可因がなくはない」⇒ kann「すると推断する可因がある＝するかも知れない」

2. 「必然性」nicht kann nicht「しないと推断する可因がない＝しないかも知れなくはない＝しないはずがない＝するはずだ」

3. 「不必然性」nicht nicht kann nicht「しないと推断する可因がなくはない」⇒ kann nicht「しないと推断する可因がある＝しないかも知れない」

「不必然性」nicht muss/brauch「すると推断する必因がない＝するとは限らない」の否定は

1. 「必然性」nicht nicht muss/brauch「すると推断する必因がなくはない」⇒ muss「すると推断する必因がある＝するに違いない」

2. 「可能性」nicht muss/brauch nicht「しないと推断する必因がない＝しないとは限らない」

3. 「不可能性」nicht nicht muss/brauch nicht「しないと推断する必因がなくはない」⇒ muss nicht「しないと推断する必因がある＝しないに違いない」

　主観的な様相性では推断が問題になる訳であるが、この場合の否定は、上位否定であれ下位否定であれ、推断行為自体は否定されず、上位否定では推断の必因か可因の存在が否定され、下位否定では推断の対象事象（＝命題内容）が否定される。

　以上をまとめてみると、論理的四辺形の各頂点には常に2種類の

表現が対応する。ただし2種類の表現は論理的に等値であるにすぎず、語用論的には同義でないこともあり得る。

客観的用法の場合
「必然性」
1. muss/soll「する必因がある＝しなければならない」
2. nicht kann/darf nicht「しない可因がない＝しないことができない／しなくてよくはない＝しなければならない」
    Nicht gehen *kannst* du *nicht*.
    君は行かないことができない＝行かない訳にもいかない＝行かなければならない。
    Hans *darf nicht nicht* zur Schule gehen.
    ハンスは学校に行かなくてもよくはない＝行かない訳にもいかない＝行かなければならない。

「可能性」
1. kann/darf「する可因がある＝することができる／してよい」
2. nicht muss/soll/brauch nicht「しない必因がない＝してよい」
    Nicht anrufen *soll* man auch *nicht*.
    電話しないこともすべきでない＝電話してもよい。

「不可能性」
1. nicht kann/darf「する可因がない＝することができない／してよくない」
2. muss/soll nicht「しない必因がある＝してよくない」

「不必然性」
1. nicht muss/soll/brauch「する必因がない＝しなくてよい」
2. kann/darf nicht「しない可因がある＝しないことができる／しなくてよい」
    Nicht tanzen *kann/darf* Fritz auch.
    フリッツはダンスをしないこともできる／ダンスをしなくてもよい。

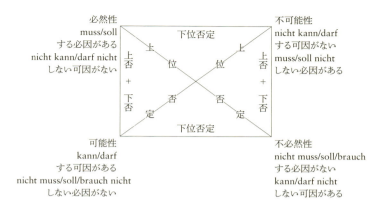

主観的用法の場合

「必然性」
1. muss「すると推断する必因がある＝するに違いない」
2. nicht kann nicht「しないと推断する可因がない＝しないはずがない＝するに違いない」
   Nicht gekommen sein *kann* er *nicht*.
   彼が来なかった可能性はない＝来なかったはずがない＝来たに違いない。

「可能性」
1. kann「すると推断する可因がある＝するかも知れない」
2. nicht muss/brauch nicht「しないと推断する必因がない＝しないとは限らない＝するかも知れない」
   Nicht gekommen sein *muss* er *nicht*.
   彼が来なかった必然性はない＝来なかったとは限らない＝来たかも知れない。

「不可能性」
1. nicht kann「すると推断する可因がない＝するはずがない」
2. muss nicht「しないと推断する必因がある＝しないに違いない＝するはずがない」

「不必然性」
1. nicht muss/brauch「すると推断する必因ががない＝するとは限らない」

第10章　様相助動詞の否定関係

2. kann nicht「しないと推断する可因がある＝しないかも知れない＝するとは限らない」

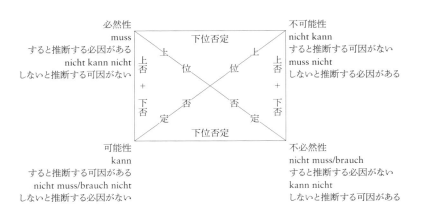

　主客両用法の「必然性」と「可能性」の第2表現は上下の二重否定を含んでいるが、このような複雑な表現形式は文法的に可能であっても、実際に日常的によく用いられる訳ではない。しかし、下位否定が明示的ではないものの、同じく客観的な「必然性」の第2表現に相当していて、英語の cannot（choose）but do, cannot help doing に対応する kann nicht umhin, zu tun「することを回避できない」や kann nicht verkneifen, zu tun「するのを控えることができない」、kann nicht anders als tun「すること以外はできない」は一般的に用いられ得る。日本語の「しないといけない、しない訳にはいかない、しなければならない、せねばならぬ、せざるを得ない、せずにはおれない」も「可能性」に上位否定と下位否定が添加されてできた「必然性」の婉曲的な表現形式である。

　上記のような否定関係は論理的な場合であったが、ドイツ語史においてはさらに別の、語用論的な否定関係も見られ、これも様相助動詞の意味の変遷にとって重要な要因であり得た。

1. 前ゲルマン祖語 *eg' torpa「私は満腹した」→ ゲルマン祖語 *ek ne þarfa「私は（満腹しているので食べることを）必要としない」

2. 古期ドイツ語 ih ni mag「私はできない」⇒「私はしたくない」
3. 中高ドイツ語 ich ne darf「私はしなくてよい／してはならない」⇒「私は敢えてしない」
4. 中高ドイツ語 ich ne (ge)tar「私は敢えてしない」⇒「私はしなくてよい／してはならない」
5. 新高ドイツ語 ich brauche nicht「私は用いない」⇒「私は必要としない」

　新高・現代ドイツ語の様相助動詞 dürfen「…する必要がある」、mögen「…することを好む」、brauchen「…する必要がある」が否定的な文脈で使用され続けていた／いるのは、その起源・出自に忠実な用法である。しかし被許可の dürfen は意味の変更によって、願望の möchten は形態の変更によって、さらに蓋然性の dürften と詐称の möchten は両方の変更によって否定の呪縛から完全に逃れることが可能になった。従って brauchen も、意味を例えば「…すべきだ」に変更するか、あるいは形態を例えば bräuchten に変更しない限り否定から解放されることはないであろう。

第11章
様相助動詞と動詞叙法との関係

　本書で言う「様相（の）助動詞」はドイツ語の Modalverb, modales Hilfsverb に該当するが、日本では一般的に「話法（の）助動詞」という訳語が長く用いられてきた。Vogel-Elsler（1983: 24f.）によればドイツにおいてこのような文法用語または概念が最初に現れるのは1827年に出た Johan Christian August Heyse の《Theoretisch-praktische deutsche Grammatik oder Lehrbuch zum reinen und richtigen Sprechen, Lesen und Schreiben der deutschen Sprache, nebst einer kurzen Geschichte und Verslehre derselben》『理論的・実践的なドイツ語文法。またはドイツ語の純粋にして正しい話し方や読み方、書き方の手引き。ドイツ語の簡略史と韻律論つき』（第4版 Hannover）であって、「助動詞または換言用の情勢語」の所で次のように述べられている。

　　動詞の語形変化は、Modus「叙法」も Tempus「時称」も Genus「態」も然るべく表示するために、換言用の情勢語を頼みの綱とする。第1群の叙法を換言するものは dürfen, können, lassen, mögen, müssen, sollen, wollen である。
　　　　　　　　　　　　　　　　　　　　　　　（Heyse 1827: 407）

　今日の日本で出ているほとんどのドイツ語文法書が「話法の助動詞」という章を設けて、使役の本動詞 lassen も含めて取り扱うのはこの Heyse の文法書まで遡ることになる。
　ただし Öhlschläger（1989: 20）によれば、既に17世紀末の Johann Bödiker による《Grund-Sätze der Deutschen Sprachen im Reden und Schreiben》（『話し方と書き方におけるドイツ語の原則』Cölln/Spree 1690年。第2版 Berlin 1698年）は dürfen, können,

mögen, müssen, sollen, wollen をまとめて「あたかも助動詞のような動詞」（Verba, als gleichsam auxiliaria）と認識していたとされる。

さらに1839年に出たKarl Ferdinand Beckerの《Schulgrammatik der deutschen Sprache》『ドイツ語学習文法』（第4版 Frankfurt a. M.）ではHülfsverben des Modus「叙法の助動詞」の章が特設されていて、次のように説明されている（Vogel-Elsler 1983: 26）。

> Hülfsverben des Modus「叙法の助動詞」を我々は dürfen, können, mögen, wollen, sollen, müsen, lassen という動詞と解する。これらの動詞は叙述される活動の叙法事情を、即ちそれの可能性や必然性を表示する。故にこれらは動詞単独としては決して用いられず、概念語（＝不定詞）として付加されているか、あるいはとにかく付加されていると考えられる（＝不定詞が省略されている）他の動詞との結合における意味しか有しない。　　　　　　　　　　　　　　　　　　　（Becker 1839: 84）

Beckerは別著《Organism der Sprache als Einleitung zur deutschen Grammatik》『ドイツ語文法入門としての言語機構』（第2版 Frankfurt a. M. 1841年）では次のように述べている（Seiffert 1990: 142）。

> 叙法の助動詞の用法は総じてドイツ語では他の諸言語よりも完璧に発達していて、可能性や必然性の特別な状況がより明確に区別される。それ故に他の諸言語は、我々が単なる関係状況として形式語（＝助動詞）によって表現する状況を、ドイツ人の語感に逆らう方法で概念語（＝抽象名詞）によって表示することをしばしば強いられている。　　　　　　（Becker 1841: 222）

Modalverbという術語の初出はEduard Mätznerの《Englische Grammatik》『英文法』全3巻（第2版 Berlin 1873–1875年）の第2巻中の「主文と副文における叙法助動詞」の章であるとされる

（Vogel-Elsler 1983: 30）。

> Modalverben「叙法助動詞」とは、文法的な叙法の意味に遡らせるならば、当然ながら、ある種の方法で、語形の比較的豊かな言語が通常一叙法で表現する事を他の動詞形（不定詞）との構成において補充する動詞のみが考えられ得る。…この点に関して特に考慮される叙法助動詞は mögen, sollen, wollen と lassen である。まず叙想法が、ある叙述された行動を実現の方向に向けて代行することを拒む限りでは、この行動は事情次第ではまだ現実的でない、あるいはまだ実現されていない行為として、そして文構造の性質如何では承認された、得ようと努力された、指示された、あるいは命じられた行為であるとみなされ得る。従って確かに müssen, können, dürfen のような他の動詞概念も、叙想法の概念をより詳しく規定する換言であるとみなされ得るであろう。そのような換言の2、3も古典語は実際に使用している。しかし我々は特に、最古の古典語が叙想法で間に合わすことができると思われる場合に不定詞と共に用いられる動詞（= mögen, sollen, wollen）をここに算入する。
>
> （Mätzner 2, 1874: 141）

19世紀に西洋古典語、特にラテン語との対比から生まれた Modalverb という術語と概念は今日に至るまで一般的にはそのまま受け継がれていて、この意味では「話法（の）助動詞」という訳語は間違いではない。しかしながら少数ではあるが、Modalverb の概念自体に異議を唱えたり、全ての Modalverb が叙想法を換言する訳ではないことを断言する研究者がいたし、今もいる。

> ゲルマン語のみの動詞時称システムだけを考える場合でさえ、やはり完了現在動詞の全てが文法的な目的やある種の時称または叙法の形成に役立つ訳ではないことに変わりはない。それにもかかわらずそれらを auxiliaires de mode「叙法の助動詞」と呼び続けるならば、mode という語に全く違った意味を与える

ことになるだけである。例えば現代英語またはドイツ語の he can do it, er kann es tun において can や können は時称や叙法を形成するのに少しも役立っていない。同様の指摘はドイツ語の dürfen, mögen, müssen または英語の may または must にも当てはまるだろう。この術語に modificateurs sémantiques「意味の修飾語」という特別な意味を与えなければそれらは auxiliaires de mode ではない。 (Tellier 1962: 8)

Modalverben に適用されるような Modalität の概念は、例えば動詞の Modi「叙法」において現れる Modalität の概念とは合致しない。Modus という同一の専門表現はこの場合には本来全く異なった事態を表示している。

(Admoni 1966: 168; 1970: 165)

Modalverben はドイツ語文法では通常、叙想法の換言とみなされる。しかしながらこの見解は Modalverben の機能を正当に評価していない。叙想法と Modalverben は Modalität の一般的な領域からの同等に異なった部分的機能を実現するにすぎない。時折は意味の交差に出会う。このような場合には Modalverben は叙想法の換言、つまり代用とみなされ得る。しかし叙想法に対するそのような関係を持つのは wollen と sollen, mögen だけである。 (Welke 1971a: 297)

Modalverben の können や müssen, dürfen は決して叙想法の換言として使用されない。 (Welke 1971b: 298)

Modalverben の強い固有の意味によって、条件文中におけるその用法は大抵は本来の意味での叙想法 II の換言とはみなされ得ない。Modalverben はむしろ主として陳述の意味的な差異化に役立っている。 (Flämig 1962: 42)

確かに以前はしばしば、時称形の換言に用いられる時称の助動詞に平行して、Modalverben を叙法形(話法形)を換言する動詞と称したが、しかしこのような立場は今日ほとんどもう真剣には支持されない。 (Öhlschläger 1989: 56)

既にこれまで見たように、様相助動詞の用法には、個別には厳密

に区別し難い場合があるものの、4種類の大きな用法が認められ（無意味の用法は除外する）、数字が大きくなるほど文法的な意味が大きくなる。

  1. 客観的用法（objektiv）
    1）語彙的用法（lexikalisch）
    2）語用論的用法（pragmatisch）
  2. 主観的用法（subjektiv）
  3. 未来時称的用法（futurisch）
  4. 叙想法的用法（konjunktivisch）

これまで「話法（の）助動詞」と言われていたのは主として4番目の「叙想法的用法」の場合であって、これとても Welke の主張する通り können や müssen, dürfen には全く該当しない。そしてこの末端的な用法に対する術語と概念を他の全ての用法にも適用しようとするために必然的に「叙法／話法」の概念が極めて曖昧なものになってしまったのが従来の取り扱いである。

> 話法の助動詞は動詞の具体的な意味内容以外に、その動詞が言われるときの局面によってその動詞に附随する意味合いを表現する助動詞であり、この意味合いを「話法」という。
> 　　　　　　　　　　　　　　　　　　　　（橋本文夫 1956: 249）
> 動詞が、その元来の意味以外に、その場合場合の言い方によっておのずと帯びて来る主観的色彩の区別を称して話法といい、この話法を特に言葉として表わすための手段がすなわち話法助動詞である。
> 　　　　　　　　　　　　　　　　　　　　（関口 1964: 216）

そこで私は、無用の誤解と混乱を避けるために、術語と概念の整理をする必要があると考えて、「話法」（Rede）を直接話法（direkte Rede）、間接話法（indirekte Rede）、体験話法（erlebte Rede）に限定することにしている。そして Modus には「叙法」を当てて、叙実法（Indikativ）、叙想法（Konjunktiv）、叙令法（命令法

Imperativ）と称する。これによって「様相助動詞」と「話法」と「叙法」の区別を明確にすることが可能になる。つまり様相助動詞の本来的な用法である客観的用法は「話法」とも「叙法」とも無関係であることが明白になる。ただし様相助動詞の叙想法的用法や様相助動詞の主観的用法に関しては叙法との関係を認めなければならない。

　オランダのドイツ語学者H. A. Jongeboer（1985）の主張はもっと過激である。彼は上に掲げた私の用法分類中の客観的用法の語彙的用法にほぼ該当する完了現在動詞は様相助動詞ではなくて、本動詞（Vollverb）、つまりは他動詞であり、従属不定詞はその客語（＝目的語）であると主張する。これは確かに、ほとんどの完了現在動詞の起源と歴史から考えても首肯できる事である。そしてJongeboerは私の用法分類中の客観的用法の語用論的用法から叙想法的用法にまで対応するものを様相（助）動詞（Modal〔hilfs〕-verb）と認めている。その際、彼が最も強調するのは「様相助動詞は不定形を知らない」（154）であり、また様相助動詞は従属不定詞（句）をes/dasで受け得ないと言う。しかし今日、限定的ではあるが、主観的用法であっても不定詞や過去分詞の使用が可能になっているし、主観的用法の場合でも従属不定詞（句）をes/dasで受けることも可能である。その他、統語論上では客観的用法と主観的用法の相違は今日、徐々に小さくなりつつあることから考えると、客観的用法に本動詞としての側面を認めはするが、客観的用法も主観的用法も共に同じく「様相助動詞」とみなしておくのが無難である。さらにJongeboerの主張する区別は、明快であるだけに、既に幾度か見られた客観的用法と主観的用法の間の曖昧さや段階的な移行という言語現実をうまく説明することができない。

　ゲルマン語の叙法は、ゲルマン祖語に近いゴート語から現代ドイツ語に至るまで、動詞の表わす事象（動作・状態等）の現実性・事実性に関する発話者の見解を表現する形式であって（Erben 1980: 100; Jongeboer 1985: 28)、叙実法形は動詞の表わす事象を客観的な、あるいは主観的な現実・事実として叙述する。叙想法形は動詞の表わす事象を種々の主観的な想念として叙述する。叙令法形は2

人称（ゴート語には複数1人称や3人称の叙令法形も、古期ドイツ語には複数1人称の叙今法形もあった）に対して未現実事象の現実化を要求する表現である。

　叙想法形の用法は時代の経過と共に次第に縮小する傾向にあるが、ゴート語や古期ドイツ語では大きくほぼ四つにまとめることができる（詳細は髙橋 1999: 80f.; 1994: 165ff.）。

1. 被制的な現実性の表現

　　was kunannds þatei swaleikamma waldufnja mahtais seinaizos nauþs ustaiknida *wesi*.　　　　　　　　　　（ヨハ解 1, 12）
　　彼はそのような権戒でもって彼の力の威圧が示されるということを知っていた。（間接話法＋時称の一致）
　　ni, wāniu ih, jū līb *habbe*.　　　　　　　（ヒルデブラントの歌 27）
　　私は彼が既に生命を有していないと思う。（間接話法）
　　fand in theru redinu, thaȝ fon Macedoniu ther liut in giburti gisceidinēr *wurti*.　　　　　　　　　　（O. I, 1, 92）
　　私は物語の中で、マケドニアからこの（フランクの）民族が誕生の際に分けられたということを見出した。（間接話法＋時称の一致）
　　jus qiþiþ þatei *waiamerjau*…?　　　　　　　　（ヨハ 10, 36）
　　あなた達は私が罰当たりな事を言っていると言うのか。（現実性を疑問視する間接話法）
　　sum sagad that thu Elias *sīs*.　　　　　　　　（H. 3043）
　　ある人々は、あなたはエリアであると言う。（現実性を疑問視する間接話法）
　　sa andstaldands fraiwa þana saiandan jah hlaiba du mata andstaldiþ jah *managjai* fraiw izwar jah wahsjan *gataujai* akrana uswaurhtais izwaraizos.　　（2 コリ 9, 10. Streitberg 1981: 50f.）
　　種播く人に種を、そしてパンを食物として供給する方はあなた達の種を供給して、増やすだろうし、あなた達の義の果実を成長させるだろう。（可能法的想定。＝ギリシア語未来形 plēthuneī「増やすだろう」、auksései「成長させるだろう」）

第 11 章　様相助動詞と動詞叙法との関係　　505

ther *sī* uns leid in wāra. (O. H. 136)

それ（＝旧怨）は我らにとって真に嘆かわしいだろう。（可能法的想定）

þishvah þei *bidjais* mik, giba þus. （マル 6,23）

何をあなたが私に求めようとも、あなたに与えよう。（不特定の関係文）

sō wār sō *sī* thīn rīchi, thoh bistu kuning? (O. IV, 21,27)

どこにあなたの王国があろうとも、とにかくあなたは王ではないか。（不特定の関係文）

legda lioflīco luttilna man…, thoh hē *habdi* craft godes. (H. 382)

（彼女は）やさしく小さな人（＝乳児イエス）を横たえた。彼は神の力を持っていたのではあるが。（事実的是認。この用法はゴート語になし）

thoh iȝ *būe* innan mir, ist harto kundera thir. (O. I, 2,24)

それ（＝心）は私の中に住んではいるが、はるかによくあなた（＝神）に知られている。（事実的是認）

2. 未現実性の表現

þande nu jainis melam ni galaubeiþ, hvaiwa meinaim waurdam *galaubjaiþ*? （ヨハ 5,47）

あなた達は今彼の書を信じていないのだから、どのようにして私の言葉を信じるのだろうか。（＝ギリシア語未来形 pisteúsete「信じるだろう」）

thīn fater, thie iȝ gisihit in tougalnesse, *gelte* thir.

(T. 33,3 ＝マタ 6,4)

それを隠れた所で見るあなたの父はあなたに報いるだろう。（＝ラテン語未来形 reddet「報いるだろう」）

jabai hvas þuk *ananauþjai* rasta aina, gaggais miþ imma twos.

（マタ 5,41）

もしも誰かがあなたに 1 ラスタ（＝約 4500 メートル）強いるならば、彼と共に 2 ラスタ歩きなさい。（条件）

oba wir unsih *minnōn*, sō birun wir werd mannon. (O. H. 131)

もしも我々が互いに愛し合うならば、我々は人々に好ましい。

(条件)

faurþizei Abraham *waurþi*, im ik. （ヨハ 8,58）
アブラハムが生まれる以前に、私は存在する。（事前）

ih bin, ēr thanne er zo *wurti*. （O. III, 18,62）
私は、彼がかつて生まれる以前に、存在する。（事前）

3. 非現実性の表現

現在の非現実的な仮想も過去の非現実的な仮想も叙想法過去形で表現されるが、古期ドイツ語の末期には後者に叙想法過去完了形（＝現代ドイツ語の接続法2式の過去形、英語の仮定法過去完了形）が用いられるようになる。

jabai guþ atta izwar *wesi, friodedeiþ* þau mik. （ヨハ 8,42）
もしも神があなた達の父であるならば、あなた達は私を愛するのだが。（現在の仮想）

wārist thū hiar, druhtīn Krist, ni *thultīn* nū thesa quist.
 （O. III, 24,51）
主キリストよ、あなたがここにいるならば、我々は今この苦痛を受けないのだが。（現在の仮想）

nih *wesi* sa ubiltojis, ni þau weis *atgebeima* þus ina. （ヨハ 18,30）
彼が悪人でなかったならば、我々はあなたに彼を引き渡さなかったのだが。（過去の仮想）

ni *gāvin* ina thesa liudi thī, thār sie ina ēr bivoran ubilan ni *wis-sin*. （H. 5184f.）
この人々は、彼が悪人であることを先に知っていなかったならば、彼をあなたに引き渡さなかったのだが。（過去の仮想）

daʒ *habēti* Pilatus *ketān*, ube er judeis *folgēti*. （N. II, 214,19f.）
ピラトは、もしもユダヤ人らに従ったならば、それをしたのだが。（過去の仮想）

4. 現実化への志向表現

swa *liuhtjai* liuhaþ izwar in andwairþja manne. （マタ 5,16）
そのようにあなた達の光が人々の面前で光り輝くよう。（＝ギリシア語第1アオリスト命令形 lampsátō「光り輝くべし」）

sō *brūche* her es lango. （『ルートヴィヒの歌』6）

そのように彼はそれを長く享受し給え。
wiljau ei mis *gibais* ana mesa haubiþ Iohannis þis daupjandins.
（マル 6,25）
私はあなたが私に洗礼者ヨハネの頭を盆に載せて与えることを望む。
nū will' ih, thaȝ mir *volgōn* alle godes holdon.
（『ルートヴィヒの歌』36）
今私は、神の全ての忠臣が私に従うことを望む。
managai iudaie gaqemun bi Marþan jah Marjan, ei *gaþrafstide-deina* ijos.
（ヨハ 11,19）
多くのユダヤ人達がマルタとマリアの周りに、彼女達を慰めるために、集まって来た。（時称の一致）
santa inan in sīn thorf, thaȝ her *fuotriti* swīn. (T. 97,2 = ルカ 15,15)
（農場主は）彼が豚を牧養するために彼を自らの農場へ遣わした。（時称の一致）
is faurbaud imma ei mann ni *qeþi*.
（ルカ 5,14）
彼は彼に、人に言わないよう命じた。（時称の一致）
hiet man, that alla thea elilendiun man iro ōdil *sōhtin*. （H. 345）
全ての外国人は自らの故郷を訪れるよう命じられた。（時称の一致）

　古期ドイツ語では既に様相助動詞 sculan, mugan, mōtan/muaȝan, willien/wollen の叙想法的用法が認められるが、個々の助動詞の原義は感じ取れる。様相助動詞による叙想法形の書き換えは詩歌でしばしば脚韻の調整に使われている。

1. 被制的な現実性の表現
　　in thir wigit scīn, daȝ thū *maht* forasago sīn.
（『キリストとサマリア女』28. Erdmann 1,1874: 36）
あなた（の言葉）にて、あなたが預言者であることが明らかになる。(= O. II, 14,55: mīn muat duat mih wīs, thaȝ thū forasago sīs「私の心は、あなたが預言者であることを私に教える」)

thoh mir *megi* lido̍ ih sprechan wortogilīh, ni mag ih thoh mit worte thes lobes queman zi ente.　　(O. I, 18, 5. Erdmann 1, 1874: 37)
私に（私の体の）それぞれの部分がそれぞれの言葉を語るとも、それでも私は賞賛の言葉を言い尽くせない。(megi sprechan = spreche)

sie wārun eiscōnti, wār er wesan *scolti*.　　(O. III, 15, 38)
彼らは、どこに彼がいるのか尋ねた。(wesan scolti = wāri)

rafsta 'nan, ziu er *scolti* thes githenken.　　(O. III, 8, 45)
何故に彼がその事を考えたのかと（イエスは）彼をしかった。(scolti githenken = githāhti. Erdmann 1, 1874: 36)

that, quat, *scoldi* Crist wesan.　　(H. 1004)
それはキリストであると（神の声が）言った。(scoldi wesan = wāri)

wer quedent sie, theih (= thaȝ ih) *sculi* sīn odo ouh racha wese mīn?　　(O. III, 12, 8)
彼らは私が誰だと、あるいはまた私の事を誰（＝何）だと言うのか。(sculi sīn = sī/wese)

2. 未現実性の表現

thaȝ ir irkiasēt ubar al, oba siu fruma wesan *scal*.　　(O. S. 6)
それが有益であるか否かを猊下がとくと質されるために。(wesan scal = sī)

thō ward irfullit thiu zīt, thaȝ sālīga thiu alta thaȝ kind thō beran *scolta*.　　(O. I, 9, 2)
するとその至福の老女がその子をその後、産む時が満たされた。(beran scolta = bāri. Erdmann 1, 1874: 36)

3. 非現実性の表現

wah warth thesaro weroldi, ef thū iro *scoldis* giwald ēgan.　　(H. 5573)
もしもあなたがこの世に対して力を持っていたならば、この世は悲痛になった（のだが）。(scoldis ēgan = ēhtis)

ef it gio an weroldi giwerthan *muosti*, that ik samad midi thī sweltan *muosti*, thann ne wurthi gio thie dag cuman, that ik thīn farlōgnidi.   (H. 4696f.)

もしも、私があなたと一緒に死ぬことがいつかこの世で生じても、私があなたを否認する日は決して来ないであろう。(gi-werthan muosti = giwurthi. sweltan muosti = swulti)

ef hē sie than hēti lību binimen, than *weldin* sie queđen, that hē sō mildiene hugi ni bāri an is breostun.   (H. 3861)

もしも彼がその時、彼女から生命を奪うように命じたならば、その時、彼は自らの胸の中にそれほど慈悲深い心を持っていないと彼らは言ったであろう。(weldin queđen = quādin)

4. 現実化への志向表現

wil thū thes wola drahtōn, thū metar *wollēs* ahtōn, in thīna zungūn wirken duam, joh scōnu vers *wollēs* duan.   (O. I, 1, 43f.)

もしもあなたがリズムに意を注ぎ、あなたの言葉で偉業をなし、そして美しい詩句を作ることを十分、望むつもりであれば。(wollēs ahtōn, wirken = ahtōs, wirkēs. wollēs duan = duēst)

thō scoldun sie thār ēna dād frummean, that sie ina te Hierusalem forgeđan *scoldun* waldanda te them wīha.   (H. 452)

その時、彼らはそこで、彼をエルサレムにおいて支配者にその神殿で捧げるという一つの行為をしなければならなかった。(forgeđan scoldun = forgābin. Piper 1897: 48; Sehrt 1966: 475)

　既述の通り、話者がある事象を、客観的であれ主観的（例えば嘘をつく場合）であれ、現実・事実として叙述するのには叙実法形が用いられ、ある事象の現実性・事実性に関して判断を行なわない、あるいは行なえない場合や現実性・事実性に何らかの疑問や間接引用等の制約がある場合には叙想法形が用いられた。しかしながら50パーセント以上100パーセント未満の確実性があると思われるような事象の叙述にはどちらの叙法形も単独では不適・不十分であった。このような不備を補うためにまず考えられるのが様相の副詞の添付である。ゴート語にはaufto「きっと、必ず；多分、恐らく」やwaitei「もしかすると」といった様相の副詞が叙実法形と共

に例証されている。

>　*aufto* qiþiþ mis þo gajukon.　　　　　　　　（ルカ 4,23）
>　あなた達はきっと私にそのたとえ話を言うだろう。（＝ギリシア語 pántōs「きっと、必ず」）
>　*aufto* þana gasaihvandans aistand.　　　　　　（ルカ 20,13）
>　彼らは多分、彼を目にしてひるむだろう。（＝ギリシア語 ísōs「多分、恐らく」）
>　at izwis *waitei* salja.　　　　　　　　　　（1 コリ 16,6）
>　私はあなた達の所にもしかすると留まるかも知れない。（＝ギリシア語 tukhón「多分、あるいは」）

　上例から分かる通りゴート語の様相副詞 aufto は、現代ドイツ語の様相助動詞 werden のように、必然性から可能性に及ぶ広範囲の確実性を表現する副詞であった。
　50 パーセント以上の確実性があると思われる事象を叙述するための第 2 の手段は様相性動詞（現代ドイツ語では scheinen「…するように見える／思われる」、drohen「…する恐れがある」、versprechen「…する見込みがある」）であり、第 3 の手段が様相助動詞の主観的用法である。ゴート語には様相性動詞 þugkjan「…するように思われる」と様相助動詞 magan「…するかも知れない」の用例が認められる。þugkjan は従属文 ei... を伴う場合と不定詞を伴う場合とがある。

>　*þuhta* im ei suns skulda wesi þiudangardi guþs gaswikunþjan.
>　　　　　　　　　　　　　　　　　　　　　　（ルカ 19,11）
>　間もなく神の王国が明らかにされるだろうと彼らには思えた。
>　jains manniskaim waurdam weitwodjands tweifljan *þuhta*.
>　sunjeins wisands þaim unkunnandam（tweifljan）*mahta*.
>　　　　　　　　　　　　　　　　　　　　　　（ヨハ解 6,11）
>　彼（＝ヨハネ）は人間の言葉で証言して、疑いを招くように思われた。彼は真冥の人であったが、無知の人々に所では疑いを

招く（＝疑われる）可能性があった＝かも知れなかった。

　maganは本来、主語に各種の力があることを意味する様相助動詞「…する力がある、できる」であるが、ゴート語では既に主語外的な無障碍（否定文では主語外的な有障碍）や被許可（否定文では不許可）をも意味することができるようになっており、さらには非人称で機会を表現し得るほど抽象化が進んでいた。

　　　ni *mahtedun* andqiþan imma faura managein.　　　（ルカ 8,19）
　　　彼らは群衆を前にして彼に話しかけることができなかった。
　　　qen liugaida jah duþe ni *mag* qiman.　　　（ルカ 14,20）
　　　私は妻をめとった。それ故に来る（＝行く）ことができない。
　　　ni ainshun *mag* qiman at mis, nibai ist atgiban imma fram attin meinamma.　　　（ヨハ 6,65）
　　　もしも私の父によって許されていなければ、誰も私の所に来ることができない。
　　　jabai *magi* wairþan us izwis.　　　（ロマ 12,18）
　　　もし（そのような事態が）あなた達の中から生じることができる（＝そうなり得る）のであれば。

　主観的用法のmaganは客観的な無障碍・被許可の意味を基礎にした、「…すると推断して差し支えない＝かも知れない」への発展であるが、主観的用法の起源は、思考（思う、思われる、思える、考える等）の文脈における主語外的な意味の様相助動詞と自然的・非能動的な事象の従属不定詞との組み合わせであって、このような場合に様相助動詞の再解釈が生じたと考えられる。これは日本語の「あり得る」が客観的な事態「あることができる、あっても差し支えない」と主観的な判断「あると推断することができる、あると推断して差し支えない＝あるかも知れない」の両義を持つのに似ている。

　1例ではあるがゴート語にmaganの主観的用法が見出されるのに対して、これのパートナーとも言えるskulanに「…するに違い

ない」という主観的用法は現存文献においては認められない。

　古期ドイツ語も事情はゴート語と同様である。まず、様相の副詞として wissungo「確かに、きっと」、giwisso「確かに、きっと」、ōdo/ōdo/ōda「もしかすると、察するに」が記録されている。

　　wānda that hē man ēnvald wāri *wissungo*. 　　　(H. 1063)
　　（悪魔は）彼（＝イエス）はきっと単なる人であるに違いないと思った。
　　oba thesēr wāri wīʒago, her wessi iʒ *giwesso*, wiolīh inti welīh wīb thaʒ was. 　　　(T. 138,7 ＝ルカ 7,39)
　　この人が預言者であるならば、彼はこの女がどのような者で、誰であったのかをきっと知っているはずだが。（＝ラテン語 utique「確かに」）
　　lugun sie *giwisso*! druhtīn ēr ni quad sō. 　　　(O. IV, 19,33)
　　彼ら（＝偽証者ら）は確かに嘘をついたに違いない。主は以前にそうは言わなかった。
　　ōdo beginnad imu than is werk tregan.
　　　　　　　　　　　　　　　(H. 3233. Behaghel 2, 1924: 242)
　　もしかするとその時に彼にとって自分の行為は悔やみであり始めるかも知れない。
　　min *ōdo* sie thih abur widarladon. 　　　(T. 110,4 ＝ルカ 14,12)
　　もしかして彼らがあなたを逆に招き返すことのないよう。（＝ラテン語 forte「恐らく、ひょっとして」）
　　ōda er hōrta gāhun fon thēn, theiʒ (＝ thie iʒ) gisāhun, wiolīh er sih farota. 　　　(O. IV, 16,29)
　　もしかすると彼（＝ユダ）は直ぐに、それ（＝イエスの変容）を見ていた者達から、どのように彼（＝イエス）が変色したのかを聞いたのかも知れない。

　『ヘーリアント』、『タツィアーン』、『オットフリート』に様相性動詞 thunkian, thunken「…であるように思われる」（＝ゴート語 þugkjan）が不定詞を伴う用例はないが、従属文を伴う用例が

『オットフリート』に見出される。不定詞を伴う用例は末期の『ノートケル』によく見られる。

uns *thunkit* in giwissī, thaʒ iʒ hōnida sī. (O. III, 19,6)
我々には確かに、それは侮辱であるように思われる。
ni *thūhta* mih, theih(= thaʒ ih) quāmi, thār sulīh wīn wāri.
(O. II, 9,27)
私には、私がそのような葡萄酒のある所へ行くとは思われなかった。
sīe sint aber tōt. doh sīe in selbēn *dunchen* lebēn.
(Notker. Karg-Gasterstädt/Frings
Ahd. Wb. Bd. 2, Lfg. 5,733; Grimms DWb. Neubearb. 6,1515)
しかし彼らは死んでいるが、彼ら自身には生きているように思われる。
daʒ er menniskōn ne-*dunche* hōnen namen breiten.
(Notker. Karg-Gasterstädt/Frings Ahd. Wb. Bd. 2, Lfg. 5,732)
その結果、彼が人間達に忌まわしい名前を広めたとは思われない。(breiten = ラテン語完了不定詞 extendisse「広めた」)

さらに『オットフリート』ではthunkenの従属文に様相助動詞muganが主観的に用いられている場合がある。

sō *thunkit* mih, theiʒ(= thaʒ iʒ) *megi* sīn. (O. II, 14,91)
それで、私にはそうであり得るように思われる。
sō hōh ist gomaheit sīn, thaʒ mih ni *thunkit, megi* sīn, theih(= thaʒ ih) scuahriomon sīne z'inbintanne birīne. (O. I, 27,57)
彼の本性はそのように崇高であるので、私が彼の靴紐をほどくために触れることがあり得るとは私には思われない。

その他、muganの主観的用法は古期ドイツ語に多々見られる。

thū *mahtis* man wesan, thes thē thār genower stēd. (H. 4957)

汝（＝ペテロ）はたぶん、そこに立っている人（＝イエス）の家来だろう。
thia liuti wārun ahtōnti, thei3(＝tha3 i3) wola wesan *mohti*.
(O. I, 27, 2)

その人々は、それ（＝ヨハネが神の子であること）は大いにあるかも知れない（＝十分あり得る）と思っていた。
ther ēvangēlio thār quīt, thei3(＝tha3 i3) *mohti* wesan sexta zīt.
(O. II, 14, 9)

福音書はそこで、それは第6時（＝正午）であったかも知れないと言っている。（ラテン語 hora erat quasi sexta「時はほぼ第6時だった」ヨハネ4,6の訳）

様相の副詞 ōdo「もしかすると」との共起も見られる。

bī thiu *moht*(*a*) er *ōdo* drahtōn: oba thiz ist thes sun…
(O. II, 4, 28)

それ故に彼（＝悪魔）はもしかすると、これ（＝イエス）が彼（＝神）の息子であるなら…と考えたのかも知れない。

本来の moht(a) er ōdo drahtōn は直訳すれば「彼はもしかすると考える／考えているかも知れなかった」であるが、ここの不定詞 drahtōn は古期ドイツ語末期に登場する完了不定詞の代用として機能していて、mahta drahtōn は現代ドイツ語の〈mag＋完了不定詞〉に相当する。これはちょうど現代英語で John couldn't do it が John can't have done it とほぼ同義の「ジョンはそれをしたはずがない」になるのと似ている（Gamon 1994: 149）。

Axel（2001: 45）は、認識的（主観的）とみなされて来た古高ドイツ語の mugan の用例は全て認識的（主観的）な様相性（Epistemizität）とは相容れない文脈で現われることから、古高ドイツ語には認識的（主観的）な mugan の用例は認められないと主張している。しかし Axel が挙げる認識的（主観的）な様相性に合わないとする文脈、特に過去形や疑問文等の非断定文は現代英語には該当

するかも知れないが、現代ドイツ語には全く当てはまらず、ましてや古高ドイツ語に当てはまるはずもないので、古高ドイツ語のmugan に認識的（主観的）な用法がないとする Axel の主張は成り立たない。現代ドイツ語の〈mag＋完了不定詞〉に相当する〈mahta＋不定詞〉は無論のことである。

　主観的な必然性「…するに違いない」はゴート語と同様、古期ドイツ語の skulan にもまだ例証されていないが、自然的・非能動的な事象の従属不定詞を伴う thurƀan/thurfan の1用例は主観的に解し得る。

　　　thū hwargin ni *tharft* mid thīnun fōtun an felis bespurnan.
　　　　　　　　　　　　　　　　　　　　　　　　　　　　(H. 1089)
　　　お前は全く自らの両足で岩に突き当たらないに違いない（＝突き当たるはずがない）。

　中高ドイツ語にも様相の副詞（gewisse「疑いなく、確かに」、līhte「もしかすると」、wætlīche「多分、恐らく」、wol「察するに」）や様相性動詞（dunken「…するように思われる」）はあったが、この時代になると主観的用法の様相助動詞の数が著しく増えて、主観的様相性の細分化がなされた。まず、主観的な可能性には伝統的な mugen/mügen に加えて kunnen/künnen が参入して来た。

　　　ir *muget* wol hie verliesen die ēre und ouch den līp.　(NL. 425,3)
　　　察するにあなた達はここで栄誉と生命までも失うかも知れない。
　　　（様相の副詞 wol「察するに」との共起）
　　　die uns gefüegen *kunnen* vīentlīchen haʒ.　　　　(NL. 922,3)
　　　我々に対して敵意のある憎悪を与えるかも知れない人々。
　　　sō-ne *kan* mir nimmer missegān.　　　　　　　　(NL. 17,4)
　　　そうすれば私には決して不幸が生じ得ない＝生じるはずがない。

　次に、中高ドイツ語になって初めて主観的な必然性を表わす様相助動詞 müeʒen, suln/süln, durfen/dürfen が一挙に開花する。

  er dāhte:《diese degene *müeʒen* verliesen den līp》. (NL. 1580,4)
彼は「これらの武者達は生命を失うに違いない」と考えた。
  ob i'ʒ geprüevet rehte hān, hie *sulen* ahzehen frouwen stēn.
          (Parz. 235,7. Grimms DWb. 16,1486)
私が正しく計算したのであれば、ここには貴婦人が18人立っているに違いない＝立っているはずだ。
  do-ne *dorfte* Kriemhilde nimmer leider gesīn. (NL. 918,4)
その時クリエムヒルトにとって（それ）より嫌な事は決してないに違いなかった＝あるはずがなかった。

 こうしてドイツ語において、様相助動詞の主観的用法によって表現できる確実性の語野（Wortfeld）で可能性（50％＋α）と必然性（100％－α）の明確な対立軸が出来上がったことになる。それどころか中間値の蓋然性を示すのに wellen も現われている。

  jā wæne, diu naht uns *welle* nu niht wern mēr. (NL. 1849,2)
夜は我々にとって今やもう長くは続かないだろうと思うよ。

 さらに中高ドイツ語では話者以外の人物の主張・発言をそのまま引用的に伝達する様相助動詞 wellen と suln/süln も登場している。

  die *wellen* sīn unschuldich, die heiʒet nāher gēn... zuo der bāre.
             (NL. C, 1055,3)
無実だと言い張る者達に柩の方へ近寄るよう命じて下さい。
  sehs ritter *solt*' er hān gevalt, die gein im kœmen ūf ein velt.
          (Parz. 197,18. Grimms DWb. 16,1484)
彼は、自分に向かって戦場にやって来た6人の騎士を倒したとのことだった。

 この場合の wellen は話者が不定詞（句）によって表わされる事象の現実性・事実性を疑っていることを含意するが、suln/süln ではその事象の現実性・事実性についての話者の判断が保留されていて、

間接話法と同じ機能が見られる。以上の結果、Raynaud（1977a: 28）や Valentin（1984: 192）、Diewald（1993: 222; 1999a: 364）が主張する初期新高ドイツ語の時代（1500年頃）よりもずっと早く、中高ドイツ語の時代（1200年頃）に既に現代ドイツ語とほぼ同一の現実性・事実性の評価システムが形成されることになった。

実性度	中高独語	初期新高独語	新高独語	現代独語
100%	叙実法形	叙実法形	叙実法形	叙実法形
100%−α	müeȝen, suln ne durfen（下否）	müssen	müssen	müssen, sollten
100%−α〜50%+α		werden	werden	werden
75%±α	wellen	dürffen, wollen	dürfen	dürften
50%+α	kunnen, mugen	können, mügen	können, mögen	können, mögen nicht brauchen（上否）
0%+α	wellen	wollen	wollen	wollen, möchten
0%	叙想法過去形 ne＋叙実法形	叙想法過去形 nicht＋叙実法形	叙想法過去形 nicht＋叙実法形	叙想法過去形 nicht＋叙実法形
無評価	叙想法形、suln	叙想法形、sollen	叙実法形、sollen	叙実法形、sollen

　主観的用法の様相助動詞の数が中高ドイツ語の時代に入って一気に増加したのは現存するテキストの種類と関係がある。ゴート語と古期ドイツ語のテキストは聖書訳や宗教文書がほとんどであったため、発話者の推断は極めて限定的であった。従ってゴート語や古期ドイツ語で主観的必然性を意味する様相助動詞が例証されていないからと言って、そのような様相助動詞の存在自体を否定することはできない。主観的必然性を意味する様相の副詞は例証されているので、恐らく記録される機会がなかったにすぎないと思われる。

　他方、中高ドイツ語の主要なテキストは叙事詩であり、ここでは多くの情報が飛び交い、発話者がその真偽の程を推断する機会も著しく多くなった訳である。そしてこの傾向は初期新高ドイツ語の時代に入ると、印刷術の発明によって普及する書籍や新聞・雑誌の伝える情報の量に比例して増大して行き、今日に至っている。しかも現代ドイツ語では主観的用法の様相助動詞はその数がさらに増え、新しい統語論的用法も出現して、意味論的にも文体論的にも精緻さを増しつつあることが認められる。

上掲表の実性度に付けられた+/-αは10〜15ポイントの上下幅があることを意味するが、この実性度はBrünner（1980: 107）、Brünner/Redder（1983: 83）があるゼミで行なった10段階評価（「全く確実」を+5,「全く不確実」を-5）のアンケート結果の平均値（müssen: +3.9, werden: +2.6, dürften: +2.1, können: +1.4, mögen: +0.9）を10倍して50を加えた数値に対応するものである。müssenとkönnenの叙想法過去形は叙実法現在形よりも表わす実性度が低下する。

　誤解のないように確認しておくと、主観的用法の様相助動詞の選択はただ単に実性度、即ち推断の程度に従ってなされるのではなくて（Dieling 1983: 328参照）、同時に推断の条件、つまり推断の根拠の有無（根拠があれば客観性が、根拠がなければ主観性が強い）と責任の有無、並びに是認の有無に応じてなされる。現代ドイツ語における主観的用法の様相助動詞の語野は次のように構成されている。

推断の条件			推断の程度 必然的 $100\% - \alpha$	蓋然的 $75\% \pm \alpha$	可能的 $50\% + \alpha$	懐疑的 $0\% + \alpha$	中立的
根拠	責任	是認					
+	+	−	müssen	dürften	können		
+	+	−	sollten				
±	+	−	werden				
−	+	−	mögen				
+	−	+					
+	−	−				wollen möchten	
+	−	−				sollen	

　この語野表が示すように一つのセルに一つの助動詞が入るのが原則であるが、wollenとmöchtenのセルのみは例外である。しかし

このままではここは言語的に不経済であるので、将来的には、客観的用法の wollen と möchten の差異に対応して、主観的用法でも両者に差異が生じ、möchten の方がより弱い懐疑性を表わすようになるかも知れない。

第12章
統語法の変遷

　様相助動詞においては意味や用法の変遷と並んで統語法の変遷も重要な現象である。長年にわたる両者の変遷によりドイツ語においても益々高度に論理的・抽象的な思考を行ない、かつまた極めて微妙な心理を表現することが可能になっている。

　ゴート語の統語法で目立つことは、特に magan「…することができる」では頻繁に、wiljan「…したいと欲する」や skulan「…しなければならない」、þaurban「…する必要がある」でもしばしばその従属不定詞に ga- が付いていることである。「…することができる」とか「…したいと欲する」や「…しなければならない」という表現の際には従属不定詞の表わす動作・状態の速やかな実行と完遂が強く意識されるので、完了相の表示機能を持っていた接頭辞の ga- が付けられる訳である。

　　　ni *magt* ain tagl hveit aiþþau swart *gataujan*.　　　（マタ 5,36）
　　　あなたは1本の毛髪を白くあるいは黒くしてしまうことができない。(ga + taujan「する」)
　　　ei *mageima* weis *gaþrafstjan* þans in allaim aglom.　（2 コリ 1,4）
　　　我々があらゆる苦しみの中の人々を慰めてしまうことができるために。(ga + þrafstjan「慰める」)
　　　frauja, *wileima* Iesu *gasaihvan*.　　　（ヨハ 12,21）
　　　主よ、(我々は) イエスに (直ちに) 会いたいと欲しています。(ga + saihvan「見る」)
　　　þanzei *skal gasakan*.　　　（テト 1,11）
　　　彼らと言い争い切ら (=彼らを言い負かして黙らせ) なければならない。(ga + sakan「言い争う」)
　　　land bauhta jah *þarf galeiþan*.　　　（ルカ 14,18）

私は土地を買った。それで私は（直ちに）行く必要がある。
(ga + leiþan「行く」)

古期ドイツ語の mugan「…することができる」や willian/wollen「…したいと欲する」でも従属不定詞に接頭辞 gi- を付けた同様の表現が見られる。

thū ni *maht* ein hār thes fahses wīȝaȝ *gituon* odo swarz.
(T. 30,4 ＝マタ 5,36)
あなたは頭髪の1本の毛を白くあるいは黒くしてしまうことができない。(gi + tuon「する」)

hē ni *mag* ne swart ne hwīt ēnig hār gewirkean.　　(H. 1513)
彼は1本の毛を黒くも白くもすることができない。(gi + wirkian「する」)

thaȝ er nū *mag giscowōn* sō lūterēn ougōn.　　(O. III, 20,86)
彼が今やそのように澄んだ目で（事物を直ちに）見ることができること。(gi + scouwōn「見る」)

hērro, wir *wollemēs* then heilant *gisehan*.　(T. 139,1 ＝ヨハ 12,21)
主よ、我々はその救世主に（直ちに）会いたいと欲しています。(gi + sehan「見る」)

hwī *weldes* thū thīnera mōdar *gisidon* sulica sorgo.　　(H. 821)
何故にあなたは自分の母にこのような心配をもたらしてしまいたいと欲したのですか。(gi + sidon「もたらす」)

thaȝ *will'* ih hiar *gizellen* gidriwēn sīnēn allēn.　(O. I, 3,45)
これを私はここで彼の誠実な者ら全員に語り切りたいと欲する。(gi + zellen「語る」)

中高ドイツ語でも、ゴート語や古期ドイツ語ほど頻繁ではないが、まだ同様の表現がまま用いられている。

ob er si *gesehen möhte*.　　　　　　　　　　(NL. 260,2)
彼が彼女に（直ちに）会うことができるのかどうか。(ge +

sehen「見る」)

du-ne *dörftest* nimmer *gerîten* in daʒ lant. (NL. 56,3)
お前は決してその国へ騎行してはならないだろう。(ge + rîten
「騎行する」)

ich *kan* iu wol *gerāten*. (NL. 1728,1)
私はあなた達にうまく助言することができる。(ge + rāten
「助言する」)

ich *wil* iu des *getrūwen*. (NL. 2177,4)
私はあなたに対してこの事を信じたいと欲している。(ge +
trūwen「信じる」)

wie *sol* ich iu *gehelfen*? (NL. 1984,1)
どのようにして私はあなたを救うべきですか。(ge + helfen
「救う」)

ob ich vor küniges wîbe zem münster *türre gegān*. (NL. 827,4)
私が王の妻より先に聖堂へ敢えて行くかどうかを。(ge + gān
「行く」)

　しかし様相助動詞と共に用いられていたge＋不定詞は中高ドイツ語の後は急速に廃れて行ったが（Deggau 1907: 89; 塩谷 1985a: 31f.）、しかし完全に消失した訳ではなくて、ルターの1527年以前の著作にも見られ（Tschirch 1966: 77 参照）、書き言葉では17世紀後半まで散見される。

alles was *gefliegen kund'*.　(M. Luther. 1 モー7,14. Dietz 1870: 16)
飛ぶことができた全てのもの。(ge + fliegen「飛ぶ」。1545年
版ではfliegen)

nicht gröszer güte *kund'* er uns *geschencken*.
　　　　　　　　　(M. Luther. Grimms DWb. 4,1614; 5,3855)
より大きな良きものを彼は我々に与えることができなかった。
(ge + schencken「与える」)

Wie *mag* er denn *gesehen*?
　　　　(H. Haller 15世紀半ば。Diewald/Habermann 2005: 244)

いかにして一体、彼（＝神を愛さない者）が（神を）見ることができるのか。(ge + sehen「見る」)
was *kann* man *gemachen*?
　　　　　　　　　　　　　　（R. Köhler 1672 年。Grimms DWb. 4,1614）
何をなすことができるのか。(ge + machen「なす」)

　このような構成は方言では今日でも規則として生きており（Grimms DWb. 4,1615; Dietz 1870: 16; Wilmanns 2,1899: 172; Deggau 1907: 90; Behaghel 2,1924: 103,104）、とりわけ現代のスイス・ドイツ語でmöge（＝mögen）は新参の「…することを好む」の意味の場合には単純不定詞を取る（I mag nüd ässe「私は食べたくない＝食欲がない」）のに対して、古参の「…することができる」の意味の場合には従属不定詞にg- が付けられる（Weber 1964: 247, 257; Hodler 1969: 314; Werlen 1985: 87; 田中1985: 72）。

　　I *mag* s nüd *gässe*.
　　私はこれを食べてしまうことができない。(g + ässe「食べる」)
　　Magsch na *glauffe*?
　　（君は）まだ走（り切）ることができるかね。(g + lauffe「走る」)

　中高ドイツ語の時代になって従属不定詞の前に付く ge- の完了相表示機能の低下が進んでいた（Hashimoto1960: 20）ことは、完了相を明示するために ge + 不定詞に代えて、完了不定詞を用いる新しい表現が採用されている個所のあることから判断される（Grimm 4,1898: 200 や Wilmanns 3,1906: 171; Fourquet 1969: 54 は両者の関連を示唆していた）。ただしこの場合の完了不定詞はまだ純粋の時称形ではなくて、〈hān + 過去分詞〉は「…した状態で持つ」を、〈sīn + 過去分詞〉は「…した状態である」という本来的な意味を有している。

　　wold' in *hān gebunden*.　　　　　　　　　　（NL. 677,2）
　　（彼女は）彼を縛った状態で持ちたい＝縛ってしまいたいと欲

した。（が、できなかった）。

die *wolden* an den gesten gerne schaden *hān getān*.　（NL. 1837,4）
彼らは客人らに対して危害を喜んで加えた状態で持ちたい＝加えてしまいたいと欲していた。

dō der künic Sigemunt *wolde sīn geriten*.　　　　（NL. 1077,1）
ジゲムント王が馬に乗って去った状態でありたい＝馬に乗って去ってしまいたいと欲した時。

si *wolten* dār in *sīn geslichen*.
　　　　　　　　　　（Kaiserchronik 16995. Diewald 1999a: 426）
彼らはそちらへこっそり近寄った状態でありたい＝近寄ってしまいたいと欲した。

次例も類似の表現である。

si *wolden* Volkēren ze tōde *erslagen hān*.　　（NL. 1893,3）
彼らはフォルケールを打ち殺してしまいたいと欲した。

wolt（＝ woldet）ir slāfende uns *ermordet hān*?　（NL. 1847,3）
あなた達は我々を眠っているまま殺してしまいたいと欲したのか。

du *muost* in sciere *vloren hān*.　　　　　　　（NL. 14,4）
あなたは彼を直ぐに失ってしまわざるを得ない。

der karakter ābc *muos*'er *hān gelernet* ē.
　　　　　　　　　　（Parz. 9,453,16. Diewald 1999a: 400）
（アラビア）文字の abc を彼は先に習ってしまう必要があった。

solde mit in hān gestriten.　（Iwein 6350. Monsterberg 1886: 155）
（我が領主は）彼らと戦う羽目になった。

このような非時称的な完了不定詞はルターでも見られるが、その後は「新高ドイツ語の語感には奇異な印象を与える」（Pauls Mhd. Gr. 1969: 368）とか「新高ドイツ語ではもはや可能ではない」（Pauls Mhd. Gr. 2007: 293）、「奇怪な」（Behaghel 1927: 264）とか言われる。

第 12 章　統語法の変遷

da er befand, das sie jn *wolten ermordet haben*, lies er sie tödten.
(LB. 1545年。1マカ 16,22. Ebert 他 1993: 413)

そして彼は、彼らが自分を殺害し（てしまい）たいと欲しているのを見出したので、彼らを殺させた。（1968年版でも wollten ermordet haben）

Diesen Man hatten die Jüden gegriffen vnd *wolten* jn *getödtet haben*.
(LB. 1545年。使徒 23,27)

この男をユダヤ人らは捕らえていて、彼を殺し（てしまい）たい欲していた。（1968年版でも wollten getötet haben. 1967年版は wollten töten）

hiemit *will* ich auff diss mal deynem... geschwetz *geanttworttet haben*, nur das ich dich nit vorachtet.
(M. Luther. Grimms DWb. 30,1334)

これでもって私は今回、君の空談に対して、私が君を軽蔑したのではないとだけ答え（てしまい）たいと欲する。

Ich *will* ihn zum Besten *empfohlen haben*.
(J. W. v. Goethe. Paul Dt. Gr. 4,2,1920: 95)

私は彼を最も良く推薦し（てしまい）たいと欲している。（「欲した事として結果が強調される」Paul）

Ich *wollte* das einmal deutlich *ausgesprochen haben*.
(Braune 1900: 32; Wilmanns 3,1906: 170)

私はそれを一度はっきり口に出し（てしまい）たいと欲していた。

Eigentlich *wollte* ich euch gestern auch noch *besucht haben*.
(Behaghel 1927: 263)

元々私は君達を昨日中にも訪問し（てしまい）たいと欲していた。

　初期新高ドイツ語の時代には、後に実行された志向性には〈wollte＋不定詞〉が、後に実行されなかった志向性には〈wollte＋完了不定詞〉が用いられた（Biener 1932: 10）。

Das sy dem hellden *wolten legen* lasters on vnd Ine in valschait gern *verstainet han*.　　　　　　　　　　　　　　（M. Treitzsaurwein）
彼らがその英雄に罪をなすり付けて、彼を不実の内に投石刑に処してしまおうと欲したこと。（前者は実行されたが、後者は実行されなかった）
da *wolten* sy in *gefangen haben* vnd damit in *dringen*.
　　　　　　　　　　　　　　　　　　　　　（Kaiser Maximilian I.）
そこで彼らは彼を捕らえてしまい、そうして彼を排除しようと欲した。（前者は実行されなかったが、後者は実行された）

〈will/wollte 等＋非時称的な完了不定詞〉という表現形式は「新高ドイツ語ではもはや可能ではない」（Pauls Mhd. Gr. 2007: 293）とされていたものの、現代でも慣用句的な強調的完了表現として残っている（後述）。

純粋の時称形としての完了不定詞は古期ドイツ語末期の『ノートケル』において初めて出現するが（… zigen sie mih… daʒ mūot *pesmiʒen haben*「彼らは私が心を汚したと非難した」N. I, 35,3. Behaghel 1,1924: 296; Biener 1932: 4）、これはラテン語の影響下で生じたものである（＝ラテン語完了不定詞 polluisse「汚した」。Wilmanns 3,1906: 168）。しかし『ニーベルンゲンの歌』における次のような完了不定詞は既に時称形としての用法が確立していることを示す。

der sol *hān gewunnen*, den man siht ze vordest stān.
　　　　　　　　　　　　　　　　（NL. C, 982,4. Biener 1932: 5）
一番先に（ゴールに達して）立っているのを人が目にする者が勝ったとされるべきだ。
Owē, lieber Wolfhart, sol ich dich *hān verlorn*, sō mac mich balde riuwen, daʒ ich ie wart geborn!　　　　　（NL. 2322,1）
ああ、親愛なるウォルフハルトよ、私が君を失ったのであれば、私がかつて生まれたことが当然、私を後悔させ得る。
solt' der herre Sīfrit gesunder *sīn gewesen*, bī im wære Kriemhilt

>   hendeblōȝ bestān.　　　　　　　　　　　　（NL. 1126.2）
>
> もしも貴人のジーフリトが無事であったならば、彼の側にクリエムヒルトは手ぶらで（＝財宝を放棄して）留まっただろう。
>
>   genuoge ūȝ Beyerlande, solden si *hān genomen* den roub ūf der strāȝen nach ir gewonheit, sō heten si den gesten dā getān vil līhte leit.　　　　　　　　　　　　（NL. 1302,2）
>
> もしもバイエルン出の多数の者が彼らの習慣に従って路上で獲物を奪っていたならば、彼らはその旅客らにそこで恐らく苦痛を与えていたかも知れないのだが。

　時称形としての完了不定詞は中高ドイツ語において極めて重要な、新たな機能を担うことになる。

　現代ドイツ語で例えば「…すべきであったのだが」は〈sollen の叙想法過去完了形（hätte sollen）＋不定詞〉で、「…することができたのだが」は〈können の叙想法過去完了形（hätte können）＋不定詞〉で表わされるが、古期ドイツ語ではまだ様相助動詞に過去分詞がなく、また完了不定詞もやっと末期に見られる程度であって、9世紀では〈sculan/mugan の叙想法過去形＋不定詞〉で表現する以外に手立てがなかった。

>   mid thius *scoldis* thū ūs ēr *gebon*.　　　　　　（H. 2064）
>   これをあなたは我々に先に与えるべきであったのだが。
>   thoh er sō *duan mohti*, ob er thes wolti thenken.　　（O. II, 10,1）
>   彼はその事を考えようと欲したならば、そのようにすることができたのだが。
>   ni wolt'er wiht thes sprechan, thoh er sih *mohti rechan*.
> 　　　　　　　　　　　　　　　　　　　　（O. III, 19,27）
>   彼は報復することができたのだが、その事を何も言おうとはしなかった。

　『オットフリート』では sculan/mugan の叙実法過去形も同様に用いられ得た（Erdmann 1,1874: 12; 西本 1985: 24 参照）。

ni gibit uns thaʒ alta, thaʒ thiu jugund（*geban*）*scolta*.
（O. I, 4, 54）
青春が与えるべきであったものを老齢は我々に与えない。（= was die Jugend hätte geben sollen）

werfet thiz hina ūʒ! iʒ *scolta wesan* betahūs.　（O. II, 11, 21）
お前達はこれを外へ放り出せ。これは祈りの家であるべきだったのだが。（= Es hätte ein Bethaus sein sollen）

sie *mohtun bringan* mēra.　（O. I, 17, 67. Lockwood 1968: 139f.）
彼ら（=東方の3賢人）はもっと多くのものを持って来ることができたのだが。（= They could have brought more/Sie hätten mehr bringen können）

〈様相助動詞の叙想法過去形＋不定詞〉による同様の表現がまだ『ニーベルンゲンの歌』のB写本にも見られる。

ir en-*kunde* in dirre werlde leider nimmer *gescehen*.
（NL. 13, 4.781, 4; 1313, 4; 1813, 2 も同様）
彼女にとってこの世で（その事）より痛ましい事は生じ得なかったのだが。

getorste si in *küssen*, diu vrouwe tæte daʒ.　（NL. 562, 2）
もしも彼女が彼に接吻してよかったならば、その貴婦人はそれをしたのだが。

man *sold*' iuch dicker *sehen* hie in disem lande.　（NL. 755, 3）
あなた達にもっと頻繁にここのこの国で会うべきだったのだが。

wære ir von sīnem rāte leide niht getān, sō *möht*' er vrevellīchen wol zuo Kriemhilde *gān*.　（NL. 1114, 4）
もしも彼女に対して彼の策略によって苦痛が加えられていなかったならば、彼は察するに堂々とクリエムヒルトの所へ行くことができたのだが。

des *kunde* der künic Etzel nimmer vrœlīcher *wesen*.（NL. 1387, 4）
それについてエッツェル王は決して（この時以上に）もっと喜ばしくはあり得なかったのだが。

> den *soldet* ir mir *füeren* in daʒ Etzelen lant.　　　(NL. 1741,4)
> それ（＝ニベルンゲンの宝）をあなたは私のためにこのエッツェルの国に運んで来るべきだったのに。
> ir *soldet* eʒ billīche *lān*.　　　(NL. 1787,4)
> あなた達はそれを当然、思い止まるべきであったのだが。
> Hildebrant der küene, wie *kunde* er grimmer *gewesen*?
> 　　　　　　　　　　　　　　　　　　　(NL. 2286,4)
> 勇敢なヒルデブラントはいかに（この時以上に）もっと激怒し得ただろうか。
> daʒ drīʒec künige wīp eʒ *möhten* niht *erziugen*.　　　(NL. 836,4)
> 30人の国王の妻がそれをやって見せることができなかったほど。
> *kundestu*（＝ kündest du）noch *geswīgen*.　　　(NL. 839,2)
> あなたは黙っていることさえできたならば。

しかし叙想法過去形は過去事象だけではなく、文脈次第では現在や未来の事象にも関係し得た（例えば wir möhten michel gerner sīn in sturme tōt「我々は戦闘において死ぬことができれば、ずっと好ましいのだが」NL. 2112,2）ので、過去事象であることを明確に表現する必要性から採用されたのが、〈様相助動詞の叙想法過去形＋完了不定詞〉の構成であって、これは既に『ノートケル』に使用されていた。

> wanda er *mahti* iʒ *firmiten haben*.　　　(N. I, 328,8)
> と言うのは、彼は（その気になれば）それを避けることができたからだ。

上掲『ニーベルンゲンの歌』B写本における旧来の〈様相助動詞の叙想法過去形＋不定詞〉の8個所は他の写本では新しい構成〈様相助動詞の叙想法過去形＋完了不定詞〉で表現されている。

> ir en-*kunde* in dirre werlde nimmer leider *sīn geschehen*.

(NL.A, 13,4. D, 781,4; 1313,4; 1813,2 も同様)

彼女にとってこの世で（その事）より痛ましい事は生じ得なかったのだが。

getroste si in *hān küsset*. 　　　　　　　　　（NL.A, 526,2）
もしも彼女が彼に接吻してよかったならば。

man *sold'* iuch dicker *habn gesehen*. 　　　　（NL.D, 755,3）
あなた達にもっと頻繁に会うべきだったのだが。

sō *möht'* er vrevellīche dicke *sīn* zuo ir *gegān*. （NL.A, 1054,4）
彼はしばしば堂々と彼女の所へ行くことができたのだが。

des *kunde* der künic Etzel nimmer vrœlīcher *sīn gewesen*.
　　　　　　　　　　　　　　　　　　　　（NL.D, 1387,4）
それについてエッツェル王は決して（この時以上に）もっと喜ばしくはあり得なかったのだが。

den *solt*(= soldet) ir mir *gefüeret hān* her in Ezelen lant.
　　　　　　　　　　　　　　（NL.C, 1781,4. D も同様）
それをあなたは私のためにエッツェルの国に運んで来るべきだったのに。

ir *soldet* eʒ billīchen *haben lān*. 　（NL.A, 1725,4. D: habn gelān）
あなた達はそれを当然、思い止まるべきであったのだが。

Hildebrant der küene, wie *kunde* er grimmeger *sīn gewesen*?
　　　　　　　　　　　　　　　　　（NL.A, 2223,4. D も同様）
勇敢なヒルデブラントはいかに（この時以上に）もっと激怒し得ただろうか。

次の個所は B 写本でも既に新しい構成である。

er *solt'* eʒ *haben lān*. 　　　　　　　　　　（NL.121,3）
彼はそれを思い止まるべきであったのだが。

diu immer in den stürmen *kunde sīn gescehen*. 　（NL.232,1）
それ（＝最大の苦難）はいつも全ての戦闘において生じ得たのだが（実際には生じたことがない）。

möht' ich es im *geweigert hān*. 　　　　　　（NL.422,4）

第12章　統語法の変遷　　531

もしも私がそれを彼に拒むことができたのであれば。
du *möhtes* wol *gedaget hān*. 　　　　　　　　　(NL. 849,2)
あなたは十分、黙っていなければならなかったのに。
man *solde* mir siben soume met und lūtertranc *haben* her *gefüeret*. 　　　　　　　　　　　　　　　　　　(NL. 968,2)
私のために駄馬7頭分の蜜酒と薬草入り葡萄酒を運んで来るべきだったのだが。
dō *sold'* man uns *gesidelt haben* nāher an den Rīn.
　　　　　　　　　　　　　　　　(NL. 968,4. Lucae 1868: 22)
それならば我々をもっとライン川近くへ宿営させるべきだったのだが。
dō-ne *kunde* im Kriemhilt nimmer vīender *sīn gewesen*.
　　　　　　　　　　　　　　　　　　　　(NL. 1139,4)
その時、彼（＝ハゲネ）に対してクリエムヒルトは決してもっと敵対的ではあり得なかったのだが＝最高に敵対的であり得た。

最後に挙げたNL. 1139,4のsīn gewesenは、B写本が最初に書かれた時はgewesen（この場合は不定詞）だけであって、後に別人の手で行上に完了の助動詞sīnが追加されている（Braune 1900: 37; Batts 1971: 345）。

NL. 232,1の*kunde sīn geschen*という表現法は現代英語のcould have happenedに対応する形式であるが、様相助動詞の過去分詞を用いた現代ドイツ語のhätte geschehen könnenに対応する表現法は13世紀初めから出現するものの、普及するのは初期新高ドイツ語の時代になってからである。その際、様相助動詞の過去分詞には、①強変化動詞型ge...en、②ge-なしの強変化動詞型＝不定詞型...en、③弱変化動詞型ge...t、④ge-なしの弱変化動詞型...tの4通りあった。

①強変化動詞型ge...en
niemant hat es *gedorffen* sagen.
　　　　　　（U. v. Hutten. Behaghel 2,1924: 370; Ebert 他 1993: 414）

誰もそれを敢えて言わなかった。
hat... nieman sine gründ *gmögen* umkerren.
(U. Zwingli. Behaghel 2, 1924: 370)
誰も彼の理由をひっくり返すことができなかった。
hatt weder Meister noch fraw aus der Kammern *gewöllen* gan.
(G. Wickram. Behaghel 2, 1924: 370)
主人も夫人もその小部屋から出て行きたいと欲しなかった。
het' er *getörren* machen. (Nikl. v. Wyle. Biener 1932: 16)
彼が敢えて行なったならば。

② ge- なしの強変化動詞型 = 不定詞型 ...en
sō hete ich'z *müezen* lān belīben.
(Biterolf 4474.13 世紀初め。Kurrelmeyer 1910: 163; 浜口 1953: 4, 14)
それならば私はそれをそのままにしておかなければならなかったのだが。
Noch hat sie *müssen* vertrieben werden. (LB. ナホ 3, 10)
さらに彼女は追放されなければならなかった。
So hat auch nu die Schlacht nicht grösser werden *künnen* wider die Philister. (LB. 1 サム 14, 30)
それで今回はペリシテ人に対する戦闘もより大規模になり得なかった。
er hät's vor den heiden nit *dürfen* thun.
(G. Tetzel 1467 以降。Grimms DWb. Neubearb. 6, 1797)
彼はそれをその異教徒らの前でしてはいけなかったと。
Wie habt jr das thun *dürffen*? (LB. 1 モー 44, 15)
いかにしてあなた達はそれを敢えてしたのか。
Hetten（wir）euch auch *mögen* schweer sein als Christi Apostel. (LB. 1 テサ 2, 7)
私達はあなた達に対してキリストの使徒として重要であり得たとしても。
so wirstu sehen, das der lügengeist nicht hat *wiszen*（= wissen）zu antworten. (M. Luther. Grimms DWb. 30, 763)
そうすればあなたは、その悪魔が答えるすべを知らなかったこ

第 12 章　統語法の変遷

とが分かるだろう。

③弱変化動詞型 ge...t

hette ich es denne *gekunnet* odder *gemüget* duon.

(R. Merswin 14 世紀後半。Grimms DWb. 11, 1722)

私がそれをその時なすすべを知っていた、もしくはなし得たならば。

welchen Gott *gewolt* hat kund thun. (LB. コロ 1, 27)

彼らに神は知らせたいと欲した。

weh hat einer *gedorfft* klagen. (U. v. Hutten. 浜口 1953: 16)

苦痛をある者が敢えて訴えた。

also das der pfarrer nicht hat *getürft* vnder sy gehen.

(Qu.-u. Urkb. Teplitz-Schöna 1479 年。Grimms DWb., Neubearb. 6, 1797)

その結果その主任司祭は彼らの間に入って行くことが許されなかった。

④ ge- なしの弱変化動詞型 ...t

Dieses wasser hette *mocht* tewr verkauft werden. (LB. マタ 26, 9)

この香水は高く売られることができたのだが。

drumb hat's *mußt* fort gahen.

(M. Luther. Behaghel 2, 1924: 370; Paraschkewow 1985: 38)

それ故に急いで立ち去る必要があった。

wir sehen, das sie nicht haben *kund* hin ein komen. (LB. ヘブ 3, 19)

我々は、彼らが（安息の中へ）入り得なかったことが分かる。

wiewol viel mit vorgebenen wortten yhn haben *wolt* erredten.

(M. Luther. Behaghel 2, 1924: 370; Paraschkewow 1985: 38)

多くの者が空しい言葉でもって彼を救い出したいと欲したのだが。

die hat man nit *wißt* baß gen Rom zu bringen.

(M. Luther. Paraschkewow 1985: 38)

それを人はより良くローマに対してもたらすすべを知らなかった。

ルターの語法に従う J. Clajus の《Grammatica Germanicae Linguae》『ドイツ語文法』（Leipzig 1578）では④と②が認められていた。er hat *solt* vel *söllen* komen「彼は来るべきだった」(Grimms DWb. 16,1468)、ich habe *wolt* vel *wöllen* das thun「私はそれをしたいと欲した」(Grimms DWb. 30,1330)。しかし今日の書かれる標準語では②の使用が原則であるが、③も見られる。

　過去分詞を用いる新しい表現法は全ての様相助動詞に一様に採用された訳ではなく、1545年版のルター訳聖書でもまだ古い表現法が残存していた。

　　Man *künd'* das Wasser mehr denn vmb drey hundert Grosschen *verkaufft haben*. 　　　　　　　　　　　　　　(LB. マル 14,5)
　　その香水を300グロッシェン以上で売ることができたのだが。
　　man *solt'* mir *gehorchet* vnd nicht von Creta *auffgebrochen haben*. 　　　　　　　　　　　　　　　(LB. 使徒 27,21)
　　私の言う事を聞いて、クレタから出発すべきではなかったのに。

　特に sollen の場合には20世紀に至るまでこの古い表現法が使われ続けた。

　　Man *sölte* wichtigere beyspil *gebraucht haben*.
　　　　　　　　　　(J. Maaler 16世紀。Grimms DWb. 16,1465)
　　もっと重要な手本を使用すべきであったのだが。
　　Aber sie *sollte* nicht allein *gegangen sein*.
　　　　　　　(G. E. Lessing. Trübners DWb. 6,397; 浜口 1962: 92)
　　だがあの娘をひとりでやったのはいけなかったな。—浜口訳
　　Ich *sollte* es um so weniger *getan haben*.
　　　　　　　　　　　　　　　　　(Fr. Hebbel. 関口 1974: 309)
　　私はそれだけにそうすべきではなかったのだが。
　　Ich *sollte* vorsichtiger *gewesen sein*. 　　(Blatz 2,1896: 545)
　　私はもっと慎重であるべきだったのだが。(＝Ich hätte vorsichtiger sein sollen)
　　Man *sollte* mir *gehorcht haben* und nicht von Kreta *aufgebro-*

第12章　統語法の変遷　　535

chen sein. 　　　　　　　　　(LB. 1967年版、1968年版。使徒 27,21)
私の言う事を聞いて、クレタから出発すべきではなかったのに。
(Die Bibel. Einheitsübersetzung 1980年は Man hätte auf mich hören und von Kreta nicht abfahren sollen)

〈叙想法過去形 sollte ＋完了不定詞〉は今日でもある行為の完了を勧奨したり期待したりする場合には用いられる。

Ihr *solltet* das einmal *erlebt haben*.
　　　　　　　　　　　　　（S. Lenz. Zifonun 他 2,1997: 1270）
君達はそれを一度体験しておくべきだが＝体験しておくといいよ。
Das *sollte* er längst *gemacht haben*.　　　(Duden-Bedeut. 2010: 862)
それを彼はとっくにしておくべきなのだが＝しておいて欲しいのだが。

　中高ドイツ語の時代に時称形としての完了不定詞が確立したこと、次いで初期新高ドイツ語の時代になって様相助動詞の過去分詞が普及したことにより、様相助動詞による表現形式は著しい発展を遂げることになった。各時代の代表的な表現は次の通りである。
　古期ドイツ語の〈様相助動詞の過去形＋不定詞〉は客観的にも主観的にも用いることができた。

①客観的用法
thoh er sih *mohti rechan*.　　　　　　　　　(O. III, 19,27)
彼は報復することができたのだが。(＝ hätte rächen können)
sie *mohtun bringan* mēra.　　　　　　　　　(O. I, 17,67)
彼らはもっと多くのものを持って来ることができたのだが。
(＝ hätten bringen können)
②主観的用法
after thiu in wār mīn, sō *mohtun* thrī daga *sīn*.　(O. II, 8,1)
その後、私の（知る）真実では、三日あった（＝経過した）の

かも知れない。(= mögen gewesen sein)

　中高ドイツ語の〈様相助動詞の過去形＋完了不定詞〉にも2通りの用法があった（他の用法は 5.6 参照）。

①客観的用法
ir *dorftet* mich niht *hān gemant* sō verre.　　　(Tristan 3660)
あなたは私をこれほどひどく促す必要がなかったのに。(= hättet〔zu〕mahnen brauchen)
②主観的用法
eʒ-n' *dorfte* künec sō junger nimmer küener *sīn gewesen*.
　　　　　　　　　　　　　　　　　　　　(NL. A, 2232,4)
このように若い王は決して（誰も彼より）大胆ではなかったに違いなかった。(= musste gewesen sein)

　初期新高ドイツ語に至って客観的用法としての〈様相助動詞の完了形＋不定詞〉と主観的用法としての〈様相助動詞＋完了不定詞〉というシステムの分化が普及し始める（Diewald 1999a: 381 参照）。

1. 様相助動詞の完了形＋不定詞（客観的用法）
   Noch *hat* sie *müssen vertrieben werden*.　　　(LB. ナホ 3,10)
   さらに彼女は追放されなければならなかった。
2. 様相助動詞＋完了不定詞（主観的用法）
   Drumb *muss* das der heubt teuffel selb *gesagt haben*. (M. Luther)
   それ故にそれはあの悪魔の頭が自ら言ったに違いない。

　さらなる発展の結具として新高ドイツ語・現代ドイツ語では、本来的に客観的な用法の〈様相助動詞の完了形＋不定詞〉にも主観的な用法が、また本来的に主観的な用法の〈様相助動詞＋完了不定詞〉にも客観的な用法が加わって、多彩な意味表示が可能となった（他の用法は後述）。

1. 様相助動詞の完了形＋不定詞
   ①客観的用法
   Labour und Liberale *hätten* bei Neuwahlen zum gegenwärtigen Zeitpunkt ganz gewiß schwere Verluste *hinnehmen müssen*.
   （Abendpost. Leirbukt 1984: 236）
   労働党と自由党は改選に際して現時点で全く確実に重大な敗北を受け入れなければならなかったのだが（両党の協約により今はそうでなくなっている）。
   ②主観的用法
   Dies allein *hätte ausreichen müssen*, damit die Sprache verloren geht.
   （R. Werber. In: F. Coulmas/T. Sengoku: Deutsch in der Welt. 朝日出版 1991: 54）
   この事だけでも、言葉（＝ドイツ語）が消えて行くには十分であるに違いなかったのだが。
2. 様相助動詞＋完了不定詞
   ①客観的用法
   Damals *konnte* man das 40. Lebensjahr *überschritten haben*, wenn man sich bewarb. （Gerstenkorn 1976: 292）
   当時、応募する際には、40番目の生存年を越えていることができた＝40歳になっていてもよかった。
   ②主観的用法
   Sie *konnte* sich doch nicht damit *abgefunden haben*, daß er sie hatte verlassen wollen. （H.-J. Steinmann. Welke 1965: 63）
   だが彼女は、自分が彼女を見捨てるつもりであったことを承知していたはずがない。（体験話法）

　様相助動詞と共に用いられる完了不定詞は現代ドイツ語では重要な表現手段として存在し続けている。

　　①発話・回顧時点前における完了事象
　　Ich *wollte* das vorläufig nicht *gehört haben*.
（Th. Mann. Letnes 2002b: 102）

私はそれを当分の間は聞かなかったことを欲した＝聞かなかったことにしたかった。
Ich *wollte* längst Feierabend *gemacht haben*.
（H. Eppendorfer. DUDEN 4550）
私はとっくに仕事を終わりにしておきたいと欲した＝終わっておきたかった。（＝ hätte gern längst Feierabend gemacht）
So wirkungslos *will* man dann auch nicht *gewesen sein*.
（M. Walser. Leirbukt 1984: 225）
その際それほど影響力がなかったことにもしたくない／影響力がなくはなかったことにもしたい＝影響力があったことにもしたい。
Wen sie nicht halten konnte, dem *wollte* sie... doch die beste von allen... *gewesen sein*.　（O. Hassencamp. Leirbukt 1984: 225）
彼女が引き止めることができなかった男に対しては、それでも自分が最高の女であったことにしたかった。
Die Sache ist schiefgegangen. Jetzt *will*/*möchte* natürlich keiner gern der Urheber des Plans *gewesen sein*.　（Kaufmann 1965: 7）
その案件は失敗に帰した。今では当然誰もその計画の発案者であったと言いたがらない。
Das *möchte* ich *überhört haben*.　　　　（DUDEN 2624）
それを私は聞き漏らしたことにしたいと思う。
Aber Sie *sollen* auch nicht umsonst *gekommen sein*.
（St. Zweig. 浜口 1962: 102）
でもあなたが無駄においでくださったのではないという証拠をお見せ致しましょう。―浜口訳
Aber irgend etwas *muß* nicht *gestimmt haben*.（Folsom 1968: 328）
しかし何かがうまく行かなかったに違いない。
Der Gedanke, an ihr achtlos *vorbeigegangen sein* zu *können*, bekümmerte ihn.　　　　　　　　　（Hetland/Vater 2008: 98）
彼女の側をうっかり素通りしたかも知れないという考えが彼の心を痛めた。
Niemand aus der Nachbarschaft *will* etwas *bemerkt haben*,

第12章　統語法の変遷　　539

keiner *möchte* auch nur Verdacht *geschöpft haben*.

(Hetland/Vater 2008: 96)

近所の誰も何も気づかなかったと言い張っている。誰も疑念すら抱かなかったと言い張っている。

Den Namen hatte Denis Denissowitsch nicht mehr im Gedächtnis, es *wird* einer von diesen verdammten polnischen Namen *gewesen sein*, die einander alle so ähnlich sind.

(W. Bergengruen. Zifonun 他 3, 1997: 1901)

その名前をデニス・デニソヴィッチはもはや記憶していなかった。それは、互いに全部よく似ているこれらの忌々しいポーランド人名の一つだったのだろう。

②発話時点後における完了事象

Kannst du bis heute abend alles *gepackt haben*?

(E. M. Remarque. Sherebkov 1967: 360)

君は今晩までに全てを荷造りしておくことができますか。

In aller Kürze *müssen* wir das Buch *gefunden haben*!

(Welke 1965: 75)

ごく短時間で私達はその本を見つけておかなければならない。

Was *willst* du in 10 Jahren *erreicht haben*? (Leirbukt 1984: 225)

何を君は10年後に達成しておきたいと欲しているのか。

Wenn die Verleger eines Tages ihre verschlissenen Druckmaschinen erneuern müssen, *werden* diese um die Hälfte teurer *geworden sein*. (Die Zeit. Vater 1975: 119)

全出版社がある日、自分達の磨耗した印刷機を更新しなければならない時には印刷機は半額分だけ高くなっているだろう。

③超時的な完了事象

Wer an einer deutschen Universität studieren will, *muß* das Reifezeugnis *erworben haben*. (Kaufmann 1965: 2)

ドイツの大学で勉強したいと思う者は高校卒業証書を得ておかなければならない。

Ein Rausch ist keine Tragödie. Man *darf* auch mal betrunken *gewesen sein*. (Kaufmann 1965: 7)

酩酊は悲劇ではない。一度くらいは酔っ払っておいても構わない。
Falls man ernst genommen werden will, *darf* man nicht derart absurde Meinungen *geäußert haben*.　　　(Kaufmann 1965: 4)
真剣に解されたいのであれば、そのように馬鹿げた意見を述べておいてはいけない。
Dieses Buch *sollte* man *gelesen haben*.　　　(DUDEN 3597)
この本を読んでおくべきなのだが。
④強調的完了
非時称的な完了不定詞によって「意志力の強化」(Grimms DWb. 30,1334) が「慣用句的」(Grimms DWb. 30,1335) に表現される。
Das *will* ich Ihnen auch *geraten haben*.　　　(Engelen 1973: 52)
それを私はあなたにも忠告しておきたいと思います。
Ich *wollte* nur daran *erinnert haben*.
　　　　　　　(Nachrüstungsdebatte 1984年。Leirbukt 2002: 70)
私はただ注意を喚起しておきたかっただけです。
… so brauche ich Dich nicht zu ermahnen — *möchte* es aber doch *getan haben*.　　　(Th. Mann. Leirbukt 1984: 225)
それならば私は君に警告する必要がない――がそれでもそうしておきたいと思う。
Darauf *möchte* ich hier mit allem Nachdruck noch einmal *hingewiesen haben*.　　　(Stern. Leirbukt 1984: 231)
その事を私はここで力を込めてもう一度指摘しておきたいと思う。
Das *möchte* ich mir sehr *verbeten haben*.　　　(Leirbukt 2002: 71)
それは固くお断りしておきたいと思います。(慣用句)
Das *möchte* ich mir *ausgebeten haben*!　　　(DUDEN 367)
それを是非ともお願いしておきたいと思います。(慣用句。= Das erwarte ich als selbstverständlich「それを私は当然の事として期待しています」)
⑤他人による動作（＝受動）完了の結果状態（「…された状態

で持っている」）

ここでは文主語と過去分詞の動作主とが異なっているので、この場合の完了不定詞も厳密な意味では時称形とはみなせない。

Ach ja, einmal haben auch die Menschewiki Flugblätter von uns *gedruckt haben wollen*.

(F. C. Weiskopf. Litvinov/Radčenko 1998: 155)

ああそうだ、一度メンシェヴィキ達もビラを我々に印刷しておいて欲しいと思ったことがある。

Wenn man *geholfen haben will*, darf man nicht herumreden und nichts verschweigen. (St. Zweig. Raynaud 1977a: 20)

助けてもらいたいのなら、言い抜けしたり、何事も黙っていたりしはならない。

Wir *möchten* unsere Unterhaltung nicht *gestört haben*.

(浜口 1962: 106)

私たちは団欒のじゃまをされたくありません。―浜口訳

さらに、現代ドイツ語では叙想法過去形は過去事象との結びつきから完全に解放されて、現在事象あるいは未来事象（例えば、近日開催予定の催しに招待する Es wäre schön, wenn auch Sie an der Veranstaltung teilnehmen *könnten*「あたたもこの催しに参加できたら、素晴らしいのですが」Leirbukt 1997: 94）に関わり、過去事象には叙想法過去完了形が関わることになっているが、様相助動詞においても同様の事態が生じている。その際、叙法の違いは事象が現実か想念かを示す（①は客観的用法、②は主観的用法）。

	現在事象	過去事象
現実	muss（叙実法現在形） ①しなければならない（断定） ②違いない（推断）	musste（叙実法過去形） ①しなければならなかった（断定） ②違いなかった（推断）
想念	müsste（叙想法過去形） ①しなければならないのだが（仮定） ②違いないのだが（推断の仮定的保留）	hätte müssen（叙想法過去完了形） ①しなければならなかったのだが（仮定） ②違いなかったのだが（推断の仮定的保留）

	現在事象	過去事象
現実	kann（叙実法現在形） ①することができる（断定） ②かも知れない（推断）	konnte（叙実法過去形） ①することができた（断定） ②かも知れなかった（推断）
想念	könnte（叙想法過去形） ①することができるのだが（仮定） ②かも知れないのだが （推断の仮定的保留）	hätte können（叙想法過去完了形） ①することができたのだが（仮定） ②かも知れなかったのだが （推断の仮定的保留）

　この結果、現代ドイツ語では次のような微妙な意味の違いを表現できることになった。

　　A: Kommst du mit ins Kino?　　　　　　（Lötscher 1991: 341）
　　　一緒に映画に行くかい？
　　B: Ich *muß* eine Prüfung vorbereiten.
　　　僕は試験の準備をしなければならない（ので一緒に行かない）。
　　　Ich *müßte* eine Prüfung vorbereiten.
　　　（本来ならば）僕は試験の準備をしなければならないのだが（どうせ今日はこれ以上頭に入らないので、一緒に行くよ）。

Ich habe die Sonate so lange geübt, daß ich sie dir jetzt auch auswendig vorspielen *kann*.　　　　　　（Lötscher 1991: 341）
私はこのソナタを長く練習してきたので、あなたの前で今、暗譜でも演奏することができます。（実際に演奏する気がある）
Ich habe die Sonate so lange geübt, daß ich sie dir jetzt auch auswendig vorspielen *könnte*.
私はこのソナタを長く練習してきたので、あなたの前で今、暗譜でも演奏することができるのですが。（実際には演奏する気がない）

Er hätte es tun *müssen*.
①彼はそれをしなければならなかったのだが。（実際にはそれをしなくてよかった）

第12章　統語法の変遷　　543

②彼はそれをするに違いなかったのだが。(実際にはそれをしなかった)

Er *müsste* es getan haben.
①彼はそれをしておかなければならないのだが。(実際にはそれをしてなくてよい)
②彼はそれをしたに違いないのだが。(実際にそれをした可能性は大きい)

Er hatte zuwenig Zeit, als daß er das Buch hätte lesen *können*.
（ベルガー他 1990: 187）
彼は時間不足だったので、その本を読むことができなかった。(否定話法。= Er konnte das Buch nicht lesen「彼はその本を読むことができなかった」)
Er hatte zuwenig Zeit, als daß er das Buch gelesen haben *könnte*.
彼は時間不足だったので、その本を読んだはずがない。(否定話法。= Er kann das Buch nicht gelesen haben「彼はその本を読んだはずがない」)

Tatsächlich sind die Eier teuer geblieben. Bei einigem guten Willen der Händler hätten sie schon längst billiger werden *können*. （Kaufmann 1965: 8）
実際には卵は高いままだった。販売者らの善意が少しあれば卵はもうとっくにもっと安くなることができたのだが／安くなるかも知れなかったのだが。
Im vergangenen Jahr waren die Eier um diese Zeit schon billiger. Also *könnten* sie schon längst billiger geworden sein.
去年、卵はこの時期、既にもっと安かった。従って卵はもうとっくにもっと安くなっていることができるのだが／安くなっているかも知れないのだが。

Hätte er es doch tun *mögen*! （Flämig 1962: 132）

彼はそれをしたかったのだが。（実際にはしなかった）
Möchte er es doch getan haben!
彼がそれをし終えていますよう。（実際にしたどうかは不明）

"Er hat ihr schon lange nicht mehr geschrieben." "Warum hätte er ihr schreiben *sollen*?" 　　　　　(Klappenbach/Steinitz 3453)
「彼は彼女にもう既に長く手紙を書いていない」「なぜ彼は彼女に手紙を書くべきだったのか（なぜ君は彼が彼女に手紙を書くことを期待していたのか）」
"Er hat ihr nicht mehr geschrieben." "Ja, warum *sollte* er ihr denn auch geschrieben haben?" 　　　　　(Kaufmann 1962: 170)
「彼は彼女にもう手紙を書いていない」「そうだが、一体またなぜ彼は彼女に手紙を書いていたと言うのか（元々彼が彼女に手紙を書いたことなんかないよ）」

Sie sind tatsächlich nicht zum Arzt gegangen. Sie hätten schon längst einmal zum Arzt gehen *sollen*. 　　　(Kaufmann 1965: 8)
あなたは実際には医者へ行かなかった。あなたはもうとっくに一度医者へ行くべきだったのだが。（過去の不作為に対する非難）
Krankheitssymptome sind keine Sache, die man auf die leichte Schulter nimmt. Sie *sollten* schon längst einmal zum Arzt gegangen sein.
病状は軽く取れるものではない。あなたはもうとっくに一度医者へ行っておくべきなのだが。（今後の行為への勧奨）

　現代ドイツ語の叙想法過去（完了）形の代表的な機能は非現実性の表現であるが、様相助動詞が叙想法過去（完了）形で用いられている場合、非現実性は様相助動詞の意味内容ではなくて、（完了）不定詞によって表わされる事象に関わることがある。

Du *könntest/müßtest* heimgehen. 　　　　　(Lötscher 1991: 335)

君は帰宅することができるのだが／帰宅しなければならないのだが。(帰宅の可能性／必然性があるのは現実であるが、「帰宅する」ことは現実にはない)

Längst hätte verhindert werden *müssen*, dass die ›Verweildauer‹ auf den Universitäten im Durchschnitt bei 14 Semestern liegt, obgleich als Regelstudienzeit 10 Semester festgelegt wurden.　　　　(M. Dönhoff et al. 1992年。Duden-Gr. 2009: 520f.)
10学期が標準在学期間として定められたにもかかわらず、大学での「在籍期間」が平均して14学期になっていることはとっくに阻止されなければならなかったのだが。(阻止の必然性があったのは現実であるが、「阻止される」ことは現実にはなかった)

　下例のような場合には2通りの解釈が可能である (Diewald 1999a: 193f.)。

Man *müßte* sich also auf völkerrechtliche Fragen beschränken.
従って(本来ならば)国際法上の諸問題に的を絞らなければならないのだが。
①特定の条件が満たされていないので、絞る必要がない。
②特定の条件を受け入れるならば、絞る必要がある。
Nun *könnten* auch Politiker offen und frei ihre Meinung sagen.
今や(本来ならば)政治家達も率直かつ自由に自分の意見を述べることができるのだが。
①特定の条件が満たされていないので、述べることができない。
②特定の条件を受け入れるならば、述べることができる。

　客観的用法の場合に叙実法現在形の代わりに叙想法過去形を用いると決定の自由が相手に委ねられるので、丁寧さが含意される (Lötscher 1991: 345)。

Du *sollst/mußt//solltest/müßtest* etwas schöner schreiben.

君はもう少し綺麗に字を書くべきだ／書かなければならない／／書くべきだが／書かなければならないのだが。
Wir *können/könnten* uns ja in zwei Wochen wieder sehen.
我々は2週間後に再会できるよ／再会できるのだがね。
Du *darfst/dürftest* sicher morgen mit mir ins Kino gehen.
君はもちろん明日私と一緒に映画に行っていいよ／行っていいのだが。

また主観的用法の müssen や können、mögen の叙想法過去形は、推断に仮定的な保留がかかるために、叙実法現在形よりも実性度が低下する（Brünner/Redder 1983: 83; Niedermeier 2009: 7 参照）。

Nach dem Stadtplan *muß/müßte* die Kirche gerade hier vorne um die Ecke sein. （Lötscher 1991: 349）
市街地図によれば教会はちょうどこの先の角を曲がった所にあるに違いない／あるに違いないのだが。
Oskar *kann/könnte* den Termin auch vergessen haben.
　　　　　　　　　　　　　　　　　（Lötscher 1991: 348）
オスカルはやはり約束日を忘れたのかも知れない／忘れたのかも知れないのだが。
Er *mag/möchte*（古風・地方的）es getan haben.
彼がそれをしたのかも知れない／したのかも知れないのだが。

Lötscher（1991: 348f.）によれば、主観的用法の叙想法過去形 müßte は、従属する完了不定詞が過去事象を表わす場合、叙想法過去形の叙法性（＝非現実性）が事実の可能性を打ち消して話者の必然的な推断と矛盾することになるので、不可だとされる。

Meine Uhr *muß/*müßte* gestohlen worden sein.
私の腕時計は盗まれたに違いない／盗まれたに違いないのだが。
（日本語は問題なし）

これに対して従属不定詞が、真偽の判定が未来に委ねられる現在事象（Nach dem Stadtplan *müßte* die Kirche gerade hier vorne um die Ecke sein「市街地図によれば教会はちょうどこの先の角を曲がった所にあるに違いないのだが」）や下掲のような未来事象の場合には、話者の推断に仮定的な保留がかかり得るので、叙想法過去形も可能とされる。

> Die Rennfahrer *müssen/müßten* im nächsten Moment hier um die Ecke biegen.
> このレーサー達は次の瞬間にここで角を曲がるに違いない／曲がるに違いないのだが。

この例文は、過去時の体験話法では次のように変換されることになる。

> Er dachte: Die Rennfahrer *mussten* im nächsten Moment hier um die Ecke biegen/*hätten*... biegen *müssen*.
> 彼は考えた：このレーサー達は次の瞬間にここで角を曲がるに違いない／曲がるに違いないのだが。（鈴木 2005: 80f. 参照）

既述のように、上位（定動詞）と下位（不定詞）の二重完了形、つまり〈様相助動詞の叙想法過去完了形（まれに叙実法過去完了形）＋完了不定詞〉（Er hätte es getan haben müssen ①「彼はそれをしておかなければならなかったのだが」／②「彼はそれをしたに違いなかったのだが」）の出現は現代ドイツ語における究極的な発展の成果である。

①客観的用法
Sie *hätten* schon vor Jahren *verschwunden sein sollen*.
　　　　　　　　　　（E. M. Remarque. Litvinov/Radčenko 1998: 153）
あなたは既に何年も前に消え失せてしまっているべきだったのだが。

Eigentlich *hätte* er ja mit diesen überschüssigen Geldern die Schuld des Vaters gegenüber dem Chef weiter *abgetragen haben können*.　　　　　　　　（F. Kafka. 浜口 1962: 107; 1972: 97）
本来ならば、たしかにこの浮いてきた金で父の負債を店主にどんどん返済していくことができたであろう。―浜口訳（abgetragen haben は強調的な完了不定詞）

Wieviel Gläser（und wieviel Wein!）*hätte* er *getrunken haben müssen*…?　　（M. Walser. 浜口 1972: 97; Litvinov/Radčenko 1998: 154）
本来ならば、いかに多くのグラス（といかに多くのワイン）を彼は飲み乾していなければならなかったのだろうか。

… ich *hätte* dann mit dem Aufbau[-Verlag] nicht schon *verhandelt haben dürfen*.
　　　　　（E. Strittmatter. Litvinov/Radčenko 1998: 153; Leirbukt 2002: 62）
それなら私はアウフバウ出版社と既に交渉してしまっていてはならなかったのだが。

Von denen *hätte* ich… fast jede selber *gemacht haben wollen*.
　　　　　（E. Strittmatter. Litvinov/Radčenko 1998: 153; Leirbukt 2002: 62）
それらのほとんどどれをも私は自分で作っておきたかったのだが。

②主観的用法

… es *hätte* ja auch die zweite Person irgendwo… *ausgestiegen sein können*.　　　　　　　　（M. L. Kaschnitz. Leirbukt 2002: 73）
もちろん第2の人物がどこかで降りてしまっていたかも知れなかったのだが。

Aber dann *hätten* es Russen *gewesen sein müssen*…
　　　　　　　　　　　　　　　　　　（H. Reinoß. Leirbukt 2002: 73）
しかしそれならば、それはロシア人（＝ソ連兵）らであったに違いなかったのだが。

Hätte Claudio auch noch so sehr nichts *gesehen haben wollen*.
　　　　　　　　　　　　　　　　　　（H. Reinoß. Leirbukt 2002: 74）
たとえクラウディオがどんなに激しく何も見なかったと言い張ったとしても。

さらには三重完了形も出現し始めている。

Sie hatten Glück. Der Chef hatte ihnen mehr Zeit gelassen. Sonst *hätten* sie diese Arbeit schon bis Ende Mai *erledigt gehabt haben müssen*. （Leirbukt 2002: 82）
彼らは運が良かった。社長は彼らにもっと時間を与えていた。さもなければ彼らはこの仕事を既に5月末までに片付けておいてしまわなければならなかったのだが。（二重完了不定詞 erledigt gehabt haben は過去完了の不定詞に相当する）

最高度の到達段階として従属不定詞が受動完了不定詞の場合も例証されている。

Das *hätte* gestern schon *erledigt worden sein sollen*.
（Feltkamp 1969: 357）
それは昨日既に片付けられて（しまって）いるべきであったのだが。

… so *hätten* in diesen vierzehn, richtiger: in den letzten sieben davon, alle zwölf Kinder… ihm *müssen geschenkt worden sein*.
（Th. Mann. Litvinov/Radčenko 1998: 154; Leirbukt 2002: 62）
そうであればこの14年間、より正確に言えば、その最後の7年間に12人の子供全員が彼に贈られたに違いなかったのだが。

ここの hätten müssen geschenkt worden sein を機械的にゴート語に変換してみると、habaidedeina motan fragiban waurþan wisan となるが（ゴート語には schenken と sein なし）、このゴート語の表現は全く意味をなさない（最も近い有意味な表現として考えられるのは waurþeina aufto fragibana「きっと贈られたのだろう」≒ wären sicher geschenkt worden）。この新旧二つの表現の間には1500年の時間の経過があって、この間に意味と文法に次のような大変革が生じているからである。

1. ゴート語の *motan はまだ様相助動詞として機能しなかった。*motan の後継語が様相助動詞として用いられるのは古期ドイツ語になってからである。
2. *motan の後継語が様相助動詞として「違いない」の意味で主観的に用いられるのは中高ドイツ語からであった。
3. ゴート語ではまだ〈haben + 過去分詞〉の完了形は用いられていない。haben 完了形は古期ドイツ語になってからの発展であった。
4. 従って仮にゴート語の *motan が様相助動詞として機能し得たとしても、過去分詞は必要とはされなかった。*motan の後継語に過去分詞が初めて出現するのは中高ドイツ語の時代であったが、十分に普及するのは初期新高ドイツ語の時代に入ってからである。
5. ゴート語では受動の不定詞〈wairþan + 過去分詞〉は発展の初歩的段階にあった。受動の不定詞が普及するのは古期ドイツ語の時代である。
6. 完了不定詞はゴート語には現われず、古期ドイツ語の末期になって登場する。
7. 従ってゴート語では受動の完了不定詞は全く不可能であった。受動の完了不定詞〈過去分詞 + worden + sein〉が登場するのは中高ドイツ語（14世紀初め）になってからである（Grimms DWb. 29, 265）。

さらに別例で、ドイツ語史において1500年の間に統語法が大きく変遷していることを示してみたい。

ギリシア語原典	ēdúnato toũto tò múron prathẽnai.
	（マタ 26, 9; マル 14, 5）
ラテン語訳	poterat unguentum istud vaenundari.
ゴート語訳	maht wesi þata balsan frabugjan.
古期ドイツ語訳	*thiu salba mohti firkoufit werdan.（筆者訳）
中高ドイツ語訳	dise salbe mochte verkouft sīn.

初期新高独語訳　die salb' mocht' verkaufft sein worden.（ルター訳前）

Dieses wasser hette mocht verkaufft werden.（ルター訳）

現代ドイツ語訳　Dieses Salböl hätte verkauft werden können.
この香油は売られることができたのだが。

　ギリシア語 ēdúnato とラテン語 poterat は様相助動詞「…することができる」の直説法未完了過去形で、ここでは「できたのにしなかった」（岩隈 1, 1973: 122; 2下, 1989: 120）を意味する。prathē̃nai, vaenundari（= venundari）は「売る」の受動不定詞である。従ってゴート語の maht wesi frabugjan は、ギリシア語やラテン語の〈様相助動詞+受動不定詞〉という下位受動の表現に対して〈様相助動詞の受動形+能動不定詞〉という特異な上位受動の表現であり、窮余の一策であったように思われる。一方、ゴート語 wesi は叙想法（=接続法）過去形であるので、ギリシア語やラテン語の直説法未完了過去形よりも「できたのにしなかった」とか「しようと思えばできたのだが」という非難・物惜しみの意味が明示されている。

　初期新高ドイツ語において様相助動詞の完了形（hette mocht）が定着する以前は完了表現を従属不定詞に委ねざるを得なかった（verkaufft sein worden）。しかし中高ドイツ語訳の受動完了不定詞 verkouft sīn にはまだ受動助動詞の過去分詞 worden が使われていない。

　参考までに英語における変遷は次のようであった。

古英語訳　þeos sealf mihte beon geseald.（beon = 現代ドイツ語 werden か〔worden〕sein かは不分明）

中英語訳　this oyntment myȝte have be sold.

近代英語訳　This oyntment myght have bene soolde.（ティンダル訳）

This ointment might have bin sold.（欽定訳）

現代英語訳　This ointment could have been sold.

この香油は売られることができたのだが。

　現代英語訳は基本的には中英語訳のままであって、ルター訳前の初期新高ドイツ語訳と同じ構成を取っていることが分かる。もう一例挙げてみる。

ギリシア語原典	egṑ ópheilon sunístasthai.	（2 コリ 12,11）
ラテン語訳	ego debui commendari.	
ゴート語訳	ik skulds was gakannjan.	
古期ドイツ語訳	*ih scolti bifolahan werdan.（筆者訳）	
中高ドイツ語訳	*ich sölte befolhen sīn.（筆者訳）	
初期新高独語訳	Ich solte gelobet werden.（ルター訳）	
現代ドイツ語訳	Ich hätte empfohlen werden müssen.	
現代英語訳	I ought to have been recommended.	
	私は推薦されるべきだったのだが。	

　ギリシア語の様相助動詞ópheilonも直説法未完了過去形で、ここでは「…すべきであったのに（実はしなかった）」（岩隈 1982a: 349; 7下, 1980: 101）の意味であるが、「非現実話法ではなくて、過去の現実（…すべきであった）」（Rienecker 1970: 431）とする解釈もあって、ラテン語訳とゴート語訳はそれに従ってなされている。ルター訳も同様であった。
　変遷の最終段階に到達している現代ドイツ語の hätte verkauft werden können や hätte empfohlen werden müssen〈様相助動詞の叙想法過去完了形＋受動不定詞〉は最も明晰な表現を可能にしている。他方、現代英語の could have been sold や ought to have been recommended〈様相助動詞の叙想法過去形＋受動の完了不定詞〉は上位の様相助動詞の完了表現を下位の従属不定詞に任せている点で、ルター訳前の段階に留まっており、下位の従属不定詞の受動表現を上位の様相助動詞に委ねているゴート語の応急避難的な表現形式 maht wesi frabugjan や skulds was gakannjan とは似たようなレベルにあると言えよう。

第13章
将来展望

　brauchen は近い将来には、ほぼ完全な様相助動詞として次のような語形変化をするようになるのではなかろうか。

　　不定詞 brauchen
　　過去分詞 gebraucht/brauchen
　　叙実法現在形
　　　　ich brauch　　　　wir brauchen
　　　　du brauchst　　　　ihr braucht
　　　　er brauch　　　　　sie brauchen
　　叙実法過去形
　　　　ich brauchte　　　wir brauchten
　　　　du brauchtest　　 ihr brauchtet
　　　　er brauchte　　　 sie brauchten
　　叙想法現在形
　　　　ich brauche　　　 wir brauchen
　　　　du brauchest　　　ihr brauchet
　　　　er brauche　　　　sie brauchen
　　叙想法過去形
　　　　ich bräuchte　　　wir bräuchten
　　　　du bräuchtest　　 iht bräuchtet
　　　　er bräuchte　　　 sie bräuchten

これに従って次のような表現をすることができよう。

　　Er *brauch* es nicht tun.
　　①彼はそれをする必要がない。

②彼がそれをするとは限らない。
Er hätte es nicht tun *brauchen*.
①彼はそれをする必要がなかったのだが。
②（将来）彼はそれをする必要がなくなっているのだが。
③彼がそれをするとは限らなかったのだが。
Er *bräuchte* es nicht getan haben.
①彼はそれをしておく必要がないのだが。
②彼がそれをしたとは限らないのだが。
Er hätte es nicht getan haben *brauchen*.
①彼はそれをしておく必要がなかったのだが。
②（将来）彼はそれをしておく必要がなくなっているのだが。
③彼がそれをしたとは限らなかったのだが。

　一方 möchte は既に今日では mögen とは関係のない、独立した様相助動詞と受け取るドイツ人が増えつつあるので、既に特に文法記述用として広く使われていて、一般の話し言葉でも用いられ出している möchten という不定詞が近い将来には実際に広く使用される可能性が大いにある。そして新たな主観的な意味「…すると言い張る」が、ただし wollen「…すると言い張る」よりも弱い懐疑性を持って普及すると思われる。さらには möchte の過去形の換言として出現していた möchten tat に代わる möchtete がいずれ登場するであろう。

　　不定詞 möchten
　　過去分詞 gemöchtet/möchten
　　叙実法・叙想法現在形
　　　　ich möchte　　　　wir möchten
　　　　du möchtest　　　 ihr möchtet
　　　　er möchte　　　　 sie möchten
　　叙実法・叙想法過去形
　　　　ich möchtete　　　wir möchteten
　　　　du möchtetest　　ihr möchtetet

　　　　er möchtete　　　　sie möchteten

　この結果、次のような表現が可能になるだろう。

Er hat es tun *möchten*.
彼はそれをしたいと思った。
Er hat es *gemöchtet*.
彼はそれを望んだ。
Er *möchtete* es tun.
彼はそれをしたいと思った。
Er *möchte* es getan haben.
①彼はそれをしておきたいと思う。
②彼はそれをしておいて欲しいと思う。
③彼はそれをしたと言い張る（が、やや疑わしい）。
Er *möchtete* es getan haben.
①彼はそれをしておきたいと思った。
②彼はそれをしておいて欲しいと思った。
③彼はそれをしたと言い張った（が、やや疑わしかった）。
Er hätte es getan haben *möchten*.
①彼はそれをしておきたいと思ったのだが。
②彼はそれをしておいて欲しいと思ったのだが。
③彼はそれをしたと言い張ったのだが。

　過去形möchteteの語尾-teteは語源的には単純反復であるので、奇異に見えるが、類似の現象がかつてessenの過去分詞に生じている。この動詞の過去分詞は本来geéssenであったが、その後-ee-が融合してgéssenに変わり、この語形が一般化していた。この現象は既に中高ドイツに見られる。しかし新高ドイツ語の時代に入り、過去分詞はいきなり強勢のある音節で始まることができないという規範意識が強まるにつれて、再度、過去分詞の印であるge-の付けられた「悪しき語形」（Grimms DWb. 3, 1162）gegéssenが広まって今日に至った次第である。事情は異なるが、前綴りge-が語頭音

になってしまっているgönnen「許し与える」(中高ドイツ語gunnen/günnen＜古期ドイツ語gi-unnan)、glauben「信じる」(中高ドイツ語g(e)louben＜古期ドイツ語gi-louben)、gleichen「等しい」(初期新高ドイツ語glīchen＜中高ドイツ語ge-līchen＜古期ドイツ語gi-līhhen＜gi-līh「等しい」から)、glücken「成功する」(中高ドイツ語g(e)lücken＜ge-lücke「幸運」から)の過去分詞gegönnt、geglaubt、geglichen/gegleicht、geglückt でも ge- が重複している。さらに動詞形ではないが、mehrer「より多くの、幾つかの」(中高ドイツ語mērer＝比較級形mēr＋比較級接辞er)やnimmermehr「断じて…ない」(中高ドイツ語niemer mere)も同音・同形重複の別例である。

　また、序論で見たように例えばdurf-teといった叙実法過去形が、歴史的には完了形の複数形語幹durf-に過去接尾辞-teが付されてできたのと同様に、叙想法過去形というmöchteの由来が意識されなくなると、möcht-eteという新しい「悪しき」過去形が——しかし表面上はacht-ete「留意した」やfracht-ete「運送した」、knecht-ete「制圧した」等と同様——、現在möchteに独自の過去形がないために、mögenやwollenの過去形を代用せざるを得ないことを不便に感じている人がいるだけに、生まれる可能性は大いにあると思う。そうなると新たな完了現在動詞、いやこの場合は文字通りに過去現在動詞の誕生である。Reinwein (1977: 30)はもう既にkönn-, müss-, dürf-, soll-, mög-, woll-, brauch-, werd- と並べてmöcht-という語幹を設定している。

　また過去分詞のmöchtenは、現在なされているmögenやwollenの過去分詞による代用を不要にして、明確な意味表示を可能にし得る。

　過去分詞gemöchtetにも利点がある。現代ドイツ語ではmögenとmöchtenを他動詞として用いることができるが、この両文の受動形は同一にならざるを得ない (Eisenberg 1986: 101, 102)。

Alle mögen Karl.
全員がカルルを好む。

Alle möchten Karl.
全員がカルルを望む。
Karl wird von allen gemocht.
カルルは全員に好まれる／望まれる。

もしも新しい過去分詞 gemöchtet が誕生すれば、gemocht との区別が容易になるであろう。

Karl wird von allen gemocht.
カルルは全員に好まれる。
Karl wird von allen gemöchtet.
カルルは全員に望まれる。

　現代ドイツ語では叙想法は依然として重要な機能を担っているので、様相助動詞においても叙実法過去形と叙想法過去形は変母音の有無によって明白に区別されている。

	叙実法過去形	叙想法過去形
dürfen:	durfte	dürfte
können:	konnte	könnte
mögen:	mochte	möchte
müssen:	musste	müsste

　完全な様相助動詞ではない wissen も同様である（wusste—wüsste）。これにさらに新しく brauchen が加わりつつある（brauchte—bräuchte）。しかし sollen と wollen の二つだけは依然として例外であり続けているが、これは他の完了や受動の助動詞 haben（hatte—hätte）、sein（war—wäre）、werden（wurde—würde）のみならず、ほとんどの強変化動詞や不規則変化動詞も同様であるだけに、奇妙であると同時に不都合でもある。
　ところがかつて中高ドイツ語と初期新高ドイツ語では叙想法過去形に sölde/sölte や wölde/wölte も用いられていたので、これらの

変母音を持つ語形を復活させて、sollte—söllte, wollte—wöllte のように対立させるのが最善の解決策のはずである。しかしながら新高ドイツ語の標準語は奇異なことに、söllte や wöllte を拒んできた歴史がある（Wilmanns 3, 1906: 97 は後続する l 音に一因があると見ている）。

そこで新たな解決の可能性は、既に現代の話し言葉において報告されている（Brünner/Redder 1983: 153, Weinrich 1993: 293）ように、叙想法過去形の接尾辞から母音を抜く方法である（ich wollt, du wolltst）。この方式を sollen にも適用すれば、叙実法過去形と叙想法過去形の区別は文脈依存から抜け出ることが多少は容易になる。

叙実法過去形	叙想法過去形
ich wollte	ich wollt
du wolltest	du wolltst
er wollte	er wollt
wir wollten	wir wolltn
ihr wolltet	ihr wolltt
sie wollten	sie wolltn
ich sollte	ich sollt
du solltest	du solltst
er sollte	er sollt
wir sollten	wir solltn
ihr solltet	ihr solltt
sie sollten	sie solltn

この方式が将来、実際に普及して行くのか否かは予断を許さないが、これが一つの有望な解決策であることに間違いはないと思われる。そうなると、現在では一般的でないとされる（Engel 1988: 472）過去形での sollen の主観的用法「と言われる」がもっと容易になるかも知れない。

Er *sollte* es getan haben.
彼はそれをしたと言われていた／したとのことであった。

これに対して叙想法過去形のsolltの用法も明白になる。

Er *sollt* es getan haben.
①彼はそれをしておくべきなのだが。
②彼はそれをしたはずだが。

最後に、主観的用法の様相助動詞の名詞化について述べて終わりにしたい。様相助動詞の名詞化は従来、客観的用法の場合には可能であっても、主観的用法の場合は不可能とされていた（Diewald 1993: 225; Helbig 1995: 211; Letnes 2001: 70f.）。

Heide muss heute krank sein. — *Das *Müssen* allein reicht aber nicht aus! (Letnes 2001: 70)
ハイディは今日は病気であるに違いない。——しかし違いない（と言う）だけでは十分ではない。

しかしながら、主観的用法の名詞化の前提となる主観的用法の不定詞は、sollenとwollenはかなり以前から、müssenとkönnenは比較的最近になって認められていることを先に指摘した。

Ich werde es wieder getan haben *sollen*. (Curme 1922: 322)
私はそれをしたと再び言われるだろう。（= It will be said again that I did it）
Er wird es wieder nicht gehört haben *wollen*. (Curme 1922: 322)
彼は再びそれを聞かなかったと言い張るだろう。（= He will claim that he didn't hear it）
Alles schon endgültig durchschaut haben zu *wollen*, ist höchstens die Illusion selbstzufriedener Kleingeister.
(Welke 1971a: 293)

全ての事を既に究極的に見抜いたと言い張るのは、精々のところ自己満足的な凡人の幻想である。
Der Verdacht, sich täuschen zu *müssen*, drängte sich auf.
(Reis 2001: 295; Holl 2010: 142)
思い違いしているに違いないという疑いが浮かび上がった。
Der Gedanke, an ihr achtlos vorbeigegangen sein zu *können*, bekümmerte ihn. (Hetland/Vater 2008: 98)
彼女の側をうっかり素通りしたのかも知れないという考えが彼の心を痛めた。

従って sollen と wollen の名詞化については Letnes（2001: 70）は現在のところ疑問符は付くものの全く不可能な訳ではないと認めている。

Heidi soll/will heute krank sein. — ?*Das *Sollen*/?*Wollen* allein reicht aber nicht aus!
ハイディは今日は病気であるそうだ／と言い張っている。——しかしそうだ／言い張っている（と言う）だけでは十分ではない。

従来はあり得ないと言われていた、主観的用法の完了形や従属文中での使用、主観的用法の二重使用も現在では可能になりつつあることも考えると、近い将来において主観的用法の müssen と können の名詞化も可能になるに違いない。

Heidi muss/kann heute krank sein. — Das *Müssen/Können* allein reicht aber nicht aus!
ハイディは今日は病気であるに違いない／であるかも知れない。——しかし違いない／かも知れない（と言う）だけでは十分ではない。

様相助動詞の用法にはまだまだ色々と発展する余地があると考え

られ、それらの潜在的な用法（例えば?*der sich jetzt ärgern müssende/könnende Erwin「今、怒っているに違いない／かも知れないエルヴィーン」のような主観的用法の現在分詞、さらには haben/sein + zu の主観的用法）の具現によってさらなる思考と表現の可能性がドイツ語に開かれ得ると思われる。

参考文献

1. 論文、論集、研究書

Abraham, Werner: Syntaktische Korrelate zum Lesartwechsel zwischen epistemischen und deontisch/volitiven Modalverben. In: Groninger Arbeiten zur germanistischen Linguistik 30, 1989, 145–166.

Abraham, Werner: Modalverben in der Germania. In: Begegnung mit dem "Fremden": Grenzen, Traditionen, Vergleiche. Akten des VIII. Internationalen Germanisten-Kongresses, Tokyo 1990. Band 4. München 1991, 109–118.

Abraham, Werner: Die Grammatikalisierung von Auxiliar- und Modalverben. In: PBB 112, 1992, 200–208.

Abraham, Werner: Modalverben als Sekundärprädikatoren. In: Rand und Band. Abgrenzung und Verknüpfung als Grundtendenzen des Deutschen. Festschrift für Eugène Faucher zum 60. Geburtstag. Tübingen 1995, 139–150.

Abraham, Werner: Modals: toward explaining the 'epistemic non-finiteness gap'. In: Müller/Reis (Hrsg.) 2001, 7–36.

Abraham, Werner: Modal verbs. Epistemics in German and English. In: Modality and its interaction with the verbal system. Amsterdam 2002, 19–50.

Abraham, Werner: Event arguments and modal verbs. In: Event arguments. Foundations and applications. Tübingen 2005, 243–276.

Abraham, Werner: Wie ist die historisch spezifische Ausgliederung der Modalitäten bei den deutschen Modalverben denkbar? In: Linguistische Berichte 214, 2008, 183–210.

Abraham, Werner: Zeitreferenz bei Modalverbeinbettungen: das Past-Gleichzeitigkeitsparadoxon, Double Access und Aspektsyntax. In: Abraham/Leiss (Hrsg.) 2009a, 57–78.

Abraham, Werner: Die Urmasse von Modalität und ihre Ausgliederung. Modalität anhand von Modalverben, Modalpartikel und Modus. Was ist das Gemeinsame, was das Trennende, und was steckt dahinter? In: Modalität. Epistemik und Evidentialität bei Modalverb, Adverb, Modalpartikel und Modus. Tübingen 2009b, 251–302.

Abraham, Werner: Modalitäts-Aspekt-Generalisierungen: Interaktionen und deren Brüche. Wo kommen die epistemischen Lesarten t-her? In: Kątny/Socka (Hrsg.) 2010, 13–27.

Abraham, Werner/Leiss, Elisabeth (Hrsg.): Modalität. Epistemik und Evidentialität bei Modalverb, Adverb, Modalpartikel und Modus. Tübingen 2009.

Abraham, Werner/Leiss, Elisabeth (Ed.): Modality and Theory of Mind. Elements across Languages. Berlin/New York 2012.

Abraham, Werner/Leiss, Elisabeth (Hrsg.): Funktionen von Modalität. Berlin/New York 2013.

Adamzik, Kirsten: Zum primärsprachlichen Erwerb der deutschen Modalverben. In: Collectanea Philologica. Festschrift für Helmut Gipper zum 65. Geburtstag. Band I. Baden-Baden 1985, 15–37.

Admoni, Wladimir: Der deutsche Sprachbau. 2. Auflage. Moskwa 1966; 3. Auflage. München 1970.

Admoni, Wladimir: Historische Syntax des Deutschen. Tübingen 1990.

Aldenhoff, J.: Der Ersatzinfinitiv im heutigen Deutsch. In: Revue des langues vivantes 28, 1962, 195–217.

Allard, Francis X.: A Structural and Semantic Analysis of the Geman Modal "mögen". Bern/Frankfurt a. M. 1975.

Amrhein, Jürgen: Die Semantik von *werden*. Grammatische Polysemie und die Verbalkategorien Diathese, Aspekt und Modus. Trier 1996.

Andersson, Sven-Gunnar: Gibt es Modalverben mit aspektuellem Charakter? In: Rosengren, Inger (Hrsg.) 1981, 103–106.

Andresen, Karl Gustaf: Sprachgebrauch und Sprachrichtigkeit im Deutschen. 11. Auflage. Leipzig 1923.

荒木（Araki）一雄／小野経男／中野弘三：助動詞（現代の英文法第3巻）．研究社 1977.

有田（Arita）潤：würde の諸相．In: 早稲田大学語学教育研究所紀要 29, 1984, 1–28.

朝倉（Asakura）純孝：オランダ語四週間．大学書林 1936.

Askedal, John Ole: Zur semantischen Analyse deutscher Auxiliarkonstruktionen unter dem Aspekt der Unterscheidung von summativer und nichtsummativer Bedeutung. In: Deutsch als Fremdsprache 19, 1982, 159–167.

Askedal, John Ole: *drohen* und *versprechen* als sogenannte "Modalitätsverben" in der deutschen Gegenwartssprache. In: Deutsch als Fremdsprache 34, 1997, 12–19.

Askedal, John Ole: Satzfinale infinitivregierende Partizipialformen im Deutschen. Zum Konstruktionstyp: *Solche Sätze sind viel häufiger, als man vielleicht anzunehmen geneigt sein könnte*. In: Eichinger/Leirbukt (Hrsg.) 2000, 147–181.

Auwera, Johan van der: Zweistellige Modalität. In: Rosengren, Inger (Hrsg.) 1981, 81–89.

Auwera, Johan van der: On the Semantic and Pragmatic Polyfunctionality of Modal Verbs. In: The Semantics/Pragmatics Interface from Different Points of View. Oxford/New York 1999, 49–64.

Auwera, Johan van der/Plungian, Vladimir A.: Modality's semantic map. In: Linguistic Typology 2, 1998, 79–124.

Avis, Franz Josef d'(Hrsg.) Deutsche Syntax: Empirie und Theorie. Symposium in Göteborg 13–15. Mai 2004. Göteborg 2005.

Axel, Katrin: Althochdeutsche Modalverben als Anhebungsverben. In: Müller/Reis (Hrsg.) 2001, 37–60.

Bammesberger, Alfred: Studien zur Laryngaltheorie. Göttingen 1984.

Bammesberger, Alfred: Der Aufbau des germanischen Verbalsystems. Heidelberg 1986.

Bartoněk, Antonin: Handbuch des mykenischen Griechisch. Heidelberg 2003.

Bäuerle, Rainer: Verben der propositionalen Einstellung. In: Semantik. Ein internationales Handbuch der zeitgenössischen Forschung. Berlin 1991, 709–722.

Bech, Gunnar: Das semantische System der deutschen Modalverba. In: Travaux du Cercle Linguistique de Copenhague 4, 1949, 3–46.

Bech, Gunnar: Grundzüge der semantischen Entwicklungsgeschichte der hochdeutschen Modalverba. København 1951.

Bech, Gunnar: Studien über das deutsche Verbum infinitum. Band 1. København 1955.

Beekes, Robert S. P.: Comparative Indo-European Linguistics. An Intoduction. Amsterdam/Philadelphia 1995.

Behaghel, Otto: Die Syntax des Heliand. Prag/Wien/Leipzig 1897.

Behaghel, Otto: Deutsche Syntax. Eine geschichtliche Darstellung. 4 Bände. Heidelberg 1923–1932.

Behaghel, Otto: Von deutscher Sprache. Aufsätze, Vorträge und Plaudereien. Lahr in Baden 1927.

Bennet, William Holmes: An Itroduction to the Gothic Langauge. New York 1980.

Benveniste, E.: Les noms abstraits en -ti- du gotique. In: Die Sprache. Zeitschrift für Sprachwissenschaft 6, 1960, 166–171.

ベルガー（Berger），ディーター他：ドイツ文法・疑問の解明．ドゥーデン編集部の回答．三修社1990．

Bergmann, Rolf/Pauly, Peter: Neuhochdeutsch. 2. Auflage. Göttingen 1975; 3. Auflage 1983; 4. Auflage 1992.

Bernhardsson, Haraldur: Verner's Law in Gothic. Dissertation, Cornell University 2001.

Betteridge, H. T.: An experiment with German modals. In: Modern Languages 40, 1959, 128–136; 41, 1960, 16–23, 59–64.

Biener, Clemens: Die Doppelumschreibungen der Praeteritopraesentia. In: Zeitschrift für deutsche Philologie 57, 1932, 1–25.

Bierwisch, Manfred: Grammatik des deutschen Verbs. 8. Auflage. Berlin 1973.
Binnig, Wolfgang: Gotisches Elementarbuch. Berlin/New York 1999.
Birkmann, Thomas: Präteritopräsentia. Morphologische Entwicklungen einer Sonderklasse in den altgermanischen Sprachen. Tübingen 1987.
Blatz, Friedrich: Neuhochdeutsche Grammatik mit Berücksichtigung der historischen Entwicklung der deutschen Sprache. 2 Bände. 3. Auflage. Karlsruhe 1895/1896.
Blumenthal, Peter: Funktionen der Modalverben im Deutschen und Französischen. In: Linguistik und Didaktik 7, 1976, 41–54.
Bogner, Istvan: Zur Entwicklung der periphrastischen Futurformen im Frühneuhochdeutschen. In: Zeitschrift für deutsche Philologie 108, 1989, 56–85.
Bogner, Stephan: Periphrastische Futurformen im Frühneuhochdeutschen. 2. Auflage. Wien 1996.
Bolkestein, A. Machtelt: Problems in the Description of Modal Verbs. An investigation of Latin. Assen 1980.
Bondarko, Nikolai A.: Die sprachlichen Erscheinungsformen der deontischen Modalität in der *Epistola ad fratres de Monte Dei* Wilhelms von Saint-Thierry und in deren mittelhochdeutscher Übertragung. In: Probleme der historischen deutschen Syntax unter besonderer Berücksichtigung ihrer Textsortengebundenheit. Akten zum Internationalen Kongress an der Freien Universität Berlin, 29. Juni bis 3. Juli 2005. Berlin 2007, 151–195.
Boon, Pieter: Der Gebrauch des sogenannten "modalen Infinitivs" in den Verbgefügen *sein* + Infinitiv mit *zu* bzw. *haben* + Infinitiv mit *zu* durch Thomas Murner. Ein Beitrag zu der Forschung nach dem Ursprung und dem Wesen dieser Konstruktionen. In: Beiträge zur Erforschung der deutschen Sprache 1, 1981, 191–198.
Bouma, Lowell: The Semantics of the Modal Auxiliaries in Contemporary German. The Hague/Paris 1973.
Bouma, Lowell: On Contrasting the Semantics of the Modal Auxiliaries of German and English. In: Lingua 37, 1975, 313–339.
Brandenstein, Wilhelm/Mayrhofer, Manfred: Handbuch des Altpersischen. Wiesbaden 1964.
Braune, Wilhelm: Handschriftenverhältnisse des Nibelungenliedes. In: PBB 25, 1900, 1–222.
Braune, Wilhelm: Althochdeutsche Grammatik. 14. Auflage. Tübingen 1987; 15. Auflage 2004a.
Braune, Wilhelm: Gotische Grammatik. Mit Lesestücken und Wörterverzeichnis. 20. Auflage. Tübingen 2004b.
Brinker, Klaus: Zur Funktion der Fügung *sein* + *zu* + Infinitiv in der deutschen Gegenwartssprache. In: Neue Beiträge zur deutschen Grammatik. Hugo Moser zum 60. Geburtstag gewidmet. Düsseldorf 1969, 23–34.
Brinkmann, Hennig: Die deutsche Sprache. Gestalt und Leistung. 2. Auflage.

Düsseldorf 1971.

Bruch, Robert: Précis Populaire de Grammaire Luxembourgeoise/Luxemburger Grammatik in volkstümlichem Abriss. Luxembour 1955.

Brugmann, Karl: Wortgeschichtliche Miszellen. In: Indogermanische Forschungen 30, 1912, 371–382.

Brünner, Gisela: Modales "nicht-brauchen" und "nicht-müssen". In: Linguistische Berichte 62, 1979a, 81–93.

Brünner, Gisela: Modalverben und Negation. In: Perspektive: textintern. Akten des 14. Linguistischen Kolloquiums Bochum 1979b, Band 1. Tübingen 1980a, 103–113.

Brünner, Gisela: Zur inferentiellen Verwendung der Modalverben. In: Sprache: Verstehen und Handeln. Akten des 15. Linguistischen Kolloquiums München 1980b, Band 2. Tübingen 1981a, 311–321.

Brünner, Gisela: Modalverben und die Realisierung von Sprechhandlungen. In: Rosengren, Inger (Hrsg.) 1981b, 91–101.

Brünner, Gisela/Redder, Angelika: Studien zur Verwendung der Modalverben. Mit einem Beitrag von Dieter Wunderlich. Tübingen 1983.

Buffington, Albert F./Barba, Preston A.: A Pennsylvania German Grammar. Allentown 1954.

Burridge, Kate: On the trail of the Conestoga modal. Recent movements of modal auxiliaries in Pennsylvania German. In: Languages and lives: Essays in honor of Werner Enninger. New York 1997, 7–28.

Burrow, Thomas: The Sanskrit Language. London 1955.

Buscha, Joachim: Zu einigen Fehlerquellen beim Gebrauch der Modalverben im Deutschen. In: Deutsch als Fremdsprache 1, 1965, 27–30.

Buscha, Joachim: Zum Hilfsverbcharakter der Modalverben ohne Infinitiv. In: Shluktenko, J. A. (Hrsg.): Aktuelle Probleme der gegenwärtigen Germanistik. Kiew 1975, 39–53.

Buscha, Joachim: Zur Semantik der Modalverben. In: Deutsch als Fremdsprache 21, 1984, 212–217.

Buscha, Joachim/Heinrich, Gertraud/Zoch, Irene: Modalverrben. Leipzig 1977.

Calbert, Joseph P.: Toward the Semantics of Modality. In: Calbert/Vater 1975, 1–70.

Calbert, Joseph P./Vater, Heinz: Aspekte der Modalität. Tübingen 1975.

Carnap, Rudolf: Meaning and Necessity. The Study in Semantics and Modal Logic. Enlarged Edition. Chicago 1956.

カルナップ（Carnap）、ルドルフ（永井成男他訳）：意味と必然性．意味論と様相論理学の研究．紀伊国屋書店1974, 復刻版1999.

Close, R. A.: A reference grammar for students of English. London 1975.

Coates, Jennifer: The Semantics of the Modal Auxiliaries. London/Canberra 1983.

コーツ（Coats）、ジェニファー（澤田治美訳）：英語法助動詞の意味論．研究社出版1992.

Conradie, C. J.: Semantic Change in Modal Auxiliaries as a Result of Speech Act Embedding. In: Harris, Martin/Ramat, Paolo (Editors) 1987, 171–180.

Cordes, Gerhard/Möhn, Dieter (Hrsg.): Handbuch zur niederdeutschen Sprach- und Literaturwissenschaft. Berlin 1983.

Curme, George O.: A Grammar of the German Language. Revised Edition. New York 1922; Second Revised Edition 1952.

Dal, Ingerid: Kurze deutsche Syntax auf historischer Grundlage. 3. Auflage. Tübingen 1966; 4. Auflage 2014.

Danilava, Sviatlana: Semi-automatische Bestimmung der Attitüde über epistemische Modalität. Diplomarbeit. Saarbrücken 2009.

Debrunner, A.: Von den modalen Hilfsverben im Deutschen. In: Sprachspiegel 7, 1951, 66–72, 83–89, 99–104, 113–119.

Debus, Friedhelm/Leirbukt, Oddleif (Hrsg.): Aspekte der Modalität im Deutschen — auch in kontrastiver Sicht. Hildesheim/Zürich/New York 1997.

Deggau, Gustav: Über Gebrauch und Bedeutungs-Entwicklung der Hilfs-Verben "können" und "mögen". Wiesbaden 1907.

Delbrück, Berthold: Altindische Syntax. Halle 1888.

Delbrück, Berthold: Vergleichende Syntax der indogermanischen Sprachen. 3 Bände. 1893–1900.

Demske-Neumann, Ulrike: Modales Passiv und tough movement: zur strukturellen Kausalität eines syntaktischen Wandels im Deutschen und Englischen. Tübingen 1994.

Desportes, Yvon (Hrsg.): Semantik der syntaktischen Beziehungen: Akten des Pariser Kolloquiums zur Erforschung des Althochdeutschen 1994. Heidelberg 1997.

Dieling, Klaus: Das Hilfsverb "werden" als Zeit- und Hypothesenfunktor. In: Zeitschrift für Germanistik 3, 1982, 325–331.

Dieling, Klaus: Die Modalverben als Hypothesenfunktoren. In: Deutsch als Fremdsprache 20, 1983, 325–331.

Dietrich, Rainer: Modalität im Deutschen: Zur Theorie der relativen Modalität. Obladen 1992.

Diewald, Gabriele: Zur Grammatikalisierung der Modalverben im Deutschen. In: Zeitschrift für Sprachwissenschaft 12, 1993, 218–234.

Diewald, Gabriele: Die Modalverben im Deutschen. Grammatikalisierung und Polyfunktionalität. Tübingen 1999a.

Diewald, Gabriele: The integration of the German modales into the paradigm of verbal mood. In: Beedham, Christopher (ed.): Langue and Parole in Synchronic and Diachronic Perspective. Oxford 1999b, 119–129.

Diewald, Gabriele: Faktizität und Evidentialität: Semantische Diffenzierung bei den Modal- und Modalitätsverben im Deutschen. In: Leirbukt (Hrsg.) 2004, 231–258.

Diewald, Gabriele: *Werden* & Infinitiv — Versuch einer Zwischenbilanz nebst

Ausblick. In: Deutsch als Fremdsprache 42, 2005, 23–32.

Diewald, Gabriele: Die Interdependenzen von Kontexttypen bei Grammatikalisierungsprozessen illustriert am Beispiel der deutschen Modalverben. In: Abraham/Müller (Hrsg.) 2009, 101–122.

Diewald, Gabriele/Habermann, Mechthild: Die Entwicklung von *werden* + Infinitiv als Futurgrammem. Ein Beispiel für das Zusammenwirken von Grammatikalisierung, Sprechakt und soziologischen Faktoren. In: Grammatikalisierung im Deutschen. Berlin 2005, 229–250.

Diewald, Gabriele/Smirnova, Elena: Abgrenzung von Modalität und Evidentialität im heutigen Deutsch. In: Kątny/Socka (Hrsg.) 2010a, 113–131.

Diewald, Gabriele/Smirnova, Elena: Evidentiality in German. Linguistic Realization and Regularities in Grammaticalization. Berlin/New York 2010b.

Dittmann, Jürgen: Sprechhandlungstheorie und Tempusgrammatik. München 1976.

Doherty, Monika: Epistemische Bedeutung. Berlin 1985.

Döhmann, Karl: Die sprachliche Darstellung der Modalfunktoren. In: Logik und Sprache. Bern/München 1974, 57–91.

Doitchinov, Serge: "Es kann sein, daß der Junge ins Haus gegangen ist". Zum Erstspracherwerb von *können* in epistemischer Lesart. In: Müller/Reis (Hrsg.) 2001, 111–134.

Doitchinov, Serge: Modalverben in der Kindersprache. Kognitive und linguistische Voraussetzungen für den Erwerb von epistemischem *können*. Berlin 2007.

Droessiger, Gražina: Zur Polyfunktionalität der deutschen Modalverben oder: Was ist modal an den deutschen Modalverben? In: Žmogus ir žodis (Vilnius) 7, 2005, 85–92.

Duden. Grammatik der deutschen Gegenwartssprache. Mannheim 1959; 2. Auflage 1966; 3. Auflage 1973; 4. Auflage 1984; 5. Auflage 1995; 8. Auflage 2009.

Dunger, Hermann: Zur Schärfung des Sprachgefühls. 7. Auflage. Berlin 1927.

Durbin, John/Sprouse, Rex A.: The syntactic category of the preterite-present modal verbs in German. In: Müller/Reis (Hrsg.) 2001, 135–148.

Ebert, Robert Peter: Infinitival complement constructions in Early New High German. Tübingen 1976.

Ebert, Robert Peter: Historische Syntax des Deutschen. Stuttgart 1978.

Ebert, Robert Peter: Historische Syntax des Deutschen II. 1300–1750. Bern/New York 1986.

Ebert, Robert Peter/Reichmann, Oskar/Solms, Hans-Joachim/Wegera, Klaus-Peter: Frühneuhochdeutsche Grammatik. Tübingen 1993.

Eckert, Victor: Beiträge zur Geschichte des Gerundivs im Deutschen. Heidelberg 1909.

Egan, Andy/Weatherson, Brian (Editors): Epistemic Modality. Oxford 2011.

江川（Egawa）泰一郎：英文法解説．改訂新版．金子書房 1964.

Eggers, Hans: Modale Infinitivkonstruktionen des Typs *er ist zu loben*. In: Linguistische Studien 4, 1973, 39–45.

Eggers, Hans: *Uuard quhoman* und das System der zusammengesetzten Verbformen im althochdeutschen Isidor. In: Althochdeutsch. Band I: Grammatik. Glossen und Texte. Heidelberg 1987, 239–252.

Ehlich, Konrad/Rehbein, Jochen: Einige Interrelationen von Modalverben. In: Linguistische Pragmatik. Frankfurt 1972, 318–340.

Ehrich, Veronika: Was *nicht müssen* und *nicht können* (nicht) bedeuten können: Zum Skopus der Negation bei den Modalverben des Deutschen. In: Müller/Reis (Hrsg.) 2001, 149–176.

Ehrich, Veronika: Modalverben in der frühen Kindersprache — grammatische und kognitive Voraussetzungen des Erwerbs epistemischer Lesarten. In: Letnes/Vater (Hrsg.) 2004, 119–149.

Ehrich, Veronika: Das modale Satzadverb *vielleicht* — Epistemische (und andere?) Lesarten. In: Kątny/Socka (Hrsg.) 2010, 183–201.

Eichinger, Ludwig M./Leirbukt, Oddleif (Hrsg.): Germanistische Linguistik 154: Aspekte der Verbalgrammatik. Hildesheim/Zürich/New York 2000.

Eisenberg, Peter: Grundriß der deutschen Grammatik. Stuttgart 1986.

Engberg, Jan: *Sollen* in Gesetzestexten. In: Fabricius-Hansen/Leirbukt/Letnes (Hrsg.) 2002, 121–141.

Engel, Ulrich: Deutsche Grammatik. Heidelberg/Tokyo 1988.

Engel, Ulrich／早川東三／幸田薫：中級ドイツ文法．内容から表現へ．第三書房 1986.

Engelen, Bernhard: Überlegungen zu Syntax, Semantik und Pragmatik der Redewiedergabe. In: Sprache der Gegenwart, 24, 1973, 46–60.

Engelen, Bernhard: Beobachtungen zur Kombinierbarkeit von verbspezifischen Infinitivsätzen mit Modalverben. In: Sprachsystem und Sprachgebrauch. Festschrift für Hugo Moser zum 65. Geburtstag, Teil 2. Düsseldorf 1975, 144–153.

Erben, Johannes: Grundzüge einer Syntax der Sprache Luthers. Vorstudie zu einer Luther-Syntax, zugleich ein Beitrag zur Geschichte der deutschen Hochsprache und zur Klärung der syntaktischen Grundfragen. Berlin 1954.

Erben, Johannes: 'Tun' als Hilfsverb im heutigen Deutsch. In: Festschrift für Hugo Moser zum 60. Geburtstag am 19. Juni 1969. Düsseldorf 1969, 46–52.

Erben, Johannes: Deutsche Grammatik. Ein Abriß. 11. Auflage. München 1972; 12. Auflage 1980.

Erdmann, Oskar: Untersuchungen über die Syntax der Sprache Otfrids. 2 Bände. Halle 1874–1876.

Erdmann, Oskar: Grundzüge der deutschen Syntax nach ihrer geschichtlichen Entwicklung. 2 Bände. Stuttgart 1886–1898.

Eroms, Hans-Werner: Zum Verbalpräfix *ge-* bei Wolfram von Eschenbach. In:

Studien zu Wolfram von Eschenbach. Festschrift für Werner Schröder zum 75. Geburtstag. Tübingen 1989, 19–32.

Fabricius-Hansen, Cathrine: Die Geheimnisse der deutschen *würde*-Konstruktion. In: Deutsche Grammatik in Theorie und Praxis. Tübingen 2000, 83–96.

Fabricius-Hansen, Cathrine/Leirbukt, Oddleif/Letnes, Ole (Hrsg.): Modus, Modalverben, Modalpartikeln. Trier 2002.

Faulstich, Gisela: Zur Negation der Verbindungen 'Modalverb + Infinitiv' im Polnischen und Deutschen. In: Studien zum deutsch-polnischen Sprachvergleich. Leipzig 1983, 137–153.

Feltkamp, H. W.: Zur Syntax des deutschen Modalverbs. In: Neophilologus, 53, 1969, 351–372.

Ferraresi, Gisella: Die Syntax des Infinitivs im Gotischen: Die Modalverben *skulan* und *magan*. In: Tendenzen europäischer Linguistik. Akten des 31. Linguistischen Kolloquiums, Bern 1996. Tübingen 1998, 46–49.

フーイエ (Feuillet), Jack (手嶋竹司訳): ドイツ語統語構造成立のあゆみ. 行路社 1993.

Fiedler, H. G.: Two Problems of the German Preterite-present Verbs. In: The Modern Language Review 23, 1929, 188–196.

Flämig, Walter: Zum Konjunktiv in der deutschen Sprache der Gegenwart. Inhalte und Gebrauchsweisen. Berlin 1962.

Flasdieck, Hermann M.: Das Verbum *wollen* im Altgermanischen (Unter besonderer Berücksichtigung des Altenglischen). Anglia 61, 1937, 1–42.

Folsom, Marvin H.: *Brauchen* as a Modal Auxiliary. In: Modern Language Journal 42, 1963, 187–189.

Folsom, Marvin H.: The syntax of substantive and non-finite satellites to the finite verb in German. The Hague 1966.

Folsom, Marvin H.: »brauchen« im System der Modalverben. In: Muttersprache 78, 1968, 321–329.

Folsom, Marvin H.: Kriterien zur Abgrenzung der Modalverben. In: Deutsch als Fremdsprache 9, 1972, 148–151.

Folsom, Marvin H.: Die Modalverben im Deutschunterricht für Amerikaner. In: Deutsch als Fremdsprache 11, 1974, 99–106.

Fourquet, Jean: Germanique *skulum*, *munum* et la classification des prétérits forts. In: Festgabe für L. L. Hammerich. Aus Anlaß seines siebzigsten Geburtstags. Kopenhagen 1962, 61–68.

Fourquet, Jean: Grammaire de la prose allemande simple. Paris 1965.

Fourquet, Jean: Das Werden des neuhochdeutschen Verbsystems. In: Festschrift für Hugo Moser zum 60. Geburtstag am 19. Juni 1969. Düsseldorf 1969, 53–65.

Fourquet, Jean: Zum 'subjektiven' Gebrauch der deutschen Modalverba. In: Studien zur Syntax des heutigen Deutsch. Paul Grebe zum 60. Geburtstag. Düsseldorf 1970, 154–161.

Fraenkel, Ernst: Das Sein und seine Modalitäten (Etymologica und Verwandtes). In: Lexis 2, 1949/1952, 146–154, 163–204.

Franck, Johannes/Schützeichel, Rudolf: Altfränkische Grammatik. Zweite Auflage. Göttingen 1971.

Franke, Carl: Grundzüge der Schriftsprache Luthers. In allgemeinverständlicher Darstellung. 3 Bände. 2. Auflage. Halle 1913–1922.

Fritz, Gerd: Bedeutungswandel im Deutschen. Neuere Methoden der diachronischen Semantik. Tübingen 1974.

Fritz, Gerd: Deutsche Modalverben 1609. Epistemische Verwendungsweisen. Ein Beitrag zur Bedeutungsgeschichte der Modalverben im Deutschen. In: PBB 113, 1991, 28–52.

Fritz, Gerd: Historische Semantik der Modalverben. Problemskizze — Exemplarische Analysen — Forschungsüberblick. In: Fritz/Gloning (Hrsg.) 1997a, 1–157.

Fritz, Gerd: Deutsche Modalverben 1609. Nicht-epistemische Verwendungsweisen. In: Fritz/Gloning (Hrsg.) 1997b, 249–305.

Fritz, Gerd: Zur semantischen Entwicklungsgeschichte von *wollen*: Futurisches, Epistemisches und Verwandtes. In: Raum, Zeit, Medium — Sprache und ihre Determinaten. Festschrift für Hans Ramge zum 60. Geburtstag. Darmstadt 2000, 263–281.

Fritz, Gerd/Gloning, Thomas (Hrsg.): Untersuchungen zur semantischen Entwicklungsgeschichte der Modalverben im Deutschen. Tübingen 1997.

Fritz, Thomas: Deontische, epistemische und futurische Verwendungen von Modalverben um 1400. In: Aspekte der Sprachbeschreibung. Akten des 29. Linguistischen Kolloquiums, Aarhus 1994. Tübingen 1995, 51–54.

Fritz, Thomas: Zur Grammatikalisierung der zusammengesetzten Verbformen mit *werden* — *werden* und die Modalverben im frühen Deutsch und heute. In: Vater (Hrsg.) 1997, 81–104.

Fritz, Thomas A.: Grundlagen der Modalität im Deutschen. In: Eichinger/Leirbukt (Hrsg.) 2000, 85–104.

Fullerton, G. Lee: Historical Germanic Verb Morphology. Berlin/New York 1977.

Fullerton, G. Lee: Subjective modals, assessment adverbs and source phrases in German. In: Studies in descriptive German grammar. Heidelberg 1984.

Gabelentz, Hans Conen von der/Loebe, J.: Ulfilas. Veteris et novi testamenti versiones Gothicae fragmenta quae supersunt. Volumen II, Pars posterior: Grammatik der gothischen Sprache. Leipzig 1846. Neudruck Hildesheim 1980.

Gallée, Johan Hendrik: Altsächsische Grammatik. 3. Auflage. Tübingen 1993.

Gamon, David: On the development of epistemicity in the German modal verbs *mögen* and *müssen*. In: Folia Linguistica Historica 14, 1994, 125–176.

Gelhaus, Hermann: Strukturanalyse und Statistik. Über den Widerstreit zweier Kriterien. In: Wirkendes Wort 19, 1969, 310–324.

Gelhaus, Hermann: Das Futur in ausgewählten Texten der geschriebenen deutschen Sprache der Gegenwart. Studien zum Tempussystem. München 1975.

Gelhaus, Hermann: Der modale Infinitiv. Tübingen 1977.

Gering, Hugo: Über den syntactischen Gerauch der Participia im Gotischen. In: Zeitschrift für deutsche Philologie 5, 1874, 294–324, 393–433.

Germer, Helmut: Der objektive Gebrauch der Modalverben: Ein Schema. In: Deutsch als Fremdsprache 17, 1980, 237–238.

Gerstenkorn, Alfred: Das "Modal"-System im heutigen Deutsch. München 1976.

Gippert, Jost: Zur Syntax der infinitivischen Bildungen in den indogermanischen Sprachen. Frankfurt a. M./Bern/Las Vegas 1978.

Glas, Reinhold: Satztypabhängige Bedeutungen der deutschen Modalverben. In: Grammatik, Kybernetik, Kommunikation. Festschrift für Alfred Hoppe. Bonn 1971, 36–39.

Glas, Reinhold: *sollen* im heutigen Deutsch. Bedeutung und Gebrauch in der Schriftsprache. Tübingen 1984.

Gliwiński, Tomasz: Zum Gebrauch der Modalverben in der Rechtssprache am Beispiel des BGB. In: Raum, Zeit, Medium — Sprache und ihre Determinaten. Festschrift für Hans Ramge zum 60. Geburtstag. Darmstadt 2000, 283–301.

Gloning, Thomas: Modalisierte Sprechakte mit Modalverben. Semantische, pragmatische und sprachgeschichtliche Untersuchungen. In: Fritz/Gloning (Hrsg.) 1997, 307–437.

Gloning, Thomas: Gebrauchsweisen von Modalverben und Texttraditionen. In: Müller/Reis (Hrsg.) 2001, 177–200.

Goldschmitt, Stefanie: Französische Modalverben in deontischem und epistemischem Gebrauch. Stuttgart 2007.

Goossens, Louis: On the Development of the Modals and of the Epistemic Function in English. In: Papers from the 5th International Conference on Historical Linguistics. Amsterdam 1982, 74–84.

Goossens, Louis: The Auxiliarization of the English Modals: A Functional Grammar View. In: Harris, Martin/Ramat, Paolo (Editors) 1987, 111–143.

Götz, Ursula: *uuvo mag thaz sîn*. Die unterschiedlichen Gebrauchsweisen der Präteritopräsentien im Althochdeutschen des 8.–10. Jahrhunderts. Habilitationsschrift an der Fakultät Sprach- und Literaturwissenschaften der Otto-Friedrich-Universität Bamberg. 2 Bände. 2001.

Grabski, Michael: Syntax und Semantik der Modalverben in Aussagesätzen des Deutschen. Dissertation, Universität Stuttgart 1974.

Grabski, Michael: Semantik der Modalverben für einen Idiolekt des Deutschen. Die Rolle der Wortbedeutung in zwei Typen von kategorialer Grammatik. In: Linguistische Arbeiten 14, 1980, 68–155.

grammis 2.0, das grammatische informationssytem des instituts für deutsche sprache (ids).

Grimm, Jacob: Deutsche Grammatik. 4 Bände. 2. Auflage. Göttingen 1822–1837. Neuer vermehrter Abdruck. Berlin 1870–1898.

Grimm, Jacob: Kleinere Schriften. 7. Band. Berlin 1884.

Grohmann, Hans-Diether: Bemerkungen zum Gebrauch von Modalverben in französisch-deutschen Übersetzungen. In: Debus/Leirbukt (Hrsg.) 1997, 151–165.

Große, Rudolf: Die deutschen Modalverben in der neueren Forschung. In: Wissenschaftliche Zeitschrift der Technischen Universität Dresden 18, 1969, 407–412.

Gustus, Ingrid L.: The Negation of *müssen*. In: Unterrichtspraxis 3, 1970, 77–82.

Haag, Earl C.: A Pennsylvania German Reader and Grammar. University Park/London 1982.

Haan, Ferdinand de: The relation between modality and evidentiality. In: Müller/Reis (Hrsg.) 2001, 201–216.

Hacke, Marion: Funktion und Bedeutung von *werden* + Infinitiv im Vergleich zum futurischen Präsens. Heidelberg 2009.

Haider, Hubert: Was zu haben ist und was zu sein hat. Bemerkungen zum Infinitiv. In: Papiere zur Linguistik 30, 1984, 23–36.

浜口（Hamaguchi）嘉一：Ich habe sagen können の構文について．In: 島根大学論集・人文科学 3, 1953, 1–19.

浜口嘉一：過去不定詞と結合した話法の助動詞の意味．In: 名古屋大学教養部紀要 6, 1962, 88–108.

浜口嘉一：否定的推量を表わす NICHT KÖNNEN, NICHT MÖGEN および NICHT MÜSSEN について．In: 名古屋大学教養部紀要 8, 1964, 140–167.

浜口嘉一：完了時称における話法の助動詞の形態．In: 名古屋大学教養部紀要 9, 1965, 93–111.

浜口嘉一：完了時称における話法の助動詞に準ずる動詞の形態．In: 名古屋大学教養部紀要 10, 1966, 63–83.

浜口嘉一：完了時称における brauchen. In: 名古屋大学教養部紀要 11, 1967, 52–66.

浜口嘉一：主文における話法の助動詞の語順．In: 名古屋大学教養部紀要 12, 1968, 86–105.

浜口嘉一：副文における話法の助動詞の語順（I）．In: 名古屋大学教養部紀要 13, 1969, 103–121.

浜口嘉一：副文における話法の助動詞の語順（II）．In: 名古屋大学教養部紀要 14, 1970, 48–66.

浜口嘉一：「話法の助動詞の語順」総括．In: 名古屋大学教養部紀要 16, 1972, 87–110.

浜口嘉一：話法の助動詞における意味の分掌的機能．In: 名古屋大学教養部紀要 20, 1976, 183–206.

浜川（Hamakawa）祥枝：「時称」と「話法」のあいだ．現代ドイツ語におけ

る「werden + 不定詞」の形式について. In: 東京大学文学部研究報告 6, 1979, 159–216.

浜崎（Hamazaki）長寿／野入逸彦／八本木薫：動詞（ドイツ語文法シリーズ第 4 巻）．大学書林 2008.

Hammerich, L. L.: Über die Modalverba der neugermanischen Sprachen (mit besonderer Berücksichtigung des Dänischen). In: Zeitschrift für deutsche Wortforschung 16, 1960, 47–70.

Hansen, Björn/Haan, Ferdinand de (Editors): Modals in the Languages of Europe. A Reference Work. Berlin/New York 2009.

Harbert, Wayne Eugene: Gothic syntax: a relational grammar. Dissertation, The University of Illinois at Urbana-Champaign 1978.

Hardarson, Jón Axel: Studien zum urindogermanischen Wurzelaorist und dessen Vertretung im Indo-ranischen und Griechischen. Innsbruck 1993.

Harm, Volker: Zur Herausbildung der deutschen Futurumschreibung mit *werden* + Infinitiv. In: Zeitschrift für Dialektologie und Linguistik 68, 2001, 288–307.

Harris, Martin: Syntactic and Semantic Change within the Modal Systems of English and Afrikaans. In: Harris, Martin/Ramat, Paolo (Editors) 1987, 181–189.

Harris, Martin/Ramat, Paolo (Editors): Historical Development of Auxiliaries. Berlin/New York/Amsterdam 1987.

橋本（Hashimoto）文夫：詳解ドイツ大文法．三修社 1956.

橋本文夫：ドイツ文法覚え書き．II. 話法の助動詞の完了形．In: ドイツ語研究（三修社）1, 1979, 26–29.

橋本郁夫：Mittelhochdeutsch における Präfix ge- の文章論的な用法について．In: ドイツ文学（日本独文学会）9, 1952, 2–9.

Hashimoto, Ikuo: Noch einmal: der Gebrauch des Präfixes *ge-* im Mittelhochdeutschen. In: Hitotsubashi Journal of Arts and Sciences 2, 1960, 15–22.

橋本八男：中世独逸文法．大学書林 1939.

Heindl, Olga: Negation, Modalität und Aspekt im Mittelhochdeutschen im Vergleich zum Slawischen. In: Abraham/Leiss (Hrsg.) 2009, 123–169.

Heine, Bernd: Agent-Oriented vs. Epistemic Modality. Some Observations on German Modals. In: Modality in grammar and discourse 1995, 17–53.

Helbig, Gerhard: Studien zur deutschen Syntax. 2 Bände. Leipzig 1983, 1984.

Helbig, Gerhard: Kontroversen über die deutschen Modalverben. In: Deutsch als Fremdsprache 32, 1995, 206–214.

Helbig, Gerhard/Buscha, Joachim: Deutsche Grammatik. Ein Handbuch für den Ausländerunterricht. Leipzig 1972.

ヘルビヒ（Helbig）／ブッシャ（在間進訳）：現代ドイツ文法．三修社 1982.

Hempel, Heinrich: Gotisches Elementarbuch. Grammatik, Texte mit Übersetzung und Erläuterungen. 4. Auflage. Berlin 1966.

Hempel, Heinrich: Wortklassen und Bedeutungsweisen. In: Das Ringen um eine neue deutsche Grammatik. Darmstadt 1973, 217–254.

Henjum, Kjetil Berg: Verb-erst-Deklarativsätze mit deontischer Modalität (*sollen* und *mögen*) in kontrastiver Perspektive und als Übersetzungsproblem (Deutsch → Norwegisch). In: Letnes/Vater (Hrsg.) 2004, 103–117.

Hennig, Angelika: Sind Präterito-Präsentia Modalverben oder Sind Modalverben Präterito-Präsentia? Untersucht an den Entwicklungen zum Neuhochdeutschen. Magisterarbeit, Universität Osanabrück, Wintersemester 2002/2003.

Hentschel, Elke/Weydt, Harald: Handbuch der deutschen Sprache. Berlin/New York 1990.

ヘンチェル (Hentschel), E./ヴァイト, H.（西本美彦／高田博行／河崎靖訳）：ハンドブック・現代ドイツ文法の解説. 同学社 1994.

Hermann, Eduard: Der Ausdruck der Vermutung im Neuhochdeutschen. In: Zeitschrift für deutsches Altertum und deutsche Literatur 65, 1928, 188–190.

Hetland, Jorunn: Deutsche und norwegische Modalverben: Empirie und (Theta-)Theorie. In: Avis, Franz Josef d' (Hrsg.) 2005, 105–124.

Hetland, Jorunn/Vater, Heinz: Zur Syntax der Modalverben im Deutschen und Norwegischen. In: Letnes/Maagerø/Vater (Hrsg.) 2008, 91–116.

樋口 (Higuchi) 忠治：Modalsystem と Modussystem. In: 高橋義孝先生還暦記念論集. ゲルマニスティクの諸相. 高橋義孝先生還暦記念論集刊行会 1975, 131–140.

Hirt, Hermann: Handbuch des Urgermanischen. 3 Bände. Heidelberg 1931–1934.

Hodge, James L.: Men, Moods, and Modals. In: Helen Adolf Festschrift. New York 1968, 166–186.

Hodler, Werner: Berndeutsche Syntax. Bern 1969.

Höhle, Tilman N.: Lexikalistische Syntax: die Aktiv-Passiv-Relation und andere Infinitkonstruktionen im Deutschen. Tübingen 1978.

Holl, Daniel: Was ist modal an Modalen Infinitiven? In: Müller/Reis (Hrsg.) 2001, 217–238.

Holl, Daniel: Modale Infinitive und dispositionelle Modalität im Deutschen. Berlin 2010.

Holthausen, Ferdinand: Altsächsisches Elementarbuch. 2. Auflage. Heidelberg 1921.

保阪 (Hosaka) 泰人：sein + zu 不定詞構文について. In: 独文論集（東京都立大学大学院独文研究会）3, 1984, 1–27.

保阪泰人：ドイツ語における範疇 AUX の設定について. In: ドイツ文学（日本独文学会）74, 1985, 41–53.

Hundt, Markus: Zum Verhältnis von epistemischer und nicht-epistemischer Modalität im Deutschen. In: Zeitschrift für germanistische Linguistik 31, 2003, 343–381.

Hutterer, Claus Jürgen: Die germanischen Sprachen: ihre Geschichte in

Grundzügen. Budapest 1975.

井口（Inokuchi）靖：話法の助動詞と文の意味．In: 八幡大学・社会文化研究所紀要 13, 1983,（1）–〔16〕．

井口　靖：文献解題：現代ドイツ語の話法の助動詞．In: ドイツ文学（日本独文学会）74, 1985, 100–107.

井口　靖：副詞（ドイツ語文法シリーズ第5巻）．大学書林 2000.

井口　靖：話し手の心的態度を表す副詞．In: ドイツ語を考える：ことばについての小論集．三修社 2008, 141–148.

Isačenko, A. V.: Kontextbedingte Ellipse und Pronominalisierung im Deutschen. In: Beiträge zur Sprachwissenschaft, Volkskunde und Literaturforschung: Wolfgang Steinitz zum 60. Geburtstag am 28. Februar 1965. Berlin 1965, 163–174.

板山（Itayama）眞由美：Modalverb "müssen" をめぐる一考察．In: セミナリウム（大阪市立大学セミナリウム刊行会）5, 1983, 1–26.

Itayama, Mayumi: Zum Modalverb "müssen" — Bedeutung und Verwendung. In: ドイツ文学論攷（阪神ドイツ文学会）26, 1984, 109–126.

板山眞由美：Modalverb "müssen" の意味分析．In: ドイツ文学（日本独文学会）74, 1985, 54–63.

板山眞由美：いわゆる未来の助動詞 werden の意味．In: 流通科学大学論集—人文・自然編 2, 1989, 49–58.

Itayama, Mayumi: Zur Modalität der Modalverben. In: エネルゲイア 17, 1991, 36–47.

Itayama, Mayumi: *Werden* — modaler als die Modalverben! In: Deutsch als Fremdsprache 30, 1993, 233–237.

板山眞由美：現代ドイツ語における *werden* + 不定詞について．nicht hier, nicht jetzt, nicht gegenwärtig. In: ドイツ文学（日本独文学会）99, 1997, 48–59.

板山眞由美：*werden* + Infinitiv 構文の意味と用法—その多義性の構造．In: ドイツ語を考える：ことばについての小論集．三修社 2008, 149–158.

板山眞由美／下川　浩：助動詞 *werden* について—その時間性と話法性についての一考察．In: 流通科学大学、人文・自然編 9, 1996, 1–10.

岩﨑（Iwasaki）英二郎：願望の MÖGEN の二つの型．In: ドイツ文学（日本独文学会）8, 1952, 5–8.

岩﨑英二郎：ドイツ語の副詞・心態詞研究—読解力の向上を求めて．2巻．同学社 2012.

泉井（Izui）久之助：印欧語における英語の動詞 know と knew. その形と意味．In: 言語（大修館書店）1981, 3, 72–83.

Jäger, Siegfried: Ist "brauchen" mit "zu" nicht >sprachgerecht<? In: Muttersprache, 78, 1968, 330–333.

Janssen, Theo: Die Hilfsverben *werden* (deutsch) und *zullen* (niederländisch): modal oder temporal? In: Tempus – Aspekt – Modus. Die lexikalischen und grammatischen Formen in den germanischen Sprachen. Tübingen 1989, 65–84.

Jäntti, Ahti: Einige Beobachtungen über den Gebrauch der Modalverben in einem mittelhochdeutschen und einem frühneuhochdeutschen Text. In: Linguistische Studien. Reihe A, Arbeitsberichte 77, 1981, 42–51.

Jäntti, Ahti: Zu Distribution und Satzgliedwert der deutschen Modalverben. In: Neuphilologische Mitteilungen 84, 1983, 53–65.

Jäntti, Ahti: Zur Diachronie der Einstellungsbekundungen in einigen Beschreibungstexten im 14. bis 17. Jahrhundert. In: Sprachgeschichte; Sprachkontakte im germanischen Raum. München 1991, 141–148.

Jasanoff, Jay H.: PIE *ĝnē- 'recognize, know'. In: Die Laryngaltheorie und die Rekonstruktion des indogermanischen Laut- und Formensystems. Heidelberg 1988, 227–239.

Jellinek, Max Hermann: Geschichte der gotischen Sprache. Berlin/Leipzig 1926.

神 (Jin) 久聡：ドイツ語法助動詞の意味と構造について．In: エネルゲイア 5, 1978, 84–100.

Jongeboer, Hendrik Adrianus: Im Irrgarten der Modalität. Ein Kapitel aus der deutschen Grammatik. Groningen 1985.

Joseph, Brian: On the so-called "passive" use of the Gothic active infinitive. In: Journal of English and Germanic Philology 80, 1981, 369–379.

Kaeding, F. W.: Die Hilfszeitwörter in ihrem Verhältnis zum deutschen Wortschatz. Steglitz 1897.

Kahl, Wilhelm: Die Bedeutungen und der syntaktische Gebrauch der Verba "können" und "mögen" im Altdeutschen. Ein Beitrag zur deutschen Lexicographie. In: Zeitschrift für deutsche Philologie 22, 1890, 1–60.

上村 (Kamimura) 勝彦／風間喜代三：サンスクリット語・その形と心．三省堂 2010.

神山 (Kamiyama) 孝夫：印欧祖語のアップラウトと文法構造の発達．In: 大阪外国語大学論集 28, 2003, 33–58.

神山孝夫：印欧祖語の母音組織．研究史要説と試論．大学教育出版 2006.

金子 (Kaneko) 哲太：古高ドイツ語の sculan と未来表現―「オットフリート」,「タツィアーン」を手掛かりに．In: 独逸文学（関西大学ドイツ文学会）41, 1997, 141–170.

金子哲太：古高ドイツ語の sculan と wellan―現代ドイツ語との関連性を視野に入れて．In: 独逸文学（関西大学ドイツ文学会）42, 1998, 127–149.

金子 亨：法・様相などについて．In: ドイツ文学（日本独文学会）74, 1985, 1–10.

金子義明：英語助動詞システムの諸相．統語論・意味論インターフェイス研究．開拓社 2009.

柏野 (Kashino) 健次：英語助動詞の語法．研究社 2002.

Kasper, Walter: Konjunktiv II und Sprechereinstellung. In: Satzmodus zwischen Grammatik und Pragmatik. Referate anläßlich der 8. Jahrestagung der Deutschen Gesellschaft für Sprachwissenschaft. Tübingen 1987, 96–113.

粕谷 (Kasuya) 眞洋：独逸応用自修文典・時と可能法の研究（附・説話法助動詞の研究）．南山堂書店 1922.

Kątny, Andrzej: Die Modalverben und Modalwörter im Deutschunterricht für Ausländer. In: Linguistische Studien. Reihe A. Arbeitsberichte 57, 1979, 33–38.

Kątny, Andrzej: Zur Resultativ und Modalverben in epistemischer Lesart aus kontrastiver Sicht. In: Kątny/Socka (Hrsg.) 2010, 59–75.

Kątny, Andrzej/Socka, Anna (Hrsg.): Modalität/Temporalität in kontrastiver und typologischer Sicht. Frankfurt am Main 2010.

Kaufmann, Gerhard: Der Gerauch der Modalverben sollen, müssen und wollen. In: Deutschunterricht für Ausländer 12, 1962, 154–172; 13, 1963, 41–51.

Kaufmann, Gerhard: Aussageweisen in Verbindung mit Modalverben. In: Deutschunterricht für Ausländer 15, 1965, 1–14.

Kausen, Ernst: Die indogermanischen Sprachen von der Vorgeschichte bis zur Gegenwart. Hamburg 2012.

風間（Kazama）喜代三：ラテン語とギリシア語．三省堂 1998.

Kehrein, Joseph: Grammatik der deutschen Sprache des funfzehnten bis siebenzehnten Jahrhunderts. 3 Teile. Leipzig 1854–1856.

Keller, R. E.: German Dialects. Phonology and Morphology with Selected Texts. Manchester 1961.

Kent, Roland G.: Old Persian. Grammar, Texts, Lexicon. Second Edition. New Haven 1953.

Kieckers, Ernst: Handbuch der vergleichenden gotischen Grammatik. München 1928.

木下（Kinoshita）文夫：ゴート語小文法．付・日本語―ゴート語小辞典．木下文夫 1992.

Klarén, G. A.: Die Bedeutungsentwicklung von können, mögen und müssen im Hochdeutschen. Lund 1913.

Kleiner, Mathilde: Zur Entwicklung der Futur-Umschreibung werden mit dem Infinitiv. Berkeley 1925.

Kluge, Friedrich: Urgermanisch. Vorgeschichte der altgermanischen Dialekte. 3. Auflage. Straßburg 1913.

Kluge, Friedrich: Die Elemente des Gotischen. Berlin/Leipzig 1921.

高津（Kōzu）春繁：印欧語比較文法．岩波書店 1954.

古賀（Koga）允洋：中高ドイツ語．大学書林 1982.

小泉（Koizumi）保：連載・百万人の言語学・10・意味論．In: 言語（大修館書店）1981, 10, 94–98

Kolb, Herbert: Über >brauchen< als Modalverb (Beiträge zu einer Wortgeschichte). In: Zeitschrift für deutsche Sprache 20, 1964, 64–78.

Kolb, Herbert: Das verkleidete Passiv. Über Passivumschreibungen im modernen Deutsch. In: Sprache im technischen Zeitalter 19, 1966, 173–198.

Köller, Wilhelm: Modalität als sprachliches Grundphänomen. In: Der Deutschunterricht. Beiträge zu seiner Praxis und wissenschaftlichen Grundlegung, 4, 1995, 37–50.

König, Ekkehard: Syntax und Semantik der Modalverben im Englischen. Ein

Beitrag zum Thema: »Linguistik und Fremdsprachenunterricht«. In: Linguistik und Didaktik 4, 1970, 245–260.

Kotin, Michail L.: Die *werden*-Perspektive und die *werden*-Periphrasen im Deutschen. Historische Entwicklung und Funktionen in der Gegenwartssprache. Frankfurt am Main/Berlin/Bern/Bruxelles/New York/Oxford/Wien 2003.

Kotin, Michail L.: Aspects of a reconstruction of form and function of modal verbs in Germanic and other languages. In: Modality-Aspect Interfaces. Implications and typological solutions. Amsterdam 2008, 371–384.

Kotin, Michail L.: Zur referentiellen Identität von Tempus- und Modusformen. In: Kątny/Socka (Hrsg.) 2010, 29–38.

Krahe, Hans: Grundzüge der vergleichenden Syntax der indogermanischen Sprachen. Innsbruck 1972.

Krahe, Hans/Seebold, Elmar: Historische Laut- und Formenlehre des Gotischen. Zugleich eine Einführung in die germanische Sprachwissenschaft. 2. Auflage. Heidelberg 1967.

Krahe, Hans/Meid, Wolfgang: Germanische Sprachwissenschaft. II: Formenlehre. 7. Auflage. Berlin 1969.

Kratzer, Angelika: Was "können" und "müssen" bedeuten können müssen. In: Linguistische Berichte 42, 1976, 1–28.

Kratzer, Angelika: What 'must' and 'can' must and can mean. In: Linguistics and Philosophy 1, 1977, 337–355.

Kratzer, Angelika: Semantik der Rede: Kontexttheorie — Modalwörter — Konditionalsätze. Königstein/Ts. 1978.

Kratzer, Angelika: The Notinal Category of Modality. In: Words, worlds, and contexts: New approaches in word semantics. Berlin 1981, 38–74.

Kratzer, Angelika: Modality. In: Semantik. Ein internationales Handbuch der zeitgenössischen Forschung. Berlin 1991, 639–650.

Kratzer, Angelika: Modals and Conditionals. Oxford 2012.

Krause, Maxi: Zur Modalisierung bei Otfrid. In: Desportes, Yvon (Hrsg.) 1997, 92–106.

Krause, Wolfgang: Handbuch des Gotischen. 3. Auflage. München 1968.

Krooks, David Andrew: The Semantic Derivation of the Modal Verb in the Old High German Williram. Göppingen 1975.

Kudo, Yasuhiro: Zum Gebrauch von "wollen" "sollen" "werden" in der Lutherbibel. Eine vorbereitende Arbeit zu den Modalverben. In: Methoden zur Erforschung des Frühneuhochdeutschen: Studien des deutsch-japanischen Arbeitskreises für Frühneuhochdeutschforschung. München 1993, 111–124.

Kudo, Yasuhiro: *"Du woltest komen, vnd deine Hand auff sie legen."* Zum konjunktivischen Gebrauch von "wollen", "sollen" und "werden" in der Lutherbibel. In: Gesellschaft, Kommunikation und Sprache Deutschlands in der frühen Neuzeit: Studien des deutsch-japanischen Arbeitskreises für

Frühneuhochdeutschforschung. München 1997, 55–65.

工藤康弘：würde 文の歴史的発展. In: ドイツ語助動詞構造の歴史的発展をめぐって（重藤実編）. 日本独文学会 2003, 49–56.

工藤康弘：話法の助動詞の歴史的研究. würde 文の歴史的発展を中心に. In: ドイツ語学の諸相. 西本美彦先生退官記念論文集. 郁文堂 2004, 123–139.

工藤康弘／藤代幸一：初期新高ドイツ語. 大学書林 1992.

Kufner, Herbert L.: Englisch-deutsche Interferenzen am Beispiel der Modalverben. In: Sprachliche Interferenz: Festschrift für Werner Betz zum 65. Geburtstag. Tübingen 1977, 127–137.

Kühner, Raphael/Blass, Friedrich/Gerth, Bernhard: Ausführliche Grammatik der griechischen Sprache. 4 Bände. 3. Auflage. Hannover/Leipzig 1890–1904.

Kümmel, Martin Joachim: Das Perfekt im Indoiranischen: eine Untersuchung der Form und Funktion einer ererbten Kategorie des Verbums und ihrer Weiterentwicklung in den altindoiranischen Sprachen. Wiesbaden 2000.

國原（Kunihara）吉之助：新版・中世ラテン語入門. 大学書林 2007.

黒滝（Kurotaki）真理子：Deontic から Epistemic への普遍性と相対性. モダリティの日英語対照研究. くろしお出版 2005.

Kurrelmeyer, W.: Über die Entstehung der Konstruktion "Ich habe sagen hören". In: Zeitschrift für deutsche Wortforschung 12, 1910, 157–173.

Kytö, Marja: On the Use of the Modal Auxiliaries Indicating 'Possibility' in Early American English. In: Harris, Martin/Ramat, Paolo (Editors) 1987, 145–170.

Lawson, Richard H.: The Prefix *gi-* as a Perfectivizing Future Significant in OHG *Tatian*. In: Journal of English and Germanic Philology 64, 1965, 90–97.

Lawson, Richard H.: A Reappraisal of the Function of the Prefix *gi-* in Old High German *Tatian*. In: Neuphilologische Mitteilungen 69, 1968a, 272–280.

Lawson, Richard H.: The Verbal Prefix *ge-* in the Old High German and Middle High German Benedictine Rules. In: Journal of English and Germanic Philology 67, 1968b, 647–655.

リーチ（Leech）, Geoffrey. N.（国広哲弥訳）：意味と英語動詞. 研究社 1976.

Lehmann, Christian: Grammaticalization and Related Changes in Contemporary German. In: Focus on types of grammatical markers. Amsterdam/Philadelphia 1991, 493–535.

Lehmann, Dolly/Spranger, Ursula: Modalwörter in der deutschen Sprache der Gegenwart. In: Zeitschrift für Phonetik, Sprachwissenschaft und Kommunikationsforschung 19, 1966, 241–259.

Leirbukt, Oddleif: Zur Verbindung 'Objektiv verwendetes Modalverb + Infinitiv II' im heutigen Deutsch. In: Deutsche Sprache 12, 1984, 219–238.

Leirbukt, Oddleif: Über Zeitreferenz und Modalität ('subjektiv'/'objektiv') in deutschen Modalverbkonstruktionen. In: Gedenkschrift für Ingerid Dal. Tübingen 1988, 168–181.

Leirbukt, Oddleif: *Nächstes Jahr wäre er 200 Jahre alt geworden*. Über den Konjunktiv Plusquamperfekt in hypothetischen Bedingungsgefügen mit Zukunftsbezug. In: Zeitschrift für germanistische Linquistik 19, 1991, 158–193.

Leirbukt, Oddleif: Über Wahrscheinlichkeitsgradierung und Illokutionen bei Konditionalgefügen. In: Debus/Leirbukt (Hrsg.) 1997, 77–101.

Leirbukt, Oddleif: Über die verbalen Ausdrucksmittel für Temporalität und Modalität im deutschen und norwegischen Konditionalgefüge – Gemeinsamkeiten und Unterschiede. In: Eichinger/Leirbukt (Hrsg.) 2000, 105–126.

Leirbukt, Oddleif: *Um zwei Uhr hätte unsere Schicht begonnen haben sollen*. Über Bildungen des Typs Modalverb im Konjuktiv Plusquamperfekt + Infinitiv II. In: Fabricius-Hansen/Leirbukt/Letnes (Hrsg.) 2002, 60–84.

Leirbukt, Oddleif (Hrsg.): Tempus/Temporalität und Modus/Modalität im Sprachenvergleich. Tübingen 2004.

Leiss, Elisabeth: Zur Entstehung des neuhochdeutschen analytischen Futurs. In: Sprachwissenschaft 10, 1985, 250–273.

Leiss, Elisabeth: Die Verbalkategorien des Deutschen. Ein Beitrag zur Theorie der sprachlichen Kategorisierung. Berlin/New York 1992.

Leiss, Elisabeth: Verbalaspekt und die Herausbildung epistemischer Modalverben. In: Eichinger/Leirbukt (Hrsg.) 2000, 63–83.

Leiss, Elisabeth: Die Rolle der Kategorie des Aspekts im Sprachwandel des Deutschen: Ein Überblick. In: Grammatische Kategorien aus sprachhistorischer und typologischer Perspektive. Akten des 29. Linguisten-Seminars (Kyoto 2001). München 2002a, 9–25.

Leiss, Elisabeth: Der Verlust der aspektuellen Verbpaare und seine Folgen im Bereich der Verbalkategorien des Deutschen. In: Grammatische Kategorien aus sprachhistorischer und typologischer Perspektive. Akten des 29. Linguisten-Seminars (Kyoto 2001). München 2002b, 26–41.

Leiss, Elisabeth: Explizite und implizite Kodierung von Deontizität und Epistemizität: Über die grammatische Musterbildung vor der Entstehung von Modalverben. In: Jezikoslovlje 3, 2002c, 69–98.

Leiss, Elisabeth: The silent and aspect-driven patterns of deonticity and epistemicity. A chapter in diachronic typology. In: Modality-Aspect Interfaces. Implications and typological solutions. Amsterdam 2008, 15–41.

Leiss, Elisabeth: Drei Spielarten der Epistemizität, drei Spielarten der Evidentialität und drei Spielarten des Wissens. In: Abraham/Leiss (Hrsg.) 2009, 3–24.

Leiss, Elisabeth/Abraham, Werner (Ed.): Modes of Modality: Modality, Typology, and Universal Grammar. Amsterdam 2014.

Lele-Rozentāle, Dzintra: Modalitätsverbkomplexe in der lettischen Übersetzung der "Blechtrommel" von Günter Grass. In: Letnes/Vater (Hrsg.) 2004, 73–91.

Lenerz, Jürgen: *Werden* und das deutsche Futur. In: Sprache im Fokus: Festschrift für Heinz Vater zum 65. Geburtstag. Tübingen 1997, 399–412.

Lenz, Barbara: Wie *brauchen* ins deutsche Modalverb-System geriet und welche Rolle es darin spielt. In: PBB 118, 1996, 393–422.

Lerner, Jean-Yves/Sternefeld, Wofgang: Zum Skopus der Negation im komplexen Satz des Deutschen. In: Zeitschrift für Sprachwissenschaft 3, 1984, 159–202.

Letnes, Ole: Modalisierung inferentieller *müssen*-Sätze. In: Neuphilologische Mitteilungen 87, 1986, 510–522.

Letnes, Ole: *Sollen* als Indikator für Redewiedergabe. In: Debus/Leirbukt (Hrsg.) 1997, 119–134.

Letnes, Ole: Deutsche Modalverben zwischen Lexemen und Grammemen. In: Vater/Letnes (Hrsg.) 2001, 65–80.

Letnes, Ole: Zum Bezug epistemischer Modalität in der Redewiedegabe. In: Fabricius-Hansen/Leirbukt/Letnes (Hrsg.) 2002a, 85–100.

Letnes, Ole: *Wollen*: zwischen Referat und Verstellung. In: Fabricius-Hansen/Leirbukt/Letnes (Hrsg.) 2002b, 101–120.

Letnes, Ole: Zur Erlaubnisbedeutung von *müssen* und (süd) norwegischen *måtte*. In: Letnes/Vater (Hrsg.) 2004, 57–71.

Letnes, Ole: Quotatives *sollen* und Sprecherhaltung. In: Letnes/Maagerø/Vater (Hrsg.) 2008, 23–37.

Letnes, Ole: Zur "affektiven" Komponente epistemischer *müssen*-Verwendungen. In: Kątny/Socka (Hrsg.) 2010, 149–162.

Letnes, Ole/Maagerø, Eva/Vater, Heinz (Hrsg.): Modalität und Grammatikalisierung/Modality and Grammaticalization. Trier 2008.

Letnes, Ole/Vater, Heinz (Hrsg.): Modalität und Übersetzung/Modality and Translation. Trier 2004.

Lightfoot, David W.: Principles of Diachronic Syntax. Cambridge/London/New York/Melbourne 1979.

Lindeman, Fredrik Otto: Altisländisch *kná, knegum*. In: Indogermanische Forshungen 71, 1966, 278–285.

Lindeman, Fredrik Otto: Introduction to the 'Laryngeal Theory'. Innsbruck 1997.

Lindemann, Beate: Zur objektiven Verwendung von *müssen* und *sollen* und ihren norwegischen Entsprechungen. In: Debus/Leirbukt (Hrsg.) 1997, 135–150.

Lindemann, Beate: Die deutschen Modalverben *müssen* und *sollen* in Relation zu ihren norwegischen Verwandten *må, skulle* und *burde*. In: Eichinger/Leirbukt (Hrsg.) 2000, 127–146.

Lipsky, Angela: Eine semantische und pragmatische Darstellung der Konstruktion *werden* + Infinitiv. In: Deutsch als Fremdsprache 39, 2002, 103–107.

Litvinov, Viktor P./Radčenko, Vladimir I.: Doppelte Perfektbildungen in der deutschen Literatursprache. Tübingen 1998.

Lockwood, William Burley: Historical German syntax. London 1968.

Lötscher, Andreas: Der Konjunktiv II bei Modalverben und die Semantik des Konjunktiv II. In: Sprachwissenschaft 16, 1991, 334–364.

Lucae, Karl: Über Bedeutung und Gebrauch der mittelhochdeutschen Verba Auxiliaria. 1. Abtheilung. Marburg 1868.

Ludwig, Otto: Thesen zu den Tempora im Deutschen. In: Zeitschrift für deutsche Philologie 91, 1972, 58–81.

Lühr, Rosemarie: Studien zur Sprache des Hildebrandliedes. 2 Teile. Frankfurt a. M./Bern 1982.

Lühr, Rosemarie: Neuhochdeutsch. Eine Einführung in die Sprachwissenschaft. München 1986.

Lühr, Rosemarie: Zu Veränderungen im System der Modalverben. In: Althochdeutsch. Band I: Grammatik. Glossen und Texte. Heidelberg 1987, 262–289.

Lühr, Rosemarie: Zur Semantik der althochdeutschen Modalverben. In: Fritz/Gloning (Hrsg.) 1997a, 159–175.

Lühr, Rosemarie: Modalverben als Substitutionsformen des Konjunktivs in früheren Sprachstufen des Deutschen? In: Fritz/Gloning (Hrsg.) 1997b, 177–208.

Lühr, Rosemarie: Althochdeutsche Modalverben in ihrer semantischen Leistung. In: Desportes, Yvon (Hrsg.) 1997c, 200–222.

Lyons, John: Semantics. Volume 2. Cambridge/London/New York/Melbourne 1977.

Lyons, John: Semantik. Band II. Aus dem Englischen übertragen und für den deutschen Leser eingerichtet von Jutta Schust. München 1983a.

Lyons, John: Deixis and modality. In: Sophia Linguistica 12, 1983b, 77–117.

Macdonell, Arthur Anthony: Vedic Grammar. Strassburg 1910.

Macdonell, Arthur Anthony: A Vedic Grammar for Students. Oxford 1916.

Macdonell, Arthur Anthony: A Sanskrit Grammar for Students. 3. Edition. London 1927.

Maché, Jakob: The autopsy of a modal — insights from the historical development of German. In: Modality-aspect interfaces: implications and typological solutions. Amsterdam 2008, 385–415.

Maché, Jakob: Das Wesen epistemischer Modalität. In: Abraham/Leiss (Hrsg.) 2009, 25–55.

前島（Maejima）儀一郎：英独比較文法．大学書林 1952.

前島儀一郎：英独仏語・古典語比較文法．大学書林 1989.

Major, Diana: The Acquisition of Modal Auxiliaries in the Language of Children. The Hague/Paris 1974.

真鍋（Manabe）良一：話法の助動詞の用法．三修社 1958.

Marache, Maurice: Die gotischen verbalen *ga*-Komposita im Lichte einer neuen Kategorie der Aktionsart. In: Zeitschrift für deutsches Altertum 90, 1960,

1-35.

Marschall, Matthias: PAUL WIRD IN DER BADEWANNE SITZEN. Das Futur in der gesprochenen deutschen Standardsprache und ein Teilsystem der deutschen Verbformen. In: Deutsche Sprache 15, 1987, 122-136.

マルティネ（Martinet），アンドレ（神山孝夫訳）：「印欧人」のことば誌．比較言語学概説．ひつじ書房 2003.

Matzel, Klaus/Ulvestad, Bjarne: Futur I und futurisches Präsens. In: Sprachwissenschaft 7, 1982, 282-328.

Matzke, Brigitte: Zur Modalität der Fügung "sein + zu + Infinitiv" und ihrer Beeinflussung durch die Verbsemantik. In: Deutsch als Fremdsprache 17, 1980, 235-237, 255.

Maxwell, Harry, J.: Aspects of futurity in modern uses of *sollen*. In: The German Quarterly 41, 1968, 413-421.

McLintock, David R.: Die umgelauteten Praeteritopraesentia und der Synkretismus im deutschen Verbalsystem. In: PBB 83, 1961/1962, 271-277.

Meid, Wolfgang: Das germanische Praeteritum. Indogermanische Grundlagen und Ausbreitung im Germanischen. Innsbruck 1971.

Meid, Wolfgang: Bemerkungen zum indoeuropäischen Perfekt und zum germanischen starken Praeteritum. In: Zeitschrift für Phonetik, Sprachwissenschaft und Kommunikationsforschung 36, 1983, 329-336.

Meier-Brügger, Michael: Indogermanische Sprachwissenschaft. 9. Auflage. Berlin/New York 2010.

Meillet, Antoine: Sur le prétérito-présent got. *lais*. In: Indogermanische Forschungen 26, 1910, 200-202.

Meringer, Rudolf: Wörter und Sachen III. I. Wörter mit dem Sinne von 'müssen'. In: Indogermanische Forschungen 18, 1909, 204-232.

Metschkowa-Atanassowa, S.: Zur Synonymie zwischen der Konstruktion "haben + zu + Infinitiv" und den Modalverben. In: Deutsch als Fremdsprache 11, 1974, 106-110.

Meyer, Hans/Mauermann, Siegfried/Kiaulehn, Walther: Der richtige Berliner in Wörtern und Redensarten. München 1971.

Meyer, Wolfgang J.: Modalverb und semantische Funktion. Diskussion des Forschungsstandes zur Semantik von neufrz. "devoir" aus sprechhandlungstheoretischer Sicht. Wiesbaden 1982.

Meyer, Wolfgang J.: Modalität und Modalverb. Kompetenztheoretische Erkundungen zum Problem der Bedeutungsbeschreibung modaler Ausdrücke am Beispiel von *devoir* und *pouvoir* im heutigen Französisch. Stuttgart 1991.

三瓶（Mikame）裕文：話者の心的態度と統語現象．In：ドイツ文学（日本独文学会）74, 1985, 85-99.

Milan, Carlo: Modalverben und Modalität. Eine kontrastive Untersuchung Deutsch-Italienisch. Tübingen 2001.

Mishiro, Mitsuyoshi: Zur Wort- und Satzsemantik der deutschen Modalverben. In: 東京大学教養学部・外国語科研究紀要 24, 1976, 101–113.

Mittermüller, Klaus: Zur Struktur der verbalen Personalindikation im Gotischen. Kirchzarten 1983.

宮下（Miyashita）博幸：ドイツ語におけるムードとモダリティ. In: 澤田治美（編）2014, 249–269.

宮崎（Miyazaki）和人他：モダリティ. くろしお出版 2002.

Monsterberg, S. von: Der Infinitiv nach >wellen< und den Verba Praeteritopraesentia in den Epen Hartmanns von Aue. In: Zeitschrift für deutsche Philologie 18, 1886, 1–55, 144–185, 301–320.

Mortelmans, Tanja: The status of the German auxiliary *werden* as a 'grounding predication'. In: Letnes/Vater (Hrsg.) 2004, 33–56.

Mortelmans, Tanja: *Ich hätte doch besser im Bett bleiben sollen!* Plusquamperfektkonstruktionen mit Modalverb im Deutschen. In: Letnes/Maagerø/Vater (Hrsg.) 2008, 55–72.

Mortelmans, Tanja: Erscheinungsformen der indirekten Rede im Niederländischen und Deutschen *zou-, soll(te)*- und der Konjunktiv I. In: Abraham/Leiss (Hrsg.) 2009, 171–187.

Mortelmans, Tanja: Falsche Freunde: Warum sich die Modalverben *must, müssen* und *moeten* nicht entsprechen. In: Kątny/Socka (Hrsg.) 2010, 133–148.

Mortelmans, Tanja/Boye, Kaspar/Auwera, Johan van der: Modals in the Germanic languages. In: Hansen, Björn/Haan, Ferdinand de (Editors) 2009, 11–69.

毛利（Mori）可信：連載・"橋渡し"英文法・10・法の助動詞. In: 言語（大修館書店）1982, 1, 110–115.

Mossé, Fernand: Manuel de la langue Gotique. Paris 1969.

Müller, Reimar: Modalverben, Infinitheit und Negation im Prosa-Lancelot. In: Müller/Reis (Hrsg.) 2001, 239–262.

Müller, Reimar/Reis, Marga (Hrsg.): Modalität und Modalverben im Deutschen. Hamburg 2001.

Müller, Stefan: Zum Germanischen aus laryngaltheoretischer Sicht. Mit einer Einführung in die Grundlagen. Berlin/New York 2007.

長友（Nagatomo）俊一郎：束縛的モダリティと英語法助動詞. リーベル出版 2010.

中村（Nakamura）雅美：助動詞 werden と共起する Infinitiv の特性と人称及び示される時間性と話法性との関連. In: ドイツ文学語学研究（関西学院大学文学部ドイツ文学科研究室年報）33, 1992, 17–37.

中村雅美：現代ドイツ語における werden + Infinitiv についての一考察―Futur II と Präsens との関連にて. In: 人文論究（関西学院大学人文学会）44, 1994a, 131–141.

中村雅美：現代ドイツ語における werden + Infinitiv の時間性と話法的特徴について. In: ドイツ文学語学研究（関西学院大学文学部ドイツ文学科研究室年

報）35, 1994b, 123–140.
中村雅美：ドイツ語と日本語の未来性―助動詞werdenと「う・よう・だろう」の対照. In: ドイツ文学語学研究（関西学院大学文学部ドイツ文学科研究室年報）36, 1995, 59–74.
中村俊子（雅美）："未来形"の用法拡大とその文法化について―ルター聖書における未来表現の変更事例をもとに. In: エネルゲイア29, 2004, 23–37.
中野（Nakano）弘三：英語法助動詞の意味論. 英潮社 1993.
中野弘三：法助動詞の用法の由来. In: 英語語法文法研究5, 1998, 5–20.
中右（Nakau）実：認知意味論の原理. 大修館書店 1994.
Nakayasu, Minako: The Pragmatics of Modals in Shakespeare. Frankfurt a. M. 2009.
Nehls, Dietrich: Semantik und Syntax des englischen Verbs. T. II: Die Modalverben. Eine kontrastive Analyse der Modalverben im Englischen und Deutschen. Heidelberg 1986.
Ney, James W.: Semantic Structures for the Syntax of Complements and Auxiliaries in English. The Hague/Paris/New York 1981.
Niedermeier, Sandra: Modalität — Deutsche Modalverben und ihre Entsprechungen im Japanischen. Studienarbeit. München 2009.
Nishimoto（西本）, Yoshihiko: Über die Genusunterscheidung des gotischen Infinitivs. In: 外国文学研究（立命館大学人文科学研究所）42, 1977, 1–26.
西本美彦：話法の助動詞と希求法および接続法との関係について. In: ドイツ文学（日本独文学会）74, 1985, 20–29.
Nishiwaki, Maiko: Modalverben und die (In)Definitheit des Subjekts — unter besonderer Berücksichtigung von *sollen*. In: Abraham/Leiss (Hrsg.) 2013, 221–248.
Nishiwaki, Maiko: Skopus der Negation bei Modalverben und (Nicht)Telizität des Infinitivkomplements im Althochdeutschen. In: Neue Beiträge zur Germanistik 13, 2014, 221–240.
野入（Noiri）逸彦：Modusということ. In: 人文研究（大阪市立大学文学部）27, 1975, 1–23.
野入逸彦：Modusに関する若干の問題. In: ドイツ文学（日本独文学会）74, 1985, 11–19.
Nussbaumer, Markus/Sitta, Horst: Negationstypen im Spannungsfeld von Satz- und Sondernegation. In: Deutsch als Fremdsprache 23, 1986, 348–359.
Oettinger, Norbert: Zur Funktion des indogermanischen Stativs. In: Indogermanica et Italica. Festschrift für Helmut Rix zum 65. Geburtstag. Innsbruck 1993, 347–361.
荻野（Ogino）蔵平：助動詞表現と文法化の歴史. In: ドイツ語助動詞構造の歴史的発展をめぐって. 日本独文学会 2003, 57–66.
Öhlschläger, Günther: Zur Semantik der Modalverben des Deutschen. In: Philologie und Sprachwissenschaft. Akten der 10. Österreichischen Linguisten-Tagung, Innsbruck, 23.–26. Oktober 1982. Innsbruck 1983, 175–184.

Öhlschläger, Günther: Zur Syntax und Semantik der Modalverben des Deutschen. Tübingen 1989.

岡本（Okamoto）順治／吉田光演（編）：ドイツ語の文法論（講座ドイツ言語学第1巻）．ひつじ書房2013．

岡崎（Okazaki）忠弘：「ニーベルンゲンの歌」における話法の助動詞の研究―solnについて．In: 広島大学総合科学部・言語文化研究11, 1985, 1–20; 13, 1987, 234–250.

小野（Ono）茂：英語法助動詞の発達．研究社出版1969．

小野　茂／中尾俊夫：英語史I．大修館書店1980．

大貫（Onuki）隆：新約聖書ギリシア語入門．岩波書店2004．

Osthoff, Hermann: Das Praeteritopraesens *mag*. In: PBB 15, 1891, 211–218.

太田（Ota）朗：否定の意味．大修館書店1980．

Oubouzar, Erika: Über die Ausbildung der zusammengesetzten Verbformen im deutschen Verbalsystem. In: PBB (Halle) 95, 1974, 5–96.

Pafel, Jürgen: *scheinen* + Infinitiv. Eine oberflächengrammatische Analyse. In: Wissen, Wahrnehmen, Glauben. Epistemische Ausdrücke und propositionale Einstellungen. Tübingen 1989, 123–172.

Palmer, F. R.: Modals and actuality. In: Journal of Linguistics 13, 1977, 1–23.

Palmer, F. R.: Why Auxiliaries are not main verbs. In: Lingua 47, 1979a, 1–25.

Palmer, F. R.: Modality and the English Modals. London 1979b.

パーマー（Palmer），F. R.（飯島周訳）：英語の法助動詞．桐原書店1984．

Paraschkewow, Boris: Das Verbalpräfix *ge-* in Luthers frühen Werken. In: Beiträge zur Erforschung der deutschen Sprache 5, 1985, 30–40.

Paul, Hermann: Deutsche Grammatik. 5 Bände. Tübingen 1916–1920. Nachdruck 1968.

Paul, Hermann: Mittelhochdeutsche Grammatik. 20. Auflage. Tübingen 1969; 24. Auflage 1998; 25. Auflage 2007.

Paul, Hermann: Prinzipien der Sprachgeschichte. Studeinausgabe der 8. Auflage. Tübingen 1970.

Peeters, Christian: Zum passiven Infinitiv nach MAHT(S) IST im Gotischen. In: Studia Linguistica. Revue de linguistique génerale et comparée. Lund 28, 1974, 112–114.

Peeters, Christian: Zu einem angeblichen passiven Infinitiv im Gotischen. In: Indogermanische Forschungen 87, 1982, 170–171.

Peilicke, Roswitha: Zur Verwendung der Modalverben /können/ und /mögen/ in Leipziger Frühdrucken. In: Zum Sprachwandel in der deutschen Literatursprache des 16. Jahrhunderts. Studien, Analysen, Probleme. Berlin 1987a, 325–384.

Peilicke, Roswitha: Zum Bedeutungswandel der Modalverben *können* und *mögen*. Beobachtungen an Leipziger Frühdrucken. In: Linguistische Studien. Reihe A: Arbeitsberichte 159, 1987b, 6–40.

Peilicke, Roswitha: Zur Verwendung der Modalverben *können* und *mögen* im frühneuzeitlichen Deutsch (1500 bis 1730). In: Fritz/Gloning (Hrsg.)

1997, 209–247.

Penka, Doris/Stechow, Arnim von: Negative Indefinita unter Modalverben. In: Müller/Reis (Hrsg.) 2001, 263–286.

Persson, Ingemar: Das inferentielle *müssen* in deontischer und epistemischer Verwendung. In: Rosengren, Inger (Hrsg.) 1981, 73–79.

Pfeffer, J. Alan: *Brauchen* als Vollverb, Hilfsmodal und Modalverb. In: Wirkendes Wort 23, 1973, 86–92.

Philipp, Gerhard: Einführung ins Frühneuhochdeutsche. Sprachgeschichte – Grammatik – Texte. Heidelberg 1980.

Plank, Frans: Modalitätsausdruck zwischen Autonomie und Auxiliarität. In: Rosengren, Inger (Hrsg.) 1981, 57–71.

Pollak, Hans: Über *ga-* beim gotischen Verb. In: PBB 93, 1971, 1–28.

Pollak, Hans: Über gotische Verben mit doppeltem *ga-*. In: PBB 96, 1974, 12–16.

Ponten, Jan Peter: Der Ersatz- oder Scheininfinitiv. Ein Problem aus der deutschen und niederländischen Syntax. In: Wirkendes Wort 23, 1973, 73–85.

Priebsch, Robert/Collinson, William Edward: The German language. 4. Edition. London 1958.

Prokosch, Eduard: A Comparative Germanic Grammar. Baltimore 1938.

Pudic, Ivan: Prefiks *ga-* u gotskom jeziku. Sarajevo 1956.

Radden, Günter: Modalverben in der Kognitiven Linguistik. In: Grammatik und mentale Prozesse. Tübingen 1999, 261–294.

Ramat, Paolo: Die Analyse eines morphosemantischen Feldes: die germanischen Modalverben. In: Indogermanische Forschungen 76, 1971, 174–202.

Ramat, Paolo: Einführung in das Germanische. Tübingen 1981.

Ramge, Hans: Spracherwerb. Grundzüge der Sprachentwicklung des Kindes. 2. Auflage. Tübingen 1975.

Rauch, Irmengard: The Gothic Language. Grammar, Genetic Provenance and Typology, Readings. New York 2003.

Raynaud, Franziska: Die Modalverben im zeitgenössischen Deutsch. In: Deutsch als Fremdsprache 13, 1976, 228–235.

Raynaud, Franziska: Noch einmal Modalverben! In: Deutsche Sprache 5, 1977a, 1–30.

Raynaud, Franziska: Der "modale infinitiv". bedeutung und leistung. In: Wirkendes Wort 27, 1977b, 386–393.

Redder, Angelika: *Ich will/kann/muß/soll... den Reis abgießen*. Zur Funktion verschiedenen Modalverbgebrauchs. In: Bedeutung, Sprechakte und Texte. Akten des 13. Linguistischen Kolloquiums Gent 1978, Band 2. Tübingen 1979, 191–200.

Redder, Angelika: Modalverben im Unterrichtsdiskurs. Pragmatik der Modalverben am Beispiel eines institutionellen Diskurses. Tübingen 1984.

Redder, Angelika: 'Werden' — funktional-grammatische Bestimmungen. In: Grammatik und mentale Prozesse. Tübingen 1999, 295–336.

Redder, Angelika/Martens, Karin: Modalverben ausprobieren. Wie Kinder mit Modalverben handeln. In: Untersuchungen zur Dialogfähigkeit von Kindern. Tübingen 1983, 163–181.

Reinwein, Joachim: Modalverb-Syntax. Tübingen 1977.

Reis, Marga: Zum grammatischen Status der Hilfsverben. In: PBB 98, 1976, 64–82.

Reis, Marga: Bilden Modalverben im Deutschen eine syntaktische Klasse? In: Müller/Reis (Hrsg.) 2001, 287–318.

Reis, Marga: Zur Grammatik der sog. 'Halbmodale' *drohen/versprechen* + Infinitiv. In: Avis, Franz Josef d' (Hrsg.) 2005, 125–145.

Repp, Michael: Modal- und Modalitätsverben in Texten der gesprochenen Standardsprache des heutigen Deutsch. In: Deutsche Sprache 6, 1978, 203–220.

Rödel, Michael: Doppelte Perfektbildungen und die Organisation von Tempus im Deutschen. Tübingen 2007.

Rosengren, Inger (Hrsg.): Sprache und Pragmatik. Lunder Symposium 1980. Lund 1981.

Rössing-Hager, Monika: Syntax und Textkomposition in Luthers Briefprosa. 2 Bände. Köln/Wien 1972.

相良（Sagara）守峯：ドイツ文章論．歴史的・心理的把握．岩波書店 1944.

相良守峯：中高ドイツ文法．南江堂 1954.

相良守峯：ドイツ語学概論．博友社 1965.

Saltveit, Laurits: Besitzt die deutsche Sprache ein Futur? In: Der Deutschunterricht 12, 1960, 46–65.

Saltveit, Laurits: Studien zum deutschen Futur. Die Fügungen *werden* mit dem Partizip Präsens und *werden* mit dem Infinitiv in ihren heutigen Funktionen und in ihrer geschichtlichen Entwicklung. Bergen/Oslo 1962.

Saltveit, Laurits: Das Verhältnis Tempus – Modus, Zeitinhalt – Modalität im Deutschen. In: Festschrift für Hugo Moser zum 60. Geburtstag am 19. Juni 1969. Düsseldorf 1969, 172–181.

佐々木（Sasaki）庸一：新・英語から入るドイツ語．郁文堂 1989.

Saussure, Ferdinand de: Gotique*parf, paúrban* "avoir besoin". In: Mémoires de la Société de Linguistique de Paris 7, 1899, 83–86.

澤田（Sawada）治美：認識的法助動詞の命題内容条件．In: 文法と意味の間．国広哲弥教授還暦退官記念論文集．くろしお出版 1990, 205–217.

澤田治美：二つの NEED．現実世界領域と言語行為領域の間で．In: 英語青年 2000, 4, 45–49; 2000, 5, 12–15.

澤田治美：法助動詞の意味を探る．認知意味論的・語用論的アプローチ．In: 言語（大修館書店）2001, 2, 65–72.

澤田治美：モダリティ．開拓社 2006.

澤田治美（編）：モダリティ II：事例研究．ひつじ書房 2012.

澤田治美（編）：モダリティ I：理論と方法．ひつじ書房 2014.

Scaffidi-Abbate, August: »Brauchen« mit folgendem Infinitiv. In: Muttersprache

83, 1973, 1–45.

Scaffidi-Abbate, August: Möglichkeiten der Futurbezeichnung im althochdeutschen Tatian und in anderen althochdeutschen literarischen Denkmälern. In: Sprachwissenschaft 6, 1981, 288–334.

Scherer, Philip: Aspect in Gothic. In: Language. Journal of the Linguistic Society of America 30, 1954, 211–223.

Scherer, Philip: Aspect in the Old High German of Tatian. In: Language. Journal of the Linguistic Society of America 32, 1956, 423–434.

Schieb, Gabriele: 'ich will'. 'du willst', 'er will'. Ein Beitrag zur Veldekekritik. In: PBB (Halle) 79, 1957, 131–162.

Schmid, Hans Ulrich: Die Ausbildung des *werden*-Futurs. Überlegungen auf der Grundlage mittelalterlicher Endzeitprophezeiungen. In: Zeitschrift für Dialektologie und Linguistik 67, 2000, 7–27.

Schmid, Hans Ulrich: Die 101 wichtigsten Fragen. Deutsche Sprache. München 2010.

Schnur, Margrit: Das deutsche und das französische System der modalen Hilfsverben. Versuch eines Vergleichs auf der Grundlage einer formalen und semantischen Definition. In: Zeitschrift für romanische Philologie 93, 1977, 276–293.

Schönherr, Monika: Korpusgestützte Analyse der nicht-morphologischen Kodierungsformen der epistemischen Modalität in Otfrids Evangelienbuch. In: Kątny/Socka (Hrsg.) 2010, 203–209.

Schönherr, Monika: Der Referatskonjunktiv im Althochdeutschen. Eine sprachhistorische Studie zum Modusgebrauch in Strukturen der indirekten Rede. In: エネルゲイア 36, 2011a, 21–38.

Schönherr, Monika: Gibt es im Althochdeutschen ein Futurum praeteriti? Eine korpusbasierte Studie zur Verwendung einiger Verbformen in althochdeutschen Texten. In: Geschichte und Typologie der Sprachsysteme. History and typology of language systems. Heidelberg, 2011b, 205–211.

Schönherr, Monika: Modalität im Diskurs und im Kontext. Studien zur Verwendung von Modalitätsausdrücken im Althochdeutschen. Frankfurt a. Main 2011c.

Schrodt, Richard: Althochdeutsche Grammatik II. Syntax. Tübingen 2004.

Schulz, Dora/Griesbach, Heinz: Grammatik der deutschen Sprache. München 1960; 2. Auflage 1962; 11. Auflage 1982.

シュルツ（Schulz）／グリースバハ（稲木勝彦他訳）：ドイツ文法．三修社 1981.

Schulze, Wilhelm: Kleine Schriften. Göttingen 1934.

Schwalm, Gisela: Pragmatisch-semantische Merkmale der modalen Variante NP ist zu xen: Redehintergrund und Thema-Rhema-Gliederung. In: Linguistische Berichte 104, 1986, 304–326.

Schwarz, Christian: Die 'tun' -Periphrase im Deutschen. Saarbrücken 2009.

Schwyzer, Eduard: Griechische Grammatik. 4 Bände. München 1977.

Sčur, G. S.: Über den Umlaut der deutschen Modalverben. In: Neuphilologische Mitteilungen 62, 1961, 206–219.

Seebold, Elmar: Die Geminata bei gm. *kann, ann* und anderen starken Verben. In: KZ 80, 1966, 273–283.

瀬川（Segawa）真由美：現代ドイツ語における「モダリティ」を担う表現形式の可能性．In: ドイツ語を考える：ことばについての小論集．三修社 2008, 169–180.

Seiffert, Leslie: Stages in the Long Discovery of the German Modals: Ratke, Schottel, Grimm. In: Speculum historiographiae linguisticae. Kurzbeiträge der IV. Internationalen Konferenz zur Geschichte der Sprachwissenschaften (ICHoLS) Trier, 24.–27. August 1987. Münster 1989, 277–296.

Seiffert, Leslie: The Semantics of the Old High German Preterito-Presents: Matrix for a Diachronic Study of Verbal Modality in German. In: 'mit regulu bithungan'. Neue Arbeiten zur althochdeutschen Poesie und Sprache. Göppingen 1989, 184–218.

Seiffert, Leslie: The German Modals as 'Auxiliaries of Mood': Five Grammarians (Adelung with Meiner; Becker with Heyse and Heyse) and the History of a Grammatical Concept. In: German Life and Letters 43, 1990, 131–152.

関口（Sekiguchi）存男：新独逸語文法教程．三省堂．初版 1932，改訂版 1950，3訂新版 1964，第4版 1980.

関口存男：ドイツ文法・接続法の詳細．三修社 1974.

千艘（Senso）光幸：『哀れなハインリヒ』における "suln". In: 横浜国立大学人文紀要・語学文学 24, 1977, 34–42.

千艘光幸："kunnen" と "mügen". In: 横浜国立大学人文紀要・語学文学 26, 1979, 9–20.

Shepherd, Susan C.: From deontic to epistemic: an analysis of modals in the history of English, creoles, and language acqisition. In: Papers from the 5th International Conference on Historical Linguisics/Referate von der Fünften Internationalen Konferenz für Historische Sprachwissenschaft. Amsterdam 1982, 317–323.

Sherebkov, V. A.: Zum Zeitbezug beim deutschen Modalverb. In: Deutsch als Fremdsprache 4, 1967, 357–361.

重藤（Shigeto）実：話法の助動詞は助動詞か？ In: ドイツ語教育部会会報 8, 1975, 38–42.

重藤　実：開始相表現の歴史と未来形．In: ドイツ語助動詞構造の歴史的発展をめぐって．日本独文学会 2003, 39–48.

嶋﨑（Shimazaki）啓：ドイツ語現在完了形の通時的展開について．In: ドイツ文学（日本独文学会）105, 2000, 190–199.

嶋﨑　啓：歴史的に見た未来形 werden + 不定詞．In: 歴史的に見た現代ドイツ語．日本独文学会 2007, 3–15.

清水（Shimizu）誠：Gottfried の "Tristan" における中高ドイツ語動詞接頭辞 GE- の研究．語彙・文法・文体．In: ドイツ文学（日本独文学会）72,

1984, 96–110.

塩谷（Shioya）饒：türren と dürfen―Luther 聖書の用法. In: 北海道大学・文学部紀要 27, 1979, 33–60.

塩谷　饒：Frühneuhochdeutsch における話法の助動詞. In: ドイツ文学（日本独文学会）74, 1985a, 30–40.

塩谷　饒：Biblia Pauperum（Cod. Pal. l. 871）覚え書. In: ドイツ語学研究（クロノス）1, 1985b, 1–32.

塩谷　饒：ルター聖書のドイツ語. 第2版. クロノス 1987.

Sihler, Andrew L.: New comparative grammar of Greek and Latin. New York 1995.

Soeteman, Cornelis: Praeteritopraesentia Revisa. In: Satz und Wort im heutigen Deutsch. Düsseldorf 1967, 137–147.

Solms, Hans-Joachim: Zur Wortbildung der Verben in Hartmann von Aues 'Iwein' (Hs. B) und 'Gregorius' (Hs. A): Das Präfix *ge-* im System der verbalen Präfigierung. Zugleich ein Beitrag zur Diskussion historischer Wortbildung. In: Zeitschrift für deutsche Philologie. Sonderheft 110, 1991, 110–140.

Sonderegger, Stefan: Althochdeutsche Sprache und Literatur. 2. Auflage. Berlin/New York 1987.

Spannagel, Jobst-Matthias: Die Modalverben im Deutschen und ihre japanischen Entsprechungen. In: Grammatik und Deutschunterricht. Jahrbuch 1977 des Instituts für deutsche Sprache 1978, 305–315.

Speyer, Jacob Samuel: Vedische und Sanskrit-Syntax. Straßburg 1896.

Standop, Ewald: Syntax und Semantik der modalen Hilfsverben im Altenglischen. *Magan, motan, sculan, willan*. Bochum-Langendreer 1957.

Standwell, Graham J. B.: A contrastive study of the modals in English and German. In: International review of applied linguistics in language teaching 17, 1979, 251–264.

Stechow, Arnim von: Modalverben in einer Montague-Grammatik. In: Empirische rechtfertigung von syntaxen. Beiträge zum Wuppertaler kolloquium vom 25.–29. september 1979. Bonn 1980, 126–152.

Stephany, Ursula: Modality in First Language Acquisition: The State of the Art. In: Modality in Language Acquisition. Berlin/New York 1993, 133–144.

Steig, R.: Über den Gebrauch des Infinitivs im Altniederdeutschen. In: Zeitschrift für deutsche Philologie 16, 1884, 307–345, 470–501.

Stevens, Christopher M.: On the Grammaticalization of German *können, dürfen, sollen, mögen, müssen,* and *wollen*. In: American Journal of Germanic Linguistics and Literatures 7, 1995, 179–206.

Stiegele, Peter: Wortschatz und Wortbedeutungen im Nibelungenlied. Inaugural-Dissertation, Universität Heidelberg 1967.

Stötzel, Georg: Traditionelle und strukturelle Forschung auf dem Gebiet der Modalverben. In: Muttersprache 77, 1967, 52–57.

Streitberg, Wilhelm: Perfective und imperfective actionsart im germanischen. In:

PBB. 15, 1891, 70–177.

Streitberg, Wilhelm: Gotisches Elementarbuch. 5./6. Auflage. Heidelberg 1920.

Streitberg, Wilhelm: Gotische Syntax. Heidelberg 1981.

Sturtevant, Albert Morey: Gothica I. The Passive Use of the Active Infinite after the Verbal Adjectives MAHTS and SKULDS. In: Journal of English and Germanic Philology 24, 1925, 504–508.

Stutterheim, C. F. P.: Structuralism and reconstruction. Some notes on the verbal system of Primitive Germanic. In: Lingua. International review of general linguistics 9, 1960, 237–257.

Stutterheim, C. F. P.: Diachronische Traditionen in synchronischen Grammatiken. In: Tradition und Ursprünglichkeit. Akten des III. Internationalen Germanistenkongresses 1965 in Amsterdam. Bern 1966, 102–112.

末松（Suematsu）淑美：話法の助動詞の過去形—konnte が表す〈過去の可能性〉とその解釈をめぐって．In: ドイツ語を考える：ことばについての小論集．三修社 2008, 159–168.

Suzuki, Seiichi: On the Infinitive in Passive Sense under Goth. MAHT- and SKULD-: In Defense of the passive Analysis. In: PBB 109, 1987, 1–13.

Suzuki, Seiichi: Final Devoicing and Elimination of the Effects of Verner's Law in Gothic. In: Indogermanische Forschungen 99, 1994, 217–251.

鈴木康志：体験話法．ドイツ文解釈のために．大学書林 2005.

Swan, Toril/Westvik, Olaf Jansen (Hrsg.): Modality in Germanic Languages. Historical and Comparative Perspectives. Berlin/New York 1997.

Sweetser, Eve E.: From Etymology to Pragmatics: Metaphorical and Cultural Aspects of Semantic Structure. Cambridge 1990.

Sweetser, Eve E.（澤田治美訳）：認知意味論の展開．語源学から語用論まで．研究社 2000.

Szemerényi, Oswald: Einführung in die vergleichende Sprachwissenschaft. 3. Auflage. Darmstadt 1989.

高田（Takada）博行／新田春夫（編）：ドイツ語の歴史論（講座ドイツ言語学第2巻）．ひつじ書房 2013.

高田博行／椎名美智／小野寺典子（編著）：歴史語用論入門．大修館書店 2011.

高田るい子：Modalität の二つのタイプ．In: ドイツ文学論集（日本独文学会中国四国支部）10, 1977, 67–76.

Takahaši, Terukazu: sitan und gasitan — ein gotisches Aspektpaar? In: 独逸文学（関西大学独逸文学会）17, 1972, 1–12.

髙橋輝和：ゴート語における Aktionsart と Aspekt. In: ドイツ文学（日本独文学会）48, 1972, 47–58.

髙橋輝和：ゴート語における様相の助動詞の意味構造．In: ドイツ文学（日本独文学会）53, 1974, 111–121.

髙橋輝和：ゴート語 aigan*, dugan*, kunnan, ga-motan* の様相の助動詞としての可能性について．In: ドイツ文学（日本独文学会）55, 1975a, 97–107.

髙橋輝和：ゴート語の kunnan と witan. In: ドイツ文学論攷（阪神ドイツ文学

会）17, 1975b, 75–87.

髙橋輝和：ゴート語における完了現在動詞と様相の助動詞との関係. In: 岡山大学文学部紀要 1, 1980, 185–196.

髙橋輝和：ゴート語入門. クロノス 1982, 改定増補版 1999.

Takahaši, Terukazu: Über die Modalverben des Gotischen. In: KZ 96, 1982/83, 127–138.

Takahaši, Terukazu: Über den subjektiven Gebrauch des Modalverbs brauchen. In: Sprachwissenschaft 9, 1984, 20–22.

髙橋輝和：様相の助動詞 brauchen の主観的用法. In: ドイツ語学研究（クロノス）1, 1985a, 153–170.

髙橋輝和：ドイツ語における様相の助動詞の発達. In: 岡山大学文学部紀要 6, 1985b, 237–251.

髙橋輝和：古期ドイツ語文法. 大学書林 1994.

髙橋輝和：古期ドイツ語の二大作品『ヘーリアント』と『オットフリート』の語彙の総合的対比研究（平成 14・15 年度科学研究費補助金〔基盤研究（C）(2)〕研究成果報告書）2004.

竹内（Takeuchi）義晴：ドイツ語様相助動詞の意味研究におけるいくつかの問題. In: 言語研究（九州大学教養部言語研究会）1985, 20, 43–54.

田中（Tanaka）康一：ドイツ文法通論. 郁文堂 1951.

田中泰三：スイスのドイツ語. クロノス 1985.

Tanaka, Toshiya: Gmc. Preterite-Presents and IE Nouns of Agency: A Test for the Original Stativity. In: Synchronic and Diachronic Studies on Language: a Festschrift for Dr. Hirozo Nakano. 2000, 291–305.

Tanaka, Toshiya: Where Does Gmc. *ōg- 'fear' Come From?: The Problem of the Original Base Structure. In: 九州大学大学院言語文化研究院・言語文化研究 13, 2001, 139–148.

Tanaka, Toshiya: The Genesis of Preterite-Present Verbs: the Proto-Indo-European Stative-Intransitive System and Morphological Conflation. Kyushu University 2009.

Taraporewala, Irach Jehangir Sorabji: Sanskrit Syntax. Delhi 1967.

Tarvainen, Kalevi: Die Modalverben im deutschen Modus- und Tempussytem. In: Neuphilologische Mitteilungen 77, 1976, 9–24.

Tellier, André: Les Verbs perfecto-présents et les Auxiliaires de mode en Anglais ancien (VIIIe S.– XVIe S.). Paris 1962.

手嶋（Teshima）竹司：古ゲルマン語の Gerundiv- 構文とその適用，特に助動詞 "mögen" と "können" との比較―古高ドイツ語 Isidor の翻訳を基に. In: 独逸文学（関西大学独逸文学会）42, 1998, 90–107.

Thim-Mabrey, Christiane: Die Fügung sein + zu + Infinitiv. Eine Untersucheng des Zusammenhanges von Kontext und Bedeutung. In: Sprachwissenschaft 11, 1986, 210–274.

Townson, Michael: Epistemic modality in English and German. In: Contrastive Aspects of English and German. Heidelberg 1981, 159–180.

Traugott, Elizabeth Closs: On the rise of epistemic meanings in English: an example of subjektification in semantic change. In: Language 65, 1989, 31–55.

Tschirch, Fritz: Spiegelungen. Untersuchungen vom Grenzrain zwischen Germanistik und Theologie. Berlin 1966.

辻（Tsuji）直四郎：サンスクリット文法．岩波書店 1974.

常木（Tsuneki）実：接続法―その理論と応用．増訂版．郁文堂 1986.

Ulvestad, Bjarne: Doppelmodalisierung. In: Studia linguistica et philologica: Festschrift für Klaus Matzel zum sechzigsten Geburtstag. Heidelberg 1984a, 375–384.

Ulvestad, Bjarne: Die epistemischen Modalverben *werden* und *müssen* in pragma-linguistischer Sicht. In: Pragmatik in der Grammatik: Jahrbuch 1983 des Instituts für deutsche Sprache. Düsseldorf 1984b, 262–294.

Ulvestad, Bjarne: Zur 'objektiven' Epistemik des Modalverbs *müssen*. In: Sprachwissenschaft 16, 1991, 365–375.

Ulvestad, Bjarne: On the use of *brauchen* versus *müssen*. In: Swan/Westvik (Hrsg.) 1997, 211–231.

Valentin, Paul: Das althochdeutsche Verbsystem: Tempus und Modus. In: Linguistic Method: Essays in Honor of Herbert Penzl. The Hague 1979, 425–440.

Valentin, Paul: Zur Geschichte der Modalisation im Deutschen. In: Deutsch-französische Germanistik. Mélanges pour Emile Georges Zink. Göppingen 1984, 185–195.

Valentin, Paul: Ausdrucksseite und Inhaltsseite in der Entwicklung des deutschen Modussystems. In: Deutsche Sprachgeschichte: Grundlagen, Methoden, Perspektiven: Festschrift für Johannes Erben zum 65. Geburtstag. Frankfurt am Main/New York/Paris 1990, 363–369.

Valentin, Paul: Der Modusgegensatz im Althochdeutschen. In: Desportes, Yvon (Hrsg.) 1997, 186–199.

Vater, Heinz: *Werden* als Modalverb. In: Calbert/Vater 1975, 71–148.

Vater, Heinz: Lowell Bouma, *The Semantics of the Modal Auxiliaries in Contemporary German* (Janua Linguarum, Series Practica, 146), Mouton, The Hague-Paris 1973. In: Foundations of Language: international journal of language and philosophy 14, 1976, 399–411.

Vater, Heinz: Modalverben und Sprechakte. In: Kopenhagener Beiträge zur germanistischen Linguistik, Sonderband 1: Festschrift für Gunnar Bech. Zum 60. Geburtstag am 23. März 1980. Kopenhagen 1980, 291–308.

Vater, Heinz: Hat das Deutsche Futurtempora? In: Vater (Hrsg.) 1997, 53–69.

Vater, Heinz: *Sollen* und *wollen* – zwei ungleiche Brüder. In: Vater/Letnes (Hrsg.) 2001, 81–100.

Vater, Heinz: Zur Syntax und Semantik der Modalverben. In: Letnes/Vater (Hrsg.) 2004, 9–31.

Vater, Heinz: *Möchten* als Modalverb. In: Kątny/Socka (Hrsg.) 2010, 99–112.

Vater, Heinz (Hrsg.): Zu Tempus und Modus im Deutschen. Trier 1997.

Vater, Heinz/Letnes, Ole (Hrsg.): Modalität und mehr/Modality and more. Trier 2001.

Visser, Frederik Theodoor: An historical syntax of the English langauge. 4 vols. Leiden 1963–1973.

Vogel-Elsler, Doris: Zum Einfluss grammatischer Theorien auf Lehrmaterial «Deutsch als Fremdsprache», gezeigt am Beispiel der Modalverben. Bern/Frankfurt a. M./New York 1983.

Wagner, Johannes: Eine kontrastive Analyse von Modalverben des Deutschen und Schwedischen. In: International Reviews of Applied Linguistics in Language Teaching 14, 1976, 49–66.

Wandruszka, Mario: Sprachen — vergleichbar und unvergleichlich. München 1969.

Wandruszka, Mario: Interlinguistik — Umrisse einer neuen Sprachwissenschaft. München 1971.

ヴァンドルシュカ，マリオ（福田幸夫訳）：言語間言語学——ヨーロッパ六か国語の比較．白水社 1974．

Warner, Anthony R.: English Auxiliaries. Structure and history. Cambridge 1993.

渡辺（Watanabe）学／山下仁（編）：ドイツ語の社会語用論（講座ドイツ言語学第 3 巻）．ひつじ書房 2014．

Weber, Albert: Zürichdeutsche Grammatik. Ein Wegweiser zur guten Mundart. 2. Auflage Zürich 1964.

Weinrich, Harald: Textgrammatik der deutschen Sprache. Mannheim 1993.

ヴァインリヒ（Weinrich），ハラルト（脇坂豊編，植木迪子他訳）：テキストからみたドイツ語文法．三修社 2003．

Weißgräber, Kurt: Der Bedeutungswandel des Präterito-Präsens "kann" vom Urgermanisch-Gotischen bis zum Althochdeutsch-Frühmittel-hochdeutschen. Königsberg i. Pr. 1929.

Welke, Klaus: Untersuchungen zum System der Modalverben in der deutschen Sprache der Gegenwart. Ein Beitrag zur Erforschung funktionaler und syntaktischer Beziehungen. Berlin 1965.

Welke, Klaus: Das System der Modalverben im Deutschen. In: Probleme der Sprachwissenschaft. Beiträge zur Linguistik. The Hague/Paris 1971a, 290–297.

Welke, Klaus: Dienen Modalverben der Umschreibung des Konjunktivs? In: Probleme der Sprachwissenschaft. Beiträge zur Linguistik. The Hague/Paris 1971b, 298–304.

Welker, Herbert Andreas: Das *futurum praeteriti* im Deutschen. In: Particulae particularum. Festschrift zum 60. Geburtstag von Harald Weydt. Tübingen 1998, 363–377.

Werlen, Iwar: Gebrauch und Bedeutung der Modalverben in alemannischen Dialekten. Stuttgart 1985.

Westheide, Hennig: Die "attitüdinelle" Funktion von Modalverben in

Redeankündigungen. Eine Untersuchung an dialogischen Texten deutscher Standardsprache. In: Studien zur Linguistik und Didaktik. Festschrift für Carl Soeteman. Leiden 1978, 299–327.

Westvik, Olaf Jansen: Über Herkunft und Geschichte des *werden*-Futurs — Eine Auseinandersetzung mit neuerer und neuester Forschung. In: Raum, Zeit, Medium — Sprache und ihre Determinaten. Festschrift für Hans Ramge zum 60. Geburtstag. Darmstadt 2000, 235–261.

Wich-Reif, Claudia: Präteritopräsentien in der "Tatianbilingue" und in Otfrids "Evangelienbuch". In: Probleme der historischen deutschen Syntax unter besonderer Berücksichtigung ihrer Textsortengebundenheit. Akten zum Internationalen Kongress an der Freien Universität Berlin, 29. Juni bis 3. Juli 2005. Berlin 2007, 127–149.

Wilmanns, Wilhelm: Deutsche Grammatik: Gotisch, Alt-, Mittel- und Neuhochdeutsch. 4 Bände. 1. und 2. Auflage. Straßburg 1896–1909.

Wolf, Norbert Richard: *würde*. Zur Verwendung einer Hilfsverbform. In: Deutsch als Fremdsprache. An den Quellen eines Faches. Festschrift für Gerhard Helbig zum 65. Geburtstag. München 1995, 193–202.

Wolf, Norbert Richard: Das Verbalpräfix ge- in mittelhochdeutschen Urkunden. In: Probleme der historischen deutschen Syntax unter besonderer Berücksichtigung ihrer Textsortengebundenheit. Akten zum Internationalen Kongress an der Freien Universität Berlin, 29. Juni bis 3. Juli 2005. Berlin 2007, 225–235.

Wolff, Ludwig: *Uns wil schiere wol gelingen*. Von den in die Zukunft weisenden Umschreibungen mit 'wollen'. In: Festschrift für Ingeborg Schröbler zum 65. Geburtstag. Tübingen 1973, 52–69.

Wright, Joseph: Grammar of the Gothic Language. 2. Edition. Oxford 1954.

Wunderlich, Dieter: Studien zur Sprechakttheorie. Frankfurt a. Main 1976.

Wunderlich, Dieter: Modalverben im Diskurs und im System. In: Rosengren, Inger (Hrsg.) 1981, 11–53.

Wunderlich, Dieter: Modalisierte Sprechakte. In: Brünner/Redder 1983, 226–245.

Wurzel, Wofgang Ullrich: Flexionsmorphologie und Natürlichkeit: ein Beitrag zur morphologischen Theoriebildung. Berlin 1984.

Wustmann, Gustav: Sprachdummheiten. Berlin. 14. Auflage 1966.

山田（Yamada）幸三郎：話法の助動詞．大学書林 1939.

山田小枝：話法性とアスペクトの接点．In: ドイツ文学（日本独文学会）74, 1985, 75–84.

山田小枝：モダリティ．同学社 1990.

山田やす子：Frnhd. 期の können と mögen に関する一考察．Jörg Wickram "Das Rollwagenbüchlin" を資料として．In: ドイツ文学研究（日本独文学会東海支部）27, 1995, 203–216.

山中（Yamanaka）元：古ペルシャ語―古代ペルシャ帝国の碑文を読み解く．国際語学社 2008.

吉田（Yoshida）和彦：ゴート語 preverb ga- の研究. In: 言語研究（日本言語学会）78, 1980, 85–113.

吉田和彦：言葉を復元する. 比較言語学の世界. 三省堂 1996.

吉田和彦：印欧語の喉音理論と母音交替. In: 音声研究（日本音声学会）7, 2003, 5–13.

吉田和彦：比較言語学の視点. テキストの読解と分析. 大修館書店 2005.

吉田和比古：「sein ＋ zu ＋ 不定詞」の意味論的考察. In: ドイツ文学（日本独文学会）74, 1985, 64–74.

在間（Zaima）進：［詳解］ドイツ語文法. 大修館書店 1992.

Zemb, Jean-Marie: Muß etwas möglich sein, kann etwas notwendig sein? In: Sprachsystem und Sprachgebrauch. Festschrift für Hugo Moser zum 65. Geburtstag, Teil 2. Düsseldorf 1975, 472–483.

Zifonun, Gisela: Die Peripherie der Verbalkategorien — Zentralitätsabstufungen in der "Grammatik der deutschen Sprache" und ihre theoretische Fundierung. In: Eichinger/Leirbukt (Hrsg.) 2000, 35–61.

Zifonun, Gisela/Hoffmann, Ludger/Strecker, Bruno u. a.: Grammatik der deutschen Sprache. 3 Bände. Berlin/New York 1997.

Zorn, Klaus: Semantisch-syntaktische Beobachtungen an den Fügungen "haben + zu + Infinitiv" und "sein + zu + Infinitiv". In: Deutsch als Fremdsprache 14, 1977, 142–147.

2. 辞典、語句索引

Adams, Douglas Q.: A Dictionary of Tocharian B. Amsterdam/Atlanta 1999.

Anderson, Robert R./Goebel, Ulrich/Reichmann, Oskar: Frühneuhochdeutsches Wörterbuch. Berlin 1989–.

Balg, G. H.: A Comparative Glossary of the Gothic Language, with especial reference to English and German. Mayville 1887–1889.

Bartsch, Karl: Der Nibelunge Nôt. II. 2: Wörterbuch. Leipzig 1880.

Bauer, Walter: Wörterbuch zum Neuen Testament. Griechisch-deutsches Wörterbuch zu den Schriften des Neuen Testaments und der übrigen frühchristlichen Literatur. 5. Auflage. Berlin/New York 1971.

Bäuml, Franz H./Fallone, Eva-Maria: A Concordance to the Nibelungenlied (Bartsch-de Boor Text). With a structural pattern index, frequency ranking list, and reverse index. Leeds 1976.

Benecke, Georg Friedrich/Müller, W./Zarncke, F.: Mittelhochdeutsches Wörterbuch. 4 Bände. Leipzig 1854–1866.

Benecke, Georg Friedrich/Wilken, E.: Wörterbuch zu Hartmanns Iwein. 2. Ausgabe. Göttingen 1874.

Böhtlingk, Otto von/Roth, Rudolph: Sanskrit-Wörterbuch. 7 Bände. St. Petersburg 1855–1875.

Böhtlingk, Otto von: Sanskrit-Wörterbuch in kürzerer Fassung. St. Petersburg

1879–1889.

Bremer Biblische Hand-Konkordanz. Stuttgart 1979.

Campe, Joachim Heinrich: Wörterbuch der Deutschen Sprache. 5 Bände. Braunschweig 1807–1813.

カンドウ (Candau), サルバトル：羅和字典. 公教新学校 1934.

千種 (Chigusa) 眞一：ゴート語辞典. 大学書林 1997.

Cunliffe, Richard John: A Lexicon of the Homeric Dialect. London/Glasgow/Bombay 1924.

CUS: Das sonderbare Lexikon der deutschen Sprache. Frankfurt am Main 2009.

Dietz, Philipp: Wörterbuch zu Dr. Martin Luthers deutschen Schriften. 1. Band und 2. Band, Lieferung 1 (A-HALS). 2. Auflage. Leipzig 1870–1872. Nachdruck Hildesheim/New York 1973. Liferung 2–. Hildesheim 1993–.

DUDEN. Das große Wörterbuch der deutschen Sprache. 10 Bände. 3. Auflage. Mannheim/Leipzig/Wien/Zürich 1999.

Duden. Das Bedeutungswörterbuch. 4. Auflage. Mannheim/Leipzig/Wien/Zürich 2010.

Duden. Das Stilwörterbuch. 8. Auflage. Mannheim/Leipzig/Wien/Zürich 2001.

Duden. Zweifelsfälle der deutschen Sprache. 2. Auflage. Mannheim 1972.

Duden. Richtiges und gutes Deutsch. Wörterbuch der sprachlichen Zweifelsfälle. 3. Auflage. Mannheim 1985; 6. Auflage 2007.

Duden-Oxford, Großwörterbuch Englisch. Deutsch-Englisch, Englisch-Deutsch. 2. Auflage. Mannheim/Leipzig/Wien/Zürich 1999.

Dunbar, Henry: A complete concordance to the Odyssey and Hymns of Homer, to which is added a concordance to the parallel passages in the Iliad, Odyssey, and Hymns. Oxford 1880.

Falk, Hjalmar/Torp, Alf: Wortschatz der germanischen Spracheinheit. 5. Auflage. Göttingen 1909.

Feist, Sigmund: Vergleichendes Wörterbuch der gotischen Sprache. Mit Einschluß des Krimgotischen und sonstiger zerstreuter Überreste des Gotischen. 3. Auflage. Leiden 1939.

Fischer, Paul: Goethe-Wortschatz. Ein sprachgeschichtlichens Wörterbuch zu Goethes sämtlichen Werken. Leipzig 1929.

Frisk, Hjalmar: Griechisches etymologisches Wörterbuch. 3 Bände. 2. Auflage. Heidelberg 1973–1979.

古川 (Furukawa) 晴風：ギリシア語辞典. 大学書林 1989.

Gabelentz, Hans Conen von der/Loebe, J.: Ulfilas. Veteris et novi testamenti versiones Gothicae fragmenta quae supersunt. Volumen II, Pars prior: Glossarium der gothischen Sprache. Leipzig 1843. Neudruck Hildesheim 1980.

Gallée, Johan Hendrik: Vorstudien zu einem altniederdeutschen Wörterbuche. Leiden 1903. Neudruck Walluf 1977.

Georges, Karl Ernst: Ausführliches lateinisch-deutsches Handwörterbuch. 8. Auflage. Hannover 1983.

Glare, P. G. W.: Oxford Latin Dictionary. Oxford 1996.
Goethe-Wörterbuch. Herausgegeben von der Akademie der Wissenschaften der DDR, der Akademie der Wissenschaften in Göttingen und der Heidelberger Akademie der Wissenschaften. Stuttgart/Berlin/Köln/Mainz 1966–.
Götze, Alfred: Trübners Deutsches Wörterbuch. 8 Bände. Berlin 1939–1957.
Graßmann, Hermann: Wörterbuch zum Rig-Veda. Leipzig 1875. 6. Auflage. Wiesbaden 1996.
Greule, Albrecht: Syntaktisches Verbwörterbuch zu den althochdeutschen Texten des 9. Jahrhunderts. Altalemannische Psalmenfragmente, Benediktinerregel, Hildebrandslied, Monseer Fragmente, Mubacher Hymnen, Otfrid, Tatian und kleinere Sprachdenkmäler. Frankfurt a. M./Berlin/Bern/New York/Paris/Wien 1999.
Grimm, Jacob/Grimm, Wilhelm: Deutsches Wörterbuch. 33 Bände. Leipzig 1854–1971. Nachdruck München 1984. Neubearbeitung Leipzig 1983–.
Große Konkordanz zur Lutherbibel. 3. Auflage. Stuttgart 1993.
Heffner, R-M. S.: A Word-Index to the Texts of Steinmeyer *Die kleineren althochdeutschen Sprachdenkmäler*. Madison 1961.
Hentschel, Elke: De Gruyter Lexikon. Deutsche Grammatik. Berlin/New York 2010.
Helbig, Gerhard/Helbig, Agnes: Lexikon deutscher Modalwörter. 2. Auflage. Leipzig 1993.
Heyne, Moriz: Deutsches Wörterbuch. 3 Bände. 2. Auflage. Leipzig 1905–1906.
Holthausen, Ferdinand: Gotisches etymologisches Wörterbuch. Heidelberg 1934.
伊東（Ito）泰治他：新訂・中高ドイツ語小辞典．同学社2001．
岩隈（Iwakuma）直：増補改訂・新約ギリシア語辞典．山本書店1982a．
岩隈　直：増補改訂・新約ギリシア語逆引辞典．山本書店1982b．
岩﨑（Iwasaki）英二郎：ドイツ語副詞辞典．白水社1998．
岩﨑英二郎／小野寺和夫：ドイツ語不変化詞辞典．白水社1969．
Jütting, W. A.: Biblisches Wörterbuch. Enthaltend eine Erklärung der alterthümlichen und seltenen Ausdrücke in M. Luther's Bibelübersetzung. Leipzig 1864. Neudruck Walluf 1973.
Kaeding, F.: Häufigkeitswörterbuch der deutschen Sprache. Berlin/Steglitz 1898.
Karg-Gasterstädt, Elisabeth/Frings, Theodor: Althochdeutsches Wörterbuch. Berlin 1952–.
川島（Kawashima）淳夫他：ドイツ言語学辞典．紀伊国屋書店1994．
Kelle, Johann: Otfrids von Weißenburg Evangelienbuch. 3. Band: Glossar der Sprache Otfrids. Neudruck der Ausgabe 1881. Aalen 1963.
Klappenbach, Ruth/Steinitz, Wolfgang: Wörterbuch der deutschen Gegenwartssprache. 6 Bände. 10. Auflage. Berlin 1980–1985.
Kluge, Friedrich: Etymologisches Wörterbuch der deutschen Sprache. 24. Auflage. Berlin/New York 2002.

Köbler, Gerhard: Verzeichnis der lateinisch-gotischen und der gotisch-lateinischen Entsprechungen der Bibelübersetzung. Göttingen 1972.

Köbler, Gerhard: Gotisch-neuhochdeutsches und neuhochdeutsch-gotisches Wörterbuch. Gießen 1981.

Köbler, Gerhard: Gotisches Wörterbuch. Leiden/New York/København/Köln 1989.

Köbler, Gerhard: Neuhochdeutsch-gotisches Wörterbuch. Neuenglisch-gotisches Wörterbuch. Griechisch-gotisches Wörterbuch. Lateinisch-gotisches Wörterbuch. Gießen 1990.

Köbler, Gerhard: Wörterbuch des althochdeutschen Sprachschatzes. Paderborn/München/Wien/Zürich 1993.

古賀（Koga）允洋：中高ドイツ語辞典．大学書林 2012.

Kroonen, Guus: Etymological Dictionary of Proto-Germanic. Leiden 2013.

國原（Kunihara）吉之助：古典ラテン語辞典．大学書林 2005.

国松（Kunimatsu）孝二他：独和大辞典．小学館，初版 1985，第 2 版 1989.

Küpper, Heinz: Wörterbuch der deutschen Umgangssprache. Stuttgart 1987.

Langenscheidts Großwörterbuch Griechisch-Deutsch. 22. Auflage. Berlin 1973.

Langenscheidts Großwörterbuch Lateinisch-Deutsch. 22. Auflage. Berlin 1982.

Lehmann, Winfred P.: A Gothic Etymological Dictionary. Leiden 1986.

Lexer, Matthias: Mittelhochdeutsches Handwörterbuch. 3 Bände. Leipzig 1872–1878. Nachdruck Stuttgart 1970.

Lexer, Matthias: Mittelhochdeutsches Taschenwörterbuch. 34. Auflage. Stuttgart 1976.

Liddell, Henry George/Scott, Robert: A Greek-English Lexicon. 9. Edition. Oxford 1968.

Lloyd, Albert L./Springer, Otto: Etymologisches Wörterbuch des Althochdeutschen. Band I. Göttingen/Zürich 1988; Band II. 1998; Band III. 2007; Band IV 2009; Band V 2014.

Lübben, August: Wörterbuch zu der Nibelunge Not (Liet). 3. Auflage. Oldenburg 1877. Neudruck Schaan 1982.

Macdonell, Arthur Anthony: A practical Sanskrit dictionary. Oxford 1979.

Mann, Stuart E.: An Indo-European comparative dictionary. Hamburg 1984–1987.

Marinone, N.: All the Greek Verbs. London 1985.

Mater, Erich: Rückläufiges Wörterbuch der deutschen Gegenwartssprache. 4. Auflage. Oberursel a. Taunus 1983.

Mittelstraß, Jürgen: Enzyklopädie. Philosophie und Wissenschaftstheorie. 4 Bände. Stuttgart 2004.

水谷（Mizutani）智洋：改訂版・羅和辞典．研究社 2009.

Monier-Williams, Monier: A English-Sanskrit Dictionary. London 1851.

Monier-Williams, Monier: A Sanskrit-English Dictionary. Oxford 1964.

Niermeyer, J. F./Kieft, C. van de: Mediae Latinitatis Lexicon Minus. Leiden/Boston 2002.

荻原（Ogiwara）雲来他：漢訳対照・梵和大辞典．新装版．講談社 1986．
The Oxford English Dictionary. 2nd ed. 12 vols with supplements. Oxford 1933–1989.
Paul, Hermann: Deutsches Wörterbuch. Bedeutungsgeschichte und Aufbau unseres Wortschatzes. 10. Auflage. Tübingen 2002.
Piper, Paul: Otfrids Evangelienbuch. 2. Theil: Glossar und Abriß der Grammatik. Freiburg/Tübingen 1884.
Pokorny, Julius: Indogermanisches etymologisches Wörterbuch. 2 Bände. Bern 1959, 1969.
Prendergast, Guy Lushington: A complete concordance to the Iliad of Homer. London 1875.
Priese, Oskar: Wortschatz des Otfrid. Ein Deutsch=althochdeutsches Wörterbuch. Halle a. S. 1907.
Priese, Oskar: Deutsch-Gotisches Wörterbuch. 3. Auflage. Halle a. S. 1933.
Puryear, Joseph Richard, Jr.: Greek-Gothic Lexicon and Concordance to the New Testament. Dissertation, Vanderbilt University 1965.
Regan, Brian T.: Dictionary of the Biblical Gothic Language. Phoenix 1974.
Rix, Helmut/Kümmel, Martin: Lexikon der indogermanischen Verben. Die Wurzeln und ihre Primärstammbildungen. 2. Auflage. Wiesbaden 2001.
Rosengren, Inger: Ein Frequenzwörterbuch der deutschen Zeitungssprache. 2 Bände. Lund 1972–1977.
Ruoff, Arno: Häufigkeitswörterbuch gesprochener Sprache. Tübingen 1981.
相良（Sagara）守峰：大独和辞典．博友社，第 9 版 1963．
相良守峰／菊池眞吾／鐵野善資：独和中辞典．研究社 1996．
Sanders, Daniel: Wörterbuch der Hauptschwierigkeiten in der deutschen Sprache. 43. und 44. Auflage. Berlin 1908.
シンチンゲル（Schinzinger），R．／山本明／南原実：現代和独辞典．三修社 1980．
シンチンゲル，R．／山本明／南原実：新現代独和辞典．三修社 2002．
Schmidt, R.: Nachträge zum Sanskrit-Wörterbuch in kürzerer Fassung von Otto Böhtlingk. Leipzig 1928.
Schulze, Ernst: Gothisches Glossar. Magdeburg 1848.
Schulze, Ernst: Gothisches Wörterbuch. Züllichau 1867.
Schützeichel, Rudolf: Althochdeutsches Wörterbuch. 5. Auflage. Tübingen 1995; 6. Auflage 2006.
Seebold, Elmar: Vergleichendes und etymologisches Wörterbuch der germanischen starken Verben. The Hague/Paris 1970.
Sehrt, Edward H.: Notker-Glossar. Ein Althochdeutsch-Lateinisch-Neuhochdeutsches Wörterbuch zu Notkers des Deutschen Schriften. Tübingen 1962.
Sehrt, Edward H.: Vollständiges Wörterbuch zum Heliand und zur altsächsichen Genesis. 2. Auflage. Göttingen 1966.
Sehrt, Edward H./Legner, Wolfram K.: Notker-Wortschatz. Halle 1955.

Shimbo, Masahiro: Wortindex zu Otfrids Evangelienbuch. Mit alphabetischem und rückläufigem Wortregister. Tübingen 1990.

Snædal, Magnús: A Concordance to Biblical Gothic. I: Introduction. Texts. II: Concordance. Reykjavík 1998.

Staub, Augustin: 希和辞典．3 版．神言神学院 1979.

Streitberg, Wilhelm: Die Gotische Bibel. Band 2: Gotisch-Griechisch-Deutsches Wörterbuch. 5. unveränderte Auflage. Heidelberg 1965. Um zwei neue Wörter ergänzt von Piergiuseppe Scardigli. 6. Auflage. Heidelberg 2000.

竹林（Takebayashi）滋他：新英和大辞典．第 6 版．研究社 2002.

玉川（Tamagawa）直重：新約聖書ギリシア語辞典．キリスト教新聞社 1978.

田中（Tanaka）秀央：増補改訂・羅和辞典．研究社 1966.

寺澤（Terazawa）芳雄他：英語語源辞典．研究社 1997.

Tiefenbach, Heinrich: Altsächsisches Handwörterbuch/A Concise Old Saxon Dictionary. Berlin/New York 2010.

Tollenaere, Felicien de/Jones, Randall L.: Word-Indices and Word-Lists to the Gothic Bible and Minor Fragments. Leiden 1976.

冨山（Tomiyama）芳正他：独和辞典．第 2 版．郁文堂 1993.

Traut, Georg: Lexikon über die Formen der griechischen Verba. 2. Auflage. Gießen 1885.

Wahrig, Gerhard: Deutsches Wörterbuch. München 1980; 6 Bände. Stuttgart 1980–1984.

Walde, Alois/Hofmann, Johann Baptist: Lateinisches etymologisches Wörterbuch. 3 Bände. 5. Auflage. Heidelberg 1982.

Walde, Alois/Pokorny, Julius: Vergleichendes Wörterbuch der indogermanischen Sprachen. 3 Bände. Berlin 1927–1932.

Yoroi, Kiyoshi: Index to Prof. N. Tsuji's Sanskrit Grammar. Buzan Genten Kenkyukai 1977.

3. 本文、注釈、翻訳

Aitareya-Brahmana. In: http://titus.uni-frankfurt.de/texte/etcs/ind/aind/ved/rv/ab/ab129.htm（2011/4/12）

Balg, G. H.: The First Germanic Bible. Translated from the Greek by the Gothic Bishop Wulfila in the Fourth Century and the Other Remains of the Gothic Language. Milwaukee 1891.

Bartsch, Karl: Der Nibelunge Nôt. Mit den Abweichungen von der Nibelunge Liet, den Lesarten sämtlicher Handschriften und einem Wörterbuch. I: Text. Leipzig 1870. II, 1: Lesarten. 1876.

Bartsch, Karl/Boor, Helmut de: Das Nibelungenlied. 22. Auflage. Wiesbaden 1996.

Batts, Michael S.: Das Nibelungenlied. Paralleldruck der Handschriften A, B und C nebst Lesarten der übrigen Handschriften. Tübingen 1971.

Bechstein, Reinhold: Des Matthias von Beheim, Evangelienbuch in mitteldeutscher Sprache 1343. Leipzig 1867.

Behaghel, Otto: Heliand und Genesis. 10. Auflage. Tübingen 1996.

Bennett, William Holmes: The Gothic Commentary on the Gospel of John: skeireins aiwaggeljons þairh iohannen. A Decipherment, Edition, and Translation. New York 1960.

Bernhardt, Ernst: Vulfila oder die gotische Bibel. Mit dem entsprechenden griechischen Text und mit kritischem und erklärendem Commentar. Nebst dem Kalendar, der Skeireins und den gotischen Urkunden. Halle 1875.

Die Bibel. Altes und Neues Testament. Einheitsübersetzung. Freiburg/Basel/Wien 1980.

Die Bibel oder die ganze Heilige Schrift des Alten und Neuen Testaments. Nach der deutschen Übersetzung Martin Luthers. Halle 1865.

Die Bibel oder die ganze Heilige Schrift des Alten und Neuen Testaments. Nach der deutschen Übersetzung Martin Luthers. Eschenburg 1967.

Die Bibel oder die ganze Heilige Schrift des Alten und Neuen Testaments. Nach der deutschen Übersetzung Martin Luthers. Stuttgart 1968.

Boor, Helmut de: Das Nibelungenlied. Zweisprachig. 6. Auflage. Köln 2005.

Bosworth, Joseph/Waring, George: The gospels: Gothic, Anglo-Saxon, Wycliffe and Tyndale versions. London 1907.

Brackert, Helmut: Das Nibelungenlied. Mittelhochdeutscher Text und Übersetzung. 2 Bände Frankfurt a. M. 2008.

Braune, Wilhelm: Althochdeutsches Lesebuch. 17. Auflage. Tübingen 1994.

Brecht, Bertolt: Stücke aus dem Exil. Erster Band: Die Rundköpfe und die Spitzköpfe. Furcht und Elend des Dritten Reiches. Berlin 1957.

Cathey, James E.: Hêliand. Text and Commentary. Morgantown 2002.

千種（Chigusa）眞一：ゴート語の聖書．大学書林 1989.

Cramer, Thomas: Hartmann von Aue: Iwein. Urtext und Übersetzung. Berlin 1968.

Cramer, Thomas: Hartmann von Aue: Erec. Mittelhochdeutscher Text und Übertragung. Frankfurt am Main 1973.

Dietzfelbinger, Ernst: Das Neue Testament. Interlinearübersetzung Griechisich-Deutsch. Neuhausen-Stuttgart 1986.

Erdmann, Oskar: Otfrids Evangelienbuch. Halle 1882. Nachdruck Hildesheim/New York 1979; 6. Auflage. Tübingen 1973.

Genzmer, Felix: Heliand und die Bruchstücke der Genesis. Stuttgart 1989.

Gottfried von Straßburg: Tristan. Berlin/New York 1977.

Grosse, Siegfried: Das Nibelungenlied. Mittelhochdeutsch/Neuhochdeutsch. Stuttgart 2007.

浜崎（Hamazaki）長寿他：ニーベルンゲンの歌．抜粋・訳注．大学書林 1981.

Hartmann, Heiko: Otfrid von Weißenburg. Evangelienbuch. Aus dem Althochdeutschen übertragen und mit einer Einführung, Anmerkungen und einer Auswahlbibliographie versehen. Band 1: Widmungsbriefe, Liber primus.

Herne 2005.

Hauptmann, Gerhard: Gerhard Hauptmann Sämtliche Werke. Band I Dramen. Frankfurt am Main/Berlin 1996.

Heinzle, Joachim: Das Nibelungenlied und die Klage. Nach der Handschrift 857 der Stiftsbibliothek St. Gallen. Mittelhochdeutscher Text, Übersetzung und Kommentar. Berlin 2013.

Heyne, Moritz: Hêliand nebst den Bruchstücken der altsächsischen Genesis. Mit ausführlichem Glossar. 4. Auflage. Paderborn 1905.

平尾（Hirao）浩三／中島悠爾／相良守峯／リンケ珠子：ハルトマン作品集．郁文堂 1982.

The Holy Bible. An exact reprint in Roman type, page for page of the authorized version published in the year 1611. Oxford/Tokyo.

The Holy Bible. Containing the Old and New Testaments. New revised standard version. New York/Oxford 1989.

Homeros: Ilias. In: http://www.perseus.tufts.edu/hopper/text?doc（2011/4/4）

Homeros: Odysseia. In: http://www.mikrosapoplous.gr/homer/odm4.htm （2011/2/22）

石川（Ishikawa）栄作：ニーベルンゲンの歌．前編・後編．筑摩書房 2011.

石川光庸：古ザクセン語・ヘーリアント（救世主）．大学書林 2002.

石川光庸：訳註・ヘーリアント（救世主）．In: ドイツ文学研究（京都大学人間・環境学研究科ドイツ語部会）48, 2003, 1-40; 49, 2004, 1-37; 50, 2005, 1-62.

伊藤（Ito）義教：古代ペルシア．碑文と文学．第2刷．岩波書店 1979.

岩隈（Iwakuma）直：希和対訳脚註つき新約聖書．13巻．山本書店 1973-1990.

川端（Kawabata）由喜男他：日本語対訳・ギリシア語新約聖書．教文館 1991-.

Kelle, Johann: Christi Leben und Lehre besungen von Otfrid. Neudruck der Ausgabe 1870. Osnabrück 1966.

Keller, Adelbert von: Erzählungen aus altdeutschen Handschriften. Stuttgart 1855.

The Kingdom Interlinear Translation of the Greek Scriptures. New York 1969.

呉（Kure）茂一／高津春繁：ホメーロス．筑摩書房 1964.

Kurrelmeyer, W.: Die erste deutsche Bibel. 10 Bände. Stuttgart 1904-1913.

Lachmann, Karl: Der Nibelunge Noth und die Klage. Nach der ältesten Überlieferung. Mit Bezeichnung des Unechten und mit den Abweichungen der gemeinen Lesart. 6. Ausgabe. Berlin 1960.

Luther, Martin: Biblia. Das ist Die gantze Heilige Schrifft, Deudsch. Auffs new zugericht. 2 Bände. Wittenberg 1545. Nachdruck 3 Bände. München 1974.

The Mahabharata in Sanskrit. In: http://www.sacred-texts.com/hin/mbs/mbs02044.htm（2011/4/7）

松平（Matsudaira）千秋：ホメーロス，イリアス．岩波書店 1992.

松平千秋：ホメーロス，オデュッセイア．岩波書店 1994.

松本（Matsumoto）仁助：クセノポン，キュロスの教育．京都大学学術出版会 2004.

Menge, Hermann: Die Heilige Schrift des Alten und Neuen Testaments. Stuttgart 1967.

村石（Muraishi）凱彦：写真版ゴート語聖書 Codex Argenteus. 芸林書房 2001.

成瀬（Naruse）清／秦豊吉他：寂しき人々．他八篇．新潮社 1927.

Nestle, Eberhard: Novum Testamentum Graece et Latine. 22. Auflage. Stuttgart 1963/1969.

Das Nibelungenlied. Manuscript C from the Fürstenberg Court Library Donaueschingen. Stuttgart 1968.

Nooten, Barend A. van: Hɔlland, Gary B.: Rig Veda: a metrically restored text with an introduction and notes. Cambridge/London 1994.

岡崎（Okazaki）忠弘：ニーベルンゲンの歌．前編（1～1142）．渓水社 1989.

Otfrid von Weißenburg. Evangelienharmonie. Vollständige Faksimile-Ausgabe des Codex Vindobonensis 2687 der Österreichischen Nationalbibliothek. Graz 1972.

Piper, Paul: Die Schriften Notkers und seiner Schule. 3 Bände. Freiburg/Tübingen 1882–1883.

Piper, Paul: Otfrids Evangelienbuch. Freiburg/Tübingen 1882/1884.

Piper, Paul: Die Nibelungenlied. Zweiter Teil: Der Nibelunge Not. Stuttgart 1889.

Piper, Paul: Die Altsächsische Bibeldichtung (Heliand und Genesis). Stuttgart 1897.

Plutarch: Plutarch's Lives. III. Cambridge/London 1951.

Propertius: Elegiae. In: http://www.thelatinlibrary.com/propertius1.html （2011/4/18）

Rienecker, Fritz: Sprachlicher Schlüssel zum Griechischen Neuen Testament nach der Ausgabe von D. Eberhard Nestle. Gießen/Basel 1970.

相良（Sagara）守峯：ニーベルンゲンの歌．前編・後編．岩波書店 1955.

斎藤（Saito）治之：古高ドイツ語　ノートカー　デア　ドイチェ　メルクリウスとフィロロギアの結婚．大学書林 1997.

Sakurai（桜井），Waichi: Der Nibelunge Nôt（ニーベルンゲンの歌）．Abgekürzt und mit Anmerkungen versehen. 2 Teile. 南江堂 1953, 1957.

Schiller, Friedrich: Die Räuber. Kabale und Liebe. Don Karlos. Frankfurt a. M./Leipzig 2004.

Schulze, Ursula: Das Nibelungenlied. Mittelhochdeutsch – Neuhochdeutsch. München 2008.

Schwab, Ute: Die Bruchstücke der altsächsischen Genesis und ihrer altenglischen Übertragung. Einführung, Textwiedergaben und Übersetzungen, Abbildungen der gesamten Überlieferung. Göppingen 1991.

聖書（Seisho）．新共同訳．日本聖書教会 1987.

新保（Shimbo）雅浩：古高ドイツ語・オトフリートの福音書．大学書林 1993.

塩谷（Shioya）饒：ルター聖書．抜粋・訳注．大学書林 1983.

Sievers, Eduard: Heliand. Titelauflage vermehrt um das Prager Fragment des Heliand und die vaticanischen Fragmente von Heliand und Genesis. Halle/Berlin 1935.

Sievers, Eduard: Tatian. Lateinisch und altdeutsch. Mit ausführlichem Glossar. 2. Ausgabe. Halle 1892.

Stapel, Wilhelm: Der Heliand. München 1953.

Steinmeyer, Elias von: Die kleineren althochdeutschen Sprachdenkmäler. Dublin/Zürich 1971.

Stiehl, Ulrich/Barth, Thomas: Rigveda in Sanskrit und Deutsch. In: http://www.sanskritweb.net/rigveda/ (2011/3/5)

Streitberg, Wilhelm: Die Gotische Bibel. Band 1: Der gotische Text und seine griechisische Vorlage. Mit Einleitung, Lesarten und Quellennachweisen sowie den kleineren Denkmälern als Anhang. Mit einem Nachtrag von Piergiuseppe Scadigli. 7. Auflage. Heidelberg 2000.

Taeger, Burkhard: Der Heliand. Ausgewählte Abbildungen zur Überlieferung. Mit einem Beitrag zur Fundgeschichte des Staubinger Fragments von Alfons Huber. Göppingen 1985.

髙橋（Takahaši）輝和：ゴート語によるヨハネ福音書注解．In: 長崎大学教養部紀要・人文科学 16, 1975, 119–127.

髙橋輝和：古期ドイツ語作品集成．渓水社 2003.

Vergilius: Aeneis. In: http://www.thelatinlibrary.com/vergil/ (2011/4/8)

Vollmann-Profe, Gisela: Kommentar zu Otfrids Evangelienbuch. Teil I. Bonn 1976.

Vollmann-Profe, Gisela: Otfrid von Weissenburg. Evangelienbuch. Auswahl. Althochdeutsch/Neuhochdeutsch. Stuttgart 1987.

Wackernagel, Wilhelm: Altdeutsches Lesebuch. Poesie und Prosa vom IV. bis XV. Jahrhundert. 4. Auflage. Basel 1859.

Weißbach, F. H.: Die Keilschriften der Achämeniden. Leipzig 1911.

Wolfram von Eschenbach: Parzival. Frankfurt a. M. 1994.

Wrede, Ferdinand: Stamm-Heyne's Ulfilas, oder die uns erhaltenen Denkmäler der gotischen Sprache. Text, Grammatik, Wörterbuch. 13./14. Auflage. Paderborn 1920.

Xenophon: Cyropaedia. Cambridge/London 1979.

索　引

あ

意外性　123
引用的　83, 291, 517
噂　83, 160
運命の未来形　399
英語　7, 11, 18, 21, 23, 212, 228, 238, 264, 290, 347, 364, 366, 398, 421, 462, 463, 480, 481, 485-487, 496, 515, 532, 552, 553
似非規則　397
オーストリア方言　282, 315
オランダ語　314

か

外延　63, 68
下位完了　111
懐疑　76, 216, 272, 285, 291, 520, 556
懐疑の文脈　144, 273
概算　93, 240
下位受動　41, 52, 552
蓋然性　118, 146, 154, 179, 193, 206, 241, 293, 411, 445, 472, 473, 497, 517
下位否定　3, 4, 34, 38, 42, 45, 50, 55, 57, 58, 74, 75, 82, 98, 99, 115, 116, 118, 138, 152, 158, 160, 202-204, 208, 219, 220, 223, 224, 252, 254, 264, 274, 339, 354, 368, 374, 393, 395, 404, 419, 431, 448, 449, 493, 496
書き言葉　207, 241, 310, 333, 349, 351-353, 373, 462, 523
格言的　125, 142, 392
確実性　166, 259, 292, 409, 410, 413, 444, 445, 511, 517

過去完了形　300, 301, 317, 320, 477, 481, 485, 507, 528, 542, 548, 553
過去完了の不定詞　255, 321, 550
過去現在動詞　7, 558
過去未来形　39, 43, 61, 84, 101, 104, 125, 139, 162, 378, 383, 386, 399, 415
過剰供給　63
仮説　193, 307, 411, 413
仮定的（な）保留　477, 542, 543, 547, 548
可能性　46, 50, 52, 53, 63, 64, 67, 68, 86, 88, 89, 92, 95, 97, 99-101, 105, 106, 110, 112, 116, 120, 124, 129, 131, 132, 136, 138, 139, 145, 146, 149, 151, 154, 162, 164, 166, 168, 169, 178, 179, 183, 194, 195, 200, 230-232, 251, 260, 289, 375, 416, 417, 423-425, 427-429, 431-433, 437, 438, 442, 444, 445, 447-450, 473, 477, 480-482, 490-496, 511, 517, 547
可能的要因　89, 183
間接話法　93, 192, 218, 222, 278, 302, 452, 473, 503, 505, 518
完了現在動詞　7-10, 13-17, 20, 22-24, 27, 31, 32, 33, 34, 45, 56, 58-60, 65-67, 70, 107, 108, 147, 149, 182, 183, 245, 375, 447, 448, 504, 558
完了相　48, 378, 521, 524
完了不定詞　89, 114, 131, 184, 212, 213, 286, 294, 317, 339, 388, 515, 516, 524-528, 530, 536, 538, 541, 542, 547-549, 551
祈念　90, 97, 133, 136, 141, 165, 169, 174, 234, 252, 451
疑念　175

611

客観的（な）様相性　2, 37, 67, 92, 105,
　144, 177, 288, 289, 334, 444, 461, 490
客観的（な）用法　3, 8, 16, 83, 94, 95,
　101, 112-114, 128, 133, 134, 143, 160,
　172, 193, 207, 210, 220, 246, 252, 259,
　261, 262, 273, 294, 317, 321, 322, 325,
　354-356, 375, 406, 409, 414, 447, 453,
　454, 469, 479, 491, 494, 503, 504, 520,
　536, 537, 538, 542, 548, 561
客観的に認識的　95, 113, 135, 191, 193,
　242, 256, 258, 302, 304, 472, 473
強意　297, 309
強勢　3, 4, 223, 305, 372, 404
強調　313, 343, 352
強変化動詞型　532, 533
許容　131, 231, 451
疑惑　39, 83, 94, 113, 123, 134, 159, 166,
　191, 216, 217, 239, 376, 451
禁止法　338
現実　542, 543
現実化　505, 507, 510
現実性　95, 290, 504, 505, 508, 510, 517,
　518
限定　68, 106
限定的　67, 68, 99, 105, 106, 144, 165,
　178, 179, 195, 210, 444, 445, 447-450
語彙的　389, 390
語彙的用法　503, 504
古義　183, 231
古語　33, 245
古風　252, 269, 547
古文　297
語野　60, 64, 68, 447, 517, 519
語用論的　83, 90, 97, 131, 133, 136, 141,
　159, 174, 188, 198, 214, 216, 236, 250,
　252, 268, 374, 391, 394, 406, 410, 413,
　451, 494, 496
語用論的（な）用法　123, 169, 503, 504

さ

再解釈　129, 144, 512
詐称　285, 497

詐称性　285
作用域　193
三重完了形　321, 550
志向性　67, 68, 92, 106, 132, 140, 145,
　146, 172, 179, 230, 236, 262, 266, 274,
　278, 289, 445-447, 450, 526
思考の文脈　53, 143, 512
事実性　504, 510, 517, 518
事実的是認　506
事象（動作・状態等）　2, 50, 53, 288, 290,
　504
時称の一致　473, 475, 483, 508
実性度　519, 547
視点の移動　475
自然的（ジネンテキ）　194
自然的・非能動的　53, 74, 92, 94, 113,
　116, 134, 139, 359, 512, 516
弱変化型の過去分詞　297, 298, 322, 323,
　325, 341, 342
弱変化動詞型　532, 534
修辞疑問　34, 73, 76, 120, 152, 153, 156,
　271, 354, 449
主観的（な）様相性　2, 53, 54, 92, 100,
　106, 145, 179, 290, 354, 356, 434, 445,
　461, 480, 490, 493
主観的（な）用法　3, 8, 16, 17, 39, 83,
　94, 112-114, 116, 117, 128, 133, 134,
　143, 154, 174, 177, 190, 193, 194, 206,
　207, 220-225, 238, 240, 242, 254, 261,
　272, 273, 284, 285, 287, 294, 299,
　302-305, 307, 308, 319, 324, 326, 333,
　356, 358, 364, 365, 375, 406, 409, 410,
　414, 447, 451, 453, 454, 462, 464,
　469-473, 477, 479, 481, 487, 492, 495,
　503, 504, 511, 514, 516-520, 536-538,
　542, 547, 549, 560-562
主観的に認識的　93, 95, 191, 225, 242,
　256, 258, 302, 304, 472, 473
主観的用法の起源　53, 74, 512
主観的用法の存在理由　480
主語外的　46, 52, 110, 149, 162, 200,
　332, 432, 512
主語内的　46, 52, 298, 332, 421-433

主語に外在する 278
主語に内在する 149, 278, 331
受動(の)完了不定詞 550-553
受動の助動詞 40, 41, 51
受動(の)不定詞 35, 40, 50, 321, 352, 421, 422, 429, 431, 551-553
上位完了 111
上位受動 41, 45, 52, 552
上位否定 2-4, 34, 36, 38, 42, 45, 50, 55, 57, 58, 64, 73, 74, 77, 82, 92, 98, 99, 115, 116, 118, 132, 138, 152, 153, 156, 158, 168, 201, 203, 204, 208, 219, 220, 224, 236, 253, 254, 261, 264, 274, 287, 339, 367, 368, 370, 374, 393, 395, 404, 419, 430, 431, 448-450, 481, 482, 493, 496
状況的 99, 249, 257
冗語的 188, 197, 207, 211, 224, 230, 235, 239, 249, 262
譲歩 131, 231
叙実法 480, 485, 503, 504, 510
叙想の助動詞 91, 97
叙想法 95, 141, 222, 235, 480, 501, 503, 504, 510, 559
叙想法的用法 83, 450, 451, 503, 504, 508
叙想法の換言 451, 502
叙想法(の)助動詞 84, 95, 101, 104, 126, 135, 140, 144, 161, 167, 171, 177, 228, 275, 384, 388, 403
助動詞化 20, 21, 60, 61, 64, 366, 367, 486
助動詞的 9, 14, 20
叙法 503, 504
叙法(の)助動詞 500, 501
叙令法 218, 235, 328, 393, 417, 452, 503-505
スイス・ドイツ語 49, 157, 164, 206, 231, 524
推測 230, 258, 307, 376, 412
推断 160, 190, 207, 224, 240, 241, 254, 259, 272, 305, 307, 356, 411, 453, 475, 481, 482, 493, 518, 519, 542, 543, 547, 548
推断行為不可侵性の原理 482, 485
推断的是認 241
推量 143, 171, 272, 292, 326, 384, 387, 390, 393, 396, 398, 399, 401, 405, 406, 410, 412, 483
推論的 274
制限 201, 236, 335, 354, 370, 450
制限的 247, 430
成始 376, 377, 380, 381, 385, 389, 391, 392, 409
絶対的 46, 52
絶対的・主語内的 86
是認 134, 167, 241, 293, 519
是認的推断 241
潜在的な用法 563
全般 68, 106, 136, 158, 162, 183, 246, 262
全般的 67, 68, 87, 105, 144, 149, 165, 177-179, 444, 447-450
全文否定 4, 159, 220, 370
相対的 46, 52
相対的・主語外的 86
想念 504, 542, 543
俗語 297, 309, 310, 326
ソルブ語 271

た

体験話法 84, 192, 254, 255, 403, 473, 475, 503, 538, 548
代動詞 327, 345
断定 542, 543
地方的 166, 202, 231, 242, 292, 348, 547
抽象化 52, 84, 112, 126
超受動性 330, 331, 345
直示的 469, 470
直接話法 218, 278, 452, 473, 475, 503
丁寧 199, 218, 234, 546
伝聞の文脈 83, 129, 220
問い返し 305, 327
同義関係 4, 448

統語法 62, 65, 66, 472, 521, 551
等値 490, 494
動名詞 61, 70-72, 80, 108, 119, 175, 282, 380, 384

な

内包 63, 68
二重完了形 213, 317, 548
二重完了不定詞 255, 321, 550
二重否定 4, 204, 220, 265, 289, 293, 496
日本語 3, 59, 482, 496, 512, 547
ニュアンス 188, 198, 214, 250, 268, 413
認識的 258, 284, 358, 363, 411, 412, 455, 461, 481, 515
認識的モダリティ不可侵性の原理 405, 480, 481, 482, 485
認容 231, 451
能動（の）不定詞 41, 42, 552

は

ハイブリッド 333, 487
話し言葉 198, 252, 266, 283, 297, 299, 308, 322, 323, 333, 337-339, 344, 346, 348, 351-353, 357, 367, 372, 397, 407, 462, 473, 477, 556, 560
反問 123, 159, 216
非現実性 111, 507, 509, 547
非現実的 126, 131, 260
非時称的 127, 173, 525, 527, 541
必然性 37, 38, 41, 45, 61, 67, 71, 75, 76, 79, 82, 89, 91, 95, 99, 100, 105, 106, 116, 119, 121, 125, 129, 132, 136, 138, 139, 144, 145, 154, 161, 165, 169, 170, 177, 179, 201, 202, 204, 210, 226, 234, 246, 252, 287, 289, 366, 375, 411, 415-418, 421, 425, 427-429, 433, 438, 440, 442, 444, 445, 447-449, 450, 473, 477, 480, 481, 490-496, 511, 516, 517
必然的要因 89, 246
否定関係 496
否定の呪縛 497

否定話法 544
否認 82, 254, 370
非人称 2, 28, 37, 42-45, 52, 54, 75, 112, 114, 142, 271, 512
非文法的 237
表出的 391
不確実性 126
不可能性 490-495
不定詞型 532, 533
不定詞型の過去分詞 297, 299, 313, 322, 323, 325
不必然性 490-495
分離動詞 322, 344
ベルリン方言 283, 346
ヘッケルの反復説 453
ペンシルベニア・ドイツ語 347
母音交替 15, 16, 17, 31
方言 227, 297, 309, 338, 390, 397, 462, 524
本動詞 34-36, 44, 54, 57, 59, 65, 70-73, 79, 86, 102, 107-110, 114, 115, 119, 121, 140, 148, 151, 155, 157, 182, 183, 194, 244, 328, 329, 348, 366, 416, 448, 450, 485, 504

ま

未完了相 14, 48
未現実性 506, 509
未然過去形 400
未来完了形 126, 383
未来形 308
未来時称（の）助動詞 39, 61, 71, 83, 84, 88, 100, 101, 103, 104, 125, 134, 138, 142, 143, 161, 171, 175, 226-228, 274, 315, 316, 324, 326, 382, 383, 386, 398, 401, 406, 414
未来時称的 451
未来時称的用法 450, 503
未来分詞 1, 442
無意味 86, 105, 198, 276
無関心 231
無語尾 5, 24, 102, 140, 346, 347, 366

名詞化　561
明証的　258, 284, 291, 469, 470
命題内容　480, 493
命令法　503

や

要請　90, 133, 165, 234, 423
様相性　1, 2, 46, 64, 96, 425, 426, 440, 454, 455, 515
様相性動詞　8, 328, 453, 469, 511, 513, 516
様相の接尾辞　1
様相の前置詞句　464
様相（の）副詞　1, 171, 306, 411, 464, 510, 511, 513, 515, 516, 518
様相の不定詞　1, 434

ら

類推　10, 13, 14, 346
論理的　494
論理的関係　289, 293
論理的四辺形　489, 493

わ

枠外し　310, 342
話法　503
話法（の）助動詞　414, 499, 501, 503

高橋輝和（たかはし てるかず）

略歴
1944年生まれ。岡山大学名誉教授、博士（文学）。
ドイツ・ゲルマン言語文化論専門。

主な著書
『ゴート語入門』クロノス、1982年（改訂増補版1999年）。『古高独語詩「ゲオルクの歌」の研究』岡山大学文学部、1990年。『古期ドイツ語文法』大学書林、1994年。『シーボルトと宇田川榕菴―江戸蘭学交遊記』平凡社、2002年。『古期ドイツ語作品集成』渓水社、2003年。『丸亀ドイツ兵捕虜収容所物語』えにし書房、2014年。

ひつじ研究叢書〈言語編〉第126巻
ドイツ語の様相助動詞
その意味と用法の歴史

The Modal Verbs in German:
A History of their Meanings and Usages
Terukazu Takahashi

発行	2015年2月16日　初版1刷
定価	15000円＋税
著者	©髙橋輝和
発行者	松本功
ブックデザイン	白井敬尚形成事務所
印刷所	三美印刷株式会社
製本所	小泉製本株式会社
発行所	株式会社 ひつじ書房

〒112-0011　東京都文京区千石2-1-2 大和ビル2階
Tel: 03-5319-4916　Fax: 03-5319-4917
郵便振替 00120-8-142852
toiawase@hituzi.co.jp　http://www.hituzi.co.jp/

ISBN978-4-89476-750-8

造本には充分注意しておりますが、落丁・乱丁などがございましたら、小社かお買上げ書店にておとりかえいたします。
ご意見、ご感想など、小社までお寄せ下されば幸いです。